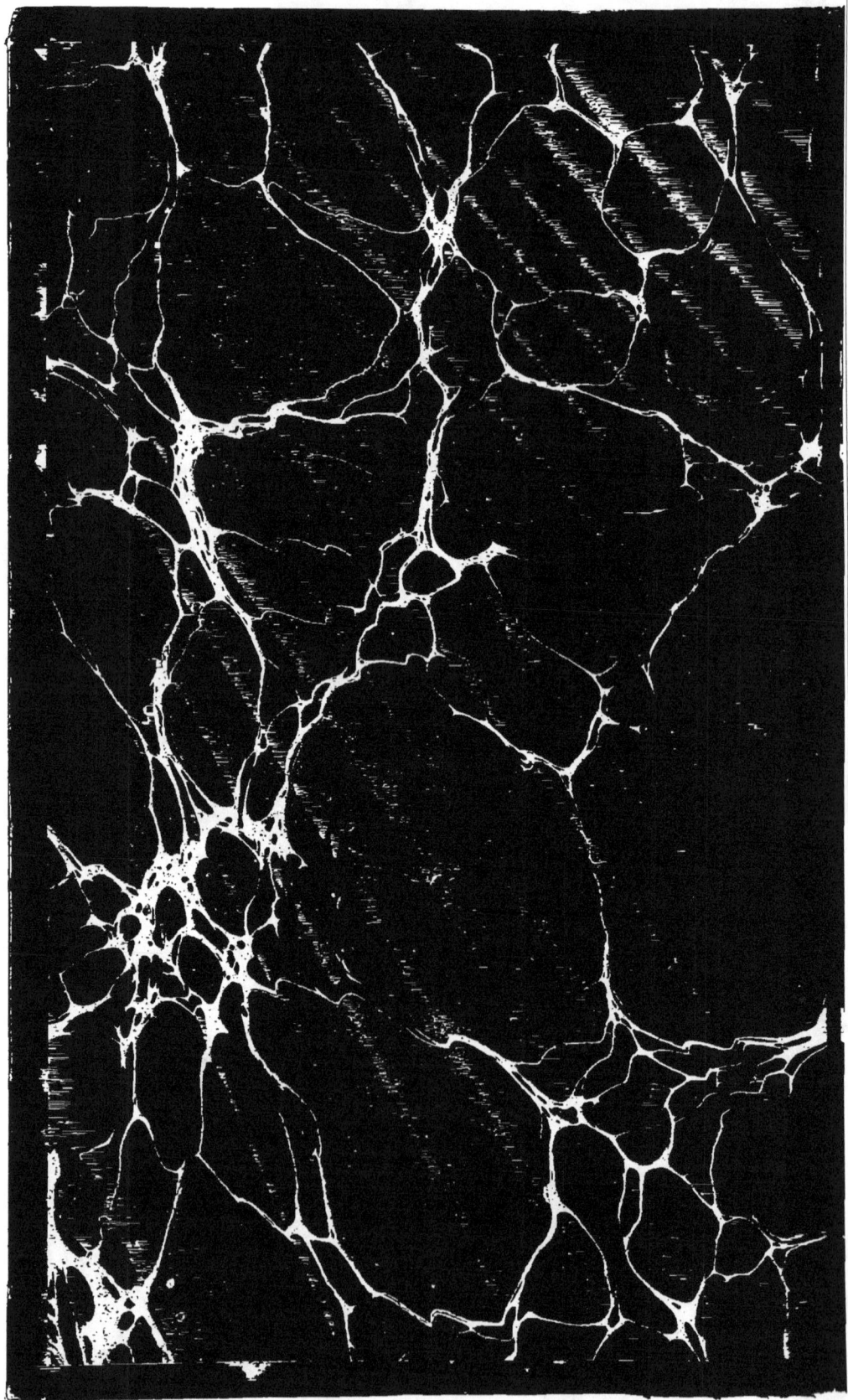

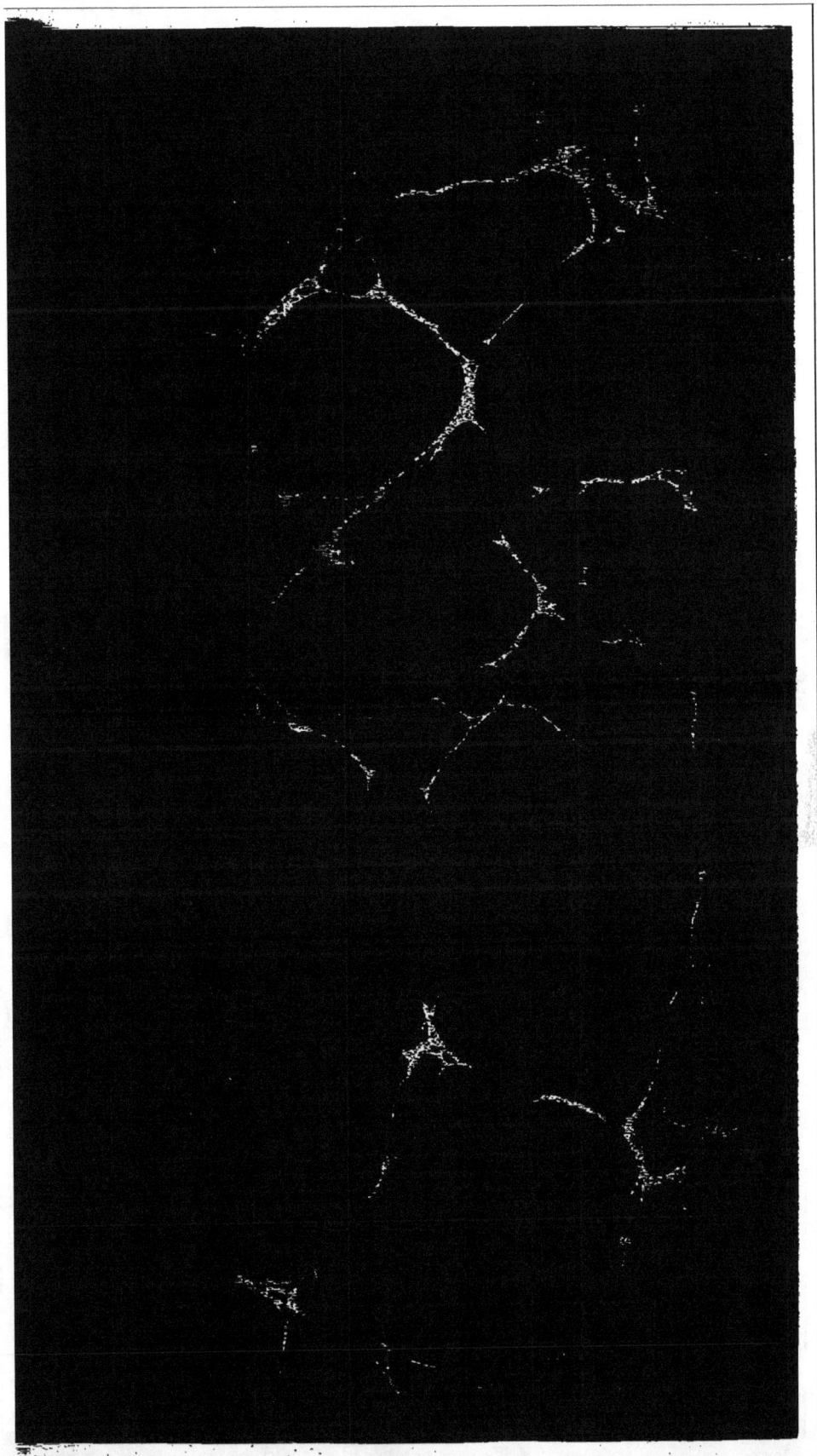

EXPLICATION ÉLÉMENTAIRE

DU

CODE NAPOLÉON

LOUIS TRIPIER.

LES CODES FRANÇAIS

Collationnés sur les *textes officiels*, contenant : 1º la conférence des articles entre eux; — 2º sous chaque article, les textes, tant anciens que nouveaux, qui les expliquent, les complètent ou les modifient; — 3º un supplément renfermant, outre les lois les plus usuelles, celles exigées pour les thèses et les textes anciens qui sont encore en vigueur.

Édition in-8. 1 vol. broché. 20 fr. — En 1/2 reliure chagrin. 23 fr.
Édition in-32. 1 vol. broché. 6 fr. — dº dº .. 7 fr. 50

On vend séparément, dans le format in-32 :

CODE NAPOLÉON ET TRANSCRIPTION.
.... 1 fr. 50

CODE DE PROCÉDURE CIVILE ET TARIFS.
.... 1 fr. 50

CODE DE COMMERCE ET SOCIÉTÉS COMMERCIALES............... 1 fr.

CODES D'INSTRUCTION CRIMINELLE, PÉNAL ET TARIFS.......... 1 fr. 50

Le prix de chaque Code séparé, en *demi-reliure*, est augmenté de 75 cent.

La valeur scientifique de ces Codes a été constatée par d'éminents jurisconsultes. Quant à leur exécution typographique, il suffit de dire qu'elle a valu, à l'Exposition, une médaille à l'imprimeur.

BERRIAT SAINT-PRIX.

GUIDE POUR L'ÉTUDE DU DROIT. 1 vol. in-18..................... 2 fr. 50

Questionnaire indispensable aux étudiants et comprenant tous les examens.

GUIDE POUR LES THÈSES. 1 vol. in-18. 3 fr.

Manuel où l'étudiant apprend l'art d'argumenter dans les thèses de licence et de doctorat.

ESCHBACH.

INTRODUCTION GÉNÉRALE A L'ÉTUDE DU DROIT. 1 vol. in-8.......... 9 fr.

M. Eschbach est le premier qui ait rendu à la jeunesse studieuse l'important service de lui mettre entre les mains un manuel approprié à ses études et dont la courte étendue n'a rien de rebutant, quoiqu'on y trouve le résultat bien coordonné de longues et laborieuses recherches.

LAFERRIÈRE.

HISTOIRE DES PRINCIPES, DES INSTITUTIONS ET DES LOIS pendant la Révolution française, depuis 1789 jusqu'en 1804. 1 vol. in-12.......... 4 fr.

Chacun voudra lire ce volume substantiel qui contient tout le mouvement *intérieur* de la Révolution et qui, se distinguant, sous ce rapport, de toutes les autres publications sur cette époque, indique les principes qui en ont successivement dominé le cours, de 1789 à 1804, et les effets qu'ils ont produits dans l'ordre politique, administratif, judiciaire, religieux et civil.

BEUDANT.

PRÉCIS THÉORIQUE ET PRATIQUE DE DROIT PÉNAL. 1 vol. in-8. (*Sous presse.*)

Le but de ce précis est d'offrir aux étudiants un résumé théorique et pratique où rien ne soit omis qui soit nécessaire pour comprendre la loi dans son texte, la connaître dans son esprit et la suivre dans son application.

CORBEIL. — Typ., stér. et galv. de CRÉTÉ.

EXPLICATION ÉLÉMENTAIRE

DU

CODE NAPOLÉON

MISE EN RAPPORT

AVEC LA DOCTRINE ET LA JURISPRUDENCE

Par J.-J. DELSOL

Docteur en droit, avocat à la Cour impériale de Paris

DEUXIÈME ÉDITION

REVUE, CORRIGÉE ET CONSIDÉRABLEMENT AUGMENTÉE.

Quidquid præcipies, esto brevis, ut cito dicta
Percipiant animi dociles, teneantque fideles.

(HORACE, *Art poétique.*)

TOME PREMIER

PARIS

COTILLON, ÉDITEUR, LIBRAIRE DU CONSEIL D'ÉTAT

24, rue Soufflot, 24

—

1867

(C.)

L'Explication élémentaire du Code Napoléon est plutôt un ouvrage nouveau qu'une deuxième édition du *Code Napoléon expliqué*. Nous ne nous sommes pas, en effet, borné à revoir et à corriger notre œuvre ; nous l'avons entièrement remaniée, et nous en avons refait à fond la plus grande partie.

On trouvera dans cette édition un grand nombre de développements qui manquaient à la première. Elle contient l'exposé large et complet des principes, la déduction des conséquences, la discussion substantielle de toutes les questions controversées qui ont quelque importance, l'indication de la doctrine la plus nouvelle et celle de la jurisprudence la plus récente.

Dans l'exposé des principes comme dans la controverse des questions, nous avons constamment accordé notre préférence à l'explication la plus simple, et emprunté nos arguments aux préceptes du bon sens, plutôt qu'aux raffinements de la dialectique. A nos yeux, la science du droit civil n'est que l'application de la raison naturelle au règlement des intérêts humains, et le meilleur jurisconsulte est celui qui a le bon sens le plus accompli, et non toujours le jurisconsulte dont les théories sont les plus originales ou les plus savantes. Un livre de droit n'est bien fait que si chacun, en le lisant, se croit en quelque sorte capable de le faire.

L'*Explication* du Code est, avant tout, *élémentaire*. Un ouvrage de cette nature doit réunir deux qualités essentielles :

La *sûreté des doctrines ;*

La *lucidité de l'exposition.*

Pour réaliser la première, nous nous sommes inspiré à la fois de l'enseignement public du Droit dans les Facultés, particulièrement dans celle de Paris, et des doctrines émises par les auteurs les plus accrédités ou consacrées par une jurisprudence imposante et décisive. Les théories aventureuses et les solutions équivoques ont été soigneusement écartées.

Quant à la *lucidité de l'exposition*, nous avons essayé de l'atteindre par un style simple, rapide et concis. Le style d'un ouvrage élémentaire surtout doit être, selon l'expression d'Horace, *perlucidior vitro ;* et afin que l'attention du lecteur ne soit jamais distraite de l'idée, il faut que cette transparence ne puisse même pas être aperçue.

Comme dans la précédente édition, le commentaire par *sections* a été préféré au commentaire par *articles ;* cette méthode rend plus faciles à saisir les idées générales et leur enchaînement. Il suffit à l'esprit de gravir un degré de plus, pour dominer toute l'économie du Code.

Il a paru utile de placer le *texte* à côté de son *explication*.

Enfin nous avons mis l'ouvrage au courant des modifications toutes récentes qui viennent d'être apportées à notre législation :

Par les sénatus-consultes du 14 juillet 1866 et du 12 mars 1867, relatifs à la *confection des lois ;*

Par la loi du 29 juin 1867 sur la *naturalisation ;*

Par la loi du 22 juillet 1867, qui supprime la *contrainte par corps ;*

Par la loi du 29 juillet 1867 sur les *sociétés.*

PRÉLIMINAIRES

Le DROIT est l'ensemble des règles qui régissent les rapports des hommes entre eux, au point de vue du juste et de l'injuste.

Il se divise en *droit* NATUREL *et droit* POSITIF.

Le *droit* NATUREL est celui que Dieu lui-même a gravé dans la conscience humaine ; il est de tous les temps et de tous les lieux, et il n'est pas plus possible à l'homme d'en effacer le sentiment de son cœur que de dépouiller sa propre nature. Ainsi, l'inviolabilité de la vie ou de la liberté de son semblable a toujours été proclamée comme un principe sacré ; et quoique, en fait, l'esclavage fût une des institutions fondamentales des sociétés antiques, les philosophes et les jurisconsultes n'hésitaient pas à le signaler comme une atteinte portée au droit naturel.

Le droit naturel est contenu tout entier dans le double précepte : Ne fais pas à autrui ce que tu ne veux pas qu'il te fasse ; fais à autrui ce que tu veux qu'il te fasse.

Le *droit* POSITIF est celui que les hommes ont établi ; il se rapproche plus ou moins du droit naturel, suivant qu'il est le fruit d'une civilisation plus ou moins épurée. Identifier le droit positif avec le droit naturel, et réaliser ce type du juste et de l'injuste que Dieu a mis en nous, là doit être le but de tout législateur, là serait le triomphe de la sagesse humaine.

Le *droit* POSITIF s'appelle plus particulièrement :

Droit des GENS, lorsqu'il règle les rapports d'État à État. Il trouve alors son expression dans des traités internationaux ;

Droit PUBLIC, lorsqu'il règle les rapports d'État à individu, ou réciproquement. Il trouve alors son expression dans des *Chartes* ou *Constitutions*, et, en général, dans les lois *administratives;*

Droit CIVIL ou PRIVÉ, lorsqu'il règle les rapports d'individu à individu. Il trouve alors son expression dans des *lois*, qui, réunies en un corps, prennent le nom de *Code*.

L'importance du droit privé est manifeste ; il régit et protége les plus chers comme les plus légitimes intérêts de l'homme, en organisant la famille et la propriété ; et l'on peut dire qu'une bonne législation privée est à la fois le résultat le plus précieux et l'instrument le plus efficace de la civilisation.

On appelle LOI une règle établie par une autorité supérieure à laquelle chacun doit obéissance.

Les *lois* se divisent en :

Impératives, lorsqu'elles commandent une action, par exemple, de nourrir, entretenir et élever ses enfants (art. 203) ;

Prohibitives, lorsqu'elles défendent une action : par exemple, de contracter un second mariage avant la dissolution du premier (art. 147).

Facultatives, lorsqu'elles reconnaissent aux particuliers certains droits dont ils peuvent, à leur gré, user ou ne pas user : par exemple, le droit de contracter mariage, de tester, etc.

La JURISPRUDENCE consiste dans la connaissance des lois, et dans l'art de les appliquer. Ce mot sert encore à désigner l'ensemble des décisions judiciaires.

Notons que le mot *droit* est pris dans des sens nombreux et très-différents. Il signifie :

La législation d'un peuple : *droit* romain, *droit* français ;

Un ensemble de lois d'une certaine espèce : *droit* civil, *droit* criminel ;

La loi en général : le *droit* est quelquefois contraire à l'équité ;

Une faculté particulière : *droit* de se marier, de faire son testament ;

Le contraire du fait : j'ai raison en *droit*, et vous en *fait,* etc.

HISTORIQUE DU DROIT FRANÇAIS

Au point de vue historique, le droit français se divise en *droit ancien, droit intermédiaire* et *droit nouveau.*

Le *droit* ANCIEN a régi la France depuis l'origine de la monarchie jusqu'au 17 juin 1789, jour où les états généraux, convoqués par Louis XVI, s'érigèrent en *Assemblée nationale.*

Le *droit* INTERMÉDIAIRE commence au 17 juin 1789, et finit au 31 mars 1804, jour de la promulgation du *Code civil* ou *Napoléon.*

Le droit NOUVEAU commence au 31 mars 1804, et comprend toutes les lois promulguées depuis cette époque.

DROIT ANCIEN.

La France était autrefois divisée en *pays de droit écrit*, et *pays de droit coutumier.* Les pays de droit écrit comprenaient tout le Midi. Soumis de bonne heure à la domination romaine, ils en avaient reçu une empreinte profonde, et, même après l'invasion des barbares, ils avaient conservé le bienfait de sa législation.

Les pays de droit coutumier comprenaient le nord de la France, où les usages locaux avaient toujours prévalu sur les tentatives faites pour y introduire une législation étrangère. Le droit romain dans les premiers, la Coutume dans les seconds, formaient donc le fond de la législation. Ce n'est pas à dire que le droit romain fût entièrement exclu des pays de Coutumes, ni les Coutumes des pays de droit écrit. Loin de là : souvent le droit romain, qu'on a si juste-

ment appelé la *raison écrite*, suppléait à l'insuffisance de
la Coutume, comme la Coutume à l'insuffisance du droit romain ; mais cet empiétement respectif d'un droit sur l'autre
était limité à des cas non prévus par l'un, et réglés par
l'autre, c'est-à-dire à des cas exceptionnels.

Les Coutumes étaient dites *générales* ou *spéciales*, suivant qu'elles régissaient toute une province ou une localité
restreinte, telle qu'une ville, un hameau. Charles VII en
commença la collection, et Henri II la termina. Ce travail
avait duré plus d'un siècle. On reconnut qu'il y avait environ 60 Coutumes générales et 300 spéciales.

A côté du droit coutumier et du droit romain, il faut
placer les *ordonnances*, *édits* ou *déclarations* du roi, les
décisions des états généraux ou provinciaux, et les arrêts
des Parlements, qui venaient tous les jours modifier la législation préexistante, soit dans son principe, soit dans son
application.

Examinons, en quelques mots, ces différentes sources de
notre ancien droit français.

Des ORDONNANCES, ÉDITS *et* DÉCLARATIONS *du roi.* — Les
ordonnances réglaient un ensemble d'objets, et les édits un
objet d'intérêt public. La portée des ordonnances était donc
générale, et celle des édits spéciale. Quant aux déclarations,
elles interprétaient les ordonnances et édits, ou en régissaient l'application.

Des ÉTATS GÉNÉRAUX. — Les états généraux, composés
des trois ordres : le clergé, la noblesse et le tiers état, résu-
maient toutes les forces vives de la nation. Philippe le Bel,
en lutte avec la première puissance de son siècle, la papauté,
les avait élevés à la hauteur d'un corps politique, et il avait
donné d'autant plus d'extension à leur puissance que leur
secours lui était plus nécessaire. Après avoir été l'appui de
la royauté, les états généraux devinrent bientôt pour elle
un embarras et un péril. Aussi leurs convocations furent-elles
de plus en plus rares. Plus d'un siècle et demi sépare les

deux dernières. De 1614 à 1789 la monarchie vécut isolée de
la nation, et ce ne fut pas là une des moindres causes
qui précipitèrent sa chute.

Les états généraux étaient principalement appelés à délibérer sur l'impôt, et quelquefois même sur les matières les
plus importantes du droit public. Au surplus, leurs attributions mal définies variaient selon le bon plaisir de la couronne,
ou les nécessités politiques du moment.

Des états PROVINCIAUX. — Certaines provinces s'adminis-
traient elles-mêmes ; et les décisions de leurs états appor-
taient une restriction locale au régime législatif des autres parties de la France. Les états provinciaux fixaient notamment
la quotité d'impôt due par la province.

Des PARLEMENTS. — Philippe le Bel constitua les Parlements comme il avait constitué les états généraux. Avant lui,
le Conseil du roi était composé d'officiers de la couronne
(gens de robe courte), qui rendaient les arrêts, et de jurisconsultes (gens de robe longue), qui les préparaient et les ré-
digeaient. Philippe le Bel lui donna un caractère purement
civil en transportant le pouvoir judiciaire des gens d'épée aux
gens de robe : son Conseil ainsi tranformé fut érigé en cour
souveraine et *permanente* : il devint le Parlement de Paris.

Les provinces eurent aussi leurs Parlements : le nombre
s'en éleva à douze pour toute la France.

L'autorité des Parlements acquit une grande extension :
l'usage s'introduisit de leur soumettre les ordonnances et les
édits du roi, pour les faire enregistrer, et leur donner ainsi
force exécutoire. Les Parlements s'élevèrent bientôt de l'enregistrement à l'examen, et plusieurs fois ils s'opposèrent
aux volontés royales avec une rare énergie.

Dans ces conflits, le roi leur enjoignait, par *lettres de jus-
sion*, d'enregistrer les actes qui leur étaient déférés. Si cet
ordre était méconnu, il convoquait un *lit de justice*. On appelait ainsi des séances solennelles que le roi présidait et dirigeait
lui-même, assisté de la force publique. On a dit plaisamment

que la justice y dormait. Enfin, lorsque la résistance du Parlement allait jusqu'à braver le roi en personne, l'exil ou l'emprisonnement ne manquaient pas d'atteindre les membres les plus hostiles.

Les Parlements n'attaquaient pas seulement la législation dans sa source : ils la modifiaient encore dans son application, en statuant, sur les contestations qui leur étaient soumises, par voie de disposition générale et réglementaire. Ces arrêts, rendus en audience solennelle, s'appelaient *arrêts de règlement*. Ils régissaient et la cause actuelle et toutes celles de même nature qui pourraient se présenter dans l'avenir. Mais ces arrêts n'étaient obligatoires que dans le ressort du Parlement dont ils émanaient.

DROIT INTERMÉDIAIRE.

Les sources du droit intermédiaire varient suivant les différents pouvoirs politiques qui ont régi la France, de 1789 à 1804. Nous allons les indiquer.

1° *Assemblée* CONSTITUANTE (du 5 mai 1789 au 30 septembre 1791). — Louis XVI avait, par un édit du 23 septembre 1788, convoqué les états généraux. Leur composition fut, dès l'origine, la même que dans les précédentes réunions. Il y avait les trois ordres : le clergé, la noblesse et le tiers état ; mais le nombre des députés du tiers était égal au nombre des députés réunis du clergé et de la noblesse. Les délibérations et le vote *par ordre*, autrefois en usage, furent, dès la première séance, l'objet de vives attaques. Les écrits des philosophes, le mauvais état des finances, les désastres et les hontes de la France à l'extérieur pendant tout le dix-huitième siècle, avaient opéré dans les idées une révolution qui allait se traduire dans les événements. Les députés du tiers état réclamèrent le vote *par tête*, qui devait leur donner un pouvoir égal à celui des deux autres ordres réunis, et, après une longue lutte, ils entraînèrent quelques membres du bas clergé, dont la défection fut le signal d'une entière déroute des ordres privilégiés. Le tiers état se proclama *Assemblée nationale*, et, le 27 juin 1789, tous les députés dissidents finirent par se réunir, de l'avis même du roi, à cette Assemblée.

Ce n'est pas ici le lieu d'exposer toutes les réformes dues à la Constituante. Disons que cette grande et illustre assemblée fit la première Constitution française, et que les trois pouvoirs, législatif, exécutif et judiciaire, autrefois plus ou moins confondus, furent par elle séparés et organisés.

Aux termes de la Constitution de 1791, le pouvoir législatif était simultanément exercé par l'Assemblée et le roi. L'Assemblée proposait et décrétait les lois, le roi les sanctionnait. Son refus ou *veto* n'était que suspensif, et la loi devenait définitive, lorsque les deux législatures suivantes la proposaient et la décrétaient dans les mêmes termes que la première. Comme on le voit, cette Constitution avait opéré une révolution radicale dans l'organisation des corps politiques. Le roi était désormais dominé par l'Assemblée nationale.

Les lois décrétées par la Constituante sont aussi nombreuses qu'importantes. On peut citer celles qui abolirent le régime féodal, la vénalité et l'hérédité des offices, les jurandes, etc. ; et celles qui proclamèrent les droits de l'homme, la liberté et la publicité de la défense des accusés, l'égalité civile et l'unité administrative de la France.

2° *Assemblée* LÉGISLATIVE (du 1ᵉʳ octobre 1791 au 21 septembre 1792). — L'œuvre de cette Assemblée consista plutôt à achever la ruine de l'ancien régime qu'à commencer l'édifice des lois nouvelles. Pendant toute sa durée, la France fut en proie à des préoccupations de politique intérieure ou de guerre extérieure. Lorsqu'elle se sépara, Louis XVI était au Temple, et la guerre avait éclaté.

3° CONVENTION (du 21 septembre 1792 au 26 octobre 1795).

— Son premier acte fut de proclamer la déchéance de Louis XVI, et l'abolition de la royauté en France. Le pouvoir législatif et le pouvoir exécutif furent concentrés dans sa main ; parfois même elle s'arrogea le pouvoir judiciaire.

La Convention fit deux Constitutions : l'une en 1793, qui ne fut jamais appliquée ; l'autre en 1796 (an III), qui organisa le régime politique appelé *Directoire*.

Du calendrier républicain. — Par un décret du 25 septembre 1792, le calendrier républicain fut substitué au calendrier grégorien. Son point de départ fut le 22 septembre 1792, jour de la proclamation de la République. L'année eut douze mois, et chaque mois trente jours ; mais comme ces douze mois ne donnaient que trois cent soixante jours, l'année fut complétée par l'addition de six jours, dans le cas où elle était bissextile, et de cinq dans le cas contraire. Les mois étaient divisés en trois sections égales, appelées *décades*. Leur nom, emprunté à la nature, exprimait la saison correspondante. On les appelait vendémiaire, brumaire, frimaire ; nivôse, pluviôse, ventôse ; germinal, floréal, prairial ; messidor, thermidor, fructidor. Le calendrier républicain fut abrogé à partir du 1er janvier 1806. L'an XIV ne fut donc que commencé. Quoique ce calendrier ne soit plus qu'un souvenir, il importait d'en rappeler le mécanisme et les dénominations, car les lois faites pendant sa durée sont encore aujourd'hui désignées par les dates empruntées à son vocabulaire.

La Convention décréta plusieurs lois importantes, notamment celle du 7 nivôse an II sur les successions, du 9 messidor an III sur le régime hypothécaire, etc.

4° DIRECTOIRE (du 26 octobre 1795 au 9 novembre 1799). — La Constitution de l'an III, qui établit le régime connu sous le nom de Directoire, sépara les pouvoirs législatif et exécutif, qui avaient été un moment confondus dans la main de la Convention.

Le pouvoir législatif fut attribué à deux Conseils, l'un dit des *Cinq-Cents*, l'autre des *Anciens*, et le pouvoir exécutif à cinq membres, appelés *directeurs*, nommés par les deux Conseils. Le Conseil des Cinq-Cents proposait les lois, et celui des Anciens (chaque membre avait au moins quarante ans) les décrétait. On disait que le premier était l'imagination de la France, et que le second en était la raison.

Parmi les lois rendues sous le Directoire, on peut citer celle du 15 germinal an VI sur la contrainte par corps, et celle du 11 brumaire an VII sur les hypothèques.

5° Consulat (du 19 novembre 1799 au 18 mai 1804). —
Au Directoire succéda le Consulat, inauguré par le général Bonaparte, après le coup d'État du 18 brumaire an VIII. Il y eut d'abord trois consuls : le général Bonaparte, Cambacérès et Lebrun : sous leur direction, une double Commission de vingt-cinq membres, nommée par le Conseil des Cinq-Cents et par le Conseil des Anciens, dont les débris avaient été réunis par Lucien Bonaparte, frère du général, rédigea la Constitution de l'an VIII, sous l'empire de laquelle a été faite toute notre législation nouvelle. Il importe donc de la connaître.

La Constitution de l'an VIII créa cinq corps politiques, savoir :

1° Le *Consulat*, composé de trois membres, élus pour dix ans. Le premier Consul, Bonaparte, promulguait les lois, nommait seul les ministres et autres agents du pouvoir exécutif, et seul il avait voix délibérative.

2° Le *Conseil d'État*, composé de cinq sections, se réunissant en assemblée générale sur la convocation et sous la présidence du premier consul ; sa mission était de discuter et de rédiger les projets de loi qui devaient être soumis au pouvoir législatif.

3° Le *Tribunat*, chargé de discuter les lois contradictoirement avec les membres délégués du Conseil d'État.

4° Le *Corps législatif*, qui décrétait les lois, après en avoir entendu la discussion par trois orateurs du Tribunat et trois orateurs du Conseil d'État ; mais sans pouvoir ni prendre part à cette discussion ni modifier le projet par des amendements.

5° Le *Sénat conservateur*, dont la mission était de veiller au maintien de la Constitution. Dix jours étaient accordés au Tribunat, à partir du vote de chaque loi, pour la déférer au Sénat, comme inconstitutionnelle. Passé ce délai, la loi était promulguée et devenait irrévocable.

Maintenant, voici la marche que l'on suivait : le gouvernement qui seul avait le droit d'initiative présentait le projet de loi ; la section du Conseil d'État dans les attributions de laquelle il rentrait le discutait et le rédigeait en articles ; le projet, plus ou moins modifié, était alors adressé au chef de l'État, qui le faisait discuter par le Conseil d'État réuni en assemblée générale. Enfin, trois orateurs, désignés par le gouvernement et pris dans le sein du Conseil d'État, présentaient le projet définitif au Corps législatif. Celui-ci le communiquait au Tribunat, dont le vœu, favorable ou contraire, était reporté au Corps législatif, où trois tribuns le soutenaient avec ou contre les trois orateurs du gouvernement. C'est seulement après ces formalités que le Corps législatif, par son décret, convertissait le projet de loi en une loi véritable.

D'après ce qui précède, on voit que le pouvoir législatif, accordé en apparence à deux assemblées politiques, appartenait en réalité au gouvernement. En effet, ces assemblées n'avaient ni le droit d'initiative ni le droit d'amendement. Le Tribunat pouvait bien discuter la loi, mais il n'avait pas le droit de la décréter ; et le Corps législatif, qui pouvait la décréter, n'avait pas le droit de la discuter. En fait, presque toutes les lois proposées par le gouvernement furent décrétées sans obstacle, et jamais le Sénat conservateur n'usa de son droit de les déclarer inconstitutionnelles.

DROIT NOUVEAU.

Le droit nouveau se compose des différents Codes promulgués sous le Consulat et l'Empire ; plus, de toutes les
lois particulières rendues depuis cette époque.

Le Code Napoléon, le seul dont nous ayons à nous occuper, fut décrété le 21 mars 1804, et promulgué le 31 du
même mois.

La pensée de réunir en un seul Code les éléments épars de
la législation civile en France avait depuis longtemps préoc-
cupé nos grands jurisconsultes. L'Assemblée constituante
avait donné à ce projet l'autorité d'un article de Constitution,
et, dès 1791, elle avait décrété qu'il serait fait un Code de
lois civiles communes à tout le royaume.

Les préoccupations politiques, les soins de la guerre extérieure avaient retardé jusqu'au Consulat l'exécution de ce
grand et utile projet.

Par un arrêté du 24 thermidor an VIII, le premier consul
nomma une Commission chargée de rédiger un avant-projet
de Code civil. Elle se composait de quatre membres, qui
étaient *Tronchet*, *Portalis*, *Bigot de Préameneu* et *Mal-
leville*.

Dans le but de donner à l'œuvre nouvelle la sanction anticipée du peuple qu'elle devait régir, le gouvernement com-
muniqua le projet de la Commission à tous les tribunaux
d'appel, qui firent leurs observations. Ce projet et ces observations furent soumis au Conseil d'État, qui rédigea un
projet définitif, lequel fut converti en une série de lois dont
l'ensemble constitue le Code Napoléon.

Notons que, dans la rédaction du Code, chaque projet de
loi fut communiqué *officieusement* au Tribunat avant d'être
porté devant le Corps législatif. Cette innovation eut pour
but de prévenir et d'éviter l'opposition que plusieurs projets
de loi avaient à l'origine rencontrée au Tribunat.

Trente-six lois civiles furent ainsi successivement décrétées et promulguées. Puis vint la loi du 30 ventôse an XII, qui les réunit en un seul Code avec une seule série d'articles. A dater de ce moment, les trente-six lois ne formèrent plus qu'un tout unique, appelé le *Code civil* des Français. En 1807, le Code civil prit la dénomination de *Code Napoléon;* en 1816, il reprit celle de *Code civil*, et enfin par un décret du 27 mars 1852 il a recouvré celle de *Code Napoléon.*

Le Code se divise en trois livres. Le premier traite des personnes ; le second, des choses ; le troisième, des différentes manières d'acquérir la propriété, et des contrats que peuvent faire les particuliers.

Chaque livre se subdivise en titres, les titres en chapitres, les chapitres en sections, les sections en articles.

Le Code a été l'objet de louanges et de critiques également exagérées. On ne peut nier, d'un côté, qu'il ne soit une heureuse transaction entre les principes et les intérêts anciens en lutte avec les principes et les intérêts nouveaux. Ainsi l'organisation de la famille et le partage des successions portent un cachet de saine politique et de véritable sagesse. Mais, d'un autre côté, on peut signaler des lacunes, des dispositions regrettables, et de nombreux défauts de rédaction ou de méthode.

A la suite du Code civil, et lorsque le premier Empire eut remplacé le consulat, furent successivement décrétés et promulgués le Code de procédure (1806), le Code de commerce (1808), le Code pénal et le Code d'instruction criminelle (1810).

Le pouvoir législatif a subi, depuis le premier Empire, de nombreuses modifications que nous allons parcourir.

RESTAURATION. — *Charte de* 1814. — La Charte de 1814 inaugura la Restauration. Elle attribuait le pouvoir législatif concurremment au roi, à la Chambre des pairs et à la Chambre des députés. Au roi seul appartenait le droit d'initiative, et les Chambres ne pouvaient exprimer que des vœux ; elles avaient toutefois la faculté de proposer des amendements. Chaque projet devait être voté par les deux Chambres et sanctionné par le roi, pour devenir une loi définitive.

Monarchie de juillet. — *Charte de* 1830. — Cette Charte organisa le pouvoir législatif comme celle de 1814, sauf que le droit d'initiative fut accordé aux deux Chambres, qui l'exerçaient concurremment avec la couronne.

Deuxième République. — *Constitution de* 1848. — La constitution de 1848 accordait le pouvoir législatif à une assemblée unique, et le pouvoir exécutif à un président de la république. Le droit d'initiative appartenait au chef du pouvoir exécutif et à chacun des membres de l'Assemblée.

Deuxième Empire. — *Constitution de* 1852. — Aujourd'hui le pouvoir législatif est à peu près rétabli tel qu'il était sous la Constitution de l'an VIII. Le chef du gouvernement propose la loi, le Conseil d'État en discute et rédige le projet, puis le ministre d'État et le président du Corps législatif le soumettent à une discussion contradictoire entre les députés et les orateurs du gouvernement. Mais préalablement, tout projet présenté au Corps législatif donne lieu à la nomination d'une commission qui est chargée de faire un rapport et de recevoir les amendements qui seraient proposés. Si la commission adopte les amendements, ceux-ci sont renvoyés au Conseil d'État par le président du Corps législatif. Aux termes d'un sénatus-consulte du 14 juillet 1866, les amendements non adoptés par la commission ou le Conseil d'État peuvent cependant être pris en considération par le Corps législatif et renvoyés à un nouvel examen de la commission. Si la commission ne propose pas de rédaction nouvelle, ou si celle qu'elle propose n'est pas adoptée par le Conseil d'État, le texte primitif du projet est seul mis en délibération. Après discussion du projet, le Corps législatif vote ou rejette la loi présentée. Le Sénat, chargé de veiller au maintien de la constitution, déclare selon les circonstances qu'il s'oppose ou qu'il ne s'oppose pas à la promulgation de la loi décrétée

(Const., art. 26) ; enfin l'empereur la sanctionne et la promulgue (Const., art. 10).

Signalons en terminant le sénatus-consulte du 12 mars 1867, qui modifie l'article 26 de la Constitution, dans les termes suivants : « Le Sénat peut, avant de se prononcer « sur la promulgation d'une loi, décider, par une résolu- « tion motivée, que cette loi sera soumise à une nouvelle « délibération du Corps législatif.

« Cette nouvelle délibération n'aura lieu que dans une « session suivante, à moins que le Sénat n'ait reconnu qu'il « y a urgence.

« Lorsque, dans une seconde délibération, le Corps légis- « latif a adopté la loi sans changement, le Sénat, saisi de « nouveau, délibère uniquement sur la question de savoir s'il « s'oppose ou non à la promulgation de la loi. »

Ce sénatus-consulte donne, comme on le voit, au Sénat un véritable *veto* suspensif. C'est là une innovation des plus importantes.

EXPLICATION

DU

CODE NAPOLÉON

TITRE PRÉLIMINAIRE

De la publication, des effets et de l'application des lois en général.

(Décrété le 5 mars 1804. Promulgué le 15 du même mois.)

ART. 1ᵉʳ. Les lois sont exécutoires dans tout le territoire français, en vertu de la promulgation qui en est faite par l'Empereur [1]. — Elles seront exécutées dans chaque partie de l'Empire du moment où la promulgation en pourra être connue. — La promulgation faite par l'Empereur sera réputée connue dans le département où siégera le gouvernement, un jour après celui de la promulgation ; et, dans chacun des autres départements, après l'expiration du même délai, augmenté d'autant de jours qu'il y aura de fois dix myriamètres (environ vingt lieues anciennes) entre la ville où la promulgation en aura été faite et le chef-lieu de chaque département.

2. La loi ne dispose que pour l'avenir ; elle n'a point d'effet rétroactif.

---

[1] *Loi du 30 ventôse an XII* (21 mars 1804).

A compter du jour où les lois (qui forment le Code Napoléon) sont exécutoires, les lois romaines, les ordonnances, les Coutumes générales ou locales, les statuts, les règlements cessent d'avoir force de loi générale ou particulière dans les matières qui sont l'objet desdites lois composant le présent Code.

3. Les lois de police et de sûreté obligent tous ceux qui habitent le territoire. — Les immeubles, même ceux possédés par des étrangers, sont régis par la loi française. — Les lois concernant l'état et la capacité des personnes régissent les Français, même résidant en pays étranger.

4. Le juge qui refusera de juger sous prétexte du silence, de l'obscurité ou de l'insuffisance de la loi, pourra être poursuivi comme coupable de déni de justice.

5. Il est défendu aux juges de prononcer, par voie de disposition générale et réglementaire, sur les causes qui leur sont soumises.

6. On ne peut déroger, par des conventions particulières, aux lois qui intéressent l'ordre public et les bonnes mœurs.

Observation. — Avant d'entrer en matière, les rédacteurs du Code ont cru nécessaire d'exposer les principes concernant la *publication*, les *effets* et l'*application* des lois en général : c'était le préambule naturel de celui des Codes qui paraissait le premier.

De la PROMULGATION *des lois.* — La promulgation peut être définie : l'injonction faite à tous les Français par le chef du pouvoir exécutif d'observer la loi promulguée. Avant la promulgation, la loi existe, mais cette existence est purement théorique. La promulgation vient lui donner sa force efficiente, et la rendre exécutoire. On peut la comparer à la signification d'un jugement, lequel lie les parties du moment où il est rendu, mais ne peut être exécuté qu'après avoir été notifié à la partie adverse.

Sous la Constitution de l'an VIII, la promulgation avait nécessairement lieu le dixième jour du décret, et c'est pourquoi, dans toutes les lois insérées aux différents Codes, il y a un intervalle de dix jours entre celui du décret et celui de la promulgation.

Sous les Chartes de 1814 et de 1830, la promulgation se confondit avec la sanction même de la loi ; car le chef du pouvoir exécutif était en même temps membre du pouvoir législatif. Aucun délai n'était fixé pour cette sanction.

Sous la Constitution de 1848, la promulgation était faite

dans le mois du décret, ou même dans les trois jours, si la loi était urgente.

Sous la Constitution de 1852, la promulgation s'est de nouveau confondue avec la sanction de la loi par l'Empereur, et il n'y a pas de délai fixe entre le jour du décret et celui de la promulgation.

Le fait même de la promulgation résulte, depuis une ordonnance de 1816, de l'insertion de la loi au *Bulletin officiel* insertion constatée à la Chancellerie sur un registre spécial. Cette promulgation est vicieuse, car elle est inconnue du public, auquel cependant la loi s'adresse.

De la PUBLICATION *des lois.* — La publication peut être définie : le fait de porter à la connaissance de tous l'injonction résultant de la promulgation. Elle a lieu, d'après l'art. 1er du Code, par la seule expiration d'un certain délai à partir du jour de la promulgation. On peut se demander si un tel mode de publication est rationnel, et si véritablement la loi peut être censée connue par le seul fait qu'un certain délai a couru depuis le moment où elle a été promulguée. Il est incontestable que cette présomption, d'après laquelle la loi est réputée connue après un simple délai et sans qu'aucun fait extérieur en soit venu révéler la publication légale, sera souvent contraire à la réalité : cependant un tel système ne présente pas de sérieux inconvénients. La discussion de la loi au Corps législatif, la publicité qui l'entoure, l'insertion de la loi soit dans le *Moniteur*, soit dans les feuilles publiques, sont autant de circonstances qui la font connaître par anticipation, et lorsque, plus tard, la publication légale intervient, on peut véritablement dire que la loi ainsi publiée est déjà connue.

Il s'agit à présent de savoir quels sont les délais après lesquels la loi est légalement publiée. Aux termes de l'art. 1er, elle est réputée connue un jour franc après celui de la promulgation dans le département où siége le gouvernement et dans le rayon de 10 myriamètres. Le siége du gouvernement étant à Paris, la loi promulguée, par exemple, le premier du mois, sera exécutoire à partir du trois dans le département de la Seine. Pour les autres parties de la France, il faut, au délai ci-dessus, ajouter autant de jours qu'il y a de fois 10 myriamètres entre le siége du gouvernement et le chef-lieu du département où la loi doit être appliquée.

Mais que décider pour les fractions de 10 myriamètres?

Certains auteurs veulent ajouter un jour de plus toutes les fois qu'il y a une fraction de 10 myriamètres. Ainsi, pour une distance de 32 myriamètres, ils accorderaient quatre jours entiers.

D'autres introduisent dans la loi une distinction qu'elle ne contient pas, et ne veulent ajouter un jour de plus que si la fraction excède 5 myriamètres.

Mais il est préférable de s'en tenir au texte même du Code, qui n'accorde un jour que pour 10 myriamètres entiers, et l'on doit négliger toutes les fractions, quelle que soit d'ailleurs leur importance. Un sénatus-consulte du 15 brumaire an XIII a décidé la question dans ce sens pour un cas particulier. Ajoutons qu'avec la facilité actuelle des communications, une semblable solution ne présente aucun inconvénient. La jurisprudence s'est cependant prononcée en sens contraire.

Le système de publicité adopté par le Code peut mener à un résultat singulier : car, au lieu d'examiner la distance qui existe entre le siége du gouvernement et l'endroit où il s'agit d'appliquer la loi, il faut examiner celle qui existe entre le siége du gouvernement et le chef-lieu du département où cet endroit se trouve. Or, il arrive souvent que deux départements, situés à la même distance, ont deux chefs-lieux très-inégalement éloignés, de telle sorte que, malgré l'égalité des distances, la loi pourra être exécutoire dans l'un plus tôt que dans l'autre. Il eût été rationnel de faire marcher la publication par zones géométriques dont le siége du gouvernement eût été le centre. Si le législateur n'a pas adopté ce système, c'est parce qu'il eût donné lieu à de nombreuses difficultés sur le calcul des distances, tandis que ce calcul était facile pour les chefs-lieux de département.

Quelquefois les délais ci-dessus sont abrégés par une *publication de fait*, substituée à la *publication présumée*. Ainsi, d'après une ordonnance de 1817, le chef du pouvoir exécutif et les préfets peuvent rendre une loi immédiatement exécutoire, en la faisant imprimer et afficher dans les lieux publics. Cette publication d'urgence a reçu, dans les temps de troubles civils, une fréquente application : ainsi, toutes les lois mettant Paris ou les départements en état de siége ont été rendues sur-le-champ exécutoires.

Par une juste réciprocité, il faut admettre que, si une circonstance de force majeure, telle qu'une inondation, interrompait les voies de communication, les délais ordinaires de publicité pourraient être prolongés. Effectivement le Code déclare qu'après lesdits délais la loi est *réputée* connue, ce qui permet évidemment de prouver qu'*en fait elle ne pouvait pas être connue.*

Une question se présente : Les règles relatives à la promulgation et à la publication des lois doivent-elles s'appliquer à celles des décrets impériaux ? La négative paraît certaine : en effet, comme les décrets sont rendus sans discussion et sans publicité préalable, il ne serait pas rationnel de les supposer connus, comme les lois, par cela seul qu'un certain délai se serait écoulé depuis leur promulgation. Un avis du conseil d'État du 25 prairial an XIII, qui est encore en vigueur, a consacré cette théorie, en décidant que les décrets seraient obligatoires seulement à partir du jour où le bulletin des lois, qui les contient, serait distribué au chef-lieu du département, ou bien qu'à défaut de cette insertion, il aurait été donné connaissance du décret par une publication formelle, par exemple par affiches ; ou même par une notification directe aux personnes que le décret concerne.

De l'effet des lois (art. 2). — Aux termes de l'art. 2, la loi ne dispose que pour l'avenir et n'a point d'effet rétroactif.

Ce principe est à la fois conforme à la raison et à la justice ; à la raison, parce que l'homme, même investi du pouvoir de faire les lois, ne saurait avoir celui de ressaisir le passé pour le régir ; à la justice, parce que toutes les transactions humaines manqueraient de sécurité, si elles pouvaient être compromises ou même simplement modifiées par des lois que les parties ne pouvaient pas prévoir, au moment où elles les faisaient, et auxquelles elles ne pourraient pas se soustraire, après les avoir consenties. Il ne faut pas toutefois se méprendre sur le sens et la portée de cette maxime. Si en fait le législateur la méconnaissant édictait, comme le fit plusieurs fois la convention, des lois qui dussent produire un effet rétroactif, il est indubitable que ces lois seraient obligatoires jusqu'à leur abrogation. Le principe de la non-rétroactivité n'est pas une règle constitutionnelle ; c'est une simple règle de droit civil [1]. Cette rétroactivité cesse même d'être blâmable quand elle a pour but de faire prévaloir une pensée plus juste, ou plus humaine. On dit alors qu'elle est *in favorem*. Mais elle devient arbitraire et tyrannique, lorsqu'elle édicte des dispositions plus sévères, ou qu'elle bouleverse l'économie des intérêts privés telle que la loi préexistante l'avait ordonnée. Le Code, en proclamant le principe de la non-rétroactivité, a seulement voulu tracer aux magistrats une règle d'interprétation. Si la loi nouvelle est muette sur l'étendue des effets qu'elle doit produire, ils devront uniquement l'appliquer à l'avenir et non au passé. Une disposition formelle et une exception précise pourraient seules les autoriser à régler le passé en vertu de la loi qui aurait ainsi proclamé sa propre rétroactivité.

Reste à savoir ce qu'on doit entendre par *rétroactivité*. L'application du principe que nous examinons donne lieu à de nombreuses et graves difficultés. A cet égard, on peut poser comme règle générale que *tout fait accompli*, tout *droit réellement acquis* avant la promulgation d'une loi

---

[1] Demolombe, t. I, n° 67. — Cass., 15 avril 1863.

échappe à son empire, et qu'au contraire, tous les faits *éven-tuels*, tous les droits *en expectative* au moment de cette pro-mulgation y sont soumis. La ligne de démarcation entre les uns et les autres est souvent indécise, et, pour la déterminer, il est nécessaire d'établir entre les différentes lois plusieurs distinctions.

Nous allons successivement examiner celles qui règlent l'*état* et la *capacité* des personnes, la *forme*, la *preuve* et l'*interprétation* des actes, la *procédure* à suivre pour leur constatation ou leur exécution, et enfin les *peines* portées contre les faits coupables.

1° *Lois réglant* l'état *et la* capacité *des personnes.* — Ces lois sont essentiellement protectrices des particuliers et de l'ordre public; d'où il suit que la loi nouvelle devra s'ap-pliquer à toute personne, pourvu que les droits acquis à elle ou à des tiers, en vertu de la loi précédente, soient respectés. Ainsi une loi porte de vingt et un à vingt-cinq ans l'âge de la majorité : tous ceux qui n'auront pas vingt-cinq ans re-tomberont en minorité, quoiqu'en ayant plus de vingt et un, car l'intérêt même du particulier, apprécié souverainement par le législateur, exige que la protection dont il a été en-touré jusqu'à vingt et un ans soit prorogée jusqu'à vingt-cinq. Mais comme la loi ne peut préjudicier aux droits ac-quis, tous les actes faits dans l'intervalle de majorité qu'aura eu le mineur de vingt-cinq ans, conserveront leur entière validité. Et que ce majeur, redevenu mineur, n'objecte pas que la loi lui enlève une capacité sur laquelle il devait comp-ter; car ce qu'il regarde comme un avantage est, aux yeux du législateur, un péril, et, entre ces deux appréciations du même fait, la dernière devait évidemment l'emporter. En-suite, on ne peut pas dire que la capacité pour un temps à venir soit véritablement entrée dans le domaine de celui qui est dé-claré incapable par la loi nouvelle. La capacité d'une personne ne peut logiquement être appréciée qu'au moment même où cette personne en use pour faire un acte déterminé, et, à l'égard des actes qu'elle fera dans l'avenir, cette capacité n'existe pour elle qu'en expectative : lors donc que la loi nouvelle vient lui enlever *in futurum* sa capacité en respectant tous les actes accomplis jusqu'à sa promulgation, on ne peut pas dire qu'elle produise un effet rétroactif.

Réciproquement la loi nouvelle pourrait donner à l'individu une capacité que lui aurait refusée la loi ancienne; par exemple, si elle fixait la majorité à dix-huit ans au lieu de vingt et un.

Les testaments ne sont, jusqu'à la mort de leur auteur, que des actes sans efficacité, et c'est seulement à cette mort qu'ils confèrent un droit acquis aux différents légataires : en conséquence, toute loi qui modifiera la capacité de tester produira son effet sur tous les testaments dont les auteurs ne sont point encore décédés, que cette loi étende ou qu'elle restreigne leur faculté de disposer. Si au contraire le testateur est décédé au moment de la promulgation de la loi qui modifie sa capacité, les libéralités qu'il a faites ne sont plus une simple expectative pour les légataires, mais un droit définitivement et irrévocablement acquis, sur lequel la loi nouvelle n'étendra point ses effets.

2° *Lois réglant la* FORME *des actes.* — On applique toujours la loi du moment où l'acte est passé, et c'est juste; car, d'un côté, les actes entre-vifs engendrent immédiatement un droit qu'il importe de ne pas léser; et, de l'autre, les testaments sont, au point de vue de la forme, parachevés dès que leur rédaction est définitive. D'ailleurs, décider le contraire serait exposer à mourir intestats tous ceux qui, en conservant la jouissance de leur droit, en auraient perdu l'exercice. Notre principe peut se formuler ainsi : *Tempus regit actum.*

3° *Lois réglant la* PREUVE *des actes.* — On applique celle qui existait au moment de l'acte, car autrement on s'exposerait à violer des droits acquis. Ainsi un créancier de 140 francs peut prouver son droit par témoins (art. 1341), et, si une loi nouvelle exigeait une preuve écrite à partir de 100 francs, il se trouverait mis à la discrétion du débiteur : résultat inadmissible.

4° *Lois réglant* L'INTERPRÉTATION *des actes*. — Il faut donner la même décision que dans le cas précédent et pour les mêmes raisons.

5° *Lois réglant la* PROCÉDURE *à suivre pour la constatation et l'exécution des actes*. — On applique la loi nouvelle : en effet, la procédure ne porte point par elle-même sur le fond des choses, et les modifications qu'elle subit laissent intacts les droits dont elle doit procurer et assurer la consécration judiciaire. Peu importe aux parties que, par exemple, la loi nouvelle change les délais ou les formes, soit de l'ajournement, soit de l'appel. La situation respective du demandeur et du défendeur restent les mêmes; puisque le premier aura le droit de réclamer la même chose, et que le second aura celui d'opposer à son adversaire les mêmes moyens de défense. Les droits acquis à l'un et à l'autre étant sauvegardés, il n'y a d'une part aucune rétroactivité, et, d'autre part, les parties profitent ainsi des améliorations introduites par la loi nouvelle dans l'instruction ou le jugement des procès [1].

6° *Lois* PÉNALES. — On appliquera toujours la plus douce; car, ou la loi nouvelle est plus sévère, et alors il serait injuste d'en frapper celui qui n'a pas pu la prévoir; ou elle est moins sévère, et alors il serait également injuste d'appliquer la loi ancienne, puisque le législateur lui-même l'a jugée trop rigoureuse : mais la loi nouvelle, même plus douce que l'ancienne, laissera subsister toutes les condamnations déjà prononcées, par la raison que ces condamnations ont désormais un caractère d'irrévocabilité qui les soustrait à toute modification; elles constituent en quelque sorte un droit acquis pour la société contre les criminels qu'elle a frappés. Seulement, la loi ancienne étant reconnue trop sévère, le

---

[1] Massé et Vergé, t. 1, § 28, note 6. — Cass., 12 septembre et 27 décembre 1856.

chef de l'État usera presque toujours de son droit de grâce pour atténuer leur effet ou leur durée.

Des lois de POLICE *et de* SURETÉ. — *Des lois* RÉELLES *et* PERSONNELLES (art. 3.) — Les lois ont pour but, tantôt de protéger l'ordre public, tantôt d'organiser la possession et la transmission des biens, et tantôt de régler l'état et la capacité des personnes. — Les lois qui protègent l'ordre public s'appellent : *lois de police et de sûreté ;* celles qui règlent la possession des biens ou leur transmission : *lois ou statuts réels ;* enfin celles qui règlent l'état et la capacité des personnes : *lois ou statuts personnels.*

Des lois de POLICE *et de* SURETÉ. — Ces lois obligent tous ceux qui habitent le territoire sans distinction entre les Français et les étrangers : elles procèdent d'une double idée : d'abord, elles tendent à assurer le maintien de l'ordre dans l'État, et, à ce point de vue, elles ont un caractère social qui domine tous les autres. Ensuite les principes de la civilisation moderne, admis par tous les peuples qui ont échappé à la barbarie, veulent que l'homme, quelle que soit sa nationalité, trouve, en tout pays, respect pour sa personne et pour ses biens. Quand un Français passe la frontière, il attend protection et sécurité des lois qui régissent le pays où il pénètre, et pareillement l'étranger, qui vient en France, rencontre chez nous la même protection et la même sécurité. Or, il est évident que l'un et l'autre ne sauraient invoquer à l'étranger les lois qui sont leur sauvegarde, s'ils pouvaient eux-mêmes impunément les violer dans les pays dont ils reçoivent l'hospitalité. Les lois de police et de sûreté sont donc essentiellement territoriales et elles doivent atteindre tous les faits qui sont de nature à jeter la perturbation dans le corps social, quelles que soient l'origine ou la qualité de ceux qui s'en rendent coupables.

Les tribunaux français vont plus loin, et ils appliquent aux étrangers les lois intéressant l'ordre public lors même qu'aucun fait extérieur ne semble en apparence autoriser leur intervention. Ainsi, pour ne citer qu'un exemple, les questions de séparation de corps, dans les cas d'excès ou de violences, et celles de pension alimentaire, peuvent être portées par des étrangers devant la justice française, l'ordre public ne permettant pas qu'un époux étranger puisse en France rendre la vie commune dangereuse pour son conjoint, ou priver les siens de moyens de subsistance.

Des lois ou statuts RÉELS. — Les lois ou statuts réels sont l'expression de la souveraineté publique s'appliquant aux biens situés en France, et il n'y a pas à distinguer si ces biens appartiennent à des Français ou à des étrangers. Leur empire est absolu et exclusif : absolu, car il s'étend à tout le territoire, et exclusif, car il n'admet pas l'empiétement des lois étrangères dont l'autorité expire à nos frontières.

Des lois ou statuts PERSONNELS. — Les lois ou statuts personnels au contraire ne s'appliquent pas aux étrangers, mais seulement aux nationaux, dont ils règlent l'état et la capacité. Ces lois suivent le Français même en pays étranger, et, tant qu'il conserve sa nationalité, il ne peut pas se soustraire à leur empire. Elles sont attachées à sa personne *tanquam caro ossibus.*

La distinction entre les lois réelles et les lois personnelles n'est pas toujours facile à établir. Pour déterminer leur caractère, il faut considérer le *but principal, l'objet définitif* de la loi en question : si la loi a pour but final de régler les biens et les droits qui s'y rattachent, elle est *réelle;* si, au contraire, elle a pour but final de régler l'état et la capacité des individus, elle est *personnelle.* Ainsi sont *réelles* les lois qui régissent la propriété des immeubles ou ses démembrements, les différentes manières de les acquérir ou de les transmettre, etc.

Sont au contraire *personnelles* les lois qui régissent le mariage, la puissance maritale et paternelle, la minorité, la majorité, l'interdiction, etc.

Quelquefois le caractère d'une loi est douteux : ainsi,

l'art. 904 du Code permet à l'enfant, majeur de seize ans et mineur de vingt et un, de disposer par testament de la moitié des biens dont il pourrait disposer s'il était majeur. Les uns voient dans cette disposition un statut réel, car, disent-ils, l'enfant n'aurait ici qu'une demi-capacité, et l'on ne peut concevoir un milieu entre l'incapacité totale et la pleine capacité. Cette objection n'est pas fondée, car le mineur, au lieu d'être dans un état de demi-capacité, a une capacité entière pour moitié de ses biens, et il est entièrement incapable pour l'autre moitié. Ce qui prouve, d'ailleurs, que le Code se préoccupe de la personne principalement et des biens accessoirement, c'est que le lendemain de sa majorité l'enfant pourra faire des dispositions testamentaires deux fois plus étendues ; or, jamais les statuts réels n'ont ce caractère variable, car la fixité est une des premières conditions de l'ordre public.

On peut citer encore, comme ayant un caractère douteux, la disposition de l'art. 908, qui ne permet pas aux enfants naturels de recevoir par donation ou par testament plus que ce qui leur est accordé au titre *des Successions*. Certains auteurs y voient un statut personnel, puisque la capacité de l'enfant naturel se trouve diminuée. Mais cette opinion n'est pas exacte, par la raison que le but final de l'art. 908 est moins de restreindre la capacité de l'enfant naturel que de régler la dévolution des biens dans les familles. La qualité du successible n'est envisagée ici qu'accessoirement ; l'objet définitif de la loi est l'application des principes qu'elle a proclamés en matière de *successions*.

Nous avons vu que les lois réelles n'admettent pas, en France, l'empiétement des lois étrangères. Il n'en est pas de même des lois personnelles : en effet, du moment que le statut personnel suit le Français à l'étranger, il est juste d'appliquer aussi aux étrangers qui viennent en France leur loi personnelle. Décider le contraire serait exposer nos nationaux à de justes représailles ; car, si l'on appliquait aux étrangers la loi française, il est à présumer que les tribunaux étrangers, à leur tour, appliqueraient aux Français la loi étrangère. La question était décidée en ce sens dans l'ancien droit français, et les discussions du Conseil d'État prouvent que les rédacteurs du Code n'ont pas entendu renverser une règle à la fois si prudente et si équitable [1].

Toutefois, il faut apporter une double restriction à l'application de ce principe de réciprocité. Ainsi, on ne doit plus appliquer à l'étranger la loi personnelle lorsqu'elle est contraire à nos mœurs, comme celle qui autorise la polygamie ; ou aux intérêts d'un Français, comme la loi qui annulerait, pour cause de minorité, un acte fait par un étranger âgé de vingt et un ans, et que le contractant français aurait cru capable.

Les meubles possédés par des étrangers sont-ils régis par la loi française ou par la loi étrangère ?

Considérés individuellement, les meubles sont régis par la loi française. Le système contraire aurait, en effet, trop d'inconvénients, puisqu'un créancier gagiste, par exemple, ne pourrait pas compter sur le gage qu'il aurait reçu de son débiteur étranger, si la loi étrangère n'admettait pas un tel contrat. Mais quand on considère les meubles comme universalité, ce qui a lieu, par exemple, dans le cas de legs universel, ou à titre universel, les auteurs ne sont pas d'accord.

D'après les uns, il faut appliquer la loi française, car toutes les choses corporelles doivent être soumises à son empire. Il est vrai, disent-ils, que l'art. 3 parle seulement des immeubles possédés par les étrangers ; mais c'est qu'on ne pouvait édicter *à priori* une règle semblable pour les meubles, à cause de leur facile déplacement. D'ailleurs, en admettant que la loi étrangère vînt réglementer, en France,

---

[1] Valette sur Proudhon, t. I, p. 82. — Demolombe, t. I, n° 68. — Marcadé, art. 3, n° 5.

la dévolution ou le partage des meubles laissés par un étranger, on subordonnerait à cette loi la souveraineté nationale, ce qui est inadmissible.

D'après les autres, il faut appliquer la loi étrangère ; car l'ancienne jurisprudence, jalouse autant que nous pouvons l'être, de la souveraineté française, déclarait que les meubles devaient être régis par la loi personnelle de celui qui les possédait. On disait « *Mobilia ossibus personæ inhærent.* » Rien ne prouve que le Code ait dérogé à ce principe ; il faudra donc l'appliquer, à moins, toutefois, qu'il n'en résulte un préjudice pour un Français[1]. Ainsi, nul doute que si un étranger laisse à la fois des biens en France et dans son pays, avec des héritiers français et étrangers, l'on ne doive reconnaître aux héritiers français le droit de prélever leur part de succession sur les meubles laissés en France, quand ils sont exclus, par la loi étrangère, des biens laissés en pays étranger.

Des lois qui régissent la FORME *des actes.* — Ces lois, sans rentrer à proprement parler dans la catégorie des lois réelles, sont cependant, comme elles, applicables à tous les actes, qui sont passés dans le pays qu'elles régissent. La règle : *Locus regit actum*, a été de tout temps admise, et quoique le Code ne la reproduise pas expressément, il l'a maintenue implicitement, puisqu'il en fait lui-même plusieurs fois l'application (art. 47 — 170 — 999). Toutefois cette règle n'a trait qu'à la forme extérieure des actes et non aux conditions intrinsèques de leur validité : ainsi le Français qui se marie à l'étranger est valablement marié si toutes les formalités prescrites par la loi étrangère ont été observées dans la célébration de son mariage : mais s'il ne réunissait pas toutes les conditions d'âge et de capacité exigées par la loi française, il ne serait pas valablement marié, parce que ces conditions affectent le fond du

---

[1] Demangeat, *Rev. pratique*, t. I, p. 63. — Demolombe, t. I, nos 75 et suiv. — Paris, 6 janvier 1862.

contrat et non plus sa forme extérieure. Lorsque le Français qui se trouve à l'étranger veut procéder à un acte suivant les formes de son pays, il doit le faire devant le Consul ou l'agent diplomatique français, qui alors reçoivent
l'acte, comme un officier public le recevrait en France.

De l'application *des lois* (art. 4). — Les juges doivent
statuer sur tous les différends, sans exception, qui
leur sont soumis par les particuliers. Sous aucun prétexte,
ils ne peuvent se soustraire à cette obligation, et le législateur les déclare coupables de déni de justice, lorsqu'ils refusent de juger en se fondant sur le silence, l'obscurité ou l'insuffisance de la loi.

Nous verrons un peu plus loin comment le juge devra s'y
prendre pour appliquer une loi qu'il trouve obscure ou
insuffisante. Mais constatons qu'il devra par exception
s'abstenir en matière criminelle, où toute peine doit être
formellement écrite pour être légalement appliquée.

De l'interprétation *des lois* (art. 4). — L'interprétation
des lois est faite par voie de doctrine, ou par voie d'au-
rité.

L'interprétation doctrinale émane du jurisconsulte, et
ne puise sa force que dans les raisons sur lesquelles elle repose.

L'interprétation par voie d'autorité émane soit du juge,
soit du législateur.

La première s'applique exclusivement au fait particulier sur lequel le juge avait à statuer.

La seconde s'applique à tous les faits passés, présents et
futurs, que prévoit le législateur. A vrai dire, c'est plutôt une
loi nouvelle que l'interprétation d'une loi ancienne, car toute
interprétation implique liberté dans la discussion et choix
dans la solution, ce qui n'existe pas dans notre hypothèse.

L'interprétation judiciaire est aujourd'hui régie par la loi
du 1er avril 1837. Lorsqu'un procès est passé par tous les

degrés ordinaires de juridiction, il est déféré à la Cour de
cassation, dont la mission est de surveiller la saine et uniforme application des lois dans toute la France. Si cette Cour
trouve le procès bien jugé, elle rejette le pourvoi, et la solution du procès est définitive. Si, au contraire, elle reconnaît
qu'il a été fait de la loi une fausse application, elle casse le jugement ou l'arrêt attaqué, et l'affaire est renvoyée devant
un autre tribunal, quand il s'agit d'un jugement, ou devant
une autre Cour impériale, quand il s'agit d'un arrêt. Si
l'affaire renvoyée est jugée comme la première fois, et déférée de nouveau à la Cour de cassation, celle-ci rend une
seconde décision, qui sera désormais obligatoire ; mais comme
elle ne doit pas juger le fond du procès, l'affaire est renvoyée
devant un troisième tribunal ou une troisième Cour impériale, qui statue conformément à l'arrêt de cassation.

Lorsque la cour de cassation est appelée à statuer pour la
seconde fois sur un jugement ou un arrêt qui lui ont été déjà
soumis, elle le fait en audience solennelle, et toutes chambres réunies, afin de donner à sa décision une plus grande
autorité.

La loi de 1837 a été l'objet de critiques méritées ; car la
même affaire peut passer par des phases nombreuses, et les
frais sont considérables. De plus, comme toute décision judiciaire est exclusivement applicable au procès sur lequel
elle est intervenue, il en résulte que ces jugements ou arrêts
successifs laissent toujours les intérêts privés dans la même
incertitude, ce qui est regrettable.

Il eût peut-être mieux valu conférer à la Cour de cassation le droit de donner des lois une interprétation définitive,
et, afin de maintenir la distinction des pouvoirs, faire consacrer son interprétation par le pouvoir législatif.

En conséquence de la séparation des pouvoirs, l'article 5
du Code interdit formellement aux juges de prononcer par
voie de disposition *générale* et *réglementaire*. De la sorte on
évite un double écueil : car, d'un côté, la justice est facile-

ment méconnue là où la même personne peut faire la loi et l'appliquer, et, de l'autre, si chaque Cour ou tribunal avait le droit de réglementer à sa manière les faits d'un certain ordre, on ne tarderait pas à voir renaître cette diversité de décisions qui existait à l'époque des Coutumes, et l'unité de notre législation se trouverait rompue. Les *arrêts de règlement* que pouvaient rendre les anciens parlements sont donc aujourd'hui prohibés.

Les tribunaux, avons-nous dit, doivent aux termes de l'art. 4 juger toutes les contestations qui leur sont déférées, et il ne leur est point permis, sous prétexte du silence, de l'obscurité ou de l'insuffisance de la loi, de se soustraire à cette obligation. Ajoutons que si la loi est muette, obscure ou insuffisante, ils y suppléeront soit par les données de la jurisprudence, soit par les interprétations de la doctrine, soit par les lumières de l'équité naturelle. Mais il ne leur est permis d'emprunter leurs décisions à ces sources diverses que si la loi est réellement insuffisante, et non lorsque la solution qu'elle édicte expressément leur paraît irrationnelle ou inique. Et, en effet, la loi qui paraît avoir l'un ou l'autre de ces caractères dans un cas particulier, n'en a pas moins sa raison d'être générale, et le juge, en s'inclinant devant elle au lieu de l'éluder ou de la violer sous prétexte de donner une décision meilleure, ajoute à la sécurité de tous, par la certitude que l'arbitraire ne pourra jamais se glisser dans ses sentences. Les anciens parlements, en jugeant trop souvent selon les lumières de l'équité naturelle, avaient jeté dans les esprits une méfiance profonde sur l'équité de leurs arrêts. Cet arbitraire est banni de nos habitudes judiciaires, et la cour de cassation est là pour en prévenir le retour.

Des conventions PERMISES *ou* PROHIBÉES (art. 6). — Les particuliers peuvent faire toutes conventions qui ne sont pas contraires aux bonnes mœurs ou à l'ordre public, et comme la loi n'a pas défini le sens de ces mots, les tribunaux auront un droit d'appréciation souveraine. Toutefois, dans plusieurs cas, le Code annule expressément certaines conventions comme contraires à l'ordre public; par exemple, dans l'article 791, où il prohibe toute stipulation sur une succession non encore ouverte.

Nous verrons qu'une clause illicite, insérée dans un contrat à titre onéreux, le rend nul tout entier (art. 1174), et qu'elle est réputée non écrite dans un contrat à titre gratuit (art. 900).

LIVRE Ier. TITRE Ier.

Des personnes. — De la jouissance et de la privation des droits civils.

(Décrété le 8 mars 1863. Promulgué le 18 du même mois).

CHAPITRE PREMIER

DE LA JOUISSANCE DES DROITS CIVILS.

ART. 7. L'exercice des droits civils est indépendant de la qualité de *citoyen*, laquelle ne s'acquiert et ne se conserve que conformément à la loi constitutionnelle.

8. Tout Français jouira des droits civils.

9. Tout individu né en France d'un étranger pourra, dans l'année qui suivra l'époque de sa majorité, réclamer la qualité de *Français*, pourvu que, dans le cas où il résiderait en France, il déclare que son intention est d'y fixer son domicile, et que, dans le cas où il résiderait en pays étranger, il fasse sa soumission de fixer en France son domicile, et qu'il l'y établisse dans l'année, à compter de l'acte de soumission [1].

---

[1] *Loi du* 22-23 *mars* 1849. — L'individu né en France d'un étranger sera admis, même après !l'année qui suivra l'époque de sa majorité, à faire la

10. Tout enfant né d'un Français en pays étranger est Français. — Tout enfant né, en pays étranger, d'un Français qui aurait perdu la qualité de Français, pourra toujours recouvrer cette qualité, en remplissant les formalités prescrites par l'article 9.

11. L'étranger jouira en France des mêmes droits civils que ceux qui sont ou seront accordés aux Français par les traités de la nation à laquelle cet étranger appartiendra.

12. L'étrangère qui aura épousé un Français suivra la condition de son mari.

13. L'étranger qui aura été admis par le gouvernement à établir son domicile en France y jouira de tous les droits civils, tant qu'il continuera d'y résider.

déclaration prescrite par l'art. 9 du Code civil, s'il se trouve dans l'une des deux conditions suivantes : — 1º s'il sert ou s'il a servi dans les armées françaises de terre ou de mer ; — 2º s'il a satisfait à la loi du recrutement sans exciper de son extranéité.

Loi du 7-12 février 1851. — 1. Est Français tout individu né en France d'un étranger qui lui-même y est né, à moins que, dans l'année qui suivra l'époque de sa majorité, telle qu'elle est fixée par la loi française, il ne réclame la qualité d'étranger par une déclaration faite, soit devant l'autorité municipale du lieu de sa résidence, soit devant les agents diplomatiques ou consulaires accrédités en France par le gouvernement étranger.

2. L'article 9 du Code civil est applicable aux enfants de l'étranger naturalisé, quoique nés en pays étranger, s'ils étaient mineurs lors de la naturalisation. — A l'égard des enfants nés en France ou à l'étranger, qui étaient majeurs à cette même époque, l'article 9 du Code civil leur est applicable dans l'année qui suivra celle de ladite naturalisation.

Loi du 29 juin 1867. Art. 1er. L'étranger qui, après l'âge de vingt et un ans accomplis, a, conformément à l'article 13 du Code Napoléon, obtenu l'autorisation d'établir son domicile en France et y a résidé pendant trois années, peut être admis à jouir de tous les droits de citoyen français.

Les trois années courront à partir du jour où la demande d'autorisation aura été enregistrée au ministère de la justice.

Est assimilé à la résidence en France le séjour en pays étranger pour l'exercice d'une fonction conférée par le gouvernement français.

Il est statué sur la naturalisation, après enquête sur la moralité de l'étranger, par un décret de l'Empereur, rendu sur le rapport du ministre de la justice, le conseil d'État entendu.

Art. 2. Le délai de trois ans, fixé par l'article précédent, pourra être réduit à une seule année en faveur des étrangers qui auront rendu à la France des services importants, qui auront introduit en France soit une industrie, soit des inventions utiles, qui y auront apporté des talents distingués, qui y auront formé de grands établissements ou créé de grandes exploitations agricoles.

TOME I. 3

14. L'étranger, même non résidant en France, pourra être cité devant les tribunaux français pour l'exécution des obligations par lui contractées en France avec un Français ; il pourra être traduit devant les tribunaux de France pour les obligations par lui contractées en pays étranger envers des Français.

15. Un Français pourra être traduit devant un tribunal de France, pour des obligations par lui contractées en pays étranger, même avec un étranger.

16. En toutes matières, autres que celles de commerce, l'étranger qui sera demandeur sera tenu de donner caution pour le payement des frais et dommages-intérêts résultant du procès, à moins qu'il ne possède en France des immeubles d'une valeur suffisante pour assurer ce payement.

Notions générales. — Le livre Ier du Code traite des *personnes*. On appelle ainsi tout être juridique, susceptible d'avoir des droits et des obligations. Cette qualité appartient à chaque homme, et de plus à certaines collections d'intérêts ou d'individus, comme à l'État, aux communes, aux sociétés commerciales, que le législateur a érigées, pour des motifs que nous verrons plus tard, en *personnes morales ou juridiques*, susceptibles d'avoir les droits et les obligations qui peuvent appartenir ou incomber aux simples particuliers.

Les personnes se divisent en plusieurs catégories; elles sont : françaises ou étrangères, majeures ou mineures ; jouissantes de leurs droits civils ou privées de cette jouissance, mariées ou non mariées, etc. Nous indiquons seulement ici ces différentes classes de personnes : nous en parlerons avec détail dans la suite de l'ouvrage.

Le Code traite, dans le titre Ier, de la jouissance et de la privation des droits civils.

Des DROITS CIVILS. — On appelle *droits civils* ceux qui intéressent la famille ou les particuliers, considérés par rapport aux autres particuliers; tels sont les droits de contracter mariage, de devenir propriétaire, de disposer ou de recevoir par donation ou testament, etc., etc.

Il faut distinguer la *jouissance* d'un droit de son *exercice*.

La jouissance consiste dans le fait de posséder le droit, d'en avoir en quelque sorte la propriété. L'exercice consiste dans le fait d'user du droit dont on jouit, et d'en retirer les avantages qu'il peut procurer ; d'où il suit que l'on peut jouir d'un droit sans en avoir l'exercice, mais non l'exercer sans en avoir la jouissance. Une comparaison rend très-sensible cette distinction : ainsi une personne peut avoir un membre paralysé, et dont elle est incapable de se servir : elle n'en possède pas moins son membre. Elle en a, si l'on peut ainsi parler, la jouissance, quoiqu'elle n'en ait pas l'exercice. Mais on ne saurait comprendre qu'une personne eût l'usage d'un membre dont elle serait privée : en d'autres termes, l'exercice ne peut se concevoir sans la jouissance.

A côté des droits civils, qui sont les plus importants de tous, puisqu'ils règlent les actes ordinaires de la vie, il faut placer les *droits politiques,* qui règlent les rapports de *gouvernants* à *gouvernés.* Nous n'avons pas à nous occuper ici de ces droits, qui appartiennent au domaine constitutionnel. Disons seulement qu'ils consistent dans la faculté d'élire ou d'être élu aux fonctions de l'ordre législatif, administratif ou judiciaire : ils n'appartiennent pas à tous les Français, mais seulement à ceux qui ont la qualité de citoyens, c'est-à-dire qui sont mâles et majeurs. Encore faut-il excepter les faillis non réhabilités, les interdits, et les condamnés qui ont été privés de ces droits par le jugement qui les a frappés. Quant à l'exercice des droits électoraux, il appartient uniquement aux citoyens qui sont domiciliés depuis six mois dans la commune où ils veulent les exercer.

Ajoutons que les formalités exigées par la constitution de l'an VIII, pour l'acquisition et la conservation de la qualité de citoyen, formalités auxquelles l'article 7 du Code fait allusion, sont tombées en désuétude et dépourvues de toute application.

Des personnes qui ont la JOUISSANCE *des droits civils.* — Ont la jouissance des droits civils tous les Français sans dis-

tinction d'âge ni de sexe. Il y a donc une très-grande différence entre la jouissance des droits politiques et celle des
droits civils : la première n'appartient qu'aux citoyens,
comme nous venons de le dire, la seconde appartient à tous
les Français sans exception.

*Des personnes qui ont l'*EXERCICE *des droits civils.* — Ont
l'exercice des droits civils tous les Français que la loi n'a pas
déclarés incapables. Or, sont incapables : les mineurs, les interdits, les femmes mariées, et les individus condamnés à
certaines peines. Mais comme la privation de l'exercice n'entraîne pas celle de la jouissance, les droits de ces incapables
sont exercés par des représentants que la loi leur désigne.
Ainsi les droits des mineurs ou interdits sont exercés par
leurs tuteurs ; ceux des femmes mariées par leurs maris, etc.

Notons que certains droits, comme celui de se marier ou
de tester, ne peuvent être exercés que par celui-là même qui
en jouit, et que la perte de l'exercice équivaut, dans ce cas,
à la perte de la jouissance.

De la QUALITÉ DE FRANÇAIS. — On est Français par la naissance, ou par un fait postérieur à la naissance.

De ceux qui NAISSENT *Français.* — Dans l'ancien droit, la
qualité de Français appartenait à tous ceux qui étaient nés
en France, même de parents étrangers, et à tous ceux qui
étaient nés de parents français, même à l'étranger. En d'autres termes, deux faits étaient attributifs de nationalité : *le
lieu* et *l'origine.*

Aujourd'hui, la qualité de Français est indépendante du
lieu, et ne dérive que de l'origine. Ainsi, a la qualité de
Français quiconque est issu de parents français. Mais quels
sont les parents français ? Il faut reconnaître cette qualité à
tous ceux qui ont la possession d'état de Français, c'est-
à-dire qui passent pour Français, et jouissent publiquement
des avantages comme ils supportent les charges attachés à
cette qualité ; et, en effet, on ne pouvait raisonnablement
exiger de chacun la preuve régulière et certaine de sa na-

tionalité. Mais comme ce n'est là qu'une présomption, la preuve contraire, fournie par les parties intéressées, devrait assurément prévaloir.

L'enfant peut être légitime ou naturel.

Légitime, il suit la nationalité de son père, car le sexe masculin a la prééminence sur le sexe féminin. D'ailleurs si le père est français, la mère l'est nécessairement pas le seul fait de son mariage. C'est seulement dans le cas où le père légitime serait étranger et où la mère n'aurait pas acquis sa nationalité par le mariage, que la question peut se présenter, et alors la nationalité du père l'emporte sur celle de la mère.

Naturel, l'enfant reconnu par ses père et mère suit la condition de son père ; mais reconnu par la mère seule, il a nécessairement la nationalité de cette dernière.

Il n'en était pas de même autrefois. L'enfant naturel, même reconnu par ses père et mère, suivait la condition de la mère, par application de la règle romaine : « *Partus ventrem sequitur.* » On admet aujourd'hui une solution différente, parce que le Code a conféré au père le droit d'élever l'enfant, de lui donner son nom et d'exercer, en général, tous les attributs de la puissance paternelle. Par analogie, il doit lui donner aussi sa nationalité.

Si l'enfant n'est reconnu ni par son père ni par sa mère, sa nationalité se règle, d'après le lieu de sa naissance ; car il est présumable que l'enfant né en France, par exemple, de père et mère inconnus, est plutôt issu de parents français que de parents étrangers. On voit par là que le lieu de la naissance, quoique non atributif en principe de la nationalité, peut encore la donner.

Que décider si la mère ayant d'abord reconnu l'enfant auquel elle a donné sa nationalité, cet enfant est plus tard reconnu par le père qui a une nationalité différente? Selon la rigueur des principes, l'enfant devrait changer de nationalité. Mais cette décision serait quelquefois bien rigoureuse : car l'enfant, après avoir joui pendant vingt ou trente ans de la qualité de Français, se verrait privé tout d'un coup, et malgré lui, des avantages qu'elle confère. Il vaut mieux lui laisser le choix de sa nationalité, et c'est juste : car l'enfant ne doit pas être victime de la négligence de son père à le reconnaître, lorsque, d'ailleurs, sa mère lui a donné, en le reconnaissant, son nom et sa nationalité.

A quel moment se fixe *la nationalité de l'enfant.* — A cet égard, on faisait, en droit romain et dans l'ancien droit français, une distinction entre l'enfant légitime et l'enfant naturel. La nationalité de l'enfant légitime était fixée dès le moment de la *conception*, et c'était rationnel; car l'enfant conçu est indépendant de son père. Celle de l'enfant naturel n'était, au contraire, fixée qu'au moment de la *naissance ;* car il se rattachait à sa mère, et l'existence de l'enfant est confondue avec celle de la mère jusqu'à l'accouchement.

Aujourd'hui encore, on se réfère à l'époque de la conception, lorsqu'il faut rattacher l'enfant à son père, et à celle de la naissance, lorsqu'il faut le rattacher à sa mère.

Mais on tempère cette règle par la maxime : « *Infans conceptus pro nato habetur, quoties de commodis ejus agitur ;* » d'où il suit que, si l'enfant a pu naître Français à un instant quelconque de son existence, il le sera réellement.

Pour nous résumer, nous dirons que la naissance attribue la qualité de Français :

1° Aux enfants légitimes, nés d'un père français, lors même que la mère serait étrangère ;

2° Aux enfants naturels, reconnus par un père ou une mère français ;

3° Aux enfants nés en France de parents restés inconnus.

Une loi du 7 février 1851 a introduit dans cette matière une innovation importante. Sous l'empire du Code, les enfants nés en France de parents étrangers restaient toujours étrangers, lors même que depuis plusieurs générations leur famille était établie en France. De là découlaient de graves abus. Fallait-il subir la loi du recrutement, ou toute autre charge imposée aux Français? l'enfant d'origine étrangère exhibait la preuve de son extranéité et échappait ainsi aux charges attachées à la qualité de Français. S'agissait-il au contraire de profiter des avantages que donne cette qualité? l'enfant se présentait comme étant Français, et nul ne songeant à fournir contre lui la preuve de son extranéité, il s'arrogeait le bénéfice de la nationalité française. Un tel abus ne pouvait se perpétuer, et la loi du 7 février 1851 a établi que tout individu né en France d'un étranger, qui lui-même y est né, sera de plein droit Français, à moins que dans l'année qui suivra sa majorité il ne réclame la qualité d'étranger par une déclaration faite soit devant la municipalité du lieu de sa résidence, soit devant les agents diplomatiques accrédités en France par le gouvernement du pays auquel il appartient.

De ceux qui DEVIENNENT *Français.* — On devient Français :

I. Par le *bienfait* de la loi ; c'est-à-dire en vertu d'une disposition législative que l'on a le *droit* d'invoquer en remplissant certaines formalités ou conditions ;

II. Par la *naturalisation ;* c'est-à-dire en vertu d'une décision du gouvernement, qui peut, comme toute faveur, être accordée ou refusée ;

III. Par l'*annexion* à la France d'un territoire étranger.

I. *De ceux qui deviennent Français par le* BIENFAIT DE LA LOI. — Devient Français par le bienfait de la loi :

1° L'enfant né en France de parents étrangers qui n'y étaient pas nés eux-mêmes. Le fait d'avoir reçu le jour et l'éducation dans un pays est un lien puissant qui vous y rattache, et c'est pourquoi le Code, tout en refusant ici de reconnaître de plein droit à l'enfant la qualité de Français, lui facilite le moyen de l'acquérir. Il faut et il suffit qu'il remplisse une double condition. Il doit, dans l'année de sa majorité :

Déclarer à la municipalité du lieu de sa résidence actuelle ou future, qu'il a l'intention de fixer en France son domicile ;

L'y fixer réellement dans l'année qui suit cette soumission.

Quelle est la majorité dont le Code entend parler ? D'après certains auteurs, ce serait la majorité établie par la loi française ; mais cette opinion n'est pas admissible : car on ne peut régler l'état de l'étranger par une loi qui n'est pas encore la sienne, puisqu'il sollicite précisément le bénéfice d'être régi par elle.

Une loi du 15 mars 1849, plus libérale que le Code, a permis à l'étranger né en France de réclamer la qualité de Français à tout âge, lorsqu'il a servi dans les armées françaises ou qu'il a subi la loi du recrutement sans exciper de sa qualité d'étranger : car, comme il a supporté les charges les plus lourdes imposées aux Français, il est juste de lui rendre plus facile le moyen de le devenir.

En outre, la loi du 7 février 1851 a étendu aux enfants nés, à l'étranger, de parents naturalisés depuis cette époque, la faculté de devenir Français, en remplissant les formalités exigées pour l'enfant né en France d'un étranger. Seulement cette faculté ne leur est accordée que s'ils étaient mineurs lors de la naturalisation de leurs parents.

2° Devient Français par le bienfait de la loi l'enfant né, à l'étranger, d'un père qui avait perdu la qualité de Français (art. 10). Il lui suffit de remplir, à quelque époque de sa vie que ce soit, les formalités que nous venons d'indiquer pour l'étranger né en France. La loi est donc plus favorable à l'enfant de l'ex-Français qu'à l'étranger né en France.

Si l'enfant de l'ex-Français était né en France et non à l'étranger, il serait, depuis la loi du 7 février 1851, Français de plein droit et sans aucune formalité.

3° Devient Française, par le bienfait de la loi, et sans condition ni formalités, la femme étrangère qui épouse un Français. Mais nous verrons qu'il n'est pas toujours vrai de dire, comme le font les art. 12 et 19 du Code, que la femme suit la condition de son mari ; car, lorsque celui-ci est étranger, la femme cesse bien d'être Française en l'épousant, mais elle n'acquiert pas nécessairement la nationalité de son mari. Cette nationalité ne peut lui être conférée que par la législation même du pays auquel le mari appartient.

Notons que la naturalisation acquise postérieurement au mariage n'attribuerait pas à la femme la nationalité nouvelle de son mari devenu Français, car on ne peut pas dire que la femme ait, dans ce cas, consenti à changer de nationalité. A plus forte raison la naturalisation que le Français acquerrait à l'étranger après son mariage n'aurait-elle pas pour effet d'enlever à la femme la qualité de Française [1].

4° Enfin, recouvre la qualité de Française par le bienfait de la loi, la femme qui, après avoir perdu sa nationalité en épousant un étranger, devient veuve et réside en France, ou y rentre avec l'autorisation du gouvernement et en déclarant qu'elle veut s'y fixer (art. 19).

II. *De ceux qui deviennent Français par la* NATURALISATION. — On distinguait autrefois deux sortes de naturalisation, la *grande* qui ne pouvait résulter que d'un vote du pouvoir législatif, et la *petite* qui était accordée par le gouvernement.

La première seule conférait, en même temps que la qualité de Français, la plénitude des droits *politiques*, notamment le droit de siéger dans les chambres.

La seconde conférait simplement la qualité de Français, et les droits civils qui en découlent.

La loi du 29 juin 1867 ne reconnaît qu'une seule naturalisation. Cette naturalisation est toujours accordée par décret impérial, le Conseil d'État entendu. Elle confère à la fois tous les droits *civils* et tous les droits *politiques*, car la loi ne contient à cet égard ni distinction ni restriction.

L'étranger peut obtenir sa naturalisation par la voie *ordinaire*, ou par la voie *privilégiée*.

[1] Demolombe, t. I, nos 104 et 175. — Demangeat sur Fœlix, t. I, p. 82 et 93. — Colmet d'Aage, *Rev. de droit franç.*, t. I, p. 401.

Il l'obtient par la voie ordinaire quand il réunit les trois conditions suivantes :

1° Il doit avoir vingt et un ans accomplis ;

2° Il doit avoir obtenu du gouvernement l'autorisation de fixer son domicile en France ;

3° Il doit y avoir effectivement résidé pendant trois ans depuis cette autorisation.

L'ancien stage de dix années est donc réduit à trois seulement. De plus, la loi nouvelle assimile à la résidence en France le séjour en pays étranger pour l'accomplissement d'une mission, ou l'exercice d'une fonction conférée par le gouvernement français, par exemple pour l'exercice des fonctions de consul ou d'agent diplomatique.

L'étranger peut obtenir sa naturalisation par la voie privilégiée, quand il a rendu à la France des services importants, ou y a apporté soit une industrie, soit des inventions utiles, soit des talents distingués, ou enfin y a formé de grands établissements. La durée du stage est alors réduite à une *seule année* (art. 2 de la loi du 29 juin 1867).

III. *De ceux qui deviennent Français par* L'ANNEXION *à la France d'un territoire étranger.* — L'annexion, bien différente en cela d'une simple occupation temporaire, a toujours conféré la qualité de Français aux habitants des pays annexés. Et il n'y a pas à distinguer si elle provient d'un traité amiable ou de la conquête. Il faut et il suffit que le territoire étranger soit véritablement incorporé à la France.

DE LA CONDITION CIVILE DES ÉTRANGERS EN FRANCE.

Notions et théorie générales. — Nous avons vu que les étrangers n'ont, en France, ni la jouissance des droits politiques ni celle des droits civiques, ce qui les empêche d'être électeurs ou éligibles, et les exclut de toutes fonctions publiques. Mais il n'en est pas de même de la jouissance des

droits civils. Ces droits ne concernant que les intérêts purement privés des individus leur appartiennent dans une
large mesure, ainsi que nous le montrerons tout à l'heure.

A cet égard il faut avant tout établir une distinction entre
les étrangers qui ont été et ceux qui n'ont pas été autorisés
par le gouvernement à fixer leur domicile en France. Les
étrangers qui ont reçu cette autorisation jouissent de tous
les droits civils, comme les Français eux-mêmes. Leur état
et leur capacité sont bien encore régis par les lois de leur
pays, mais, à part cette différence, on peut dire qu'ils sont
au point de vue des droits civils sur la même ligne que les
Français : seulement ils perdraient ce privilége si le gouvernement leur retirait son autorisation ou s'ils venaient à ne
plus résider en France.

Selon la plupart des auteurs, l'autorisation accordée à un
étranger de fixer son domicile en France lui est personnelle,
et elle ne s'étend point à sa famille ni à sa domesticité, à
moins qu'elles n'aient été comprises dans la demande qu'il
a faite et dans l'autorisation qu'il a reçue. Décider autrement la question serait ouvrir la porte à tous les abus,
puisque l'étranger pourrait à son gré comprendre toutes
les personnes qu'il voudrait parmi celles qui font partie
de sa maison.

Quant aux étrangers qui n'ont pas été autorisés à fixer
leur domicile en France, leur condition civile a beaucoup
varié suivant les époques. Nous allons indiquer sommairement le caractère des différentes dispositions législatives
dont elle a été l'objet.

L'ancienne législation était très-rigoureuse pour l'étranger : il ne pouvait ni acquérir ni transmettre par succession,
soit légitime, soit testamentaire, et s'il ne laissait point à
son décès des enfants ayant obtenu la qualité de Français,
ses biens étaient dévolus à l'État. On appelait en général
droit d'*aubaine* (*alibi natus*) l'ensemble des dispositions qui
réglaient la condition civile de l'étranger ; et plus particu-

lièrement le droit de l'État à sa succession. Au surplus,
l'étranger pouvait acquérir et transmettre par donation, et
faire tous les actes à titre onéreux.

Au droit d'aubaine avait succédé, peu de temps avant
1789, le droit de *détraction*, en vertu duquel l'État ne per-
cevait plus qu'un dixième de la succession laissée par l'é-
tranger.

L'Assemblée constituante, s'inspirant des idées libérales
qui avaient cours à cette époque, abolit les droits d'aubaine
et de détraction ; elle espérait, par cette mesure généreuse,
provoquer des mesures semblables de la part des nations
voisines. Mais les faits prouvèrent bientôt qu'elle avait cédé
à une illusion.

Les rédacteurs du Code, revenant à des idées plus pra-
tiques, décidèrent, en principe, que l'étranger jouirait en
France des droits civils accordés aux Français par les
traités passés avec la nation à laquelle il appartiendrait. Il
fallait que ces avantages respectifs eussent été réglés par un
traité, car, autrement, il eût dépendu des nations étrangères, qui, pour attirer les Français dans leur sein, leur
auraient accordé des priviléges excessifs, d'imposer à la
France en faveur de leurs nationaux des avantages qu'elle
n'aurait pas pu raisonnablement leur concéder.

Ce système de réciprocité était une transaction entre les
véritables intérêts de la France et les idées libérales de la
Constituante. Mais nous verrons que les plus graves modifications ont été apportées au principe nouveau proclamé
par le Code. Ainsi, aux termes de la loi du 14 juillet 1819,
les étrangers peuvent, comme les Français, acquérir et transmettre, soit par donation, soit par testament, soit *ab intestat*,
lors même qu'aucun traité passé avec la nation à laquelle ils
appartiennent n'accorderait aux Français un avantage réciproque. Cette loi fut due à des causes purement politiques :
elle eut pour but de faire rentrer en France les capitaux que
la guerre et une double invasion lui avaient enlevés, en assu-

rant aux étrangers qui viendraient s'y fixer tous les droits de transmission jusqu'alors réservés aux nationaux.

Au surplus, les dispositions du Code sur la condition civile des étrangers en France sont incomplètes ou obscures, et les auteurs ne sont pas d'accord sur le système général qu'il convient d'adopter.

Trois opinions se sont produites.

D'après la première, les étrangers n'ont en France que les droits civils qui leur ont été expressément accordés ;

D'après la seconde, ils ont ceux qui participent du droit naturel et sont communs à toutes les nations civilisées, mais non ceux qui résultent d'une loi civile proprement dite ;

D'après la troisième, ils ont tous les droits civils, excepté ceux qui leur ont été expressément refusés.

Le premier système doit être écarté, car il est impossible de ne pas reconnaître aux étrangers plusieurs droits civils qui ne leur ont pas été expressément accordés. Ainsi le législateur n'a permis nulle part à l'étranger d'acheter, d'échanger, et cependant l'art 3 ²° du Code reconnaît que l'étranger peut posséder en France des immeubles, ce qui est, à plus forte raison, vrai des meubles. Or, ne serait-il pas contradictoire de lui accorder la faculté d'être propriétaire, et de lui refuser les moyens ordinaires de le devenir ? C'est cependant la conséquence à laquelle conduit le premier système, d'où il suit qu'il est inadmissible.

Le second système doit encore être écarté, car le temps n'est plus où le droit naturel et le droit civil peuvent être véritablement distingués l'un de l'autre. Ce parallélisme de deux législations était possible à Rome, où, d'une part, le droit civil ramenait tout à un système d'autorité également irrationnelle dans son principe et absolue dans ses conséquences ; tandis que, de l'autre, le droit prétorien tendait à faire prévaloir les principes abstraits du juste et de l'injuste, mis en lumière par les travaux des grands jurisconsultes. Mais, pour le législateur français, le droit positif est l'expression du droit naturel, et sa main ne fait, en quelque sorte, que tracer les règles dictées par sa raison. D'ailleurs, admettrait-on la distinction proposée, qu'il serait encore impossible d'établir exactement la ligne séparative du droit naturel et du droit civil. Puis, en fait, ce système conduit à des résultats inadmissibles : ainsi, l'hypothèque est, sans aucun doute, une création du droit civil ; on devrait donc refuser à l'étranger la faculté d'être créancier hypothécaire, puisque aucun texte ne la lui accorde. Mais alors comment concilier cette prohibition avec le droit qu'a l'étranger d'être propriétaire ?

Le troisième système doit être suivi, non qu'il soit conforme au principe de réciprocité posé par l'art. 11, mais parce que le Code dans plusieurs dispositions particulières, et surtout la loi du 14 juillet 1819, ont profondément modifié le système qui avait été d'abord adopté. Il est facile de le montrer.

L'étranger peut d'abord être propriétaire d'immeubles, et acquérir ou transmettre par les actes les plus solennels, tels que la donation et le testament. N'est-il pas dès lors évident qu'il pourra valablement faire tous les actes non solennels intéressant la fortune des particuliers, tels que la vente, l'échange, le louage, la société, le mandat, le prêt, le dépôt, etc. ? (art. 14-16).

Quant aux droits de famille, il est constant que l'étranger peut se marier en France (art. 12 et 19), ce qui lui confère implicitement la puissance paternelle et maritale, etc. Or, s'il a les droits de famille les plus importants, à plus forte raison doit-il avoir les autres, tels que le droit d'adoption, de tutelle, etc. Mais, puisque l'étranger participe à tous les droits qui concernent les choses et les personnes, nous pouvons en conclure qu'il jouit de tous les droits civils, sauf exception, ce qu'il fallait démontrer.

Faut-il dire que le principe de réciprocité ne sera plus applicable ? Nullement ; mais cette application sera limitée aux droits exceptionnels que la loi refuse à l'étranger. Il n'en jouira que s'ils sont accordés à nos nationaux par un traité passé entre la France et le pays auquel il appartient. Quelques auteurs nient même que le Code ait voulu donner une portée générale au principe de réciprocité. Lorsque l'art. 11, disent-ils, fut proposé, le législateur n'avait encore adopté aucun système. Le Tribunat demanda l'énumération des droits qui seraient accordés exclusivement aux Français. Cette énumération fut écartée comme inutile, sur la déclaration de Grenier, que les droits refusés aux étrangers *seraient marqués dans les titres du Code qui y auraient trait.* L'art. 11 n'avait plus, dès lors, que le sens restreint indiqué tout à l'heure, et devait seulement s'appliquer aux droits exceptionnels que la loi réserve aux nationaux. Mais nous croyons que la pensée véritable du législateur était, à l'origine, d'établir un système général de réciprocité. Ce qui paraît bien le prouver, c'est la rubrique de la section suivante qui fait résulter la privation des droits civils de la perte de la qualité de Français. Seulement, il est vrai de dire que le législateur a plus tard détruit d'une main ce qu'il avait d'abord établi de l'autre.

En somme, les trois systèmes sont conduits, par la force des textes, à des conséquences presque identiques, et ils se séparent les uns des autres par la forme plus que par le fond de leur doctrine. Les droits peu nombreux sur lesquels il y a divergence sont, par exemple, les droits d'adoption ou de tutelle. Le système restrictif les refuse à l'étranger, tandis que le système extensif les lui accorde ; mais, comme nous l'avons dit, il est bien difficile de ne pas permettre la paternité fictive à celui qui peut avoir la véritable, ou la tutelle à celui qui peut avoir la puissance personnelle [1].

Notons, au surplus, que la question ne touche pas à l'état ou à la capacité des étrangers, qui sont toujours régis par leur loi personnelle.

---

[1] *Sic,* Demangeat, *Cond. civ. des étrangers,* p. 363, Valette sur Proudhon, t. I, p. 77. — *Contrà,* Demolombe, t. I, nᵒˢ 245 et 267. — Massé et Vergé, t. I, § 61, note 8.

Après avoir établi que les étrangers jouissent de tous les
droits civils, sauf exception, il reste à examiner quelles sont
ces exceptions. Elles reposent toutes sur cette double idée
que les Français doivent, d'une part, être mis à l'abri de la
partialité des tribunaux étrangers jugeant les contestations
survenues entre eux et un étranger, et, d'autre part, trouver, dans la loi française, des garanties contre la facilité
qu'a un étranger de se soustraire, en quittant la France,
à l'exécution de ses engagements. Le Code a donc dérogé
au droit commun, en ce qui concerne la compétence des
tribunaux et la manière d'introduire les actions ou d'exécuter les jugements rendus. Mais nous verrons tout à l'heure
que la loi du 22 juillet 1867 a profondément modifié ce
système, en supprimant la contrainte par corps contre les
étrangers.

I. *De la* COMPÉTENCE *des tribunaux par rapport aux
étrangers*. — Les tribunaux français sont compétents pour
connaître de toutes les contestations entre Français et étrangers; et, lors même que le contrat aurait été passé à l'étranger, l'article 14 accorde au Français la faculté de traduire
l'étranger défendeur devant la justice française. C'est là une
grave dérogation aux principes généraux, car tout défendeur doit être assigné devant le tribunal de son domicile
(C. pr., art. 59) : *Actor sequitur forum rei*.

Lorsque l'étranger réside en France, le Français demandeur doit le citer devant le tribunal de sa résidence, ou de
la situation de l'immeuble s'il s'agit d'une matière réelle immobilière (art. 59, C. pr.). Mais lorsqu'il ne réside pas en
France, quel sera le tribunal compétent? Ce sera le tribunal
dans le ressort duquel est domicilié le Français demandeur ;
car décider le contraire serait obliger les deux parties à un
déplacement, et il est naturel qu'une seule se déplace, puisque c'est possible.

Le Français défendeur peut toujours être cité devant un
tribunal français, lors même qu'il a contracté à l'étranger

(art. 15); car il aurait mauvaise grâce à récuser la justice de son pays.

Lorsque la contestation s'élève entre étrangers, la justice française est-elle compétente?

Il est d'abord évident que les tribunaux français peuvent juger la contestation quand les deux parties ont été autorisées à fixer leur domicile en France. Ils ont à leur égard la même compétence qu'à l'égard des Français eux-mêmes. Il en est de même lorsque le défendeur non autorisé à résider accepte leur juridiction, mais dans ce dernier cas ils ne sont pas tenus de juger et ils peuvent se déclarer d'office incompétents, puisqu'ils n'ont pas été institués pour rendre la justice aux étrangers.

La question de compétence présente au contraire de sérieuses difficultés dans le cas où l'étranger défendeur décline la juridiction des tribunaux français. Voici quelles sont à cet égard les solutions données par la jurisprudence et que nous croyons devoir adopter.

En matière immobilière les tribunaux français sont compétents puisqu'aux termes de l'article 3² les immeubles situés en France, même ceux possédés par des étrangers, sont régis par la loi française. L'application de la loi française implique manifestement l'intervention de la justice française.

En matière d'engagements nés de délits ou de quasi-délits, même solution, puisque les lois de police et de sûreté obligent tous ceux qui habitent le territoire, et que les délits ou quasi-délits sont dans le domaine des lois de police et de sûreté.

Par analogie, on doit encore admettre la compétence de la justice française dans tous les cas où la demande intéresse l'ordre public ou les bonnes mœurs, par exemple si la femme étrangère demande à quitter le domicile conjugal pour se soustraire aux violences de son mari. Seulement dans ce cas la compétence ne s'étendrait pas à la demande en séparation de corps elle-même, puisque l'on peut pourvoir à la sûreté personnelle de la femme sans séparer judiciairement les époux.

En dehors de ces diverses actions, les tribunaux français ne sont compétents pour juger les contestations, soit civiles, soit commerciales, qui s'élèvent entre étrangers, qu'à la condition que les deux parties résident en France depuis un certain nombre d'années, que l'engagement ait pris naissance en France, et que le défendeur ne justifie pas avoir conservé son domicile en pays étranger. Et, en effet, si les étrangers ne résident pas habituellement en France, ou si le contrat a été fait à l'étranger, ou enfin si le défendeur a conservé son domicile en pays étranger, il est manifeste que d'une part le demandeur n'a pas dû compter sur la juridiction française, et que de l'autre le défendeur n'a pas entendu renoncer à la juridiction du pays auquel il appartient. Admettre dans ces diverses hypothèses la compétence des tribunaux français, ce serait en quelque sorte distraire le défendeur de ses juges naturels [1].

II. *Des conditions imposées à l'*ÉTRANGER DEMANDEUR. — L'étranger demandeur, soit principal, soit intervenant, est tenu de fournir une caution dite *judicatum solvi*, par laquelle il garantit au Français défendeur le payement de tous dommages-intérêts pour le cas où son action ne serait pas fondée et causerait un préjudice à son adversaire. Cette sûreté était naturelle et nécessaire, car l'étranger peut, à tout instant, quitter la France et rendre ainsi très-difficile, sinon impossible, la réparation du préjudice dont il se rend coupable.

Quelques auteurs ont soutenu à tort que l'étranger défendeur pourrait, comme le Français, exiger la caution *judicatum solvi*. Il est vrai que cette règle était suivie dans l'ancien droit français; mais l'article 16, qui est en corrélation immédiate avec l'article 15 où il est question d'un Français plaidant contre un étranger, ne paraît pas se prêter à cette

---

[1] Cass., 8 avril 1851. — Paris, 13 mars 1849. — Cass., 16 mai 1849.

interprétation. D'ailleurs, l'ancien droit ne peut être invoqué, car, comme autrefois l'obligation de donner caution était réciproque entre étrangers, c'est-à-dire obligatoire pour le défendeur aussi bien que pour le demandeur, il faudrait admettre encore ce système, qui est évidemment contraire au droit actuel. Tout porte donc à croire que la caution *judicatum solvi* est uniquement établie pour protéger le Français défendeur contre l'étranger demandeur [1].

L'étranger défendeur n'est pas tenu de donner la caution *judicatum solvi*, car il est présumé libre de tout engagement, tant que le droit de son adversaire n'est pas prouvé, et d'ailleurs décider le contraire serait entraver pour lui l'exercice du droit naturel de défense.

L'étranger défendeur en première instance, et appelant après la perte de son procès, doit-il donner caution ? Nullement, car, au fond, il n'attaque pas, mais continue à se défendre.

L'étranger demandeur en première instance, dont l'adversaire n'a pas exigé caution, est-il tenu de la fournir s'il est encore demandeur en appel ? Nullement, car la caution doit être exigée dès le début du procès (art. 166 C. pr.), et le défendeur qui garde le silence y renonce implicitement. Or, rien n'autorise à croire qu'il puisse revenir sur cette renonciation. Toutefois, si en première instance l'étranger se trouvait dans un cas de dispense qui a cessé d'exister, il faudrait décider le contraire; car on ne peut plus dire que le défendeur y ait renoncé.

La caution pourrait évidemment être remplacée par la consignation d'une somme fixée par le tribunal; car une garantie réelle vaut au moins une garantie personnelle: *Plus est cautionis in re quàm in personâ.*

Sont dispensés de donner la caution *judicatum solvi :*

1° Les étrangers qui intentent une action commerciale par la double raison que ces procès requièrent toujours cé-

---

[1] Demolombe, t. I, n° 255. — Paris, 2 juillet 1851 et 12 avril 1856.

lérité, et que, d'ailleurs, la perspective d'entraves de cette nature pourrait paralyser les transactions commerciales entre Français et étrangers.

2° Les étrangers qui justifient avoir en France des immeubles suffisants pour garantir le payement des dommages-intérêts auxquels ils seraient condamnés. Quelques auteurs pensent que l'étranger doit être tenu de constituer sur eux une hypothèque au profit de son adversaire; mais aucun texte de loi n'établit cette obligation, et il faut laisser à cet égard aux tribunaux un pouvoir discrétionnaire.

3° Les étrangers qui appartiennent à une nation avec laquelle a été conclu un traité qui les dispense de la caution *judicatum solvi*.

4° Enfin, les étrangers qui ont été autorisés par le gouvernement à fixer leur domicile en France (art. 13).

III. *De* l'exécution *des jugements rendus contre* des étrangers. — Avant la loi du 22 juillet 1867 qui a supprimé la contrainte par corps, l'étranger débiteur envers un Français était de droit commun contraignable pour une somme égale ou supérieure à 150 fr. A ce point de vue, la situation d'un étranger était bien différente de celle d'un Français. La contrainte par corps en matière civile n'était prononcée contre les Français que dans des cas exceptionnels et peu nombreux. Il fallait en outre que la dette civile du Français fût au moins de 300 francs. L'étranger au contraire était toujours contraignable par corps, que la dette fût civile ou commerciale, et il suffisait qu'elle s'élevât à 150 fr.

Une autre différence séparait le Français de l'étranger. Le Français ne pouvait être contraint par corps qu'en vertu d'un jugement. L'étranger, qui a toute facilité de se soustraire par la fuite aux poursuites de son créancier, pouvait être incarcéré provisoirement, en vertu d'une simple ordonnance rendue par le président du tribunal, sauf au Français créancier à faire convertir cette ordonnance en jugement dans un bref délai. Enfin l'étranger, même malheureux et de bonne

foi, n'avait pas, comme le Français, la faculté de se soustraire à la contrainte par corps par une cession de tous ses
biens faite à ses créanciers. L'art. 905 du Codé de procédure
s'y opposait formellement.

Faisons observer toutefois que ces dispositions sévères de
la loi n'étaient pas applicables à la femme étrangère, et que
celle-ci était seulement contraignable dans les cas où la
femme française elle-même l'aurait été.

Le débiteur étranger n'était pas contraignable par corps
quand il était poursuivi par un créancier étranger. Cette voie
d'exécution était exclusivement réservée au Français créancier d'un étranger. On décidait même généralement que le
Français n'avait pas le bénéfice de la contrainte par corps,
s'il n'était devenu créancier de l'étranger qu'en se portant
cessionnaire des droits d'un autre étranger, le transport
d'une créance ne pouvant en changer ni la nature ni les effets.

En matière commerciale, la contrainte par corps était de
droit commun contre les débiteurs français, pourvu que la
dette fût au moins de 200 francs. A plus forte raison,
était-elle de droit commun contre les débiteurs étrangers.

En résumé, on voit, d'après ce qui précède, que si les
étrangers jouissent en France de tous les droits civils qui ne
leur sont pas expressément refusés, nos lois n'ont cependant
pas omis, sauf l'abrogation récente de la contrainte par corps,
les précautions propres à protéger les intérêts des nationaux.

Notons que les mesures exceptionnelles dont il vient
d'être parlé cessent d'être applicables à l'étranger que le
gouvernement autorise à fixer son domicile en France
(art. 13). C'est même là le seul avantage immédiat d'une
semblable autorisation.

CHAPITRE II

DE LA PRIVATION DES DROITS CIVILS.

PREMIÈRE SECTION

DE LA PRIVATION DES DROITS CIVILS PAR LA PERTE DE LA QUALITÉ DE FRANÇAIS.

Art. 17. La qualité de Français se perdra : — 1° par la naturalisation acquise en pays étranger ; — 2° par l'acceptation, non autorisée par le gouvernement, de fonctions publiques conférées par un gouvernement étranger ; — 3° enfin par tout établissement fait en pays étranger, sans esprit de retour. — Les établissements de commerce ne pourront jamais être considérés comme ayant été faits sans esprit de retour.

18. Le Français qui aura perdu sa qualité de Français pourra toujours la recouvrer en rentrant en France avec l'autorisation du gouvernement, et en déclarant qu'il veut s'y fixer, et qu'il renonce à toute distinction contraire à la loi française.

19. Une femme française qui épousera un étranger suivra la condition de son mari. — Si elle devient veuve, elle recouvrera la qualité de Française, pourvu qu'elle réside en France, ou qu'elle y rentre avec l'autorisation du gouvernement, et en déclarant qu'elle veut s'y fixer.

20. Les individus qui recouvreront la qualité de Français, dans les cas prévus par les articles 10, 18 et 19, ne pourront s'en prévaloir qu'après avoir rempli les conditions qui leur sont imposées par ces articles, et seulement pour l'exercice des droits ouverts à leur profit depuis cette époque.

21. Le Français qui, sans autorisation du gouvernement, prendrait du service militaire chez l'étranger, ou s'affilierait à une corporation militaire étrangère, perdra sa qualité de Français. — Il ne pourra rentrer en France qu'avec la permission du gouvernement, et recouvrer la qualité de Français qu'en remplissant les conditions imposées à l'étranger pour devenir citoyen ; le tout sans préjudice des peines prononcées par la loi criminelle contre les Français qui ont porté ou porteront les armes contre leur patrie.

Observation. — La nationalité française n'est pas de sa

nature indélébile, et tout Français peut l'abdiquer. La loi fait résulter cette abdication de certains actes que nous allons parcourir.

Comment SE PERD *la qualité de Français.* — La qualité de Français se perd :

1° Par la *naturalisation* acquise en pays étranger ; car la même personne ne peut avoir en même temps deux nationalités. Mais il faut que cette naturalisation soit réellement acquise, et il ne suffirait pas que le gouvernement étranger eût accordé la résidence ou même offert la naturalisation au Français.

Il a été jugé avec raison que la *denization* accordée à un Français par le gouvernement anglais ne lui faisait pas perdre sa nationalité. En effet, elle confère, non la qualité d'Anglais, mais simplement le droit de fixer son domicile en Angleterre ; la naturalisation ne pouvant résulter que d'un bill du Parlement.

La *denization* anglaise a, comme on le voit, beaucoup d'analogie avec l'autorisation que le gouvernement Français peut, aux termes de l'art. 13, accorder à l'étranger de fixer son domicile en France, avec la jouissance de tous les droits civils, tant qu'il continue d'y résider.

La naturalisation acquise en pays étranger produit des effets différents selon qu'elle l'a été avec ou sans l'autorisation du gouvernement français : dans le cas où l'autorisation lui a été accordée, le Français qui perd sa nationalité se trouve sur la même ligne que les autres étrangers : mais dans le cas contraire il est frappé, par le décret du 26 août 1811, d'une déchéance particulière. Il ne peut pas, même depuis la loi du 14 juillet 1819, succéder en France, comme l'étranger ordinaire, et cette pénalité ne cesserait que par sa réintégration dans la qualité de Français, réintégration que le gouvernement peut à son gré lui accorder ou lui refuser.

2° Par l'*acceptation*, non autorisée par l'Empereur, de *fonctions publiques* conférées par un gouvernement étran-

ger ; car ce-fait implique, de la part du Français, l'abdication de sa nationalité, et d'ailleurs la dépendance où il se met
à l'égard du gouvernement étranger serait pour lui un obstacle à l'accomplissement de ses devoirs de Français.

Mais que faut-il entendre par fonctions publiques ? car ce
qui est fonction publique dans un pays ne l'est pas toujours
dans un autre. A cet égard, on ne peut donner de définition
absolue ; il faudra s'en référer aux institutions de chaque
pays pour savoir si la fonction acceptée par le Français a ou
n'a pas un caractère public.

3° Par tout *établissement* fait à l'étranger sans esprit de
retour ; mais comment savoir si le Français a ou non l'esprit
de retour ? C'est là une question de fait laissée à l'appréciation des tribunaux qui consulteront toutes les circonstances
propres à révéler la véritable intention du Français. Les principales seront sa correspondance, où souvent il aura exprimé
sa volonté de revenir ou de ne pas revenir en France, son
mariage avec une étrangère, qui exclura quelquefois tout
esprit de retour, etc.

La femme du Français qui va s'établir à l'étranger sans
esprit de retour ne cesse pas, comme lui, d'être Française :
obligée de suivre son mari partout où il lui plaît de résider,
elle ne peut pas être placée entre l'accomplissement d'un devoir et la perte de sa nationalité. Elle restera donc Française, à moins qu'elle-même n'ait manifesté l'intention de
devenir étrangère en même temps que son mari.

Le Français qui a fondé à l'étranger un établissement commercial est présumé avoir conservé l'esprit de retour ; car le
commerce est cosmopolite, et la loi ne doit pas facilement
prononcer une déchéance aussi grave contre les commer-
çants qui se portent à l'extérieur. Cependant, si, au fait d'un
établissement commercial à l'étranger, viennent se joindre
des circonstances d'une autre nature, prouvant que le Français
a réellement perdu l'esprit de retour, sa qualité de commerçant ne fera pas obstacle à la déchéance prononcée par le Code.

4° Par le *mariage* qu'une Française contracte avec un étranger; car elle est présumée renoncer à sa nationalité pour suivre celle de son mari. Toutefois, elle n'acquerra la nationalité de son mari que si la loi étrangère reconnaît, dans le mariage, un mode de naturalisation, et en fait le contraire aura lieu quelquefois : ainsi la Française qui épouse un Anglais cesse d'être Française sans devenir Anglaise, de telle sorte que, pendant toute la durée du mariage, elle est étrangère en France, et étrangère encore en Angleterre.

L'art. 19 s'exprime donc très-inexactement quand il dit que la femme Française, qui épouse un étranger, *suit la condition de son mari*. Le seul résultat certain de son mariage est la perte de la qualité de française ; quant à la nationalité de son mari, elle ne peut l'acquérir que si la loi étrangère la lui confère.

5° Par *l'acceptation de service militaire* à l'étranger, ou l'affiliation à une corporation militaire étrangère, sans l'autorisation de l'Empereur ; car le Français s'expose alors à porter les armes contre la France ou contre ses alliés, et un pareil fait mérite la déchéance dont il est frappé.

6° Par *l'annexion* d'une portion du territoire français à un pays étranger ; les habitants de ce territoire deviennent étrangers, à moins que des lois ou traités spéciaux, intervenus entre les deux gouvernements, ne règlent autrement leur condition.

Le Français devenu étranger se trouve, sauf le cas prévu par le décret du 26 août 1811, dans la condition que nous avons précédemment assignée aux étrangers d'origine. Ainsi, il conserve toujours les droits civils qui ne lui ont pas été expressément refusés ; mais, par contre, il peut être cité devant les tribunaux français, même pour des obligations contractées à l'étranger ; il est, comme demandeur, tenu de la caution *judicatum solvi ;* avant la loi de 1867, la contrainte par corps lui eût été applicable pour une somme de 150 fr., et il n'eût pas eu la faculté de s'y sous-

traire par la cession de ses biens aux créanciers. Au surplus, sa déchéance, comme toute peine, est personnelle, et ni
sa femme ni ses enfants n'en doivent souffrir.

Comment se RECOUVRE *la qualité de Français*. — La qualité de Français est plus ou moins facile à recouvrer, suivant
la manière dont elle a été perdue.

1° Ceux qui ont cessé d'être Français par la naturalisation
acquise en pays étranger, ou l'acceptation non autorisée de
fonctions publiques à l'étranger, ou un établissement à l'é-
tranger sans esprit de retour, recouvrent la qualité de Français à la seule condition de rentrer en France avec l'autorisation de l'Empereur, en déclarant qu'ils veulent s'y fixer, et
qu'ils renoncent à toute distinction contraire à la loi française.
Les trois ans de stage exigés de l'étranger ordinaire ne lui
sont point imposés (art. 18).

Les derniers mots de l'article 18 font allusion aux distinctions de naissance, que prohibait la Constitution de l'an VIII.
Depuis que la noblesse est rétablie, ils n'ont plus de signification.

2° La femme qui a perdu la qualité de Française, en épousant un étranger, peut la recouvrer, si, devenue veuve, elle
remplit les formalités ci-dessus. Mais lorsqu'elle réside en
France au moment de la dissolution de son mariage, l'autorisation du gouvernement lui est inutile. Elle redevient Française par le bienfait de la loi, et à la seule condition de déclarer qu'elle veut se fixer en France.

3° Ceux qui ont cessé d'être Français par l'acceptation de
service militaire à l'étranger, ou par l'affiliation à une corporation militaire étrangère, sont traités comme les étrangers
ordinaires, et le stage de trois ans leur sera imposé, sans préjudice des peines criminelles qu'ils auraient encourues, s'ils
avaient porté les armes contre la France (art. 21).

Des DROITS *de ceux qui ont* RECOUVRÉ *la qualité de Français*. — Nous savons que la loi et à plus forte raison les actes
émanés des particuliers n'ont pas d'effet rétroactif. Dès lors

l'ex-Français, qui a recouvré cette qualité, ne peut s'en prévaloir que pour l'avenir, et il a irrévocablement perdu tous les droits déja dévolus qu'il ne pouvait acquérir qu'en restant Français. Ainsi, avant la loi du 14 juillet 1819, les successions ouvertes à son profit avant sa réintégration dans la qualité de Français étaient définitivement acquises à ceux qui devaient les recueillir à son défaut. Aujourd'hui l'intérêt de la non-rétroactivité a presque disparu, puisque les étrangers sont, au point de vue des droits civils, dans une condition à peu près identique à celle des Français (art. 20).

Certains auteurs ont prétendu que l'art. 20, en écartant tout effet rétroactif à l'égard de l'ex-Français qui recouvre cette qualité, l'admettait *à contrario* à l'égard de l'individu, né en France d'un étranger, qui acquerrait la qualité de Français en accomplissant les formalités prescrites par l'art. 9. Cette interprétation n'est pas admissible ; car si l'ex-Français, ou l'enfant de l'ex-Français, ne recouvre pas sa nationalité avec effet rétroactif, à plus forte raison, l'individu né en France d'un étranger ne peut-il pas l'acquérir avec un effet rétroactif, et si l'art. 20 ne l'a pas dit expressément, c'est parce qu'il le jugeait inutile, et non parce qu'il admettait le système opposé. D'ailleurs, cette interprétation devrait, si elle était fondée, être étendue à l'étranger ordinaire qui se fait naturaliser en France, car l'art. 20 omet aussi de dire que sa naturalisation n'aura pas d'effet rétroactif : or, un pareil résultat serait absurde.

Des décrets du 6 avril 1809 et du 26 août 1811. — Ces décrets, rendus à une époque où la France avait à lutter contre l'Europe coalisée, portent l'empreinte de leur origine. Ils aggravaient notablement les déchéances prononcées par le Code contre les Français qui perdaient leur nationalité. Sous le premier Empire ils eurent force de loi ; car jamais le Sénat conservateur ne les annula comme inconstitutionnels. Il s'agit de savoir celles de leurs dispositions qui ont été abrogées et celles qui ont été maintenues.

Le décret du 6 *avril* 1809 portait :

Que les Français au service militaire d'une nation étrangère, même avec autorisation de l'Empereur, devraient rentrer en France après la déclaration de guerre, et justifier de leur retour dans le délai de trois mois, à partir du commencement des hostilités, sans quoi ils étaient punis de mort et de confiscation ;

Que les Français ayant des fonctions publiques à l'étranger, avec ou sans l'autorisation de l'Empereur, devraient, dans les mêmes cas et dans les mêmes délais, justifier de leur retour en France, sans quoi ils seraient punis de mort civile et de confiscation ;

Que les uns et les autres seraient justiciables des Cours spéciales.

On reconnaît généralement que ni la peine de mort, ni la confiscation des biens, ni la compétence des Cours spéciales, ne sont plus applicables ; car le Code pénal de 1810 a abrogé les lois criminelles antérieures, relatives aux crimes ou délits qu'il a prévus. Or, il n'a pas reproduit les pénalités du décret à l'égard des Français dont il y est parlé, quoiqu'il ait prévu et puni tous les crimes contre la sûreté extérieure de l'État. De plus, la Charte de 1814 abolit la confiscation et les Cours spéciales, qui n'ont jamais été rétablies.

La mort civile a été abolie par une loi du 31 mai 1854, et, sous ce rapport, le décret est encore inapplicable. Il ne reste donc, de toutes ses dispositions, que les formalités de rappel des Français au service d'une nation étrangère en guerre avec la France, et de constatation de leur retour.

Le décret du 26 *août* 1811 portait :

Que le Français naturalisé à l'étranger, avec l'autorisation de l'Empereur, conservait le droit de transmettre et de succéder en France ; mais cette disposition est inutile depuis la loi du 14 juillet 1819 ;

Que les Français naturalisés à l'étranger, sans l'autorisation de l'Empereur, ne pourraient plus succéder et seraient frappés de confiscation ;

Que les Français qui prendraient du service militaire à l'étranger, sans y être autorisés par le gouvernement, seraient frappés de cette double peine.

La confiscation n'est plus applicable; mais en est-il de même de l'incapacité de succéder ? La plupart des auteurs pensent que cette incapacité de succéder existe encore, ainsi que nous l'avons dit précédemment. Il est bien vrai que la loi du 14 juillet 1819 ne fait pas de distinction entre les Français naturalisés à l'étranger avec l'autorisation de l'Empereur et ceux qui n'ont pas obtenu cette autorisation. Mais, d'une part, la loi du 14 juillet 1819 parle des étrangers en général, tandis qu'il s'agit ici d'un Français naturalisé à l'étranger sans autorisation, ce qui est un cas tout particulier, et d'autre part le décret de 1811, n'ayant jamais été abrogé, il est difficile de ne pas admettre une déchéance du droit de succéder qu'il proclame formellement, et que rien n'empêche d'appliquer.

Le décret de 1811 reste en outre applicable en un point où il adoucit le système du Code. Le chef de l'État peut désormais accorder aux Français ayant pris du service militaire à l'étranger des *lettres de relief,* qui leur font recouvrer la qualité de Français, sans le stage de trois ans exigé par le droit commun.

DEUXIÈME SECTION

DE LA PRIVATION DES DROITS CIVILS PAR SUITE DE CONDAMNATIONS JUDICIAIRES.

ART. 22. Les condamnations à des peines dont l'effet est de priver celui qui est condamné de toute participation aux droits civils ci-après exprimés emporteront la mort civile [1].

---

[1] *Loi du* 31 *mai* 1854. — ART. 1er. La mort civile est abolie.

2. Les condamnations à des peines afflictives perpétuelles emportent la

23. La condamnation à la mort naturelle emportera la mort civile.

24. Les autres peines afflictives perpétuelles n'emporteront la mort civile qu'autant que la loi y aurait attaché cet effet.

25. Par la mort civile, le condamné perd la propriété de tous les biens qu'il possédait ; sa succession est ouverte au profit de ses héritiers, auxquels ses biens sont dévolus, de la même manière que s'il était mort naturellement et sans testament. — Il ne peut plus ni recueillir aucune succession, ni transmettre, à ce titre, les biens qu'il a acquis par la suite. — Il ne peut ni disposer de ses biens, en tout ou en partie, soit par donation entre-vifs, soit par testament, ni recevoir à ce titre, si ce n'est pour cause d'aliments. — Il ne peut être nommé tuteur, ni concourir aux opérations relatives à la tutelle. — Il ne peut être témoin dans un acte solennel ou authentique, ni être admis à porter témoignage en justice. — Il ne peut procéder en justice, ni en défendant ni en demandant, que sous le nom et par le ministère d'un curateur spécial, qui lui est nommé par le tribunal où l'action est portée. — Il est incapable de contracter un mariage qui produise aucun effet civil. — Le mariage qu'il avait contracté précédemment est dissous, quant à tous

dégradation civique et l'interdiction légale, établies par les articles 28, 29 et 31 du Code pénal.

3. Le condamné à une peine afflictive perpétuelle ne peut disposer de ses biens, en tout ou en partie, soit par donation entre-vifs, soit par testament, ni recevoir à ce titre, si ce n'est pour cause d'aliments.

Tout testament par lui fait antérieurement à sa condamnation contradictoire, devenu définitive, est nul.

Le présent article n'est applicable au condamné par contumace que cinq ans après l'exécution par effigie.

4. Le gouvernement peut relever le condamné à une peine afflictive perpétuelle de tout ou partie des incapacités prononcées par l'article précédent.

Il peut lui accorder l'exercice, dans le lieu d'exécution de la peine, des droits civils ou de quelques-uns de ces droits, dont il a été privé par son état d'interdiction légale.

Les actes faits par le condamné dans le lieu d'exécution de la peine ne peuvent engager les biens qu'il possédait au jour de sa condamnation, ou qui lui sont échus à titre gratuit depuis cette époque.

5. Les effets de la mort civile cessent, pour l'avenir, à l'égard des condamnés actuellement morts civilement, sauf les droits acquis aux tiers.

L'état de ces condamnés est régi par les dispositions qui précèdent.

6. La présente loi n'est pas applicable aux condamnations à la déportation pour crimes commis antérieurement à sa promulgation.

ses effets civils. — Son époux et ses héritiers peuvent exercer respectivement les droits et les actions auxquels sa mort naturelle donnerait ouverture.

26. Les condamnations contradictoires n'emportent la mort civile qu'à compter du jour de leur exécution, soit réelle, soit par effigie.

27. Les condamnations par contumace n'emporteront la mort civile qu'après les cinq années qui suivront l'exécution du jugement par effigie, et pendant lesquelles le condamné peut se représenter.

28. Les condamnés par contumace seront, pendant les cinq ans, ou jusqu'à ce qu'ils se représentent ou qu'ils soient arrêtés pendant ce délai, privés de l'exercice des droits civils. — Leurs biens seront administrés et leurs droits exercés de même que ceux des absents.

29. Lorsque le condamné par contumace se présentera volontairement dans les cinq années, à compter du jour de l'exécution, ou lorsqu'il aura été saisi et constitué prisonnier dans ce délai, le jugement sera anéanti de plein droit ; l'accusé sera remis en possession de ses biens : il sera jugé de nouveau ; et si, par ce nouveau jugement, il est condamné à la même peine ou à une peine différente, emportant également la mort civile, elle n'aura lieu qu'à compter du jour de l'exécution du second jugement.

30. Lorsque le condamné par contumace, qui ne se sera représenté ou qui n'aura été constitué prisonnier qu'après les cinq ans, sera absous par le nouveau jugement, ou n'aura été condamné qu'à une peine qui n'emportera pas la mort civile, il rentrera dans la plénitude de ses droits civils, pour l'avenir, et à compter du jour où il aura reparu en justice ; mais le premier jugement conservera, pour le passé, les effets que la mort civile avait produits dans l'intervalle écoulé depuis l'époque de l'expiration des cinq ans jusqu'au jour de sa comparution en justice.

31. Si le condamné par contumace meurt dans le délai de grâce de cinq années sans s'être représenté, ou sans avoir été saisi ou arrêté, il sera réputé mort dans l'intégrité de ses droits. Le jugement de contumace sera anéanti de plein droit, sans préjudice néanmoins de l'action de la partie civile, laquelle ne pourra être intentée contre les héritiers du condamné que par la voie civile.

32. En aucun cas la prescription de la peine ne réintégrera le condamné dans ses droits civils pour l'avenir.

33. Les biens acquis par le condamné depuis la mort civile encourue, et dont il se trouvera en possession au jour de sa mort naturelle, appartiendront à l'État par droit de déshérence.

Néanmoins il est loisible à l'Empereur de faire, au profit de la veuve, des enfants ou parents du condamné, telles dispositions que l'humanité suggérera.

Notions générales. — La législation française a organisé tout un système d'incapacités dont elle frappe à titre de peine les individus qui ont encouru certaines condamnations. Et en effet celui qui s'insurge contre l'ordre public ne doit pas seulement être atteint dans sa personne ou dans ses biens, il faut encore que la société lui retire certains droits dont il est indigne de jouir ou dont il serait exposé à faire un coupable usage.

Les principales incapacités édictées à titre de peine sont :

1° *La dégradation civique ;*

2° *L'interdiction légale ;*

3° Et, avant le lieu du 31 mai 1854, *la mort civile.*

La dégradation civique, dont les effets sont réglés par l'art. 34 du Code pénal, enlève l'exercice et la jouissance de tous les droits *politiques* et *civiques*, ainsi que de plusieurs droits *de famille*. L'article précité énumère ces diverses déchéances.

L'interdiction légale affecte les droits *civils* du condamné : elle lui en enlève l'*exercice*, sans toutefois lui en enlever la *jouissance*. Conséquemment le condamné tombe en tutelle, et son tuteur seul pourra désormais figurer dans les actes qui l'intéresseront. L'interdiction légale est au fond une pénalité plus grave que la dégradation civique : en effet, quoique le condamné conserve la jouissance des droits civils, il ne peut plus faire par lui-même aucun des actes les plus usuels de la vie, et sa personnalité juridique est plus profondément atteinte que celle du condamné qui perd simplement la jouissance des droits civiques ou politiques.

Le motif qui a fait attacher l'interdiction légale à toutes les peines criminelles emportant privation de la liberté est l'indignité du coupable et surtout la nécessité de paralyser dans sa main toutes ses ressources, afin qu'il ne puisse ni adoucir sa peine ni faciliter son évasion.

Nous verrons plus tard, en examinant les différences qui existent entre l'interdiction légale et l'interdiction judiciaire, quels sont les actes peu nombreux et exceptionnels que le condamné interdit légalement peut encore accomplir.

La dégradation civique et l'interdiction légale diffèrent sous des rapports multiples : il nous suffit de dire que la première est tantôt une peine *principale,* et tantôt une peine *accessoire;* que l'interdiction légale, au contraire, est *toujours* une peine *accessoire,* et qu'elle est attachée à toute peine criminelle, emportant les travaux forcés à perpétuité ou à temps, la déportation, la détention ou la réclusion.

La dégradation civique est encourue, dans le cas de condamnation contradictoire, du jour où cette condamnation est devenue irrévocable, et dans le cas de condamnation par contumace, du jour de l'exécution par effigie (art. 28 C. pr.).

L'interdiction légale n'existe pas dans le cas de condamnation par contumace, puisque le coupable est en liberté ; mais dans le cas de condamnation contradictoire, elle est encourue, comme la dégradation civique, dès que la peine principale commence ou est réputée commencer, c'est-à-dire du jour où la condamnation est devenue irrévocable.

L'incapacité la plus radicale que nos lois eussent attachée aux condamnations criminelles était la *mort civile,* qui consistait dans la privation non-seulement de l'*exercice,* mais encore de la *jouissance* des droits *civils.* Vestige regrettable de l'ancienne *maxima capitis diminutio* des Romains, elle était une tache dans notre législation criminelle.

En effet, elle dissolvait le mariage et punissait par la bâtardise des enfants la cohabitation des époux dont la fidélité réciproque avait survécu au malheur qui les avait frappés. Elle ouvrait la succession du condamné, et, de son vivant, celui-ci voyait ses biens dévolus à des héritiers qui trouvaient ainsi une occasion de fortune dans les rigueurs de la justice.

Enfin si la grâce du souverain venait lui rendre la liberté, les biens qu'il pouvait acquérir par la suite étaient à son décès dévolus à l'État lorsque souvent sa famille se trouvait dans la dernière misère. Les vrais principes de la morale, depuis longtemps exprimés par le sentiment public, devaient tôt ou tard amener la suppression d'une telle pénalité. Ce fut la loi du 31 mai 1854 qui opéra cette heureuse réforme. Avant d'en étudier les dispositions, il importe d'examiner d'abord comment le Code Napoléon avait organisé la mort civile.

Des peines qui emportaient la MORT CIVILE. — Lorsque le Code Napoléon fut rédigé, le législateur ignorait encore la nature des peines qui seraient plus tard établies. Il se contenta donc de poser le principe que certaines peines emporteraient mort civile. Examinons quelles étaient ces peines.

Le Code pénal a divisé les faits punissables en trois catégories, savoir :

1° Les *contraventions* relevant des tribunaux de *simple police*, et punies de un à seize francs d'amende et de un à cinq jours d'emprisonnement ;

2° Les *délits* relevant des tribunaux *correctionnels* et punis d'une amende et d'un emprisonnement dont le minimum est le même que le maximum précédent, mais qui ne peuvent aller jusqu'à se convertir en peines afflictives ou infamantes ;

3° Les *crimes* relevant des *Cours d'assises* et frappés de *peines afflictives et infamantes.*

Parmi ces peines, six sont à la fois afflictives et infamantes ; savoir :

1° *La mort ;*

2° *Les travaux forcés à perpétuité ;*

3° *La déportation ;*

4° *Les travaux forcés à temps ;*

5° *La détention ;*

6° *La réclusion.*

Sont infamantes seulement :

1° *Le bannissement ;*

2° *La dégradation civique.*

La nature et les effets de ces différentes peines sont déterminés par les art. 12 à 37 du Code pénal. Disons seulement que le Code Napoléon attachait la mort civile à toutes les peines afflictives et infamantes qui étaient *perpétuelles*, c'est-à-dire à la mort, aux travaux forcés à perpétuité et à la déportation. Une loi du 31 mai 1850 avait déjà supprimé la mort civile comme conséquence de la déportation. La loi du 31 mai 1854 l'a supprimée d'une manière générale. Mais comme elle a maintenu plusieurs de ses effets, et que ces effets sont encourus de la même manière et au même moment que la mort civile l'était elle-même, nous allons examiner les règles posées à cet égard par le Code.

Du MOMENT *auquel les déchéances prononcées par la loi du* 31 *mai* 1854 *sont encourues.* — Ces déchéances sont, comme la mort civile, encourues à des moments différents, suivant que la condamnation a été *contradictoire*, ou par *contumace*.

On sait que la condamnation est *contradictoire*, quand elle a été prononcée contre un accusé présent et qui s'est défendu ou pouvait se défendre, et qu'elle est par *contumace*, quand elle a été prononcée contre un accusé non présent et qui, par suite, ne s'est pas défendu.

Cas d'une condamnation CONTRADICTOIRE. — Dans ce cas, la mort civile, d'après le Code, et conséquemment les déchéances de la loi du 31 mai 1854, sont encourues au moment de l'exécution du condamné, soit réelle, soit par effigie (art. 26).

L'exécution *réelle* a lieu par la décapitation, dans le cas de condamnation à mort ; par l'entrée au bagne, dans le cas de condamnation aux travaux forcés à perpétuité ; et par l'arrivée au lieu de déportation, dans le cas où cette peine a été prononcée.

L'exécution *par effigie* avait lieu autrefois par l'exposition,

en place publique, d'un tableau représentant la personne du
contumax, et au bas duquel était inscrit le jugement de condamnation. Aujourd'hui cette exécution consiste purement
et simplement dans l'affiche de la condamnation faite à la
porte : 1° du dernier domicile du condamné ; 2° de la maison
commune du chef-lieu de l'arrondissement où le crime a été
commis, et 3° du prétoire de la cour d'assises ; et, en outre,
dans l'insertion d'un extrait du jugement de condamnation
dans un journal du département où le condamné avait son
dernier domicile (Loi du 9 janvier 1850).

Pourquoi est-ce l'exécution et non la condamnation elle-
même qui entraîne ces déchéances ? On peut en donner
plusieurs raisons. D'abord, il faut voir dans la mort civile et
aussi dans les déchéances maintenues par la nouvelle loi une
véritable peine qui, étant accessoire, ne saurait frapper l'individu avant la peine principale. Or, cette dernière résulte,
non de la condamnation, mais de son exécution. Cependant
certains auteurs ont contesté à la mort civile et contesteraient
à plus forte raison aux déchéances maintenues par la loi du
31 mai 1854 le caractère d'une véritable pénalité. La mort
civile, disent-ils, est non une peine, mais l'état où se trouve
le condamné qui subit certaines peines. Cette manière d'argumenter est moins vraie que spécieuse ; car, comment ne pas
voir une peine dans la privation des droits les plus précieux
à l'homme ? Et peut-on refuser ce caractère à la mort civile,
qui dissolvait le mariage et rendait incapable de donner ou
de recevoir, soit par donation entre-vifs, soit par testament,
lorsque le Code pénal l'attribue expressément à la dégradation
civique, dont les effets sont loin d'être aussi graves ? Reconnaissons la vérité. La mort civile, ainsi que les déchéances
maintenues par la nouvelle loi, sont de véritables peines, et
elles ne peuvent exister qu'avec la peine principale, qui elle-
même résulte, non de la condamnation, mais de son exécution.

On peut ajouter que la mort civile, et ceux de ses effets

qui ont été maintenus, ne sauraient, sans inconvénient, être la conséquence immédiate de la condamnation. Effectivement, la Constitution de 1852 reconnaît à l'Empereur le droit de faire grâce. Or, comme la grâce accordée à un condamné n'a d'effet que pour l'avenir, il résulterait du système adverse que la faveur faite au condamné arriverait toujours après qu'il aurait déjà subi les déchéances qu'il s'agit de prévenir, ce qui serait regrettable.

Nous avons vu que les effets des condamnations sont encourus par l'exécution de la peine. Mais est-ce à dater de l'*instant* ou à dater du *jour* de l'exécution? La question était surtout importante sous l'empire du Code, car la mort civile ouvrait la succession du condamné, et ses héritiers pouvaient être différents, selon que la mort civile arrivait à un moment ou à un autre. Elle l'est encore aujourd'hui; car, une fois atteint par les déchéances de la loi nouvelle, le condamné ne peut recevoir à titre gratuit, de sorte que les donations ou les legs faits à son profit seront valables, ou nuls, suivant qu'ils auront précédé ou suivi ces déchéances.

Les uns, prenant au pied de la lettre l'art. 26 du Code, se prononcent pour le *jour* de l'exécution. D'après eux, les déchéances seraient encourues dès que ce jour a commencé. Un tel système est inadmissible; car l'effet ne peut précéder la cause, et si la peine principale est appliquée le soir, la peine accessoire ne peut dater du matin.

Les autres prétendent que la peine accessoire est encourue dans cet instant purement idéal, appelé par les jurisconsultes *instant de raison*, qui précède l'exécution de la peine principale. Pourquoi cet instant de raison? Parce que la loi prononce la nullité du testament fait par le condamné; or, disent-ils, pour expliquer cette nullité, il faut admettre que, dans le cas d'exécution à mort, l'individu est incapable civilement au moment où cesse sa vie naturelle, car autrement le défunt aurait eu sa capacité au moment du décès, ce qui supprimerait la cause de nullité.

Une telle interprétation n'est pas plus acceptable que la précédente ; car il est aussi difficile d'expliquer comment l'effet pourrait précéder la cause d'un instant de raison, que d'expliquer comment il pourrait la précéder d'un jour ou d'un siècle. Et, d'ailleurs, elle se fonde sur un cercle vicieux, car lorsque la loi exige que le testateur soit capable au moment de sa mort, il n'est nullement prouvé qu'elle entende parler de sa mort naturelle plutôt que de sa mort civile ; le contraire est même plus vraisemblable, car la loi doit être présumée se référer plutôt au décès civil, qui est son œuvre, qu'au décès réel, qui est l'œuvre de la nature.

La vérité est que les déchéances sont encourues en même temps que la peine principale, c'est-à-dire au moment de l'exécution, et il n'y a aucune raison plausible de les placer soit avant, soit après la peine principale. Mais alors comment expliquer la nullité du testament ? Par l'indignité du criminel. Cela résulte et des notions mêmes de la raison, car il est tout simple que la loi refuse de sanctionner les volontés d'un condamné, et de la déclaration faite en ces termes au Corps législatif, dans la séance du 2 mai 1854, par M. Rouher, commissaire du gouvernement : « La nullité du testament « est un hommage obligé à la morale, à la dignité de la loi, « et un stigmate imprimé au front du criminel. »

Cas d'une condamnation par CONTUMACE. — Dans ce cas, le Code et la loi nouvelle ne font pas résulter la peine accessoire de la seule exécution par effigie de la peine principale. Et, en effet, d'un côté, il n'est pas certain que l'accusé eût été frappé de la même condamnation, s'il se fût défendu ; et, de l'autre, il importe de lui laisser un intérêt à venir purger sa contumace.

Trois périodes sont à distinguer ici :

La première commence au jour de l'exécution par effigie, et dure cinq années ;

La seconde commence au jour de la condamnation, et dure vingt années. Elle surpasse donc la précédente de

quinze ans, diminués de l'intervalle qui a séparé la condamnation de son exécution ;

La troisième commence à l'expiration des vingt ans, et
dure jusqu'à la mort du condamné.

État du condamné pendant la première période. — Pendant cette période, le condamné par contumace perd
l'exercice, mais conserve encore la jouissance de tous les
droits civils. Seulement ses biens sont séquestrés et régis
par l'administration des domaines, qui capitalise les revenus
(art. 465 à 467 Cod. inst. crim.). L'article 28 du Code
Napoléon n'est plus, en ce point, applicable : il a été modifié, parce que si la famille détenait les biens, comme cet article le suppose, elle pourrait envoyer au condamné des secours qui le tiendraient éloigné de la justice. Dans le cas
où le condamné meurt dans la période de cinq ans, son testament doit être exécuté ; car, aux termes de l'article 31,
il est *réputé* mort dans l'intégrité de ses droits. Ces expressions sont inexactes aujourd'hui, car il est véritablement
décédé dans l'intégrité de tous ses droits civils, mais elles
peuvent s'expliquer par un souvenir de l'ancien droit français, d'après lequel, la mort civile était encourue dès l'instant
de l'exécution par effigie. Dans le cas où le condamné com-
paraît de lui-même ou contraint, devant la justice, la condamnation par contumace est de plein droit anéantie, et il
est remis dans la même situation que s'il avait été arrêté dès
l'origine, sans avoir encore subi de condamnation.

Le contumax traduit devant la justice sera ou condamné à
une peine afflictive, infamante et perpétuelle, ou condamné
à une peine moindre, ou enfin acquitté. Dans le premier cas,
on suivra les règles que nous avons indiquées pour les condamnations contradictoires, et aucune déchéance ne sera encourue avant l'exécution réelle, ou par effigie, de la nouvelle
condamnation. Dans les deux autres cas, le condamné sera
désormais à l'abri de ces déchéances.

Faut-il dire que le condamné mort pendant la première

période est réputé n'avoir jamais perdu l'exercice de ses droits civils ? Certains auteurs soutiennent qu'il l'a perdu, et que, par suite, le testament fait durant le délai de grâce ne serait pas valable. Mais ce système doit être écarté; car aux termes de l'article 31 du Code, le jugement de condamnation est de plein droit *anéanti* par la mort, et le néant ne peut produire d'effet.

Notons que si la mort du condamné éteint l'action publique tendant à l'application de la peine, elle laisse subsister l'action civile des parties intéressées tendant à des dommages-intérêts pour le cas où le fait commis leur aurait porté préjudice.

État du condamné pendant la SECONDE PÉRIODE. — Dès que les cinq ans de grâce sont expirés, sans que le condamné ait été pris ou se soit présenté, les effets de l'exécution par effigie sont définitivement encourus. Sous l'empire du Code, la mort civile frappait le coupable, son mariage était dissous, et sa succession ouverte. D'après la loi nouvelle, le condamné sera simplement frappé des déchéances qui ont été maintenues.

Si le contumax se présente ou est arrêté dans les vingt ans à partir du jour de la condamnation, le jugement est, suivant certains auteurs, anéanti de plein droit comme dans les cinq ans de grâce, en telle sorte que son testament fait depuis l'expiration des cinq ans et avant sa comparution en justice serait valable, à moins qu'il ne fût de nouveau condamné à une peine perpétuelle. Au cas de mort seulement après les cinq ans, ce testament serait frappé de nullité, puisque le condamné ne pourrait plus purger sa contumace. Dans ce système, la même solution devrait être appliquée aux donations faites ou reçues pendant la même période. Cette théorie est inadmissible : effectivement, aux termes de l'art. 30, la comparution volontaire ou forcée du contumax dans la seconde période ne fait tomber la condamnation que pour l'avenir, et laisse subsister tous les effets de cette condamnation encourus depuis l'expiration de la première période jusqu'au moment où le contumax est mis en présence de la justice. Cette solution, qui était vraie pour la mort civile, doit être encore admise pour les déchéances maintenues par la loi du 31 mai 1854, qui ne sont, après tout, que des vestiges de la mort civile elle-même. En conséquence, toutes les libéralités testamentaires ou par actes entre-vifs, faites ou reçues par le contumax dans l'intervalle écoulé depuis l'expiration des cinq ans de grâce jusqu'au moment de sa comparution volontaire ou forcée en justice, seront nulles et de nul effet.

Il nous reste à dire pourquoi la période de vingt ans commence à dater du jugement, tandis que celle de cinq ans commence à dater de l'exécution par effigie : la raison en est que désormais il s'agit de fixer la durée de la prescription nécessaire au condamné pour se soustraire à l'exécution de la peine, et à la société pour que les déchéances dont elle l'a frappé ne puissent plus être révoquées. Maintenant il est de principe que la prescription court à dater du moment où les intéressés peuvent user du droit qu'elle doit éteindre. Or, c'est à partir de la condamnation que la société peut faire exécuter la peine et que le contumax de son côté peut, en se représentant, faire tomber la condamnation : il est donc rationnel que la période de vingt ans ait ce point de départ. Au contraire, le délai des cinq ans de grâce devait courir à dater de l'exécution par effigie, car le législateur avait pour unique but de suspendre les déchéances qui sont la conséquence de l'exécution, et il était naturel de calculer la période à partir de cette exécution.

Que décider si le contumax se soustrait à la justice avant le jugement contradictoire ? D'après les uns, il sera réputé n'avoir jamais subi de condamnation, puisque le premier jugement a été anéanti de plein droit et qu'aucun texte ne le fait revivre. D'après les autres, le jugement de condamnation n'est anéanti que sous la condition tacite d'un jugement contradictoire. Or, du moment que le contumax s'évade avant le second jugement, le premier subsiste par la défaillance de la condition résolutoire.

Cette opinion paraît préférable, car si l'on admettait le système opposé, il serait nécessaire de prononcer un nouveau jugement par contumace, qui ne présenterait pas plus de garanties que le précédent, puisque l'accusé ne serait pas défendu. Or, pourquoi ne pas éviter cette formalité inutile ? L'article 30 du Code paraît conforme à cette solution. On a prétendu qu'il avait été modifié par l'art. 476 du Code d'instruction criminelle, lequel anéantit de plein droit et sans restriction le jugement de condamnation, par le seul fait que le contumax s'est présenté ou a été arrêté. Mais il est naturel de sous-entendre la condition d'un second jugement, car la comparution du contumax n'a un sens et une portée que si elle peut produire un débat contradictoire.

État du condamné pendant la TROISIÈME PÉRIODE. — Après l'expiration de la deuxième période, les effets de la condamnation sont irrévocablement encourus, et lors même que le contumax se présenterait ou serait arrêté, il ne pourrait pas invoquer le bénéfice d'un débat contradictoire et d'un second jugement. Par contre, la société n'a plus le droit de lui faire subir la peine à laquelle il avait été condamné. Le législateur a pensé, avec raison, que le souvenir du crime et la volonté ou le pouvoir d'en commettre de nouveaux ont été effacés ou paralysés par un si long intervalle. Le condamné pourra donc reparaître dans la société, mais il y terminera sa vie sous le coup des déchéances dont il a été frappé.

Des DÉCHÉANCES MAINTENUES PAR *la loi du* 31 *mai* 1854. — La mort civile privait le condamné de tous les droits qui n'étaient pas nécessaires à son existence naturelle. Mais, selon les expressions de M. Rouher, commissaire du gouvernement, les rédacteurs de la loi nouvelle « ont vu dans la mort « civile des effets très-regrettables, tels que la dissolution du « mariage, l'ouverture anticipée des successions et la déshé- « rence. La loi nouvelle rejette ces conséquences fâcheuses de « la mort civile, mais en ayant soin de maintenir les au- « tres. »

De ce que le mariage n'est plus dissous, il résulte que le condamné conservera la puissance maritale et paternelle ; que les droits subordonnés à son décès et dérivant de son contrat de mariage ne seront pas ouverts, soit à son profit, soit au profit de son conjoint, etc. Toutes ces conséquences sont graves, et d'autant plus graves que l'époux innocent n'a aucun moyen de s'y soustraire. Aussi d'éminents esprits regrettent-ils que le législateur de 1854 ait fait un aussi douloureux sacrifice à l'indissolubilité du mariage, et n'ait pas laissé au conjoint du condamné le choix entre le maintien du mariage ou sa dissolution [1].

De ce que la succession n'est plus ouverte, il résulte que les biens du condamné resteront toujours sa propriété, qu'ils seront régis par un tuteur, etc. (Cod. pén., art. 29).

De ce que la déshérence est abolie, il résulte que tous les biens possédés par le condamné au jour de sa mort appartiendront non plus à l'État (art. 33), mais à ses héritiers naturels.

La loi nouvelle maintient l'incapacité de disposer, soit par donations entre-vifs, soit par testament, et de recevoir à ce titre, si ce n'est pour cause d'aliments. De plus, le condamné est déchu du droit de laisser un testament valable. Enfin, il est placé sous le régime de l'interdiction légale et de la dégradation civique.

La disposition qui déclare le condamné incapable de recevoir à titre de donation ou de testament ne paraît pas d'abord se concilier avec l'abolition de la mort civile, et l'on ne voit pas pourquoi le condamné, qui occupe toujours son rang dans la famille, et conserve les biens qu'il possédait au jour du jugement, ne peut pas augmenter son patrimoine par donation ou succession. Mais cette contradiction n'est qu'apparente ; car autre chose est dépouiller une personne des biens qu'elle possède et la mettre à la merci de ses héritiers; autre chose est l'empêcher d'acquérir des biens à l'égard desquels

---

[1] V. Batbie, *Rev. de lég. et de jurisp.*, t. XXVIII, p. 131. — Duverger, *ibid.*, p. 309.

elle n'avait qu'une espérance. L'incapacité du condamné aura pour unique résultat de faire tomber entre les mains de sa famille innocente les biens que son indignité l'empêche de recueillir.

En résumé, les peines qui emportaient mort civile enlèvent encore au condamné :

1° La jouissance de tous les droits civiques (art. 2 de la nouvelle loi ; Cod. Nap., art. 25 ; Cod. pén., art. 34);

2° La jouissance du droit civil de disposer de ses biens par donation ou testament, et de recevoir à ce titre, si ce n'est pour cause d'aliments ;

3° L'exercice de tous les droits civils qui lui ont été conservés, tels que celui de faire valoir ses droits en justice, d'administrer les biens qui lui appartiennent, de réclamer, en cas de besoin, une pension alimentaire à ses ascendants, à ses descendants ou à son conjoint, etc.

La nouvelle loi ne fait cesser que pour l'avenir les effets de la mort civile encourue par suite de condamnations antérieures (art. 5). Ainsi, le second mariage contracté par le conjoint du mort civilement, et les droits acquis par des tiers sur ses biens, sont maintenus. Si le condamné et son ancien conjoint encore libre veulent se remarier, il leur faudra donc une nouvelle célébration.

Comment CESSENT *les déchéances prononcées par la loi nouvelle ?* — Elles cessent :

1° Par la *grâce ;*

2° Par *l'amnistie ;*

3° Par la *comparution* volontaire ou forcée du condamné avant l'expiration de la seconde période, lorsqu'il s'agit d'une condamnation par contumace.

La grâce et l'amnistie ne doivent pas être confondues, quoiqu'elles émanent l'une et l'autre du chef de l'Etat : la grâce est purement *individuelle*. Elle consiste dans la remise totale ou partielle faite au condamné de la peine qu'il avait encourue, et comme la peine seule est remise, la grâce laisse subsister la condamnation. Seulement toutes les peines accessoires, telles que l'interdiction légale et autres déchéances que nous avons déjà indiquées, cesseront d'exister avec la peine principale qui les entraînait.

L'amnistie, au contraire, est une mesure *collective*, et cette mesure, dont les effets sont beaucoup plus étendus que ceux de la grâce, s'applique seulement aux crimes et délits politiques. Proclamée avant la condamnation, elle empêche toute poursuite : proclamée après la condamnation, elle fait tomber à la fois et la peine et la condamnation qui avait été prononcée. Ses effets s'étendent ainsi jusqu'au délit lui-même, qui est réputé n'avoir jamais existé.

LIVRE Iᵉʳ. TITRE II.

Des actes de l'État civil.

(Décrété le 11 mai 1803. Promulgué le 21 du même mois.)

CHAPITRE PREMIER

DISPOSITIONS GÉNÉRALES.

Art. 34. Les actes de l'état civil énonceront l'année, le jour et l'heure où ils seront reçus, les prénoms, noms, âge, profession et domicile de tous ceux qui y seront dénommés.

35. Les officiers de l'état civil ne pourront rien insérer dans les actes qu'ils recevront, soit par note, soit par énonciation quelconque, que ce qui doit être déclaré par les comparants.

36. Dans les cas où les parties intéressées ne seront point obligées de comparaître en personne, elles pourront se faire représenter par un fondé de procuration spéciale et authentique.

37. Les témoins produits aux actes de l'état civil ne pourront être que du sexe masculin, âgés de vingt-un ans au moins, parents ou autres; et ils seront choisis par les personnes intéressées.

38. L'officier de l'état civil donnera lecture des actes aux parties comparantes, ou à leur fondé de procuration, et aux témoins. — Il y sera fait mention de l'accomplissement de cette formalité.

39. Ces actes seront signés par l'officier de l'état civil, par les comparants et les témoins ; ou mention sera faite de la cause qui empêchera les comparants et les témoins de signer.

40. Les actes de l'état civil seront inscrits, dans chaque commune, sur un ou plusieurs registres tenus doubles.

41. Les registres seront cotés par première et dernière, et paraphés, sur chaque feuille, par le président du tribunal de première instance, ou par le juge qui le remplacera.

42. Les actes seront inscrits sur les registres, de suite, sans aucun blanc. Les ratures et les renvois seront approuvés et signés de la même manière que le corps de l'acte. Il n'y sera rien écrit par abréviation, et aucune date ne sera mise en chiffres.

43. Les registres seront clos et arrêtés par l'officier de l'état civil, à la fin de chaque année ; et, dans le mois, l'un des doubles sera déposé aux archives de la commune, l'autre au greffe du tribunal de première instance.

44. Les procurations et les autres pièces qui doivent demeurer annexées aux actes de l'état civil seront déposées, après qu'elles auront été paraphées par la personne qui les aura produites, et par l'officier de l'état civil, au greffe du tribunal, avec le double des registres dont le dépôt doit avoir lieu audit greffe.

45. Toute personne pourra se faire délivrer, par les dépositaires des registres de l'état civil, des extraits de ces registres. Les extraits délivrés conformes aux registres [1], et légalisés par le président du tribunal de première instance, ou par le juge qui le remplacera, feront foi jusqu'à inscription de faux.

---

[1] *Droits à percevoir par les officiers de l'état civil.*

(Décret du 12 juillet 1807 et loi du 23 avril 1816, art. 62, 63.)

Art. 1, 2, 3. (*Décret du* 12 *juillet* 1807.) Il continuera à être perçu par les officiers de l'état civil : — pour chaque expédition d'un acte de naissance, de décès ou de publication de mariage, 30 c. — Timbre (*loi du* 13 *avril* 1816), 1 fr. 25 c. (1 fr. 55 c.)

Dans les villes de 50,000 âmes et au-dessus, 50 c. — Timbre, 1 fr. 25 c. (2 fr. 75 c.)

A Paris, 75 c. — Timbre, 1 fr. 25 c. (2 fr.)

Pour chaque expédition des actes de mariage, d'adoption et de divorce, 60 c. — Timbre, 1 fr. 25 c. (1 fr. 85. c.)

46. Lorsqu'il n'aura pas existé des registres, ou qu'ils seront perdus, la preuve sera reçue tant par titres que par témoins ; et, dans ces cas, les mariages, naissances et décès pourront être prouvés tant par les registres et papiers émanés des pères et mères décédés, que par témoins.

47. Tout acte de l'état civil des Français et des étrangers, fait en pays étranger, fera foi, s'il a été rédigé dans les formes usitées dans ledit pays.

48. Tout acte de l'état civil des Français en pays étranger sera valable, s'il a été reçu, conformément aux lois françaises, par les agents diplomatiques ou par les consuls.

49. Dans tous les cas où la mention d'un acte relatif à l'état civil devra avoir lieu en marge d'un autre acte déjà inscrit, elle sera faite à la requête des parties intéressées, par l'officier de l'état civil, sur les registres courants ou sur ceux qui auront été déposés aux archives de la commune, et par le greffier du tribunal de première instance, sur les registres déposés au greffe ; à l'effet de quoi l'officier de l'état civil en donnera avis, dans les trois jours, au procureur impérial près ledit tribunal, qui veillera à ce que la mention soit faite d'une manière uniforme sur les deux registres.

50. Toute contravention aux articles précédents, de la part des fonctionnaires y dénommés, sera poursuivie devant le tribunal de première instance, et punie d'une amende qui ne pourra excéder cent francs.

51. Tout dépositaire des registres sera civilement responsable des altérations qui y surviendront, sauf son recours, s'il y a lieu, contre les auteurs desdites altérations.

52. Toute altération, tout faux dans les actes de l'état civil, toute inscription de ces actes faite sur une feuille volante et autrement que sur les registres à ce destinés, donneront lieu aux dommages-intérêts des parties, sans préjudice des peines portées au Code pénal.

Dans les villes de 50,000 âmes et au-dessus, 1 fr. — Timbre, 1 fr. 25 c. (2 fr. 25 c.)

A Paris, 1 fr. 50 c. — 1 fr. 25 c. (2 fr. 75 c.)

4. Il est défendu d'exiger d'autres taxes et droits, à peine de concussion. Il n'est rien dû pour la confection desdits actes et leur inscription dans les registres.

5. Le présent décret sera constamment affiché en placard, en gros caractères, dans chacun des bureaux ou lieux où les déclarations relatives à l'état civil sont reçues, et dans les dépôts des registres.

53. Le procureur impérial au tribunal de première instance sera tenu de vérifier l'état des registres lors du dépôt qui en sera fait au greffe ; il dressera un procès-verbal sommaire de la vérification, dénoncera les contraventions ou délits commis par les officiers de l'état civil, et requerra contre eux la condamnation aux amendes.

54. Dans tous les cas où un tribunal de première instance connaîtra des actes relatifs à l'état civil, les parties intéressées pourront se pourvoir contre le jugement.

Notions générales. — Toute personne a, dans la société, certaines qualités particulières et distinctives, telles que la qualité d'enfant légitime ou naturel, d'époux ou d'épouse, de père ou de mère légitime ou naturel, etc. L'ensemble de ces qualités constitue ce qu'on appelle l'*état civil* d'une personne. A cet état se rattachent des droits importants et de graves obligations. Il importe donc de le constater par des titres réguliers.

On appelle *actes de l'état civil* les registres sur lesquels doivent être relatées les principales qualités constitutives de l'état civil des personnes. Il y a des actes de naissance, de mariage et de décès ; nous allons successivement les examiner.

Historique *des actes de l'état civil.* — La tenue des actes de l'état civil remonte à François Ier. Par une ordonnance de Villers-Coterets, rendue en 1539, il décida que les registres de baptême, mariage et sépulture, dressés par le clergé, auraient force probante au point de vue des droits civils, en tant qu'ils constateraient la naissance et le décès des ecclésiastiques tenant bénéfices, collèges ou monastères. L'ordonnance ne faisait mention ni des mariages ni de la naissance ou du décès des personnes autres que ces ecclésiastiques.

Une ordonnance de Blois, rendue en 1579 par Henri III, compléta celle de Villers-Coterets, et les curés furent investis du pouvoir de rédiger tous actes de baptême, mariage et sépulture.

Une ordonnance de Louis XIV, rendue en 1667, fixa le

mode suivant lequel les registres seraient tenus : ils durent être rédigés en original et copie.

Les ministres protestants constataient l'état civil des personnes de leur religion; mais, à partir de la révocation de l'Édit de Nantes qui expulsa les protestants, les prêtres catholiques seuls tinrent des registres.

Louis XVI rendit aux protestants leur culte et leurs actes de l'état civil; mais ceux-ci durent être dressés par les officiers de justice de leur domicile.

Enfin, le droit intermédiaire proclama la séparation complète de la loi civile et de la loi religieuse. Les municipalités furent chargées de tenir les registres de l'état civil pour tous les Français, quel que fût leur culte ou leur condition. Le conseil de chaque commune désignait un ou plusieurs membres de la municipalité qui étaient chargés de la tenue des actes de l'état civil.

Une loi du 28 pluviôse an III enleva aux municipalités la tenue des registres, pour la confier aux maires et à leurs adjoints. Cette loi existe encore.

Des ÉNONCIATIONS *que* DOIVENT *contenir les actes de l'état civil.* — Afin d'assurer la tenue exacte et régulière des actes de l'état civil, le Code précise avec détail toutes les énonciations qu'ils doivent contenir (art. 34), et, d'un autre côté, il proscrit toutes les notes ou énonciations qui ne rentrent point parmi celles qu'il indique (art. 35).

Des PERSONNES *qui* COMPARAISSENT *dans les actes de l'état civil.* — Ces personnes sont :

L'officier de l'état civil, dont le caractère est public, et qui rédige l'acte;

Les déclarants, qui lui font connaître le fait à constater ;

Les témoins, qui certifient l'identité du déclarant et la sincérité de l'acte.

L'officier de l'état civil doit être compétent, et cette compétence est territoriale. Ainsi, hors de sa commune, l'officier de l'état civil ne pourrait pas dresser un acte de mariage, de naissance ou de décès, même concernant un de ses adminis-trés. Cependant, si la localité où réside la personne, dont l'acte de l'état civil est dressé, se trouve sur les limites de la commune, et que par erreur la déclaration soit faite devant l'officier de l'état civil de la commune voisine, il est incontes-table qne la bonne foi des parties les protégera contre les effets de l'incompétence de l'officier civil, et que l'acte aura dans ce cas la même force probante que s'il avait été reçu par l'officier de l'état civil réellement compétent.

Les maires ont une double qualité. Comme administra-teurs de la commune, ils sont agents du pouvoir exécutif, et la loi les place sous la surveillance des préfets. Comme offi-ciers de l'état civil, au contraire, ils remplissent des fonc-tions de police judiciaire, et ils sont placés sous la surveil-lance du procureur impérial, qui pourra, le cas échéant, les traduire devant le tribunal pour malversation ou incurie dans l'exercice de leurs fonctions.

Aucune condition d'âge ni de sexe n'est exigée des décla-rants, sauf exception. Ainsi la naissance d'un enfant peut être déclarée par une femme ou un mineur.

Les témoins doivent être du sexe masculin et âgés de vingt-un ans révolus. Peu importe d'ailleurs leur nationalité [1] ou leur domicile. La loi est à leur égard moins rigoureuse que pour les témoins d'un acte notarié ordinaire, qui doivent être Français, capables de signer et domiciliés dans l'arron-dissement. La raison de cette différence est que, pour un acte notarié, les parties ont le temps de choisir leurs témoins, tandis que les actes de l'état civil sont, dans beaucoup de cas, rédigés d'urgence. Les témoins peuvent en outre être ici parents soit de l'officier rédacteur, soit des parties inté-ressées, ce qui n'est pas permis lorsqu'il s'agit d'actes no-tariés.

Aux personnes sus-énoncées viennent, dans les actes de

---

[1] Valette sur Proudhon, t. I, p. 208. — Demolombe, t. I, n° 281. — Massé et Vergé, t. I, § 75, note 9.

mariage, se joindre les parties elles-mêmes. Nous examinerons plus loin la forme et les conditions de l'acte de célébration.

L'importance des actes de l'état civil a fait décider que,
dans tous les cas où les parties intéressées ne devraient pas,
comme dans les actes de mariage, comparaître en personne,
elles ne pourraient se faire représenter que par un fondé de
procuration spéciale et authentique. Cette procuration doit
donc spécifier qu'il s'agit d'un certain acte de l'état civil, et
être rédigée par acte notarié. Ainsi le père de l'enfant ne
pourra se faire représenter dans l'acte de naissance que par
un mandataire muni d'un pouvoir de cette nature.

De la FORME *et de la* TENUE *des registres de l'état civil.* —
Les articles 40 à 45 indiquent les formes à observer pour la
tenue des actes de l'état civil. Il doit y avoir deux originaux :
l'un restera aux archives de la commune, l'autre sera déposé
au greffe du tribunal civil. Par là, le Code assure leur conservation et donne toute sécurité aux personnes sur la preuve
de leur état civil. Les articles précités prescrivent, en outre,
toutes les mesures propres à empêcher la falsification des
actes de l'état civil déjà dressés ; c'est ainsi que le registre
doit être coté et paraphé par le président du tribunal, qui indique chaque feuille par un numéro d'ordre, en ajoutant
celle qui est la première et celle qui est la dernière.

De la PUBLICITÉ *des actes de l'état civil.* — Les actes no-
tariés ne peuvent être consultés que par les parties ; mais il
en est différemment des actes de l'état civil, car toute personne a un intérêt légitime à les connaître. Des extraits devront donc en être délivrés à quiconque les demandera.

De LA FOI DUE *aux actes de l'état civil.* — Ces actes sont
authentiques, et dès lors ils font foi jusqu'à *inscription de
faux.* On appelle ainsi une procédure spéciale tendant à
prouver qu'un acte public est faux ou falsifié. La loi a en-
touré cette preuve de certains périls, pour mettre un frein
aux dénégations téméraires des parties intéressées à contes-

ter le contenu d'un acte authentique. Il est, en effet, présumable qu'un officier public, dont l'institution n'a eu lieu que sur preuve de sa capacité et de sa moralité, ne s'est pas facilement prêté à un acte mensonger ; d'autant plus qu'un fait de cette nature entraînerait pour lui la peine des travaux forcés. La partie qui succombe dans son inscription de faux est condamnée à une amende qui ne peut être moindre de 300 francs, et de plus en tous dommages-intérêts.

La voie de l'inscription de faux n'est pas nécessaire pour contester toutes les énonciations contenues dans un acte de l'état civil. En effet, il faut distinguer celles qui émanent de l'officier public lui-même, en tant que les faits attestés ont été par lui vus ou entendus (*de visu et auditu*) ; et celles qui émanent des déclarants, auxquels la loi ne reconnaît aucun caractère public. L'inscription de faux est nécessaire pour les premières ; la simple preuve contraire, fournie au moyen d'une enquête ou d'écrits, suffit pour les dernières [1].

Maintenant quelles sont les énonciations émanées de l'officier de l'état civil, et celles émanées des comparants ?

Appartiennent à l'officier de l'état civil les énonciations qui ont pour objet la date de l'acte, l'identité du déclarant avec la personne qui signe en cette qualité, le fait même et la reproduction fidèle de leurs énonciations, le sexe de l'enfant, lorsqu'il s'agit d'un acte de naissance (art. 55), etc.

Appartiennent aux comparants les déclarations qui ont pour objet la filiation légitime de l'enfant, le jour ou l'heure d'une naissance, le jour ou l'heure d'un décès, etc. Tous ces faits, que l'officier de l'état civil ne peut constater par lui-même, n'auront donc besoin, pour être démentis, que de la simple preuve contraire.

Notons que les extraits délivrés par le dépositaire légal des registres de l'état civil, comme étant conformes à ces registres, font foi par eux-mêmes, et sans qu'il soit nécessaire

---

[1] Valette sur Proudhon, t. I, p. 206. — Demolombe, nos 319 et 320.

de représenter les originaux (art. 45) [1]. Il en est autrement lorsqu'il s'agit des actes notariés ; les parties intéressées peuvent, dans tous les cas, exiger la représentation de l'original ou minute (art. 1334). Pourquoi cette différence ? C'est qu'on ne pourrait, sans péril ou tout au moins sans un grave inconvénient, déplacer les registres de l'état civil, car dans l'intervalle le public en serait privé ; tandis qu'on peut toujours, et sans nuire à personne, déplacer la minute d'un acte notarié qui ne concerne que les parties elles-mêmes.

Tout extrait doit être légalisé par le président du tribunal, qui certifie la qualité du dépositaire dont il émane et la vérité de sa signature.

Comment on supplée *à l'absence ou à la perte des registres de l'état civil.* — L'art. 46 permet de prouver l'état des personnes par registres, papiers domestiques et témoins, lorsqu'il n'a pas été tenu de registres de l'état civil ou qu'ils ont été perdus. On doit assimiler aux registres inexistants ceux qui n'ont pas été tenus régulièrement.

Les parties intéressées ont, dans le cas de perte ou de non-tenue des registres, une double preuve à fournir. Elles doivent établir :

1° Que les registres manquent ;

2° Que le fait allégué par elles est fondé.

Les tribunaux ont un pouvoir discrétionnaire pour décider si les registres et papiers domestiques ou témoignages produits suffisent et peuvent remplacer les registres. Au surplus, il n'est pas nécessaire que les papiers domestiques émanent de personnes décédées, comme l'art. 46 semble l'insinuer. Cet article a seulement voulu dire que, dans ce cas, les papiers auront plus d'autorité.

Est-il permis, à défaut de registres, de prouver par témoins tous les faits concernant l'état civil des personnes? Oui, s'il s'agit de mariages ou de décès ; mais les auteurs ne

---

[1] Bonnier, *des Preuves*, n° 744. — Demolombe, t. I, n° 318. — Marcadé, t. II, p. 196.

sont pas d'accord à l'égard des naissances, lorsque l'enfant
demande à faire rétablir la preuve de sa filiation légitime. La
raison de douter vient de l'art. 323 du Code, aux termes duquel la preuve de la filiation ne peut se faire par témoins que
lorsqu'il y a un commencement de preuve par écrit ou des
indices graves qui rendent vraisemblable le fait allégué par
l'enfant. On décide généralement que l'art. 323 est fait pour
l'hypothèse où, les registres existants, l'enfant n'y trouve
cependant pas la preuve de sa filiation. Ce fait grave établit
contre lui une présomption. Mais, lorsque les registres de
l'état civil n'ont pas été tenus ou ont été détruits, il est tout
simple que l'enfant ne rapporte pas la preuve de sa filiation,
et le fait qui paraît contredire sa prétention dans l'hypothèse
de l'art. 323 est ici très-naturel. D'ailleurs, l'art. 46 n'établit aucune distinction et permet de prouver, tant par titres
que par témoins, tous les faits constitutifs de l'état civil des
personnes. C'est là une application du droit commun, qui
permet de prouver toutes choses par témoins, lorsque la
preuve déjà dressée a été perdue par des circonstances fortuites (art. 1348, 4°).

Des actes de l'état civil REÇUS A L'ÉTRANGER. — Nous avons
dit précédemment que les actes reçus à l'étranger, suivant
les formes usitées dans le pays, ont la même force probante
que les mêmes actes reçus en France. L'art. 47 étend l'application de la règle *Locus regit actum* aux actes de l'état civil.

Ajoutons que les agents diplomatiques français ont le caractère d'officiers publics, et peuvent valablement dresser
tous les actes intéressant les Français ; mais alors ils doivent
se conformer aux règles tracées par nos lois. Leur compétence ne s'étend jamais aux personnes étrangères. C'est ainsi
qu'ils ne pourraient pas célébrer un mariage entre un Français et une étrangère ; mais l'officier public du pays le pourrait, car il est compétent à l'égard du Français à cause de la
règle *Locus regit actum*, et, à l'égard de l'étrangère, parce
qu'elle a la même nationalité que lui (art. 48).

Des actes qui COMPLÈTENT *ou* MODIFIENT *un acte de l'état civil préexistant.* — L'art. 49 trace les règles à suivre pour assurer la conservation et l'efficacité de ces actes. Mention doit en être faite tant sur les registres courants ou déjà déposés aux archives de la commune, que sur les registres déposés au greffe du Tribunal civil.

De la RESPONSABILITÉ *et* DES PÉNALITÉS *qui résultent de la tenue des actes de l'état civil.* — Les art. 50 à 54 donnent plusieurs règles :

Si la destruction ou l'altération des registres résulte de la négligence de l'officier de l'état civil, il y a lieu seulement à des dommages-intérêts.

Si l'officier de l'état civil a commis des erreurs ou omissions qu'il eût dû éviter, il est tenu et de dommages-intérêts et d'une amende qui ne peut excéder 100 fr. Cette amende devrait être régulièrement prononcée par le tribunal de police correctionnelle. Pour enlever à la pénalité tout caractère odieux, le Code charge le tribunal civil d'en faire l'application. Quelquefois il y a lieu à l'emprisonnement pour l'officier de l'état civil. Il est prononcé, tantôt par le tribunal civil, comme dans l'hypothèse prévue par l'art. 156 du Code Nap., et tantôt par le tribunal correctionnel, comme dans l'hypothèse prévue par l'art. 192 du Code pénal.

Si enfin l'officier de l'état civil a commis volontairement des altérations qui sont de nature à porter préjudice à des tiers, le fait constitue un crime qui le rend justiciable des Cours d'assises, et punissable des travaux forcés à perpétuité, sans préjudice de tous dommages-intérêts.

Le procureur impérial constate les contraventions ou crimes dont nous venons de parler, et en poursuit la répression.

CHAPITRE II

DES ACTES DE NAISSANCE.

ART. 55. Les déclarations de naissance seront faites, dans les trois jours de l'accouchement, à l'officier de l'état civil du lieu : l'enfant lui sera présenté.

56. La naissance de l'enfant sera déclarée par le père, ou, à défaut du père, par les docteurs en médecine ou en chirurgie, sages-femmes, officiers de santé ou autres personnes qui auront assisté à l'accouchement ; et, lorsque la mère sera accouchée hors de son domicile, par la personne chez qui elle sera accouchée. — L'acte de naissance sera rédigé de suite, en présence de deux témoins.

57. L'acte de naissance énoncera le jour, l'heure et le lieu de la naissance, le sexe de l'enfant, et les prénoms qui lui seront donnés, les prénoms, noms, profession et domicile des père et mère, et ceux des témoins.

58. Toute personne qui aura trouvé un enfant nouveau né sera tenue de le remettre à l'officier de l'état civil, ainsi que les vêtements et autres effets trouvés avec l'enfant, et de déclarer toutes les circonstances du temps et du lieu où il aura été trouvé. — Il en sera dressé un procès-verbal détaillé, qui énoncera en outre l'âge apparent de l'enfant, son sexe, les noms qui lui seront donnés, l'autorité civile à laquelle il sera remis. Ce procès-verbal sera inscrit sur les registres.

59. S'il naît un enfant pendant un voyage de mer, l'acte de naissance sera dressé dans les vingt-quatre heures, en présence du père, s'il est présent, et de deux témoins pris parmi les officiers du bâtiment, ou, à leur défaut, parmi les hommes de l'équipage. Cet acte sera rédigé, savoir, sur les bâtiments de l'État, par l'officier d'administration de la marine ; et sur les bâtiments appartenant à un armateur ou négociant, par le capitaine, maître ou patron du navire. L'acte de naissance sera inscrit à la suite du rôle d'équipage.

60. Au premier port où le bâtiment abordera, soit de relâche, soit pour toute autre cause que celle de son désarmement, les officiers de l'administration de la marine, capitaine, maître ou patron, seront tenus de déposer deux expéditions authentiques des actes de naissance qu'ils auront rédigés, savoir, dans un port français, au bureau du préposé à l'inscription maritime ; et, dans un port étran-

ger, entre les mains du consul. — L'une de ces expéditions restera déposée au bureau de l'inscription maritime ou à la chancellerie du consulat ; l'autre sera envoyée au ministre de la marine, qui fera parvenir une copie, de lui certifiée, de chacun desdits actes, à l'officier de l'état civil du domicile du père de l'enfant, ou de la mère, si le père est inconnu : cette copie sera inscrite de suite sur les registres.

61. A l'arrivée du bâtiment dans le port du désarmement, le rôle d'équipage sera déposé au bureau du préposé à l'inscription maritime, qui enverra une expédition de l'acte de naissance, de lui signée, à l'officier de l'état civil du domicile du père de l'enfant, ou de la mère si le père est inconnu : cette expédition sera inscrite de suite sur les registres.

62. L'acte de reconnaissance d'un enfant sera inscrit sur les registres, à sa date ; et il en sera fait mention en marge de l'acte de naissance, s'il en existe un.

De la DÉCLARATION *des naissances.* — La loi fixe à trois jours le délai pendant lequel les naissances doivent être déclarées, afin que cette déclaration présente plus de précision et de sincérité. Après l'expiration du délai de trois jours, l'officier de l'état civil ne peut plus régulièrement inscrire l'acte de naissance, et il faut un jugement portant rectification des actes de l'état civil en ce qui concerne la naissance non déclarée (articles 99 et suivants).

Des personnes qui DOIVENT *faire la déclaration.* — La naissance doit, en principe, être déclarée par la personne qui a l'intérêt le plus direct à la contester si elle n'est pas sincère ; car l'autorité de la déclaration est en raison de l'intérêt contraire du déclarant. La déclaration doit donc, en général, émaner du mari de la femme accouchée (art. 56). A son défaut, les témoins de l'accouchement, tels que médecins ou sages-femmes, déclareront la naissance.

La déclaration est faite à l'officier de l'état civil du lieu où la mère est accouchée.

Afin de prévenir des fraudes calculées d'avance pour soustraire les enfants à certaines charges publiques, telles que le service militaire, le Code pénal (art. 346) punit d'un emprisonnement de six jours à six mois, et d'une amende de 16 à 300 francs, ceux qui ont omis de faire la déclaration lorsque la loi les y obligeait.

L'acte de naissance est rédigé immédiatement, en présence du déclarant et de deux témoins. L'enfant doit être présenté à l'officier de l'état civil ; mais, s'il y a un danger pour lui, l'officier de l'état civil doit se transporter au lieu où se trouve l'enfant, dont il doit toujours vérifier le sexe.

*Des énonciations de l'*ACTE DE NAISSANCE. — L'acte de naissance doit énoncer :

1° Le jour et l'heure de la naissance ; car, pour calculer le délai de la majorité, une date précise est nécessaire ;

2° Le lieu de la naissance, afin qu'il soit plus facile à la femme qui contesterait sa maternité, ou à l'enfant qui rechercherait une maternité non indiquée, de découvrir et de prouver les faits relatifs à la naissance ;

3° Le sexe de l'enfant et ses prénoms ; l'officier de l'état civil doit refuser d'inscrire tous les prénoms qui n'appartiendraient pas soit au calendrier, soit à des personnages illustres de l'histoire ancienne (Loi du 11 germinal an XII) ;

4° Les prénoms, noms, profession et domicile des père et mère et des témoins.

L'officier de l'état civil ne doit pas, selon certains auteurs, mentionner la filiation de l'enfant naturel qui lui est présenté ; car, disent-ils, outre que la preuve de cette filiation ne peut résulter que d'une reconnaissance en forme de l'enfant par ses père ou mère (art. 334 et suiv.), et que l'indication de la mère par un tiers n'est pas un commencement de preuve par écrit (art. 341, 1347), on ne peut se dissimuler qu'une telle indication ne renferme un péril pour l'enfant, et que la crainte du scandale ne soit une cause fréquente d'infanticide. Toutefois, comme la loi ne prohibe pas expressément la mention du nom de la mère, d'autres auteurs pensent avec raison, selon nous, que l'officier de l'état civil peut la faire figurer dans l'acte de naissance. Cette mention sera pour l'enfant qui voudra plus tard rechercher sa mère et prouver sa filiation naturelle, une précieuse indication, et rien ne s'oppose à ce qu'elle soit insérée dans les registres de l'état civil.

Des enfants TROUVÉS. — Celui qui trouve un enfant doit le présenter à l'officier de l'état civil, avec tous les vêtements ou objets mobiliers qu'il avait sur lui, et procès-verbal doit être dressé de tous les faits qui peuvent servir plus tard d'indices à l'enfant pour rechercher ses auteurs (art. 58). Ce procès-verbal sera, comme l'acte de naissance, inscrit sur les registres de l'état civil.

Des enfants NÉS EN MER. — Les articles 59 à 61 indiquent les formalités à suivre pour la rédaction et la conservation de leurs actes de naissance.

*De l'*ACTE DE RECONNAISSANCE *d'un enfant naturel.* — Nous verrons (art. 334) qu'un enfant naturel peut être reconnu par acte authentique, c'est-à-dire ou par acte notarié, ou par déclaration faite à l'officier de l'état civil.

Dans le premier cas, la minute reste chez le notaire ; dans le second, l'acte doit être inscrit sur les registres de l'état civil ; et, si la reconnaissance est postérieure à l'acte de naissance, mention doit en être faite en marge de l'acte de naissance.

La reconnaissance par acte notarié doit être inscrite sur les registres, comme la reconnaissance devant l'officier de l'état civil ; mais elle ne serait pas nulle pour inobservation de cette formalité.

CHAPITRE III

DES ACTES DE MARIAGE.

Ce chapitre étant essentiellement lié au titre du Mariage, nous en donnerons le texte et l'explication au *chapitre* II *du Mariage.*

CHAPITRE IV

DES ACTES DE DÉCÈS.

ART. 77. Aucune inhumation ne sera faite sans une autorisation, sur papier libre et sans frais, de l'officier de l'état civil, qui ne pourra la délivrer qu'après s'être transporté auprès de la personne décédée, pour s'assurer du décès, et que vingt-quatre heures après le décès, hors les cas prévus par les règlements de police.

78. L'acte de décès sera dressé par l'officier de l'état civil, sur la déclaration de deux témoins. Ces témoins seront, s'il est possible, les deux plus proches parents ou voisins, ou, lorsqu'une personne sera décédée hors de son domicile, la personne chez laquelle elle sera décédée, et un parent ou autre.

79. L'acte de décès contiendra les prénoms, nom, âge, profession et domicile de la personne décédée ; les prénoms et nom de l'autre époux si la personne décédée était mariée ou veuve ; les prénoms, noms, âge, professions et domiciles des déclarants ; et, s'ils sont parents, leur degré de parenté. — Le même acte contiendra de plus, autant qu'on pourra le savoir, les prénoms, noms, profession et domicile des père et mère du décédé, et le lieu de sa naissance [1].

80. En cas de décès dans les hôpitaux militaires, civils ou autres maisons publiques, les supérieurs, directeurs, administrateurs et maîtres de ces maisons seront tenus d'en donner avis, dans les vingt-quatre heures, à l'officier de l'état civil, qui s'y transportera pour s'assurer du décès, et en dressera l'acte conformément à l'article précédent, sur les déclarations qui lui auront été faites, et sur les renseignements qu'il aura pris. — Il sera tenu, en outre, dans lesdits hôpitaux et maisons, des registres destinés à inscrire ces déclarations et ces renseignements. — L'officier de l'état civil enverra l'acte de décès à celui du dernier domicile de la personne décédée, qui l'inscrira sur les registres.

Décret du 4 juillet 1806, qui décide, à l'égard d'un enfant présenté sans vie, que l'officier de l'état civil exprimera seulement le fait qu'*il lui a été présenté* sans vie, et qu'il recevra de plus la déclaration des témoins touchant les noms, prénoms, qualités et demeure des père et mère de l'enfant et la désignation des an, jour et heure auxquels l'enfant est sorti du sein de sa mère. — Cette acte sera inscrit à sa date sur les registres des décès, sans qu'il en résulte aucun préjugé sur la question de savoir si l'enfant a eu vie ou non (art. 2).

81. Lorsqu'il y aura des signes ou indices de mort violente ou d'autres circonstances qui donneront lieu de le soupçonner, on ne pourra faire l'inhumation qu'après qu'un officier de police, assisté d'un docteur en médecine ou en chirurgie, aura dressé procès-verbal de l'état du cadavre, et des circonstances y relatives, ainsi que des renseignements qu'il aura pu recueillir sur les prénoms, nom, âge, profession, lieu de naissance et domicile de la personne décédée.

82. L'officier de police sera tenu de transmettre de suite à l'officier de l'état civil du lieu où la personne sera décédée tous les renseignements énoncés dans son procès-verbal, d'après lesquels l'acte de décès sera rédigé. — L'officier de l'état civil en enverra une expédition à celui du domicile de la personne décédée, s'il est connu : cette expédition sera inscrite sur les registres.

83. Les greffiers criminels seront tenus d'envoyer, dans les vingt-quatre heures de l'exécution des jugements portant peine de mort, à l'officier de l'état civil du lieu où le condamné aura été exécuté, tous les renseignements énoncés en l'article 79, d'après lesquels l'acte de décès sera rédigé.

84. En cas de décès dans les prisons ou maisons de réclusion et de détention, il en sera donné avis sur-le-champ, par les concierges ou gardiens, à l'officier de l'état civil, qui s'y transportera, comme il est dit en l'article 80, et rédigera l'acte de décès.

85. Dans tous les cas de mort violente, ou dans les prisons et maisons de réclusion, ou d'exécution à mort, il ne sera fait sur les registres aucune mention de ces circonstances, et les actes de décès seront simplement rédigés dans les formes prescrites par l'article 79.

86. En cas de décès pendant un voyage de mer, il en sera dressé acte dans les vingt-quatre heures, en présence de deux témoins pris parmi les officiers du bâtiment, ou, à leur défaut, parmi les hommes de l'équipage. Cet acte sera rédigé, savoir, sur les bâtiments de l'État, par l'officier d'administration de la marine ; et, sur les bâtiments appartenant à un négociant ou armateur, par le capitaine, maître ou patron du navire. L'acte de décès sera inscrit à la suite du rôle de l'équipage.

87. Au premier port où le bâtiment abordera, soit de relâche, soit pour toute autre cause que celle de son désarmement, les officiers de l'administration de la marine, capitaine, maître ou patron, qui auront rédigé des actes de décès, seront tenus d'en déposer deux expéditions, conformément à l'article 60. — A l'arrivée du

bâtiment dans le port du désarmement, le rôle d'équipage sera déposé au bureau du préposé à l'inscription maritime ; il enverra une expédition de l'acte de décès, de lui signée, à l'officier de l'état civil du domicile de la personne décédée : cette expédition sera inscrite de suite sur les registres.

De la déclaration du décès. — Aucune inhumation ne peut être faite avant la déclaration du décès à l'officier de l'état civil qui le constate, soit par lui-même, soit par un homme de l'art, et délivre sur papier libre et sans frais l'autorisation d'inhumer.

Le décès doit être déclaré par deux témoins, qui seront, s'il est possible, les deux plus proches parents ou voisins du défunt (art. 78).

*De la rédaction de l'*acte de décès. — L'acte de décès doit contenir toutes les énonciations relatives soit aux circonstances du décès, soit à la personne décédée, soit aux déclarants.

Notons que l'art. 79 n'exige pas l'indication du jour et de l'heure du décès. Le silence du Code a été différemment interprété.

Suivant les uns, l'officier de l'état civil ne peut mentionner ni le jour ni l'heure du décès, lors même qu'ils lui sont expressément déclarés; car il doit écarter des actes de l'état civil tout ce que les comparants ne sont pas tenus de déclarer : or, ici le Code ne les oblige à déclarer ni le jour ni l'heure. On ajoute que de l'heure ou de la minute du décès peut dépendre l'ordre de plusieurs successions, et que leur indication pourrait établir pour ou contre les parties intéressées une présomption regrettable.

Suivant les autres, l'officier de l'état civil, qui n'est pas tenu d'indiquer le jour et l'heure du décès, a cependant la faculté de les mentionner, lorsque les comparants les déclarent. On ajoute que la présomption de prédécès ou de survie, résultant de cette déclaration, ne peut sérieusement nuire aux parties intéressées dans la succession du défunt, puisque la déclaration dont il s'agit n'émane pas de l'officier de l'état civil, et peut, conséquemment, être détruite par une déclaration contraire.

Pour les décès arrivés dans les hôpitaux, l'art. 80 indique les formalités à suivre.

Du cas où il existe des signes ou indices de MORT VIOLENTE. — L'officier de l'état civil ne doit dresser l'acte de décès, et par suite l'inhumation ne peut être faite, qu'après qu'un officier de police, assisté d'un docteur en médecine ou en chirurgie, a dressé procès-verbal de l'état du cadavre et des circonstances y relatives. Cette mesure était nécessaire pour la constatation et la répression des attentats commis sur les personnes.

De l'acte de décès des SUPPLICIÉS. — Cet acte est rédigé sur les renseignements transmis par le greffier criminel ; il ne doit pas faire mention de la cause du décès, afin que la trace du crime ne devienne pas ineffaçable.

De l'acte de décès des personnes mourant en PRISON *ou* SUR MER. — Les art. 86 et 87 indiquent les formalités à suivre.

Quant aux personnes qui meurent dans un sinistre, et dont le corps n'est pas retrouvé, le procès-verbal qui en est dressé est transcrit sur les actes de l'état civil, à la requête du ministère public et avec l'autorisation du tribunal ; il équivaut à un acte de décès (Décret du 3 janvier 1813).

CHAPITRE V

DES ACTES DE L'ÉTAT CIVIL CONCERNANT LES MILITAIRES HORS DU TERRITOIRE DE L'EMPIRE.

ART. 88. Les actes de l'état civil faits hors du territoire de l'empire, concernant des militaires ou autres personnes employées à la suite des armées, seront rédigés dans les formes prescrites par les dispositions précédentes (34, 35, 39, 44, 56, 57, 76, 78, 79), sauf les exceptions contenues dans les articles suivants.

89. Le quartier-maître dans chaque corps d'un ou plusieurs bataillons ou escadrons, et le capitaine commandant dans les autres corps, rempliront les fonctions d'officiers de l'état civil : ces mêmes fonctions seront remplies, pour les officiers sans troupes et pour les employés de l'armée, par l'inspecteur aux revues attaché à l'armée ou au corps d'armée.

90. Il sera tenu, dans chaque corps de troupes, un registre pour les actes de l'état civil relatifs aux individus de ce corps, et un autre à l'état-major de l'armée ou d'un corps d'armée, pour les actes civils relatifs aux officiers sans troupes et aux employés : ces registres seront conservés de la même manière que les autres registres des corps et états-majors, et déposés aux archives de la guerre, à la rentrée des corps ou armées sur le territoire de l'empire.

91. Les registres seront cotés et paraphés, dans chaque corps, par l'officier qui le commande ; et, à l'état-major, par le chef de l'état-major général.

92. Les déclarations de naissance à l'armée seront faites dans les dix jours qui suivront l'accouchement.

93. L'officier chargé de la tenue du registre de l'état civil devra, dans les dix jours qui suivront l'inscription d'un acte de naissance audit registre, en adresser un extrait à l'officier de l'état civil du dernier domicile du père de l'enfant, ou de la mère si le père est inconnu.

94. Les publications de mariage des militaires [1] et employés à la suite des armées seront faites au lieu de leur dernier domicile : elles seront mises en outre, vingt-cinq jours avant la célébration du mariage, à l'ordre du jour du corps, pour les individus qui tiennent

---

[1] *Décret du 16 juin 1808, concernant le mariage des officiers, sous-officiers et soldats, appliqué aux marins par décret du 3 août et à divers par décret du 28 août.*

1. Les officiers de tout genre, en activité de service, ne pourront, à l'avenir, se marier qu'après en avoir obtenu la permission par écrit du ministre de la guerre. Ceux d'entre eux qui auront contracté mariage sans cette permission encourront la destitution (V. art. 1er, L. 19 mai 1834) et la perte de leurs droits, tant pour eux que pour leurs veuves et leurs enfants, à toute pension ou récompense militaire.

2. Les sous-officiers et soldats, en activité de service, ne pourront de même

à un corps ; et à celui de l'armée ou du corps d'armée, pour les officiers sans troupes et pour les employés qui en font partie.

95. Immédiatement après l'inscription sur le registre de l'acte de célébration du mariage, l'officier chargé de la tenue du registre en enverra une expédition à l'officier de l'état civil du dernier domicile des époux.

96. Les actes de décès seront dressés, dans chaque corps, par le quartier-maître ; et, pour les officiers sans troupes et les employés, par l'inspecteur aux revues de l'armée, sur l'attestation de trois témoins ; et l'extrait de ces registres sera envoyé, dans les dix jours, à l'officier de l'état civil du dernier domicile du décédé.

97. En cas de décès dans les hôpitaux militaires ambulants ou sédentaires, l'acte en sera rédigé par le directeur desdits hôpitaux, et envoyé au quartier-maître du corps, ou à l'inspecteur aux revues de l'armée ou du corps d'armée dont le décédé faisait partie : ces officiers en feront parvenir une expédition à l'officier de l'état civil du dernier domicile du décédé.

98. L'officier de l'état civil du domicile des parties auquel il aura été envoyé de l'armée expédition d'un acte de l'état civil sera tenu de l'inscrire de suite sur les registres.

Notions générales. — Dans ce chapitre, le Code a eu pour but de faciliter la tenue des actes de l'état civil concernant les militaires hors du territoire français. D'après le droit commun, ces actes n'auraient pu être reçus que par les agents diplomatiques français ou par les officiers compétents du pays étranger. Mais les rédacteurs du Code admirent, sur la proposition du premier Consul, le principe nouveau : « *Là où est le drapeau, là est la France.* » La partie du territoire étranger occupée par les armées françaises est assimilée à la France et régie par les lois françaises : d'où il suit que non-seulement l'acte dressé par les officiers français ayant qualité est valable, mais encore que l'acte dressé par un of-

se marier qu'après en avoir obtenu la permission du conseil d'administration de leur corps.

3. Tout officier de l'état civil qui, sciemment, aura célébré le mariage d'un officier, sous-officier ou soldat en activité de service, sans s'être fait remettre lesdites permissions, ou qui aura négligé de les joindre à l'acte de célébration du mariage, sera destitué de ses fonctions.

ficier étranger serait nul. Si l'acte concernait une personne
non attachée à l'armée, il pourrait être dressé par l'officier
étranger, car la fiction : *là où est le drapeau, là est la
France*, ne peut s'appliquer qu'à ceux qui ont un service ou
une fonction dans l'armée.

La compétence des officiers français dans le lieu et à l'égard
des personnes que nous venons d'indiquer est exclusive,
puisqu'elle constitue le droit commun, et il faudrait annuler
l'acte dressé par un agent diplomatique français, comme
l'acte dressé par un officier public étranger.

En dehors des lieux soumis à l'occupation française, les
règles ordinaires reprennent leur empire pour les militaires,
et les actes de l'état civil qui les concernent pourraient être
dressés soit par nos agents diplomatiques, soit par l'officier
étranger compétent. (Voyez le texte des articles.)

CHAPITRE VI

DE LA RECTIFICATION DES ACTES DE L'ÉTAT CIVIL.

Art. 99. Lorsque la rectification d'un acte de l'état civil sera
demandée, il y sera statué, sauf l'appel, par le tribunal compétent,
et sur les conclusions du procureur impérial. Les parties intéressées seront appelées, s'il y a lieu.

100. Le jugement de rectification ne pourra, dans aucun temps,
être opposé aux parties intéressées qui ne l'auraient point requis,
ou qui n'y auraient pas été appelées.

101. Les jugements de rectification seront inscrits sur les registres par l'officier de l'état civil, aussitôt qu'ils lui auront été remis ;
et mention en sera faite en marge de l'acte réformé [1].

---

[1] *Avis du Conseil d'État du 23 février* 1808, approuvé le 4 mars, portant
qu'il doit être fait mention expresse de la rectification en marge de l'acte réformé, et non par un simple renvoi au jugement; qu'il doit être délivré aux
parties avec la mention expresse de la rectification, et que le ministère public doit veiller, conformément à l'art. 49 du Code civil, à ce que la mention
de la rectification soit faite uniformément sur les deux registres.

Observation. — La rectification d'un acte de l'état civil est toujours un fait grave, et c'est pourquoi elle ne peut avoir lieu qu'en vertu d'une décision judiciaire.

Qui peut demander la rectification *des actes de l'état civil ?* — Cette rectification ne peut être demandée que par les parties intéressées. Le projet du Code conférait le même droit au procureur impérial ; mais cette disposition n'a pas été maintenue. L'art. 99 exige seulement qu'il donne ses conclusions.

La rectification est demandée différemment selon que la partie qui veut l'obtenir n'a pas, ou a un contradicteur. Lorsqu'il s'agit, par exemple, de faire rectifier l'orthographe d'un nom ou toute autre erreur matérielle qui n'est l'objet d'aucune contestation, la rectification est demandée par une simple requête adressée au tribunal, qui statue en la Chambre du conseil : lorsqu'il s'agit au contraire d'une rectification qui peut modifier l'état civil de la personne et qui est l'objet d'une contestation de la part de tiers intéressés, le demandeur doit saisir la justice par les voies de la procédure ordinaire, c'est-à-dire par voie d'assignation. Le tribunal statue alors sur les conclusions respectives des parties, après plaidoiries et en audience publique.

Il n'est pas permis à l'officier de l'état civil, même du consentement unanime de toutes les parties, de modifier l'acte mal dressé ; et un jugement est nécessaire, non-seulement pour rectifier les circonstances relatives aux jour et heure soit des naissances, soit des décès, ou au sexe de l'enfant, etc., mais encore pour faire changer une lettre dans un nom mal orthographié.

Si le ministère public ne peut requérir ni les parties intéressées consentir une rectification des actes de l'état civil, à plus forte raison le tribunal ne pourrait-il pas la prononcer d'office.

Tout jugement relatif aux actes de l'état civil est susceptible d'appel ; et, en effet, la rectification d'un acte peut, comme nous l'avons vu, impliquer une question d'état, par exemple une question de filiation, et il n'est point de contestations plus graves que celles concernant l'état civil des personnes.

A QUI PEUT ÊTRE OPPOSÉE *la rectification?* — L'art. 100 applique aux jugements de rectification le principe général *que la chose jugée ne peut ni profiter ni nuire à ceux qui n'ont pas été parties aux procès.* D'où il suit que ceux-là seuls pourront invoquer la rectification ou devront la subir, qui l'auront demandée, ou qui auront été dûment mis en cause par la partie demanderesse en rectification.

La rigueur de ce principe mène quelquefois à un résultat illogique. Ainsi, lorsqu'un enfant, se prétendant fils légitime de telle personne, demande contre un autre fils légitime la rectification des actes de l'état civil et triomphe dans sa prétention, il n'acquiert la qualité de frère légitime que par rapport à celui contre lequel il a plaidé ; et, s'il succombe dans un procès contre d'autres fils légitimes de la même personne, il sera un étranger par rapport à ces derniers. La loi a préféré cette inconséquence à la violation de la règle, *Res judicatà pro veritate habetur ;* car, si une fois on réformait la chose définitivement jugée, il n'y aurait plus de sécurité possible pour les familles.

Le jugement de rectification doit être inscrit sur les registres de l'état civil, et mention doit en être faite en marge de l'acte rectifié. Désormais les extraits ne seront délivrés qu'avec la rectification.

LIVRE I. TITRE III.

Du Domicile.

(Décrété le 14 mars 1803. Promulgué le 24 du même mois.)

ART. 102. Le domicile de tout Français, quant à l'exercice de ses droits civils, est au lieu où il a son principal établissement.

103. Le changement de domicile s'opérera par le fait d'une habitation réelle dans un autre lieu, joint à l'intention d'y fixer son principal établissement.

104. La preuve de l'intention résultera d'une déclaration expresse, faite tant à la municipalité du lieu qu'on quittera qu'à celle du lieu où l'on aura transféré son domicile.

105. A défaut de déclaration expresse, la preuve de l'intention dépendra des circonstances.

106. Le citoyen appelé à une fonction publique temporaire ou révocable conservera le domicile qu'il avait auparavant, s'il n'a pas manifesté d'intention contraire.

107. L'acceptation de fonctions conférées à vie emportera translation immédiate du domicile du fonctionnaire dans le lieu où il doit exercer ces fonctions.

108. La femme mariée n'a point d'autre domicile que celui de son mari. — Le mineur non émancipé aura son domicile chez ses père et mère ou tuteur. — Le majeur interdit aura le sien chez son tuteur.

109. Les majeurs qui servent ou travaillent habituellement chez autrui auront le même domicile que la personne qu'ils servent ou chez laquelle ils travaillent, lorsqu'ils demeureront avec elle dans la même maison.

110. Le lieu où la succession s'ouvrira sera déterminé par le domicile.

111. Lorsqu'un acte contiendra, de la part des parties ou de l'une d'elles, élection de domicile pour l'exécution de ce même acte dans un autre lieu que celui du domicile réel, les significations, demandes et poursuites relatives à cet acte pourront être faites au domicile convenu, et devant le juge de ce domicile.

NOTIONS GÉNÉRALES. — Tous les droits consistent au fond, comme nous le verrons, dans des rapports de personne à personne. Dès lors leur exercice ne peut être facile et régulier que si chaque personne se rattache à un lieu déterminé, où elle est censée être lors même qu'elle en est absente. Sans ce rapport établi entre la personne et un lieu déterminé, celui qui aurait à exercer un droit contre un autre devrait se préoccuper des déplacements de son adversaire, et, s'il ne pouvait le découvrir ou l'atteindre, il serait exposé à éprouver dans ses intérêts la plus grave perturbation, quelquefois même le plus sensible dommage. Il était donc nécessaire de déterminer le domicile de chaque personne. Quelques exemples montreront toute l'importance de cette détermination. — Ainsi :

1° En cas de constestation sur des droits *personnels* ou *mobiliers*, le tribunal compétent pour statuer est celui du domicile du défendeur ;

2° Tout exploit d'ajournement, tous commandements et sommations, toute signification de jugement, en un mot, toutes notifications d'actes sont aussi valablement faits au domicile de la partie adverse que s'ils étaient faits à la personne elle-même ;

3° Le mariage ne peut être célébré que dans la commune du domicile de l'un des futurs époux, à moins que l'un d'eux, ou, à plus forte raison, tous les deux n'aient acquis le domicile spécial de six mois de résidence dont parle l'art. 74 du Code Nap.

4° Dans toute tutelle, le conseil de famille doit être convoqué au lieu où est le domicile de l'incapable (art. 406).

5° Enfin toute succession s'ouvre au domicile de la personne décédée, quel que soit d'ailleurs le lieu de son décès. En conséquence, le tribunal de ce domicile est seul compétent pour connaître de l'action en partage formée par un ou plusieurs héritiers ou légataires contre les autres, de l'action des créanciers de la succession qui poursuivent avant le partage le recouvrement de leurs droits, en un mot, de toutes les demandes qui ont trait à la succession jusqu'au partage inclusivement. Après le partage seulement, chaque héritier ou légataire doit être poursuivi devant le tribunal de son propre domicile.

Des différentes ESPÈCES DE DOMICILE. — On distingue le domicile *politique* et le domicile *civil*.

Le domicile *politique* est celui où le citoyen exerce ses droits politiques, et particulièrement ses droits électoraux.

Nous n'avons pas ici à nous en occuper. Il nous suffit de dire que ce domicile a varié avec les différentes chartes ou constitutions qui se sont succédé en France. Aujourd'hui, il est au lieu où le citoyen a simplement six mois de résidence, et dès lors il se trouve en fait très-souvent distinct du domicile civil.

Le domicile *civil* est celui auquel se rattache l'exercice des droits civils en général. Nous en avons déjà indiqué les caractères et les effets principaux. Nous allons les préciser davantage.

Définition DU DOMICILE *civil*. — On définit généralement le domicile : *la relation légale qui existe entre une personne et le lieu où elle a son principal établissement*. Cette définition a le tort de ne pouvoir être subtituée au mot défini, car si l'on dit : « remettre une assignation au domicile de quelqu'un, » on ne peut dire « remettre une assignation à la relation légale existant entre quelqu'un et le lieu où il a son principal établissement. » Il faut la remplacer par celle-ci : « *Le domicile civil est le siége juridique d'une personne pour l'exercice de ses droits civils.*

Le domicile civil se subdivise à son tour en domicile *réel* et domicile d'*élection*. Le domicile *réel* est le domicile ordinaire, celui de droit commun, en d'autres termes, celui que tout particulier peut invoquer, ou qui peut être invoqué contre lui pour toutes sortes d'actes, sauf exception. Il est au lieu où la personne a son principal établissement. Si, en fait, la même personne a plusieurs établissements, par exemple, un à la ville, et un à la campagne, les tribunaux décident, selon les circonstances, lequel des deux est le principal.

Mais que faut-il entendre par *principal établissement?* Cette expression de l'art. 102 indique le lieu où la personne a le centre de ses affaires et de ses relations, le lieu par conséquent où elle ·réside le plus ordinairement, et où il est naturel de supposer qu'elle se trouve même quand elle en est absente. Peu importe d'ailleurs que ce principal établissement, envisagé en lui-même, soit plus ou moins important. Il suffit que ce soit le siége principal des intérêts et des affaires de la personne.

Le domicile d'*élection* est celui que les parties contractantes ont choisi pour l'exécution d'un acte déterminé. Le domicile *réel* est général, et le domicile d'*élection* spécial. L'élection de domicile est habituellement faite dans l'étude d'un officier ministériel, avoué, notaire, huissier, etc., où auront lieu toutes les notifications relatives à l'acte déterminé, qui a motivé cette élection.

Le domicile d'*élection* n'a d'effet que pour l'acte particulier que les contractants ont eu en vue.

D'après ce qui précède, on voit que le domicile est ou peut être très-distinct de la résidence ; car si la personne est nécessairement à sa résidence, elle est simplement présumée être à son domicile. Il arrive même quelquefois, comme nous le verrons, que l'on ait son domicile là où l'on n'a jamais résidé. Mais, en général, la résidence habituelle de la personne se confond avec son domicile, puisque c'est la résidence surtout qui sert à fixer le principal établissement.

Du domicile RÉEL. — Le domicile réel est de deux sortes, savoir : le domicile d'*origine* et le domicile *acquis*.

Du domicile D'ORIGINE. — On appelle ainsi le domicile que la loi assigne à l'enfant lors de sa naissance. Or, l'enfant légitime a le sien chez son père, et l'enfant naturel chez celui de ses auteurs qui l'a reconnu. Si tous les deux l'ont reconnu, il l'a chez son père, qui, lui donnant son nom et sa nationalité, doit évidemment, par analogie, lui donner aussi son domicile. Quant à l'enfant naturel qui n'est reconnu ni par son père ni par sa mère, il a son domicile chez la personne ou dans l'hospice qui l'a recueilli.

Du domicile ACQUIS. — On appelle ainsi le domicile que l'individu s'est choisi lui-même. Or, comme chacun a un domicile d'origine, il en résulte qu'on ne peut avoir un domicile acquis que par un changement de domicile.

Comment a lieu ce changement ? La loi exige deux conditions :

1° Le *fait* de résider dans un lieu différent ;

2° L'*intention* d'y fixer son principal établissement.

La preuve du fait est toujours facile à fournir ; la preuve de l'intention doit résulter d'une double déclaration faite, l'une à la mairie du domicile que l'on quitte, et l'autre à la mairie du domicile que l'on veut acquérir. Mais rarement un registre est tenu dans les mairies pour constater ces déclarations, et la preuve de l'intention résulte presque toujours des circonstances qui accompagnent le changement de résidence. Aux tribunaux il appartient d'apprécier si ces circonstances indiquent ou non suffisamment l'intention d'acquérir un nouveau domicile [1].

Le domicile une fois acquis, l'intention suffit pour le conserver.

Pour apprécier l'intention de la personne soit d'acquérir un nouveau domicile, soit de conserver un domicile précédent, les tribunaux devront principalement examiner quel est le lieu où elle paye sa contribution personnelle, où elle a été citée en justice sans qu'elle ait opposé l'incompétence du tribunal saisi, où elle exerce les droits et jouit des avantages attachés au domicile, et aussi où elle supporte toutes les charges qui sont imposées aux domiciliés. C'est par l'ensemble de ces circonstances que se déterminera le lieu de son principal établissement.

Des cas où LA LOI ELLE-MÊME FIXE LE *domicile.* — Nous avons déjà vu que la loi fixe le domicile de tout individu lors de sa naissance. Elle détermine encore le domicile :

1° Des personnes qui ont reçu des *fonctions à vie ;* car il est certain que leur principal établissement ne peut pas être ailleurs qu'au lieu où ces fonctions les tiennent attachées. A cet égard, disons que les fonctions peuvent être :

---

[1] V. Cass., 18 décembre 1855, 21 août et 19 décembre 1862.

Révocables, c'est-à-dire dépendantes de l'autorité supérieure, qui peut les conserver ou les retirer aux titulaires,
comme les fonctions de préfet ;

Irrévocables, c'est-à-dire indépendantes de l'autorité supérieure, comme les fonctions des magistrats inamovibles ;

Temporaires, c'est-à-dire conférées pour un temps fixé
d'avance, comme les fonctions de député au Corps législatif ;

Perpétuelles, c'est-à-dire pouvant se perpétuer pendant
un temps indéfini, comme les fonctions du ministère public,
sans être d'ailleurs irrévocables, comme celles des magistrats
inamovibles.

La même fonction peut réunir en même temps plusieurs
de ces caractères, mais elle n'est attributive du domicile que
lorsqu'elle est à la fois *perpétuelle* et *irrévocable*. Ces sortes
de fonctions sont peu nombreuses : on peut citer celles de
président ou de juge dans un tribunal de première instance ;
de président ou de conseiller soit dans une cour impériale,
soit à la cour de cassation, soit à la cour des comptes. On les a
entourées de la double garantie de la perpétuité et de l'irrévocabilité, pour mettre l'indépendance de la justice à l'abri
de toute atteinte.

Faisons observer que les fonctions de juge de paix ne sont
pas irrévocables et qu'en conséquence elles ne sont point par
elles-mêmes attributives de domicile. Seulement, en fait,
dans la plupart des cas, le principal établissement du juge de
paix sera au lieu où il exerce ses fonctions.

Une fonction n'est définitivement acquise que par l'acceptation du titulaire, et cette acceptation n'est consommée que
par la prestation du serment. C'est donc à partir de ce moment qu'est fixé le domicile.

2° La loi fixe aussi le domicile des *femmes mariées, des
mineurs et des interdits.* — La femme a le domicile de son
mari, le mineur et l'interdit ont le domicile de leurs tuteurs.
Cette attribution de domicile était naturelle et nécessaire,
car, les incapables n'ayant pas l'administration de leurs

biens, il importait que tous les actes qui les intéressent fussent signifiés au domicile de leur représentant. Ajoutons que la femme doit habiter chez son mari (art. 214), et que, par suite, elle ne peut avoir un établissement séparé ; et c'est pourquoi la femme, même ayant conservé l'administration de ses biens, aurait encore son domicile chez son mari.

La femme séparée de corps a cependant un domicile distinct de celui de son mari, précisément parce qu'elle est désormais autorisée par la justice à habiter ailleurs qu'au domicile conjugal. Il est vrai que le Code ne fait pas cette distinction : cela tient à ce qu'il ne s'est point placé dans l'hypothèse de la séparation de corps. Mais, évidemment, il serait contradictoire que, d'une part, la femme eût obtenu le droit de ne plus habiter avec son mari, et que, d'autre part, elle fût toujours présumée avoir avec lui le même domicile. Il y aurait de plus pour la femme un péril, car la séparation de corps suppose nécessairement entre les époux une grave mésintelligence, et si les actes intéressant la femme étaient remis au domicile du mari, il serait à craindre que la main de ce dernier ne les détournât de leur destination [1].

Quant aux mineurs et interdits, ils ont toujours et nécessairement leur domicile chez leur tuteur, qui est, en même temps, administrateur de leurs biens et surveillant de leur personne.

Que décider si une femme est à la fois mariée et interdite, et a pour tuteur un autre que son mari ? Aura-t-elle son domicile chez son mari ou chez son tuteur ? Elle l'aura chez son tuteur, car c'est surtout à l'administrateur des biens qu'il importe de faire parvenir tous les actes intéressant la femme.

Un mineur émancipé peut se choisir un domicile, puisqu'il a l'administration de sa fortune (C. com., art. 2 2°).

3° Enfin la loi fixe le domicile des majeurs qui *servent ou travaillent habituellement* chez autrui. Elle déclare qu'il se

---

[1] Demolombe, t. I, n° 358. — Demante ; t. Ier, n° 132 *bis*. — Orléans, 25 novembre 1848.

confond avec celui de leurs maîtres. C'est donc au domicile du maître que devront être signifiés tous les actes intéressant les personnes qui composent sa domesticité.

Les simples ouvriers, et, en général, tous ceux qui travaillent chez autrui, sans y demeurer, ont leur domicile à leur principal établissement et non chez celui qui les fait travailler.

Si une femme mariée travaille et demeure chez autrui, il faut décider qu'elle conserve toujours le domicile de son mari ; car, si, en fait, elle ne demeure pas avec lui, elle peut, d'un instant à l'autre, être obligée de réintégrer le domicile conjugal (art. 214). Et, d'ailleurs, c'est presque toujours le mari qui administre les biens de la femme.

D'après ce qui précède, on voit qu'il est difficile de n'avoir pas un domicile : cependant, cela peut arriver. Ainsi, lorsqu'un sinistre détruit l'unique établissement d'une personne, elle est sans domicile jusqu'à ce qu'elle se soit fixée ailleurs. De plus, certains individus nomades, tels que marchands forains, colporteurs, saltimbanques, ne peuvent avoir de domicile, puisqu'ils ne fixent nulle part leur principal établissement. Dans ce cas, les actes qui les concernent sont signifiés à leur résidence actuelle, et, si elle est inconnue, une copie en est affichée à la porte principale de l'auditoire du tribunal dans le ressort duquel l'acte a été passé, et une autre est remise au procureur impérial (art. 69 [8°] C. pr.).

Certains auteurs soutiennent que les personnes n'ayant jamais manifesté l'intention d'acquérir un nouveau domicile conservent leur domicile d'origine ; mais un pareil système est impraticable dans beaucoup de circonstances, et, par suite, inadmissible. Ainsi, lorsqu'un marchand forain a quitté depuis cinquante ans son domicile d'origine, il serait dérisoire d'aller y signifier les actes qui le concernent. Pour lui, ce domicile se confond, ainsi que nous l'avons établi, avec sa résidence momentanée.

La même personne ne peut jamais avoir deux domiciles,

car autrement le but de la loi serait manqué. Conséquemment, celui qui a plusieurs établissements dont aucun ne peut passer pour le principal, doit être regardé comme ayant son domicile à l'un ou à l'autre, suivant que l'intérêt des tiers l'exige, car autrement il lui serait trop facile de se soustraire à leurs poursuites.

Du domicile d'élection. — Nous avons défini plus haut le domicile d'élection. Il est établi dans le but de faciliter à l'une des parties ou à toutes les parties l'exécution de certains actes déterminés.

L'élection de domicile n'est pas toujours facultative. Ainsi, nous verrons que la loi prescrit, dans certains cas, aux particuliers de faire une élection de domicile ; par exemple, à celui qui forme opposition au mariage d'autrui (art. 176).

Le domicile peut être élu par les parties, soit dans le contrat même, soit dans un acte postérieur ; car l'art. 111 n'est pas limitatif [1]. Cette élection doit, au surplus, résulter clairement de l'acte.

Le domicile peut être élu soit chez une personne déterminée qui, alors, représente la partie pour tous les actes à recevoir ou à signifier ; soit dans un lieu sans indication de personne, cas auquel l'élection a pour unique résultat de rendre compétent le tribunal dans le ressort duquel le lieu est situé. Cette compétence résulte, à plus forte raison, de l'élection de domicile chez une personne déterminée. Lorsque cette personne vient à mourir sans être remplacée, l'élection de domicile est toujours attributive de compétence ; mais les exploits sont signifiés d'après les règles établies pour le cas où la partie n'a pas de domicile connu. C'est à elle de notifier au créancier un nouveau domicile.

Les auteurs ne sont pas d'accord sur l'époque précise à laquelle l'élection de domicile cesse de produire son effet. D'après les uns, le jugement rendu par le tribunal du domicile

---

[1] Aubry et Rau, t. 1er, § 146. — Demolombe, t. 1er, n° 373.

élu ne pourrait pas être valablement signifié à ce domicile : le texte, sinon l'esprit de l'art. 111, paraît consacrer cette opinion. Mais le système contraire est préférable ; car le jugement ne fait que reconnaître et sanctionner les droits du créancier. Or, l'art. 111 déclare que le tribunal du domicile est compétent pour tout ce qui concerne l'*exécution de l'acte*, et il est certain que cette exécution au domicile élu ne serait pas complète, si le jugement ne pouvait y être valablement signifié.

Lorsque le domicile est élu dans l'intérêt commun des deux parties, l'acte doit nécessairement être exécuté à ce domicile, à moins que les deux parties ne soient d'accord pour modifier ou détruire leur première convention.

Quand ce domicile èst élu dans l'intérêt exclusif du créancier, celui-ci est libre ou de profiter de la convention en poursuivant le débiteur devant le tribunal du domicile élu, ou de n'en pas profiter en le poursuivant devant le tribunal de son domicile réel.

Lorsque enfin le domicile est élu dans l'intérêt exclusif du débiteur, l'acte doit y être nécessairement exécuté, à moins que le débiteur ne renonce au bénéfice de ce domicile.

LIVRE I. TITRE IV.

Des Absents.

(Décrété le 15 mars 1803. Promulgué le 25 du même mois.)

NOTIONS GÉNÉRALES.

On appelle *absent* l'individu qui a disparu de son domicile et sur l'existence duquel il y a des doutes plus ou moins graves. On appelle *non-présents* ceux qui ne sont pas à leur domicile, mais sur l'existence desquels il n'y a pas de doute

sérieux : ainsi le voyageur est un *non-présent*. On ne pourrait le qualifier *absent* que s'il laissait passer un très-long
délai sans donner de ses nouvelles, car alors seulement il y
aurait lieu de douter de son existence.

L'incertitude étant nécessairement attachée à l'absence, les
mesures prescrites par le Code dans l'intérêt de ceux qui ont
disparu manquent elles-mêmes de ce caractère de fixité dont
sont empreintes les dispositions applicables à un fait certain. Elles sont d'abord tout à fait provisoires, et elles tendent de plus en plus à se transformer en mesures définitives,
selon qu'on s'éloigne davantage du moment de la disparition.

L'absence se divise en plusieurs périodes, savoir :

1° La période de PRÉSOMPTION D'ABSENCE, pendant laquelle
l'individu est plutôt regardé comme vivant que comme décédé;

2° La période de DÉCLARATION D'ABSENCE *et* D'ENVOI *en* POS-
SESSION PROVISOIRE, pendant laquelle l'individu est plutôt regardé comme décédé que comme vivant ;

3° La période d'ENVOI EN POSSESSION DÉFINITIVE, pendant laquelle la loi prescrit des mesures qui impliquent le décès, et
ont un caractère définitif, à moins que l'existence de l'absent
ne vienne à être prouvée.

CHAPITRE PREMIER

DE LA PRÉSOMPTION D'ABSENCE.

ART. 112. S'il y a nécessité de pourvoir à l'administration de tout
ou partie des biens laissés par une personne présumée absente, et
qui n'a point de procureur fondé, il y sera statué par le tribunal de
première instance, sur la demande des parties intéressées.

113. Le tribunal, à la requête de la partie la plus diligente, commettra un notaire pour représenter les présumés absents, dans les
inventaires, comptes, partages et liquidations dans lesquels ils
seront intéressés.

114. Le ministère public est spécialement chargé de veiller aux intérêts des personnes présumées absentes ; et il sera entendu sur toutes les demandes qui les concernent.

Observation. — L'individu est en état de présomption d'absence par le seul fait qu'il a disparu et qu'il y a des doutes sur son existence ; mais, comme ces doutes n'ont un caractère légal que s'ils sont dûment constatés, la preuve de la présomption d'absence ne peut résulter que d'un jugement prescrivant des mesures conservatoires dans l'intérêt de celui qui a disparu. Les droits et les devoirs de la justice sont plus ou moins étendus, suivant que l'absent n'a pas laissé ou a laissé un mandataire.

I. *De l'absent qui* n'a pas laissé de mandataire. — Lorsque l'absent n'a pas laissé de mandataire, la justice doit intervenir, dès que l'intérêt soit de l'absent, soit des personnes qui étaient avec lui en relations d'affaires, l'exige ; mais, pour éviter que des tiers ne puissent, à la faveur d'un zèle précipité, porter des regards indiscrets dans les affaires de l'absent, l'art. 112 veut que la justice constate en forme la *nécessité* de pourvoir à l'administration de sa fortune. Il faut donc et que l'absent ne puisse pas lui-même pourvoir à ses intérêts, et qu'il y ait péril en la demeure.

De ce que l'intervention de la justice dans les affaires de l'absent doit être motivée par la nécessité, il résulte qu'elle ne peut avoir lieu que dans la mesure même de cette nécessité. Ordinairement les causes de son intervention se rattachent à de simples actes d'administration, tels que perception de revenus, vente de récoltes, renouvellement de baux, réparations à faire, prescriptions à interrompre, etc. Les tribunaux peuvent alors, suivant les circonstances, ou nommer à l'absent un curateur général, qui sera chargé de le représenter pour tous les actes d'administration, ou même ne lui nommer qu'un représentant spécial qui aura mission d'accomplir tels ou tels actes déterminés. Lorsqu'il s'agit de simples actes d'administration, qui, à raison de leur nature

même, doivent fréquemment se reproduire, la justice donne
habituellement un pouvoir général au curateur qu'elle désigne, et ce curateur représente valablement l'absent pour
tous les actes compris dans la sphère des attributions qui lui
sont conférées. Mais quand il s'agit d'une mesure ou d'un
acte qui n'est plus de simple administration, la justice
nomme un représentant spécial à l'absent, et elle circonscrit
ses pouvoirs à ce qui est rigoureusement nécessaire. Ce représentant peut être et sera souvent en fait le même que le
curateur dont nous venons de parler, mais son nouveau rôle
finira avec l'acte déterminé que la justice l'aura autorisé à faire.
On peut citer, comme exemples d'actes de cette nature, l'aliénation d'un immeuble pour le payement de dettes urgentes, la
constitution d'une hypothèque pour même cause, l'entreprise d'un procès qui peut intéresser gravement la fortune de
l'absent, etc.

Dans le but de donner à la protection des absents plus
d'efficacité, la loi, dérogeant ici au principe qui veut que le
ministère public n'agisse jamais directement que dans un
intérêt général et non dans un intérêt particulier, accorde au
procureur impérial du domicile de l'absent le droit d'agir
comme partie principale, et de provoquer ou de soutenir
toutes les demandes qui l'intéressent.

Notons qu'il faudra quelquefois appliquer aux non-présents certaines mesures prescrites en faveur des absents.
Ainsi, lorsqu'un obstacle empêche les non-présents de pourvoir à leurs intérêts, on doit décider, par analogie, que la
justice peut leur nommer un représentant. L'art. 131 vient
à l'appui de cette opinion. Il décide en effet que, dans le cas
où l'existence de l'absent vient a être prouvée, on peut, en
cas de besoin, pourvoir à l'administration de ses biens comme
dans la période de présomption d'absence. L'absent dont
l'existence est prouvée n'est cependant plus à proprement
parler un *absent*, mais bien un *non-présent*, et le Code, en
autorisant pour lui les mesures conservatoires prescrites

pour la période de présomption d'absence, édicte une règle qui peut et doit être étendue à tous les cas où le *non-présent* est dans l'impossibilité de pourvoir par lui-même à ses affaires. Peu importe en effet que sa non-présence n'ait pas été précédée d'une période de *présomption* d'absence ; l'impossibilité d'agir sera souvent pour lui tout aussi absolue, et on ne doit point laisser une telle situation sans remède.

Des personnes AYANT QUALITÉ *pour provoquer des mesures conservatoires dans l'intérêt de l'absent.* — Nous avons déjà dit que le ministère public a qualité pour provoquer ces mesures : l'art. 112 reconnaît le même droit à toutes les parties *intéressées*. Or, parmi les parties intéressées, il faut mettre :

1° *Les créanciers* de l'absent, créanciers purs et simples, à terme ou conditionnels ; car, ayant tous compté sur le patrimoine de l'absent, ils ont naturellement le droit de veiller à sa conservation : seulement il y a cette différence entre les créanciers purs et simples d'une part, et les créanciers à terme ou conditionnels de l'autre, que les premiers peuvent à leur choix provoquer des mesures conservatoires, ou exiger leur payement, tandis que les derniers peuvent uniquement provoquer des mesures conservatoires tant que leurs créances ne sont pas devenues exigibles.

2° *Le conjoint* de l'absent, qui ne doit évidemment pas être réduit par la disparition de l'autre époux à supporter seul les charges du mariage, et à pourvoir seul à l'entretien ou à l'établissement des enfants. Les biens de l'absent seront dans ce cas soumis aux mêmes prélèvements que par le passé, l'absence d'un époux ne pouvant en rien diminuer les droits de l'époux présent ni ceux de sa famille.

3° Enfin les *héritiers présomptifs* de l'absent au jour de la disparition. Toutefois les auteurs ne sont pas sur ce point unanimes. La raison de douter vient de ce que les héritiers présomptifs ont une simple espérance et non un droit acquis, tant que la personne à laquelle ils doivent succéder est encore vivante. Et, comme il n'est pas prouvé que l'absent soit décédé, et que, dans la première période, il est même plutôt présumé vivant que mort, on ne peut pas affirmer que les héritiers présomptifs aient sur ses biens un droit quelconque. Or, en principe, ceux-là seuls ont qualité pour saisir la justice d'une demande, qui ont un intérêt *né et actuel*, et cet intérêt paraît totalement manquer aux héritiers présomptifs. Aussi certains auteurs leur refusent-ils le droit de provoquer par eux-mêmes et directement les mesures conservatoires. D'après eux, les héritiers présomptifs ne pourraient atteindre ce but que par une voie détournée, et en obtenant du ministère public qu'il use de son droit d'initiative en saisissant lui-même le tribunal.

Nous pensons, quant à nous, que cette opinion doit être rejetée. Les héritiers présomptifs ont dès à présent un intérêt à provoquer des mesures conservatoires, et même leur droit à les provoquer est à nos yeux réellement *né et actuel*. Leur intérêt n'a pas besoin d'être démontré ; il est évident. Leur droit aussi nous paraît certain ; effectivement ce sont eux qui, au moment de la déclaration d'absence, obtiendront l'envoi en possession provisoire des biens de l'absent. Dès à présent ils ont un droit acquis à cet envoi en possession, et la preuve en est que, s'ils viennent à décéder, ils transmettront ce droit à leurs propres héritiers. Les simples espérances, les pures expectatives ne sont pas susceptibles d'une telle transmission. Un droit né, un droit actuel peut seul être ainsi dévolu. Comment ce droit, qui aura pour conséquence de donner aux héritiers présomptifs envoyés en possession la presque totalité des revenus de l'absent, ne serait-il pas dès lors suffisant pour les autoriser à provoquer de simples mesures conservatoires [1] ?

L'art. 113 prévoit particulièrement l'hypothèse où l'absent serait intéressé dans des inventaires, comptes, liquidations ou partages, et, dans ce cas, il exige que le représentant

---

[1] Zachariæ, Aubry et Rau, t. Ier, § 149, p. 522. — Demolombe, t. II, n° 26. — Massé et Vergé, t. I, § 95, p. 136, note 6.

nommé à l'absent soit un notaire dont les connaissances spéciales et l'expérience pratique offrent plus de garantie d'une bonne gestion. S'il y avait plusieurs absents appartenant à la même famille, le tribunal devrait nommer à chacun un notaire différent; car ces absents auront presque toujours des intérêts opposés, et la même personne ne saurait les représenter. Les inventaires, comptes, liquidations et partages dont parle l'art. 113 peuvent se rattacher soit à une société dissoute, soit à une succession récemment ouverte. Dans cette dernière hypothèse nous devons faire observer que l'ouverture de la succession doit avoir *précédé* la disparition de l'absent, ou ses dernières nouvelles, pour que cet absent y soit véritablement intéressé. En effet, nul n'a succédé que s'il a survécu, et aux termes de l'art. 136 la succession ouverte au profit de l'absent depuis sa disparition, ou ses dernières nouvelles, est exclusivement dévolue à ceux avec lesquels il aurait eu le droit de concourir, ou à ceux qui l'auraient recueillie à son défaut, parce que la survivance de l'absent au défunt n'est pas démontrée. En conséquence il ne peut être question dans l'art. 113 que des successions dévolues à l'absent, dont l'ouverture se place à une époque où l'existence de celui-ci était certaine, soit parce qu'il n'avait pas encore disparu, soit parce qu'ayant disparu, il avait donné de ses nouvelles depuis l'ouverture.

Du tribunal COMPÉTENT *pour prescrire les mesures* CONSERVATOIRES. — La détermination de la compétence ne présente aucune difficulté lorsque les biens de l'absent sont situés au lieu de son domicile. Mais, lorsqu'ils sont situés dans un lieu différent, les auteurs ne sont pas d'accord : les uns veulent attribuer la compétence au tribunal de la situation ; en effet, disent-ils, ce tribunal sera plus à portée de connaître si l'état des biens réclame ou non des mesures conservatoires. Mais ce système présente un inconvénient; car l'absent peut avoir donné de ses nouvelles, et ces nouvelles, connues au lieu du domicile, peuvent être ignorées au lieu de la situation. Il

faudrait donc, si on l'adoptait, décider qu'un double jugement est nécessaire, l'un par le tribunal du domicile qui
constaterait la présomption d'absence, et l'autre par le tribunal
de la situation qui constaterait l'état des biens et prescrirait
les mesures nécessaires. Or, cette manière de procéder serait
lente et coûteuse. Il est préférable d'attribuer au tribunal du
domicile une compétence absolue, et pour constater la présomption d'absence et pour prescrire les mesures conservatoires. En effet, ce tribunal est le seul qui puisse statuer en
connaissance de cause sur le fait de la présomption d'absence ; et, quant aux biens, il lui será facile de se faire renseigner sur leur état véritable. D'ailleurs, on doit reconnaître
au tribunal de la situation le droit de prescrire d'urgence des
mesures conservatoires, s'il y a péril en la demeure ; car,
dans ce cas, il s'agit presque autant d'une mesure d'ordre
public que d'une mesure d'intérêt privé [1].

II. *De l'absent qui* A LAISSÉ UN MANDATAIRE. — Si les pouvoirs du mandataire sont assez étendus, la justice n'a pas à
intervenir avant leur expiration. Dans le cas contraire, et
pour les actes à l'égard desquels les pouvoirs du mandataire
sont insuffisants, on suivra les règles précédentes.

Comment FINIT *la présomption d'absence.* — La présomption d'absence finit :

1° Par le retour de l'absent ou par la preuve acquise de son
existence ;

2° Par son décès, cas auquel sa succession est dévolue à
ceux qui étaient ses héritiers présomptifs au moment même
du décès.

3° Par la déclaration d'absence qui va faire le sujet du chapitre suivant.

[1] Aubry et Rau, t. I, § 149, p. 532. — Demolombe, t. II, n° 20.

CHAPITRE II

DE LA DÉCLARATION D'ABSENCE.

ART. 115. Lorsqu'une personne aura cessé de paraître au lieu de son domicile ou de sa résidence, et que depuis quatre ans on n'en aura point eu de nouvelles, les parties intéressées pourront se pourvoir devant le tribunal de première instance, afin que l'absence soit déclarée.

116. Pour constater l'absence, le tribunal, d'après les pièces et documents produits, ordonnera qu'une enquête soit faite contradictoirement avec le procureur impérial, dans l'arrondissement du domicile, et dans celui de la résidence, s'ils sont distincts l'un de l'autre.

117. Le tribunal, en statuant sur la demande, aura d'ailleurs égard aux motifs de l'absence, et aux causes qui ont pu empêcher d'avoir des nouvelles de l'individu présumé absent.

118. Le procureur impérial enverra, aussitôt qu'ils seront rendus, les jugements, tant préparatoires que définitifs, au ministre de la justice, qui les rendra publics.

119. Le jugement de déclaration d'absence ne sera rendu qu'un an après le jugement qui aura ordonné l'enquête.

Observation. — Lorsque la présomption d'absence a duré un certain temps, sans qu'on ait reçu des nouvelles de l'absent, la probabilité du décès devient tellement grave, qu'il y a lieu de pourvoir à des mesures ayant un caractère moins provisoire que les précédentes.

A QUEL MOMENT *peut être provoquée* LA DÉCLARATION D'ABSENCE. — A cet égard, il faut faire une distinction. Si l'absent a laissé un mandataire pour administrer ses biens, la déclaration d'absence ne peut être demandée que dix ans après la disparition. Dans le cas contraire, un intervalle de quatre ans est suffisant ; et, en effet, il est alors plus étonnant que l'absent ne donne pas de ses nouvelles. Il n'est pas nécessaire, d'ailleurs, que la procuration ait été donnée pour un délai de dix ans ; car, c'est moins la durée que le fait même

de la procuration qui rend le législateur plus réservé dans les
mesures qu'il prescrit. Au surplus, comme le Code ne s'en
est pas expliqué, il faut reconnaître, dans ce cas, aux tribunaux le droit de prononcer la déclaration, suivant les circonstances, même avant l'expiration des dix années. Quant
à la procuration donnée pour un plus long délai, elle n'empêcherait pas la déclaration d'absence après les dix années ; si la disparition de l'absent a pu paraître naturelle, il
n'en est pas de même d'un silence aussi prolongé, qui doit
faire naître des doutes sérieux sur son existence.

La procuration dont nous venons de parler doit être, bien
entendu, une procuration telle que l'on puisse raisonnablement en induire l'intention de la part de l'absent de s'éloi-
gner de son domicile pendant un temps plus ou moins long,
car si elle était spéciale à un acte déterminé et de peu d'importance, elle ne serait aucunement de nature à expliquer le
fait de la disparition, et elle ne suspendrait pas la déclaration d'absence, qui serait alors prononcée comme s'il n'y
avait pas eu de procuration.

Le point de départ servant à calculer le délai des quatre
ou dix années est la date de la disparition ou des dernières
nouvelles, mais non la date de leur réception ; car l'absent a
pu mourir dès que les nouvelles sont parties.

Des personnes AYANT QUALITÉ POUR *demander la* DÉCLARA-
TION *d'absence.* — Aux termes de l'art. 115, le droit de demander la déclaration d'absence appartient *aux parties intéressées ;* mais ces mots n'ont pas ici le même sens que
précédemment. Ils ne désignent plus d'abord les créanciers
qui avaient, dans la période précédente, intérêt à provoquer
des mesures conservatoires de leur gage commun. L'intérêt
des créanciers est même contraire à la déclaration d'absence,
qui, par l'envoi en possession des héritiers présomptifs, aura
pour effet de diviser les dettes de l'absent entre ces derniers et
d'en rendre ainsi pour les créanciers le recouvrement plus la-
borieux. Le ministère public, qui est le protecteur né des ab-

sents, devra également plutôt combattre que poursuivre la
déclaration, puisque l'envoi en possession qui en sera la
conséquence fera perdre à l'absent la presque totalité de ses
revenus, lesquels seront acquis aux envoyés en possession.
Il ne faut donc comprendre dans les expressions du Code que
les héritiers présomptifs de l'absent, et, en général, toute
personne dont les droits sont subordonnés à son décès, par
exemple les donataires de biens à venir ou les légataires.
Cette interprétation est indiquée par la nature même des effets
de la déclaration d'absence, qui, aux mesures simplement
conservatoires de la période précédente, substitue une attribution provisoire des biens de l'absent, faite de la même
manière que si son décès était prouvé. Lorsque les droits
appartenant aux diverses personnes intéressées résultent de
la loi ou d'un acte public, leur demande ne peut soulever
aucune fin de non-recevoir. Mais l'absent a pu laisser un
testament secret. Comment alors les légataires pourront-ils
prouver leur qualité, puisqu'aux termes de l'art. 123 le testament ne doit être ouvert qu'après la déclaration ? Ils n'ont
le droit d'agir qu'en prouvant leur qualité de légataires, et
ils ne peuvent prouver leur qualité de légataires que par l'ouverture du testament, laquelle doit être postérieure au jugement de déclaration d'absence[1]. Pour sortir de ce cercle vicieux
ils n'auront qu'une ressource. Ce sera de faire appel à l'intervention du ministère public, qui a toujours qualité pour provoquer toutes les mesures estimées par lui justes et utiles.
Or, il lui paraîtra certainement juste et opportun de provoquer la déclaration d'absence, si d'une part les circonstances font présumer l'existence des legs en question, et si
de l'autre l'inaction calculée des héritiers *ab intestat* tend à
retarder indéfiniment l'ouverture du testament et à paralyser
ainsi le droit des légataires.

PROCÉDURE *de la déclaration d'absence.* — Les parties in-

---

[1] Massé et Vergé, t. I, § 95, p. 136, note 6. — Demolombe, t. II, n° 27.

téressées forment leur demande devant le tribunal du domicile de l'absent qui peut, ou l'écarter, si le décès ne paraît
pas encore assez probable, ou, dans l'hypothèse contraire,
ordonner une enquête tendant à établir que l'absent n'a pas
donné de ses nouvelles. Cette enquête est faite à la fois dans
l'arrondissement du domicile de l'absent, et dans celui de
la résidence, au cas où ils sont distincts l'un de l'autre, et
contradictoirement avec le ministère public, qui doit recueillir tous les renseignements propres à éclairer la justice. Le
jugement d'enquête est rendu public par la voie du *Moniteur*, afin que l'absent ait plus de chances de le connaître. Le
jugement déclaratif d'absence ne peut être rendu qu'un an
après le jugement d'enquête : d'où il suit qu'il sera au moins
postérieur de cinq ans à la disparition, si l'absent n'a pas
laissé de mandataire, et de onze ans, s'il a laissé un mandataire. Cet intervalle entre les deux jugements a paru nécessaire pour que l'absent, averti par la publicité du jugement
d'enquête, pût donner de ses nouvelles. Même après l'expiration des cinq ou onze années, les tribunaux auraient la faculté d'écarter la déclaration d'absence, si les circonstances
étaient de telle nature que le décès ne fût pas suffisamment
présumable.

CHAPITRE III

DES EFFETS DE L'ABSENCE.

PREMIÈRE SECTION

**DES EFFETS DE L'ABSENCE, RELATIVEMENT AUX BIENS QUE L'ABSENT
POSSÉDAIT AU JOUR DE SA DISPARITION.**

Art. 120. Dans les cas où l'absent n'aurait point laissé de procuration pour l'administration de ses biens, ses héritiers présomptifs,
au jour de sa disparition ou de ses dernières nouvelles, pourront,
en vertu du jugement définitif qui aura déclaré l'absence, se faire

envoyer en possession provisoire des biens qui appartenaient à l'absent au jour de son départ ou de ses dernières nouvelles, à la charge de donner caution pour la sûreté de leur administration.

121. Si l'absent a laissé une procuration, ses héritiers présomptifs ne pourront poursuivre la déclaration d'absence et l'envoi en possession provisoire qu'après dix années révolues depuis sa disparition ou depuis ses dernières nouvelles.

122. Il en sera de même si la procuration vient à cesser ; et, dans ce cas, il sera pourvu à l'administration des biens de l'absent, comme il est dit au chapitre Ier du présent titre.

123. Lorsque les héritiers présomptifs auront obtenu l'envoi en possession provisoire, le testament, s'il en existe un, sera ouvert à la réquisition des parties intéressées ou du procureur impérial près le tribunal ; et les légataires, les donataires, ainsi que tous ceux qui avaient, sur les biens de l'absent, des droits subordonnés à la condition de son décès, pourront les exercer provisoirement, à la charge de donner caution.

124. L'époux commun en biens, s'il opte pour la continuation de la communauté, pourra empêcher l'envoi provisoire et l'exercice provisoire de tous les droits subordonnés à la condition du décès de l'absent, et prendre ou conserver par préférence l'administration des biens de l'absent. Si l'époux demande la dissolution provisoire de la communauté, il exercera ses reprises et tous ses droits légaux et conventionnels, à la charge de donner caution pour toutes choses susceptibles de restitution. — La femme, en optant pour la continuation de la communauté, conservera le droit d'y renoncer ensuite.

125. La possession provisoire ne sera qu'un dépôt, qui donnera à ceux qui l'obtiendront l'administration des biens de l'absent, et qui les rendra comptables envers lui, en cas qu'il reparaisse ou qu'on ait de ses nouvelles.

126. Ceux qui auront obtenu l'envoi provisoire, ou l'époux qui aura opté pour la continuation de la communauté, devront faire procéder à l'inventaire du mobilier et des titres de l'absent, en présence du procureur impérial près le tribunal de première instance, ou d'un juge de paix requis par ledit procureur impérial. — Le tribunal ordonnera, s'il y a lieu, de vendre tout ou partie du mobilier. Dans le cas de vente, il sera fait emploi du prix, ainsi que des fruits échus. — Ceux qui auront obtenu l'envoi provisoire pourront requérir, pour leur sûreté, qu'il soit procédé, par un expert nommé par le tribunal, à la visite des immeubles, à l'effet d'en

constater l'état. Son rapport sera homologué en présence du pro-cureur impérial ; les frais en seront pris sur les biens de l'absent.

127. Ceux qui, par suite de l'envoi provisoire, ou de l'adminis-tration légale, auront joui des biens de l'absent, ne seront tenus de lui rendre que le cinquième des revenus, s'il reparaît avant quinze ans révolus depuis le jour de sa disparition ; et le dixième, s'il ne reparaît qu'après les quinze ans. — Après trente ans d'absence, la totalité des revenus leur appartiendra.

128. Tous ceux qui ne jouiront qu'en vertu de l'envoi provisoire ne pourront aliéner ni hypothéquer les immeubles de l'absent.

129. Si l'absence a continué pendant trente ans depuis l'envoi provisoire, ou depuis l'époque à laquelle l'époux commun aura pris l'administration des biens de l'absent, ou s'il s'est écoulé cent ans révolus depuis la naissance de l'absent, les cautions seront déchar-gées ; tous les ayants droit pourront demander le partage des biens de l'absent, et faire prononcer l'envoi en possession définitive par le tribunal de première instance.

130. La succession de l'absent sera ouverte, du jour de son décès prouvé, au profit des héritiers les plus proches à cette époque ; et ceux qui auraient joui des biens de l'absent seront tenus de les res-tituer, sous la réserve des fruits par eux acquis en vertu de l'arti-cle 127.

131. Si l'absent reparaît, ou si son existence est prouvée pen-dant l'envoi provisoire, les effets du jugement qui aura déclaré l'absence cesseront, sans préjudice, s'il y a lieu, des mesures con-servatoires prescrites au chapitre Ier du présent titre, pour l'admi-nistration de ses biens.

132. Si l'absent reparaît, ou si son existence est prouvée, même après l'envoi définitif, il recouvrera ses biens dans l'état où ils se trouveront, le prix de ceux qui auraient été aliénés, ou les biens provenant de l'emploi qui aura été fait du prix de ses biens vendus.

133. Les enfants et descendants directs de l'absent pourront éga-lement, dans les trente ans, à compter de l'envoi définitif, demander la restitution de ses biens, comme il est dit en l'article précédent.

134. Après le jugement de déclaration d'absence, toute personne qui aurait des droits à exercer contre l'absent ne pourra les pour-suivre que contre ceux qui auront été envoyés en possession des biens, ou qui en auront l'administration légale.

De l'envoi en POSSESSION PROVISOIRE. — QUI PEUT *le deman-der*. — Nous avons dit que la déclaration d'absence fait présumer le décès, et donne provisoirement ouverture à tous les droits subordonnés à cet événement. Dès lors, les héritiers présomptifs de l'absent, au jour de sa disparition ou de ses dernières nouvelles, peuvent se faire envoyer en possession de ses biens, dans l'ordre et la proportion établis, soit par la loi, soit par le testament. Presque toujours, c'est le même jugement qui prononce la déclaration d'absence et l'envoi en possession provisoire.

Si les héritiers présomptifs au jour de la disparition ou des dernières nouvelles sont décédés, leur représentant légitime les remplace, et l'attribution provisoire des biens est toujours faite, comme le serait l'attribution définitive si le décès était prouvé. Ainsi lorsque l'absent avait, par exemple, au moment de sa disparition ou de ses dernières nouvelles un frère et une sœur pour héritiers, et que plus tard le frère est mort laissant un légataire universel, les biens sont dévolus pour moitié à la sœur survivante, et pour moitié au légataire universel du frère prédécédé, parce que le frère aurait recueilli cette moitié si l'envoi en possession provisoire avait eu lieu au moment de la disparition. Or son légataire doit par l'effet rétroactif de la dévolution qui va s'opérer, recueillir ce que le testateur lui même aurait pris dans la succession de l'absent. Si le frère prédécédé est mort sans laisser de testament, la sœur recueillera tous les biens de l'absent, puisqu'elle se trouve seule héritière, à défaut de son frère prédécédé, qui n'a pas laissé d'autre représentant qu'elle-même.

Quant aux légataires et aux donataires de biens à venir, ils recueillent aussi provisoirement les biens qui leur étaient destinés par l'absent.

La dévolution provisoire des biens de l'absent à ses héritiers présomptifs, à ses légataires ou à ses donataires de biens à venir devient définitive si le décès reste toujours ignoré, car ce décès est présumé se placer au moment de la disparition. Si au contraire le décès vient à être connu et constaté, la réalité fait place à la fiction, et alors la succession est attribuée à ceux qui avaient droit et qualité au moment de l'ouverture. Ce n'est plus un envoi en possession qui s'opère, c'est une dévolution et un partage d'hérédité.

Quant à l'usufruit qui appartenait à l'absent, il s'éteint, sauf à renaître rétroactivement en cas que son existence soit plus tard démontrée. Pareillement les personnes qui avaient donné des biens à l'absent, en stipulant un droit de retour en cas de survie, reprennent les biens par elles données tout comme si le décès était arrivé. Elles les conserveront si l'on n'a jamais des nouvelles de l'absent, ou si sa mort est constatée ; elles les rendront au contraire si l'absent revient ou si son existence est plus tard établie.

Quels biens *comprend l'envoi en* possession provisoire. — Sont dévolus aux ayants droit les biens que l'absent possédait au moment de sa disparition ou de ses dernières nouvelles, augmentés des fruits qui ont été perçus et capitalisés pendant toute la période de présomption d'absence. Les successions ouvertes à son profit, depuis la disparition, n'en font pas partie ; car, ainsi que nous l'avons dit, celui-là seul peut recueillir une succession qui a survécu au défunt, et la survivance de l'absent n'est nullement prouvée.

Des droits *et* obligations *des envoyés* en possession provisoire. — Les envoyés en possession provisoire seront propriétaires des biens de l'absent, s'il ne revient pas, ou s'il n'est pas prouvé que son décès est survenu à une époque où ils n'étaient pas ses plus proches héritiers. Jusque-là, ils n'ont que le titre de dépositaires, et la loi exige d'eux plusieurs sûretés pour assurer la conservation et la restitution des biens qu'ils recueillent (art. 125 et 126). D'abord, ils doivent en faire un bon et fidèle inventaire : les meubles sont vendus, le prix qui en provient est placé avec les autres capitaux, et, enfin, une caution est fournie pour assurer la restitution des effets mobiliers ou les indemnités dues pour dégradations commises sur les immeubles. Les juges ont un pouvoir discrétionnaire en ce qui concerne soit la vente des

meubles, soit le placement des capitaux ; mais l'inventaire et
le cautionnement sont obligatoires, et les envoyés en possession provisoire ne pourraient pas en être dispensés. De leur
côté les envoyés en possession provisoire ont le droit, pour leur
propre sûreté, de demander au tribunal la nomination d'un
expert qui sera chargé de visiter les immeubles, d'en constater l'état, et de dresser du tout un procès-verbal qui servira, le cas échéant, de base à la fixation des indemnités que
l'absent pourrait leur réclamer, et qu'ils se croiraient en droit
de lui refuser. Tous les frais faits pour ces différents actes
conservatoires sont naturellement à la charge de l'absent,
puisque c'est lui qui doit en profiter.

Une fois en possession des biens, les envoyés sont tenus de
toutes les obligations d'un administrateur ordinaire. Ils
doivent pourvoir à l'entretien et aux réparations tant des
meubles que des immeubles, à leur location ; et, sur ce dernier point, on appliquera, par analogie, les règles tracées
par les art. 1429 et 1430 au mari administrateur des biens
de sa femme.

Les aliénations immobilières et les hypothèques ne peuvent pas être consenties par les envoyés en possession, puisqu'ils ne sont pas propriétaires. Mais si les intérêts de l'absent l'exigent, la justice pourra autoriser et l'hypothèque
(art. 2126) et l'aliénation des immeubles (art. 112). Les cas où
l'intérêt même de l'absent exigera que l'on hypothèque ou
que l'on vende ses immeubles ne seront pas rares. Ainsi des
réparations urgentes, le payement de créanciers qui exercent
des poursuites, ou qui perçoivent des intérêts plus élevés que
ceux qui seront servis à la suite d'un nouvel emprunt, etc.,
seront des causes déterminantes soit de les hypothéquer, soit
de les aliéner. Pour l'absent comme pour le mineur la justice autorisera ces différents actes lorsqu'il y aura nécessité
reconnue, ou avantage évident.

Qu'arrivera-t-il si, en fait, l'envoyé en possession a vendu
ou hypothéqué, comme sien, un immeuble de l'absent ?

L'acheteur ou le créancier pourront évidemment demander la nullité de l'acte ; car la vente, et par suite l'hypothèque de la chose d'autrui, sont prohibées (art. 1599) ; et il n'est pas prouvé ici que l'immeuble ait cessé d'appartenir à l'absent. Mais l'envoyé en possession ne pourrait pas demander la nullité de l'acte ; car il est de mauvaise foi, et, d'ailleurs, l'avenir prouvera peut-être qu'il a vendu ou hypothéqué une chose devenue sienne.

L'aliénation des meubles est-elle permise aux envoyés en possession provisoire ? Oui, suivant les uns ; car l'art. 128, en prohibant l'aliénation des immeubles, semble, par cela même, autoriser celle des meubles, et d'ailleurs le pouvoir d'administrer comprend quelquefois celui d'aliéner les meubles (art. 1449). Mais on répond avec raison que, si l'aliénation du mobilier était permise aux envoyés en possession provisoire, il eût été inutile que l'art. 126 dît que le tribunal pourrait ordonner, s'il y avait lieu, de vendre tout ou partie du mobilier. Du moment où le tribunal a le droit de limiter le mobilier qui devra être vendu, c'est qu'évidemment les envoyés sont tenus de conserver le surplus[1]. Toutefois, les tiers détenteurs seront protégés contre l'absent par la maxime « En fait de meubles, la possession vaut titre » (art. 2279 1o) ; car les meubles vendus par l'envoyé ne peuvent être qualifiés ni de meubles perdus ni de meubles volés.

La règle ci-dessus recevrait exception si l'aliénation mobilière était de celles qui ressortent des nécessités mêmes de l'administration. Par exemple, il est bien évident que l'aliénation d'un capital pour en opérer le placement est permise, car c'est là un acte de bonne administration, et on ne peut l'accomplir qu'en transmettant à l'emprunteur la propriété des sommes qu'il devra plus tard restituer.

La qualité d'administrateur, appartenant aux envoyés en

---

[1] *Sic*, Demolombe, t. II, no 113. — *Contrà*, Aubry et Rau, t. I, § 113, p. 541.

possession provisoire, leur attribue l'exercice des actions qui
compétaient à l'absent ou contre lui. C'est donc contre eux
que les tiers devront diriger les demandes qu'ils eussent intentées contre l'absent, et leurs poursuites ne pourront être
écartées que si les envoyés ont épuisé au payement des dettes
tous les biens par eux recueillis. A ce point de vue, il existe
une grande différence entre les héritiers proprement dits qui
ont recueilli une succession, et les héritiers présomptifs qui
ont obtenu un simple envoi en possession. Les premiers
sont propriétaires de tous les biens laissés par le défunt, ils
continuent sa personne, et ils peuvent être poursuivis *ultrà
vires bonorum*. Les seconds au contraire sont de simples dépositaires des biens de l'absent, ils ne continuent pas sa
personne puisqu'elle est peut-être encore vivante, et en conséquence ils ne peuvent être poursuivis que jusqu'à concurrence des biens qu'ils ont reçus et dont ils ne sont que les
administrateurs.

Les envoyés en possession étant soumis à l'exercice de
toutes les actions passives, ont à leur tour et par une juste
réciprocité, celui de toutes les actions que l'absent avait
lui-même contre les tiers. Mais pourront-ils également intenter les actions immobilières et les actions mobilières ? La
raison de douter vient de ce qu'un administrateur ne peut,
en général, exercer que les actions mobilières, et parmi les actions immobilières celles qui sont purement possessoires, ainsi
qu'il résulte de l'article 1428, statuant pour le mari administrateur des biens personnels de sa femme. Le Code paraît, à
cet égard, avoir donné aux envoyés en possession provisoire
des pouvoirs plus étendus que ceux d'un administrateur ordinaire. Effectivement, l'article 807 leur accorde la faculté
exceptionnelle d'intenter les actions en partage qui appartiennent à l'absent, et il n'y a aucune raison de leur refuser l'exercice des autres actions immobilières. D'ailleurs, le tribunal
appelé à juger le procès surveillera et protégera les intérêts de
l'absent. Il faut donc conclure que l'envoyé peut intenter

toutes les actions, comme y défendre, qu'elles soient immobilières ou mobilières [1].

Entre l'absent et l'envoyé en possession provisoire, la prescription ne court pas, car le titre de l'envoyé est précaire et,
aux termes de l'art. 2236 du Code Nap. la précarité empêche absolument de prescrire ; mais l'absent continue de
prescrire à l'égard des tiers, et les tiers à l'égard de l'absent,
car l'envoyé en possession provisoire a qualité pour défendre à toutes les actions interruptives de prescription, ou pour
les intenter.

Nous ferons remarquer, à ce sujet, que les causes de suspension de la prescription qui pourraient exister doivent,
selon nous, être envisagées, non dans la personne de l'envoyé
en possession qui est un simple administrateur, mais dans la
personne de l'absent pour le compte duquel court ou s'arrête
la prescription. Le fait seul de l'absence ne peut pas lui donner le bénéfice de la suspension par le double motif que l'envoyé en possession est là pour interrompre la prescription,
et que d'ailleurs une personne ne peut pas, en disparaissant
de son domicile, se créer une situation privilégiée. Mais
si l'absent est mineur ou interdit, il aura le bénéfice de la
suspension tout comme s'il était présent, car sa disparition
ne doit pas non plus le mettre dans une situation plus mauvaise que celle qui résulte pour lui du droit commun.
L'opinion contraire, qui envisage la personne de l'envoyé
en possession et non celle de l'absent, a cependant de nombreux partisans [2].

Dans le but d'encourager les envoyés en possession provisoire à une bonne administration, l'art. 127 leur attribue
les quatre cinquièmes des revenus, pour le cas où l'absent
reparaîtrait avant quinze ans révolus depuis le jour de sa
disparition, et les neuf dixièmes, dans le cas où il ne repa-

[1] Massé et Vergé, § 100, n° 113, § 149. — Demolombe, t. II, n° 114. —
Douai, 28 novembre 1853.

Marcadé, art. 134. — Valette sur Proudhon, t. I, p. 289.

raîtrait qu'après cette époque. Après trente ans, la totalité
des fruits leur appartient. Les quinze ans se calculent à partir de la disparition, car l'article est formel. Mais certains auteurs, se fondant sur les mots de l'article « *après trente ans
d'absence* », veulent que le point de départ de la seconde période soit la déclaration d'absence, au lieu de la disparition.
On ne peut admettre cette interprétation ; car, après trente
ans d'absence déclarée, il y a lieu, comme nous le verrons,
à l'envoi en possession définitive, et alors la totalité des
fruits serait acquise, non plus par un envoyé en possession
provisoire, comme le suppose notre article, mais par un envoyé en possession définitive. Il est vrai que l'envoyé en possession provisoire pourra négliger de se faire envoyer en
possession définitive, mais il n'est pas présumable que l'article ait eu en vue un cas aussi exceptionnel ; et comme,
d'ailleurs, il n'y a aucune bonne raison pour fixer plusieurs
points de départ, on doit décider que la période de trente
ans commence, comme celle de quinze, au jour de la disparition ou des dernières nouvelles.

L'acquisition des fruits par l'envoyé en possession provisoire n'aura lieu pour les fruits civils, qui s'acquièrent ordinairement jour par jour, que par leur perception même,
tout comme s'il s'agissait de fruits naturels ou industriels.
En effet, l'art. 127, disant que l'envoyé en possession *rendra*
un cinquième ou un dixième des revenus, indique bien que
ces revenus ont été perçus par lui, et qu'il n'est autorisé à en
conserver les quatre cinquièmes ou les neuf dixièmes que s'il
les a réellement touchés.

Comment PREND FIN L'ENVOI *en possession provisoire?* —
Il prend fin :

1° Par le *retour* de l'absent, cas auquel les biens lui sont
restitués, avec le cinquième ou le dixième des fruits, suivant
la distinction ci-dessus ;

2° Par la *réception* de ses nouvelles ; cas auquel on retombera dans la période de présomption d'absence, si l'in-

certitude vient à recommencer sur l'existence de l'absent ;

3° Par le *décès* prouvé de l'absent, cas auquel sa succession se partage selon sa consistance et entre les héritiers les plus proches au moment du décès. Si ces héritiers sont les mêmes que les envoyés en possession provisoire, leur titre précaire est converti en titre définitif ;

4° Par l'*envoi en possession définitif*, que nous examinerons bientôt.

Des droits du conjoint marié *avec l'absent, sous le régime de la communauté.* — Lorsque l'absent est marié, la situation de l'époux présent est des plus délicates. L'incertitude qui plane sur la vie de l'absent ne permet d'affirmer ni que le mariage existe encore ni qu'il est dissous. Dans le doute, l'époux présent ne peut pas, ainsi que nous le verrons plus tard, convoler en secondes noces, car, pour contracter un nouveau lien, il faut prouver que le premier a cessé d'exister, et ici cette preuve fait défaut. Il serait naturel de penser que l'incertitude qui perpétue pour l'époux présent les effets du mariage doit également perpétuer l'effet des conventions matrimoniales. S'il en était ainsi, l'envoi en possession provisoire ne pourrait être prononcé au profit des héritiers présomptifs, qu'à la condition que les droits de propriété, de jouissance ou d'administration qui appartiennent à l'époux présent sur les biens de l'époux absent fussent respectés. Ce système si logique a été en partie adopté et en partie rejeté par le Code. Les époux sont-ils mariés sous le régime de la communauté légale ou conventionnelle ? L'époux présent a la faculté ou de maintenir ou de dissoudre provisoirement la communauté, et par là d'empêcher ou de permettre, à son gré, l'envoi en possession provisoire des héritiers présomptifs de l'absent. Cette faculté est une compensation légitime accordée par la loi à l'époux présent, pour le trouble si grave apporté dans sa vie par l'absence de son conjoint. Les époux sont-ils au contraire mariés sous tout autre régime ? Alors l'époux présent ne peut plus opter pour la continuation de ce régime, et empêcher l'envoi en possession provisoire des héritiers présomptifs de son conjoint. Son mariage est censé toujours exister ; et cependant les conventions matrimoniales sont dès à présent brisées comme s'il. était dissous. Pourquoi cette différence entre l'époux commun en biens et l'époux non commun ? Il est impossible d'en donner une raison plausible. Quel que soit le régime, il était évidemment logique et équitable de permettre toujours à l'époux présent d'opter entre le maintien provisoire des conventions matrimoniales et leur abandon. Cette inconséquence du Code aura quelquefois les plus regrettables effets. Ainsi la femme mariée sous le régime sans communauté ou sous le régime dotal venant à disparaître, son mari perdra l'administration et la jouissance de tous ses biens, et, sans être veuf, il subira pécuniairement toutes les conséquences du veuvage, puisque les héritiers ou légataires de sa femme recueilleront son patrimoine ; les termes de l'art. 124 sont toutefois trop formels pour autoriser une meilleure solution.

De la CONTINUATION PROVISOIRE *de la communauté.* — L'époux présent peut faire son option à toute époque, car la loi ne lui fixe aucun délai ; toutefois, il ne serait pas recevable à demander la continuation de la communauté, s'il avait expressément ou tacitement opté pour la dissolution.

Lorsque la femme est absente et le mari présent, celui-ci conserve l'administration des biens communs, et ses pouvoirs ne sont nullement modifiés.

Lorsque le mari est absent et la femme présente, celle-ci prend l'administration, mais ses pouvoirs ne sont pas aussi étendus que ceux du mari présent ; car, tant que le décès de ce dernier n'est pas prouvé, elle reste soumise au régime de l'incapacité. Conséquemment, elle serait obligée de demander l'autorisation de la justice pour tous les actes autres que ceux de pure administration.

L'époux présent, soit le mari, soit la femme, peut opter pour la dissolution provisoire de la communauté, même après avoir opté pour sa continuation ; en effet, le Code autorise cette continuation dans son seul intérêt, et il ne faut pas qu'elle devienne pour lui un fardeau.

La femme a la faculté de renoncer, non-seulement à la continuation provisoire de la communauté, mais encore à la communauté elle-même. Il est d'ordre public qu'elle ne puisse, par aucun acte antérieur à la dissolution effective de la communauté, perdre ou compromettre son droit de renonciation. Quant au mari, la communauté est son œuvre, et il ne peut jamais y renoncer.

Comment PREND FIN LA CONTINUATION PROVISOIRE *de la communauté.*

Elle prend fin :

1° Par la *renonciation de l'époux* à la continuation provisoire, cas auquel les héritiers présomptifs se font envoyer en possession provisoire des biens communs qui reviennent à l'époux absent, d'après leur état au moment de la disparition ou des dernières nouvelles ;

2° Par le *retour* de l'absent, cas auquel il est prouvé que la communauté existe et n'a pas cessé d'exister ;

3° Par la *réception* de ses nouvelles, cas auquel il est prouvé que la communauté existait encore au moment des nouvelles : seulement on retombe dans le provisoire, si l'incertitude renaît sur l'existence de l'absent ;

4° Par le *décès* prouvé de l'*absent*, cas auquel la communauté se liquide selon son état au moment du décès ;

5° Par le *décès* de l'*époux présent*, cas auquel la communauté se liquide selon son état au jour de la disparition de l'absent ou de ses dernières nouvelles ;

6° Par l'*envoi en possession définitif*, cas auquel la communauté se liquide de la même manière.

En résumé, la communauté se liquide et se partage selon son état au moment où sa dissolution est devenue soit certaine, soit présumable.

Quant à la validité des actes faits par l'époux présent,

mari ou femme, une distinction est nécessaire. S'agit-il d'actes
de simple administration? Ils seront toujours valables; s'agit-
il au contraire d'actes de disposition, tels qu'aliénations d'immeubles, constitutions d'hypothèques, etc. Ils sont encore
valables dans le cas où c'est le mari présent qui les a consentis, pourvu que leur passation se place à une époque antérieure à la dissolution réelle ou présumée de la communauté [1]. Mais ils sont nuls, s'ils ont été consentis à un
moment postérieur, puisqu'il est constant que le mari n'avait,
à l'époque où il les faisait, que les pouvoirs d'un administrateur ordinaire. Quant à la femme, elle ne peut faire des actes
de disposition, qu'avec l'autorisation de justice, et dans ce
cas ces actes sont et restent valables, lors même qu'ils auraient
été faits postérieurement à la dissolution de la communauté,
puisque la justice peut, en cas de nécessité reconnue ou d'a-
vantage évident, permettre les actes de cette nature, ainsi que
nous l'avons vu à propos des envoyés en possession provisoire.

Pour sauvegarder les intérêts de l'époux absent ou de ses
héritiers présomptifs, l'art. 126 exige que l'époux présent,
qui opte pour la continuation provisoire de la communauté,
procède à un inventaire contradictoirement avec les représentants de l'époux absent. Toutefois, aucun texte n'exige de
lui la caution dont sont tenus les envoyés en possession provisoire, et dès lors il ne doit pas la fournir.

Comme il y avait la même raison d'encourager l'époux
présent que les envoyés en possession provisoire à une bonne
administration, le Code lui attribue la même quotité de fruits
(art. 127). Mais notons que cette disposition devient inapplicable, quand il est prouvé que la communauté existait
encore lors de la perception des fruits; car, lorsque c'est possible, on doit abandonner le probable pour rentrer dans le
certain. Or, l'article 1401[2o] fait, dans ce cas, irrévocable-

---

[1] Demolombe, t. II, n° 285. — Aubry et Rau, t. I, § 155, note 4.

ment tomber tous les fruits dans la communauté [1]. De là cette conséquence que le mari aura pu les dissiper sans avoir aucun compte à rendre, puisque l'art. 1421 le décharge de toute responsabilité. L'obligation de rendre compte ne commence qu'à partir du moment où en fait la communauté a cessé d'exister, parce qu'alors il n'y a plus de fruits communs, mais des fruits propres à chaque époux, fruits que l'époux présent ne peut acquérir, quand ils proviennent des biens de l'époux absent, que pour la quotité indiquée par la loi, et à la charge de rendre compte du surplus.

De la DISSOLUTION PROVISOIRE *de la communauté.* — Dans ce cas, la communauté se liquide entre l'époux présent et les ayants droit de l'absent, selon son état au jour de la disparition ou des dernières nouvelles. L'époux présent est traité comme un envoyé en possession provisoire, et il doit, dès lors, donner caution pour toutes les choses susceptibles de restitution ; par exemple, pour les gains de survie que l'absent pourrait avoir à réclamer.

*De l'*ENVOI EN POSSESSION DÉFINITIF ; *quand il a lieu.* — Lorsque la probabilité du décès a acquis un caractère suffisant de gravité, la loi permet aux héritiers présomptifs de faire convertir leur possession provisoire en possession définitive par un jugement du tribunal qui a déclaré l'absence. Cette conversion peut être demandée :

1° S'il s'est écoulé TRENTE ANS à compter, dit l'art. 129, de l'envoi provisoire, ou de l'option de l'époux présent pour la continuation de la communauté ; mais le véritable point de départ des trente ans est plutôt la déclaration d'absence que l'un ou l'autre des événements indiqués par l'article ; car le vrai motif qui détermine le législateur est la durée de l'absence, et si l'envoi provisoire ou l'option pour la continuation de la communauté sont postérieurs d'un délai plus ou

[1] Rodière et Pont, *Cont. de mar.*, t. II, p. 34 et suiv. — Aubry et Rau, t. I, § 155, p. 553.

moins long à la déclaration d'absence, le décès n'en est pas moins probable. On voit ainsi que l'envoi en possession définitif aura lieu après quarante-un ou trente-cinq ans à dater de la disparition, suivant que l'absent avait ou non laissé un mandataire pour le représenter.

2° S'il s'est écoulé *cent ans* révolus depuis la naissance de l'absent, car c'est là le terme le plus long de la vie humaine.

Des PERSONNES QUI PEUVENT *se faire envoyer* EN POSSESSION DÉFINITIVE. — Ont le droit de se faire envoyer en possession définitive les plus proches héritiers présomptifs de l'absent au jour de sa disparition ou de ses dernières nouvelles. Presque toujours ces héritiers sont les mêmes que les envoyés en possession provisoire ; mais si un héritier présomptif qui aurait pu obtenir l'envoi en possession provisoire avait omis de le demander, il n'en aurait pas moins le droit de se faire admettre à l'envoi en possession définitif.

COMMENT A LIEU *l'envoi en* POSSESSION DEFINITIF. — Il doit toujours être prononcé par justice. Le tribunal compétent sera celui qui a déclaré l'absence. Il pourra accorder l'envoi en possession avec ou sans enquête préalable, selon les circonstances. La loi n'exige pas ici cette formalité, qui est absolument nécessaire pour la déclaration d'absence.

Des EFFETS DE *l'envoi en* POSSESSION DÉFINITIF. — Le jugement qui prononce l'envoi définitif attribue aux héritiers présomptifs de l'absent, non plus seulement l'administration et la jouissance, mais la propriété même de tous les biens qu'il avait laissés. Désormais, plus de garanties pour en assurer la restitution. Les cautions données par les envoyés en possession provisoire sont même déchargées par le seul fait que l'envoi en possession définitif peut être demandé, quoiqu'il ne le soit pas encore effectivement (art. 129).

Les envoyés en possession définitive, étant propriétaires, acquièrent tous les fruits, et peuvent concéder sur les biens de l'absent toute sorte de droits réels. Les aliénations ou hypothèques par eux consenties auront un caractère irrévocable, et si l'absent revient, il ne recouvrera que les biens restants, plus le prix des biens aliénés, sans que jamais les tiers puissent être inquiétés. Ce prix ne lui sera même rendu que jusqu'à concurrence du profit que les envoyés en possession définitive en auraient retiré. L'envoyé en possession ne pourra demander aucune indemnité pour les réparations d'entretien qui sont la charge ordinaire de la jouissance ; mais il aura droit de se faire restituer le montant des grosses réparations qui sont la charge ordinaire du capital, ainsi que les améliorations par lui faites jusqu'à concurrence de la plus-value, car autrement l'absent s'enrichirait à son préjudice.

Quant aux dégradations, l'envoyé n'en sera tenu que jusqu'à concurrence du profit qu'il en aura retiré ; car, comme il a été propriétaire, on ne peut lui imputer d'avoir détérioré sa propre chose. Si l'envoyé avait employé les biens en donations faites à des tiers, il n'en devrait pas compte, puisqu'il n'en a tiré aucun profit ; mais il faudrait décider le contraire s'il avait employé les biens à doter ses enfants, car il a ainsi épargné sa propre fortune, et, par suite, réalisé un profit sujet à restitution.

Comment PREND FIN L'ENVOI *en possession* DÉFINITIF. — L'envoi en possession définitif prend fin :

1° Par la *preuve de l'existence* de l'absent, cas auquel on retombera dans la période de présomption d'absence, si, après les nouvelles reçues, l'incertitude recommence sur l'existence de l'absent. Lorsque l'absent revient, il exerce contre les envoyés en possession définitive une véritable action en revendication, et, en effet, si au regard des tiers les envoyés en possession sont devenus propriétaires, ils n'ont pas cessé d'être des dépositaires, des détenteurs précaires au regard de l'absent qui a conservé son droit de propriété, droit que les envoyés en possession ne peuvent même pas lui faire perdre par prescription.

2° Par la *preuve du décès* de l'absent, cas auquel sa succession est dévolue aux héritiers les plus proches au jour de l'ouverture;

3° Par la *survenance d'un descendant* de l'absent, qui, pour une cause ou pour une autre, n'avait pas été envoyé en possession définitive. Ce descendant est dispensé de prouver le décès de l'absent, et il peut évincer l'envoyé en possession définitive, en prouvant sa seule qualité ; mais notons que ce privilége lui est spécial, et que les collatéraux de l'absent, quelque proche que soit avec celui-ci leur degré de parenté, ne peuvent jamais évincer ceux qui, étant à un degré plus éloigné, auraient été envoyés en possession définitive. Le Code qui accorde au descendant le droit de se faire envoyer en possession à l'encontre des autres envoyés en possession, a refusé avec raison le même droit aux collatéraux, et, en effet, tant que la preuve du décès n'est pas fournie, il n'est pas certain que les collatéraux survenants aient plus de droits que les collatéraux envoyés en possession définitive, tandis qu'il est toujours certain que le descendant est ou doit être au nombre des héritiers de l'absent.

Le droit des descendants est sujet à prescription, et il ne peut être exercé que dans les trente ans, à dater de l'envoi définitif (art. 133). En rapprochant ce délai de celui qui sépare habituellement la disparition de l'absent de l'envoi en possession définitif, on voit que les descendants pourront évincer les envoyés en possession définitive soixante-cinq ou soixante-onze ans après la disparition de l'absent. Encore ce délai serait-il augmenté si ces descendants étaient mineurs, car il n'y a aucune raison de déroger ici à l'article 2252, qui suspend la prescription au profit des mineurs [1].

Il importe de ne pas confondre la *pétition d'hérédité* avec la *demande d'envoi en possession définitif*, formée soit par des collatéraux, soit par les descendants de l'absent.

La pétition d'hérédité suppose le décès prouvé, et la de-

_____

[1] Valette sur Proudhon, t. 1, p. 335, note *a*. — Demolombe, t. II, n° 185.

mande d'envoi en possession suppose le décès incertain. La prescription court, dès lors, à partir du décès pour l'action en pétition d'hérédité, tandis que, pour la demande d'envoi en possession, elle court à partir de l'envoi provisoire pour finir à l'envoi définitif à l'égard des collatéraux plus proches qui ne se sont pas d'abord présentés, et à partir de l'envoi définitif pour durer trente ans encore à l'égard des descendants directs de l'absent. Les envoyés en possession définitive peuvent donc subir une double éviction, l'une dans les trente ans du décès, quelle que soit son époque, de la part des héritiers plus proches qui intenteraient l'action en pétition d'hérédité, et l'autre, soit dans l'intervalle qui sépare l'envoi provisoire de l'envoi définitif de la part de ces mêmes collatéraux, soit dans les trente ans de l'envoi définitif de la part des descendants de l'absent.

DEUXIÈME SECTION

DES EFFETS DE L'ABSENCE RELATIVEMENT AUX DROITS ÉVENTUELS QUI PEUVENT COMPÉTER A L'ABSENT.

ART. 135. Quiconque réclamera un droit échu à un individu dont l'existence ne sera pas reconnue devra prouver que l'individu existait quand le droit a été ouvert : jusqu'à cette preuve, il sera déclaré non recevable dans sa demande.

136. S'il s'ouvre une succession à laquelle soit appelé un individu dont l'existence n'est pas reconnue, elle sera dévolue exclusivement à ceux avec lesquels il aurait eu le droit de concourir, ou à ceux qui l'auraient recueillie à son défaut.

137. Les dispositions des deux articles précédents auront lieu sans préjudice des actions en pétition d'hérédité et d'autres droits, lesquels compéteront à l'absent ou à ses représentants ou ayants cause, et ne s'éteindront que par le laps de temps établi pour la prescription.

138. Tant que l'absent ne se représentera pas, ou que les actions ne seront point exercées de son chef, ceux qui auront recueilli la succession gagneront les fruits par eux perçus de bonne foi.

Des droits échus à l'absent DEPUIS SA DISPARITION. —

— Nous venons d'étudier les règles d'administration ou de dévolution des biens laissés par l'absent au jour de sa disparition. Dans notre section, le Code s'occupe des droits qui se sont ouverts à son profit depuis cette époque. A cet égard, il pose un principe qui domine toute la matière, c'est que nul ne peut réclamer du chef de l'absent un droit ouvert depuis sa disparition, s'il ne prouve son existence au moment où le droit a pris naissance (art. 135). Cette disposition est juste, car quiconque affirme un fait doit le prouver ; or, comme l'absent n'a pu recueillir le droit qu'à la condition d'avoir survécu à l'événement d'où il résulte, ses héritiers doivent prouver sa survivance.

Par application de ce principe, l'art. 136 décide que, si une succession s'ouvre après la disparition de l'absent, la part à laquelle il aurait droit, si son existence au moment de l'ouverture était prouvée, sera dévolue à ceux qui devaient la recueillir à son défaut. En fait, les cohéritiers de l'absent pourront la mettre en réserve, mais c'est un acte purement facultatif et de délicatesse.

L'absent peut-il au moins être représenté par ses descendants ? Sans aucun doute, car, du moment que l'absent n'est pas présumé avoir survécu, il faut être conséquent, et faire arriver à sa place ceux qui, dans l'hypothèse de sa mort, ont le droit de le représenter.

Les droits éventuels dévolus à ceux qui devaient les recueillir au défaut de l'absent entrent dans leur patrimoine à titre de propriété, et la restitution n'en est pas garantie. Toutefois, s'il est prouvé que l'absent existait au moment de l'ouverture du droit, cette restitution pourra être exigée, soit par l'absent lui-même, soit par ses représentants, à moins de prescription acquise aux détenteurs actuels. Dans ce cas, l'art. 138 dispense les détenteurs de la restitution des fruits par eux perçus. Le Code a ainsi abrogé la règle romaine : « *Fructus augent hæreditatem,* » d'après laquelle le possesseur de tout ou partie d'une succession devait res-

tituer et les capitaux et les fruits qui en étaient provenus.
Cette innovation est juste ; car il n'y a aucune raison pour
que le possesseur légal d'une succession ne fasse pas les fruits
siens, tout comme le possesseur légal d'un objet particulier (art. 549).

Des pouvoirs conférés AUX HÉRITIERS APPARENTS. — Le Code
a omis de s'expliquer sur l'étendue des pouvoirs conférés aux
possesseurs de la part de succession qui revenait à l'absent
survivant et qui ne sont que des héritiers apparents. Il est
cependant un point incontestable, c'est que tous les actes
d'administration faits par eux sont valables, tant à l'égard
de l'absent qu'à l'égard des tiers. Le doute s'élève lorsqu'il
s'agit des actes de disposition, et notamment de la validité
des hypothèques ou aliénations immobilières consenties par
les possesseurs de la succession. D'un côté, ces actes ne peuvent être consentis que par le propriétaire (art. 1599 ; 2124),
et, de l'autre, il y a ici de graves intérêts à protéger ; car
les tiers au profit desquels les hypothèques ou aliénations ont
été consenties sont exposés à être lésés par une éviction im-
prévue.

La jurisprudence et certains auteurs admettent la validité
des actes de disposition. En effet, disent-ils, ceux qui ont
recueilli les biens de l'absent ont reçu de la loi elle-même le
pouvoir de le représenter ; ils sont devenus conditionnelle-
ment propriétaires, puisque l'article 136 leur confère la succession avec les caractères et les attributs de la propriété ;
d'où il suit que tous les actes, même ceux de disposition,
sont censés faits par l'absent lui-même. Toutefois, on fait
exception au cas où l'aliénation serait à titre gratuit ; car un
mandat légal ne confère pas le pouvoir de faire des donations ;
et, en outre, au cas où l'aliénation aurait été faite à titre onéreux, lorsque les tiers connaissaient l'existence de l'absent,
car leur mauvaise foi les rend non recevables à invoquer la
validité de la disposition. Enfin, cette validité ne serait jamais admise pour l'aliénation qui aurait été faite en bloc de

la part héréditaire de l'absent ; car si le mandataire qui administre un ensemble d'objets peut disposer de certains d'entre eux, il irait contre son mandat en disposant de l'ensemble [1].

La plupart des auteurs se prononcent pour la nullité des actes de disposition, en se fondant sur la rigueur des principes d'après lesquels nul ne peut hypothéquer ou aliéner, s'il n'est propriétaire. Ils n'admettent pas le mandat, sur lequel se fonde le système adverse, parce que, disent-ils, le mandat ne se présume pas, et qu'ici aucun texte ne le confère aux héritiers apparents. D'ailleurs, s'il y avait mandat, on ne comprendrait pas que l'article 137 permît à ceux qui ont recueilli la part de l'absent de la prescrire contre lui ; car tout mandat est un titre précaire, et, aux termes de l'article 2236, les détenteurs précaires ne peuvent jamais prescrire. Puis, en supposant que la propriété soit provisoirement dévolue à ceux qui recueillent la part de l'absent, cette dévolution est sous condition résolutoire ; or, il est de principe que, la condition résolutoire étant accomplie, tous les actes faits par celui qui cesse d'être propriétaire sont regardés comme non avenus (art. 1183) [2].

Quant aux tiers, ils sont en faute d'avoir, sans garantie, accepté des droits réels sur des biens qu'ils savaient pouvoir être un jour revendiqués par l'absent ou ses représentants.

TROISIÈME SECTION

DES EFFETS DE L'ABSENCE RELATIVEMENT AU MARIAGE.

ART. 139. L'époux absent dont le conjoint a contracté une nouvelle union sera seul recevable à attaquer ce mariage par lui-même, ou par son fondé de pouvoir, muni de la preuve de son existence.

---

[1] Aubry et Rau, t. V, § 616, note 31, p. 188 et suiv. Paris, 28 janvier, 1848.
[2] Duranton, t. X, n° 578 bis. — Marcadé, art. 137, n° 4. — Demolombe, t. I, n°⁸ 241 et suiv.

140. Si l'époux absent n'a point laissé de parents habiles à lui succéder, l'autre époux pourra demander l'envoi en possession provisoire des biens.

Observation. — L'absence même déclarée ne dissout pas le mariage, et l'époux présent ne peut pas se remarier, car la loi devait interdire à toute personne la chance de commettre le crime de bigamie.

En fait, il peut arriver que l'époux présent trompe l'officier de l'état civil, et contracte un second mariage. Dans ce cas, l'incertitude sur la mort de l'absent, qui faisait obstacle à la nouvelle union, fera aussi obstacle à son annulation ; et, en effet, s'il est possible que l'absent vive encore, il est également possible qu'il ne vive plus, et dans le doute on ne peut pas annuler un second mariage qui est parfaitement valable, si en fait l'absent est décédé.

L'article 139 accorde à l'absent le droit d'attaquer le second mariage, soit par lui-même, soit par un fondé de pouvoir. Certains auteurs s'en tiennent à ce texte et n'admettent pas que le mariage puisse être attaqué par d'autres que par l'absent ou son mandataire spécial. Mais nous n'hésitons pas à dire qu'il faut en étendre l'application. Effectivement, si l'absent revenu néglige d'attaquer le second mariage, il y a un scandale public de bigamie qu'il importe de faire cesser, et le ministère public ne peut, en pareil cas, être désarmé. Le Code a simplement voulu, selon nous, mettre le second mariage à l'abri de toute attaque, lorsqu'il y a encore incertitude sur l'existence de l'absent ; mais une fois cette existence prouvée, soit par le retour de l'absent, soit par des nouvelles positives, il n'y a aucune raison de ne pas admettre toutes les parties ayant un intérêt né et naturel, et particulièrement le ministère public, à demander la nullité du second mariage : cela résulte de la discussion au Conseil d'État [1].

---

[1] Demolombe, t. II, n° 264. — Massé et Vergé, t. I, p. 168.

A défaut de parents légitimes ou naturels, le conjoint survivant succède au conjoint prédécédé (art. 767). L'article 140 a voulu, dès à présent, trancher cette question de successibilité au point de vue de l'envoi en possession provisoire.

CHAPITRE IV

DE LA SURVEILLANCE DES ENFANTS MINEURS DU PÈRE QUI A DISPARU.

Art. 141. Si le père a disparu, laissant des enfants mineurs issus d'un commun mariage, la mère en aura la surveillance, et elle exercera tous les droits du mari, quant à leur éducation et à l'administration de leurs biens.

142. Six mois après la disparition du père, si la mère était décédée lors de cette disparition, ou si elle vient à décéder avant que l'absence du père ait été déclarée, la surveillance des enfants sera déférée, par le conseil de famille, aux ascendants les plus proches, et, à leur défaut, à un tuteur provisoire.

143. Il en sera de même dans le cas où l'un des époux qui aura disparu laissera des enfants mineurs, issus d'un mariage précédent.

Observation. — Lorsque le père a disparu, et que la mère vit encore, la puissance paternelle lui est dévolue provisoirement, et elle l'exerce conformément aux règles tracées par les articles 371 et suiv. du Code. Toutefois, comme elle exerce alors la puissance paternelle moins en son nom personnel qu'au nom de son mari dont elle est en quelque sorte la déléguée, elle ne profitera pas de l'usufruit des biens appartenant à ses enfants mineurs, et elle devra compte à son mari des revenus qu'elle aura perçus. Il n'eût pas été juste que le mari, absent peut-être pour les affaires de la famille, éprouvât de cette absence même un dommage quelconque.

Lorsque la mère a disparu, et que le père vit encore, rien n'est changé à l'état de choses préexistant, et c'est pourquoi le Code ne prévoit pas cette hypothèse.

Si, lors de la disparition du père, la mère était morte, l'article 142 décide que, six mois après la disparition, la surveillance des enfants sera déférée par le conseil de famille aux ascendants les plus proches ou à un tuteur provisoire. Cet intervalle a paru nécessaire pour s'assurer que la disparition était de nature à faire naître des doutes sur l'existence de l'absent, et le Code a voulu provisoirement écarter les étrangers de toute immixtion dans sa famille et ses affaires. Pendant ces six mois, les enfants seront confiés par le tribunal à telle personne qu'il désignera. Notons que les ascendants chargés de la surveillance ne seront pas nésessairement tuteurs des enfants ; car autre chose est une simple surveillance, autre chose est le fardeau d'une tutelle. Le conseil de famille désignera les personnes qu'il croira le plus capables de remplir l'une ou l'autre de ces deux fonctions, et ces personnes pourront ne pas être les mêmes.

Si enfin, le père ayant disparu, la mère, vivante au moment de la disparition, décède avant la déclaration d'absence, l'article 142 prescrit les mêmes dispositions que dans l'hypothèse précédente.

Quant aux enfants mineurs que l'époux absent a eus d'un précédent mariage, l'époux présent est pour eux un étranger ; et il y a toujours lieu de déférer leur surveillance soit à l'ascendant le plus proche, soit à un tuteur provisoire.

LIVRE I. TITRE V.

Du Mariage.

(Décrété le 17 mars 1803. Promulgué le 27 du même mois.)

Définition. — Le mariage est l'union légitime de l'homme et de la femme, dans le double but de fonder une famille nouvelle, et de se prêter mutuellement assistance. De ces deux fins, la première, qui est la principale, n'est cependant pas nécessaire, car quelquefois les époux ne peuvent pas, à raison de leur âge ou de leurs infirmités raisonnablement espérer de perpétuer leur espèce. Mais la seconde est essentielle au mariage. Effectivement on ne saurait admettre que les époux puissent s'unir dans le seul but d'avoir des enfants, et sans se devoir l'un à l'autre cette assistance réciproque qui fait le fond même de la société conjugale. Ainsi entendu le mariage perdrait son caractère et sa dignité. La loi, comme la morale et la religion, voit dans le mariage la plus auguste comme la plus fondamentale des institutions, et même, quand les époux ont perdu toute espérance de postérité, ils n'en demeurent pas moins étroitement unis dans une commune destinée, que la mort seule peut briser.

CHAPITRE PREMIER

DES QUALITÉS ET CONDITIONS REQUISES POUR POUVOIR CONTRACTER MARIAGE.

Art. 144. L'homme avant dix-huit ans révolus, la femme avant quinze ans révolus, ne peuvent contracter mariage.

145. Néanmoins il est loisible à l'Empereur d'accorder des dispenses d'âge pour des motifs graves [1].

[1] *Arrêté du 29 prairial an XI, sur les dispenses relatives au mariage.*

1. Les dispenses pour se marier avant dix-huit ans pour les hommes et quinze ans révolus pour les femmes, et celles pour se marier dans les dégrés prohibés par l'art. 164 du Code civil, seront délivrées par le gouvernement, sur le rapport du grand-juge.

2. Les dispenses de la seconde publication de bans, dont est mention dans l'article 169 du Code civil, seront accordées, s'il y a lieu, au nom du gouvernement, par son commissaire près le tribunal de première instance dans l'arrondissement duquel les impétrants se proposent de célébrer leur mariage; et il sera rendu compte par ce commissaire au grand-juge, ministre de la justice, des causes graves qui auront donné lieu à chacune de ces dispenses.

Art. 146. Il n'y a pas de mariage lorsqu'il n'y a point de consentement.

147. On ne peut contracter un second mariage avant la dissolution du premier.

148. Le fils qui n'a pas atteint l'âge de vingt-cinq ans accomplis, la fille qui n'a pas atteint l'âge de vingt-un ans accomplis, ne peuvent contracter mariage sans le consentement de leurs père et mère : en cas de dissentiment, le consentement du père suffit.

149. Si l'un des deux époux est mort, ou s'il est dans l'impossibilité de manifester sa volonté, le consentement de l'autre suffit.

150. Si le père et la mère sont morts, ou s'ils sont dans l'impossibilité de manifester leur volonté, les aïeuls et aïeules les remplacent : s'il y a dissentiment entre l'aïeul et l'aïeule de la même ligne, il suffit du consentement de l'aïeul. — S'il y a dissentiment entre les deux lignes, ce partage emportera consentement.

151. Les enfants de famille ayant atteint la majorité fixée par l'article 148 sont tenus, avant de contracter mariage, de demander, par un acte respectueux et formel, le conseil de leur père et de leur mère, ou celui de leurs aïeuls et aïeules, lorsque leur père et leur mère sont décédés ou dans l'impossibilité de manifester leur volonté.

(Articles 152, 153, 154, 155, 156 et 157, décrétés le 12 mars 1804. Promulgués le 22 du même mois.)

152. Depuis la majorité fixée par l'article 148 jusqu'à l'âge de trente ans accomplis pour les fils, et jusqu'à l'âge de vingt-cinq ans accomplis pour les filles, l'acte respectueux prescrit par l'article précédent, et sur lequel il n'y aurait pas de consentement au mariage, sera renouvelé deux autres fois, de mois en mois ; et, un mois après le troisième acte, il pourra être passé outre à la célébration du mariage.

153. Après l'âge de trente ans, il pourra être, à défaut du consentement sur un acte respectueux, passé outre, un mois après, à la célébration du mariage.

154. L'acte respectueux sera notifié à celui ou ceux des ascendants désignés en l'article 151, par deux notaires, ou par un notaire et deux témoins ; et, dans le procès-verbal qui doit en être dressé, il sera fait mention de la réponse.

155. En cas d'absence de l'ascendant auquel eût dû être fait l'acte respectueux, il sera passé outre à la célébration du mariage, en représentant le jugement qui aurait été rendu pour déclarer l'absence,

ou, à défaut de ce jugement, celui qui aurait ordonné l'enquête, ou, s'il n'y a point encore eu de jugement, un acte de notoriété délivré par le juge de paix du lieu où l'ascendant a eu son dernier domicile connu. Cet acte contiendra la déclaration de quatre témoins appelés d'office par ce juge de paix.

156. Les officiers de l'état civil qui auraient procédé à la célébration des mariages contractés par des fils n'ayant pas atteint l'âge de vingt-cinq ans accomplis, ou par des filles n'ayant pas atteint l'âge de vingt-un ans accomplis, sans que le consentement des pères et mères, celui des aïeuls et aïeules, et celui de la famille, dans le cas où ils sont requis, soient énoncés dans l'acte de mariage, seront, à la diligence des parties intéressées et du procureur impérial près le tribunal de première instance du lieu où le mariage aura été célébré, condamnés à l'amende portée par l'article 192, et, en outre, à un emprisonnement dont la durée ne pourra être moindre de six mois.

157. Lorsqu'il n'y aura pas eu d'actes respectueux, dans le cas où ils sont prescrits, l'officier de l'état civil qui aurait célébré le mariage sera condamné à la même amende et à un emprisonnement qui ne pourra être moindre d'un mois.

158. Les dispositions contenues aux articles 148 et 149, et les dispositions des articles 151, 152, 153, 154 et 155, relatives à l'acte respectueux qui doit être fait aux père et mère dans le cas prévu par ces articles, sont applicables aux enfants naturels légalement reconnus.

159. L'enfant naturel qui n'a point été reconnu, et celui qui, après l'avoir été, a perdu ses père et mère, ou dont les père et mère ne peuvent manifester leur volonté, ne pourra, avant l'âge de vingt-un ans révolus, se marier qu'après avoir obtenu le consentement d'un tuteur *ad hoc* qui lui sera nommé.

160. S'il n'y a ni père ni mère, ni aïeuls ni aïeules, ou s'ils se trouvent tous dans l'impossibilité de manifester leur volonté, les fils ou filles mineurs de vingt-un ans ne peuvent contracter mariage sans le consentement du conseil de famille.

161. En ligne directe, le mariage est prohibé entre tous les ascendants et descendants légitimes ou naturels, et les alliés dans la même ligne.

162. En ligne collatérale, le mariage est prohibé entre le frère et la sœur légitimes ou naturels, et les alliés au même degré.

163. Le mariage est encore prohibé entre l'oncle et la nièce, la tante et le neveu.

164. Néanmoins il est loisible à l'Empereur de lever, pour des causes graves, les prohibitions portées par l'article 162 aux mariages entre beaux-frères et belles-sœurs, et par l'article 163 aux mariages entre l'oncle et la nièce, la tante et le neveu.

Observation. — Le mariage n'a pas dans notre législation actuelle tous les caractères que lui avait imprimés l'ancien droit français. Autrefois il était un acte essentiellement religieux, et, jusqu'à un certain point, politique. Ainsi, d'une part, l'union de l'homme et de la femme ne devenait légitime que par sa célébration devant un ministre du culte, et, d'autre part, la distinction des nobles et des roturiers était la source de sévères prohibitions. Aujourd'hui le mariage a dépouillé ce double caractère, pour devenir un acte exclusivement civil : sa légitimité dépend du seul fait de la célébration par un officier de l'état civil. La cérémonie religieuse, n'étant ni imposée ni proscrite par la loi, n'ajoute ni n'ôte rien à la validité et aux effets civils du mariage.

Des EMPÊCHEMENTS *en général.* — Le Code exige certaines conditions pour la validité du mariage. L'absence d'une condition constitue ce qu'on appelle un *empêchement*.

Les empêchements sont ou *dirimants* ou *simplement prohibitifs*.

L'empêchement *dirimant* est celui qui non-seulement fait obstacle à la célébration du mariage, mais en produit encore la nullité lorsque, par ignorance ou par fraude, l'officier de l'état civil a célébré le mariage malgré l'existence de l'empêchement.

L'empêchement *simplement prohibitif* est celui qui fait obstacle à la célébration du mariage, mais n'en produit pas la nullité, si, malgré son existence, l'officier de l'état civil a procédé à la célébration. Cet empêchement a donc moins de gravité que l'empêchement dirimant.

Avant d'entrer dans l'examen des divers empêchements, il importe de signaler plusieurs conditions primordiales,

substantielles, que le Code n'a pas toutes formulées, à cause
de leur évidence même. Ce sont :

1° La *différence des sexes ;*

2° Le *consentement réciproque des époux ;*

3° L'*intervention d'un officier de l'état civil.*

Effectivement, il ne peut y avoir de mariage soit entre
personnes du même sexe, soit entre personnes qui n'ont pas
voulu s'unir, soit enfin entre personnes qui se sont unies en
dehors de la présence et de l'intervention du représentant que
la loi s'est donné. Lorsqu'une de ces conditions manque, il
n'y a que les apparences du mariage, mais non un mariage
véritable, et toute personne intéressée peut, à toute époque,
se prévaloir de l'*inexistence* de ce mariage. A ce point de
vue, il y a une différence profonde entre le mariage nul à
cause d'un empêchement dirimant qui a été transgressé, et le
mariage nul à cause de l'absence de l'une des trois conditions
substantielles que nous venons d'indiquer. Dans le premier
cas, le mariage, quoique nul, existe ; seulement il est affecté
d'un vice qui devra ou du moins pourra le faire annuler. A
proprement parler, il est *annulable,* plutôt que *nul* dans le
sens radical de cette expression. Au second cas, il en est tout
autrement : le mariage est radicalement *nul,* absolument *inexistant.* De là découlent plusieurs conséquences. Nous avons
déjà dit que toute personne intéressée peut, à toute époque,
se prévaloir de l'inexistence du mariage : les nullités pour
cause d'empêchement dirimant au contraire peuvent quelquefois être couvertes par la prescription, et le droit de les
invoquer n'appartient pas toujours à toutes les personnes
qui ont un intérêt né et actuel. Nous n'insistons pas davantage sur ces différences : elles ressortiront de l'exposé même
de notre sujet.

DES EMPÊCHEMENTS DIRIMANTS.

Le Code indique sept conditions nécessaires, non plus,
comme les précédentes, à l'*existence* du mariage, mais sim-

plement à *sa validité ;* d'où il suit qu'il y a sept empêchements dirimants.

PREMIER EMPÊCHEMENT DIRIMANT. — Il provient du défaut d'âge de l'un ou de l'autre des futurs époux : mais quel est l'âge légal ? A cet égard, la législation a beaucoup varié.

En droit romain et dans l'ancien droit français, il était fixé à douze ans pour les femmes, à quatorze ans pour les hommes.

Sous le droit intermédiaire, il le fut à treize ans pour les femmes, à quinze pour les hommes.

Le Code a reculé encore cette limite : aujourd'hui la femme avant quinze ans, et l'homme avant dix-huit ans révolus, ne peuvent contracter mariage (art. 144). Toutefois, le chef de l'État peut accorder des dispenses d'âge, pour des raisons graves (art. 145).

Les motifs qui ont à toute époque déterminé le législateur à prescrire des conditions d'âge de la part des futurs époux ont à peine besoin d'être indiqués, tant ils sont évidents. Ces motifs appartiennent à la fois à l'ordre moral et à l'ordre physiologique D'abord en effet il était nécessaire que les futurs époux fussent à même de comprendre toute l'importance de l'acte si grave qu'ils vont accomplir, et, une fois mariés, de diriger leurs affaires et leur famille ; et ensuite il fallait prévenir les unions trop précoces qui seraient souvent fatales à la santé des époux et à la constitution physique de leurs enfants.

DEUXIÈME EMPÊCHEMENT DIRIMANT. — Il provient de l'existence d'un premier mariage non encore dissous ; la bigamie, permise en certains pays, notamment en Turquie, constitue chez nous un crime prévu et puni par le Code pénal.

TROISIÈME EMPÊCHEMENT DIRIMANT. — Il provient du défaut de consentement des ascendants ou de la famille ; ce consentement est exigé pour un double motif. Le premier et en même temps le principal est que les futurs époux ont souvent plus d'illusions que d'expérience, et qu'il importe de les protéger dans l'acte le plus grave de leur vie. Le second est que le mariage établit un lien entre deux familles, et que la formation de ce lien ne peut en principe être permise contre leur volonté. Nous disons en principe, parce que le consentement des ascendants et de la famille n'est pas toujours nécessaire. Voici à cet égard la distinction qu'il faut faire.

L'enfant a-t-il des ascendants? Il doit alors demander et obtenir leur consentement jusqu'à l'âge de vingt-cinq ans, s'il est du sexe masculin, et jusqu'à celui de vingt-un, s'il est du sexe féminin. La loi présume qu'à partir de l'un et de l'autre de ces deux âges, il est utile de soustraire les enfants à l'empire plus ou moins éclairé ou absolu de la famille. Désormais ils présentent ou sont censés du moins présenter des garanties personnelles d'expérience et de raison que le Code reconnaît et respecte.

L'enfant est-il sans ascendants? Il peut alors, quel que soit son sexe, contracter seul mariage à partir de vingt-un ans, et, en effet, à cet âge, il est affranchi, comme nous le verrons plus tard, de l'autorité du conseil de famille, et il reçoit de la loi une pleine capacité, une entière indépendance pour tous les actes de la vie civile.

Voyons dans quel ordre et suivant quelle forme le consentement des ascendants ou de la famille doit être demandé.

Si le père et la mère existent, et sont tous les deux en état de manifester leur volonté, l'un et l'autre doivent être consultés par l'enfant. La loi ne le dit pas explicitement, mais elle le fait entendre d'une façon certaine. En effet, en cas de dissentiment, le consentement du père doit suffire (art. 148). Or, comment pourrait-il y avoir dissentiment, si le père seul était et devait être consulté? Mais, dit-on, pourquoi consulter la mère? car, si son avis est conforme à celui du père, il est superflu, et, dans le cas contraire, il est impuissant. Cette objection n'est pas fondée, et en effet, si l'avis de la mère n'a pas une prépondérance légale, il a une influence de fait qu'on ne peut méconnaître, et souvent la volonté du père se brisera contre la résistance de la mère.

Si l'un des deux auteurs de l'enfant est décédé, ou se trouve dans l'impossibilité de manifester sa volonté, le consentement de celui des deux qui survit ou qui peut la manifester est suffisant (art. 149). Mais quand le père (ou la mère) sera-t-il dans l'impossibilité légale de manifester sa volonté ? Cette impossibilité aura lieu si, par une cause physique, il ne peut exprimer sa pensée, ou s'il est en état de déclaration et même de simple présomption d'absence (art. 155), ou enfin s'il est privé de l'exercice de ses droits par suite d'une interdiction.

Si enfin le père et la mère sont tous les deux décédés, ou dans l'impossibilité de manifester leur volonté, l'enfant doit demander le consentement des ascendants supérieurs. Dans chaque ligne, il consultera les plus proches. La volonté du mari prévaudra sur celle de la femme; et si l'un des ascendants fait défaut, le consentement de l'autre suffira. Un dissentiment entre les deux lignes vaut consentement; d'où il suit que, si une ligne est représentée par une aïeule qui consent au mariage, et l'autre par un aïeul et une aïeule qui s'y opposent, la volonté de la première l'emportera sur celle des deux autres ascendants. Notons que les deux lignes doivent être consultées, quoique les ascendants de chacune d'elles soient à des degrés inégaux, et que cette inégalité de degrés, qui produit une prépondérance entre les ascendants de la même ligne, n'en produit aucune d'une ligne sur l'autre. Lorsqu'il y a des ascendants dans une seule ligne, leur consentement suffit.

Si enfin tous les ascendants sont décédés ou dans l'impossibilité de manifester leur volonté, l'enfant mineur de vingt-un ans doit obtenir le consentement du conseil de famille, dont la décision est souveraine; car, d'une part, aucun texte n'ouvre contre elle un recours, et, d'autre part, les motifs qui justifient la décision prise sont peut-être de nature à ne pouvoir être rendus publics sans grave inconvénient. Des auteurs soutiennent cependant que la décision du conseil de famille peut être réformée par la justice, toutes les fois qu'elle n'est pas unanime, et ils se fondent sur l'article 883 du Code de procédure, qui ouvre ce recours contre les avis du conseil de famille. Mais on répond avec raison qu'il s'agirait ici d'annuler non un *avis*, mais un *refus* formel et péremptoire du conseil de famille, et que l'article précité n'est pas applicable à notre espèce.

Les règles que nous venons d'indiquer pour le consentement de la famille légitime sont applicables aux enfants naturels ayant à demander celui des père et mère qui les ont reconnus (art. 158). A défaut de reconnaissance de la part du père ou de la mère, le conseil de famille nomme à l'enfant un tuteur *ad hoc*, dont la mission spéciale sera de recueillir tous les renseignements propres à l'éclairer sur l'opportunité ou l'inopportunité de l'union projetée, et sur la convenance qu'il y a d'accorder ou de refuser le consentement demandé. Le Code a pensé, avec raison, qu'un tuteur *ad hoc* apporterait plus de diligence que le tuteur ordinaire dans un acte si délicat; et, comme une responsabilité individuelle offre plus de garantie qu'une responsabilité collective, le Code exige ici, non plus le consentement du conseil de famille, mais celui du tuteur *ad hoc* donné à l'enfant.

Le consentement des ascendants, de la famille ou du tuteur *ad hoc*, peut être donné soit dans l'acte même de célébration, soit par acte antérieur. Dans cette dernière hypothèse, l'acte doit être authentique; car s'il était sous seing privé, tel qu'une lettre par exemple, il ne présenterait pas à l'officier de l'état civil un caractère suffisant de sincérité ou de véracité.

L'acte qui constate le consentement des ascendants ou de la famille doit-il mentionner la personne avec laquelle l'enfant doit se marier? L'article 73 n'exige pas cette mention, et certains auteurs pensent qu'elle n'est pas nécessaire. L'ascendant, disent-ils, peut être obligé de faire un voyage lointain, et il ne faut pas que le mariage de son enfant, dont l'expérience et la sagesse lui donnent toute sécurité, puisse être indéfiniment retardé, quelquefois même empêché par un défaut de consentement auquel on peut dès à présent parer sans inconvénient. Cette opinion, quoique basée sur des raisons plausibles, ne nous paraît pas admissible. Le consentement donné par les ascendants ou la famille doit être l'expression d'un jugement éclairé et réfléchi. Ce doit être l'expérience des anciens assistant et protégeant la jeunesse et l'inexpérience des futurs époux. Or rien de tout cela ne se trouve dans un consentement donné, sans que les ascendants ou la famille connaissent la personne que l'enfant doit épouser. Un tel consentement est une véritable abdication de la puissance paternelle, et il est d'ordre public que les ascendents et la famille ne puissent pas abdiquer un droit qui se confond pour eux avec un devoir.

Que décider si l'ascendant qui a consenti au mariage meurt avant sa célébration ? L'enfant devra demander le consentement des autres ascendants ou du conseil de famille, car l'autorité de l'ascendant décédé, et, par suite, l'efficacité de son consentement, ont disparu avec lui ; et, d'ailleurs, il peut être survenu, depuis cette époque, des circonstances graves qui détermineront les ascendants ou la famille à révoquer le consentement déjà donné.

Comme sanction des dispositions précédentes, l'article 156 exige que l'officier de l'état civil énonce dans l'acte de célébration que le consentement requis a été donné. L'omission de cette formalité est punie d'une amende qui ne peut excéder 300 francs, plus d'un emprisonnement qui ne peut être moindre de six mois. Cette double peine n'a pas été abrogée, comme on l'a prétendu, par l'article 193 du Code pénal dirigé, non plus contre l'officier de l'état civil qui a omis la mention, mais contre celui qui ne s'est pas assuré de l'existence du consentement. En effet, cet article ajoute que *c'est sans préjudice des autres dispositions pénales du titre V du livre Ier du Code civil.* La peine qu'il prononce est un emprisonnement de six mois à un an, plus une amende de 16 à 300 francs. Cette double disposition des deux Codes doit donc être appliquée.

Le fait prévu et puni par l'art. 193 du Code pénal est au fond plus grave quel le fait prévu et puni par l'art. 156 du Code Nap. L'officier de l'état civil qui ne s'assure pas de l'existence du consentement commet une négligence à la faveur de laquelle les deux époux peuvent se marier malgré leurs familles respectives, et un tel mariage est de nature à susciter les troubles les plus regrettables dans le sein de ces familles. Aussi est-il puni d'une amende dont le minimum ne peut être au-dessous de 16 francs, sans préjudice de l'emprisonnement. L'officier de l'état civil qui s'est assuré du consentement des ascendants ou de la famille, et a simplement omis de le mentionner dans l'acte de célébration, est coupable d'une négligence qui ne peut porter aucun trouble dans les familles, mais peut être très-préjudiciable aux époux pour lesquels la preuve du consentement qu'ils avaient obtenu sera plus difficile. L'art. 156 du Code Nap. ne fixant pas le minimum de l'amende, le tribunal pourra donc la faire descendre au-dessous de 16 francs, toujours sans préjudice de l'emprisonnement.

Quatrième empêchement dirimant. — Il provient de la parenté ou de l'alliance au degré prohibé.

Comment se comptent les degrés. — La parenté comprend deux lignes, la ligne directe et la ligne collatérale. Les parents de la ligne directe descendent l'un de l'autre ; les parents de la ligne collatérale descendent d'un auteur commun, plus ou moins éloigné, mais non l'un de l'autre (art. 735-738). On appelle *degré* une génération : ainsi, du père au fils il y a un degré, du grand-père au petit-fils deux degrés. Quant à la ligne collatérale, on compte les degrés en remontant de l'un des parents à l'auteur commun pour descendre dans l'autre ligne jusqu'à l'autre parent. Ainsi, le frère et la sœur sont au deuxième degré ; car, pour remonter du frère à l'auteur commun, il y a un degré, et, pour descendre jusqu'à la sœur, il y a un autre degré. L'oncle et la nièce sont au troisième degré, car, de l'oncle à l'auteur commun, il y a un degré; et, de l'auteur commun à la nièce, deux degrés. Le droit canonique avait admis une autre manière de compter les degrés en ligne collatérale. Lorsque les collatéraux étaient également distants de l'auteur commun, on comptait les degrés de l'un ou de l'autre côté indifféremment, mais non à la fois des deux côtés. Lorsqu'ils étaient inégalement distants, on comptait les degrés du côté où ils étaient le plus nombreux, en négligeant ceux de l'autre côté. De là il suit que le frère et la sœur étaient à un seul degré, et les cousins germains à deux degrés. Cette manière de calculer les degrés était irrationnelle, et a été justement rejetée. En effet elle établissait le même nombre de degrés entre des parents qui étaient réellement à des degrés différents. Ainsi les cousins germains étaient à deux degrés, puisque de chacun d'eux à l'auteur commun il n'y a que deux degrés, et ils se trouvaient ainsi à la même distance que l'oncle et le neveu, puisque du neveu à l'auteur commun il y a aussi deux degrés. Or il tombe sous le sens que la parenté entre cousins germains ne peut pas être assimilée à la parenté entre l'oncle et le neveu. La manière de compter les degrés adoptée par le Code et avant lui par le doit romain est donc la seule logique, puisque seule elle fait varier le nombre des degrés, comme varient réellement les intervalles de la parenté.

Des degrés de parenté ou d'alliance qui emportent prohibition de mariage. — Le Code prohibe le mariage en ligne directe à l'infini, et, en ligne collatérale, jusqu'au degré d'oncle et de nièce, de tante et de neveu inclusivement. La raison qui fait prohiber le mariage entre l'oncle et la nièce, la tante et le neveu, est que l'oncle et la tante étant à un seul degré de l'auteur commun, se confondent presque avec lui : *loco parentum sunt.* En conséquence, la prohibition doit être étendue au grand-oncle et à la grand'tante qui ne pourront pas épouser la petite-nièce ou le petit-neveu. L'expres-

sion du Code est générique, et comprend dans sa prohibition
tous ceux qui sont à un seul degré de l'auteur commun, quel
que soit d'ailleurs l'intervalle qui les sépare de la personne
avec laquelle ils voudraient contracter mariage. L'alliance
produit le même empêchement que la parenté légitime et naturelle ; mais, chose singulière, l'alliance ne devient un empêchement que lorsqu'elle se dissout, car, tant que le conjoint qui produit cette alliance vit encore, la raison de bigamie
suffit pour empêcher le mariage entre beau-frère et belle-
sœur, beau-père et belle-fille, etc., et, c'est seulement lorsque le mariage est dissous, et, avec lui, l'alliance, que celle-
ci produit son effet prohibitif.

Faisons observer que, si l'alliance est un empêchement dans
la ligne directe à l'infini, elle n'est un empêchement dans la
ligne collatérale qu'au degré de frère et sœur seulement.
Ainsi le mariage, prohibé entre beau-frère et belle-sœur, est
permis entre le mari dont la femme prédécède et la tante de
celle-ci, comme entre la femme dont le mari prédécède, et
l'oncle de celui-ci [1].

La parenté naturelle, qui n'est pas constatée légalement,
fait-elle obstacle au mariage ? Non, suivant les uns, car cette
parenté est comme inexistante ; oui, suivant les autres, car
il importe, avant tout, d'éviter les incestes possibles dans le
système adverse. Il est vrai qu'en principe le Code n'attribue
des effets à la parenté naturelle que lorsqu'elle est régulièrement prouvée ; mais il faut admettre une exception pour le
cas qui nous occupe. Outre la gravité de l'intérêt moral qui
est à protéger, on peut dire que l'historique de la rédaction
du Code est favorable à cette opinion. En effet, le tribunal
d'appel de Lyon avait précisément demandé que le législateur exigeât la preuve légale de la parenté naturelle, et
il ne fut pas donné suite à cette réclamation. Les tribunaux
auront, en conséquence, la faculté d'admettre toute sorte de

[1] Demante, t. I, p. 318. — Marcadé, art. 163, nº 2. — Demolombe,
t. III, nº 111. — Cass., 10 novembre 1851.

preuve ou de présomption de parenté pour déclarer impossible ou nul le mariage projeté ou célébré.

Pareillement on devra reconnaître un empêchement dans l'alliance naturelle qui résulte du concubinage ; car, quoique le lien unissant les concubins ne soit pas légitime, on ne pourrait, sans outrager la morale publique, admettre l'amant de la mère à épouser la fille. Toutefois, pour ne pas donner lieu à des enquêtes plus scandaleuses que le mariage lui-même, et d'ailleurs contraires à l'esprit de notre législation, il ne faut attribuer cet effet qu'au concubinage devenu déjà constant par la reconnaissance d'un enfant naturel commun, émanée de l'un et de l'autre concubin, ou par un jugement qui a condamné l'un comme adultère et l'autre comme son complice, ou enfin par l'annulation d'un mariage qu'ils avaient contracté de mauvaise foi, malgré l'existence d'un empêchement dirimant [1].

Certains auteurs admettent l'opinion contraire, en se fondant sur le principe rigoureux que l'alliance résulte seulement du mariage. Pothier, disent-ils, admettait l'empêchement tiré du concubinage. Or, comme le Code ne l'a pas reproduit, il faut conclure à un changement de système. Mais n'est-il pas aussi rationnel de dire que le Code, n'ayant pas abrogé cette règle de l'ancien droit, l'a, par cela même, maintenue ?

L'article 164 du Code et une loi du 16 avril 1832 confèrent au chef de l'État la faculté d'accorder des dispenses entre oncle et nièce, tante et neveu, beau-frère et belle-sœur. Le système des dispenses a été vivement critiqué ; car, a-t-on dit, ou il est bon que le mariage soit permis, en ligne collatérale, au troisième degré de parenté et au deuxième degré d'alliance, et alors la loi devrait être réformée ; ou cela est mauvais, et alors il ne devrait pas y avoir de dispenses possibles.

[1] *Sic* Aubry et Rau, t. IV, § 461, note 13. — *Contrà*, Demolombe, t. III, n° 112.

Ce dilemme n'est cependant pas aussi concluant qu'il le paraît. En thèse générale, le mariage entre proches parents ou alliés est chose mauvaise, et c'est pour cela que le Code le prohibe. Mais il est des cas particuliers où l'on ne peut que l'approuver. Ainsi quand la femme meurt laissant des enfants, n'est-il pas à désirer pour ces derniers que, si leur père se remarie, il épouse la sœur de leur mère, qui leur devra sa protection à un double titre et comme tante et comme belle-mère ?

Cinquième empêchement dirimant. — Il provient du défaut de publicité.

Sixième empêchement dirimant. — Il provient du défaut de liberté dans le consentement des époux.

Septième empêchement dirimant. — Il provient de l'incompétence de l'officier de l'état civil.

Le Code traite successivement des formalités relatives à la célébration du mariage (art. 165 à 179), dont l'absence constitue le cinquième empêchement ; de la nullité du mariage pour violence, ou erreur dans le consentement des époux (art. 180, 181), lesquelles constituent le sixième empêchement ; et enfin de la nullité pour incompétence de l'officier de l'état civil (art. 191), laquelle constitue le septième empêchement. Nous allons étudier ces formalités et ces nullités.

CHAPITRE II

DES FORMALITÉS RELATIVES A LA CÉLÉBRATION DU MARIAGE.

Art. 165. Le mariage sera célébré publiquement, devant l'officier civil du domicile de l'une des parties.

166. Les deux publications ordonnées par l'article 63, au titre *des Actes de l'état civil*, seront faites à la municipalité du lieu où chacune des parties contractantes aura son domicile.

167. Néanmoins, si le domicile actuel n'est établi que par six

mois de résidence, les publications seront faites, en outre, à la municipalité du dernier domicile.

168. Si les parties contractantes, ou l'une d'elles, sont, relativement au mariage, sous la puissance d'autrui, les publications seront encore faites à la municipalité du domicile de ceux sous la puissance desquels elles se trouvent.

169. Il est loisible à l'Empereur ou aux officiers qu'il préposera à cet effet de dispenser, pour des causes graves, de la seconde publication.

170. Le mariage contracté en pays étranger entre Français, et entre Français et étrangers, sera valable s'il a été célébré dans les formes usitées dans le pays, pourvu qu'il ait été précédé des publications prescrites par l'article 63, au titre *des Actes de l'état civil*, et que le Français n'ait point contrevenu aux dispositions contenues au chapitre précédent.

171. Dans les trois mois après le retour du Français sur le territoire de l'Empire, l'acte de célébration du mariage contracté en pays étranger sera transcrit sur le registre public des mariages du lieu de son domicile.

CHAPITRE III DU TITRE II

DES ACTES DE MARIAGE.

ART. 63. Avant la célébration du mariage, l'officier de l'état civil fera deux publications, à huit jours d'intervalle, un jour de dimanche, devant la porte de la maison commune. Ces publications et l'acte qui en sera dressé énonceront les prénoms, noms, professions et domiciles des futurs époux, leur qualité de majeurs ou de mineurs, et les prénoms, noms, professions et domiciles de leurs pères et mères. Cet acte énoncera, en outre, les jours, lieux et heures où les publications auront été faites : il sera inscrit sur un seul registre, qui sera coté et paraphé comme il est dit en l'article 41, et déposé, à la fin de chaque année, au greffe du tribunal de l'arrondissement.

64. Un extrait de l'acte de publication sera et restera affiché à la porte de la maison commune, pendant les huit jours d'intervalle de l'une à l'autre publication. Le mariage ne pourra être célébré

avant le troisième jour, depuis et non compris celui de la seconde
publication.

65. Si le mariage n'a pas été célébré dans l'année, à compter de
l'expiration du délai des publications, il ne pourra plus être célébré qu'après que de nouvelles publications auront été faites dans la
forme ci-dessus prescrite.

66. Les actes d'opposition au mariage seront signés sur l'original
et sur la copie par les opposants ou par leurs fondés de procuration spéciale et authentique ; ils seront signifiés, avec la copie de
la procuration, à la personne ou au domicile des parties, et à l'officier de l'état civil, qui mettra son *visa* sur l'original.

67. L'officier de l'état civil fera, sans délai, une mention sommaire des oppositions sur le registre des publications ; il fera aussi
mention, en marge de l'inscription desdites oppositions, des jugements ou des actes de mainlevée dont expédition lui aura été
remise.

68. En cas d'opposition, l'officier de l'état civil ne pourra célébrer le mariage avant qu'on lui en ait remis la mainlevée, sous
peine de trois cents francs d'amende et de tous dommages-intérêts.

69. S'il n'y a point d'opposition, il en sera fait mention dans
l'acte de mariage ; et si les publications ont été faites dans plusieurs
communes, les parties remettront un certificat, délivré par l'officier de l'état civil de chaque commune, constatant qu'il n'existe
point d'opposition.

70. L'officier de l'état civil se fera remettre l'acte de naissance de
chacun des futurs époux. Celui des époux qui serait dans l'impossibilité de se le procurer pourra le suppléer, en rapportant un
acte de notoriété délivré par le juge de paix du lieu de sa naissance,
ou par celui de son domicile.

71. L'acte de notoriété contiendra la déclaration faite par sept
témoins, de l'un ou de l'autre sexe, parents ou non parents, des
prénoms, nom, profession et domicile du futur époux, et de ceux
de ses père et mère, s'ils sont connus ; le lieu, et, autant que possible, l'époque de sa naissance, et les causes qui empêchent d'en
rapporter l'acte. Les témoins signeront l'acte de notoriété avec le
juge de paix ; et, s'il en est qui ne puissent ou ne sachent signer, il
en sera fait mention.

72. L'acte de notoriété sera présenté au tribunal de première
instance du lieu où doit se célébrer le mariage. Le tribunal, après
avoir entendu le procureur impérial, donnera ou refusera son homologation, selon qu'il trouvera suffisantes ou insuffisantes les dé-

clarations des témoins et les causes qui empêchent de rapporter l'acte de naissance.

73. L'acte authentique du consentement des père et mère ou aïeuls et aïeules [1], ou, à leur défaut, celui de la famille, contiendra les prénoms, nom, professions et domicile du futur époux, et de tous ceux qui auront concouru à l'acte, ainsi que leur degré de parenté.

74. Le mariage sera célébré dans la commune où l'un des deux

---

[1] 1º *Avis du Conseil d'État du* 27 *messidor an XIII, approuvé le* 4 *thermidor, sur les formalités relatives au mariage.*

Le conseil d'État est d'avis 1º qu'il n'est pas nécessaire de produire les actes de décès des pères et mères des futurs mariés, lorsque les aïeuls ou aïeules attestent ce décès ; et, dans ce cas, il doit être fait mention de leur attestation dans l'acte de mariage ;

2º Que si les pères, mères, aïeuls ou aïeules, dont le consentement ou conseil est requis, sont décédés, et si l'on est dans l'impossibilité de produire l'acte de leur décès, ou la preuve de leur absence (Code civil, 155), faute de connaître leur dernier domicile, il peut être procédé à la célébration du mariage des majeurs, sur leur déclaration à serment que le lieu du décès et celui du dernier domicile de leurs ascendants leur sont inconnus. Cette déclaration doit être certifiée aussi par serment des quatre témoins de l'acte de mariage, lesquels affirment que, quoiqu'ils connaissent les futurs époux, ils ignorent le lieu du décès de leurs ascendants et leur dernier domicile. Les officiers de l'état civil doivent faire mention, dans l'acte de mariage, desdites déclarations.

2º *Avis du Conseil d'État du* 19 *mars* 1808, *approuvé le* 30.

Le Conseil d'État est d'avis que dans le cas où le nom d'un des futurs ne serait pas orthographié, dans son acte de naissance, comme celui de son père, et dans celui où l'on aurait omis quelqu'un des prénoms de ses parents, le témoignage des pères et mères ou aïeux, assistant au mariage et attestant l'identité, doit suffire pour procéder à la célébration du mariage ; qu'il doit en être de même dans les cas d'absence des pères et mères ou aïeux, s'ils attestent l'identité dans leur consentement donné en la forme légale ; qu'en cas de décès des pères, mères ou aïeux, l'identité est valablement attestée, pour les mineurs, par le conseil de famille, ou par le tuteur *ad hoc*, et, pour les majeurs, par les quatre témoins de l'acte de mariage.

Ce même avis décide qu'en cas d'omission d'une lettre ou d'un prénom dans les actes, il y est suppléé par la déclaration à serment des personnes dont le consentement est nécessaire pour les mineurs, et celle des parties et des témoins pour les majeurs ; que ces formalités ne sont pas exigibles pour les publications, mais seulement lors de l'acte de célébration, et sans préjudice des droits des tiers.

époux aura son domicile. Le domicile, quant au mariage, s'établira par six mois d'habitation continue dans la même commune.

75. Le jour désigné par les parties après les délais des publications, l'officier de l'état civil, dans la maison commune, en présence de quatre témoins, parents ou non parents, fera lecture aux parties des pièces ci-dessus mentionnées, relatives à leur état et aux formalités du mariage, et du chapitre VI du titre *du Mariage*, sur *les droits et les devoirs respectifs des époux* (212 à 226). — « Il interpellera les futurs époux, ainsi que les personnes qui autorisent le mariage, si elles sont présentes, d'avoir à déclarer s'il a été fait un contrat de mariage, et, dans le cas de l'affirmative, la date de ce contrat, ainsi que les noms et lieu de résidence du notaire qui l'aura reçu. » (L. 10 juillet 1850.) — Il recevra de chaque partie, l'une après l'autre, la déclaration qu'elles veulent se prendre pour mari et femme ; il prononcera, au nom de la loi, qu'elles sont unies par le mariage, et il en dressera acte sur-le-champ.

76. On énoncera dans l'acte de mariage : 1° les prénoms, noms, professions, âge, lieux de naissance et domiciles des époux ; 2° s'ils sont majeurs ou mineurs ; 3° les prénoms, noms, professions et domiciles des pères et mères ; 4° le consentement des pères et mères, aïeuls et aïeules, et celui de la famille, dans les cas où ils sont requis ; 5° les actes respectueux, s'il en a été fait ; 6° les publications dans les divers domiciles ; 7° les oppositions, s'il y en a eu ; leur mainlevée, ou la mention qu'il n'y a point eu d'opposition ; 8° la déclaration des contractants de se prendre pour époux, et le prononcé de leur union par l'officier public ; 9° les prénoms, noms, âge, professions et domiciles des témoins, et leur déclaration s'ils sont parents ou alliés des parties, de quel côté et à quel degré. — « La déclaration sera faite sur l'interpellation, prescrite par l'article précédent, qu'il a été ou qu'il n'a pas été fait de contrat de mariage, et, autant que possible, la date du contrat, s'il existe, ainsi que les noms et lieu de résidence du notaire qui l'aura reçu, le tout à peine contre l'officier de l'état civil de l'amende fixée par l'art. 50. — Dans le cas où la déclaration aurait été omise ou serait erronée, la rectification de l'acte, en ce qui touche l'omission ou l'erreur, pourra être demandée par le procureur impérial, sans préjudice du droit des parties intéressées, conformément à l'article 99. » (L. 10 juillet 1850.)

Des PUBLICATIONS. — L'importance du mariage, et l'intérêt que les tiers ont à le connaître, soit pour révéler des empêchements qui pourraient exister, soit pour savoir les conditions nouvelles de fortune et de capacité qui vont en résulter pour les époux, a fait prescrire de nombreuses mesures de publicité. Le Code exige :

I. *Deux publications* à huit jours d'intervalle, avec affiche devant la porte de la maison commune, pendant le temps intermédiaire. Elles sont faites par l'officier de l'état civil, à la requête des parties intéressées. Les articles 63 et 64 énumèrent les énonciations qu'elles doivent contenir, et le mode suivant lequel il y sera procédé. Aux termes de l'art. 169, le chef de l'État, ou les procureurs impériaux qui le représentent, peuvent, pour cause grave, dispenser de la seconde publication.

Du LIEU *des publications.* — Les publications doivent être faites dans toutes les communes où il est utile que le projet de mariage soit connu. Ainsi, elles le seront :

1° Dans les communes où les futurs époux peuvent contracter mariage, c'est-à-dire dans la commune de leur domicile réel, et dans la commune de leur domicile quant au mariage, lequel s'établit, comme nous le verrons tout à l'heure, par six mois de résidence ;

2° Dans les communes où sont domiciliées les personnes dont le consentement est nécessaire pour contracter mariage. Les communes où les publications devront être faites seront donc quelquefois très-nombreuses ; car, outre que les futurs époux peuvent avoir chacun deux domiciles, l'un réel et l'autre spécial pour le mariage, il peut arriver que leurs divers ascendants aient aussi des domiciles différents. Si chacun des futurs époux a deux domiciles, et que chacun ait également deux ascendants ayant des domiciles séparés, les publications seront nécessaires dans quatre communes pour chacune des parties, et au total dans huit communes. Mais une telle hypothèse se présentera très-rarement.

Lorsque c'est le conseil de famille qui préside au mariage, la publication est faite dans la commune où il se réunit, et non dans toutes les communes où résident les membres qui le composent ; ces membres pris isolément n'ont en effet aucune autorité, et on ne doit les envisager que collectivement.

Dès que les futurs époux ont l'âge requis pour contracter mariage par eux-mêmes, toute publication au domicile des ascendants ou de la famille devient inutile. A quoi servirait-elle, puisque l'enfant peut se marier malgré leur volonté ?

Du DÉLAI *pendant lequel les publications ont et conservent leur efficacité.* — Pour que le but des publications soit atteint, il faut, d'un côté, un certain intervalle entre le jour où elles sont faites et le jour où le mariage est célébré, afin que les tiers aient le temps de révéler les empêchements qu'ils pourraient connaître ; et, de l'autre, cet intervalle ne doit pas trop se prolonger, car autrement les tiers auraient perdu de vue les publications ; c'est pourquoi les articles 64 et 65 déclarent que le mariage ne pourra être célébré que le troisième jour au plus tôt, et, dans l'année, au plus tard, à dater de la dernière publication. Par exemple, si la dernière publication est faite le dimanche 3 novembre 1867, le mariage pourra être célébré au plus tôt le mercredi 6 novembre 1867, et, au plus tard, le 5 novembre 1868.

Le Code exige :

II. *La publicité de la célébration.* Les éléments de cette publicité sont : la cérémonie même de la célébration dans la maison commune, avec faculté pour le public d'y assister, la présence de quatre témoins, et l'intervention d'un officier de l'état civil. Cette célébration solennelle, accomplie au lieu où l'un des futurs époux a son domicile, est de nature à donner au mariage la plus grande notoriété.

DES DOMICILES *où le mariage* PEUT ÊTRE *célébré.* — Le mariage peut être célébré au domicile de l'un ou de l'autre des futurs époux ; mais, comme quelquefois les futurs époux peuvent résider en un lieu différent de leur domicile ordinaire, la loi, dans le but de favoriser le mariage, leur accorde la faculté de le célébrer au lieu où ils ont six mois de résidence.

Doit-on induire de là que le mariage sera possible aux deux domiciles, ou faut-il décider que le domicile de six mois de résidence exclut le domicile ordinaire ? Plusieurs auteurs admettent cette dernière opinion, parce que, disent-ils, le mariage doit, aux termes de l'article 74, être célébré dans la commune où l'un des époux a son domicile établi par six mois de résidence, et ce texte semble exclure le domicile ordinaire. Mais cette induction paraît exagérée ; l'art. 74 exige simplement que le mariage soit célébré au domicile de l'un des époux, sans spécifier la nature de ce domicile : or, lorsqu'il n'est pas dérogé au droit commun, on doit présumer que le Code s'y réfère. L'article a donc en vue le domicile ordinaire. Ajoutons que, si on n'avait de domicile, quant au mariage, que par six mois de résidence, il en résulterait un grave inconvénient ; car, par la nature même de leur profession, certaines personnes n'ont pas la faculté de résider pendant six mois consécutifs dans un lieu déterminé. La vérité est que le Code a voulu faciliter le mariage, et en a conséquemment permis la célébration dans les deux domiciles, au choix des parties. Si elles se marient au domicile ordinaire, il ne sera pas nécessaire qu'elle y aient six mois de résidence : si elles se marient hors de ce domicile, elles ne pourront valablement le faire que là où elles auront acquis le domicile de six mois de résidence. C'est à ce dernier système que la plupart des auteurs se sont arrêtés [1].

Compétence *de l'officier de l'état civil.* — Est compétent l'officier de l'état civil de la commune où le mariage doit être célébré. Cette compétence est-elle personnelle ou territoriale ? Certains auteurs prétendent qu'elle est personnelle et qu'en conséquence le maire de la commune où l'un des futurs époux a son domicile peut, en cas de nécessité, aller dans toute autre commune où celui-ci se trouvera, pour y procéder à la célébration de son mariage. Cette théorie est fort utile dans

---

[1] *Sic,* Valette sur Proudhon, t. I, p. 383. — *Contrà,* Marcadé, t. II, p. 79.

le cas où une personne, retenue hors de son domicile par une maladie grave, veut contracter un mariage *in extremis*, par exemple pour légitimer un enfant. Elle ne peut pas être mariée par l'officier de l'état civil de la commune où elle est, puisqu'elle n'y a point son domicile, et si le maire de sa commune ne peut pas se déplacer pour la célébration du mariage, elle n'a aucun moyen de le contracter. Malgré ces raisons, nous adoptons le système de la compétence territoriale. L'article 74, en disant que le mariage doit être célébré dans la commune où l'un des époux aura son domicile, semble bien indiquer que le mariage ne serait pas valablement célébré hors de la commune où l'officier de l'état civil exerce ses fonctions. Puis la théorie de la compétence personnelle n'a-t-elle pas aussi ses inconvénients? Si le maire de Bordeaux, par exemple, peut aller à Paris procéder au mariage de l'un de ses administrés que la maladie y tient captif, n'est-il pas à craindre qu'un tel mariage, célébré dans un lieu où ni l'officier de l'état civil ni les époux ne sont connus, soit dépourvu de toute publicité sérieuse? Puis, peut-on véritablement dire qu'un maire soit encore maire hors de sa commune? Ne dépouille-t-il pas sa fonction en quittant le lieu où il l'exerce? A notre avis, l'officier de l'état civil ne sera compétent que dans sa commune, et en dehors de sa commune il ne pourra célébrer aucun mariage. Nous verrons toutefois plus loin que l'incompétence de l'officier de l'état civil n'est pas nécessairement une cause de nullité.

Des pièces *à produire avant la célébration du mariage* (art. 70-73). — L'officier de l'état civil doit exiger des parties la production de toutes les pièces destinées à constater que les conditions relatives au mariage ont été remplies, c'est-à-dire que les époux ont l'âge requis, que les ascendants ou la famille ont consenti au mariage.

Ces pièces sont l'acte de naissance de chacun des futurs époux, ou à son défaut un acte de notoriété dressé conformément aux art. 71 et 72; l'acte authentique du consentement des ascendants ou de la famille dressé conformément à l'article 73 ; l'expédition authentique des dispenses d'âge ou de parenté quand il en a été accordé ; un certificat du notaire qui a reçu le contrat de mariage constatant la date de ce contrat ; l'acte de décès du premier conjoint lorsque l'un des futurs époux convole en secondes noces ; les certificats constatant que les publications exigées par la loi ont été faites et qu'il n'y a pas eu d'opposition, et, s'il y a eu des oppositions, les mainlevées qui en ont été obtenues, etc.

De la SOLENNITÉ *du mariage* (art. 75-76). — Le mariage est un contrat solennel, c'est-à-dire que l'écrit rédigé par l'officier de l'état civil est nécessaire, non-seulement pour la preuve, mais encore pour l'existence même du mariage. La loi prescrit, pour la célébration, des formalités particulières. Ainsi, elle exige quatre témoins, et non pas seulement deux, comme dans les contrats ordinaires. L'officier de l'état civil donne lecture des pièces relatives à l'état des parties ou aux formalités du mariage, et, en outre, du chapitre VI de notre titre sur les droits et devoirs respectifs des époux. Enfin, il parachève le contrat, en déclarant que les parties sont désormais unies par le lien du mariage.

Une loi du 10 juillet 1850 est venue prescrire la mention sur l'acte de célébration du contrat qui règle les rapports pécuniaires des époux, afin que les tiers qui traiteraient avec eux puissent connaître la manière dont ils ont réglé leurs intérêts réciproques et l'étendue de l'incapacité qui résulte du mariage pour la femme.

Parmi les formalités de la célébration du mariage, les seules essentielles sont la présence de l'officier de l'état civil, et la déclaration par lui que les époux dont il reçoit le consentement sont unis par le lien du mariage. L'omission de ces formalités entraîne la nullité du mariage, l'omission des autres n'est qu'une simple irrégularité.

Du mariage contracté à L'ÉTRANGER. — Le mariage contracté à l'étranger, soit entre étrangers, soit entre Français et étrangers, est valable s'il a été célébré suivant les formes usitées dans le pays (art. 170) : « *Locus regit actum.* » Cette règle, si nécessaire, n'est pas, du reste, spéciale au mariage, et il est de principe, comme nous l'avons déjà vu, qu'un acte quelconque est valable lorsqu'il a été passé suivant les formes usitées dans le pays où les parties ont contracté.

Mais rappelons que les règles relatives au mariage sont des statuts personnels, et suivent le Français partout où il va. Conséquemment il ne suffira pas que le mariage ait été célébré suivant les formes usitées en pays étranger ; il faudra encore que toutes les conditions relatives à l'état civil des parties françaises, ou à l'expression soit de leur volonté personnelle, soit du consentement des ascendants ou de la famille, aient été rigoureusement observées. En dehors des questions de forme, ce qui est pour le Français un empêchement en France est aussi un empêchement en pays étranger. La théorie des différents empêchements soit dirimants, soit simplement prohibitifs, lui reste donc entièrement applicable, ainsi que celle des nullités de mariage qui peuvent en découler.

Lorsque les deux parties sont françaises, le mariage peut, en outre, être célébré par les agents diplomatiques de la France, qui sont alors compétents à l'égard de l'une et de l'autre ; mais si l'une des parties, et à plus forte raison les deux sont étrangères, l'agent diplomatique devient incompétent, et le mariage ne peut être célébré que par l'officier public étranger, dont la compétence est absolue à cause de la règle : « *Locus regit actum.* »

L'art. 170 exige que le mariage contracté à l'étranger ait été, quand l'une des parties est française, *précédé* en *France des publications ordinaires.* Les auteurs ne sont pas d'accord sur la sanction de cette disposition. D'après quelques-uns, il faut prendre l'article au pied de la lettre, et décider que les tribunaux doivent, nécessairement et dans tous les cas, annuler le mariage qui n'a pas été précédé des publications voulues, lors même qu'en fait, et par des circonstances di-

verses, il aurait reçu une pleine et entière publicité. Ils disent
que, si les publications ont été omises, le mariage n'a plus en
France de publicité légale, puisque cette publicité ne saurait
résulter de la seule célébration faite à l'étranger, et ils ajou-
tent que l'amende prononcée par le Code contre l'officier
public français qui a procédé au mariage en l'absence de toute
publication n'est pas applicable à l'officier public étranger.
Or, comme cette sanction est impossible, il est nécessaire,
dans ce premier système, de la remplacer par une autre qui
sera la nullité du mariage.

Nonobstant la gravité de ce texte et de ces raisons, il faut,
à notre avis, laisser aux tribunaux la faculté de maintenir ou
d'annuler le mariage, suivant les cas. En effet, la loi n'en prononce pas formellement la nullité pour défaut de publications; et d'ailleurs les circonstances de fait peuvent avoir
donné au mariage toute la publicité désirable. Puis ce serait
exposer gratuitement les époux qui ont contracté de bonne
foi le mariage, et pour lesquels les publications en France
étaient, soit à raison de leur éloignement, soit par suite d'une
interruption des communications, difficiles ou impossibles, à
voir prononcer une nullité qui, sans intérêt sérieux pour les
tiers ou la morale publique, serait de nature à leur causer un
grave préjudice, et à porter le désordre dans leurs familles [1].

L'art. 171 prescrit une deuxième formalité aux époux
français qui ont contracté mariage devant un officier public
étranger. Dans les trois mois de leur retour en France, ils
doivent faire transcrire l'acte de célébration sur les registres
publics du lieu de leur domicile. Le Code a encore omis d'indiquer la sanction de cette disposition, et il y a entre les auteurs la plus grande divergence. D'abord on doit, à notre
avis, admettre que le mariage sera maintenu puisque aucun
texte n'en prononce la nullité. On ne saurait attacher cette nul-

[1] *Sic*, Demante, t. I, n° 242. — Demolombe, t. III, n° 222. — Aubry et
Rau, t. IV, §, 468, p 110. — Paris, 11 juin 18.8. — *Contrà*, Marcadé, *Rev.
crit.*, t. II, p. 67.

lité à la seule omission d'une formalité aussi secondaire que la transcription. Maintenant, ce qui nous semble rationnel, c'est de chercher la sanction dont il s'agit dans la nature même de la formalité omise. Or, dans l'intérêt de qui est exigée la transcription de l'acte de célébration? Évidemment dans l'intérêt des tiers qui souvent n'auront pas d'autre moyen de connaître le mariage. Lors donc qu'il s'agira de savoir si un effet attaché à la publicité du mariage doit leur être opposable ou non, on examinera si l'acte de célébration a été ou non transcrit. Et à cet égard il ne faut pas confondre les effets du mariage lui-même, tels que la légitimité des enfants, leurs droits de succession, etc., avec les effets de sa publicité. Les premiers seront toujours produits même en l'absence de toute transcription; les seconds, au contraire, ne pourront résulter que de cette transcription. Parmi les effets attachés à la publicité du mariage, on peut citer le rang que la loi donne à l'hypothèque légale de la femme, son incapacité de contracter, etc., qui empruntent leur raison d'être à la présomption légale que les tiers connaissant le mariage par la publicité dont il a été entouré, connaissent aussi les conséquences qu'il entraîne pour les biens du mari, comme pour la capacité de la femme. Conséquemment, selon nous, si le mari a, depuis le mariage, concédé des hypothèques sur ses immeubles, l'hypothèque légale de la femme, qui a pour point de départ le mariage lorsqu'il s'agit de la dot ou des conventions matrimoniales, ne primera point celles constituées au profit des tiers par le mari; et pareillement ceux qui auraient intérêt à soutenir que la femme n'est pas devenue incapable de contracter par le mariage pourraient le faire, puisque ce mariage, et par suite cette incapacité, n'ont pas été rendus publics par la transcription. Mais nous rejetterions ces autres conséquences, que les parents des époux auraient le droit de nier la légitimité de leurs enfants pour les écarter de leurs successions, et à plus forte raison qu'un tiers aurait le droit de contracter mariage avec l'un des époux, comme s'il était libre. Ce serait là méconnaître les effets directs et essentiels du mariage, effets qui doivent toujours être respectés, lors même que ce mariage n'aurait pas reçu toute sa publicité légale [1].

Dans une autre opinion [2] que nous n'admettons pas parce qu'elle rend illusoire la disposition de l'art. 171, on dit que le défaut de transcription ne pourra jamais être invoqué par les tiers contre les époux, et que son unique résultat sera de rendre plus difficile pour les époux eux-mêmes et pour leurs enfants la preuve du mariage. Cet inconvénient tout à fait personnel à la famille serait le dernier mot de la disposition que nous étudions. Pour justifier ce système, on s'appuie sur la discussion de l'art. 171 au Conseil d'État. La sanction qui avait été proposée consistait dans un double droit d'enregistrement. Mais, loin que ce double droit ait été maintenu, la transcription dont il s'agit n'est même pas soumise par la loi à la formalité de l'enregistrement. L'article 171 serait donc resté par inadvertance sans aucune sanction, puisque le double droit d'enregistrement était la seule qui eût été proposée. Nous reconnaissons volontiers qu'une telle sanction a été proposée et qu'elle n'a pas été admise; mais d'un autre côté nous pensons que toute disposition impérative du Code, et celle de l'art. 171 l'est au premier chef, crée un droit au profit de toute personne intéressée à l'invoquer, et, du moment que cet intérêt existe pour les tiers en faveur desquels la publicité du mariage est exigée, nous pensons qu'ils peuvent se prévaloir relativement aux actes dont nous avons parlé, de l'ignorance où les époux les ont laissés de leur mariage. Toutefois le défaut de transcription n'établit à nos yeux qu'une présomption, et si les époux démontrent qu'en fait le tiers envers lequel ils se sont obligés connaissait leur mariage, soit parce que depuis longtemps ils avaient la possession d'état d'époux légitimes, soit parce que, au moment

[1] Zachariæ, § 468. — Bordeaux, 14 mars 1850.
[2] Valette, *Expl. som.*, p. 99. — Fœlix et Demangeat, t. II, p. 379. — Mourlon, *Revue prat.*, 1844, t. I, p. 885.

du contrat, le mariage lui a été positivement révélé, nul doute
que celui-ci ne soit alors non recevable à invoquer un défaut
de publicité qui pour lui n'a pas réellement existé.

CHAPITRE III

DES OPPOSITIONS AU MARIAGE.

Art. 172. Le droit de former opposition à la célébration du mariage appartient à la personne engagée par mariage avec l'une des
deux parties contractantes.

173. Le père, et, à défaut du père, la mère, et, à défaut de père
et mère, les aïeuls et aïeules peuvent former opposition au mariage de leurs enfants et descendants, encore que ceux-ci aient
vingt-cinq ans accomplis.

174. A défaut d'aucun ascendant, le frère ou la sœur, l'oncle ou
la tante, le cousin ou la cousine germains, majeurs, ne peuvent
former aucune opposition que dans les deux cas suivants : 1° lorsque le consentement du conseil de famille, requis par l'article 160,
n'a pas été obtenu ; 2° lorsque l'opposition est fondée sur l'état de
démence du futur époux : cette opposition, dont le tribunal pourra
prononcer mainlevée pure et simple, ne sera jamais reçue qu'à la
charge, par l'opposant, de provoquer l'interdiction, et d'y faire
statuer dans le délai qui sera fixé par le jugement.

175. Dans les deux cas prévus par le précédent article, le tuteur
ou curateur ne pourra, pendant la durée de la tutelle ou curatelle,
former opposition qu'autant qu'il y aura été autorisé par un conseil de famille, qu'il pourra convoquer.

176. Tout acte d'opposition énoncera la qualité qui donne à l'opposant le droit de la former ; il contiendra élection de domicile dans
le lieu où le mariage devra être célébré ; il devra également, à
moins qu'il ne soit fait à la requête d'un ascendant, contenir les
motifs de l'opposition : le tout, à peine de nullité et de l'interdiction de l'officier ministériel qui aurait signé l'acte contenant opposition.

177. Le tribunal de première instance prononcera dans les dix
jours sur la demande en mainlevée.

178. S'il y a appel, il y sera statué dans les dix jours de la citation.

179. Si l'opposition est rejetée, les opposants, autres néanmoins que les ascendants, pourront être condamnés à des dommages-intérêts.

Définition DE L'OPPOSITION. — L'opposition est un acte d'huissier, par lequel certaines personnes ayant qualité à cet effet déclarent à l'officier de l'état civil que le mariage ne doit pas être célébré.

Quand l'opposition émane d'une personne ayant qualité pour la former, et se fonde sur un motif légitime qui doit être un empêchement dirimant ou prohibitif, l'officier de l'état civil qui passerait outre à la célébration du mariage est, comme nous le verrons, punissable lors même que plus tard la justice en accorderait la main levée. Lorsqu'au contraire l'opposition émane d'une personne dépourvue de qualité pour la former, ou se fonde sur un motif non reconnu par la loi, l'officier de l'état civil peut passer outre à la célébration du mariage, sans encourir aucune pénalité. Seulement il sera constitué en état de mauvaise foi, si, en fait, l'opposition lui révélait l'existence d'un empêchement devant lequel il ne s'est pas arrêté. Cette mauvaise foi sera un élément essentiel de décision pour les juges appelés à statuer sur la demande en nullité du mariage.

Des PERSONNES *qui ont le* DROIT DE *former* OPPOSITION. — Le législateur, dans le but d'écarter les oppositions téméraires ou malveillantes, a déterminé avec soin ceux qui peuvent les former, et les formalités qu'ils doivent remplir.

Parmi les personnes ayant qualité pour former opposition, la loi met :

1° Celui qui est engagé par mariage avec l'une des deux parties contractantes (art. 172). Son droit est fondé sur un intérêt moral évident, et même sur un intérêt pécuniaire possible; car, à défaut de parents, le conjoint survivant a droit à la succession du conjoint prédécédé (art. 767).

2° Les ascendants, en commençant par le mari avant d'arriver à la femme, de telle sorte que la présence du père ou de l'aïeul exclue l'intervention de la mère ou de l'aïeule. Toutefois, si le mari était, quoique vivant, dans l'impossibilité de manifester sa volonté, nul doute que la femme n'eût le droit de former opposition.

Dans chaque ligne, l'ascendant plus proche exclut l'ascendant plus éloigné, mais une ligne n'exclut pas l'autre.

Quant aux enfants, ils ne sont jamais recevables à former opposition au mariage de leurs ascendants : le respect qu'ils leur doivent est inconciliable avec une telle faculté [1].

3° Les collatéraux suivants : le frère ou la sœur, l'oncle ou la tante, le cousin ou la cousine germains, pourvu qu'ils aient atteint leur majorité (art. 174). Mais, d'une part, ils n'ont le droit de former opposition qu'à défaut de tous les ascendants, et, de l'autre, ils peuvent agir concurremment.

Le neveu et la nièce n'ont pas le droit de former opposition au mariage de leur oncle ou tante : ceux-ci *loco parentum sunt*, et à ce titre ils doivent être à l'abri d'une telle opposition. Le nombre des collatéraux ayant qualité pour former opposition est donc extrêmement limité, et nous allons voir que les causes, en vertu desquelles ils peuvent la former, sont plus limitées encore.

4° Le tuteur ou le curateur de l'enfant qui n'a pas vingt-un ans révolus.

La loi ne parle pas du ministère public. Faut-il lui reconnaître ou lui dénier le droit de former opposition ? Plusieurs systèmes se sont produits sur cette question, mais nous n'hésitons pas à admettre que le droit de former opposition lui appartient toutes les fois qu'il existe un empêchement dirimant, ou même simplement prohibitif, fondé sur une loi d'intérêt général et d'ordre public. On ne saurait en pareil cas le désarmer sans grave inconvénient [2].

Des causes *d'opposition.* — Lorsque ce sont les ascendants qui forment opposition au mariage, le Code ne les astreint

---

[1] Proudhon, *éd.* Valette, t. I, p. 423. — Lyon, 11 décembre 1850.
[2] Valette sur Proudhon, t. I, p. 420. — Demante, t. I, n° 249.

point à indiquer les causes qui les font agir : il présume que leur conduite est toujours inspirée par un sentiment d'affection. Mais leur opposition ne sera maintenue par la justice que si elle est fondée sur un motif légal, c'est-à-dire sur un empêchement dirimant ou prohibitif. Effectivement, il serait contradictoire que, d'un côté, la loi déterminât ces empêchements en les limitant, et que, de l'autre, elle permît aux ascendants d'en introduire de nouveaux [1].

L'application de ces principes mène quelquefois à des résultats regrettables, mais qu'on ne peut éviter. Ainsi un arrêt de la Cour de cassation du 7 novembre 1814 a décidé, avec raison, que la justice ne devait point maintenir une opposition fondée sur ce que le futur conjoint était un forçat libéré ; et, en effet, aucun texte n'a élevé d'empêchement dirimant ou prohibitif contre les forçats libérés. Le législateur a préféré un système qui pouvait avoir quelques inconvénients à un arbitraire qui en aurait eu davantage. Toutefois la dispense que la loi accorde aux ascendants de faire connaître dès l'origine les causes de leur opposition aura souvent un résultat heureux. En effet, cette opposition empêchera la célébration du mariage jusqu'à ce que la mainlevée en ait été obtenue. Or, bien des enfants reculeront devant la nécessité de recourir à la justice, et de soutenir contre leur ascendant un douloureux débat, et de la sorte l'opposition, même dénuée de tout fondement, empêchera fréquemment le mariage.

Lorsque ce sont les collatéraux, les tuteurs ou curateurs qui font obstacle au mariage, le Code précise les causes d'opposition (art. 174), et si l'acte d'opposition n'indique pas explicitement l'une de ces causes, l'officier de l'état civil peut le regarder comme non avenu, sauf à examiner avec plus de scrupule si toutes les conditions requises pour contracter mariage ont été remplies. Les causes d'opposition indiquées par la loi sont :

[1] Paris, 2 décembre 1851.

1° Le défaut de consentement du conseil de famille : dans ce cas, il était naturel de permettre aux collatéraux les plus proches de former opposition ; car ils font presque toujours partie du conseil de famille, et sont, par là même, mieux instruits que tous autres de ce fait que le consentement du conseil n'a pas été obtenu.

2° L'état de démence du futur époux ; mais, dans ce cas, l'opposant devra poursuivre son interdiction dans le délai fixé par le jugement.

On s'est demandé pourquoi les collatéraux, les tuteurs ou curateurs n'avaient pas le droit de former opposition dans le cas où il existe un empêchement au mariage autre que le défaut de consentement de la famille, ou la démence du futur époux. Il est difficile de donner une bonne raison de cette disposition si limitative ; seulement, en fait, elle n'aura guère d'inconvénients, car les collatéraux, tuteurs ou curateurs n'auront qu'à prévenir le ministère public pour obtenir de lui une opposition, ou même l'officier de l'état civil qui par une vérification attentive s'assurera de l'existence de l'empêchement et ne procédera pas à la célébration.

Revenons à l'examen des deux causes d'opposition que nous venons d'indiquer. Lorsque l'opposition est formée par les collatéraux, ces deux causes trouvent aisément leur application. Mais il n'en est pas de même quand l'opposition émane des tuteurs ou curateurs. La seconde cause paraît alors devoir difficilement se distinguer de la première. En effet, ou le conseil de famille a refusé son consentement au mariage pour cause de démence, et alors la seconde hypothèse de l'article se confond avec la première ; ou il a accordé ce consentement, et alors on ne peut comprendre comment il permettra au tuteur ou curateur de former opposition, ainsi que l'art. 175 l'exige.

Il y a plusieurs manières de lever cette difficulté. D'abord, il est possible que le conseil de famille ait donné son consentement au mariage, à une époque où la démence du futur époux n'était pas encore déclarée, et l'on comprend qu'il autorise plus tard le tuteur ou curateur à former opposition. Mais, a-t-on dit, il est plus simple que le conseil de famille retire son consentement au mariage, et alors le tuteur ou curateur formera opposition, en se fondant sur le défaut de consentement. A quoi on a répondu que le conseil de famille peut ne pas partager l'opinion que l'enfant est en état de démence, et comme, d'un côté, il ne veut pas retirer son consentement, on conçoit que, de l'autre, il permette au tuteur ou curateur de former, à ses risques et périls, une opposition. Autre explication : Le conseil de famille n'est pas toujours appelé à donner son consentement au mariage ; par exemple, dans l'hypothèse de l'art. 159, qui exige pour l'enfant naturel mineur de vingt-un ans le consentement d'un tuteur *ad hoc*, et non celui du conseil de famille. Or, on conçoit qu'alors le conseil de famille autorise le tuteur ou curateur ordinaire à former opposition au mariage, et que le second cas prévu par l'art. 174, ne se confonde plus avec le premier.

Des FORMES *de l'opposition.* — Pour être régulière, une opposition doit énoncer :

1° La QUALITÉ qui donne à l'opposant le droit de la former, sans quoi l'officier de l'état civil ne pourrait pas constater la légalité de l'opposition.

2° Une ÉLECTION de domicile de l'opposant dans le lieu où le mariage doit être célébré, afin que le futur époux puisse plus facilement obtenir de la justice la mainlevée de l'opposition, dans le cas où elle ne serait pas fondée. Comme le futur époux peut avoir plusieurs domiciles quant au mariage, et que la loi n'exige qu'une élection de domicile, il faut laisser le choix de ce domicile à l'opposant, car il est impossible de le laisser au futur époux, qui, loin de participer à l'opposition, ignore peut-être qu'elle va être faite.

3° Les MOTIFS de l'opposition, à moins qu'elle ne soit faite à la requête d'un ascendant, cas auquel l'opposition est présumée bien fondée jusqu'à preuve du contraire. Il en devait être ainsi ; car, si l'on peut suspecter les motifs qui font agir les collatéraux, il n'est pas permis de suspecter ceux qui font agir les ascendants. De là il résulte, comme nous l'avons dit, que la volonté de ces derniers, quoique n'étant pas réellement basée sur un empêchement dirimant ou prohibitif, aura toujours une influence de fait certaine, puisque le futur époux sera obligé d'en appeler à la justice.

4° La SIGNATURE de l'opposant ou de son fondé de pouvoir, car il importe que cet opposant comprenne toute la gravité de l'acte qu'il va faire signifier (art. 175-66).

Le tout à peine de nullité de l'acte et de l'interdiction de l'officier ministériel qui l'aurait signifié.

A QUI DOIT ÊTRE *signifiée l'opposition.* — L'acte d'opposition doit être signifié aux parties et à l'officier de l'état civil, qui mettra son *visa* sur l'original (art. 66). Quel est cet officier de l'état civil, et à quoi sert le *visa ?* C'est l'officier de l'état civil du domicile des parties quant au mariage, et, si elles en ont plusieurs, c'est l'un ou l'autre indifféremment, car le mariage ne peut être célébré que sur certificat délivré par tous les officiers de l'état civil des communes où les publications ont été faites, constatant qu'il n'y a pas eu d'opposition. Quant au *visa*, il a pour but de rendre impossible une contradiction entre l'officier ministériel et l'officier de l'état civil, qui ont tous les deux un caractère public, et dont le premier affirmerait avoir fait la signification, tandis que le second nierait l'avoir reçue.

L'officier de l'état civil fait sans délai mention sommaire des oppositions sur le registre des publications (art. 67).

Des EFFETS *de l'opposition.* — Toute opposition régulière en la forme fait obstacle à la célébration du mariage, et l'officier de l'état civil ne peut pas se constituer juge de sa validité. S'il passe outre, l'art. 68 le déclare passible de 300 fr. d'amende et de tous dommages-intérêts. Mais si l'opposition est entachée d'une nullité évidente, soit parce que les formes n'ont pas été observées, soit parce qu'elle a été signifiée à la

requête d'une personne n'ayant pas qualité, l'officier de l'état
civil peut, ainsi que nous l'avons dit précédemment, passer
outre à la célébration, car alors il n'y a véritablement pas
d'acte d'opposition.

De LA MAINLEVÉE. — La mainlevée de l'opposition peut
émaner soit de l'opposant, soit de la justice. Les demandes
en mainlevée d'opposition requérant célérité sont, par cela
même, dispensées du préliminaire de conciliation (art. 49 ²ᵘ,
C. pr.), et, de plus, l'affaire doit être jugée, s'il est possible,
dans les dix jours, tant en première instance qu'en appel
(art. 177, 178).

La partie perdante supporte les frais du procès, et est,
s'il y a lieu, condamnée à des dommages-intérêts. Les ascendants seuls ne peuvent être condamnés à ces dommages-
intérêts ; car, même lorsque leur opposition n'est pas fondée,
la loi ne veut pas qu'ils encourent des condamnations pécuniaires. Quant aux frais, l'art. 131 du C. de pr. donne, dans
ce cas, aux juges la faculté de les compenser, c'est-à-dire de
faire supporter à chacun les siens.

DES EMPÊCHEMENTS SIMPLEMENT PROHIBITIFS.

Nous avons donné plus haut la définition des empêchements simplement prohibitifs, et nous savons que, s'ils font
obstacle au mariage, ils ne peuvent en produire la nullité
après la célébration. Nous allons ici examiner les principaux.
Nous étudierons les autres au fur et à mesure qu'ils se présenteront.

PREMIER EMPÊCHEMENT PROHIBITIF. — Il provient du défaut d'actes respectueux. On appelle ainsi l'acte que l'enfant
majeur pour le mariage doit faire à l'égard de ses ascendants
au cas où ils désapprouvent son projet d'union ; et, en effet,
lors même que leur consentement n'est plus nécessaire, la loi
exige encore que l'enfant demande *leur conseil*, et le refus des

ascendants doit être constaté par des actes respectueux, improprement appelés autrefois *sommations respectueuses*.

Le nombre des actes respectueux que doit faire l'enfant varie selon son âge. De 25 à 30 ans révolus, le fils ne peut se marier qu'après avoir fait trois actes respectueux ; la loi veut même qu'il s'écoule un mois entre chacun d'eux, et un autre mois entre le dernier et la célébration du mariage. De 21 à 25 ans révolus, la fille est dans la même condition. Après ces deux époques, un seul acte respectueux est suffisant, et, un mois après, le mariage peut être célébré (art. 151-155).

Les ascendants auxquels doivent être faits les actes respectueux sont les mêmes que ceux auxquels doit être demandé le consentement, lorsque les enfants sont mineurs pour le mariage.

La forme des actes respectueux a quelque chose de particulier : lorsqu'une personne fait à une autre une injonction ou une demande juridique, elle doit employer l'intermédiaire d'un huissier. Ici, au contraire, le Code exige que l'acte soit fait par deux notaires ou par un notaire et deux témoins (art. 154). Le législateur a pensé avec raison que l'intervention d'un huissier pourrait irriter l'ascendant, tandis que l'intervention du notaire produira peut-être un effet tout opposé.

L'officier de l'état civil doit s'assurer que les actes respectueux ont été faits, sous peine d'une amende de 16 à 300 francs, et d'un emprisonnement de six mois à une année.

DEUXIÈME EMPÊCHEMENT PROHIBITIF. — Il provient du défaut de l'une des deux publications, pourvu, d'ailleurs, que le mariage soit célébré publiquement ; car autrement il y aurait clandestinité, et l'empêchement deviendrait dirimant.

TROISIÈME EMPÊCHEMENT PROHIBITIF. — Il provient de l'interdiction par suite de condamnations criminelles ; car, d'une part, le condamné n'a pas l'exercice de ses droits, et d'autre part, cependant, aucun texte n'annule son mariage.

QUATRIÈME EMPÊCHEMENT PROHIBITIF. — Il provient, pour la veuve qui veut se remarier, du défaut de dix mois de viduité depuis la dissolutiou du mariage précédent (art. 228).

Nous aurons l'occasion de revenir sur cet empêchement prohibitif.

CINQUIÈME EMPÊCHEMENT PROHIBITIF. — Il provient de l'existence d'une opposition régulière en la forme et signifiée à la requête d'une personne ayant qualité, ainsi que nous venons de l'expliquer. Cet empêchement ne disparaît que par la mainlevée, volontaire ou judiciaire, de l'opposition.

CHAPITRE IV

DES DEMANDES EN NULLITÉ DE MARIAGE.

ART. 180. Le mariage qui a été contracté sans le consentement libre des deux époux, ou de l'un d'eux, ne peut être attaqué que par les époux, ou par celui des deux dont le consentement n'a pas été libre. — Lorsqu'il y a eu erreur dans la personne, le mariage ne peut être attaqué que par celui des deux époux qui a été induit en erreur.

181. Dans le cas de l'article précédent, la demande en nullité n'est plus recevable, toutes les fois qu'il y a eu cohabitation continuée pendant six mois depuis que l'époux a acquis sa pleine liberté ou que l'erreur a été par lui reconnue.

182. Le mariage contracté sans le consentement des père et mère, des ascendants, ou du conseil de famille, dans les cas où ce consentement était nécessaire, ne peut être attaqué que par ceux dont le consentement était requis, ou par celui des deux époux qui avait besoin de ce consentement.

183. L'action en nullité ne peut plus être intentée ni par les époux ni par les parents dont le consentement était requis, toutes les fois que le mariage a été approuvé expressément ou tacitement par ceux dont le consentement était nécessaire, ou lorsqu'il s'est écoulé une année sans réclamation de leur part, depuis qu'ils ont eu connaissance du mariage. Elle ne peut être intentée non plus par l'époux, lorsqu'il s'est écoulé une année sans réclamation de sa part, depuis qu'il a atteint l'âge compétent pour consentir par lui-même au mariage.

184. Tout mariage contracté en contravention aux dispositions

contenues aux articles 144, 147, 161, 162 et 163, peut être attaqué soit par les époux eux-mêmes, soit par tous ceux qui y ont intérêt, soit par le ministère public.

185. Néanmoins, le mariage contracté par des époux qui n'avaient point encore l'âge requis, ou dont l'un des deux n'avait point atteint cet âge, ne peut plus être attaqué : 1° lorsqu'il s'est écoulé six mois depuis que cet époux ou les époux ont atteint l'âge compétent ; 2° lorsque la femme qui n'avait point cet âge a conçu avant l'échéance de six mois.

186. Le père, la mère, les ascendants et la famille qui ont consenti au mariage contracté dans le cas de l'article précédent ne sont point recevables à en demander la nullité.

187. Dans tous les cas où, conformément à l'article 184, l'action en nullité peut être intentée par tous ceux qui y ont un intérêt, elle ne peut l'être par les parents collatéraux, ou par les enfants nés d'un autre mariage, du vivant des deux époux, mais seulement lorsqu'ils y ont un intérêt né et actuel.

188. L'époux au préjudice duquel a été contracté un second mariage peut en demander la nullité, du vivant même de l'époux qui était engagé avec lui.

189. Si les nouveaux époux opposent la nullité du premier mariage, la validité ou la nullité de ce mariage doit être jugée préalablement.

190. Le procureur impérial, dans tous les cas auxquels s'applique l'article 184, et sous les modifications portées en l'article 185, peut et doit demander la nullité du mariage, du vivant des deux époux, et les faire condamner à se séparer.

191. Tout mariage qui n'a point été contracté publiquement, et qui n'a point été célébré devant l'officier public compétent, peut être attaqué par les époux eux-mêmes, par les père et mère, par les ascendants, et par tous ceux qui y ont un intérêt né et actuel, ainsi que par le ministère public.

192. Si le mariage n'a point été précédé des deux publications requises, ou s'il n'a pas été obtenu des dispenses permises par la loi, ou si les intervalles prescrits dans les publications et célébrations n'ont point été observés, le procureur impérial fera prononcer contre l'officier public une amende qui ne pourra excéder trois cents francs ; et contre les parties contractantes, ou ceux sous la puissance desquels elles ont agi, une amende proportionnée à leur fortune.

193. Les peines prononcées par l'article précédent seront encou-

rues par les personnes qui y sont désignées, pour toute contravention aux règles prescrites par l'article 165, lors même que ces
contraventions ne seraient pas jugées suffisantes pour faire prononcer la nullité du mariage.

194. Nul ne peut réclamer le titre d'époux et les effets civils du
mariage, s'il ne représente un acte de célébration inscrit sur le registre de l'état civil, sauf les cas prévus par l'article 46, au titre
des Actes de l'état civil.

195. La possession d'état ne pourra dispenser les prétendus époux
qui l'invoqueront respectivement de représenter l'acte de célébration du mariage devant l'officier de l'état civil.

196. Lorsqu'il y a possession d'état, et que l'acte de célébration
du mariage devant l'officier de l'état civil est représenté, les époux
sont respectivement non recevables à demander la nullité de
cet acte.

197. Si, néanmoins, dans le cas des articles 194 et 195, il existe
des enfants issus de deux individus qui ont vécu publiquement
comme mari et femme, et qui soient tous deux décédés, la légitimité des enfants ne peut être contestée sous le seul prétexte du
défaut de représentation de l'acte de célébration, toutes les fois que
cette légitimité est prouvée par une possession d'état qui n'est
point contredite par l'acte de naissance.

198. Lorsque la preuve d'une célébration légale du mariage se
trouve acquise par le résultat d'une procédure criminelle, l'inscription du jugement sur les registres de l'état civil assure au mariage,
à compter du jour de sa célébration, tous les effets civils, tant à
l'égard des époux qu'à l'égard des enfants issus de ce mariage.

199. Si les époux ou l'un d'eux sont décédés sans avoir découvert
la fraude, l'action criminelle peut être intentée par tous ceux qui
ont intérêt à faire déclarer le mariage valable, et par le procureur
impérial.

200. Si l'officier public est décédé lors de la découverte de la
fraude, l'action sera dirigée au civil contre ses héritiers, par le procureur impérial, en présence des parties intéressées et sur leur dé-
nonciation.

201. Le mariage qui a été déclaré nul produit néanmoins les
effets civils, tant à l'égard des époux qu'à l'égard des enfants, lorsqu'il a été contracté de bonne foi.

202. Si la bonne foi n'existe que de la part de l'un des deux
époux, le mariage ne produit les effets civils qu'en faveur de cet
époux et des enfants issus du mariage.

Notions générales. — Nous avons établi précédemment que tantôt le mariage *est inexistant*, comme lorsque les parties sont du même sexe, et que tantôt il est simplement *annulable*, comme lorsqu'il a été célébré malgré un empêchement dirimant. L'*inexistence* du mariage peut, ainsi que nous l'avons vu, être invoquée par toute personne et à toute époque : son *annulabilité ou nullité* ne peut être invoquée que par certaines personnes, quelquefois aussi pendant un délai très-restreint. Dans ce chapitre, le Code trace les règles et les conditions de chaque nullité. Le nombre de ces nullités est le même que celui des empêchements dirimants, puisque le fait qui constitue un empêchement dirimant avant le mariage se transforme en nullité après le mariage. Il y a donc *sept nullités* de mariage, comme il y *a sept empêchements dirimants*.

Les nullités se divisent en RELATIVES OU ABSOLUES : les premières, au nombre de deux, ne peuvent être invoquées que par certaines personnes déterminées ; les secondes, au nombre de cinq, peuvent l'être par toutes personnes ayant un intérêt né et actuel, plus par le ministère public. Le Code traite successivement des nullités relatives et des nullité absolues.

PREMIÈRE NULLITÉ (*relative*). — Elle provient d'un vice dans le consentement des époux. Nous savons que, si le consentement lui-même manquait, le mariage ne serait plus seulement annulable, mais inexistant, car, comme tout autre contrat, il exige le concours de deux volontés.

Comment comprendre un mariage où le consentement de l'un des époux aurait fait absolument défaut? Il semble que, du moment où cet époux était présent à la célébration et a déclaré vouloir être uni à son conjoint, double circonstance que l'officier de l'état civil exigera toujours, son consentement au mariage a existé et que notre hypothèse ne pourra pas se réaliser. Il faut convenir que l'absence radicale du consentement sera fort rare. Cependant il peut arriver que l'un des futurs époux soit en état de complète démence, que l'officier de l'état civil, ignorant cet état, reçoive de lui l'expression

machinale d'un consentement qui n'a rien de réel, et qu'il
déclare les deux personnes présentes unies par le lien du mariage. Dans ce cas toutes les apparences du mariage existeront,
mais il n'y aura pas véritablement de mariage, en vertu de la
maxime : *Point de mariage sans consentement.* Toute personne intéressée pourra donc démontrer le défaut absolu de
consentement, et l'inexistence radicale du mariage.

Doit-on voir, dans le mariage que contracterait une personne frappée d'interdiction judiciaire pour cause d'imbécill-
lité, de démence ou de fureur, un mariage inexistant, un
mariage nul, ou même, selon les cas, un mariage valable ?
La question est controversée. Les deux solutions extrêmes
nous semblent devoir être écartées. Un tel mariage ne sera
pas nécessairement inexistant, parce qu'il a pu être célébré
dans un intervalle lucide et qu'il y a eu alors un véritable
consentement. Il ne sera pas non plus toujours valable, parce
que l'interdit est présumé être dans un état habituel d'imbécillité, de démence ou de fureur, et qu'un tel état ne comporte pas la faculté de contracter. Il faut donc adopter le
système intermédiaire qui permettra, selon les cas, d'annuler
le mariage comme ayant été célébré sans un véritable consentement de la part de l'interdit judiciaire, ou de le maintenir comme ayant été célébré dans un intervalle lucide et en
parfaite connaissance de cause [1]. L'interdit aura seul qualité pour en demander la nullité ; c'est là le droit commun,
et il n'y a pas de raison pour ne pas l'appliquer au mariage,
aussi bien qu'aux autres actes qu'a pu faire l'interdit. Celui-
ci pourra donc, après avoir recouvré sa capacité civile, ou
provoquer la nullité de son mariage, laquelle devra dès lors
être prononcée par la justice, ou au contraire le ratifier
soit par un acte exprès, soit même par son silence et en conti-
nuant à cohabiter pendant six mois avec son conjoint, à partir de la mainlevée de son interdiction.

---

[1] Demolombe, t. III, n° 127. — Aubry et Rau, t. IV, § 464, p. 81.

Le consentement au mariage n'est jamais définitif que par l'échange des déclarations solennelles que se font réciproquement les parties de se prendre pour mari et femme devant l'officier de l'état civil. Conséquemment les promesses antérieures ne les lient pas irrévocablement, et toutes les deux conservent respectivement leur liberté. Cependant si l'une d'elles, sans motif sérieux et par pur caprice, refusait de réaliser la promesse de mariage qu'elle aurait faite, après avoir laissé l'autre partie s'engager dans des dépenses et des frais de toute nature qui seraient perdus pour elle, il est de jurisprudence qu'elle pourrait être condamnée à des dommages-intérêts pour manquement à la parole donnée. Sa mauvaise foi ou tout au moins son extrême légèreté constituent une faute, et, aux termes de l'art. 1382, quiconque a, par sa faute, causé un dommage à autrui est tenu de le réparer.

Nous venons de voir en quoi consiste le consentement au mariage et dans quels cas on peut dire qu'il a été ou n'a pas été donné. Nous allons examiner à présent quels sont les vices qui peuvent affecter le consentement donné, et quels sont les cas où ces vices ont assez de gravité pour entraîner la nullité du mariage.

Des CAUSES *qui* PEUVENT VICIER *le consentement des époux.* — Le Code, en traitant des causes qui peuvent, en général, vicier le consentement des parties contractantes indique l'erreur, la violence et le dol (art. 1109-1117). De ces trois causes, deux seulement sont admises lorsqu'il s'agit du mariage : l'*erreur* et la *violence*. Le *dol* a été écarté par la raison que, ne pouvant porter que sur la fortune ou la personne même de l'autre conjoint, il n'était pas, dans le premier cas, digne de considération, et que, dans le second, il se confondait avec l'erreur dans la personne, dont le Code faisait déjà une cause de nullité. Sous ce rapport la théorie du Code n'est pas dans le mariage tout à fait la même que dans les contrats ordinaires. Quand il s'agit d'un contrat ordinaire, tel que la vente, le louage, etc., l'erreur provoquée par le dol de la

partie adverse est une cause de nullité, lors même qu'elle ne
serait pas assez grave par elle-même, et indépendamment du
dol, pour déterminer cette nullité. Il suffit à la partie trompée de prouver que sans le dol elle n'eût pas contracté.
Quand il s'agit du mariage, au contraire, l'erreur provoquée
par le dol ne diffère pas dans ses effets de l'erreur considérée
en elle-même. Il faut toujours que cette erreur ait été
assez grave pour entraîner à elle seule et sans le dol la
nullité du mariage. Autrement la loi n'en tient pas compte.
Si le dol n'est point une cause de nullité, à plus forte raison la *séduction*, qui aurait pu être pratiquée par un époux
à l'égard de l'autre, devrait-elle être écartée comme pouvant porter atteinte à la validité du mariage. Même due à
des artifices répréhensibles, elle ne serait jamais qu'une ma-
nœuvre dolosive pour arriver au mariage, et le dol ne suffit
point, comme nous l'avons dit, pour en entraîner la nullité.

Nous allons maintenant préciser les caractères de la violence et de l'erreur.

Caractères DE LA VIOLENCE. — La violence est la crainte
actuelle d'un mal considérable, sans laquelle la partie n'aurait pas contracté. L'expression donnée à la violence est in-
différente; et, de même que les menaces les plus exagérées
ne seraient pas une violence véritable, si elles n'avaient inspiré aucune crainte à la partie contractante, pareillement la
menace la plus adoucie pourra être une violence réelle, si
elle a inspiré à la partie une crainte sérieuse. A cet égard, les
tribunaux ont un plein pouvoir d'appréciation; ils devront
tenir compte de l'âge, du sexe et de la condition des personnes (art. 1112). La crainte révérentielle que les enfants
ont pour leurs ascendants ne constitue point, par elle-même,
une violence (art. 1114), et l'influence de ces derniers ne deviendrait une cause de nullité que si elle prenait un caractère menaçant.

Il semble que le consentement donné sous l'empire de la
violence ne soit pas un véritable consentement, et que dès

lors il y ait inexistence et non pas annulabilité du contrat. Le droit romain, et après lui le Code, en ont décidé autrement, par la raison que la partie qui préfère le contrat à la violence fait un acte de volonté, et qu'elle ne peut pas alléguer un défaut absolu de consentement : « *Qui mavult vult.* » Mais on doit voir dans cette théorie une trace regrettable des idées du stoïcisme. Celui qui préfère le contrat à la violence ne manifeste cette préférence que du bout des lèvres ; au fond sa pensée proteste contre ses paroles, et il ne donne pas un véritable consentement.

Caractères DE L'ERREUR. — L'erreur consiste dans le fait d'attribuer à une personne ou à une chose certaines qualités qu'elle ne possède pas réellement. Elle ne devient une cause de nullité du mariage qu'autant qu'elle réside DANS LA PERSONNE. Ces expressions obscures ont été différemment interprétées.

De L'ERREUR DANS LA PERSONNE. — Disons d'abord que l'erreur peut avoir pour objet l'*identité* de la personne physique, l'*identité* de la personne *civile*, ou les *qualités de la personne physique ou morale.* Lorsqu'elle porte sur l'identité de la personne physique, il n'y a pas, à proprement parler, mariage. En effet, si je veux prendre Rachel pour ma femme, le consentement que je donne à Lia, substituée par fraude à Rachel, n'est qu'apparent ; et, puisqu'il n'y a pas véritablement concours de volontés, il n'y a pas mariage. L'art. 180 ne prévoit pas une erreur de cette nature : car il présente un cas d'annulabilité et non d'inexistence du mariage. D'ailleurs, les mariages par procureur ont été abolis sous le droit intermédiaire, et comme aucune loi ne les a rétablis, l'on ne conçoit guère une erreur sur l'identité de la personne physique, puisque les deux futurs époux sont toujours en présence l'un de l'autre. Il faudrait alors ou qu'on n'eût jamais vu la personne avec laquelle on se marie, ce qui n'est pas vraisemblable ; ou qu'à cette personne on en eût substitué une autre tellement ressemblante, qu'il fût impossible de les distinguer, ce qui n'est pas plus vraisemblable.

Si, enfin, le Code prévoyait l'erreur sur la personne physique, on ne s'expliquerait pas l'art. 181 qui accorde à l'époux six mois à partir de la découverte de son erreur pour demander la nullité du mariage, car une erreur de cette nature serait immédiatement découverte. Enfin, le tribunal de cassation avait demandé que l'erreur sur l'*identité physique* fût substituée à l'erreur dans la personne, et, comme son amendement a été écarté, on doit en conclure que le Code entend parler de l'erreur soit sur l'*identité de la personne civile,* soit sur les *qualités* de la personne physique ou morale.

L'erreur sur l'identité de la personne civile est certainement une cause de nullité. Ainsi, quand une personne en épouse une autre qui a une certaine filiation, et qui, par des actes supposés, s'est donné mensongèrement une filiation différente, il n'est pas douteux qu'elle ne puisse demander la nullité de son mariage. La personne civile qu'elle a épousée n'est pas celle qu'elle entendait épouser, son erreur porte sur la personnalité entière, et une telle erreur ne permet pas de maintenir le contrat.

La question devient beaucoup plus délicate quand l'erreur porte simplement sur les *qualités* de la personne physique ou morale. Quelles sont les qualités qui peuvent être ici considérées comme essentielles ? Le Code n'a rien dit qui puisse mettre le jurisconsulte sur la trace de cette détermination qui sera dès lors quelque peu arbitraire. Les auteurs qui admettent que l'erreur sur les qualités de la personne physique ou morale peut faire annuler le mariage limitent leur théorie à l'erreur sur les *qualités substantielles en* MATIÈRE DE MARIAGE. Expliquons notre pensée.

Au point de vue physique, les époux devraient avoir les qualités requises pour réaliser le but du mariage, qui est la procréation des enfants. Conséquemment, l'impuissance naturelle de l'un des époux serait pour l'autre une cause de nullité. A cela on objecte que l'impuissance naturelle n'est pas susceptible de preuve. Il est vrai que nos lois et nos mœurs

repoussent également le *congrès* admis par l'ancienne jurisprudence, mais il est possible qu'en fait elle soit constatée, et
alors il paraît bien difficile de refuser à l'époux trompé le
droit de demander la nullité du mariage. La plupart des auteurs, contraires en cela à la jurisprudence, admettent cette
nullité toutes les fois que l'impuissance est extérieure et manifeste. Peu importerait même qu'elle fût accidentelle, si
elle était antérieure au mariage [1].

Au point de vue moral, les époux devraient réunir les
qualités qui sont regardées comme constitutives en quelque
sorte de la personne morale. Ainsi l'erreur d'une femme qui
aurait épousé un forçat libéré serait une cause de nullité,
parce que la personne d'un condamné à une peine afflictive
et infamante n'est plus entière ; il a perdu une partie notable
de ses droits civils ou civiques. Pareillement la femme qui
aurait épousé un prêtre sans savoir qu'il avait le caractère
sacerdotal, l'homme qui aurait épousé une femme enceinte et
dont la grossesse lui avait été cachée, ou une femme qu'on
lui avait présentée avec la qualité de fille légitime de ceux
qui figuraient au mariage comme ses père et mère, et qui
n'était en réalité que leur fille adultérine ou incestueuse,
pourraient demander la nullité de leur mariage pour erreur
sur les qualités substantielles de la personne morale.

Doit-on adopter ce système, malgré ce qu'il a d'arbitraire
et d'incertain ? Nous en serions fort tenté [2]. Le divorce
étant aboli, la nullité du mariage est désormais le seul
moyen de mettre un terme à ces tristes unions où l'honneur et la dignité de l'un des époux élève entre lui et son
conjoint une barrière infranchissable. Malheureusement la
jurisprudence s'est de plus en plus engagée dans la voie contraire. L'espèce la plus favorable à la solution que nous préférons s'est présentée à propos du mariage contracté avec un

[1] Demante, t. I, n° 225 *bis*. — Demolombe, t. III, n° 254.
[2] *Sic*, Valette, *Expl. som.*, p. 106. — Demolombe, t. III, n° 253. — Labbé,
Journal du Pal., 1860, p. 241.

forçat libéré par une femme dont la bonne foi avait été surprise, et la Cour de cassation, statuant en audience solennelle, a, par un arrêt du 24 avril 1862, décidé qu'une telle erreur ne portant ni sur l'*identité physique* ni sur l'*identité civile* de la personne, ne suffisait pas pour entraîner la nullité du mariage. Cet arrêt paraît avoir fixé pour longtemps la jurisprudence, et l'on peut dire que l'erreur dans la personne ne sera plus maintenant admise par les tribunaux comme cause de nullité, que si elle porte sur la personnalité entière de l'un des époux et soulève une question d'*identité*.

Le refus par le mari de consentir à la célébration de son mariage devant l'église pourrait, suivant les circonstances, être considéré comme une injure grave de nature à motiver une demande en séparation de corps ; mais dans aucun cas il ne saurait entraîner la nullité du mariage[1].

Qui peut *intenter l'action en nullité pour vice de consentement.* — L'époux violenté ou trompé peut seul intenter l'action en nullité, car il est le seul juge de la gravité du vice qui a affecté son consentement ; et c'est pourquoi la nullité est relative. L'action ne passerait pas à ses héritiers, car elle est inhérente à la qualité d'époux, laquelle n'est point transmissible.

Délai *de l'action.* — Ce délai est plus ou moins long, suivant qu'il y a eu ou non cohabitation après que l'erreur ou la violence ont cessé (art. 181). Au cas de cohabitation, il est de six mois. La loi présume alors, avec raison, que l'époux a tacitement ratifié le mariage, en consentant à la vie commune. Mais quel sera le délai, s'il n'y a pas eu de cohabitation ? D'après les uns, il sera de dix ans, parce que les actions en nullité ou rescision des contrats en général ne durent pas davantage (art. 1304). D'après les autres, il sera de trente ans par la raison que le mariage a des règles tout à fait différentes des règles écrites pour les contrats ordinaires, et,

[1] Aubry et Rau, t. IV, § 451 *bis*, p. 12. — Demolombe, t. IV, n° 390.

que, du moment où aucun texte n'a réduit la durée de la prescription du droit commun, il faut l'appliquer (art. 2262). D'autres enfin prétendent que cette action n'est pas prescriptible, parce que l'état des personnes a été mis par la loi au-dessus de toute prescription (art. 328). Nous adoptons volontiers cette dernière opinion. En effet, ce qui domine dans le mariage, c'est moins le *contrat* que *l'état civil* des personnes qui en est la conséquence. Peu de questions d'état sont aussi graves que celle de savoir si une personne est libre ou mariée. Conséquemment, si l'époux violenté ou trompé n'a pas cohabité avec son conjoint après que la violence ou l'erreur ont cessé, il aura le droit, selon nous, de demander à toute époque la nullité de son mariage, et on ne pourra jamais lui opposer la prescription : quant aux héritiers de l'époux, ils ne pourront pas intenter l'action, qui est de sa nature exclusivement attachée à la personne, mais ils auraient le droit de continuer l'instance que l'époux aurait déjà commencée.

Le Code admettant la ratification tacite du mariage qui résulte de six mois de cohabitation après la cessation de l'erreur ou de la violence, à plus forte raison devrait-on admettre la ratification expresse qui en serait faite par l'époux violenté ou trompé.

DEUXIÈME NULLITÉ (*relative*). — Elle provient du défaut de consentement des ascendants ou du conseil de famille. Ici ce n'est plus le *défaut de liberté* dans le consentement qui est à considérer, comme tout à l'heure, mais le *défaut même de consentement*. Et, en effet, l'absence du consentement des époux aurait rendu le mariage inexistant, tandis que l'absence du consentement des ascendants ou de la famille le rend seulement annulable.

QUI PEUT *la demander*. — Peuvent la demander :

1° Les personnes dont le consentement était nécessaire au mariage ;

2° Les époux eux-mêmes qui avaient besoin de ce consentement. Le Code diffère, sur ce point, de l'ancien droit fran-

çais, qui écartait la demande des époux, sous le prétexte que
nul ne peut arguer de sa propre faute ; il a préféré donner
aux enfants le droit de revenir sur un mariage téméraire, et
qui très-souvent a été plutôt le résultat d'une illusion ou
d'une passion, que d'une faute calculée.

Lorsque les ascendants dont le consèntement était requis
meurent sans avoir intenté l'action en nullité, on doit décider
que le droit de l'intenter ne passe pas aux autres ascendants[1];
et en effet il n'est pas vrai de dire que le consentement des
autres ascendants fût requis pour le mariage. Mais on ne
pourrait pas appliquer à la mère survivante la fin de non-
recevoir que nous opposons aux ascendants, car son consentement était requis, et, si le père est mort, elle a, au point de
vue des enfants, la puissance paternelle tout entière. Or le
principal attribut de cette puissance consistera pour elle à
demander la nullité d'un mariage qu'elle regarde comme
funeste à son enfant.

Si le père a consenti au mariage, et que la mère n'ait pas
été consultée, l'action en nullité n'est pas ouverte par la raison que, même en cas de volonté contraire de la part de la
mère, celle du père aurait prévalu. Dans ce cas, personne ne
pourra donc demander la nullité du mariage. Le père ne le
pourra pas puisqu'il a consenti, ni la mère non plus, puisque la demande en nullité qu'elle intenterait serait en contradiction avec le consentement donné par le père, et qu'en
cas de dissentiment la volonté du père doit l'emporter.

Nous avons vu que l'action ne passe pas des père et mère
aux autres ascendants : il faut décider par analogie que l'action, ouverte au profit de certains ascendants, ne passerait
point aux ascendants supérieurs. Comme le dissentiment
entre les deux lignes vaut consentement, le refus de l'une de
s'associer à un procès en nullité fera, par cela même, tomber
l'action de l'autre.

----

[1] *Sic*, Demolombe, t. III, n° 280. — *Contrà*, Valette, *Expl. som.*, 109.

Quant au conseil de famille, le tuteur, autorisé par lui, le
représentera dans l'exercice de l'action en nullité. Cette autorisation lui sera toutefois nécessaire, parce que c'est la famille
qui devait consentir et qu'elle seule peut se plaindre que ce
consentement ne lui ait pas été demandé.

Délai *de l'action*. — Ce délai est d'une année. Mais le
point de départ n'est pas, pour ceux dont le consentement
était requis, le même que pour ceux qui avaient besoin de ce
consentement : pour les premiers, l'année court à dater du moment où ils ont eu connaissance du mariage ; pour les derniers,
à dater du jour où ils ont atteint l'âge compétent pour consentir
par eux-mêmes au mariage. Conséquemment, la fille pourra
demander la nullité dans l'intervalle de sa vingt et unième à sa
vingt-deuxième année ; et le fils, dans le même intervalle
s'il est sous l'autorité du conseil de famille, et dans l'intervalle de sa vingt-cinquième à sa vingt-sixième année s'il
est sous l'autorité de ses ascendants.

La ratification expresse ou tacite du mariage par les ascendants équivaut à leur consentement. Il y aura ratification
tacite, par exemple, si les ascendants reçoivent les époux
dans leur maison, comme s'ils laissent passer le délai d'une
année sans intenter l'action.

Dès que le mariage est ratifié par la famille, sa validité est
entière, puisque toutes les garanties exigées par le Code existent. L'action en nullité ne serait donc plus recevable ni de
la part de la famille ni de la part des enfants. Mais la ratification des enfants n'aurait pas un effet aussi étendu, et l'action
en nullité pourrait toujours être intentée par la famille qui n'a
pas consenti.

Troisième nullité (*absolue*). — Elle provient du défaut de
puberté.

Qui peut la *demander*. — Peuvent la demander : ¦

1° Les époux eux-mêmes ; car la témérité de leur conduite
est manifeste, et doit trouver dans la loi un remède ;

2° Les ascendants les plus proches, et suivant l'ordre dans

lequel la loi leur permet de former opposition, car ils ont toujours un intérêt moral suffisant [1]; leur droit résulte d'ailleurs de l'art. 186 qui, en excluant leur action dans le cas particulier où ils ont consenti au mariage, l'admet implicitement dans les cas où ils n'ont pas donné leur consentement;

3° Toute personne ayant un intérêt né et actuel, même les créanciers, car le Code ne fait aucune distinction;

4° Le ministère public, qui doit faire observer toutes les lois intéressant l'ordre public, et il n'en est point qui aient à un plus haut degré ce caractère que celles prohibant le mariage avant l'âge requis.

Un droit éventuel à la succession de l'époux impubère ne serait pas un intérêt suffisant, car il n'est pas prouvé que les collatéraux qui voudraient s'en prévaloir seront effectivement ses héritiers, et, d'ailleurs, un droit de cette nature est une espérance, mais non un droit véritable (art. 187).

La loi déclare non-recevable l'action des ascendants qui ont consenti au mariage de leur enfant impubère, et avec raison : en effet, ils sont présumés n'avoir consenti que parce qu'ils connaissaient l'aptitude de l'enfant au mariage. Mais alors à quoi leur sert l'action en nullité dans le cas qui nous occupe ? car, s'ils ont consenti au mariage, elle n'est pas recevable, et, s'ils n'y ont pas consenti, ils ont déjà de ce chef l'action en nullité. L'art. 186 reçoit son application soit lorsque leur action en nullité pour défaut de consentement est éteinte, soit lorsque les ascendants qui ont consenti sont décédés, transmettant ainsi l'action en nullité aux ascendants d'un ordre supérieur.

DÉLAI *de l'action.* — Ce délai dure jusqu'à l'expiration de six mois depuis que l'époux impubère a atteint l'âge compétent. Mais, lorsque la femme seule est impubère, sa grossesse survenue avant l'expiration du délai sus-énoncé rend l'action non recevable, car son impuberté légale est démentie par sa puberté réelle. Toutefois, cette grossesse ne ferait pas tomber

---

[1] Proudhon, *éd.* Valette, p. 431. — Marcadé, sur l'article 184.

l'action en nullité existant du chef du mari impubère, et, en effet, si elle prouve la puberté de la femme, elle ne prouve nullement celle du mari. On objecte à tort que la grossesse de la femme implique la puberté du mari, car il s'agit ici d'un mariage nul, et, dès lors, on ne peut rattacher au mari, par un lien légal, l'enfant que la femme a conçu. La règle : « *Is pater est quem nuptiæ demonstrant* », s'applique seulement à un mariage inattaquable. D'ailleurs, l'homme qui n'a pas dix-huit ans révolus est réputé impubère ; et la loi ne pouvait pas contredire une présomption qu'elle avait elle-même établie.

Quatrième nullité (*absolue*). — Elle provient de l'existence d'un premier mariage non encore dissous.

Qui peut la *demander*. — Peuvent la demander :

1° L'époux au préjudice duquel a été contracté le second mariage, car son intérêt est également légitime et évident ;

2° Les ascendants ;

3° Les époux eux-mêmes ;

4° Toute personne ayant un intérêt né et actuel ;

5° le ministère public.

Si les nouveaux époux opposent la nullité du premier mariage, cette question sera jugée préalablement (art. 189) ; car, si le premier mariage est nul, le second sera valable, et, s'il est valable, le second sera nul.

Durée de *l'action*. — La bigamie blesse l'ordre public d'une manière permanente, et l'action qui en résulte est imprescriptible. Elle peut et doit être intentée par le ministère public (art. 190), sans préjudice des peines portées contre l'époux bigame et son complice.

Cinquième nullité (*absolue*). — Elle provient de la parenté au degré prohibé.

Qui peut *la demander*. — Peuvent la demander :

1° Les ascendants ;

2° Les époux eux-mêmes ;

3° Toute personne ayant un intérêt né et actuel ;

4° Le ministère public.

Durée de l'action. — Comme la précédente, cette cause de nullité offense l'ordre public d'une manière permanente, et, dès lors, l'action qui en résulte est imprescriptible. Le ministère public est même tenu de l'intenter.

Sixième nullité (*absolue*). — Elle provient du défaut de publicité. Or, quand un mariage est-il clandestin? A cet égard, le Code ne trace pas de règles précises. Le mariage pourra manquer de publicité, même s'il y a eu des publications; et, par contre, avoir une publicité suffisante, même s'il n'y a pas eu de publications. Ainsi, lorsque les publications ont eu lieu, mais qu'en fait elles ont été dissimulées au public par des manœuvres toujours faciles en pareille circonstance, et que le mariage a été ensuite célébré sans publicité, en dehors de la maison commune, ou bien à une heure où le public ne pouvait pas en avoir connaissance, il est incontestable que les juges seront fondés à l'annuler comme clandestin. Par contre, si les publications n'ont pas eu lieu, mais que les époux, loin de dissimuler leur mariage, l'aient rendu public en l'annonçant ouvertement, et qu'ils se soient mariés à la maison commune et aux heures habituelles, il est certain que les tribunaux seront autorisés à le déclarer valable. A cet égard, les juges sont appréciateurs souverains du fait de clandestinité, et il faut reconnaître que le ministère public n'est pas ici tenu de demander la nullité du mariage, car aucun texte ne lui impose cette obligation. L'action appartient d'ailleurs à toutes les personnes désignées dans le cas précédent.

Notons que la clandestinité du mariage, à la différence de la bigamie ou de l'inceste, n'offense pas l'ordre public d'une manière permanente. La nullité pourra donc être couverte par une publicité postérieure au mariage (art. 191).

Septième nullité (*absolue*). — Elle provient de l'incompétence de l'officier de l'état civil : nous avons vu quelle en est la nature. Il nous reste à faire remarquer que cette incompétence, quoique liée à la publicité du mariage, constitue une nullité distincte. En effet, l'officier de l'état civil n'est pas un simple témoin ; organe de la loi, il crée et lui seul peut créer entre les époux le lien du mariage, et rien ne peut suppléer à son intervention ; de telle sorte que son absence produit l'inexistence, et son incompétence l'annulabilité du mariage. Celle-ci sera ou ne sera pas prononcée par la justice, suivant les circonstances ; car on admet généralement que les irrégularités de la célébration et même l'incompétence de l'officier de l'état civil peuvent être couvertes par une possession d'état suffisante d'époux légitimes. Il n'en saurait être autrement, puisque ces irrégularités et cette incompétence ne portent pas une atteinte permanente à l'ordre public.

Dans les contestations de cette nature, la bonne ou la mauvaise foi des contractants joue un rôle prépondérant. Ainsi lorsque les époux auront pu raisonnablement se méprendre sur l'incompétence de l'officier de l'état civil qui les mariait, par exemple dans le cas où il est incertain si leur domicile se trouve sur le territoire d'une commune, ou sur celui d'une commune voisine, la justice n'hésitera pas à prononcer la validité de leur mariage. Au contraire, lorsqu'ils ont par calcul fait célébrer leur union par un officier de l'état civil incompétent, et pratiqué ainsi une fraude aux dispositions de la loi, elle en prononcera la nullité [1].

Les personnes qui peuvent intenter l'action sont ici les mêmes que pour les nullités précédentes.

Aux causes de nullité que nous venons d'étudier faut-il ajouter, comme le font certains auteurs, celle qui résulterait de l'engagement de l'un des époux dans les ordres sacrés ou dans une communauté religieuse ?

Cette question est des plus délicates et des plus controversées. L'ancien droit français, conforme en ce point à la oi canonique, déclarait un tel mariage annulable. Cer-

---

[1] Massé et Vergé, t. I, p. 178, note 3. — Paris, 5 janvier 1852.

tains auteurs, et avec eux beaucoup de décisions judiciaires, se prononcent pour le maintien de ce système. Ils se fondent sur ce que le Concordat, en reconnaissant certains cultes, et la loi civile en autorisant certaines communautés religieuses, ont implicitement consacré les règles organiques de ces cultes ou de ces communautés. En conséquence, l'officier de l'état civil, qui est l'organe de la loi, ne devrait point, selon eux, procéder à la célébration du mariage, toutes les fois que l'une des parties est engagée dans les ordres sacrés ou dans une communauté religieuse fondée sur le vœu du célibat perpétuel, et si, par ignorance ou par fraude, il avait fait un tel mariage, ce mariage devrait être annulé par la justice. D'autres auteurs prétendent que l'engagement dans les ordres sacrés ou dans une communauté religieuse ne constitue pas, dans le silence de la loi, un empêchement dirimant, mais qu'il est un empêchement prohibitif. De la sorte, si le mariage avait été en fait célébré, la nullité ne pourrait pas en être prononcée; mais la sanction de ces engagements spirituels consisterait dans le refus que l'officier de l'état civil serait fondé à opposer aux parties qui lui demanderaient de célébrer leur mariage.

On a répondu, avec raison, à ces divers systèmes que la faculté de se marier est d'ordre public, et que nul ne peut valablement y renoncer. Sans doute, les mariages dont il s'agit ont quelque chose d'offensant pour la morale pure et répugnent profondément à l'honnêteté : mais ce qui blesse nos convictions ou nos mœurs n'est pas nécessairement illicite. Puis, si l'État reconnaît certains cultes, il place au-dessus d'eux la liberté de conscience : or, cette liberté serait illusoire, si la loi civile sanctionnait le vœu de célibat perpétuel. Et, en effet, si, par exemple, un prêtre catholique se fait protestant, et qu'on ne lui reconnaisse pas la faculté de se marier, on lui enlève par cela même le bénéfice de sa religion nouvelle qui autorise le mariage. On ajoute que le mariage est, d'après le Code, un acte purement civil : cela ressort et des textes et de la discussion au Conseil d'État. On ne peut donc, sans méconnaître son véritable caractère, faire résulter de certains vœux de religion une cause de nullité. L'officier de l'état civil ne connaît ni prêtres ni religieuses : pour lui, tout le monde est citoyen [1].

De LA PREUVE DU *mariage*. — Rigoureusement, pour prouver le mariage, il faudrait prouver l'accomplissement de toutes les conditions que la loi prescrit. Mais comme, après un certain temps, il serait difficile d'établir que chacune d'elles a été remplie, et que d'ailleurs le mariage ne doit être célébré par l'officier de l'état civil que si les futurs conjoints justifient être en règle, le Code écarte un système aussi complexe, et fait résulter la preuve du mariage de l'acte même de célébration.

Cet acte doit toujours être représenté lorsque ce sont les prétendus époux qui invoquent le bénéfice du lien conjugal (art. 194), et c'est juste, car, sachant le lieu où ils ont contracté mariage, ils doivent pouvoir produire l'acte de célébration.

L'acte inscrit sur feuille volante serait insuffisant, car l'article 194 n'attache la force probante qu'à celui qui est inscrit sur les registres de l'état civil. L'intérêt que l'on peut avoir quelquefois à prouver un mariage qui n'a pas été réellement célébré devait faire craindre les fraudes, et il importait de les prévenir, en écartant les feuilles volantes comme preuve de la célébration.

Si les registres de l'état civil ont été perdus ou détruits, soit par cas fortuit, soit par un fait criminel, nous verrons que, la preuve de ces faits étant fournie, il peut être suppléé à l'acte de célébration par des preuves d'une autre nature.

La possession d'état d'époux légitimes est si facile à usur-

---

[1] *Sic*, Demolombe, t, III, n° 131. — Tribunal de Périgueux, 31 juillet 1862. *Contrà*, Alger, 11 décembre 1851. — Tribunal d'Agen, 6 juillet 1860. — Tribunal de la Seine, 25 janvier 1865.

per qu'elle ne dispense jamais ceux qui l'invoquent de représenter l'acte de célébration. Elle n'est cependant pas dépourvue de tout résultat, car les faits de publicité qui la
constituent rendent les époux non recevables à demander la
nullité de l'acte de célébration pour cause de clandestinité,
ou pour des erreurs ou omissions graves que l'officier de l'é-
tat civil aurait commises dans sa rédaction (art. 194).

Les auteurs ne sont pas d'accord sur l'étendue des vices
que couvre la possession d'état.

D'après les uns, l'acte de célébration inscrit sur une feuille
volante acquerrait, par la possession d'état, la force d'un
acte de célébration régulier ; mais ce système paraît inadmissible ; effectivement, l'article 196 dit que la possession
d'état couvre la nullité de l'acte de célébration, et l'article
194 prouve que cet acte de célébration est celui qui a été
inscrit sur les registres de l'état civil. D'ailleurs, la fraude
ne serait-elle pas possible et facile, si la possession d'état suffisait pour couvrir l'irrégularité d'un acte de célébration
inscrit sur feuille volante?

D'après les autres, et leur opinion est préférable, la possession d'état couvre seulement les irrégularités de l'acte de célébration et l'incompétence de l'officier de l'état civil. Il est vrai
que cette incompétence engendre une nullité essentiellement
distincte de celle qui résulte de la clandestinité; mais il serait
bien rigoureux d'annuler, après un long intervalle et pour
simple cause d'incompétence, un mariage consacré par la
possession d'état : sans bénéfice pour l'ordre public, il y
aurait là une grave perturbation pour la famille.

En résumé, la possession d'état couvre tous les vices de
clandestinité, et même, suivant la plupart des auteurs et des
arrêts, le vice d'incompétence ; mais elle ne peut couvrir ni
la non-inscription sur les registres de l'acte de célébration, ni
tous autres vices affectant l'ordre public d'une manière permanente, tels que la bigamie et l'inceste.

Notons que les époux seuls, et non les tiers, sont, par la

possession d'état, rendus non recevables à demander la nullité de l'acte de célébration.

La loi permet aux époux de prouver leur mariage *autre-*
ment que par l'acte de célébration :

1° Lorsqu'il *n'existe pas de registres* ou que les registres
existants ont été *perdus* ou *détruits*, ou encore renferment
des lacunes ou autres irrégularités. Alors ils peuvent établir
leur mariage selon les règles que nous avons précédemment
exposées, c'est-à-dire tant par titres et papiers domestiques
que par témoins (art. 46.) Mais lorsqu'il n'y a ni absence, ni
lacune, ni destruction totale ou partielle des actes de l'état
civil, et que les registres sont en apparence parfaitement réguliers, rien ne fait supposer que l'allégation des prétendus
époux puisse être fondée. Conséquemment, ils sont non recevables à prouver leur mariage par les modes exceptionnels
que l'art. 46 du Code autorise. Il pourra se faire à la rigueur
que l'officier de l'état civil ait omis d'inscrire l'acte de célébration, et que la régularité des registres ne soit qu'apparente ; mais, outre qu'une semblable omission est fort improbable, les époux doivent s'imputer à eux-mêmes de n'a-
voir pas surveillé cette inscription. Le système contraire
ouvrirait la porte à tous les abus, et il importe de les prévenir.

2° Lorsque les registres de l'état civil, régulièrement tenus dans l'origine, ont *été détruits ou falsifiés* (art. 198).
Un fait de cette nature est un crime (C. pén., art. 145, 147),
et le jugement de condamnation, prononcé contre celui qui
s'en est rendu coupable, a la même force probante qu'un
acte régulier de célébration. Comme l'inscription de cet acte
sur feuille volante constitue un délit puni correctionnellement (C. p., art. 192), il est clair que la preuve judiciaire
qui en serait faite aurait le même résultat que la preuve judiciaire du crime de destruction ou de falsification. Effectivement, on doit entendre dans un sens général les mots *procé-*
dure criminelle de l'art. 198, par la double raison que les

rédacteurs du Code n'avaient pas encore arrêté le sens techni-
que des mots servant aujourd'hui à la classification des faits
criminels et des peines ; et qu'en outre, une procédure correctionnelle présente autant de garanties à la société qu'une
procédure criminelle proprement dite.

Le Code détermine, dans les articles 199 et 200, les personnes qui ont qualité pour agir au criminel, lorsque les
actes de l'état civil ont été détruits ou falsifiés.

Disons d'abord que le fait dont il s'agit donne lieu à une
double action : l'*action criminelle* tendant à l'application
d'une peine, et l'*action civile* tendant au rétablissement de la
preuve du mariage.

D'après les principes qui ont triomphé dans notre législation, l'*action civile* ne peut être intentée que par les *parties
intéressées*, et l'action *criminelle* que par le *ministère public*.
Comment alors comprendre l'article 199, qui donne l'une et
l'autre action tant aux parties intéressées qu'au ministère public? Il faut évidemment en restreindre la portée, en ce sens
que les parties intéressées ne pourront jamais requérir l'application de la peine; rien n'autorise une si grave dérogation au droit commun. Mais il faudra l'appliquer textuelle-
ment, en ce sens que le ministère public pourra demander le
rétablissement de la preuve du mariage, comme poursuivre
la punition du crime. En effet, l'intérêt qui s'attache au rétablissement de cette preuve n'est pas exclusivement privé. Il
importe à tous que l'état des personnes soit connu et dûment
constaté. Cet intérêt, d'un ordre supérieur, suffit pour
justifier la dérogation au droit commun que nous trouvons
ici, en vertu de laquelle le ministère public a qualité pour intenter l'action *purement civile* qui tend au rétablissement de
la preuve du mariage.

Notons qu'il est nécessaire de rectifier le texte de l'article 199 pour en avoir le sens véritable. Cette proposition
que, si les époux ou l'un d'eux sont décédés sans avoir
découvert la fraude, l'action criminelle peut être intentée

par toute personne ayant qualité, est doublement inexacte.

D'une part, il est faux de dire que, si les époux vivent encore, et que, par négligence, ils ne poursuivent pas le rétablissement de la preuve du mariage, le ministère public ne pourra pas agir à leur défaut; car l'incurie des particuliers ne peut faire obstacle à l'exercice des actions qui intéressent la société. En s'exprimant ainsi, le législateur a probablement supposé que, si les époux n'étaient point décédés, ils ne manqueraient pas de prévenir, par leur initiative, le ministère public. Mais si, en fait, sa prévision est trompée, il faut évidemment reconnaître au procureur impérial le droit d'agir à défaut des parties.

D'autre part, l'article est inexact en ce qu'il semble limiter l'exercice de l'action par le ministère public au cas où les époux seraient décédés sans avoir découvert la fraude. Il est clair que, si les époux décèdent après avoir découvert la fraude, mais sans avoir eu le temps ou la volonté d'exercer leur action, le ministère public n'en aura pas moins le droit d'agir, et pour les mêmes raisons que dans l'hypothèse précédente.

Enfin la rédaction de l'article est peu correcte, en ce que l'action est qualifiée *action criminelle,* tant lorsqu'elle est intentée par ceux qui ont un intérêt à faire déclarer le mariage valable, que lorsqu'elle est intentée par le ministère public. Ces expressions ne sont évidemment pas justes dans la première hypothèse, puisque le but poursuivi par les parties est purement civil, et que leur action tend uniquement à faire rétablir la preuve du mariage. Mais elles le sont dans la seconde, puisque l'action est exercée par le ministère public dans un intérêt social, et qu'elle tend à la fois au rétablissement de la preuve du mariage, et à la répression du crime ou du délit qui a été commis. Toutefois ces expressions peuvent se justifier historiquement. Lors de la confection du Code Napoléon, on appelait *action criminelle* toute action qui était née d'un crime, lors même que le but de cette action était purement civil. Aujourd'hui le sens de cette locution est plus restreint, et ne comprend que l'action publique tendant à l'application d'une peine. Le ministère public peut donc seul avoir une action criminelle à exercer.

Le jugement de condamnation sera inscrit sur les registres de l'état civil, à la requête des parties intéressées ou du ministère public, et mention en sera faite en marge de l'acte rétabli.

Faisons enfin observer que l'action résultant de la destruction ou de la falsification des actes de l'état civil doit, par dérogation au droit commun, être toujours portée devant la juridiction criminelle ou correctionnelle. Les articles 198 et 199 ne permettent pas de supposer une poursuite d'une autre nature. D'ailleurs, l'article 200, fait pour l'hypothèse d'une action purement civile, exige une garantie toute spéciale.

Aux termes de cet article, lorsque l'officier de l'état civil, auteur de la destruction ou de la falsification, est décédé, et que toute poursuite criminelle contre lui est, par cela même, devenue impossible, l'action civile tendant au rétablissement de la preuve ne peut être intentée contre ses héritiers que par le ministère public. Pourquoi le Code n'en laisse-t-il pas l'exercice aux parties intéressées ? C'est que la famille peut avoir un très-grand intérêt à prouver un mariage qui n'a pas été réellement célébré, et l'importance même de cet intérêt fait craindre au législateur que les héritiers de l'officier de l'état civil ne se laissent gagner, et n'opposent pas à la demande civile une sérieuse résistance. Quand l'officier de l'état civil est vivant, cette crainte ne peut pas exister, car il aura son honneur et sa liberté à défendre, et ce sont choses sur lesquelles on ne transige guère. Mais quand il est décédé, et que l'action intentée contre ses héritiers ne peut aboutir qu'à des condamnations civiles, ceux-ci pourraient être tentés de sacrifier la mémoire de leur auteur à leur intérêt personnel, et de laisser, moyennant des avantages occultes qu'on leur assurerait, décider par la justice que le défunt avait détruit ou falsifié l'acte de célébration. Voilà pourquoi le ministère public doit diriger l'action. Les parties intéressées seront présentes ou appelées.

Si les actions criminelle et civile sont prescrites, le rétablissement de la preuve du mariage ne sera plus possible que conformément à l'art. 46 du Code.

Nous avons examiné comment *les époux* peuvent prouver leur mariage ; la loi est moins rigoureuse, lorsque cette preuve doit être fournie par *les enfants* (art. 197), et avec raison, car si les époux savent toujours où le mariage a été célébré, il est possible que les enfants l'ignorent, et alors on ne peut raisonnablement leur demander, dans tous les cas, la représentation de l'acte de célébration. Cependant, on ne devait pas leur permettre de prouver leur légitimité sans des faits graves, précis et concordants, rendant leur prétention très-vraisemblable [1]. Les conditions exigées par le Code s'élèvent à quatre. Il faut :

1° Que les père et mère aient eu la *possession d'état* d'époux *légitimes* ;

2° Que les enfants aient la *possession d'état* d'enfants *légitimes*, c'est-à-dire qu'ils portent le nom de leur père, et aient toujours passé dans la famille, comme aux yeux du public, pour enfants légitimes ;

3° Que les père et mère soient *décédés* ou même simplement dans l'*impossibilité* de manifester leur volonté. En effet, s'ils peuvent donner des indications sur le lieu de leur mariage, il n'y a aucune raison de dispenser les enfants de rapporter l'acte de célébration ;

4° Que la possession d'état d'enfants légitimes ne soit pas *contredite* par l'*acte de naissance;* car cette contradiction serait de nature à faire naître les doutes les plus sérieux sur la légitimité.

Les collatéraux, et à plus forte raison les étrangers, sont

---

[1] Demante, t. I, n° 279 *bis*. — Massé et Vergé, t. I, p. 186, note 9.

tenus de prouver le mariage de la même manière que les
époux eux-mêmes, c'est-à-dire en représentant l'acte de célébration ; et, en effet, la loi n'a pas étendu jusqu'à eux l'exception favorable établie pour les enfants.

Si, l'un des époux étant décédé, l'autre nie la légitimité de
l'enfant commun, par exemple pour l'écarter de la succession du défunt, cet enfant ne sera pas dispensé de rapporter
l'acte de célébration, quoique l'époux survivant refuse de le
renseigner sur le lieu où le mariage a été contracté. Effectivement, les dénégations de l'époux survivant enlèvent à
l'enfant le bénéfice d'une possession d'état constante, et nous
avons vu que c'est là une condition nécessaire pour qu'il
puisse invoquer le bénéfice de la preuve exceptionnelle autorisée par l'art. 197 du Code. C'est du reste un point con-
troversé.

Ajoutons que la preuve de la légitimité, fournie par l'enfant, conformément à cet article, pourra, ainsi que cela résulte de son texte même, être contestée par toute personne
ayant un intérêt contraire.

DES MARIAGES PUTATIFS.

On appelle ainsi le mariage entaché de nullité que l'un
des époux ou les deux époux ont contracté de bonne foi, ce
qui a lieu, par exemple, lorsque le frère et la sœur se marient sans connaître leur qualité respective.

La bonne foi des époux peut du reste aussi bien résulter
d'une erreur de *droit* que d'une erreur de *fait*, et le mariage
nul n'en produira pas moins tous ses effets civils [1].

Précisons le caractère et les conditions d'un mariage
putatif.

D'après certains auteurs, le mariage n'est putatif que s'il
y a eu :

[1] Marcadé, art. 201. Aubry et Rau, t. IV, § 460, p. 46. — Paris, 9 février
1860.

1° Bonne foi de l'un des deux époux ou des deux époux ;

2° Célébration plus ou moins régulière du mariage par un officier de l'état civil compétent ou incompétent.

D'après les autres, il suffit que la bonne foi existe, et, quant à la célébration, il importe peu qu'elle ait été faite par un officier de l'état civil, ou par un individu qui en aurait usurpé les fonctions. Les premiers se fondent sur ce que le Code n'attribue les effets civils qu'au mariage putatif *contracté*. Or, disent-ils, le mariage non célébré par un officier de l'état civil n'est pas *contracté*. Mais cette manière d'argumenter est-elle bien exacte? Le mariage est, selon nous, *contracté* du moment qu'il y a en concours des deux volontés, et que ces deux volontés ont été exprimées devant une personne faisant fonction d'officier de l'état civil. Nous admettons bien que le concours des volontés ne saurait suffire, puisque le mariage est un contrat qui exige absolument l'intervention d'un officier de l'état civil, qui procède à la célébration. Mais, du moment que cette célébration a eu lieu, même par une personne qui s'est indûment arrogé le rôle d'officier de l'état civil, et que les parties ont pu se croire réellement mariées, le mariage a tous les caractères et doit produire tous les effets d'un mariage putatif. Et qu'on n'objecte pas qu'un tel mariage est inexistant et ne saurait produire d'effet, car nous raisonnons dans l'hypothèse d'un mariage annulé; or, un mariage annulé n'a pas actuellement plus d'existence que le mariage radicalement nul dès l'origine. D'ailleurs le mariage radicalement nul dès l'origine était considéré par les rédacteurs du Code comme pouvant être un mariage putatif, puisqu'ils attribuaient ce caractère et ces effets au mariage contracté par une personne de bonne foi avec un mort civilement, et cependant un tel mariage n'avait jamais aucune existence légale. Les dispositions du Code sur le mariage putatif sont toutes d'équité, et la seule bonne foi des époux qui ont pu raisonnablement croire à la réalité et à la validité de leur mariage suffit pour qu'on leur en fasse l'application. Il n'est pas nécessaire que cette bonne foi se perpétue ; car, en matière de prescription, la loi se contente qu'elle existe à l'origine (art. 2269), et il n'y a ici aucune raison d'admettre un système contraire. Bien plus, on doit être d'autant plus indulgent envers les époux, que leur position est plus délicate et qu'ils craindront davantage de la faire connaître. Le mariage putatif équivaudra donc à un mariage valable, jusqu'au jugement qui en prouvera l'inexistence, ou en prononcera la nullité.

Le mariage putatif produit ses effets civils à l'égard de l'époux ou des époux de bonne foi, et à l'égard des enfants (art. 201). D'où il suit que le contrat de mariage passé entre les conjoints recevra son exécution, que les enfants seront soumis à la puissance paternelle, qu'ils auront, comme s'ils étaient véritablement légitimes, des droits de succession sur les biens de leurs père et mère, etc. Mais comme l'annulation du mariage fait disparaître pour l'avenir la qualité d'époux légitimes, ces derniers ne conserveraient pas leurs droits de succession réciproque, résultant de l'art. 767 du Code ; car, au moment où s'ouvrira la succession de l'un d'eux, l'autre ne pourra plus se dire son conjoint.

Si l'époux de bonne foi peut toujours invoquer les effets du mariage, l'époux de mauvaise foi ne le peut jamais (art. 202) ; d'où la conséquence que le premier pourra exiger l'exécution pleine et entière du contrat de mariage, qu'il exercera la puissance paternelle, que ses enfants auront par rapport à lui et qu'il aura par rapport à ses enfants des droits de succession, etc., tandis que le second ne pourra se prévaloir d'aucun de ces droits ou avantages.

Quant aux enfants, ils peuvent invoquer tous les effets du mariage vis-à-vis de l'un et de l'autre de leurs auteurs ; et en effet, si la mauvaise foi d'un conjoint ne peut nuire à l'autre conjoint, à plus forte raison ne doit-elle pas nuire aux enfants.

L'article 202 fait naître une difficulté en ce qu'il semble limiter les effets du mariage putatif aux enfants qui *en sont issus*. On s'est demandé si un tel mariage ne légitimerait pas les enfants naturels que les deux conjoints auraient eus précédemment, et qui ne seraient ni adultérins ni incestueux. Les uns , prenant l'article au pied de la lettre, refusent de reconnaître cet effet au mariage putatif; mais leur opinion doit être écartée, car, d'un côté, l'on peut dire que le Code s'est placé dans l'hypothèse la plus fréquente , sans prévoir ni par cela même exclure le cas particulier où les époux auraient des enfants naturels nés avant leur mariage ; et, de l'autre, on peut invoquer le texte même des articles 201 et 202, qui attribuent au mariage putatif les effets civils sans distinction ni exception. Or, pourquoi n'admettrait-on pas l'effet civil de la légitimation, qui est l'un des plus importants, le seul peut-être qui ait déterminé les époux à se marier ? D'ailleurs, si la légitimation n'avait pas lieu, le mariage cesserait de produire ses effets, même par rapport aux époux, puisqu'ils n'auraient ni l'usufruit légal (art. 384), ni des droits de succession aussi étendus sur les biens de leurs enfants ; et cependant le Code déclare formellement que le mariage doit produire, à l'égard des conjoints, tous ses effets civils. Il faut donc reconnaître que le mariage putatif légitime les enfants naturels nés avant le mariage [1].

CHAPITRE V

DES OBLIGATIONS QUI NAISSENT DU MARIAGE.

Art. 203. Les époux contractent ensemble, par le fait seul du mariage, l'obligation de nourrir, entretenir et élever leurs enfants.

---

[1] Valette sur Proudhon, t. II, p. 171. — Demante, t. I, n° 283. — Aubry et Rau, t. IV, § 460, p. 46.

204. L'enfant n'a pas d'action contre ses père et mère pour un établissement par mariage ou autrement.

205. Les enfants doivent des aliments à leurs père et mère et autres ascendants qui sont dans le besoin.

206. Les gendres et belles-filles doivent également, et dans les mêmes circonstances, des aliments à leurs beau-père et belle mère ; mais cette obligation cesse : 1° lorsque la belle-mère a convolé en secondes noces ; 2° lorsque celui des époux qui produisait l'affinité, et les enfants issus de son union avec l'autre époux, sont décédés.

207. Les obligations résultant de ces dispositions sont réciproques.

208. Les aliments ne sont accordés que dans la proportion du besoin de celui qui les réclame et de la fortune de celui qui les doit.

209. Lorsque celui qui fournit ou celui qui reçoit des aliments est replacé dans un état tel que l'un ne puisse plus en donner, ou que l'autre n'en ait plus besoin en tout ou partie, la décharge ou réduction peut en être demandée.

210. Si la personne qui doit fournir les aliments justifie qu'elle ne peut payer la pension alimentaire, le tribunal pourra, en connaissance de cause, ordonner qu'elle recevra dans sa demeure, qu'elle nourrira et entretiendra celui auquel elle devra des aliments.

211. Le tribunal prononcera également si le père ou la mère qui offrira de recevoir, nourrir et entretenir dans sa demeure l'enfant à qui il devra des aliments, devra dans ce cas être dispensé de payer la pension alimentaire.

Observation. — De nombreuses obligations découlent du mariage. Ces obligations existent soit d'un époux envers l'autre, soit des époux envers leurs enfants et réciproquement, soit des époux envers leurs alliés respectifs et réciproquement. Dans le chapitre V, dont la rubrique est beaucoup trop générale, le Code traite seulement des obligations qui ont pour objet l'éducation des enfants et les aliments de la famille. Ces obligations sont assurément les plus importantes de toutes celles que le mariage fait naître, et c'est pourquoi le Code les formule les premières.

*De l'*ÉDUCATION *des enfants et* DE LA DETTE ALIMENTAIRE. — Les père et mère doivent à leurs enfants la vie matérielle et la vie morale. En d'autres termes, ils sont tenus de leur fournir des aliments, et en outre de leur donner l'éducation que comportent leur fortune et leur condition sociale. La dette de l'éducation n'est imposée par la loi qu'aux père et mère. La dette d'aliments est au contraire imposée à tous les ascendants envers leurs descendants, et c'est là une différence notable entre l'une et l'autre obligation. De plus la dette d'éducation a pour objet les soins physiques, intellectuels et moraux, tandis que la dette alimentaire a simplement pour objet une somme d'argent. Ces deux dettes sont donc d'ordre différent et ne doivent pas être confondues.

L'obligation qui a pour objet la nourriture et l'entretien est la seule sanctionnée dans la pratique ; mais il n'est pas douteux que les tribunaux ne puissent être saisis, si les père et mère ne procurent pas à leurs enfants l'éducation rigoureusement nécessaire : c'est donc à tort, selon nous, que certains auteurs ont voulu voir dans la dette de l'éducation un devoir purement moral de la part des père et mère envers leurs enfants : un tel devoir existe au plus haut degré, cela est évident ; mais à côté de lui le Code a placé une *obligation civile*, pouvant donner lieu à une action en justice, afin que, si des père et mère dénaturés oubliaient la mission qu'ils ont à remplir auprès de leurs enfants, la justice pût les contraindre à l'accomplissement de leur devoir méconnu.

Maintenant qui aura qualité pour saisir la justice? Ce sera d'abord chacun des époux, puisque chacun a contracté envers l'autre, par le fait seul du mariage, l'obligation respective et commune de nourrir, entretenir et élever les enfants. La mère, dûment autorisée par justice, pourra donc, si son mari refuse de donner ou de faire donner aux enfants cette éducation, l'actionner devant les tribunaux pour le faire condamner à les mettre dans un établissement où ils la recevront. L'action dont il s'agit appartiendra encore aux enfants. Seulement leur minorité les empêchera d'agir par eux-mêmes, et leur action devra être intentée par un membre de la famille. Enfin nous pensons que le ministère public pourrait lui-même saisir la justice, et, en effet, il ne s'agit pas ici d'une dette vulgaire ne concernant que le créancier et le débiteur ; mais bien d'une dette toute spéciale et intéressant l'ordre public. Il n'est point admissible qu'un enfant soit réduit par l'incurie de ses père et mère à ignorer toujours ce que sa qualité d'homme et sa place dans la famille ou la société l'obligent à connaître.

La dette alimentaire existe dans l'alliance comme dans la parenté, et, quoique le Code ne l'établisse expressément qu'entre beau-père ou belle-mère d'une part et gendres ou belles-filles d'autre part, il est certainement dans son esprit que tous les alliés dans la ligne ascendante et descendante soient respectivement tenus de la dette alimentaire à quelque dégré qu'ils se trouvent.

Jamais la dette alimentaire n'existe dans la ligne collatérale, même au degré de frère et sœur ; ni à l'égard des parâtres ou des marâtres, car la loi voit avec une extrême défaveur les seconds mariages des ascendants, et de plus le mot *gendre* fut inséré dans l'article 206 pour montrer que les beaux-pères et les belles-mères dont il y est parlé ne doivent pas s'entendre dans le sens de parâtres ou de marâtres. Pareillement la dette alimentaire n'existe pas vis-à-vis des enfants que l'un des conjoints aurait eus d'un précédent mariage, ni réciproquement.

Dans l'alliance, l'obligation de fournir des aliments aux beau-père et belle-mère cesse :

1° Lorsque la belle-mère convole en secondes noces, par la raison qu'elle entre dans une nouvelle famille, et que d'ailleurs le Code est hostile à ces sortes d'unions. Mais ce serait aller contre l'esprit évident de cette disposition que de déclarer la belle-mère libérée de la dette alimentaire ; son second mariage peut bien lui faire encourir une déchéance, mais on ne voit pas comment il pourrait lui procurer la décharge d'une obligation. Elle cessera donc d'être créancière d'aliments, mais elle en restera toujours débitrice.

Faut-il, par analogie, appliquer à la bru qui convole en secondes noces la déchéance prononcée contre la belle-mère? Nous ne le pensons pas: une déchéance ne peut s'établir par analogie, et, comme la bru est en général trop jeune pour être condamnée à un veuvage perpétuel, il est juste de ne pas la traiter aussi rigoureusement que la belle-mère qui contracte un second mariage.

L'obligation cesse :

2° Lorsque celui des époux qui produisait l'affinité et les enfants issus du mariage sont décédés, car alors l'alliance est rompue.

RÉCIPROCITÉ *de la dette alimentaire.* — La dette alimentaire est réciproque, de telle sorte que toute personne qui peut en être débitrice peut aussi en être créancière (art. 207). Ce principe de réciprocité domine toute la matière qui nous occupe. A part l'obligation relative à l'éducation des enfants qui ne peut jamais être réciproque, on peut même dire que le droit de demander des aliments a sa source et sa cause dans l'obligation où l'on serait d'en fournir soi-même si les situations respectives de fortune étaient renversées. Ainsi donc les descendants à l'infini doivent des aliments à leurs ascendants qui sont dans le besoin, et il en est de même dans l'alliance.

De L'ORDRE *à suivre entre les personnes qui sont tenues de la dette alimentaire.* — L'ordre dans lequel les parents ou alliés seront respectivement tenus de la dette alimentaire doit être le même que celui admis par le Code en matière de successions : *Ubi emolumentum foret, ibi onus esse debet.* Conséquemment, les alliés ne seront tenus de la dette alimentaire qu'à défaut des parents et, parmi les uns et les autres, les plus proches en degré devront payer la dette alimentaire avant les parents ou alliés d'un degré plus éloigné (art. 745-774). Ainsi celui qui a besoin d'aliments doit les demander : 1° à ses enfants; 2° à défaut d'enfants, ou, s'ils ne sont pas en état de les fournir, à ses ascendants ; 3° à défaut d'enfants et d'ascendants, à ses alliés dans la ligne descendante, c'est-à-dire à ses gendres et belles-filles ; 4° enfin, à défaut de ceux-ci, à ses alliés dans la ligne ascendante, c'est-à-dire à ses beau-père et belle-mère.

Comment sera répartie la dette alimentaire entre les ascendants, lorsque l'enfant qui la demande se trouve avoir dans chaque ligne des ascendants à des degrés différents ? Supposons, par exemple, qu'il ait dans une ligne son père, et dans l'autre son grand-père maternel. Va-t-on faire supporter par égale part à tous les deux la pension alimentaire ? En général, on admet l'affirmative par la raison que si, au lieu de demander des aliments, l'enfant laissait sa succession à partager, celle-ci serait dévolue, moitié à la ligne paternelle, et moitié à la ligne maternelle (art. 733). Cette application de la règle *ubi emolumentum foret*, etc., sera presque toujours équitable. Mais il faut, à notre avis, laisser aux tribunaux le droit de déroger, selon les circonstances, les relations antérieures des personnes et leurs fortunes respectives, à un principe qui ne pourrait pas sans inconvénient être toujours et rigoureusement appliqué. La preuve en est que les enfants adultérins ou incestueux ont le droit de réclamer des aliments à leurs père et mère, et cependant ceux-ci n'ont aucun droit à la succession que ces enfants viendraient à laisser. L'équité des juges est, en pareille matière, la meilleure de toutes les règles.

Étendue *de la dette alimentaire.* — L'étendue de la dette alimentaire est déterminée au moyen de deux termes de comparaison, savoir : les besoins de celui qui la réclame et la fortune de celui qui doit la fournir (art. 208). Le Code n'a pas admis l'action que le droit romain accordait aux filles pour obtenir une dot lorsqu'elles trouvaient un établissement convenable ; et, au contraire, il a consacré le principe du droit coutumier : *Ne dote qui ne veut* (art. 204). Conséquemment les enfants ne peuvent exiger qu'une pension alimentaire pendant toute la vie de leurs parents.

Comme les besoins de celui qui reçoit les aliments et la
fortune de celui qui les fournit peuvent augmenter ou diminuer, le montant de la dette alimentaire sera modifié en conséquence par la justice, sur la demande des parties intéressées (art. 209).

La dette alimentaire doit, comme toute autre, être acquit-
tée en argent ; mais les tribunaux peuvent ordonner un payement en nature, lorsqu'il est prouvé que le payement en
argent serait trop onéreux pour le débiteur (art. 210). Exceptionnellement les père et mère ont le droit d'exiger que
l'enfant auquel ils doivent des aliments reste à leur domicile
pour y être nourri et entretenu. La justice devrait cependant
déroger à cette règle dans le cas où la cohabitation de l'enfant
avec ses père et mère présenterait de graves inconvénients.
De plus, une pension alimentaire pourra, suivant les circonstances, être allouée à l'enfant, en sus de sa nourriture et de
son entretien (art. 211).

La différence que nous venons de signaler entre le mode
d'acquittement de la dette alimentaire par les descendants
ou alliés et par les ascendants est rationnelle ; en effet, on ne
pouvait contraindre les ascendants ou alliés à se mettre sous
la dépendance de leurs descendants ou alliés, et, au contraire, il est naturel que les descendants soient au domicile et
sous la dépendance de leurs ascendants.

CARACTÈRES *de la dette alimentaire.* — Une dette peut
avoir de nombreux caractères, et particulièrement être *solidaire*, c'est-à-dire peser pour la totalité sur chacun des débiteurs ; *indivisible*, c'est-à-dire peser pour la totalité sur
chaque débiteur et sur chaque héritier de chaque débiteur ;
héréditaire, c'est-à-dire passer aux héritiers de celui qui
reçoit ou de celui qui paye. Voyons parmi ces caractères
ceux que l'on doit ici admettre ou écarter.

La *solidarité* ne se présume pas (art. 1202) ; or, comme
aucun texte ne l'a expressément établie entre les différents
débiteurs d'une pension alimentaire, il faut décider que

chacun d'eux la supportera pour sa part et non pour la totalité. On objecte à tort que l'existence du créancier est une,
et que, par suite, le payement de la dette alimentaire ne
saurait être fractionné. Quel rapport y a-t-il, en effet, entre
l'indivisibilité de l'existence du créancier, et la solidarité de
la dette alimentaire? Le créancier qui ne recevra que certaines parts de sa pension vivra moins aisément, mais il aura
toujours son existence intacte.

L'*indivisibilité* doit être écartée par les mêmes raisons que
la solidarité.

Cette double solution est d'autant préférable, que souvent
les différents débiteurs d'une pension alimentaire ont des
fortunes très-inégales, et qu'en mettre le fardeau tout entier
sur la tête d'un seul, même provisoirement et sauf son
secours, pourrait avoir pour résultat de le réduire lui-
même à demander, à son tour, une pension alimentaire [1].

Examinons maintenant si la dette alimentaire passe aux
héritiers. A cet égard, une distinction est nécessaire entre le
créancier et le débiteur des aliments. Lorsque c'est le créancier
qui meurt, le droit aux aliments est éteint, et il ne passe point
aux héritiers. Effectivement ces héritiers peuvent ne pas
être au nombre des parents ou alliés qui ont par eux-
mêmes le droit de demander une pension alimentaire ; puis,
il n'est point prouvé qu'ils soient, comme le défunt, dans le
besoin. Toutefois, ils pourront exiger le payement des
termes échus au moment du décès, parce qu'ils étaient définitivement acquis au défunt par le fait seul de leur échéance
(art. 586).

Lorsque c'est le débiteur des aliments qui décède, il faut
faire une nouvelle distinction ? La dette avait-elle pris naissance, la pension alimentaire avait-elle été obtenue avant le
décès du débiteur? Alors elle passera à ses héritiers, parce
qu'une circonstance de cette nature ne peut pas nuire à

---

[1] Demolombe, t. IV, n° 63. — Cass., 15 juillet 1861.

celui qui avait besoin des aliments et les avait obtenus.
Mais, au contraire, si la dette alimentaire n'avait pas encore
pris naissance, et que les héritiers du débiteur ne puissent
pas de leur chef être poursuivis parce que la loi ne leur a pas
imposé cette obligation, il n'y aurait aucun moyen d'obtenir
après le décès ce qui pouvait l'être antérieurement, et tout
droit aux aliments serait irrévocablement perdu. Ainsi la
bru a le droit de demander une pension à son beau-père,
mais non à ses beau-frère et belle-sœur. Si elle a, du
vivant de son beau-père, obtenu cette pension, et que le
beau-père vienne à mourir, elle pourra toujours en réclamer
le payement à ses beau-frère et belle-sœur qui ont recueilli
la succession de ce dernier. Mais si son beau-père est décédé
avant qu'elle ait eu la pension alimentaire, elle ne pourra
pas la demander à ses beau-frère et belle-sœur qui d'une
part ne la doivent pas de leur chef, et qui de l'autre n'ont pas
trouvé cette dette dans la succession déjà ouverte de leur
auteur [1].

CHAPITRE VI

DES DROITS ET DEVOIRS RESPECTIFS DES ÉPOUX.

Art. 212. Les époux se doivent mutuellement fidélité, secours,
assistance.

213. Le mari doit protection à sa femme, la femme obéissance à
son mari.

214. La femme est obligée d'habiter avec le mari, et de le suivre
partout où il juge à propos de résider : le mari est obligé de la recevoir, et de lui fournir tout ce qui est nécessaire pour les besoins
de la vie, selon ses facultés et son état.

215. La femme ne peut ester en jugement sans l'autorisation de
son mari, quand même elle serait marchande publique, ou non
commune, ou séparée de biens.

[1] Aubry et Rau, t. IV, § 553, note 10. — Demante, t. I, n° 291 *bis*. —
Contrà, Demolombe, t. IV, n° 40.

216. L'autorisation du mari n'est pas nécessaire lorsque la femme est poursuivie en matière criminelle ou de police.

217. La femme, même non commune ou séparée de biens, ne peut donner, aliéner, hypothéquer, acquérir, à titre gratuit ou onéreux, sans le concours du mari dans l'acte, ou son consentement par écrit.

218. Si le mari refuse d'autoriser sa femme à ester en jugement, le juge peut donner l'autorisation.

219. Si le mari refuse d'autoriser sa femme à passer un acte, la femme peut faire citer son mari directement devant le tribunal de première instance de l'arrondissement du domicile commun, qui peut donner ou refuser son autorisation, après que le mari aura été entendu ou dûment appelé en la chambre du conseil.

220. La femme, si elle est marchande publique, peut, sans l'autorisation de son mari, s'obliger pour ce qui concerne son négoce ; et, audit cas, elle oblige aussi son mari, s'il y a communauté entre eux. — Elle n'est pas réputée marchande publique, si elle ne fait que détailler les marchandises du commerce de son mari, mais seulement quand elle fait un commerce séparé.

221. Lorsque le mari est frappé d'une condamnation emportant peine afflictive ou infamante, encore qu'elle n'ait été prononcée que par contumace, la femme majeure ne peut, pendant la durée de la peine, ester en jugement ni contracter, qu'après s'être fait autoriser par le juge, qui peut, en ce cas, donner l'autorisation, sans que le mari ait été entendu ou appelé.

222. Si le mari est interdit ou absent, le juge peut, en connaissance de cause, autoriser la femme, soit pour ester en jugement, soit pour contracter.

223. Toute autorisation générale, même stipulée par contrat de mariage, n'est valable que quant à l'administration des biens de la femme.

224. Si le mari est mineur, l'autorisation du juge est nécessaire à la femme, soit pour ester en jugement, soit pour contracter.

225. La nullité fondée sur le défaut d'autorisation ne peut être opposée que par la femme, par le mari, ou par leurs héritiers.

226. La femme peut tester sans l'autorisation de son mari.

Observation. — Après avoir indiqué les obligations qui naissent du mariage entre ascendants et descendants, soit

dans la parenté, soit dans l'alliance, le Code trace les obligations qui en découlent entre les deux époux.

Obligations RESPECTIVES *des époux.* — Les époux se doivent mutuellement :

Fidélité, c'est-à-dire que ni l'un ni l'autre ne doit commettre d'adultère ;

Secours, c'est-à-dire que chacun doit fournir à l'autre des
aliments, et, en général, tout ce qui lui est nécessaire ;

Assistance, c'est-à-dire que chacun doit à l'autre ces soins
moraux et délicats qui sont l'expression naturelle d'un atta-
chement réciproque.

L'inexécution de la première obligation produit des effets
différents, selon qu'il s'agit de la femme ou du mari. L'adultère de la femme est, dans tous les cas, punissable de trois
mois à deux ans d'emprisonnement (art. 308). Le mari n'est
punissable que s'il a tenu sa concubine dans la maison commune. La loi le frappe alors de 100 à 2,000 fr. d'amende.
Pourquoi cette différence, car l'immoralité de l'un et de l'autre
adultère est en réalité la même ? C'est que l'adultère de la
femme peut introduire dans la famille des enfants étrangers
au mari, tandis que l'adultère du mari peut avoir pour pire
résultat la naissance d'enfants adultérins qui resteront toujours hors de la famille. Il importait donc de prévenir les
fautes de la femme par une peine plus sévère. Ajoutons que
l'adultère de la femme a toujours, et que celui du mari peut
avoir souvent le caractère d'une injure grave, susceptible
d'entraîner la séparation de corps.

L'inexécution de la dette de secours donne lieu, pour l'é-
poux qui est dans le besoin, à une action en pension alimentaire contre l'époux qui est dans l'aisance. On applique ici les règles que nous avons précédemment étudiées.
La dette d'aliments a toujours les mêmes caractères, et se
calcule de la même manière.

Quant au devoir d'assistance mutuelle, il ne donne lieu à
aucune action ; car, d'une part, l'époux qui refuse de le rem-

plir ne commet pas un fait assez grave pour être puni comme l'époux adultère, et, d'autre part, on ne peut forcer un conjoint à donner à l'autre les soins qui constituent l'assistance. Toutefois, le refus d'assistance est, ou peut être, une injure grave qui, comme toute autre, entraînera la séparation de corps.

Obligations SPÉCIALES *du mari.* — Le mari doit protection à sa femme, et de plus il est tenu de la recevoir au domicile conjugal. Or, il faut assimiler à ce domicile tout lieu où le mari jugerait à propos de résider, car la femme a le droit de le suivre partout (art. 214).

Obligations SPÉCIALES *de la femme.* — De son côté, la femme doit obéissance à son mari, et, de plus, elle est tenue d'habiter au domicile conjugal.

L'inexécution de cette double obligation, de la part du mari ou de la femme, constitue une injure grave. Mais faut-il aller plus loin et dire que le mari aura le droit de contraindre sa femme à réintégrer le domicile conjugal lorsqu'elle l'a quitté? La raison de douter vient de ce que les obligations ne doivent pas, en général, être exécutées sur la personne du débiteur (art. 1142 et suivants). Dans notre matière on ne doit pas, selon nous, appliquer cette règle, établie pour les obligations ordinaires dont le but final est un avantage pécuniaire, et où le créancier peut trouver, dans des dommages-intérêts, la réparation du préjudice que lui cause l'inexécution de l'engagement. Il en est ici tout différemment, car aucune condamnation pécuniaire ne peut être l'équivalent de la présence de la femme au domicile conjugal; aussi, faut-il reconnaître au mari le droit de la contraindre *manu militari* à réintégrer ce domicile. Mais, dit-on, si la femme le quitte encore, le mari sera ou pourra donc être mis dans la nécessité de recourir chaque jour à la force publique? Cette objection n'est pas aussi grave qu'elle le paraît au premier abord, car souvent la femme est tenue éloignée du domicile conjugal par des personnes dont l'influence cessera dès qu'elle l'aura réintégré. D'ailleurs, la crainte de voir renouveler l'emploi de la force publique sera, dans la plupart des cas, un motif suffisant pour qu'elle s'abstienne de nouveaux écarts [1].

Le droit qu'a le mari de forcer sa femme à le suivre partout doit recevoir des limites lorsqu'il l'exerce abusivement. Ainsi, la femme pourra se refuser à le suivre :

1° Lorsqu'il ne lui offre pas un logement convenable, suivant ses facultés et son état (art. 214) ; et, en effet, l'un des époux ne peut être tenu de remplir ses engagements lorsque l'autre refuse de remplir les siens ;

2° Lorsqu'il y a pour elle un danger ou même un grave inconvénient à l'accompagner partout, par exemple, si le mari passe sa vie à voyager.

Le mari peut-il contraindre sa femme à le suivre en pays étranger? La loi ne fait aucune distinction, et, en principe, on doit admettre l'affirmative. Mais il faut apporter à cette règle un tempérament, et si le mari voulait entraîner sa femme dans un pays dangereux ou trop éloigné, les tribunaux auraient le droit de la dégager de son obligation, car le mari viole la foi du mariage en voulant imposer à sa femme un éloignement qui brise ses affections et peut compromettre sa santé ou sa vie. Les tribunaux auront, à cet égard, un plein pouvoir d'appréciation.

INCAPACITÉ *de la femme mariée*. — L'incapacité de la femme mariée est fondée sur plusieurs raisons.

La première et la plus grave est que le mari a généralement, pour l'administration des affaires, une aptitude naturelle supérieure à celle de la femme. Il est vrai que les veuves ou les filles ayant atteint leur majorité ne sont plus, comme à Rome, soumises à la tutelle, et que la loi les répute suffisamment capables pour la direction de leurs intérêts. Mais lorsqu'il est facile, comme dans le mariage, de donner aux

---

[1] Valette, *Expl. som.*, p. 117, n° 27. — Paris, 31 mars 1855. — Pau, 11 mars 1863.

femmes un conseil et un guide, l'incapacité que la loi leur impose se trouve pleinement justifiée [1].

La seconde raison est que la femme doit obéissance à son mari (art. 213), et que ce principe, considéré par l'ancien droit français, et jusqu'à un certain point par le Code, comme étant d'ordre public, serait sans efficacité sérieuse si la femme conservait pour sa fortune une indépendance qu'elle n'a plus pour sa personne.

La dernière raison est tirée de l'intérêt même de la famille. L'unité est la première condition d'une bonne administration, et, si la femme pouvait agir indépendamment de son mari, il serait à craindre que l'anarchie ne vînt mettre bientôt en souffrance les affaires communes. C'est ainsi qu'on s'explique pourquoi le Code, au lieu de reconnaître à toute personne intéressée le droit de faire annuler les actes de la femme non autorisée, comme le faisait l'ancienne jurisprudence préoccupée qu'elle était avant tout des motifs d'ordre public, réserve exclusivement cette faculté au mari, à la femme et à ses héritiers (art. 225).

L'incapacité de la femme est plus ou moins étendue, suivant le régime adopté par les époux dans leur contrat de mariage ; mais, en aucun cas, l'autorisation générale donnée par le mari à sa femme, soit avant, soit pendant le mariage, ne peut aller au delà des actes d'administration de ses biens personnels (art. 223). Ainsi, même lorsque la femme est le plus indépendante, elle ne peut consentir, sans autorisation, aucun acte de propriétaire, tel que les aliénations d'immeubles, les hypothèques, etc.

Nous allons examiner successivement les différents cas, prévus par le Code, où l'autorisation du mari est nécessaire.

Des ACTES DE PROPRIÉTAIRE. — La femme, avons-nous dit, est incapable de faire les actes de propriétaire. Cette incapacité résulte de l'art. 217, aux termes duquel elle ne

[1] V. Paul Gide, *Étude sur la condition privée de la femme*, p. 478, et suiv.

peut jamais *donner, aliéner* ou *hypothéquer*. Il suffisait du reste au Code de prohiber l'aliénation, c'est-à-dire le fait de transférer à autrui sa propriété ; et, en effet, d'un côté, la donation n'est qu'une manière d'aliéner, et, de l'autre, il faut être capable d'aliéner pour pouvoir hypothéquer (art. 2124). Les différents modes d'aliénation entre-vifs sont, outre la donation, la vente, l'échange et le partage. Ils sont tous interdits à la femme. Mais faut-il conclure de l'incapacité de faire des actes de propriétaire à l'incapacité de s'obliger ? A cet égard, une distinction est nécessaire. En principe, la femme non autorisée ne peut contracter d'obligation, car les dettes conduisent à la vente forcée des biens du débiteur (art. 2092), et, si la femme pouvait devenir débitrice sans autorisation, elle éluderait la prohibition d'aliéner : d'ailleurs, l'art. 1124 consacre expressément cette incapacité. Mais, lorsque la femme a conservé ou reçu du mari le droit d'administrer sa fortune, il faut reconnaître la validité de tous les engagements contractés par elle dans cette administration, et, en effet, on ne peut administrer des biens sans contracter certaines obligations. La femme qui aura, par exemple, loué un de ses immeubles, sera donc tenue d'en procurer au preneur la jouissance paisible et utile, et elle ne pourra pas se retrancher derrière son incapacité, car ces obligations lui étaient permises.

Des DONATIONS *ou* LEGS *faits à la femme.* — L'art. 217 ne se borne pas à interdire à la femme tout acte de disposition. Il la déclare encore incapable d'accepter des donations ou legs sans l'autorisation du mari. Pourquoi, puisque la femme ne peut, en acceptant une libéralité, qu'améliorer le sort de sa famille et le sien? C'est qu'à côté de l'intérêt pécuniaire, il y a souvent un intérêt moral, et que telle libéralité, fort avantageuse sous le premier rapport, pourrait, sous le second, être extrêmement préjudiciable. Le mari est le souverain juge de la convenance de cette libéralité, et l'acceptation de la femme ne peut avoir lieu sans son autorisation.

De la femme MARCHANDE PUBLIQUE. — La femme ne peut faire le commerce sans l'autorisation de son mari; et cette autorisation ne pourrait même pas, du moins d'après la plupart des auteurs, être suppléée par celle de la justice. En effet, non-seulement les actes de la femme peuvent rejaillir sur les intérêts communs, mais encore la femme marchande publique se soustrait en quelque sorte, par la force même des choses, à la puissance maritale. Or, on ne saurait comprendre qu'une femme pût prendre, sans l'autorisation du mari, une profession qui a de si graves conséquences. L'art. 4 du Code de commerce paraît favorable à cette opinion. Certains auteurs la contestent, en disant que la loi n'a pas fait ici d'exception formelle au droit commun, et que l'autorisation de la justice pourra, comme dans les cas ordinaires, suppléer celle du mari. Mais cette exception semble bien résulter de l'esprit sinon des textes du Code en pareille matière.

Peut-être faudrait-il résoudre la difficulté par une distinction. En principe, il nous paraît incontestable que l'autorisation de la justice ne peut pas remplacer celle du mari. Cependant si la femme est séparée de biens et que ses engagements ne puissent pas rejaillir sur les intérêts communs; si de plus elle était marchande publique au moment du mariage; si enfin le commerce qu'elle faisait est nécessaire à la subsistance de la famille, il est bien difficile d'admettre que la résistance aveugle du mari puisse priver ainsi la femme et les enfants de ressources qui leur sont indispensables. Souvent cette résistance aura sa cause dans un sentiment d'amour-propre mal entendu, quelquefois même dans une pensée hostile. La femme peut-elle dans ces différents cas être laissée à la merci de son mari? Celui-ci en l'épousant n'a-t-il pas d'avance accepté la profession de marchande publique qu'elle exerçait alors? La justice doit-elle s'arrêter devant ses scrupules ou ses répugnances, quand, d'une part, il ne peut à raison de la nature des conventions matrimoniales éprouver aucun préjudice, et que de l'autre la continuation d'un commerce est nécessaire à l'existence de la famille? Nous ne saurions l'admettre, et, dans une telle hypothèse, l'autorisation de la justice doit selon nous pouvoir suppléer celle du mari [1].

La femme marchande publique a, par cela même, la capacité de faire tous les actes qui intéressent son commerce ; et, lorsque les époux sont mariés sous le régime de la communauté, les obligations qu'elle contracte en sa qualité de commerçante peuvent être poursuivies contre le mari et la communauté. La nature des actes commerciaux et, par suite, l'étendue des pouvoirs de la femme, sont déterminées par le Code de commerce.

Disons seulement que tout acte commercial implique plus ou moins la spéculation. Tels sont les achats pour revendre. Dans le doute, est-ce au créancier à prouver que l'acte fait par la femme marchande publique se rattache à son commerce, et, par suite, est valable ; ou est-ce à la débitrice à prouver le contraire, et, par suite, la nullité de son obligation ? Généralement on admet que la preuve incombe au créancier ; car, alléguant la validité de l'acte, il doit naturellement établir toutes les conditions de cette validité.

La femme n'est pas marchande publique et ne s'oblige point, lorsqu'elle ne fait que détailler les marchandises de son mari et concourir à son commerce. Il faut qu'elle fasse un commerce séparé (art. 220).

*De la faculté d'*ester en justice. — La femme, même marchande publique, ne peut, quoiqu'elle ait la capacité la plus étendue possible, ester en justice sans l'autorisation de son mari, par la double raison que les procès sont assez rares pour que la nécessité de l'intervention maritale ne puisse pas entraver le commerce de la femme, et que la publicité ou les chances douteuses d'un débat judiciaire pourraient avoir de graves inconvénients pour l'honneur ou les intérêts des

---

[1] *Sic*, Grenoble, 27 janvier 1863. — *Contrà*, Massé, t. II, n° 1115. — Bravard, t. I, p. 93 et suiv.

époux. Le Code ne dispense même pas la femme d'autorisation pour le cas où elle plaide contre son mari, ni pour le cas où, au lieu d'intenter le procès, elle est défenderesse.

La loi ne fait exception au principe précédent que lorsque la femme est sous le coup d'une poursuite criminelle. On a donné pour raison que le droit de défense est sacré, et que le mari ne saurait, par un refus, y porter atteinte. Ce principe est vrai ; mais alors pourquoi ne l'a-t-on pas admis en matière civile comme en matière criminelle? C'est que la résistance de la femme à une demande civile peut être le résultat d'une fausse appréciation, soit des chances du procès, soit même de la justice de sa cause, et que le mari doit, dès lors, être l'arbitre de l'opportunité ou de l'inopportunité de la défense ; tandis qu'en matière criminelle, où il s'agit toujours de l'honneur, souvent de la liberté, et quelquefois de la vie des personnes, la loi veut que tout prévenu ou accusé soit ou puisse être défendu. Or, il serait contradictoire que, d'une part, la femme dût se défendre pour obéir à la loi, et que, de l'autre, elle ne pût se défendre sans désobéir à son mari.

Si le mari avait spécialement déclaré qu'il autorisait sa femme à plaider en *première instance,* cette autorisation aurait évidemment besoin d'être renouvelée dans le cas où elle voudrait plaider *en appel.* Mais si l'autorisation de plaider lui avait été donnée en termes généraux, il faudrait décider le contraire, car le procès est en appel le même qu'en première instance. Toutefois, elle ne pourrait pas se pourvoir en cassation, parce que c'est là un moyen extraordinaire d'attaquer les jugements, et l'on doit présumer que l'autorisation ne lui a été donnée que pour mettre en jeu les moyens ordinaires d'obtenir justice.

Elle ne pourrait pas davantage, sans une autorisation spéciale, se pourvoir par la voie de la requête civile qui est aussi une manière extraordinaire d'attaquer les jugements (C. pr., art. 480).

QUAND *et* COMMENT *peut être donnée l'autorisation du*

MARI. — L'autorisation du mari peut être donnée avant, pendant ou après l'acte fait par la femme. Dans les deux premières hypothèses, l'acte est, dès l'origine, entièrement valable ; dans la dernière, il en est autrement. La femme, n'étant pas autorisée, ne fait qu'un acte annulable. La question est de savoir si le mari, en ajoutant sa ratification à cet acte que la femme n'a pas, par hypothèse, rétracté, viendra lui donner une entière validité. Au premier abord, il paraît devoir en être ainsi puisque désormais l'acte réunit toutes les conditions qui lui auraient assuré une complète efficacité si elles avaient existé à l'origine. Telle est en effet l'opinion de la majorité des auteurs. Nous devons cependant exposer un système différent, qui, tout en reconnaissant que le mari ne pourrait plus attaquer l'acte qu'il a ratifié, accorde à la femme qui n'a pas concouru à cette ratification le droit d'en demander encore la nullité. Cette nullité, dit-on, est établie en même temps dans l'intérêt du mari et dans l'intérêt de la femme. Le mari peut renoncer à son action et il le fait en ratifiant l'acte. Mais cette renonciation n'entraîne pas forcément celle de la femme. De quel droit d'ailleurs lui ferait-on perdre son action en nullité, si elle entend la conserver ? Pourquoi son silence serait-il nécessairement interprété comme un abandon du droit qui lui appartient ? Ce silence peut être l'effet de sa faiblesse ou de sa crainte. Dans le doute on doit présumer, non qu'elle ratifie tacitement par son abstention l'acte que son mari ratifie expressément, mais qu'elle conserve intact le droit qu'elle avait de le faire tomber par l'action en nullité. L'abandon de son droit ne devrait être admis que s'il résultait d'une intervention positive de sa part dans la ratification que le mari donne à l'acte qu'elle avait consenti sans autorisation [1]. Cette dernière opinion nous semble préférable.

Quant à la forme de l'autorisation, le Code ne trace aucune règle, à la différence de l'ancien droit français, qui en pres-

---

[1] Valette sur Proudhon, t. I, p. 367, note 6. — Paris, 12 mai 1859. — *Contrà*, Aubry et Rau, t. IV, p. 145. — Demante, t. I, n° 300 *bis*.

crivait la mention expresse, et qui de plus exigeait l'emploi des mots sacramentels *autoriser* ou *habiliter*. Cette autorisation pourra donc résulter soit d'un écrit émané du mari, soit de son aveu, soit de son concours à l'acte. Si, par exemple, le mari a signé l'acte après sa femme, on ne peut douter qu'il y ait consenti ; mais, dans le cas contraire, le doute serait possible, et, par suite, l'acte annulable.

Les tribunaux auront un plein pouvoir d'appréciation pour décider, si, en fait, le mari a ou non concouru à l'acte fait par sa femme. Le concours à l'acte est le seul mode d'autorisation tacite admis par le Code, et il ne pourrait pas être suppléé par une autorisation tacite de nature différente. Le fait que le mari aurait connu ou même conseillé l'acte auquel il n'aurait pas concouru serait insuffisant pour établir son autorisation.

Notons que l'autorisation verbale, donnée par le mari, devrait être prouvée par écrit au-dessus de 150 francs (art. 1341), à moins que le mari lui-même n'avouât l'avoir accordée.

Quand *et* comment *peut être donnée l'autorisation* judiciaire. — L'autorisation du mari peut, en général, être suppléée par celle de justice (art. 221 à 224). Peu importe, d'ailleurs, que le défaut d'autorisation maritale soit la conséquence du refus ou de l'incapacité du mari.

Ce refus sera évidemment respecté par la justice quand il sera fondé sur de bonnes raisons. Mais, quand il sera inspiré par un mauvais sentiment ou par un pur caprice, et que l'acte projeté par la femme sera conforme à ses intérêts, le tribunal fera prévaloir son autorisation sur la volonté injuste du mari.

Quant à l'incapacité où se trouve le mari d'autoriser sa femme, elle peut provenir soit de circonstances de fait, telles que l'impossibilité physique de manifester sa volonté, soit même d'un état juridique qui ne lui permet pas de la manifester valablement. Ainsi la minorité, l'interdiction prononcée par le tribunal civil pour cause de démence, ou résultant de condamnations criminelles, le placement dans une maison d'aliénés, sont autant de causes qui empêchent le mari d'autoriser sa femme. Mais il n'en serait pas de même de la dégradation civique, qu'elle eût été prononcée directement et comme peine principale, ou qu'elle fût la conséquence de certaines condamnations criminelles. En effet, l'art. 34 du Code pénal ne met pas la privation de l'exercice de la puissance maritale au nombre des effets de la dégradation civique, et l'on sait que les peines et les déchéances ne peuvent s'établir par pure analogie [1].

Une fois que les causes qui suspendent l'exercice de la puissance maritale viennent à cesser, on rentre dans le droit commun, et désormais la femme devra demander l'autorisation à son mari avant de s'adresser à la justice. Ainsi, l'interdiction légale finissant avec la peine dont elle est la conséquence, le condamné recouvre pleinement l'exercice de l'autorité maritale à partir de sa mise en liberté. Il en est de même évidemment du mari mineur qui devient majeur, ou du mari interdit judiciairement, qui obtient la mainlevée de son interdiction.

L'autorisation de la justice ne peut être donnée que dans les cas et pour les actes où le mari capable pourrait lui-même autoriser sa femme. Ainsi, les tribunaux ne pourraient pas donner à la femme une autorisation générale de faire des actes de propriétaire ou d'ester en justice. Ajoutons même qu'il est certains cas où l'autorisation du mari ne peut point être remplacée par celle de la justice. Ainsi, nous avons déjà vu que, suivant la plupart des auteurs, la femme ne peut être autorisée par la justice à faire le commerce malgré son mari. A ce cas il faut ajouter celui où la femme, mariée sous le régime dotal, voudrait aliéner ses immeubles dotaux pour l'établissement des enfants communs (art. 1556), et celui où,

---

[1] Valette sur Proudhon, t. I, p. 470. — Aubry et Rau, t. IV, § 472, p. 130.

n'étant pas mariée sous le régime de séparation de biens, elle voudrait accepter une exécution testamentaire (art. 1029).

La forme à suivre pour obtenir l'autorisation judiciaire est différente, suivant que la femme veut faire un acte extrajudiciaire ou ester en justice. Dans le premier cas, elle cite directement et sans sommation préalable son mari devant le tribunal de première instance du domicile commun, qui entend les époux en la chambre du conseil, c'est-à-dire hors la présence du public, et accorde ou refuse, suivant les cas, l'autorisation demandée (art. 219). Dans le second cas, la femme doit d'abord faire une sommation à son mari, tendant à être autorisée ; s'il refuse, elle fait présenter par un avoué une requête au président du tribunal, qui lui permet de le citer devant la chambre du conseil. Celle-ci statue définitivement (art. 861 et 862 C. Pr.). Cette dernière marche est aujourd'hui adoptée même pour les actes extrajudiciaires.

Lorsque le mari est absent ou interdit, sa comparution devant la chambre du conseil n'est plus exigée. La femme présente une requête afin d'être autorisée, le président commet un juge qui fait un rapport sur les faits allégués par elle, et, sur ce rapport, le tribunal prononce. L'autorisation judiciaire n'a pas d'effet vis-à-vis du mari ou de la communauté, puisqu'ils sont également étrangers à l'acte fait par la femme.

En conséquence, tous les actes que la femme autorisée de justice pourra faire engageront exclusivement ses biens personnels, et jamais ils ne seront exécutoires ni sur les biens de la communauté dont le patrimoine est tout à fait distinct du sien, ni à plus forte raison sur les biens du mari qui n'a pas pu ou voulu accorder son autorisation.

Des cas où la femme est DISPENSÉE *de toute autorisation.* — La femme est dispensée, comme nous l'avons vu, de toute autorisation lorsqu'elle est séparée de biens, en ce qui concerne l'administration de sa fortune. A ce cas il faut ajouter :

1° Celui où l'acte qu'elle veut accomplir lui est *expressé-*

ment permis par la loi. Tels sont : le consentement qu'elle doit donner au mariage de ses enfants (art. 148 et 149) ; l'acceptation, en leur nom, des donations qui leur sont offertes (art. 935) ; la révocation des donations qu'elle a faites elle-même à son mari pendant le mariage (art. 1096) ; l'inscription de son hypothèque légale sur les biens de son mari (art. 2139) ;

2° Celui où l'obligation de la femme a pour cause un *fait préjudiciable* à autrui, fait provenant ou non de sa volonté. Ainsi la femme qui aurait indûment reçu une somme serait obligée à sa restitution, car nul ne doit s'enrichir au préjudice d'autrui ; pareillement, si elle avait lésé les intérêts d'autrui, en commettant un délit ou un quasi-délit, elle en devrait la réparation, car le mineur lui-même n'est pas, dans ce cas, protégé par son incapacité (art. 1310) ;

3° Celui où la femme ferait un *acte conservatoire* de sa fortune sans ester en justice ; car on ne peut comprendre que le mari puisse, par un refus, mettre sa femme dans la nécessité de perdre un droit qui lui appartient.

Parmi ces actes conservatoires, on peut citer la sommation faite à un débiteur pour le mettre en demeure de payer, ou bien le protêt d'un billet à ordre ou d'une lettre de change, pour conserver le recours que la loi donne au porteur contre les endosseurs, etc.

4° Celui où il s'agit *de tester ;* car le décès de la femme dissout la puissance maritale, en même temps qu'il donne au testament son efficacité.

De la NULLITÉ *des actes faits par la femme non autorisée.* — Dans l'ancien droit français, cette nullité était d'ordre public et pouvait, comme nous l'avons vu, être invoquée par toute personne intéressée. Aujourd'hui elle est simplement relative. L'art. 225 accorde la faculté de l'invoquer :

1° *Au mari* qui n'a pas donné son autorisation, et qui pourra soit ratifier l'acte, soit le faire tomber, s'il le trouve contraire aux intérêts moraux ou pécuniaires de sa femme ;

2° *A la femme* qui n'a pas eu la protection que la loi juge nécessaire, et nous avons même vu que plusieurs auteurs n'admettent pas que la femme perde son droit par la ratification que le mari donne après coup à l'acte, sans qu'elle concoure à cette ratification.

Le droit dont il s'agit n'est pas de sa nature exclusivement attaché à la personne de la femme, et nous pensons que ses créanciers pourraient l'exercer en ses lieu et place [1].

Généralement on refuse le droit de demander la nullité à la femme mariée qui passe, aux yeux du public, pour veuve ou fille majeure, par la raison que les tiers ne doivent pas souffrir d'une erreur universelle. Quoique cette distinction ne soit écrite nulle part, il faut l'admettre dans l'intérêt même des femmes, et, en effet, si les tiers avaient toujours à craindre la nullité de l'acte, quand ils contractent avec une femme qui se déclare non mariée, ils exigeraient des avantages excessifs pour compenser la sécurité qui leur manquerait ;

3° Aux *héritiers de la femme,* car les héritiers succèdent à tous les droits et actions du défunt. L'art. 225 accorde à tort la même faculté aux héritiers du mari. En effet, pour eux, il ne peut s'agir d'intérêt pécuniaire, puisque les engagements contractés par la femme non autorisée ne peuvent s'exécuter que sur ses biens personnels, et, quant à l'intérêt moral qu'avait le mari, il a, par sa mort, cessé d'exister.

L'action en nullité dure, pour la femme et ses héritiers, dix ans à partir de la dissolution du mariage, et, pour le mari, dix ans à partir du jour où il a eu connaissance de l'acte fait sans autorisation (art. 1304).

La nullité prononcée, les choses sont remises au même état qu'avant l'acte. Si cet acte n'avait reçu aucune exécution, les parties sont respectivement déliées de leurs engagements.

---

[1] Aubry et Rau, t. IV, § 472, p. 142. — Cass., 10 mai 1853.

S'il avait été exécuté, chacune rend à l'autre ce qu'elle en a reçu. Toutefois la femme est dispensée de restituer ce dont elle n'aurait pas profité (art. 1312).

CHAPITRE VII

DE LA DISSOLUTION DU MARIAGE.

ART. 227. Le mariage se dissout : — 1° par la mort de l'un des époux ; — 2° par le divorce légalement prononcé ; — 3° par la condamnation devenue définitive de l'un des époux à une peine emportant mort civile.

D'après le Code, le mariage se dissout :
1° Par la *mort naturelle* de l'un des époux ;
2° Par le *divorce ;*
3° Par la *mort civile* de l'un des époux.

De ces trois causes de dissolution, la deuxième a été supprimée par une loi du 8 mai 1816 qui abolit le divorce, et la troisième par une loi du 31 mai 1854 qui abolit la mort civile. La seule qui reste est donc la mort naturelle de l'un des époux.

CHAPITRE VIII

DES SECONDS MARIAGES.

ART. 228. La femme ne peut contracter un nouveau mariage qu'après dix mois révolus depuis la dissolution du mariage précédent.

Observation. Cet article contient un empêchement prohibitif que nous avons déjà étudié. On a donné pour raison de la prohibition faite à la femme de convoler en secondes noces avant dix mois révolus depuis la dissolution du premier mariage la nécessité d'empêcher une confusion de part. Mais alors un si long intervalle était inutile. En effet, la plus courte durée de la grossesse est de cent quatre-vingts jours, et la plus longue de trois cents (art. 312). Or, comme, d'un côté, la conception se place nécessairement dans l'intervalle qui forme la différence des deux périodes, et que, de l'autre, l'enfant se rattache à son père dès le moment de la conception, il suffisait d'interdire le mariage pendant le délai légal où celle-ci peut se placer, pour rendre tout doute impossible entre la paternité du premier mari et celle du second.

Ainsi en supposant que la femme se mariât, par exemple, après cinq mois seulement de veuvage au lieu de dix, ce doute ne pourrait pas exister. En effet, l'enfant qui naîtrait dans les dix mois à compter de la dissolution du mariage appartiendrait nécessairement au premier mari, puisque le délai de la plus courte grossesse qui est de six mois ne se serait point écoulé depuis la célébration du second ; et l'enfant qui naîtrait après les dix mois dont il s'agit appartiendrait nécessairement au second mari, puisque le délai de la plus longue grossesse étant excédé, on ne pourrait plus l'attribuer au premier.

Le véritable motif de la disposition du Code est qu'il convient d'empêcher une veuve de céder à l'entraînement d'affections nouvelles, et de convoler en secondes noces, lorsque la cendre de son premier mari est à peine refroidie, et que son souvenir est encore vivant dans tous les esprits.

Le Code n'impose pas au mari le même veuvage qu'à la femme, probablement pour ne pas l'exposer à une trop grave perturbation dans ses affaires, par la prolongation de son isolement.

LIVRE I. TITRE VI.

Du Divorce [1].

(Décrété le 21 mars 1804. Promulgué le 31 du même mois.)

Le divorce, permis et très-fréquent à Rome, était au contraire sévèrement proscrit par l'ancienne législation française. Le Code le rétablit, en le soumettant à des conditions rigoureuses. Survint enfin la loi de 1816 qui l'abolit de nouveau. Malgré cette abolition, il est encore utile et nécessaire d'en étudier certaines dispositions, applicables à la séparation de corps, qui, dans l'esprit du Code, était le divorce des catholiques. Nous donnons le texte des articles qui sont ou peuvent être restés susceptibles d'application.

ART. 229. Le mari pourra demander le divorce pour cause d'adultère de sa femme.

230. La femme pourra demander le divorce pour cause d'adultère de son mari, lorsqu'il aura tenu sa concubine dans la maison commune.

231. Les époux pourront réciproquement demander le divorce pour excès, sévices ou injures graves, de l'un d'eux envers l'autre.

232. La condamnation de l'un des époux à une peine infamante sera pour l'autre époux une cause de divorce.

234. Quelle que soit la nature des faits ou des délits qui donneront lieu à la demande en divorce pour cause déterminée, cette

[1] *Loi du 8 mai 1816.*
1. Le divorce est aboli.
2. Toutes demandes et instances en divorce pour causes déterminées sont converties en demandes et instances en séparation de corps ; les jugements et arrêts restés sans exécution par le défaut de prononciation du divorce par l'officier de l'état civil, conformément aux art. 227, 264, 265, et 266 du Code civil, sont restreints aux effets de la séparation.
3. Tous actes faits pour parvenir au divorce par consentement mutuel sont annulés ; les jugements et arrêts rendus en ce cas, mais non suivis de la prononciation du divorce, sont considérés comme non avenus, conformément à l'art. 294.

demande ne pourra être formée qu'au tribunal de l'arrondissement dans lequel les époux auront leur domicile.

235. Si quelques·uns des faits allégués par l'époux demandeur donnent lieu à une poursuite criminelle de la part du ministère public, l'action en divorce restera suspendue jusqu'à l'arrêt de la Cour d'assises ; alors elle pourra être reprise, sans qu'il soit permis d'inférer de l'arrêt aucune fin de non-recevoir ou exception préjudicielle contre l'époux demandeur.

251. Les parents des parties, à l'exception de leurs enfants et descendants, ne sont pas reprochables du chef de la parenté, non plus que les domestiques des époux, en raison de cette qualité ; mais le tribunal aura tel égard que de raison aux dépositions des parents et des domestiques.

261. Lorsque le divorce sera demandé par la raison qu'un des époux est condamné à une peine infamante, les seules formalités à observer consisteront à présenter au tribunal de première instance une expédition en bonne forme du jugement de condamnation, avec un certificat de la Cour d'assises, portant que ce même jugement n'est plus susceptible d'être réformé par aucune voie légale.

267. L'administration provisoire des enfants restera au mari demandeur ou défendeur en divorce, à moins qu'il n'en soit autrement ordonné par le tribunal, sur la demande soit de la mère, soit de la famille, ou du ministère public, pour le plus grand avantage des enfants.

268. La femme demanderesse ou défenderesse en divorce pourra quitter le domicile du mari pendant la poursuite, et demander une pension alimentaire proportionnée aux facultés du mari. Le tribunal indiquera la maison dans laquelle la femme sera tenue de résider, et fixera, s'il y a lieu, la provision alimentaire que le mari sera obligé de lui payer.

269. La femme sera tenue de justifier de sa résidence dans la maison indiquée, toutes les fois qu'elle en sera requise : à défaut de cette justification, le mari pourra refuser la provision alimentaire, et, si la femme est demanderesse en divorce, la faire déclarer non recevable à continuer ses poursuites.

270. La femme commune en biens, demanderesse ou défenderesse en divorce, pourra, en tout état de cause, à partir de la date de l'ordonnance dont il est fait mention en l'article 238, requérir, pour la conservation de ses droits, l'apposition des scellés sur les effets mobiliers de la communauté. Ces scellés ne seront levés qu'en faisant inventaire avec prisée, et à la charge par le mari de repré-

senter les choses inventoriées, ou de répondre de leur valeur comme gardien judiciaire.

271. Toute obligation contractée par le mari à la charge de la communauté, toute aliénation par lui faite des immeubles qui en dépendent, postérieurement à la date de l'ordonnance dont il est fait mention en l'article 238, sera déclarée nulle, s'il est prouvé d'ailleurs qu'elle ait été faite ou contractée en fraude des droits de la femme.

272. L'action en divorce sera éteinte par la réconciliation des époux, survenue soit depuis les faits qui auraient pu autoriser cette action, soit depuis la demande en divorce.

273. Dans l'un et l'autre cas, le demandeur sera déclaré non recevable dans son action ; il pourra néanmoins en intenter une nouvelle pour cause survenue depuis la réconciliation, et alors faire usage des anciennes causes pour appuyer sa nouvelle demande.

274. Si le demandeur en divorce nie qu'il y ait eu réconciliation, le défendeur en fera preuve, soit par écrit, soit par témoins, dans la forme prescrite en la première section du présent chapitre.

298. Dans le cas de divorce admis en justice pour cause d'adultère, l'époux coupable ne pourra jamais se marier avec son complice. La femme adultère sera condamnée, par le même jugement, et sur la réquisition du ministère public, à la réclusion dans une maison de correction, pour un temps déterminé, qui ne pourra être moindre de trois mois ni excéder deux années.

299. Pour quelque cause que le divorce ait lieu, hors le cas du consentement mutuel, l'époux contre lequel le divorce aura été admis perdra tous les avantages que l'autre époux lui avait faits soit par leur contrat de mariage, soit depuis le mariage contracté.

300. L'époux qui aura obtenu le divorce conservera les avantages à lui faits par l'autre époux, encore qu'ils aient été stipulés réciproques et que la réciprocité n'ait pas lieu.

301. Si les époux ne s'étaient fait aucun avantage, ou si ceux stipulés ne paraissaient pas suffisants pour assurer la subsistance de l'époux qui a obtenu le divorce, le tribunal pourra lui accorder, sur les biens de l'autre époux, une pension alimentaire, qui ne pourra excéder le tiers des revenus de cet autre époux. Cette pension sera révocable dans le cas où elle cesserait d'être nécessaire.

302. Les enfants seront confiés à l'époux qui a obtenu le divorce, à moins que le tribunal, sur la demande de la famille ou du ministère public, n'ordonne, pour le plus grand avantage des enfants,

que tous ou quelques-uns d'eux seront confiés aux soins soit de l'autre époux, soit d'une tierce personne.

303. Quelle que soit la personne à laquelle les enfants seront confiés, les père et mère conserveront respectivement le droit de surveiller l'entretien et l'éducation de leurs enfants, et seront tenus d'y contribuer à proportion de leurs facultés.

CHAPITRE V

DE LA SÉPARATION DE CORPS.

ART. 306. Dans le cas où il y a lieu à la demande en divorce pour cause déterminée, il sera libre aux époux de former demande en séparation de corps.

307. Elle sera intentée, instruite et jugée de la même manière que toute autre action civile : elle ne pourra avoir lieu par le consentement mutuel des époux.

308. La femme contre laquelle la séparation de corps sera prononcée pour cause d'adultère sera condamnée par le même jugement, et sur la réquisition du ministère public, à la réclusion dans une maison de correction pendant un temps déterminé, qui ne pourra être moindre de trois mois, ni excéder deux années.

309. Le mari restera le maître d'arrêter l'effet de cette condamnation, en consentant à reprendre sa femme.

310. Lorsque la séparation de corps prononcée pour toute autre cause que l'adultère de la femme aura duré trois ans, l'époux qui était originairement défendeur pourra demander le divorce au tribunal, qui l'admettra, si le demandeur originaire, présent ou dûment appelé, ne consent pas immédiatement à faire cesser la séparation.

311. La séparation de corps emportera toujours séparation de biens.

Définition. — La séparation de corps est le droit accordé par la justice aux époux d'avoir deux domiciles différents. Elle relâche le lien conjugal, mais elle ne le rompt pas comme le divorce.

Même séparés, les époux sont toujours mari et femme,

TOME I.   16

et ils ne sont dispensés l'un envers l'autre ni du devoir de
la fidélité conjugale, ni de l'obligation relative aux aliments
dans le cas où l'un se trouverait dans l'aisance et l'autre
dans le besoin [1], etc.

IISTORIQUE. — Dès que le christianisme eut fait triompher
le principe absolu de l'indissolubilité du mariage, la séparation de corps fut le seul remède offert par la loi aux unions
malheureuses.

Le droit intermédiaire (loi du 20 septembre 1792) sup-
prima la séparation de corps pour lui substituer le divorce.

Le Code, suivant son système de transaction entre les
idées anciennes et les innovations du droit intermédiaire,
admit en même temps la séparation de corps et le divorce,
tout en conservant à ce dernier une sorte de prééminence.

Enfin, la loi du 8 mai 1816 restaura l'ancien régime, en
abolissant le divorce.

Des CAUSES *de séparation de corps.* — Aux termes de
l'article 306, les époux peuvent demander la séparation de
corps, dans les mêmes cas où ils pouvaient demander le
divorce pour cause déterminée. Or, les causes déterminées du
divorce étaient, d'après les articles 229-233, au nombre de
trois, savoir :

1° *L'adultère* de l'un des époux ; mais il y a cette différence, entre l'adultère de la femme et celui du mari, que le
premier est une cause de séparation de corps, en quelque
lieu qu'il ait été commis ; tandis que le second n'est une cause
de séparation que lorsque le mari a tenu sa concubine dans
la maison commune. Or, on doit entendre, par *maison commune*, celle habitée par les époux, et même toute autre
maison que le mari aurait à sa disposition ; puisque la femme
a le droit de suivre son mari partout où il juge à propos de
résider (art. 214). Conséquemment, si le mari a, outre la
maison qui sert de demeure habituelle aux époux et où se

[1] Valette, *Expl. som*,. p. 247. — Demolombe, t. IV, n° 501. — Cass., 8 juillet 1850.

trouve le foyer domestique, un autre logement dans lequel il entretient une concubine, la femme aura le droit de demander la séparation de corps, lors même que le mari aurait enveloppé du plus grand mystère ses écarts de conduite. Il y a là véritablement, dans le sens de la loi, entretien de concubine dans la *maison commune* [1]. La cause de séparation de corps dont nous parlons existerait, même dans le cas où ce serait la femme qui aurait introduit la concubine au domicile conjugal. Ainsi le mari qui se livrerait au désordre avec une gouvernante ou une domestique qui auraient été choisies et engagées par sa femme, ne trouverait pas dans cette circonstance une excuse qui pût faire rejeter la demande que la femme viendrait à former.

Quant à la différence qui existe entre l'adultère de la femme et celui du mari, nous l'avons expliquée plus haut et justifiée.

Ajoutons que l'adultère du mari, même commis hors de la maison commune, pourrait, selon les cas, être considéré soit à raison de sa publicité, soit à raison d'autres circonstances, comme une injure grave suffisante pour donner lieu à la séparation de corps. Seulement alors la séparation ne serait plus motivée sur le délit d'adultère, mais sur l'injure grave commise par le mari envers la femme.

La femme convaincue d'adultère était, dans l'ancien droit français, condamnée à la réclusion perpétuelle dans un couvent, et comme cette peine avait été créée par une authentique de Justinien, on disait que la femme était alors *authentiquée*. D'après le Code, elle sera simplement punie d'un emprisonnement de trois mois à deux ans. Le ministère public a seul qualité pour requérir l'application de la peine, mais le mari n'en est pas moins le maître de la condamnation, puisqu'il peut en arrêter les effets en consentant à reprendre sa femme. Le tribunal civil, qui est exceptionnellement com-

[1] Demolombe, t. IV, nᵒˢ 370 et suiv. — Rouen, 1ᵉʳ mars 1859.

pétent pour punir l'adultère de la femme, ne l'est pas pour punir celui du mari. La femme devra donc porter plainte contre lui devant le tribunal correctionnel.

La condamnation de la femme à l'emprisonnement pour adultère ne pourra évidemment être prononcée par le tribunal civil, que si celui-ci est saisi par une demande en séparation de corps formée à la requête du mari.

Souvent il arrivera que le mari, au lieu de demander la séparation de corps, qui aurait pour conséquence la séparation de biens, conséquence redoutable pour les intérêts communs et pour l'avenir de la famille, se bornera à poursuivre le délit d'adultère que sa femme a commis. Dans ce cas il devra la citer devant le tribunal de police correctionnelle, qui est seul, en principe, chargé de la répression des délits. Devant cette juridiction il fera également condamner le complice de sa femme, tandis qu'il ne le pourrait pas devant le tribunal civil saisi de la demande en séparation de corps. Une fois la condamnation de la femme prononcée, il sera libre de former, s'il le veut, contre elle une demande en séparation de corps qui alors sera prononcée *de plano* sur la représentation du jugement correctionnel. Seulement cette demande ne sera accueillie par le tribunal civil que s'il n'y a pas eu réconciliation entre les époux depuis la condamnation de la femme.

Sont cause de séparation de corps :

2° Les *excès*, c'est-à-dire les violences exercées par un époux sur la personne de son conjoint; les *sévices*, c'est-à-dire ces actes d'hostilité domestique qui, par leur répétition, rendent la vie commune insupportable ; les *injures graves*, c'est-à-dire les propos ou les actes capables de porter atteinte à l'honneur ou à la considération de l'autre conjoint. Les tribunaux sont juges souverains de la gravité des faits allégués;

3° La *condamnation* de l'un des époux à une peine infamante, et, à plus forte raison, à une peine afflictive et infamante.

Des FINS DE *non-recevoir* (art. 272 à 274). — 1° *De la réconciliation*. — L'action en séparation de corps est éteinte
par la réconciliation des époux, survenue soit depuis les faits
qui motivaient la demande, soit depuis la demande elle-
même. L'injure pardonnée est réputée par le Code n'avoir
jamais existé. Mais, comme le pardon a eu nécessairement
pour but de ramener à son devoir l'époux coupable, l'art. 273
décide avec raison que, si de nouveaux faits viennent motiver une nouvelle demande, les anciens pourront être invo-
qués comme s'ils n'avaient pas été pardonnés.

Les tribunaux sont juges du fait de la réconciliation : elle
pourra être prouvée par titres, par témoins, ou même par
simples présomptions.

Il ne sera pas toujours facile de savoir si le rapprochement
qui s'est opéré entre les époux est une véritable réconciliation. Dans le cas où ce rapprochement a été purement fortuit
ou passager, les tribunaux n'y verront pas une réconciliation,
parce qu'il n'est pas de nature à démontrer que l'injure a été
pardonnée et que les cœurs se sont aussi rapprochés. Pour
que la réconciliation existe, et que la fin de non-recevoir
puisse être opposée, il faut un ensemble de faits établissant
avec certitude que l'époux outragé a renoncé à se prévaloir
de la cause de séparation de corps qu'il avait contre son
conjoint.

Quand il n'y a pas eu de réconciliation, l'époux défendeur
à la demande en séparation de corps ne peut opposer à l'autre
aucune prescription. L'ancienneté de l'outrage ne fait souvent
qu'en augmenter la gravité. Ainsi le mari qui entretient depuis plus de trente ans une concubine au domicile conjugal
est non recevable à se prévaloir de l'ancienneté de ses torts,
et la femme qui a subi cette longue injure n'en est que plus
fondée à demander contre lui la séparation.

2° *De la réciprocité des torts*. — Si les deux époux ont
des torts réciproques, faut-il les déclarer également non
recevables dans leurs demandes, par suite d'une sorte de

compensation ; ou faut-il décider que leur double demande est également fondée ?

A cet égard il faut faire une distinction entre les cas où la demande est basée soit sur l'adultère, soit sur une condamnation infamante, et le cas où elle est basée sur des excès, sévices ou injures graves.

Dans les deux premières hypothèses on doit admettre la fin de non-recevoir tirée de la réciprocité des torts ; dans la troisième il faut la rejeter.

On doit d'abord, selon nous, l'admettre dans le cas d'adultère, car, aux termes de l'art. 336 du Code pénal, l'adultère de la femme ne peut être dénoncé et poursuivi par le mari s'il a été lui-même convaincu d'avoir tenu sa concubine dans la maison commune. Or, accorder au mari la faculté de demander la séparation de corps à raison d'un adultère qu'il ne peut pas faire punir correctionnellement, ce serait lui permettre d'obtenir indirectement ce qu'il ne peut pas obtenir directement. Et, en effet, le tribunal civil saisi de la demande en séparation de corps devrait condamner la femme à l'emprisonnement, et on ne peut admettre un tel résultat. — L'adultère du mari, l'empêchant de se prévaloir de l'adultère de la femme, qui est le plus grave, la réciproque est à plus forte raison vraie, et la femme adultère ne pourrait pas se prévaloir de l'adultère de son mari ; en telle sorte que la fin de non-recevoir dont nous parlons est commune aux deux époux. Un arrêt de la cour impériale de Paris du 9 juin 1860 a cependant adopté la doctrine contraire.

La fin de non-recevoir tirée de la réciprocité des condamnations à des peines infamantes est évidente. Comment en effet l'un des époux pourrait-il reprocher à son conjoint sa condamnation, lorsque lui-même a été frappé d'une condamnation de même nature ?

Enfin dans la troisième hypothèse, qui est celle d'excès, sévices ou injures graves, on doit rejeter la fin de non-recevoir tirée de la réciprocité. Sans doute cette réciprocité sera souvent pour chaque époux une atténuation et comme une sorte d'excuse de ses torts personnels. L'injure provoquée par une autre injure est toujours moins grave que l'injure purement gratuite. Mais si les torts réciproques sont tels, que, même avec cette atténuation, ils soient suffisants pour faire prononcer la séparation de corps, la justice devra certainement les accueillir. En effet, d'un côté cette réciprocité même stimule chacun des deux époux à continuer sa conduite répréhensible, et de l'autre leur réconciliation est d'autant plus improbable, qu'aucun d'eux n'est disposé au pardon. Chacun pourra donc demander que la justice mette fin à une vie commune désormais insupportable ; et, comme l'un et l'autre ont eu en même temps tort et raison, il en résultera que chacun subira les effets défavorables de la séparation de corps, comme il profitera de ses avantages [1].

3° *De l'abandon par la femme demanderesse du domicile provisoire qui lui a été fixé par l'ordonnance du président.* — Aux termes de l'art. 269, la femme demanderesse en divorce qui abandonnait le domicile provisoire à elle fixé par l'ordonnance du président, dont nous parlerons tout à l'heure, pouvait être, à la requête du mari, déclarée non recevable à continuer ses poursuites. Même au cours du procès, la femme devait rester soumise à la surveillance du mari. Cette disposition doit évidemment être appliquée à la femme demanderesse en séparation de corps. Il n'y a aucune raison de différence. Toutefois la fin de non-recevoir dont il s'agit sera rejetée par le tribunal, quand la femme aura eu une juste cause de quitter son domicile provisoire, par exemple pour accompagner sa mère, chez laquelle ce domicile avait été fixé et qui au cours du procès a changé de demeure.

4° *De la mort de l'un des époux.* — La mort de l'un des conjoints fait tomber la demande en séparation de

---

[1] Valette, *Expl. Code Nap.*, p. 140. — Demolombe, t. IV, nos 415 et suiv. — Cass., 30 mars 1859.

corps qui avait déjà été intentée, et ses héritiers ou ses
créanciers ne pourraient pas la continuer pour obtenir
le bénéfice de la séparation de biens, qui est la conséquence nécessaire de la séparation de corps. La demande
formée par le défunt était étrangère par elle-même à tout
intérêt pécuniaire, et l'on ne peut admettre que ses représentants lui donnent un autre caractère. Le tribunal ne
retiendra donc l'affaire que pour statuer sur les dépens.

Jamais la séparation de corps ne pourra, comme le divorce, avoir lieu par le consentement mutuel des époux.
A cet égard les dispositions de l'art. 306 ne peuvent laisser
aucune espèce de doute. Les rédacteurs du Code ont sans
doute pensé que, s'ils admettaient la séparation de corps
par consentement mutuel, des époux de mauvaise foi trou-
veraient là un moyen trop facile d'arriver à une séparation
de biens, et de frustrer ainsi leurs créanciers.

PROCÉDURE *de la séparation de corps.* — Les art. 875 et
suivants du Code de procédure indiquent, pour la séparation de corps, une marche particulière. L'époux qui
voudra intenter l'action devra présenter une requête au
président du tribunal de son domicile, dans laquelle il
exposera les faits avec les pièces à l'appui. Au bas de cette
requête, le président rendra une ordonnance portant que les
parties comparaîtront devant lui, aux jour et heure indiqués.
Elles ne devront jamais être assistées de conseils, car l'inti-
mité de l'entretien augmentera les chances de la réconciliation. Si, malgré les représentations du président, les parties
refusent de se rapprocher, une seconde ordonnance sera
rendue à la suite de la précédente, qui renverra les parties
à se pourvoir devant le tribunal et sans citation préalable
devant le juge de paix, par dérogation au principe général
de l'art. 48 du Code de procédure. Dans le cas où c'est la
femme qui veut intenter l'action, le président l'autorise, par
la même ordonnance, à ester en justice, et à se retirer provisoirement dans telle maison dont les parties seront con-

venues, ou qu'il plaira au président de désigner. Mais la provision pour les frais du procès, et la pension alimentaire dont la femme pourrait avoir besoin pendant le cours de l'instance, ne pourront lui être accordées que par le tribunal.

Après ces préliminaires, la demande en séparation de corps est instruite et jugée comme les affaires ordinaires. L'époux demandeur formule dans son assignation les causes de séparation sur lesquelles il se fonde. Si ces causes sont assez graves pour entraîner la séparation et qu'elles soient dès à présent établies, le tribunal la prononce *de plano*, et sans enquête. Ainsi quand l'époux défendeur a été condamné pour délit d'adultère, ou atteint d'une peine infamante, il suffit à l'époux demandeur de représenter le jugement ou l'arrêt qui le condamne. Au contraire, quand la demande en séparation se fonde sur des excès, sévices ou injures graves, il est rare que la séparation puisse être immédiatement prononcée. L'époux demandeur, pour mettre le tribunal à même de juger la valeur de ses griefs, les énumère en détail et article par article, et s'il n'en a pas la preuve acquise, ce qui est le cas le plus fréquent, il offre de la fournir. Saisi par cette articulation, le tribunal examine quels sont, parmi les faits allégués, ceux qui ont le double caractère de la *pertinence* et de l'*admissibilité*. On dit que les faits sont *pertinents*, lorsqu'étant prouvés, ils sont de nature à entraîner la séparation de corps. On dit qu'ils sont *admissibles* quand la preuve peut en être fournie, et elle ne peut être fournie que si d'une part la loi ne la défend pas, et que si de l'autre les faits ont eu ou pu avoir des témoins, ou ont, tout au moins, laissé ou pu laisser des traces appréciables. Si les faits paraissent au tribunal manquer de pertinence ou d'admissibilité, il rejette *de plano* la demande en séparation. Dans le cas contraire, il ordonne la preuve des faits qui lui ont paru réunir ce double caractère, et cette preuve se fait selon les formes ordinaires, et par la voie d'une enquête. Lorsque l'enquête démontre la vérité des faits allégués, la séparation est prononcée, dans le cas contraire l'époux demandeur est débouté de ses poursuites.

Le ministère public doit donner ses conclusions, comme dans toutes les affaires qui intéressent l'état des personnes et l'ordre public.

Des EFFETS *de la séparation de corps.* — La séparation de corps produit quatre effets principaux :

1° Elle décharge le mari de l'obligation de recevoir sa femme, et la femme de l'obligation de suivre son mari. Quant aux enfants, la garde en sera généralement confiée à l'époux qui aura gagné le procès. Mais elle pourra l'être, s'il y a lieu, à une tierce personne, ou même à l'époux qui aura perdu le procès. A cet égard la justice se préoccupe avec raison beaucoup plus de l'intérêt des enfants que des convenances personnelles de l'un ou de l'autre époux. Lorsque leur âge ou leur sexe réclament les soins intimes de la famille, elle les confie, selon les cas, au père ou à la mère. Lorsqu'ils sont au contraire en âge de recevoir l'éducation, elle ordonne souvent qu'ils seront placés dans un établissement qu'elle désigne, où les époux pourront les visiter aux jour et heure qui sont impartis à chacun ;

2° La séparation de corps affaiblit, sans cependant l'anéantir, la présomption légale : *is pater est quem nuptiæ demonstrant* (Loi du 15 décembre 1850). Nous reviendrons plus tard sur cet effet ;

3° Elle entraîne la *séparation de biens*, car il était impossible que le mari, ayant perdu tout droit sur la personne de sa femme, conservât encore l'administration de sa fortune. Toutefois, comme cet effet intéresse, non plus seulement les époux, mais encore les tiers, par exemple, leurs créanciers respectifs, la loi prescrit des mesures de publicité. Un extrait du jugement de séparation sera affiché dans l'auditoire des tribunaux, et dans les Chambres d'avoués et de notaires (Code de proc., art. 880) ;

4° La séparation de corps fait *perdre* à l'époux *coupable* tous *les avantages* que l'autre époux lui avait consentis, soit par contrat de mariage, soit depuis le mariage contracté (art. 299 et 300). Cet effet, incontestable pour le divorce, est fort contesté pour la séparation de corps, et il est peu de questions, dans le Code, qui aient donné lieu à de si nombreuses décisions de jurisprudence.

On peut justifier la solution que nous proposons par plusieurs motifs :

1° La séparation de corps est, aux yeux du Code, un appendice du divorce, et, au Conseil d'État, elle fut appelée le *divorce des catholiques*. Dès lors, il paraît naturel d'appliquer à la séparation de corps tous les effets du divorce qui ne sont pas incompatibles avec le maintien du mariage. Or, il n'est pas douteux que la révocation des avantages faits par l'époux innocent à l'époux coupable ne soit de ce nombre ;

2° L'article 1518 du Code déclare que l'époux innocent conserve son droit au préciput, ce qui veut dire implicitement que ce droit est perdu pour l'époux coupable. Maintenant, le préciput est, ainsi que toutes les conventions de mariage, regardé comme étant à titre onéreux. Or, si la loi fait perdre à l'époux coupable le bénéfice d'une convention de cette nature, à plus forte raison doit-elle lui enlever les avantages proprement dits qui provenaient de l'époux innocent ;

3° L'ancien droit français attribuait à la séparation de corps cet effet révocatoire, et rien ne démontre que le Code ait voulu innover.

On objecte :

1° Que la révocation dont il s'agit est une peine, et que les peines ne s'établissent point par analogie ; à quoi l'on répond que ce n'est point une peine, à proprement parler, mais la conséquence naturelle de l'inexécution, par l'époux coupable, d'une condition tacite à laquelle il s'était soumis en acceptant la libéralité, et qui était de ne pas se montrer ingrat envers le donateur. Or, cette condition ayant défailli, il est juste de regarder la donation comme non avenue ;

2° Que la révocation ferait obstacle à la réconciliation des époux ; à quoi l'on répond que l'époux coupable sera précisément encouragé à une réconciliation par l'espérance de voir rétablir les avantages que lui avait faits son conjoint ;

3° Que la séparation de corps est fondée sur un fait d'ingratitude de la part d'un conjoint vis-à-vis de l'autre, et qu'aux termes de l'article 959, les donations faites en faveur du mariage ne sont pas révocables pour cause d'ingratitude ; à quoi l'on répond que les donations non révocables pour cause d'ingratitude sont uniquement celles faites par des tiers aux époux, mais non celles faites par un époux à l'autre. Et, en effet, l'on comprend qu'un époux ne puisse pas, par son ingratitude, appauvrir la famille ; mais le même motif n'existe pas lorsque la donation est faite par un époux à son conjoint ; car ce que les enfants ne trouveront pas dans le patrimoine de l'époux donataire, ils le trouveront dans celui de l'époux donateur. Bien plus, l'ingratitude d'un conjoint envers l'autre a un caractère autrement grave que l'ingratitude d'un étranger envers un étranger, et l'objection du système adverse est, en réalité, un argument pour le nôtre.

Dans notre système, la révocation des donations aura lieu de plein droit par suite de la séparation de corps, comme elle avait lieu de plein droit par suite du divorce.

Un arrêt de la Cour de cassation, rendu en 1845, toutes Chambres réunies, a fixé en ce sens la jurisprudence [1].

De ce que la séparation de corps ne dissout pas le mariage, il résulte, comme nous l'avons dit, que les époux se doivent toujours fidélité, secours et assistance ; que la femme reste incapable pour tous les actes autres que ceux d'administration ; que chaque époux a toujours un droit de succession par rapport à l'autre, etc.

Comment FINIT *la séparation de corps.* — La séparation de corps et ses effets cessent par la réconciliation des époux.

---

[1] Valette, *Expl. som.*, p. 150. — Demolombe, t. IV, nos 526 et suiv. — Paris, 20 août 1862.

Mais, d'après l'article 1451, la communauté ne pourra être rétablie que par acte passé devant notaire, lequel devra être rendu public, comme la séparation de biens elle-même.

L'époux qui a obtenu la séparation de corps peut-il, en pardonnant à l'autre époux, le forcer à reprendre la vie commune ? Non, car le jugement de séparation crée un droit à l'habitation séparée, tant au profit de l'époux perdant qu'au profit de l'époux gagnant ; et, d'ailleurs, la publicité ou quelquefois même le scandale du débat judiciaire peut avoir rendu pour l'époux perdant la vie commune désormais insupportable. Celle-ci ne pourra donc être rétablie que d'un consentement réciproque. Dès que les époux se réconcilient, ils deviennent, par cela même, respectivement non recevables à invoquer le jugement qui avait été rendu ; et si la vie commune devenait une seconde fois insupportable à l'un d'eux, il lui faudrait obtenir un nouveau jugement.

LIVRE I. TITRE VII.

Paternité et filiation.

(Décrété le 23 mars. Promulgué le 2 avril 1803.)

NOTIONS GÉNÉRALES.

La paternité et la filiation expriment deux qualités corrélatives. On peut les définir : le lien naturel résultant de la procréation entre deux personnes dont l'une est issue de l'autre. Le fait considéré par rapport aux auteurs de l'enfant s'appelle *paternité* ou *maternité;* par rapport à l'enfant, il s'appelle *filiation.*

La filiation est dite :

Légitime, lorsque l'enfant est issu de personnes unies l'une à l'autre par les liens du mariage ;

Naturelle simple, lorsque l'enfant est issu de personnes

qui n'étaient pas unies, mais pouvaient s'unir par les liens du mariage au moment de la conception de l'enfant ;

Adultérine, lorsque l'enfant est issu de personnes dont l'une ou toutes les deux étaient mariées avec une autre ou d'autres personnes ;

Incestueuse, lorsque l'enfant est issu de personnes parentes ou alliées au degré prohibé ;

Légitimée, lorsque l'enfant est issu de personnes qui pouvaient, au moment de sa conception, s'unir par le mariage et qui en fait se sont plus tard mariées ensemble ;

Adoptive, lorsque l'enfant se rattache, par un lien purement légal, à une ou plusieurs personnes qui ne sont pas ses auteurs naturels.

De la filiation dérivent les droits les plus importants et les obligations les plus graves. Or, comme ces droits ou ces obligations sont plus ou moins étendus, suivant la qualité des enfants, le Code détermine rigoureusement les règles et les conditions de preuve de chaque sorte de filiation.

CHAPITRE PREMIER

FILIATION DES ENFANTS LÉGITIMES OU NÉS DANS LE MARIAGE.

Art. 312. L'enfant conçu pendant le mariage a pour père le mari. Néanmoins, celui-ci pourra désavouer l'enfant, s'il prouve que, pendant le temps qui a couru depuis le trois centième jusqu'au cent quatre-vingtième jour avant la naissance de cet enfant, il était, soit par cause d'éloignement, soit par l'effet de quelque accident, dans l'impossibilité physique de cohabiter avec sa femme.

313. Le mari ne pourra, en alléguant son impuissance naturelle, désavouer l'enfant : il ne pourra le désavouer même pour cause d'adultère, à moins que la naissance ne lui ait été cachée, auquel cas il sera admis à proposer tous les faits propres à justifier qu'il n'en est pas le père. — « En cas de séparation de corps prononcée, ou même demandée, le mari pourra désavouer l'enfant qui sera né trois cents jours après l'ordonnance du président, rendue aux termes

de l'article 878 du Code de procédure civile, et moins de cent quatre-vingts jours depuis le rejet définitif de la demande, ou depuis la réconciliation. L'action en désaveu ne sera pas admise s'il y a eu réunion de fait entre les époux. » (*Loi des* 6-15 *décembre* 1850.)

314. L'enfant né avant le cent quatre-vingtième jour du mariage ne pourra être désavoué par le mari dans les cas suivants : 1° s'il a eu connaissance de la grossesse avant le mariage ; 2° s'il a assisté à l'acte de naissance, et si cet acte est signé de lui, ou contient sa déclaration qu'il ne sait signer ; 3° si l'enfant n'est pas né viable.

315. La légitimité de l'enfant né trois cents jours après la dissolution du mariage pourra être contestée.

316. Dans les divers cas où le mari est autorisé à réclamer, il devra le faire, dans le mois, s'il se trouve sur les lieux de la naissance de l'enfant ; — dans les deux mois après son retour, si, à la même époque, il est absent ; — dans les deux mois après la découverte de la fraude, si on lui avait caché la naissance de l'enfant.

317. Si le mari est mort avant d'avoir fait sa réclamation, mais étant encore dans le délai utile pour la faire, les héritiers auront deux mois pour contester la légitimité de l'enfant, à compter de l'époque où cet enfant se serait mis en possession des biens du mari, ou de l'époque où les héritiers seraient troublés par l'enfant dans cette possession.

318. Tout acte extrajudiciaire, contenant le désaveu de la part du mari ou de ses héritiers, sera comme non avenu, s'il n'est suivi, dans le délai d'un mois, d'une action en justice dirigée contre un tuteur *ad hoc* donné à l'enfant, et en présence de sa mère.

Observation. — Pour établir logiquement la filiation légitime, il eût été naturel de rattacher d'abord l'enfant à sa mère, et par sa mère à son père. En effet, pour la mère on se réfère au moment de la *naissance*, et pour le père à celui de la *conception*. Or, la naissance est un fait facile à constater, tandis que la conception est un secret de la nature. Le Code n'a pas suivi cette marche, et il a rattaché l'enfant à son père avant de le rattacher à sa mère. Dans tout ce chapitre, il faut donc présupposer, outre l'existence du mariage, l'accouchement de la mère et l'identité de l'enfant. C'est dans le chapitre suivant que nous verrons les règles d'après lesquelles l'enfant établira la preuve de la maternité. Ces prémisses une fois posées, voyons les principes qui régissent la preuve de la maternité.

DE LA RÈGLE : *Is pater est quem nuptiæ demonstrant.* — Le fait de la conception échappe, par sa nature même, à toute preuve directe. En conséquence, le Code a dù procéder ici par voie de *présomption.* Il y a cette différence, entre la *preuve* et la *présomption*, que la preuve est la conséquence directe et immédiate d'un fait connu, tandis que la présomption en est la conséquence médiate et simplement probable. Or, si, d'un côté, la vie commune des époux et les devoirs respectifs de fidélité résultant pour eux du mariage ne prouvent pas la paternité du mari, de l'autre, cependant, ils la rendent très-vraisemblable, et de là cette règle que l'enfant a pour père le mari de sa mère. Toutefois, comme l'intervalle qui sépare la conception de la naissance ne peut être au-dessus ni au-dessous de certaines limites, la loi permet au mari de désavouer l'enfant né de sa femme, si, en remontant de la naissance à la conception, on trouve que celle-ci ne peut se placer pendant le mariage. Dans ce cas, la présomption doit faire place à la réalité. Mais comment savoir si la conception peut ou non être placée dans le mariage? Le Code a levé cette difficulté en fixant un *minimum* et un *maximum* pour la durée de la grossesse, et l'enfant qui naîtra avant que le délai *minimum* depuis la célébration du mariage soit atteint, ou lorsque le délai *maximum* après sa disposition serait excédé, pourra être désavoué par le mari ou ses héritiers.

DÉLAIS *de la* GROSSESSE. — Les rédacteurs du Code, se fondant sur les données de la physiologie, ont fixé à cent quatre-vingts jours la durée la plus courte, et à trois cents la durée la plus longue de la grossesse. Ces délais sont des limites extrêmes que la nature n'atteindra sans doute jamais, et qui ne peuvent s'expliquer que par la faveur extrême dont le législateur entoure la légitimité. Mais faut-il que les jours soient pleins, ou doit-on compter comme entiers, d'une part, le jour de la célébration ou de la dissolution du mariage, et, d'autre part, le jour de la naissance ? Les auteurs ne sont pas d'accord.

Un premier système consiste à compter comme entier le *dies à quo* et le *dies ad quem*, c'est-à-dire le jour de la célébration ou de la dissolution du mariage, et le jour de la naissance ; de telle sorte que cent soixante-dix-huit jours pleins formeraient la durée de la gestation la plus courte, et deux cents quatre-vingt-dix-huit jours pleins la durée de la gestation la plus longue. Mais ce système se concilie mal avec les textes, et surtout avec la pensée véritable du législateur, qui avait en vue les délais de cent quatre-vingts et de trois cents jours.

Un second système, que nous croyons fondé, consiste à compter pour un seul le jour de la célébration ou de la dissolution du mariage et celui de la naissance de l'enfant ; de telle sorte que la gestation la plus courte sera de cent soixante-dix-neuf jours pleins, et la plus longue de deux cent quatre-vingt-dix-neuf jours pleins.

Ce système est d'abord très-logique. En effet, il n'y a aucune raison de supposer que la fraction prise dans le jour de la célébration ou de la dissolution du mariage, et dans le jour de la naissance, soit plus plus forte ou plus faible qu'une demi-journée, et il est naturel de regarder leur somme comme faisant un jour entier. De plus, il est conforme au texte du Code. Effectivement, l'article 312, deuxième alinéa, prouve, d'une part, que la conception de l'enfant ne peut remonter au delà du trois centième jour avant la naissance, mais peut s'y placer, et, d'autre part, que cette conception ne peut être postérieure au cent quatre-vingtième jour avant la naissance, mais peut s'y placer : ce qui donne deux cents quatre-vingt-dix-neuf jours pleins pour la plus longue gestation, et cent soixante-dix-neuf pour la plus courte. L'art. 315 confirme ce calcul pour la plus longue, et l'art. 314 pour la plus courte gestation.

Des actions en DÉSAVEU *et en* CONTESTATION DE LÉGITIMITÉ.

— On appelle particulièrement *action en désaveu* celle qui est intentée par le mari pour faire tomber la présomption légale : *Is pater est quem nuptiæ demonstrant ;* et *action en contestation de légitimité* celle qui est intentée par toute personne ayant un intérêt né et actuel pour faire déclarer l'enfant non légitime, soit parce que sa mère n'est pas réellement ou valablement mariée, soit parce que sa conception n'a pas eu lieu pendant le mariage de sa mère.

L'état des personnes intéresse au plus haut degré l'ordre public, et c'est pourquoi le Code détermine, avec précision, tant les personnes qui peuvent contester à l'enfant son état, que les cas dans lesquels cet état peut être contesté.

Nous allons examiner les différentes hypothèses prévues par le Code et les actions en désaveu ou en contestation de légitimité qu'il déclare recevables.

PREMIER *cas de* DÉSAVEU (art. 312, deuxième alinéa). — Dans ce cas, l'action en désaveu est fondée sur l'impossibilité physique de la part du mari de cohabiter avec sa femme pendant la période dans laquelle se place la conception. Or, du moment que le délai de la plus longue gestation est de deux cents quatre-vingt-dix-neuf jours pleins et celui de la plus courte de cent soixante-dix-neuf, la conception de l'enfant se place nécessairement entre le trois centième et le cent quatre-vingtième jour inclusivement avant sa naissance, ce qui donne un intervalle de cent vingt-un jours, constituant l'époque légale de la conception. Il faut donc que le mari prouve qu'il n'a pu cohabiter avec sa femme pendant toute cette période. Il le prouverait facilement, s'il était atteint d'impuissance naturelle; mais le Code le rend alors non recevable à alléguer un fait de cette nature, car il a trompé sa femme, et sur lui doivent retomber toutes les conséquences de son dol ou de sa réticence. Les seules causes d'impossibilité que la loi lui permette d'invoquer sont l'éloignement et un accident postérieur au mariage. En droit romain, on exigeait que cet éloignement fût *trans mare et terras*. Le Code

n'en détermine pas les conditions, et avec raison, car, d'un
côté, les époux qui seraient le plus éloignés peuvent, avec
les moyens actuels de locomotion, se rapprocher dans le délai
de cent vingt et un jours ; et, de l'autre, il arrivera quelquefois que les époux même résidant au même lieu n'auront pas
pu se rapprocher, par exemple, s'ils sont incarcérés dans
deux prisons différentes. Les tribunaux ont toute latitude
pour juger, suivant les circonstances, s'il y a eu véritablement
impossibilité de cohabitation pour cause d'éloignement [1].
Pareillement ils apprécieront la gravité de l'accident physique
allégué par le mari.

On s'est demandé si le mari ne pourrait pas fonder son
action en désaveu sur une longue et grave maladie, aussi
bien que sur un accident proprement dit, tel qu'une blessure
ou une opération chirurgicale. A notre avis, l'affirmative
n'est pas douteuse. La pensée de la loi est évidemment que
tout événement physiologique postérieur au mariage, et qui
a mis le mari dans l'impossibilité d'avoir des rapports intimes
avec sa femme, soit une cause de désaveu. Or un tel effet ne
peut-il pas être la conséquence d'une maladie? et, après tout,
la maladie n'est-elle pas elle-même un accident ?

Le Code, n'accordant au mari la faculté de désavouer
l'enfant que pour impossibilité physique de cohabitation,
exclut par cela même l'allégation et la preuve de toute impossibilité morale. Et, en effet, si profonde que fût la mésintelligence des époux, on ne serait jamais certain qu'il n'y a pas
eu un court instant de réconciliation.

DEUXIÈME *cas de* DÉSAVEU (art. 313, deuxième alinéa).
Dans ce cas l'action en désaveu est fondée sur l'adultère commis par la femme dans la période légale de la conception,
suivi du recel au mari de la naissance de l'enfant. Mais faut-
il que le mari prouve en même temps le recel et l'adultère, ou
lui suffit-il de prouver le recel? Certains auteurs soutiennent

[1] Demolombe, t. V, n° 30. — Demante, t. II, n° 39 *bis*.

cette dernière opinion et, d'après eux, la preuve de l'adultère
sera plutôt la conséquence du désaveu, que le désaveu ne
sera la conséquence de la preuve de l'adultère. Ce système,
qui est celui de la jurisprudence, doit être écarté comme contraire au texte même de l'art. 313; et ensuite parce que le
seul fait du recel ne suffit pas, indépendamment de l'adultère, pour faire naître une assez grave présomption d'illégitimité. La mère cachera quelquefois la naissance de l'enfant,
soit pour se soustraire à l'emportement d'un mari qui désirait
un enfant de sexe différent, soit pour toute autre cause qui
n'implique point, de sa part, l'intention de faire disparaître
les traces d'une faute. Il faut donc que la preuve du recel et
celle de l'adultère se corroborent réciproquement [1], car si
le fait seul du recel ne prouve pas que l'enfant est illégitime, le fait seul de l'adultère ne le prouve pas davantage. La femme, même infidèle à ses devoirs, a pu en effet
avoir des rapports intimes avec son mari à l'époque où elle
en avait avec son complice, et il n'est pas certain que la conception de l'enfant soit plutôt l'œuvre de celui-ci que l'œuvre
de celui-là. Mais comme chacun de ces faits est de nature
à faire, jusqu'à un certain point, présumer l'illégitimité de
l'enfant, leur réunion donne à celle-ci une vraisemblance que
la loi ne pouvait méconnaître et dont le mari peut profiter.

Reste la question de savoir si le mari doit commencer par
prouver l'adultère de la femme, pour être recevable à proposer tous les autres faits qui sont de nature à établir qu'il
n'est point le père de l'enfant, ou bien s'il peut concurremment prouver et l'adultère de la femme, et sa non-paternité.
Il est d'abord incontestable que sa double preuve n'exigera pas
deux instances successives, et qu'il aura la faculté de fournir
l'une et l'autre dans le même procès. Mais nous pensons, con-
trairement à l'opinion de plusieurs auteurs [2], qu'il devra préa-

---

[1] Aubry et Rau, t. IV, § 545, p. 577. — Marcadé, art. 313, n° 3. — Alger,
18 novembre 1858.
[2] Demolombe, t. V, n° 45. — Demante, t. II, p. 53.

lablement prouver l'adultère de la femme, et que si cette première partie de sa double démonstration n'est pas faite, il ne
sera pas recevable à fournir la seconde. En conséquence, un
jugement avant faire droit devra intervenir sur la question
d'adultère, et, une fois l'adultère établi, le tribunal passera
à l'examen du fond, c'est-à-dire à l'examen des faits tendant
à établir la non-paternité du mari. Si le jugement avant
faire droit écartait l'adultère, la demande en désaveu devrait
être immédiatement rejetée.

A la preuve de l'adultère et du recel le mari ajoutera, dit
l'art. 313, celle de tous les faits propres à justifier qu'il n'est
pas le père de l'enfant ; et l'impossibilité morale de cohabitation, qui, par elle-même, ne suffit point pour motiver le désaveu, aura ici beaucoup de gravité. Cette impossibilité morale résultera de la mésintelligence démontrée des époux, de
leurs habitudes de vie séparée, et de toutes autres circonstances qui seront de nature à rendre très-invraisemblable un
rapprochement.

TROISIÈME *cas de* DÉSAVEU. — Il a lieu après la séparation
de corps, aux termes de la loi du 15 décembre 1850, due à
l'initiative de M. Demante. Cette loi a fait disparaître une
inconséquence regrettable du Code qui, après la séparation
de corps, maintenait toute sa force à la présomption : *Is pater
est quem nuptiæ demonstrant.* Ainsi la femme séparée qui
avait eu l'habileté de cacher son adultère à son mari, et la
prudence de ne pas lui recéler la naissance de l'enfant, assu-
rait à celui-ci le bénéfice de la légitimité. De la sorte, plus la
femme était effrontée dans ses désordres, et moins le mari
était à même de rejeter de la famille, par un désaveu, l'enfant né de l'adultère. En vertu de la loi de 1850, le mari
pourra désormais désavouer l'enfant né trois cents jours
après l'ordonnance du président autorisant la femme à se
retirer provisoirement dans une maison tierce (art. 878 Code
de proc.), et moins de cent quatre-vingts jours après le rejet
définitif de la demande. Cette innovation est rationnelle, car

la séparation de corps donnant à la femme le droit de ne plus
habiter avec son mari, on ne devait pas présumer un rapprochement que les faits semblent démentir. Toutefois, la loi
nouvelle exige que le mari intente l'action en désaveu; et,
en effet, s'il ne contredit pas la présomption, qu'il sait exister, d'une filiation légitime, il semble reconnaître lui-même
qu'il y a eu entre sa femme et lui un rapprochement, et que
l'enfant est né de ses œuvres. D'ailleurs, déclarer de plein
droit l'enfant, né après la séparation de corps, étranger au
mari, eût été mettre, sans cause assez grave, un enfant peut-
être légitime au rang des enfants adultérins. Il suffit, du
reste, que le mari intente l'action pour faire tomber la présomption de paternité, et alors c'est à la femme ou à l'enfant
à établir la légitimité de la naissance. S'il est prouvé qu'un
rapprochement a eu lieu entre les époux, l'action en désaveu
sera évidemment rejetée.

QUATRIÈME *cas de* DÉSAVEU (art. 314). — Il a lieu si l'enfant
est né avant que les délais nécessaires à la plus courte gestation se soient écoulés depuis la célébration du mariage. Et,
en effet, la loi ne pouvait pas présumer le mari père de l'enfant lorsque le délai *minimum* de la grossesse n'était point
accompli.

L'art. 314 apporte une triple restriction à la faculté qu'a
le mari de désavouer l'enfant né avant le cent quatre-vingtième jour du mariage. Son action n'est plus recevable :

1° S'il a eu connaissance de la grossesse de la femme avant
le mariage : car, ou il regardait cette grossesse comme provenant de ses œuvres, et.alors il ne doit pas rejeter une paternité qui est la sienne ; ou il la regardait comme provenant
des œuvres d'un tiers, et alors il ne mérite aucune protection ;

2° S'il a assisté à l'acte de naissance et si cet acte est signé
de lui ou contient sa déclaration qu'il ne sait pas signer ; car,
en agissant de la sorte, il a reconnu implicitement que
l'enfant est né de ses œuvres, ou tout au moins il a accepté
la responsabilité d'une paternité étrangère ;

3° Si l'enfant n'est pas né viable, par la double raison que l'enfant non viable peut avoir été conçu depuis moins de cent quatre-vingts jours, et que, d'ailleurs, sa mort enlève au mari tout intérêt à le désavouer. Or, il est de principe que l'intérêt est le fondement nécessaire et la mesure des actions.

Quelle sera la condition de l'enfant né avant le cent quatre-vingtième jour du mariage et non désavoué ? sera-t-il *légitime* ou *légitimé ?* La question est grave, car, s'il est légitime, il aura pu recueillir les successions ouvertes à son profit dans l'intervalle qui se sera écoulé entre sa conception et la célébration du mariage ; et si, au contraire, il est légitimé, ces successions auront passé aux héritiers du degré subséquent. Certains auteurs prétendent que l'enfant naît légitime. Ils se fondent sur la rubrique de notre chapitre d'après laquelle sont légitimes les enfants nés *dans le mariage*, que leur conception soit antérieure ou postérieure à sa célébration ; et sur les travaux préparatoires du Code, desquels il paraît résulter que le titre de l'enfant est fixé par sa naissance et non par sa conception. La loi aurait ainsi voulu jeter un voile sur le passé.

Ce système doit être écarté : en effet, si l'on se réfère à la naissance lorsqu'il s'agit de rattacher l'enfant à sa mère seulement, on doit se référer à la conception lorsqu'il faut le rattacher simultanément à son père et à sa mère, ce qui est nécessaire pour déterminer sa qualité véritable. D'ailleurs, l'art. 312 exige que la conception ait eu lieu dans le mariage pour que l'enfant soit légitime. Enfin, il serait trop grave d'attribuer la qualité d'enfant légitime à un enfant peut-être conçu dans l'inceste ou l'adultère, ce qui arrivera lorsque ses père et mère, parents au degré prohibé, se seront plus tard mariés avec dispenses ; ou lorsque le père de l'enfant était, à l'époque de la conception, dans les liens d'un premier mariage non encore dissous. L'enfant dont il s'agit est donc un enfant légitimé, et dans le cas où cette légitimation est impossible parce qu'il est adultérin ou incestueux, on doit le réputer né de père inconnu, puisque la loi interdit formellement sa reconnaissance.

CINQUIÈME *cas*. — CONTESTATION DE LÉGITIMITÉ (art. 315). — Dans ce cas, la légitimité de l'enfant est contestée non plus par le mari, mais par ses héritiers. Il suffit que l'enfant soit né trois cents jours après la dissolution du mariage. Mais pourquoi cet enfant n'est-il pas de plein droit illégitime, puisque sa conception ne peut se placer dans le mariage? C'est que, dans le cas où personne ne serait intéressé à soulever cette contestation, on priverait sans cause l'enfant de la qualité d'enfant légitime. Certains auteurs vont plus loin, et prétendent que les tribunaux peuvent, suivant les circonstances, admettre ici sa légitimité, malgré la contestation des parties intéressées. Ils se fondent sur le texte de l'art. 315, aux termes duquel la légitimité de l'enfant né trois cents jours après la dissolution du mariage *pourra* être contestée, ce qui paraît attribuer aux juges un pouvoir discrétionnaire. Mais il est difficile d'adopter un tel système, car le Code a fixé la durée de la plus longue gestation, et si les tribunaux peuvent l'augmenter, on ne voit pas quel en sera le terme définitif. Peu à peu on en reviendrait à admettre, comme autrefois, des grossesses de deux et trois ans. On objecte que, dans certaines circonstances exceptionnelles, la grossesse peut excéder sa durée légale ; mais il est évident que le législateur n'a pas été touché par des considérations de cette nature. Les textes le prouvent. En effet, lorsque l'action en désaveu est fondée sur l'éloignement ou une impossibilité physique de cohabitation, il n'est pas douteux que les tribunaux ne soient privés de tout pouvoir discrétionnaire ; et, cependant, l'art. 312 emploie les mêmes expressions que l'art. 315. Dans l'un et l'autre, il est dit que la légitimité *pourra* être contestée. Ce mot fait donc allusion à la faculté qu'ont le mari ou ses héritiers d'intenter ou de ne pas intenter l'action, mais non à celle qu'aurait la justice de l'admettre ou de l'écarter suivant les circonstances. Conséquemment, si les héritiers du mari contestent la légitimité de l'enfant né trois cents jours après la dissolution du mariage, la justice devra la proclamer, et, dans le cas où elle aurait refusé de le faire, il y aurait lieu à cassation [1].

Des PERSONNES *qui* PEUVENT *intenter l'action en* DÉSAVEU *ou en* CONTESTATION *de légitimité.* — L'action en désaveu appartient au mari ou à ses héritiers, lorsqu'il est mort dans les délais utiles pour l'intenter. De la part de toute autre personne elle serait non recevable. Mais cette action a un caractère différent, suivant qu'on la suppose entre les mains du mari ou entre celles des héritiers. Le mari a surtout un intérêt moral à défendre; il tend à expulser de sa famille un enfant qui lui est étranger. Les héritiers, au contraire, défendent un intérêt purement pécuniaire; ils tendent à écarter l'enfant, pour conserver la succession du mari défunt. Nous verrons tout à l'heure la conséquence qui découle de là. Mais d'abord qui faut-il entendre par *héritiers?* Ces expressions comprennent tous les héritiers légitimes du mari qui sont ses parents au degré successible et même, ainsi qu'il résulte de la discussion au Conseil d'État, ses successeurs irréguliers, c'est-à-dire ceux qui recueillent ses biens sans continuer sa personne juridique, par exemple, ses enfants naturels ou l'État. Effectivement les successeurs irréguliers, comme les héritiers légitimes, recueillent tous les droits et actions du défunt et conséquemment l'action en désaveu [2]. Mais un légataire particulier n'aurait pas le même droit; car, étant appelé à un objet déterminé, il ne peut se prévaloir des actions non comprises dans cette libéralité.

De ce qui précède il résulte que les héritiers du mari qui renonceraient à sa succession, et à plus forte raison ceux qui n'y auraient pas été appelés ne pourraient contester la légitimité de l'enfant; et, en effet, il leur manque à la fois et l'in-

---

[1] Valette, *Expl. somm.*, p. 174. — Demolombe, t. V, n° 86. — Massé et Vergé, t. I, p. 298.

[2] Demolombe, t. V, n°s 120 etsuiv. — Aubry et Rau, t. IV, § 545, p. 583.

térêt moral qu'avait le mari et l'intérêt pécuniaire qu'ont les
héritiers détenteurs de sa succession.

Les héritiers, qui recueillent dans la succession du mari
l'action en désaveu, peuvent évidemment se prévaloir de tous
les moyens que le mari lui-même aurait pu invoquer s'il avait
vécu. Ils auront même le droit de démontrer l'adultère de la
femme, non pour en provoquer la répression puisque le
mari seul avait cette faculté, mais pour établir la première
condition du désaveu, lorsque le recel de la naissance constitue la seconde, ainsi que nous l'avons précédemment expliqué.

Le jugement qui déclare l'enfant légitime ou adultérin
a-t-il une portée absolue, et l'état de l'enfant est-il désormais
fixé *ergà omnes?* Lorsque ce jugement a été rendu sur les
poursuites du mari, il produit évidemment un effet absolu.
Le mari qui a tant d'intérêt à ne pas laisser un enfant adultérin s'introduire dans sa famille, prendre son nom, et recueillir sa succession, a en quelque sorte un mandat légal
pour représenter la société tout entière dans un débat de
cette nature, et ce qui est jugé pour ou contre l'enfant est désormais jugé *ergà omnes*. La même solution devrait être
donnée au cas où *tous* les héritiers du mari auraient figuré
dans l'instance qui a fixé le sort de l'enfant. Pris collectivement, ils représentent la personne du mari, et le jugement
rendu avec eux est censé rendu avec le mari lui-même.
Mais lorsque le jugement a été rendu sur une instance liée
entre l'enfant et quelques-uns des héritiers seulement, il n'y a
de chose jugée qu'à l'égard de ceux qui ont figuré au procès,
et non à l'égard des héritiers qui n'ont pas été mis en cause,
parce que les divers héritiers n'ont pas mandat de se représenter les uns les autres, et que la collection seule de tous les héritiers représente le défunt. Les tribunaux pourraient, dans
ce cas, donner deux solutions différentes. Ils éviteront cette
contrariété éventuelle de jugements, en ordonnant la mise
en cause de tous les héritiers sans exception.

DÉLAIS *de l'action en* DÉSAVEU *et de l'action en contestation de légitimité.* — L'action en désaveu dure un mois, si le mari se trouve sur les lieux de la naissance de l'enfant, et deux mois dans le cas contraire (art. 316). Lorsqu'il y a recel de la naissance, le délai est encore de deux mois ; et il ne commence à courir qu'à dater du jour où la fraude a été découverte. La différence de ces délais est rationnelle, car le mari qui est sur les lieux et qui connaît la grossesse de sa femme peut d'avance prendre ses mesures, tandis que le mari absent, ou celui auquel la naissance de l'enfant a été cachée, se trouve pris au dépourvu. La brièveté de tous ces délais est extrêmement plausible, car il importe de fixer au plus tôt l'état des familles.

Si le mari est mort après les délais de l'action en désaveu, la légitimité de l'enfant est désormais inattaquable, puisque celui-là même qui avait le plus d'intérêt à la contester a reculé devant cette contestation. Mais si le mari meurt dans les délais, il n'est pas prouvé que son silence eût persisté jusqu'à la fin, et ses héritiers succèdent à l'action qu'il laisse dans son patrimoine. Seulement, comme ces derniers n'ont qu'un intérêt pécuniaire, ils peuvent, s'ils le préfèrent, ne l'intenter que lorsque cet intérêt prend naissance et se manifeste. Or, il se manifeste si l'enfant ou ses représentants veulent prendre possession soit des biens du mari, soit des biens d'un parent auquel le mari aurait succédé ; ou encore si l'enfant par lui-même ou par son représentant légal leur notifie sa prétention à la légitimité. Le délai de leur action en contestation de légitimité est de deux mois , à partir de l'un ou de l'autre de ces événements. Il sera donc possible que l'action dont il s'agit ne soit intentée que longtemps après le décès du mari. Mais les héritiers ne sont pas obligés, comme nous l'avons dit, d'attendre pour agir le bon plaisir de l'enfant qui, dans le but de laisser disparaître la preuve de sa bâtardise, pourrait retarder indéfiniment la manifestation de ses prétentions. Ils pourront en conséquence saisir immédiatement la justice, et faire statuer, dès la mort du mari, sur l'état de l'enfant que celui-ci aurait pu désavouer [1].

Dans la crainte que la brièveté des délais accordés pour les actions en désaveu ou en contestation de légitimité ne soit quelquefois excessive, l'article 318 permet au mari et à ses héritiers de les proroger d'un mois, en désavouant l'enfant par acte extrajudiciaire, c'est-à-dire par acte notarié, exploit d'huissier, etc. Le mois expiré, l'action non intentée est éteinte.

L'enfant dont la légitimité est contestée peut rarement se défendre lui-même ; et, comme l'action dirigée contre lui est de la plus haute gravité, l'article 318 exige qu'un tuteur *ad hoc* lui soit donné, même dans le cas où il aurait un tuteur ordinaire ; car une personne spécialement chargée de contredire à la demande apportera toujours plus de zèle dans sa résistance. Le choix du tuteur appartiendra au tribunal, et, en effet, si on le laissait à la famille elle-même, comme dans les cas ordinaires, il serait à craindre qu'étant intéressée au désaveu, elle ne désignât une personne partiale ou incapable.

L'article 318 exige que la mère soit appelée au procès. Elle n'y sera point partie, à proprement parler, mais elle sera présente aux débats, et elle pourra donner d'utiles renseignements.

CHAPITRE II

DES PREUVES DE LA FILIATION DES ENFANTS LÉGITIMES.

Art. 319. La filiation des enfants légitimes se prouve par les actes de naissance inscrits sur le registre de l'état civil.

320. A défaut de ce titre, la possession constante de l'état d'enfant légitime suffit.

321. La possession d'état s'établit par une réunion suffisante de

[1] Demolombe, t. V, n° 160. — Massé et Vergé, t. I, p. 203, note 51.

faits qui indiquent le rapport de filiation et de parenté entre un individu et la famille à laquelle il prétend appartenir. — Les principaux de ces faits sont : — que l'individu a toujours porté le nom du père auquel il prétend appartenir ;. — que le père l'a traité comme son enfant, et a pourvu, en cette qualité, à son éducation, à son entretien et à son établissement ; — qu'il a été reconnu constamment pour tel dans la société ; — qu'il a été reconnu pour tel par la famille.

322. Nul ne peut réclamer un état contraire à celui que lui donnent son titre de naissance et la possession conforme à ce titre ; — et réciproquement, nul ne peut contester l'état de celui qui a une possession conforme à son titre de naissance.

323. A défaut de titre et de possession constante, ou si l'enfant a été inscrit, soit sous de faux noms, soit comme né de père et mère inconnus, la preuve de filiation peut se faire par témoins. — Néanmoins cette preuve ne peut être admise que lorsqu'il y a commencement de preuve par écrit, ou lorsque les présomptions ou indices résultant de faits dès lors constants sont assez graves pour déterminer l'admission.

324. Le commencement de preuve par écrit résulte des titres de famille, des registres et papiers domestiques du père ou de la mère, des actes publics et même privés émanés d'une partie engagée dans la contestation, ou qui y aurait intérêt si elle était vivante.

325. La preuve contraire pourra se faire par tous les moyens propres à établir que le réclamant n'est pas l'enfant de la mère qu'il prétend avoir, ou même, la maternité prouvée, qu'il n'est pas l'enfant du mari de la mère.

326. Les tribunaux civils seront seuls compétents pour statuer sur les réclamations d'état.

327. L'action criminelle contre un délit de suppression d'état ne pourra commencer qu'après le jugement définitif sur la question d'état.

328. L'action en réclamation d'état est imprescriptible à l'égard de l'enfant.

329. L'action ne peut être intentée par les héritiers de l'enfant qui n'a pas réclamé, qu'autant qu'il est décédé mineur, ou dans les cinq années après sa majorité.

330. Les héritiers peuvent suivre cette action lorsqu'elle a été commencée par l'enfant, à moins qu'il ne s'en fût désisté formellement, ou qu'il n'eût laissé passer trois années sans poursuites, à compter du dernier acte de la procédure.

Observation. — Dans le chapitre qui précède, le Code a tracé les règles à suivre pour rattacher l'enfant à son père ; dans celui-ci, il trace les règles à suivre pour le rattacher à sa mère. Tout à l'heure il fallait se référer à l'époque de la conception ; maintenant il faut se référer à celle de la naissance. L'enfant devra prouver : 1° l'accouchement de la femme dont il se dit issu ; 2° sa propre identité avec l'enfant dont elle est accouchée. Une fois la maternité prouvée, il se rattachera au mari de sa mère par la présomption : *Is pater est*, etc., que nous avons déjà étudiée.

Des différentes PREUVES DE LA FILIATION LÉGITIME.—L'enfant peut prouver sa filiation légitime par rapport à sa mère, et, conséquemment, par rapport au mari de sa mère : 1° par l'acte de naissance ; 2° par la possession d'état ; 3° par témoins.

1° *Preuve par l'*ACTE DE NAISSANCE. — Aux termes de l'article 319, la filiation légitime se prouve par les actes de naissance inscrits sur les registres de l'état civil. Mais cette proposition, prise au pied de la lettre, n'est pas exacte ; en effet, si l'acte de naissance prouve l'accouchement de la mère, il ne prouve pas l'identité de l'enfant, puisque le premier venu, pouvant se faire délivrer des extraits des actes de l'état civil, peut facilement aussi tenter de s'appliquer un acte de naissance qui n'est pas le sien. Peut-on même dire que l'acte de naissance prouve l'accouchement de la mère ?... Pas davantage. En effet, une grossesse a pu être simulée, et une déclaration mensongère d'accouchement être ensuite faite à l'officier de l'état civil. Pour que la preuve de l'accouchement fût directe et absolument certaine, il faudrait que l'officier de l'état civil y eût lui-même assisté ou fût tout au moins autorisé à le vérifier. Mais comme une pareille pratique est inadmissible, la loi fait résulter la preuve de l'accouchement de la seule déclaration des parties. Il n'y a du reste, dans ce système, aucun danger sérieux, car l'accouchement doit être déclaré par le mari lui-même qui a tout intérêt à ne pas attribuer à sa femme une maternité mensongère ; ou, à son défaut, par les personnes de l'art qui ont assisté la mère dans sa délivrance et peuvent témoigner *de visu* de la réalité de son accouchement. On peut d'ailleurs ajouter que presque toujours la grossesse aura été connue. Par elle-même elle est difficile à cacher : puis, dans le cas de légitimité qui est le nôtre, elle est habituellement pour la famille un motif de contentement, et pour la femme un sujet de félicitations ; la déclaration d'accouchement sera donc presque toujours corroborée par cette notoriété antérieure de la grossesse, et c'est pourquoi le Code a pu dire avec raison que l'acte de naissance prouve l'accouchement de la mère.

Les irrégularités contenues dans l'acte de naissance ne lui enlèvent pas sa force probante, lorsque, d'ailleurs, la personne accouchée et le fait de l'accouchement sont clairement désignés. Ainsi, l'indication de la mère, sans le nom du père, suffit ; en effet, d'un côté, l'acte de naissance n'a point pour but de prouver le mariage, et, de l'autre, l'art. 312 supplée à l'insuffisance de l'énonciation, en déclarant que l'enfant a pour père le mari de la mère [1].

Nous ne pensons même pas que, si la mère a été désignée par son nom de fille, l'acte de naissance perde rien de sa force probante. Et, en effet, la seule question à résoudre est celle de savoir quelle est la mère, et, du moment que la mère est connue, et qu'aucun doute ne peut s'élever sur son identité, la filiation se trouve pleinement établie.

Quant à l'identité de l'enfant, elle sera prouvée par titres, par témoins, et même par simples présomptions ; car comment pourrait-elle l'être d'une autre manière ?

2° *Preuve par la* POSSESSION D'ÉTAT. — La possession d'état se compose de trois éléments, qui sont :

Nomen, c'est-à-dire le fait que l'enfant a toujours porté le nom du père auquel il prétend appartenir ;

Tractatus, c'est-à-dire le fait que l'enfant a toujours été traité par la famille comme un enfant légitime ;

---

[1] Bonnier, *Preuves*, t. II, nᵒˢ 552 et suiv. — Demolombe, t. V, nᵒ 197.

Fama, c'est-à-dire le fait que l'enfant a toujours été con-sidéré par le public comme appartenant à cette famille (art. 321). Les tribunaux peuvent, d'ailleurs, admettre tous autres faits pour corroborer les précédents.

Ordinairement le droit se trouve là où est son signe exté-rieur. Ainsi, nous avons vu que la possession d'état de Fran-çais fait présumer cette qualité, comme nous verrons que la possession d'une chose en fait présumer la propriété. Le Code, faisant l'application de ces principes à la matière qui nous occupe, déclare, avec raison, que la possession d'état d'enfant légitime fait présumer la légitimité.

L'acte de naissance est préféré par le Code à la possession d'état. Cela résulte du texte même de l'article 320, aux ter-mes duquel la possession d'état ne doit être invoquée qu'*à défaut* d'acte de naissance. Mais, d'un autre côté, la possession d'état a un avantage sur l'acte de naissance, car elle prouve l'accouchement de la mère et l'identité de l'enfant, tandis que l'acte de naissance ne prouve que l'accouchement de la mère.

La possession d'état doit être *constante*, pour prouver la légitimité (art. 320), et en effet, si l'enfant a été tour à tour considéré comme légitime et comme illégitime, il n'y a aucune raison d'admettre plutôt les faits favorables que les faits contraires à la légitimité.

La possession d'état devant prouver la légitimité par rap-port au père et à la mère, il faut que ni l'un ni l'autre ne l'ait contredite.

A proprement parler, les effets de la possession d'état sont indivisibles. Effectivement, il ne suffit pas, pour être légi-time, d'avoir un père *ou* une mère légitime, il faut avoir simultanément un père *et* une mère légitimes. Or, si l'un des auteurs traite l'enfant comme naturel pendant que l'autre le traite comme légitime, il est bien évident que l'enfant n'a plus la possession d'état d'enfant légitime ; chacune de ces possessions d'état est la contradiction de l'autre, et comme l'enfant ne peut pas être à la fois légitime et naturel, il en résulte qu'il est dans ce cas sans véritable possession d'état. Il en serait autrement si la mère, par exemple, étant décédée au moment de la naissance de l'enfant, celui-ci n'avait pas pu recevoir d'elle une possession d'état. Alors la possession d'état donnée par le père serait la seule à constater, et comme elle ne serait pas contredite par une possession d'état contraire, elle assurerait à l'enfant le bénéfice de la légitimité dans le cas où elle tendrait à établir qu'il est en effet légitime.

Cas d'un ACTE DE NAISSANCE *et d'une* POSSESSION D'ÉTAT CONFORMES. — L'acte de naissance et la possession d'état prouvent la filiation légitime lorsqu'ils sont isolés : à plus forte raison la prouvent-ils lorsqu'ils sont réunis. Mais une grave différence existe entre la force probante de ces actes isolés et leur force probante lorsqu'ils sont d'accord. L'acte de naissance ou la possession d'état isolés sont contestables. L'enfant peut rechercher une filiation différente de celle que lui donne soit l'acte de naissance, soit la possession d'état, et les tiers de leur côté peuvent fournir contre lui la même preuve. Il n'en est pas de même, lorsque l'acte de naissance et la possession d'état sont réunis. Alors ni l'enfant ni les tiers ne peuvent contester la filiation qui en résulte. Aucune autre preuve ne pourrait, en effet, réunir plus d'éléments de certitude. Est-ce à dire que l'enfant soit nécessairement issu des père et mère désignés par la possession d'état et l'acte de naissance ? Non ; car s'il a été, par exemple, changé avant d'être présenté à l'officier de l'état civil, l'acte de naissance et la possession d'état ont une signification mensongère ; l'un et l'autre s'appliquent alors à un enfant autre que celui qui est réellement issu de la mère désignée dans l'acte de naissance, et à laquelle se rapporte la possession d'état. Mais une telle substitution est tellement improbable qu'elle n'a pas arrêté le législateur. Il a mieux aimé, dans l'intérêt des familles, rendre l'état de l'enfant inattaquable,

que déclarer les actions en réclamation ou en contestation
d'état recevables, lorsque le titre et la possession d'état con-
cordent ensemble.

3° *Preuve par* TÉMOINS. — La preuve testimoniale n'est
pas sans péril, car la mémoire des témoins est exposée à
toutes les défaillances, et leur sincérité à toutes les séductions,
en telle sorte que la religion des juges peut être facilement
surprise. En général, cependant, la preuve testimoniale est
recevable toutes les fois que l'on n'a pas pu se procurer une
preuve écrite, et si l'on était resté ici dans le droit commun,
l'enfant aurait toujours eu le droit de prouver sa filiation
par témoins, puisqu'il ne dépend pas de lui que cette filiation
soit prouvée par écrit. Mais à cause de la gravité des intérêts
engagés dans les questions d'état et particulièrement de filiation, le Code a ici précisé avec soin et limité avec rigueur les
cas et conditions d'admissibilité de la preuve testimoniale.

Aux termes de l'art. 323-2°, la preuve testimoniale n'est
recevable que s'il y a un commencement de preuve par écrit,
ou des indices résultant de faits déjà constants qui sont assez
graves pour en déterminer l'admission.

Le commencement de preuve par écrit résulte de titres de
famille, registres ou papiers domestiques, ou de tous actes
émanés d'une personne engagée dans la contestation, ou qui
aurait, si elle était vivante, un intérêt contraire à celui de
l'enfant demandeur (art. 324.)

La définition du commencement de preuve par écrit est
dans l'art. 324 plus large qu'elle ne l'est dans l'art. 1347 qui
parle du commencement de preuve par écrit en matière de contestations ordinaires. Il n'est pas en effet nécessaire que l'écrit
qui rend vraisemblable la filiation émane, comme celui dont
parle l'art. 1347, de la personne même contre laquelle la
demande est formée. Il suffit qu'il provienne d'une personne
décédée, qui aurait eu un intérêt contraire à celui de l'enfant si elle avait été vivante. Ainsi, l'écrit émané du frère
de l'enfant qui réclame serait suffisant pour rendre admis-

sible la preuve testimoniale. Comment, en effet, supposer qu'avant de mourir, le frère décédé aurait été donner une arme semblable à l'enfant survivant, si cet enfant n'était pas réellement son frère ?

A défaut de commencement de preuve par écrit, l'enfant doit produire des présomptions ou indices graves à l'appui de sa prétention : par exemple, des objets, vêtements, langes, etc., trouvés sur sa personne, et qui ont appartenu à celle qu'il prétend être sa mère : une ressemblance frappante avec elle serait encore un indice suffisant. Mais que signifie l'art. 323, lorsqu'il exige que les faits allégués par l'enfant soient déjà *constants ?* Le Code a eu évidemment pour but d'exclure toute enquête sur les faits allégués, car une telle enquête pourrait avoir été frauduleusement préparée ; mais, d'un autre côté, il ne suffirait pas que les adversaires de l'enfant lui opposassent une simple dénégation pour que les faits perdissent leur caractère de faits constants, car autrement l'enfant serait à leur discrétion. Les faits dont il s'agit devront, en conséquence, être avoués ou constatés, soit par le procès-verbal du commissaire de police auquel l'enfant a été présenté, ou de l'établissement qui l'a recueilli, soit par tout autre acte analogue.

Une fois les conditions préalables de la preuve testimoniale remplies, l'enfant peut produire à l'appui de sa demande toute sorte de faits tendant à prouver sa légitimité, comme ses adversaires toute sorte de faits tendant à la combattre.

Ici se présente une difficulté : l'art. 325 déclare que, même la maternité prouvée, le mari pourra établir qu'il n'est pas le père de l'enfant. Cette disposition semble inconciliable avec les principes généraux de la matière, car l'enfant qui a trouvé sa mère a nécessairement pour père le mari de sa mère, à moins que celui-ci ne puisse invoquer une cause de désaveu. Or, dans l'hypothèse de l'art. 325, cette cause n'est pas supposée. Pour expliquer cette apparente contradiction, certains auteurs ont prétendu que la maternité n'étant prou-

vée que par jugement, elle n'avait pas un caractère de certitude suffisant pour que la présomption de paternité fût applicable au mari. Mais cette opinion heurte directement le
principe : *Res judicata pro veritate habetur*. Il est préférable de dire, non que l'enfant ne se rattache pas à sa mère
par un lien certain, mais que l'irrégularité, soit de son acte
de naissance, soit de sa possession d'état, a dû faire affaiblir
la présomption *Is pater est,* etc., laquelle tombera ici devant
la simple preuve contraire, au lieu de ne tomber que devant
une procédure ordinaire de désaveu [1].

Si l'acte de naissance n'avait pas été inscrit sur les registres de l'état civil, ou si ces registres avaient été détruits en
tout ou en partie, soit par cas fortuit, soit par un fait criminel, on retomberait alors dans l'hypothèse de l'art. 46 du
Code, et la preuve de la filiation pourrait être faite par témoins, sans les conditions préliminaires que nous venons
d'examiner, par la raison que les irrégularités matérielles du
titre de naissance ne présentent plus un caractère suspect par
rapport à la filiation.

Du TRIBUNAL COMPÉTENT *pour statuer sur les actions en
réclamation d'état.* — Les tribunaux civils sont exclusivement compétents pour statuer sur ces actions. La loi va
même plus loin ; en effet, dans le cas où l'enfant serait privé
de son état par un crime ou un délit, elle subordonne l'exercice de l'action criminelle par le ministère public à l'exercice
préalable de l'action civile par les parties intéressées. Il y a
là une grave dérogation au droit commun ; car ordinairement le criminel tient le civil en état, et ici le contraire a
lieu ; d'où il suit que, si la partie intéressée néglige d'intenter
l'action civile, le crime de suppression d'état restera impuni [2].
La raison de cette disposition est dans l'ancienne jurisprudence, qui, exigeant d'une manière absolue un commence-

[1] Valette sur Proudhon, t. II, p. 75. — Marcadé sur l'art. 325. — Demante,
t. II, n° 52 *bis.* — Demolombe, t. V, n° 259.
[2] Aubry et Rau, t. IV, § 514 *bis*, p. 558. — Paris, 10 janvier 1851.

ment de preuve par écrit pour la preuve de la filiation, ne croyait pas devoir admettre que cette preuve pût résulter d'un procès criminel, où un commencement de preuve par écrit n'est jamais nécessaire. Mais il eût été possible et facile de concilier l'intérêt de la répression avec le système de preuves prescrit pour la filiation. Le Code n'avait qu'à subordonner l'exercice de l'action criminelle, comme celui de l'action civile, à un commencement de preuve par écrit, et rien ne le forçait à perpétuer ce prétendu principe, que la preuve testimoniale doit être, dans tous les cas, recevable *de plano* devant les tribunaux criminels. Il eût été aussi naturel d'exiger un commencement de preuve par écrit pour l'exercice de l'action criminelle devant aboutir au rétablissement de la preuve de la filiation, que de l'exiger pour l'exercice de l'action civile qui tend directement à ce rétablissement. L'erreur législative commise par l'ancien droit français, et reproduite par le Code, est donc regrettable et devrait être réformée.

Des cas d'imprescriptibilité *ou de* prescriptibilité *de l'action en réclamation d'état.* — L'action en réclamation d'état est imprescriptible ou prescriptible, suivant qu'elle est entre les mains de l'enfant ou entre celles de ses héritiers. Pourquoi cette différence? C'est que l'intérêt de l'enfant est surtout un intérêt moral. Il importe qu'il puisse, à toute époque de sa vie, faire rétablir sa filiation véritable. Ses héritiers, au contraire, n'ont qu'un intérêt pécuniaire, et l'action en réclamation d'état ne pouvait jamais survivre à cet intérêt.

Les héritiers sont déchus de l'action :

1° Lorsque l'enfant est *mort* dans les *cinq années* après sa majorité (art. 329) ; car alors il a tacitement renoncé aux intérêts pécuniaires qui pouvaient résulter de sa qualité ;

2° Lorsque l'enfant, après avoir intenté l'action, s'en *est désisté,* soit expressément, soit en laissant passer trois années sans poursuites, à compter du dernier acte de procédure (art. 330) ;

3° Lorsqu'il a *expressément renoncé* aux droits pécuniaires pouvant résulter de sa qualité, car une renonciation expresse doit certainement équivaloir à une renonciation tacite.

Quelques auteurs ont proposé une distinction entre les différents héritiers de l'enfant. Suivant eux, si ces héritiers sont issus de lui, l'action aura entre leurs mains le même caractère qu'entre les mains du défunt lui-même, car leur intérêt est moral plutôt que pécuniaire. S'ils n'en sont pas issus, leur intérêt est purement pécuniaire, et, par suite, leur action prescriptible. Mais on doit écarter cette distinction, parce que, dans le Code, rien ne dénote que les descendants de l'enfant aient un avantage quelconque sur ses autres héritiers.

Pour que l'action fût imprescriptible quand elle appartient aux descendants, il faudrait que la loi leur eût permis de l'intenter de *leur chef;* or, ce n'est pas à ce titre qu'ils peuvent agir, mais uniquement comme *héritiers* de l'enfant, et dès lors leur action subit les mêmes restrictions et les mêmes limites que celle de tout autre héritier [1].

CHAPITRE III

DES ENFANTS NATURELS.

PREMIÈRE SECTION

DE LA LÉGITIMATION DES ENFANTS NATURELS.

Art. 331. Les enfants nés hors mariage, autres que ceux nés d'un commerce incestueux ou adultérin, pourront être légitimés par le mariage subséquent de leurs père et mère, lorsque ceux-ci les auront légalement reconnus avant leur mariage, ou qu'ils les reconnaîtront dans l'acte même de célébration.

332. La légitimation peut avoir lieu même en faveur des enfants

---

[1] Massé et Vergé, § 160, note 17. — Demolombe, t. V, n° 303. — Cass., 9 janvier 1854.

décédés qui ont laissé des descendants ; et, dans ce cas, elle profite à ces descendants.

333. Les enfants légitimés par le mariage subséquent auront les mêmes droits que s'ils étaient nés de ce mariage.

De LA LÉGITIMATION. — La légitimation consiste à faire entrer dans la famille un enfant naturel avec les droits d'enfant légitime.

Quels enfants PEUVENT ÊTRE *légitimés*. — Peuvent être légitimés les enfants naturels simples, mais non les enfants adultérins ou incestueux. Or, nous savons que l'on doit se référer au moment de la conception pour apprécier le caractère de la filiation.

Mais faut-il admettre la légitimation des enfants nés de parents au degré prohibé, par exemple, d'un oncle et d'une nièce qui se sont plus tard mariés après avoir obtenu des dispenses ? Non, car l'art. 331 prohibe la légitimation des enfants incestueux, et cette prohibition serait sans objet si elle ne devait pas s'appliquer aux enfants nés de personnes parentes au degré prohibé qui se sont mariés avec dispenses ; en effet, tous autres parents au degré prohibé sont dans l'impossibilité d'obtenir des dispenses, et de remplir la condition essentielle de la légitimation, qui est le mariage. L'art. 331 nous paraît commander rigoureusement la solution que nous donnons. On ne peut cependant méconnaître qu'elle aura souvent une bizarre conséquence. Les enfants nés avant le mariage resteront incestueux, et ceux nés après le mariage seront légitimes : les uns et les autres seront cependant issus de même père et de même mère. Le Code a sans nul doute voulu prévenir par cette disposition sévère toutes relations incestueuses dans les familles, en privant les parents qui pourraient se marier avec dispenses de tout espoir de légitimer un jour les enfants auxquels ils donneraient naissance avant que leur union soit autorisée [1].

[1] *Sic*, Demolombe, t. V, n° 352 et suiv. — Aubry et Rau, t. IV, § 546, p. 596. — Douai, 1ᵉʳ juillet 1864. — *Contrà*, Paris, 14 juin 1858. — Amiens,

L'art. 332 permet la légitimation des enfants décédés.
Elle fera entrer leurs descendants dans la famille légitime.

Des CONDITIONS *de la légitimation*. — La loi exige deux
conditions, savoir :

1° La *reconnaissance* de l'enfant naturel par ses père et
mère, soit avant le mariage, soit dans l'acte même de célébration. L'art. 331 paraît absolu, et il exclut, comme insuffisante pour la légitimation, toute reconnaissance postérieure
au mariage. Ce système est peut-être rigoureux ; en effet, si
les père et mère naturels omettent la formalité de la reconnaissance, leur mariage aura manqué le but essentiel de la
légitimation, et il n'y a aucun moyen de réparer cet oubli.
Le Code a cependant préféré ce résultat, parce qu'autrement
il fût devenu trop facile à des époux sans enfants d'introduire,
par des reconnaissances mensongères, une postérité légitime
dans leur famille.

La loi exige :

2° Le *mariage* valable ou putatif des père et mère de l'enfant. Sous la double condition ci-dessus, la légitimation s'opère
de plein droit et sans qu'il soit besoin d'aucune déclaration
ou formalité. Le titre nouveau de l'enfant date du mariage.
En conséquence, toutes les successions qui se seraient ouvertes à son profit dans l'intervalle de sa conception à sa légitimation, lui auront définitivement échappé s'il ne pouvait les
recueillir qu'à la condition d'avoir les droits d'enfant légitime.

Des EFFETS *de la légitimation*. — L'art. 333 accorde à
l'enfant légitimé tous les droits d'enfant légitime, à partir du
mariage de ses père et mère ; et ces droits sont identiques
pour l'un comme pour l'autre, non-seulement au point de
vue des intérêts pécuniaires, mais encore au point de vue
des avantages de toute nature que présente la famille légitime.

14 janvier 1864. — Pont, *le Droit*, du 24 juin 1855. — Cass., 22 janvier
1867.

DEUXIÈME SECTION

DE LA RECONNAISSANCE DES ENFANTS NATURELS.

ART. 334. La reconnaissance d'un enfant naturel sera faite par un acte authentique, lorsqu'elle ne l'aura pas été dans son acte de naissance.

335. Cette reconnaissance ne pourra avoir lieu au profit des enfants nés d'un commerce incestueux ou adultérin.

336. La reconnaissance du père, sans l'indication et l'aveu de la mère, n'a d'effet qu'à l'égard du père.

337. La reconnaissance faite pendant le mariage, par l'un des époux, au profit d'un enfant naturel qu'il aurait eu, avant son mariage, d'un autre que de son époux, ne pourra nuire ni à celui-ci ni aux enfants nés de ce mariage. — Néanmoins elle produira son effet après la dissolution de ce mariage, s'il n'en reste pas d'enfants.

338. L'enfant naturel reconnu ne pourra réclamer les droits d'enfant légitime. Les droits des enfants naturels seront réglés au titre *des Successions.*

339. Toute reconnaissance de la part du père ou de la mère, de même que toute réclamation de la part de l'enfant, pourra être contestée par tous ceux qui y auront intérêt.

340. La recherche de la paternité est interdite. — Dans le cas d'enlèvement, lorsque l'époque de cet enlèvement se rapportera à celle de la conception, le ravisseur pourra être, sur la demande des parties intéressées, déclaré père de l'enfant.

341. La recherche de la maternité est admise. — L'enfant qui réclamera sa mère sera tenu de prouver qu'il est identiquement le même que l'enfant dont elle est accouchée. — Il ne sera reçu à faire cette preuve par témoins que lorsqu'il aura déjà un commencement de preuve par écrit.

342. Un enfant ne sera jamais admis à la recherche soit de la paternité, soit de la maternité, dans les cas où, suivant l'article 335, la reconnaissance n'est pas admise.

Observation. — Nous savons qu'il y a dans la filiation naturelle :

Les enfants *naturels simples ;*

Les enfants *adultérins ;*

Les enfants *incestueux.*

Les premiers seuls peuvent être reconnus. La reconnaissance sera *volontaire* ou *forcée,* suivant qu'elle résultera d'un acte spontané des père et mère de l'enfant, ou d'une preuve judiciaire fournie par ce dernier, à l'encontre soit de sa mère, soit même de son père.

1° *De la reconnaissance* VOLONTAIRE *ou preuve par* TITRE. — La reconnaissance d'un enfant naturel peut être faite soit dans l'*acte* même de *naissance,* soit dans un acte *authentique postérieur* (art. 334). L'acte de naissance est à lui seul insuffisant pour établir la filiation naturelle. Lors même que les noms de la mère ou du père naturel y seraient inscrits, il ne prouvera légalement que les circonstances relatives à *la naissance,* telles que le lieu, le jour et l'heure où l'enfant est né, les nom et prénoms qui lui ont été donnés. Pour que l'acte prouve la *filiation,* il est absolument nécessaire que le père ou la mère, soit personnellement, soit par un fondé de pouvoir spécial, aient déclaré *reconnaître* l'enfant qui a fait l'objet de la déclaration. On voit par là que l'acte de naissance d'un enfant naturel et l'acte de naissance d'un enfant légitime diffèrent profondément. Celui-ci, sans aucune reconnaissance, prouve la filiation légitime, et celui-là ne prouve la filiation naturelle qu'accompagné d'une reconnaissance formelle émanée des auteurs de l'enfant. Cette différence s'explique. Quand il s'agit de la naissance d'un enfant légitime, la loi ne suspecte pas la sincérité de la déclaration faite à l'officier de l'état civil. Il s'agit là d'un fait honorable et presque toujours public. Les fausses déclarations ne sont donc pas à redouter. Quand il s'agit, au contraire, de la naissance d'un enfant naturel, le père et la mère peuvent avoir le plus grand intérêt à cacher leur faute et à faire figurer sur l'acte de naissance des déclarations mensongères destinées à faire perdre à l'enfant comme aux tiers la trace de sa filiation. Les noms indiqués à l'officier de l'état civil comme étant ceux du père ou de la mère ne seront donc pas toujours les noms des véritables auteurs de l'enfant, et c'est pourquoi une reconnaissance formelle de l'enfant peut seule établir sa filiation.

A la reconnaissance faite dans l'acte de l'état civil le Code assimile celle faite par un acte authentique postérieur. Comme aucun texte n'a limité le sens de cette expression, il faut décider que la reconnaissance constatée, soit par un notaire, soit par un juge de paix, soit par un tribunal quelconque, aurait la même force que celle constatée dans l'acte de naissance. Mais pourquoi le Code n'admet-il pas la reconnaissance par acte sous seing privé ? C'est qu'il a craint qu'elle ne fût, dans la plupart des cas, le résultat de la surprise ou de la violence. La sincérité de l'acte ne paraît au Code suffisamment démontrée que si cet acte a été entouré des formalités prescrites pour l'authenticité en général. Conséquemment, la reconnaissance faite par testament public sera valable, et celle faite par testament olographe sera nulle [1]. Mais la révocation du testament public contenant une reconnaissance ferait-elle tomber cette dernière ? Nous ne le pensons pas : l'aveu par lui-même n'est pas susceptible de rétractation. Du moment qu'il constate un fait vrai, un fait réel, on ne comprend pas que des dénégations ultérieures puissent en supprimer la force probante. Une fois acquis, il l'est irrévocablement [2]. Certains auteurs, cependant, veulent que le testament soit révocable en entier, même en ce qui touche la reconnaissance.

Cette opinion repose évidemment sur une confusion d'idées : lorsqu'il s'agit de libéralités, le testateur, qui est libre de les faire ou de ne pas les faire, a un pouvoir de révocation absolu. Mais il s'agit ici de la constatation d'un fait qui est la filiation naturelle. Or, une fois la preuve de ce fait fournie par le testament authentique, il est bien clair que le testateur ne peut pas rétracter une déclaration qui a produit tout son effet du moment où elle a été ainsi dûment consi-

[1] Aubry et Rau, t. IV, § 568 *bis*, p. 679. — Demolombe, t. V, nº 404. — Cass., 18 mars 1862.

[2] Colmet de Santerre, t. IV, nº 181 *bis*. — Aubry et Rau, t. IV, § 568 *quater*, p. 690.

gnée. L'enfant a un droit acquis à la preuve de sa filiation, dès que cette preuve est authentiquement constatée, et on ne peut point l'assimiler à un légataire qui, jusqu'au décès du testateur, n'a qu'une simple expectative.

L'art. 336 porte que la reconnaissance du père, sans l'*indication et l'aveu de la mère*, n'a d'effet qu'à l'égard du père. Pourquoi cette disposition qui semble dire une chose évidente? Elle s'explique par l'historique de la rédaction de notre article. D'après le projet du Code, la reconnaissance du père ne devait avoir d'effet que si elle était avouée par la mère, laquelle, mieux que personne, connaît les faits relatifs à la conception de l'enfant. Mais ce système fut rejeté par la raison que l'enfant eût été entièrement à la discrétion d'un caprice de sa mère qui aurait pu refuser de concourir à la reconnaissance émanée du père, ou même de circonstances purement fortuites qui l'en auraient empêchée, par exemple, de son prédécès, de sa folie ou de son absence. L'article signifie donc que la reconnaissance du père produira son effet indépendamment de l'aveu de la mère. Au surplus, celle-ci pourra contester en justice cette reconnaissance, et la faire tomber si elle est mensongère.

On voit par ce qui précède que la reconnaissance du père et celle de la mère sont indépendantes l'une de l'autre. Elles peuvent être faites dans le même acte, mais elles peuvent l'être aussi par actes séparés ; l'une peut être contestée, et l'autre ne pas l'être, l'une être annulée, et l'autre produire tous ses effets.

Quand les enfants naturels PEUVENT *être reconnus.* — Les enfants naturels peuvent être reconnus à toute époque de leur existence et même après leur décès, lorsqu'ils ont laissé des enfants légitimes, lesquels seront ainsi rattachés à leur grand-père ou à leur grand-mère naturels. Mais faut-il admettre la réciproque, et regarder comme valable la reconnaissance d'un enfant naturel mort sans postérité légitime? Non, suivant les uns ; car une telle reconnaissance ne peut avoir pour but et pour effet que de donner aux père et mère naturels des droits à la succession de l'enfant naturel prédécédé. Or, la reconnaissance est établie, non dans leur intérêt, mais dans celui de l'enfant; et l'on doit d'autant plus l'écarter ici, qu'il est plus odieux de voir des père et mère naturels méconnaître l'enfant tant qu'il existe, et le reconnaître lorsque son décès a ouvert sa succession. Le système contraire est cependant préférable : effectivement, aucun texte ne limite à la vie de l'enfant le délai de la reconnaissance. Or, comme l'enfant pourrait prouver sa filiation à l'encontre des représentants de sa mère décédée, il faut admettre la réciproque, et permettre la reconnaissance aux père et mère naturels à l'encontre des représentants de leur enfant décédé. D'ailleurs, il est possible que des circonstances de force majeure, telles qu'une absence ou une maladie, expliquent ou excusent le retard apporté à cette reconnaissance [1].

De la CONTESTATION *de la reconnaissance.* — Toute personne ayant un intérêt né et actuel peut contester la reconnaissance de l'enfant, en prouvant ou que les formalités voulues ont été omises, ou qu'elle a été faite sous l'empire de l'erreur, de la violence ou du dol, ou enfin qu'elle est dépourvue de sincérité. Toute preuve est admise contre la reconnaissance, et il n'en pouvait être autrement; en effet, comment se procurer d'avance des titres en forme pour contester un fait de cette nature? Les personnes intéressées à cette contestation sont l'enfant reconnu, et les autres personnes qui l'auraient reconnu précédemment ou voudraient le reconnaître dans l'avenir. On admet même généralement la contestation de la part des héritiers de celui qui a reconnu l'enfant. Mais on doit écarter celle qui émanerait de l'auteur même de la reconnaissance. L'art. 339 suppose que c'est toujours un autre que lui qui soulève la contestation [2].

[1] Demolombe, t. V, n° 416. — Douai, 20 juillet 1852.
[1] Demante, t. II, p. 123, n° 67 *bis*. — Demolombe, t. V, n° 437. — *Contrà*, Aubry et Rau, t. IV, § 568 *ter*, p. 687.

2° *De la reconnaissance* FORCÉE *ou preuve par* TÉMOINS. — La preuve judiciaire de la filiation naturelle est, en principe, prohibée à l'égard du père, et permise à l'égard de la mère. Pourquoi cette différence? Parce que la paternité est toujours douteuse et que l'enquête destinée à l'établir mènerait souvent à un scandale inutile, tandis qu'au contraire la maternité peut être constatée d'une manière absolument certaine.

Cas exceptionnel où la recherche de la PATERNITÉ NATURELLE *est admise.* — Cette recherche est admise dans le cas d'enlèvement, lorsque l'époque de l'enlèvement se rapporte à celle de la conception de l'enfant. Alors, en effet, l'on n'a pas à craindre le scandale d'une enquête sur les relations du père et de la mère, puisque ce scandale est un fait accompli. A l'enlèvement il faut assimiler le détournement, et même le viol ; car le détournement fait supposer et le viol implique la cohabitation. La preuve de l'enlèvement, du détournement ou du viol sera faite par toute espèce de moyens, par la raison qu'en principe toute preuve est recevable quand on n'a pas pu se procurer une preuve écrite, et qu'en fait le Code n'apporte pas ici la restriction du commencement de preuve par écrit, exigée pour la preuve de la filiation dans les circonstances ordinaires. Une fois l'enlèvement établi, les juges apprécieront les autres faits qui sont de nature à établir la paternité. Mais aucun texte ne leur impose l'obligation de déclarer le ravisseur de la mère, père de l'enfant. Et, en effet, la mère a pu commettre d'autres fautes, et les circonstances donneront quelquefois un démenti à la présomption de fait qui s'attachait à l'enlèvement et tendait à prouver la paternité du ravisseur.

Recherche de la MATERNITÉ NATURELLE. — La preuve judiciaire de la maternité naturelle ne peut être admise que sous la condition rigoureuse d'un commencement de preuve par écrit, car les actions de cette nature sont compromettantes pour l'honneur des personnes, et les simples présomptions ou indices qui suffisent pour rendre recevable la preuve de la maternité légitime devaient ici être écartés.

On admet généralement que les règles de prescriptibilité ou d'imprescriptibilité et de transmissibilité, admises pour les actions relatives à la filiation légitime, doivent l'être aussi pour les actions relatives à la filiation naturelle. Conséquemment, l'action en recherche de la maternité naturelle sera imprescriptible dans la main de l'enfant, et prescriptible dans la main de ses héritiers, le tribunal civil sera seul compétent pour en connaître, etc.

Quant aux enfants adultérins ou incestueux, ils ne sont pas plus recevables à rechercher la maternité, et à plus forte raison la paternité, que le père et la mère ne sont recevables à les reconnaître volontairement. Dès lors, toutes les fois que les faits allégués par l'enfant à l'appui de sa demande impliqueront une filiation adultérine ou incestueuse, l'action devra être écartée *de plano*, et sans autre examen.

3° *Preuve de la filiation naturelle par la* POSSESSION D'ÉTAT. — Nous avons vu que la filiation naturelle se prouve, comme la filiation légitime, par titres et par témoins. Faut-il admettre qu'elle se prouve aussi par la possession d'état? La raison de douter vient de ce que la preuve de la filiation naturelle est soumise à des règles particulières, et que le Code n'a pas mis la possession d'état au nombre des preuves qui servent à l'établir. Sur ce point, les auteurs ne sont pas d'accord.

Les uns admettent la possession d'état comme preuve de la maternité naturelle, mais à la condition qu'il y ait un commencement de preuve écrite, puisque la recherche de la maternité est soumise à cette condition. Au contraire, ils l'écartent complétement comme preuve de la paternité, puisque la recherche en est interdite.

Les autres l'admettent sans commencement de preuve par écrit, comme établissant la maternité; mais ils la rejettent comme devant établir la paternité.

Enfin, un dernier système consiste à voir dans la possession d'état, et sans commencement de preuve par écrit,
une preuve entière, tant de la paternité que de la maternité [1].
Ce système doit, selon nous, être adopté :

1° Parce que la possession d'état se compose de reconnaissances successives de l'enfant, et que la multiplicité même de
ces reconnaissances doit produire, au moins, le même résultat que la reconnaissance isolée, inscrite sur un acte authentique. Les surprises ou les violences qui ont fait prohiber les
reconnaissances par acte sous seing privé ne peuvent se concevoir, lorsque les père et mère de l'enfant l'ont, depuis sa
naissance et constamment, traité comme leur enfant naturel.

2° Parce que le silence du Code, expliqué historiquement,
démontre que la possession d'état doit prouver la filiation
naturelle comme la filiation légitime. Et, en effet, le projet
du Code n'attribuait à la possession d'état d'autre conséquence que de rendre admissible la preuve testimoniale. Portalis fit écarter cette disposition, en disant que la possession
d'état était *le plus puissant de tous les titres* et la plus *complète de toutes les preuves*, de telle sorte que, si le Code n'a
pas dit ici que la possession d'état prouve la filiation naturelle
comme il avait dit qu'elle prouve la filiation légitime, c'est
uniquement pour éviter une répétition inutile.

3° Parce qu'on ne peut rationnellement s'expliquer comment le fait public et constant de la possession d'état d'enfant
naturel aurait moins de force probante que les faits, toujours
plus ou moins douteux, produits devant la justice par l'enfant recherchant un père ou une mère qui refusent de dévoi-
ler le mystère de sa naissance.

On objecte :

1° Que la preuve de la possession d'état est, au fond, une

---

[1] *Sic*, Demolombe, t. V, n° 480. — Valette sur Proudhon, t. II, p. 150, *obs.* 3.
— Hérold, *Rev. pratique*, t. I, p. 193 et suiv. — *Contrà*, Bonnier, *Revue
ratique*, t. I, p. 347. — Massé et Vergé, t. I, § 170, p. 332. — Cass., 16 dé-
embre 1861.

recherche de la paternité ou de la maternité, et que, d'un côté, la recherche de la paternité est interdite, tandis que, de l'autre, celle de la maternité n'est permise que sous la condition d'un commencement de preuve écrite : à quoi l'on répond qu'il ne s'agit pas ici de rechercher la paternité ou la maternité, car on ne recherche pas une chose que l'on possède ; et que l'enfant muni de la possession d'état, loin de vouloir fournir une preuve, invoque précisément le bénéfice d'une preuve déjà faite.

2° Que l'on doit éviter le scandale d'un débat judiciaire sur les faits constitutifs de la possession d'état : à quoi l'on répond que le scandale provient non du débat judiciaire, mais du fait même de la possession d'état, fait accompli et ineffaçable. Or, il est mieux de constater ce scandale et de moraliser ses conséquences, que d'en détourner les yeux avec une pudeur également fâcheuse et puérile.

Ajoutons qu'en fait la possession d'état d'enfant naturel a toujours une signification plus sincère qu'aucune autre ; car les père et mère naturels ont dû, pour la donner à leur enfant, braver et l'opinion publique et les répugnances de leur famille légitime. Il peut arriver que, par faiblesse, un mari donne la possession d'état d'enfant légitime à un enfant qu'il sait adultérin, mais la possession d'état ne sera jamais accordée à l'enfant naturel que sous l'empire d'un sentiment inspiré et soutenu par la vérité.

Faut-il dire que la possession d'état prouve la filiation adultérine ou incestueuse comme la précédente ? Les raisons données, lorsqu'il s'agit de l'enfant naturel simple, ne sont pas toutes applicables lorsqu'il s'agit de l'enfant adultérin ou incestueux, car la reconnaissance volontaire et forcée en sont également interdites (art. 335). Néanmoins, il nous semble que la possession d'état doit être admise comme preuve de la filiation même adultérine ou incestueuse :

1° Parce que la loi ne fait aucune distinction, et que d'ailleurs la possession d'état n'a point pour unique fondement la reconnaissance de l'enfant. En effet, à côté de cette reconnaissance se trouve la notoriété publique, et il est tellement vrai que, dans l'esprit du législateur, la possession d'état est préférable à une simple reconnaissance, que cette possession prouve la filiation légitime, tandis que cette reconnaissance ne pourrait la prouver. Ici la même chose aura lieu, et la filiation adultérine ou incestueuse sera prouvée par la possession d'état, lorsqu'elle ne pourrait pas l'être par une reconnaissance ;

2° Parce que les faits constitutifs de la possession d'état ont encore ici plus de gravité et de signification que dans la possession d'état d'enfant naturel simple, et, à plus forte raison, que dans la possession d'état d'enfant légitime ;

3° Parce que, si l'on écarte la possession d'état, la filiation incestueuse ne pourra jamais être légalement constatée, ce que, cependant, l'art. 762 suppose lorsqu'il accorde des aliments à l'enfant incestueux sur la succession de ses père et mère. Il est facile de démontrer cette proposition. En effet, quand la filiation incestueuse pourra-t-elle être prouvée ? Est-ce lorsqu'un mariage sera annulé pour cause de parenté au degré prohibé ? Mais n'est-il pas évident qu'un mariage *annulé* ne permet pas, comme un mariage *valable*, de maintenir la présomption *Is pater est*, etc. ; et si l'enfant ne peut se rattacher au mari de sa mère incestueuse, comment serait-il incestueux ? Pareillement, il serait impossible de trouver les enfants adultérins du mari ; et ce caractère n'appartiendrait jamais qu'aux enfants adultérins de la mère, qui auraient été désavoués.

On objecte :

1° Que la possession d'état ne prouve la filiation qu'*à défaut de titre*, et qu'un titre est impossible pour la filiation adultérine ou incestueuse, puisque toute reconnaissance est ici prohibée : à quoi l'on répond que le titre ne fait jamais plus défaut que lorsqu'il ne peut exister ;

2° Qu'il faut prévenir le scandale d'un débat judiciaire sur la possession d'état d'enfant adultérin ou incestueux : à quoi l'on répond, comme précédemment, que ce scandale résulte de la possession d'état elle-même, qui est un fait accompli et irrévocable. Il y a plus; c'est que le scandale sera non-seulement possible, mais plus grave dans le système adverse que dans le nôtre. Car, si l'on doit fermer les yeux sur cette possession d'état, les père et mère pourront, lorsqu'ils n'ont pas d'héritier à réserve, laisser toute leur fortune à un enfant adultérin ou incestueux, de telle sorte que cet enfant jouira d'une succession dont la famille légitime a été injustement dépouillée et que n'eût pas pu recueillir un enfant naturel simple qui aurait été reconnu. Or, le scandale peut-il être plus flagrant? Il faut donc conclure que la possession d'état prouve toutes les filiations, quelle que soit leur nature.

La jurisprudence n'admet pas en général que la possession d'état prouve la filiation naturelle comme la filiation légitime. Quelques arrêts ont cependant décidé que, dans le cas où elle est conforme à l'acte de naissance, elle suffit pour établir la filiation naturelle [1].

Des EFFETS *de la filiation naturelle prouvée.* — La reconnaissance volontaire ou forcée de l'enfant naturel a pour effets :

1° De le rattacher à celui de ses père et mère qui l'a reconnu ; mais, en principe du moins, l'enfant reste toujours étranger aux ascendants et aux collatéraux de ses auteurs ;

2° De lui donner le nom de son père, ou celui de sa mère, dans le cas où la mère seule l'aurait reconnu ;

3° De lui donner des droits de succession ;

4° De faire naître entre l'enfant et ses auteurs, et réciproquement, la dette alimentaire, etc.[2].

Notons qu'aux termes de l'art. 337, la reconnaissance d'un enfant naturel, faite pendant le mariage, ne peut nuire

---

[1] Limoges, 4 avril 1848. — Paris, 26 juillet 1849.
[2] Marcadé, art. 263, n° 3. — Demolombe, t. IV, n° 16. — Aubry et Rau, § 571, note 21.

ni à l'époux de celui qui en est l'auteur, ni aux enfants issus
de ce mariage. Il ne pouvait être permis à l'époux qui a
commis une faute et qui souvent l'a même cachée à son conjoint à l'époque du mariage, de venir plus tard en faire peser
les conséquences sur sa famille légitime. De là il suit que
l'enfant naturel n'aurait aucun droit de succession concurremment avec les enfants issus du mariage, ou avec le conjoint de celui qui l'a reconnu. Mais comme la reconnaissance
n'en est pas moins valable, elle produira tous ses effets, si le
conjoint et les enfants de l'auteur de la reconnaissance pré-
décèdent.

Dans tous les cas, l'enfant naturel aura le droit de porter
le nom de celui qui l'a reconnu, et, en effet, il n'en peut résulter aucun préjudice sérieux pour la famille légitime.

La restriction de l'art. 337 ne s'applique ni à l'enfant naturel qui est commun aux deux époux, car, d'un côté, la foi
du mariage n'est pas violée, et, de l'autre, il est juste qu'une
faute commune reçoive une réparation commune ; ni à l'enfant naturel reconnu avant le mariage, car le texte de l'article ne comprend pas cette hypothèse, et, d'ailleurs, l'autre
époux n'avait qu'à prendre des informations plus exactes sur
son futur conjoint : ni enfin à l'enfant qui prouve judiciairement sa filiation pendant le mariage. L'art. 337 a uniquement
pour objet la reconnaissance volontaire, et avec raison, puisque la reconnaissance forcée, loin d'impliquer une violation
de la foi promise, a lieu malgré l'auteur de l'enfant naturel.

LIVRE I. TITRE VIII.

De l'Adoption et de la Tutelle officieuse.

(Décrété le 23 mars 1803. Promulgué le 2 avril.)

CHAPITRE PREMIER

DE L'ADOPTION.

PREMIÈRE SECTION

DE L'ADOPTION ET DE SES EFFETS.

ART. 343. L'adoption n'est permise qu'aux personnes de l'un ou de l'autre sexe âgées de plus de cinquante ans, qui n'auront, à l'époque de l'adoption, ni enfants, ni descendants légitimes, et qui auront au moins quinze ans de plus que les individus qu'elles se proposent d'adopter.

344. Nul ne peut être adopté par plusieurs, si ce n'est par deux époux. — Hors le cas de l'article 366, nul époux ne peut adopter qu'avec le consentement de l'autre conjoint.

345. La faculté d'adopter ne pourra être exercée qu'envers l'individu à qui l'on aura, dans sa minorité et pendant six ans au moins, fourni des secours et donné des soins non interrompus, ou envers celui qui aurait sauvé la vie à l'adoptant, soit dans un combat, soit en le retirant des flammes ou des flots. — Il suffira, dans ce deuxième cas, que l'adoptant soit majeur, plus âgé que l'adopté, sans enfants ni descendants légitimes ; et, s'il est marié, que son conjoint consente à l'adoption.

346. L'adoption ne pourra, en aucun cas, avoir lieu avant la majorité de l'adopté. Si l'adopté, ayant encore ses père et mère, ou l'un des deux, n'a point accompli sa vingt-cinquième année, il sera tenu de rapporter le consentement donné à l'adoption par ses père et mère, ou par le survivant ; et, s'il est majeur de vingt-cinq ans, de requérir leur conseil.

347. L'adoption conférera le nom de l'adoptant à l'adopté, en l'ajoutant au nom propre de ce dernier.

348. L'adopté restera dans sa famille naturelle, et y conservera

tous ses droits : néanmoins le mariage est prohibé — entre l'adoptant, l'adopté et ses descendants ; — entre les enfants adoptifs du
même individu ; — entre l'adopté et les enfants qui pourraient sur-
venir à l'adoptant ; — entre l'adopté et le conjoint de l'adoptant, et
réciproquement entre l'adoptant et le conjoint de l'adopté.

349. L'obligation naturelle, qui continuera d'exister entre l'a-
dopté et ses père et mère, de se fournir des aliments dans les cas
déterminés par la loi, sera considérée comme commune à l'adoptant et à l'adopté, l'un envers l'autre.

350. L'adopté n'acquerra aucun droit de successibilité sur les
biens des parents de l'adoptant ; mais il aura sur la succession de
l'adoptant les mêmes droits que ceux qu'y aurait l'enfant né en
mariage, même quand il y aurait d'autres enfants de cette dernière
qualité nés depuis l'adoption.

351. Si l'adopté meurt sans descendants légitimes, les choses
données par l'adoptant, ou recueillies dans sa succession, et qui
existeront en nature lors du décès de l'adopté, retourneront à l'a-
doptant ou à ses descendants, à la charge de contribuer aux dettes,
et sans préjudice des droits des tiers. — Le surplus des biens de
l'adopté appartiendra à ses propres parents ; et ceux-ci excluront
toujours, pour les objets même spécifiés au présent article, tous
les héritiers de l'adoptant autres que ses descendants.

352. Si, du vivant de l'adoptant, et après le décès de l'adopté, les
enfants ou descendants laissés par celui-ci mouraient eux-mêmes
sans postérité, l'adoptant succédera aux choses par lui données,
comme il est dit en l'article précédent ; mais ce droit sera inhé-
rent à la personne de l'adoptant, et non transmissible à ses héritiers, même en ligne descendante.

DEUXIÈME SECTION

DES FORMES DE L'ADOPTION.

Art. 353. La personne qui se proposera d'adopter, et celle qui
voudra être adoptée , se présenteront devant le juge de paix du domicile de l'adoptant, pour y passer acte de leurs consentements
respectifs.

354. Une expédition de cet acte sera remise, dans les dix jours
suivants, par la partie la plus diligente, au procureur impérial près
le tribunal de première instance dans le ressort duquel se trouvera
le domicile de l'adoptant, pour être soumis à l'homologation de ce
tribunal.

355. Le tribunal, réuni en la chambre du conseil, et après s'être procuré les renseignements convenables, vérifiera : 1° si toutes les conditions de la loi sont remplies ; 2° si la personne qui se propose d'adopter jouit d'une bonne réputation.

356. Après avoir entendu le procureur impérial, et sans aucune autre forme de procédure, le tribunal prononcera, sans énoncer de motifs, en ces termes : *Il y a lieu*, ou *Il n'y a pas lieu à l'adoption*.

357. Dans le mois qui suivra le jugement du tribunal de première instance, ce jugement sera, sur les poursuites de la partie la plus diligente, soumis à la cour impériale, qui instruira dans les mêmes formes que le tribunal de première instance, et prononcera, sans énoncer de motifs : *Le jugement est confirmé*; où *Le jugement est réformé ; en conséquence, il y a lieu*, ou *il n'y a pas lieu à l'adoption*.

358. Tout arrêt de la cour impériale qui admettra une adoption sera prononcé à l'audience, et affiché en tels lieux et en tel nombre d'exemplaires que le tribunal jugera convenables.

359. Dans les trois mois qui suivront ce jugement, l'adoption sera inscrite, à la réquisition de l'une ou de l'autre des parties, sur le registre de l'état civil du lieu où l'adoptant sera domicilié. — Cette inscription n'aura lieu que sur le vu d'une expédition, en forme, du jugement de la cour impériale ; et l'adoption restera sans effet si elle n'a été inscrite dans ce délai.

360. Si l'adoptant venait à mourir après que l'acte constatant la volonté de former le contrat d'adoption a été reçu par le juge de paix et porté devant les tribunaux, et avant que ceux-ci eussent définitivement prononcé, l'instruction sera continuée et l'adoption admise, s'il y a lieu. — Les héritiers de l'adoptant pourront, s'ils croient l'adoption inadmissible, remettre au procureur impérial tous mémoires et observations à ce sujet.

Notions générales. — L'adoption est un contrat judiciaire par lequel une personne en fait entrer une autre dans sa famille, à titre de descendant.

A Rome, l'adoption était facile : chez nous, elle est soumise à des conditions nombreuses. Le législateur n'a pas permis qu'une filiation fictive puisse être substituée à une filiation naturelle sans de graves raisons. La facilité des adoptions eût souvent pu détourner du mariage des personnes qui, tout en désirant avoir des enfants pour perpétuer leur nom et recueil-

lir leur fortune, n'auraient pas voulu se mettre dans les liens
de l'union conjugale. L'ancienne législation française repous-
sait même absolument l'adoption, et c'est une loi du 18 janvier 1792 qui la première l'introduisit parmi nous. Toutefois
la nature, la forme et les effets de l'adoption ne furent déterminés que par le Code Napoléon. Nous allons examiner en
quoi ils consistent.

Des différentes sortes *d'adoption.* — Il y a trois sortes
d'adoption, savoir : l'adoption *ordinaire,* l'adoption *rémunératoire* ou *privilégiée,* et l'adoption *testamentaire.* Leur nature et leurs effets sont les mêmes ; elles ne diffèrent les unes
des autres que par les formalités qui les précèdent ou les accompagnent.

Des conditions *requises pour l'adoption* ordinaire. — La
loi exige neuf conditions, six de la part de l'adoptant, trois
de la part de l'adopté.

L'adoptant doit :

1° Avoir plus de *cinquante ans.* La loi présume qu'à cet
âge l'adoption ne peut être un obstacle au mariage de l'adoptant, ou que si l'adoptant est déjà marié et est resté jusque-là
sans postérité, il est assez peu probable qu'il lui survienne
des enfants légitimes pour qu'on ne lui permette pas de se
donner une descendance adoptive ;

2° N'avoir, à l'époque de l'adoption, *ni enfants* ni *descendants légitimes;* car il ne peut dépendre d'un père de famille de porter préjudice à ses enfants naturels au profit
d'enfants adoptifs. Mais qu'arriverait-il s'il survenait à l'a-
doptant un enfant légitime conçu avant l'adoption? D'après
les uns, l'adoption serait révoquée, car, disent-ils, l'enfant
légitime est présumé né *quoties de commodis ejus agitur;*
mais, outre que cette règle n'est écrite nulle part, et n'a point
une portée absolue, il paraît rigoureux de faire dépendre
le sort de l'adoption d'un fait que l'adoptant ignorait peut-
être, et que l'adopté n'a jamais pu prévoir. D'ailleurs, l'adoptant n'a pas méconnu ses devoirs de père légitime, puisque

l'enfant était encore dans le sein de sa mère. On doit donc
décider que l'adoption sera valable, en telle sorte que la descendance de l'adoptant sera désormais composée de deux
enfants, l'un naturel et l'autre adoptif, dont les droits seront
identiques ;

3° Avoir au moins *quinze ans* de plus que l'adopté ; car la
paternité adoptive est faite à l'image de la paternité naturelle,
et la différence des âges doit comporter la possibilité pour
l'adoptant d'être réellement le père de l'adopté ;

4° Avoir, s'il est marié, le *consentement* de son *conjoint ;*
car il importe que l'adoption ne devienne pas une source de
querelles domestiques ;

5° Avoir donné à celui qu'il veut adopter des *soins* non
interrompus pendant *six ans* au moins de sa minorité ; car il
fallait une garantie sérieuse de l'affection que l'adoptant doit
porter à l'adopté ;

6° *Jouir d'une bonne réputation ;* car l'adoption doit être
pure dans sa source pour être salutaire dans ses effets.

L'adopté doit :

1° Être *majeur*, car il engage sa personne et son état civil ;
et il était naturel d'exiger qu'il eût sa pleine et entière capacité. Sous ce rapport l'adoption diffère essentiellement du
mariage, puisque le mineur peut se marier et engager aussi
de la sorte sa personne et son état civil. Mais on comprend
que, l'adoption étant un fait exceptionnel et fort rare, la loi
n'ait pas établi en sa faveur les mêmes facilités que pour le
mariage, qui est l'institution fondamentale et nécessaire de la
société ;

2° *N'avoir pas été adopté* par une autre personne, si ce
n'est par le conjoint de celui qui se propose de le faire entrer
dans sa famille ; par la raison qu'on ne peut avoir un père et
une mère étrangers l'un à l'autre ;

3° Avoir le *consentement* ou le conseil de ses *père* et *mère*
dans les cas où ils sont nécessaires pour le mariage ; et ici
l'incapacité des femmes dure autant que celle des hommes,

puisque c'est seulement à partir de vingt-cinq ans que pour elles comme pour les hommes le consentement des ascendants cesse d'être exigé. Au surplus, jamais il n'est nécessaire de consulter les ascendants autres que les père et mère, et, dans toute hypothèse, un seul acte respectueux est suffisant.

Des CONDITIONS *requises pour l'adoption* RÉMUNÉRATOIRE *ou* PRIVILÉGIÉE. — Cette adoption est permise en faveur de celui qui a sauvé la vie de l'adoptant au péril de la sienne. La loi cite le cas où l'adoptant aurait été retiré des flammes ou des flots ; mais nul doute que la même solution ne soit vraie, si, dans un combat, dans la chute d'un édifice, dans l'éboulement d'une mine, ou dans toute autre circonstance analogue, l'adopté a exposé sa vie pour sauver celle de l'adoptant.

Les conditions exigées pour l'adoption ordinaire le sont aussi pour l'adoption rémunératoire, sauf :

1° Que l'âge de cinquante ans n'est plus nécessaire à l'adoptant ;

2° Que la différence de quinze ans, entre l'âge de l'adoptant et celui de l'adopté, n'est plus exigée ;

3° Que l'adoption est permise sans que l'adopté ait reçu les soins de l'adoptant pendant six ans de sa minorité.

Des personnes qui PEUVENT ADOPTER *ou être* ADOPTÉES. — Peuvent adopter toutes les personnes ayant la jouissance et l'exercice de leurs droits civils, même les étrangers, comme nous l'avons vu précédemment.

Peuvent être adoptées toutes les personnes ayant aussi la jouissance et l'exercice des droits civils. Mais le doute s'élève à l'égard des enfants naturels. La jurisprudence, longtemps divisée, paraît se décider pour l'affirmative. Son système doit être admis :

1° Parce que les incapacités ne se présument pas et qu'aucun texte n'a prohibé l'adoption de l'enfant naturel ;

2° Parce que le système contraire serait un encouragement à ne pas reconnaître les enfants naturels, qui pourraient alors être adoptés en qualité d'étrangers ;

3° Parce qu'il priverait les père et mère naturels de la faculté de réparer entièrement la faute qu'ils ont commise, dans le cas où leur mariage subséquent serait devenu impossible, soit par le prédécès, soit par l'absence, soit par le mariage de l'un ou de l'autre.

On objecte :

1° Qu'on ne peut établir les rapports de paternité et de filiation entre deux personnes qui ont déjà ces qualités respectives ; à quoi l'on répond qu'il s'agit, non de créer une filiation déjà existante, mais de substituer une filiation nouvelle à l'ancienne : chose possible, puisque la loi elle-même permet de convertir, par mariage subséquent, la filiation naturelle en filiation légitime ;

2° Que l'adoption de l'enfant naturel est, en réalité, l'équivalent de sa légitimation, et qu'aux termes de l'art. 331, la légitimation ne peut résulter que du mariage subséquent des père et mère naturels ; à quoi l'on répond que l'adoption ne doit pas être confondue avec la légitimation, puisque celle-ci rattache l'enfant à toute la famille légitime de ses père et mère, tandis que celle-là le rattache seulement à ceux qui l'adoptent (art. 350) ;

3° Qu'aux termes de l'art. 908, l'enfant naturel ne peut recevoir, par donation ou succession, au delà de la part fixée par l'art. 757, et que l'adoption permet d'éluder cette prohibition ; à quoi l'on répond que, d'après le Code lui-même, on peut arriver, par l'adoption, à des résultats qui, sans elle, seraient impossibles. Ainsi, lorsqu'une personne meurt laissant des ascendants, elle ne peut les priver de leur réserve, qui est, suivant les cas, du quart ou de la moitié de la succession (art. 915). Or, en adoptant un enfant, elle se soustrait à cette prohibition ;

4° Que la possibilité et l'espoir d'adopter l'enfant naturel détourneront ses père et mère du mariage ; à quoi l'on répond que la perspective d'une adoption, après l'âge de cinquante ans, n'est pas une raison sérieuse qui puisse faire actuellement obstacle au mariage des père et mère naturels.

D'où l'on conclut qu'il est permis d'adopter un enfant naturel reconnu [1].

Des FORMES *de l'adoption ordinaire et rémunératoire.* — La loi prescrit trois formalités, savoir :

1° Le *consentement des parties*, constaté par acte dressé par le juge de paix du domicile de l'adoptant. A dater de ce contrat, les parties sont respectivement liées l'une envers l'autre, et, lors même que l'une décéderait, il serait possible à l'autre de parfaire l'adoption, car toutes les formalités qui suivent sont de nature à être accomplies sans leur concours simultané. Il est vrai que l'art. 360 semble exiger que le contrat d'adoption ait déjà été déféré à la justice pour que le décès de l'une des parties ne puisse pas faire obstacle à sa perfection ; mais cela tient uniquement à ce que le Code n'a pas prévu l'hypothèse particulière du décès survenu dans l'intervalle des dix jours qui séparent la première formalité de la seconde ;

2° L'*homologation du contrat* par le tribunal de première instance et la Cour impériale ; car il faut que la justice constate si toutes les conditions ont été remplies. Les jugements ou arrêts confirmatifs ou infirmatifs du contrat d'adoption ne doivent point, par exception, être motivés, parce que ces motifs, en cas de refus, pourraient blesser l'honneur et les légitimes scrupules des familles. La décision de la Cour, soit confirmative, soit infirmative de l'adoption, est souveraine. Dès lors peu importe que le Tribunal ait accordé ou refusé l'homologation. Si l'arrêt de la Cour accorde cette homologation, le refus antérieur du tribunal n'empêche pas l'adoption d'être définitive, et, si l'arrêt la refuse, l'homologation que le Tribunal aurait accordée est entièrement vaine ;

3° *L'inscription du contrat* d'adoption sur les registres de l'état civil, dans les trois mois de l'arrêt d'homologation. L'a-

---

[1] Valette, *Expl. som.,* p. 202. — Aubry et Rau, t. IV, § 556, p. 638 et note 16. — Paris, 13 mai 1854.

doption reste sans effet jusqu'à l'accomplissement de cette formalité, de telle sorte que les parties peuvent, en négligeant de faire inscrire l'arrêt, le rendre tout à fait inutile.

Une fois l'arrêt d'homologation prononcé, et le contrat d'adoption inscrit sur les registres de l'état civil, le lien qui unit l'adoptant à l'adopté est devenu irrévocable, et il ne dépendrait point des parties de l'anéantir. Mais si, en fait, la religion des magistrats avait été surprise soit par la production de pièces fausses, soit par la simulation de certains faits nécessaires à la validité du contrat, nul doute que l'adoption ne pût être attaquée, comme pourrait l'être un contrat ordinaire. La demande en nullité de l'adoption devrait être portée devant les tribunaux civils et non devant la cour impériale. En effet, il ne s'agit pas de faire tomber une décision souveraine de justice, mais bien un contrat, qui, malgré l'homologation dont il a été revêtu, a toujours conservé le caractère d'une convention entre parties.

Des EFFETS DE *l'adoption.* — L'adoption a pour effets :

1° D'établir les rapports de *paternité* et de *filiation* entre l'adoptant et l'adopté, mais sans que celui-ci sorte de sa famille naturelle, où ses droits et ses obligations restent toujours les mêmes.

Les enfants de l'adopté ne se rattachent pas à l'adoptant, parce que le lien de l'adoption est essentiellement et exclusivement personnel à l'adoptant et à l'adopté ;

2° De permettre à l'adopté de *joindre* à son nom celui de l'adoptant. Le nom de l'adopté sera donc toujours composé de deux noms différents. Le premier sera son nom patronymique, le second sera le nom de l'adoptant. C'est à tort que dans l'usage les enfants adoptifs mettent quelquefois le nom de l'adoptant le premier, et leur nom patronymique le second. Cette manière de procéder est tout à fait illégale ;

3° De faire naître entre l'adoptant et l'adopté la *créance* et la *dette* alimentaires ;

4° De créer divers *empêchements de mariage.* Générale-

ment, on les range dans la catégorie des empêchements simplement prohibitifs ; car aucun texte ne prononce la nullité
du mariage pour cause de parenté adoptive. L'art. 348 énumère toutes les personnes entre lesquelles l'adoption fait naître des empêchements au mariage.

5° De donner à l'adopté des *droits d'enfant légitime* à la
succession de l'adoptant ; mais la réciproque n'est pas vraie,
et l'adoptant ou ses enfants légitimes n'ont de droits, dans la
succession de l'adopté mort sans postérité légitime, naturelle
ou adoptive, que relativement aux biens provenant de l'a-
doptant lui-même. Celui-ci reprend ces biens jusque dans la
succession des enfants de l'adopté. Ses enfants légitimes ne
peuvent les reprendre que dans la succession même de l'a-
dopté. Ce retour des biens à l'adoptant ou à ses enfants légitimes constitue ce qu'on appelle une *succession anomale*. Et,
en effet, il est de principe, dans notre législation, que l'on ne
doit pas rechercher l'origine des biens pour en régler la dévolution (art. 732), et ici cette recherche est exceptionnellement autorisée.

Du principe que l'adopté a dans la succession de l'adoptant
tous les droits d'un enfant légitime découlent plusieurs conséquences. Ainsi :

L'enfant adoptif aura une part égale à celle des enfants légitimes avec lesquels il pourrait se trouver en concours ;

Il aura droit à la même réserve que l'enfant légitime, et si
les libéralités faites par l'adoptant excédaient la quotité dispo-
nible, il aurait l'action en réduction ;

Il exclura, par sa présence, de la succession de l'adoptant
tous ses ascendants, tous ses collatéraux et son conjoint, etc.

CHAPITRE II

DE LA TUTELLE OFFICIEUSE.

ART. 361. Tout individu, âgé de plus de cinquante ans, et sans enfants ni descendants légitimes, qui voudra, durant la minorité d'un individu, se l'attacher par un titre légal, pourra devenir son tuteur officieux, en obtenant le consentement des père et mère de l'enfant, ou du survivant d'entre eux, ou, à leur défaut, d'un conseil de famille, ou, enfin, si l'enfant n'a point de parents connus, en obtenant le consentement des administrateurs de l'hospice où il aura été recueilli, ou de la municipalité du lieu de sa résidence.

362. Un époux ne peut devenir tuteur officieux qu'avec le consentement de l'autre conjoint.

363. Le juge de paix du domicile de l'enfant dressera procès-verbal des demandes et consentements relatifs à la tutelle officieuse.

364. Cette tutelle ne pourra avoir lieu qu'au profit d'enfants âgés de moins de quinze ans. — Elle emportera avec soi, sans préjudice de toutes stipulations particulières, l'obligation de nourrir le pupille, de l'élever, de le mettre en état de gagner sa vie.

365. Si le pupille a quelque bien, et s'il était antérieurement en tutelle, l'administration de ses biens, comme celle de sa personne, passera au tuteur officieux, qui ne pourra néanmoins imputer les dépenses de l'éducation sur les revenus du pupille.

366. Si le tuteur officieux, après cinq ans révolus depuis la tutelle, et dans la prévoyance de son décès avant la majorité du pupille, lui confère l'adoption par acte testamentaire, cette disposition sera valable, pourvu que le tuteur officieux ne laisse point d'enfants légitimes.

367. Dans le cas où le tuteur officieux mourrait, soit avant les cinq ans, soit après ce temps, sans avoir adopté son pupille, il sera fourni à celui-ci, durant sa minorité, des moyens de subsister, dont la quotité et l'espèce, s'il n'y a été antérieurement pourvu par une convention formelle, seront réglées soit amiablement entre les représentants respectifs du tuteur et du pupille, soit judiciairement en cas de contestation.

368. Si, à la majorité du pupille, son tuteur officieux veut l'adopter, et que le premier y consente, il sera procédé à l'adoption selon les formes prescrites au chapitre précédent, et les effets en seront, en tous points, les mêmes.

369. Si, dans les trois mois qui suivront la majorité du pupille, les réquisitions par lui faites à son tuteur officieux, à fin d'adoption, sont restées sans effet, et que le pupille ne se trouve point en état de gagner sa vie, le tuteur officieux pourra être condamné à indemniser le pupille de l'incapacité où celui-ci pourrait se trouver de pourvoir à sa subsistance. — Cette indemnité se résoudra en secours propres à lui procurer un métier ; le tout sans préjudice des stipulations qui auraient pu avoir lieu dans la prévoyance de ce cas.

370. Le tuteur officieux qui aurait eu l'administration de quelques biens pupillaires en devra rendre compte dans tous les cas.

Notions générales. — La tutelle officieuse est une voie pour parvenir à l'adoption. On peut la définir le contrat par lequel une personne se charge gratuitement d'administrer les biens et de diriger l'éducation d'un enfant. Ce contrat produit deux effets principaux. D'un côté il impose au tuteur officieux des obligations, et de l'autre il lui procure l'avantage d'un nouveau mode d'adoption dans le cas où il décéderait avant son pupille.

Les obligations du tuteur officieux sont d'élever l'enfant, de le mettre à même de gagner sa vie, et, s'il a des biens, de les administrer sans pouvoir imputer sur les revenus du pupille les dépenses de son éducation, etc.

Quant à l'adoption, elle doit se faire dans les formes ordinaires si le pupille arrive à sa majorité, et que les deux parties soient d'accord pour procéder au contrat. Mais, dans le cas où le tuteur officieux viendrait à décéder avant la majorité de son pupille, il peut lui conférer l'adoption par testament. Trois conditions sont exigées pour la validité de l'adoption testamentaire. Il faut et il suffit :

1° Qu'il se soit écoulé cinq ans au moins entre l'établissement de la tutelle officieuse et la confection du testament ;

2° Que le tuteur officieux meure avant la majorité de son pupille ;

3° Qu'il ne laisse pas d'enfants légitimes.

Parvenu à la majorité le pupille sera libre évidemment

ou d'accepter le bienfait de l'adoption que lui confère le testament, ou d'y renoncer.

Nous n'insistons pas davantage sur la tutelle officieuse qui, dans la pratique, est à peu près inconnue. Le texte du Code en indique suffisamment, d'ailleurs, les conditions, les règles et les effets.

LIVRE I. TITRE IX.

De la puissance paternelle.

(Décrété le 24 mars 1803. Promulgué le 3 avril.)

ART. 371. L'enfant, à tout âge, doit honneur et respect à ses père et mère.

372. Il reste sous leur autorité jusqu'à sa majorité ou son émancipation.

373. Le père seul exerce cette autorité durant le mariage.

374. L'enfant ne peut quitter la maison paternelle sans la permission de son père, si ce n'est pour enrôlement volontaire, après l'âge de dix-huit ans révolus [1].

375. Le père qui aura des sujets de mécontentement très-graves sur la conduite d'un enfant aura les moyens de correction suivants :

376. Si l'enfant est âgé de moins de seize ans commencés, le père pourra le faire détenir pendant un temps qui ne pourra excéder un mois ; et, à cet effet, le président du tribunal d'arrondissement devra, sur sa demande, délivrer l'ordre d'arrestation.

377. Depuis l'âge de seize ans commencés jusqu'à la majorité ou l'émancipation, le père pourra seulement requérir la détention de son enfant pendant six mois au plus ; il s'adressera au président dudit tribunal, qui, après en avoir conféré avec le procureur impérial, délivrera l'ordre d'arrestation ou le refusera, et pourra, dans le premier cas, abréger le temps de la détention requis par le père.

---

[1] « L'engagé volontaire devra, s'il a moins de vingt ans, justifier du consentement de ses père, mère ou tuteur. Ce dernier devra être autorisé par une délibération du conseil de famille. » (Loi du 21 mars 1832, art. 37-5°.)

378. Il n'y aura, dans l'un et l'autre cas, aucune écriture ni formalité judiciaire, si ce n'est l'ordre même d'arrestation, dans lequel les motifs n'en seront pas énoncés. — Le père sera seulement tenu de souscrire une soumission de payer tous les frais, et de fournir les aliments convenables.

379. Le père est toujours maître d'abréger la durée de la détention par lui ordonnée ou requise. Si, après sa sortie, l'enfant tombe dans de nouveaux écarts, la détention pourra être de nouveau ordonnée de la manière prescrite aux articles précédents.

380. Si le père est remarié, il sera tenu, pour faire détenir son enfant du premier lit, lors même qu'il serait âgé de moins de seize ans, de se conformer à l'article 377.

381. La mère survivante et non remariée ne pourra faire détenir un enfant qu'avec le concours des deux plus proches parents paternels, et par voie de réquisition, conformément à l'article 377.

382. Lorsque l'enfant aura des biens personnels, ou lorsqu'il exercera un état, sa détention ne pourra, même au-dessous de seize ans, avoir lieu que par voie de réquisition, en la forme prescrite par l'article 377. — L'enfant détenu pourra adresser un mémoire au procureur général près la cour impériale. Celui-ci se fera rendre compte par le procureur impérial près le tribunal de première instance, et fera son rapport au président de la cour impériale, qui, après en avoir donné avis au père, et après avoir recueilli tous les renseignements, pourra révoquer ou modifier l'ordre délivré par le président du tribunal de première instance.

383. Les articles 376, 377, 378 et 379 seront communs aux pères et mères des enfants naturels légalement reconnus.

384. Le père, durant le mariage, et, après la dissolution du mariage, le survivant des père et mère, auront la jouissance des biens de leurs enfants jusqu'à l'âge de dix-huit ans accomplis, ou jusqu'à l'émancipation qui pourrait avoir lieu avant l'âge de dix-huit ans.

385. Les charges de cette jouissance seront : — 1° celles auxquelles sont tenus les usufruitiers ; — 2° la nourriture, l'entretien et l'éducation des enfants, selon leur fortune ; — 3° le payement des arrérages ou intérêts des capitaux ; — 4° les frais funéraires et ceux de dernière maladie.

386. Cette jouissance n'aura pas lieu au profit de celui des père et mère contre lequel le divorce aurait été prononcé ; et elle cessera à l'égard de la mère dans le cas d'un second mariage.

387. Elle ne s'étendra pas aux biens que les enfants pourront acquérir par un travail et une industrie séparés, ni à ceux qui leur

seront donnés ou légués sous la condition expresse que les père et mère n'en jouiront pas.

Notions générales. — La puissance paternelle reflète plus ou moins les mœurs d'un peuple. A Rome, le père eut d'abord le droit de vie et de mort sur ses enfants ; mais cette puissance alla toujours en s'affaiblissant sous l'action incessante du progrès. Néanmoins, elle conserva jusqu'à la fin un caractère marqué d'absolutisme, et les Romains disaient dans leur orgueil : *Nulli alii sunt homines qui talem in liberos habeant potestatem qualem nos habemus* (*Inst.*, liv. I, titre IX, par. 2). Le droit moderne, tout en proclamant la puissance paternelle, la restreint aux limites indiquées par la raison et l'équité.

Les attributs principaux de cette puissance sont, d'après le Code, au nombre de trois, savoir :

1° Celui de *direction ou d'éducation ;*

2° Celui de *correction ;*

3° Celui d'*usufruit légal.*

Du droit de DIRECTION *ou* D'ÉDUCATION. — Le père a le droit de diriger, comme il l'entend, l'éducation de ses enfants. Il peut, soit les élever dans sa maison, soit les placer dans un établissement de son choix, sans qu'il y ait à distinguer si cet établissement est en France ou à l'étranger. Le père seul exerce le droit d'éducation, quand il est vivant et capable d'agir. Mais s'il vient à décéder, ou bien s'il se trouve, par son absence ou par son interdiction, dans l'impossibilité d'exercer l'autorité qui lui appartient, la mère le remplace.

Le droit dont nous parlons touche à l'organisation sociale qui a son élément principal dans la famille, et il n'y peut être porté atteinte, même par une renonciation expresse. Le Code ne lui assigne d'autres limites que celles imposées par les bonnes mœurs et l'ordre public. Par exemple, si l'enfant était maltraité par ses père ou mère, la justice interviendrait pour réprimer un tel abus de leur autorité, et,

ne s'inspirant que de l'intérêt même de l'enfant, elle dési-
gnerait une maison où il serait placé aux frais de ses parents.
Il en serait de même si, au lieu de maltraiter l'enfant, ses
père ou mère lui donnaient une éducation immorale, en
l'excitant soit à la débauche, soit au vol, soit à tout autre
fait délictueux. Dans tous ces cas l'autorité paternelle
devient un fléau, et celle de la justice intervient pour la corriger.

Aux droits des père ou mère sur l'enfant correspondent
certaines obligations de l'enfant envers ses père et mère.
Ainsi, à tout âge, il leur doit honneur et respect (art. 371).
Certains auteurs ont conclu de cette disposition du Code que
l'enfant ne pourrait pas intenter contre eux des actions propres à porter atteinte à leur considération : par exemple, une
demande en réparation civile du vol qu'ils auraient commis
à son préjudice. Mais ce système doit être écarté ; car il fut
expressément déclaré au Conseil d'État que la règle de l'article 371 était un principe de morale, et non une disposition
législative. L'art. 380 du Code pénal prévoit même expressément l'hypothèse de vols commis par des pères et mères ou
autres ascendants au préjudice de leurs enfants ou autres
descendants, et déclare que ces vols, qui ne peuvent pas
être punis correctionnellement, donneront cependant lieu
à des réparations civiles.

Quant à la contrainte par corps, il n'en était déjà plus
question depuis la loi du 17 avril 1832. L'art. 19 de cette
loi portait en effet qu'elle ne pouvait jamais être prononcée
contre le débiteur au profit :

1° De son mari ou de sa femme ;

2° De ses ascendants, descendants, frères ou sœurs, ou
alliés au même degré.

L'enfant qui quitte sans autorisation le domicile paternel
peut évidemment être contraint *manu militari* à le réintégrer.

La loi du 21 mars 1832 sur le recrutement militaire autorise exceptionnellement le mineur âgé de vingt ans révolus

à prendre du service militaire sans le consentement de ses père et mère.

Du droit de CORRECTION. — Il consiste dans la faculté accordée au père ou à la mère de faire incarcérer l'enfant qui lui donne des sujets graves de mécontentement. Il s'exerce différemment, suivant qu'il appartient au père ou à la mère.

Le père peut faire détenir son enfant tantôt par voie d'*autorité*, tantôt par voie de *réquisition* :

Par voie d'autorité, lorsque l'enfant a moins de seize ans commencés, n'a ni état ni biens personnels, et que lui-même n'est point remarié. Ces quatre conditions concourant, le président du tribunal d'arrondissement est tenu de délivrer au père un ordre d'arrestation.

Par voie de réquisition, lorsqu'il manque une des conditions susénoncées. Alors le président est libre d'accorder ou de refuser l'ordre d'arrestation.

La distinction du Code est rationnelle ; en effet, si l'enfant a commencé sa seizième année, il est à craindre qu'il n'ait gravement blessé la susceptibilité de ses parents, et que le père ne cède à un sentiment irréfléchi de vengeance en demandant son arrestation ; s'il a des biens personnels, il présente des garanties pour la réparation des délits ou quasi-délits qu'il aurait commis ou serait tenté de commettre, et l'on peut, sans inconvénient, ménager sa personne ; s'il exerce un état, son arrestation serait de nature à lui causer un grave préjudice ; et enfin, si le père est remarié, il faut éviter que la correction de l'enfant ne dégénère en persécution, par suite des influences nouvelles qui peuvent dominer le requérant.

La durée de la détention est d'un mois, au maximum, pour l'enfant qui n'a pas seize ans commencés, et de six mois, au maximum, dans le cas contraire.

Après son arrestation, l'enfant peut adresser un mémoire au procureur général près la Cour impériale, qui prend des renseignements par l'intermédiaire du procureur impérial et fait son rapport au premier président de la Cour, lequel, suivant les circonstances, maintient ou révoque l'ordre d'arrestation délivré par le président du tribunal. Le Code n'accorde expressément le droit de recours à l'enfant que lorsqu'il a un état ou des biens personnels, mais il est rationnel de le lui reconnaître dans tous les cas où la détention a lieu par voie de réquisition ; car la faculté d'interjeter appel est de droit commun, et ici aucun texte n'y a porté atteinte. D'ailleurs, la liberté individuelle est un des droits le plus energiquement protégés par la loi, et il importe que, même dans la personne de l'enfant, elle ne soit pas légèrement privée des garanties qui l'entourent.

Le Code ne donnant aucune indication sur le lieu où l'enfant devra être détenu, le président aura toute latitude pour le fixer. Il devra seulement éviter de désigner une prison publique, afin que l'enfant ne soit pas mis en contact avec des malfaiteurs ; ou, s'il désigne une prison publique, il ordonnera que l'enfant soit placé dans un endroit séparé.

Lorsque le père est décédé ou dans l'impossibilité de manifester sa volonté, la mère exerce, ainsi que nous l'avons dit plus haut, la puissance paternelle. Mais comme la loi a dans sa raison ou dans son caractère moins de confiance que dans la raison ou le caractère du père, elle ne lui accorde jamais le droit de correction par voie d'autorité. Aux termes de l'article 381, la mère doit toujours agir par voie de réquisition, et avec le concours des deux plus proches parents paternels de l'enfant (art. 380). S'il n'y a point de parents paternels, on les remplace par deux alliés ou deux amis du père, conformément à l'art. 409, qui autorise cette substitution lorsqu'il s'agit de composer le conseil de famille. La mère qui convole en secondes noces perd entièrement le droit de correction. La loi présume qu'elle est sous l'empire exclusif de son nouveau mari ou de sa nouvelle famille, et elle a soustrait avec raison l'enfant à leur influence.

L'arrestation de l'enfant doit, dans tous les cas, être secrète.

Le Code interdit tout procès-verbal et tout écrou. C'est là une double et grave différence qui sépare l'arrestation de l'enfant de l'emprisonnement ordinaire, où il faut à la fois un procès-verbal d'arrestation rédigé par l'agent de la force publique qui l'a exécutée, et un procès-verbal d'écrou rédigé par le gardien de la prison qui reçoit le détenu. En supprimant toutes ces écritures, la loi efface en quelque sorte de sa propre main les traces, souvent si préjudiciables, que laissent après elles les fautes même de la première enfance. De plus, pour empêcher que le père ou la mère ne fassent incarcérer l'enfant dans le but de se décharger de son entretien, l'art. 378 les oblige à souscrire une soumission de payer tous les frais et de fournir les aliments nécessaires. Il n'exige pas, toutefois, que le payement des frais ou des aliments ait lieu par anticipation, et sous ce rapport le père qui fait détenir son enfant n'est pas dans la même situation que le créancier qui fait incarcérer son débiteur condamné envers lui à des dommages-intérêts pour crime, délit ou contravention. Aux termes de l'art. 6 de la loi du 22 juillet 1867, qui a maintenu la contrainte par corps pour ces différents cas, le créancier est en effet tenu de consigner d'avance les aliments, et pour trente jours au moins.

Celui qui a fait arrêter l'enfant peut toujours renoncer à l'exercice de son droit de correction. Cette faculté, contestée pour la mère, lui appartient comme au père, car aucun texte ne la lui refuse ; et, d'ailleurs, les dispositions précédentes écrites dans l'art. 378, étant, de l'avis de tous, applicables à la mère, quoiqu'il soit seulement fait mention du père, il doit en être de même de la disposition favorable dont il s'agit, écrite dans l'art. 379. Pourquoi d'ailleurs la mère aurait-elle l'exercice de la puissance paternelle dans ce qu'elle a de rigoureux, et en serait-elle privée lorsqu'il s'agit de faire grâce à l'enfant ?

Du droit D'USUFRUIT LÉGAL. — Un des principaux attributs de la puissance paternelle est l'usufruit légal accordé à celui des père et mère qui en est investi sur les biens de ses enfants mineurs. Il était juste que les père et mère, étant obligés de nourrir, entretenir et élever leurs enfants sans fortune, eussent la chance de trouver une compensation à ces sacrifices dans la jouissance des biens qui viendraient à leur échoir. Puis on ne pouvait pas, sans exposer les familles à des discussions toujours fâcheuses, mettre le père ou la mère dans la nécessité de rendre compte à leurs enfants des revenus dont la perception remontera quelquefois à quinze ou vingt années. Enfin si le père ou la mère augmentent leur fortune avec les revenus de l'enfant, celui-ci en éprouvera rarement un grave dommage, puisqu'il retrouvera dans leur succession ce qui manque à son patrimoine personnel. L'usufruit légal des père et mère a donc sa raison d'être et son équité. Mais c'est là un avantage exclusivement attaché à la paternité ou maternité légitime ; en effet, les père et mère naturels ont commis une faute, préjudiciable surtout à leurs enfants, et il est juste qu'au moins ils ne profitent pas de leur fortune.

L'origine de l'usufruit légal des père et mère est dans le droit coutumier. Autrefois, il dérivait du droit *de garde*, qui était une espèce d'administration participant à la fois de la tutelle et de la puissance paternelle. La Coutume de Paris reconnaissait deux sortes de garde, la *garde noble* et la *garde bourgeoise,* selon la qualité des personnes.

La *garde noble* remontait à l'origine de la féodalité. Les fiefs ne pouvaient être anciennement possédés qu'à la charge de fournir au seigneur le service militaire. Quand le vassal venait à mourir laissant des enfants mineurs qui étaient incapables de faire ce service, la loi ou la coutume donnait la garde et l'usufruit de leurs fiefs à leurs plus proches parents, à la charge par eux de les nourrir et élever jusqu'à ce qu'ils fussent en âge, et aussi à la charge de remplir toutes leurs obligations envers le seigneur dont ils relevaient. Peu à peu ce droit de garde et d'usufruit se généralisa et alors on eut la *garde bourgeoise* qui correspondait à l'usufruit légal dont

notre Code trace les règles. Il va sans dire qu'aujourd'hui cet
usufruit appartient, sans distinction de castes ou de personnes, à tout père de famille, et, à défaut du père, à la mère qui
le remplace dans l'exercice de l'autorité paternelle.

Faut-il reconnaître à la mère le droit d'usufruit légal,
lorsqu'au lieu de survivre à son mari, comme le suppose l'article 384, elle est investie de la puissance paternelle, par suite de
son absence, de son interdiction ou enfin de sa déchéance prononcée pour excitation de l'enfant à la débauche, aux termes
de l'art. 335 du Code pénal? Nous adopterons la négative
dans les deux hypothèses de l'absence et de l'interdiction, et
en effet, si le mari a perdu l'exercice, il n'est pas prouvé qu'il
ait perdu aussi la jouissance du droit de puissance paternelle.
Mais nous préférons l'affirmative dans l'hypothèse où le mari
est déchu de la puissance paternelle par suite d'une condamnation correctionnelle. Alors, en effet, l'on se trouve placé dans
l'alternative ou de donner l'usufruit légal à la mère ou de le
déclarer éteint au profit des enfants. Or on ne voit pas pourquoi la mère, qui par la déchéance de son mari, va se trouver investie de l'autorité paternelle, n'aurait pas tous les
avantages de cette autorité comme elle en a tous les devoirs et
toutes les charges. On objecte à tort que l'article 384 ne semble accorder l'usufruit légal à la mère que dans le cas où
elle survit à son mari. Le Code a évidemment entendu régler
le cas le plus fréquent sans exclure le cas, heureusement si
exceptionnel, de l'art. 335 du Code pénal. On objecte sans
plus de raison que le mari déchu pourra profiter des revenus
de ses enfants par l'intermédiaire de sa femme. Effectivement
le Code a moins voulu le frapper d'une peine pécuniaire que
lui infliger une flétrissure morale, et ce but est atteint par sa
seule déchéance de la puissance paternelle. Il n'y a donc pas
lieu d'exclure la mère de l'usufruit légal, dans le cas où le
mari l'a perdu par suite d'une condamnation correctionnelle.

Des biens exempts *de l'usufruit légal des père et mère.* Ne
sont pas soumis à l'usufruit légal des père et mère :

1° Les biens que les enfants ont acquis par un travail et
une industrie séparés, car il importe d'encourager et de ré-
compenser leurs efforts ;

2° Les biens donnés ou légués aux enfants, sous la condition que les père et mère n'en auront pas la jouissance ,
car chacun est libre de dicter les conditions de sa libéralité ;

3° Les biens que l'enfant a recueillis dans une succession
dont son père ou sa mère avait été exclu pour cause d'indignité (art. 730).

CHARGES *de l'usufruit légal des père et mère.* — Les charges de l'usufruit légal des père et mère sont :

1° Celles dont sont tenus les usufruitiers *ordinaires*, c'est-
à-dire les réparations d'entretien, le payement des intérêts des
capitaux, et des arrérages des rentes etc. ;

2° La nourriture, l'entretien et l'éducation des enfants
selon leur fortune, qui peut être supérieure à celle du père
ou de la mère usufruitier légal ;

3° Le payement des *arrérages* ou *intérêts* des capitaux.
Mais pourquoi l'art. 385 fait-il mention expresse de ce payement puisque l'usufruitier ordinaire en est tenu? Pour donner un sens à cette disposition, il faut évidemment supposer qu'il s'agit d'intérêts ou arrérages qui n'incomberaient
pas à l'usufruitier ordinaire. Quels peuvent-ils être? Ce sont
les intérêts et arrérages déjà dus au moment où commence
l'usufruit légal [1]. Pour un usufruitier, cet arriéré dans le service des intérêts et des arrérages a le caractère d'un capital,
et, d'après le droit commun, il ne devrait en supporter que
les revenus passifs. Mais le Code a voulu que l'usufruitier
légal dégageât la fortune laissée à l'enfant de cet arriéré qui
devait naturellement être soldé au moyen des revenus : un
excellent administrateur n'agirait pas autrement, et la loi
pense avec raison que, si quelqu'un est tenu d'administrer
avec tous les soins et toute l'économie dont le bon père de

---

[1] Aubry et Rau, t. IV, § 550 *bis*, p. 611, note 19. — Demolombe, t. VI,
n° 541.

famille est capable, c'est surtout le père ou la mère usufruitier légal des biens de son enfant ;

4° Les *frais funéraires* et ceux de *dernière maladie.*
L'art. 385 ne dit pas quelle est la personne décédée dont le
père ou la mère devra ainsi payer les frais funéraires et de
dernière maladie. Suivant quelques auteurs, il s'agirait de
l'enfant lui-même pour le cas où il viendrait à mourir. Suivant les autres, il s'agit de la personne qui à laissé les biens
à l'enfant et qui ordinairement n'est autre que le père ou la
mère prédécédé. Cette seconde interprétation est évidemment la seule plausible. En effet, s'il s'agissait de la dernière maladie ou de la sépulture de l'enfant, la disposition du
Code serait inutile, les père et mère étant déjà obligés par le
droit commun à supporter les frais de cette nature. D'ailleurs, on ne peut guère admettre que la loi suppose le prédécès de l'enfant. Enfin lorsque l'enfant vient à décéder, l'u-
sufruit légal disparaît puisque ses biens sont dévolus à ses
héritiers, et on ne comprendrait pas que la loi eût créé une
charge sur cet usufruit au moment même où il s'évanouit. A
nos yeux, le législateur a donc simplement voulu, comme
dans le cas précédent, que le père ou la mère usufruitier
légal, dégrevât la fortune de l'enfant des frais qu'un bon
père de famille paye ordinairement sur ses revenus [1].

DE L'EXTINCTION *de l'usufruit légal des père et mère.* Cet
usufruit s'éteint :

1° Par le *second mariage* de la mère usufruitière. La loi
ne fait pas encourir la même déchéance au père qui se remarie, par la raison que, si un second mariage subordonne la
mère à son nouveau mari, il n'enlève pas au père son indépendance, et l'on n'a pas autant à craindre, dans ce cas, que les revenus des enfants soient détournés de leur destination naturelle;

2° Par la condamnation du père ou de la mère pour *excitation des enfants à la débauche* (Code pénal, art. 335);

---

[1] Demante, t. I, n° 130 *bis.* — Douai, 22 juillet 1854.

3° Par la *renonciation* de l'usufruitier ;

4° Par son *abus de jouissance* (art. 618) ;

5° Par le *défaut d'inventaire* de la part du survivant des deux époux (art. 1442) ;

6° Par la *mort du survivant* des père et mère ;

7° Par la *mort de l'enfant* ;

8° Par l'accomplissement de *sa dix-huitième année*. Dans le but de favoriser l'établissement de l'enfant par la formation d'un petit pécule, le Code a voulu que les revenus de ses biens fussent capitalisés, pendant les trois années qui précèdent sa majorité ;

9° Par l'*émancipation* de l'enfant, car la puissance paternelle cesse alors d'exister.

De la PUISSANCE PATERNELLE ACCORDÉE *aux père et mère naturels.* Le Code accorde aux père et mère naturels le droit d'éducation et de correction, mais leur refuse celui de jouissance légale ; c'est là un avantage exclusivement réservé à la parenté légitime (art. 384) [1]. La paternité et la maternité naturelles créent bien des devoirs, mais elles ne peuvent pas être une source de bénéfices prélevés sur l'enfant par ses auteurs.

Quand le père et la mère naturels ont tous les deux reconnu l'enfant, le droit d'éducation et de corection est exercé par le père, et, à défaut du père, par la mère. Si un seul des auteurs de l'enfant l'a reconnu, c'est à lui que ce droit appartient. Telle est la règle générale. Mais souvent, dans la pratique, il arrivera que l'inconduite notoire de celui auquel appartient la puissance paternelle ne permettra pas de lui laisser la garde de l'enfant, et alors les tribunaux pourront intervenir, et décider que cette garde sera confiée soit à l'autre auteur de l'enfant, soit même à une tierce personne, ou au chef d'une maison d'éducation. Ici comme dans le cas de filiation légitime, la justice doit considérer en première ligne

---

[1] Demolombe, t. VI, n° 649. — Aubry et Rau, t. IV, § 571, p. 714.

l'intérêt de l'enfant, et, en seconde ligne seulement, les droits du père ou de la mère naturels [1].

LIVRE I. TITRE X.

De la Minorité, de la Tutelle et de l'Émancipation.

(Décrété le 26 mars 1803. Promulgué le 5 avril.)

CHAPITRE PREMIER

DE LA MINORITÉ.

ART. 388. Le mineur est l'individu de l'un et l'autre sexe qui n'a point encore l'âge de vingt-un ans accomplis.

Observation. — Le Code expose, dans les titres X et XI, les différentes incapacités civiles dont une personne peut être frappée, en dehors de celle que le mariage fait subir à la femme. Ces incapacités peuvent résulter soit de l'âge, comme pour les mineurs, soit d'une infirmité d'esprit, comme pour les interdits, ou les personnes qui, sans être interdites, ont été placées dans une maison d'aliénés en vertu de la loi du 30 juin 1838. Le Code s'occupe d'abord des mineurs. Dans le droit romain et dans l'ancien droit français la minorité durait jusqu'à vingt-cinq ans révolus. Le droit intermédiaire en fixa la limite à vingt-un ans, comme l'avaient déjà fait auparavant quelques coutumes. Le Code a suivi la règle du droit intermédiaire, et aujourd'hui la minorité finit à l'âge de vingt-un ans accomplis.

Tout mineur a besoin de protection et, en conséquence, le législateur a dû rattacher la théorie de la tutelle à celle de la minorité.

---

[1] Marcadé, sur l'art 383, n° 2. — Massé et Vergé, t. I, § 171, p. 334. — Lyon, 8 mars 1859.

CHAPITRE II

DE LA TUTELLE.

PREMIÈRE SECTION

DE LA TUTELLE DES PÈRE ET MÈRE.

ART. 389. Le père est, durant le mariage, administrateur des biens personnels de ses enfants mineurs. — Il est comptable, quant à la propriété et aux revenus, des biens dont il n'a pas la jouissance ; et, quant à la propriété seulement, de ceux des biens dont la loi lui donne l'usufruit.

390. Après la dissolution du mariage, arrivée par la mort naturelle ou civile de l'un des époux, la tutelle des enfants mineurs et non émancipés appartient de plein droit au survivant des père et mère.

391. Pourra néanmoins le père nommer à la mère survivante et tutrice un conseil spécial, sans l'avis duquel elle ne pourra faire aucun acte relatif à la tutelle. — Si le père spécifie les actes pour lesquels le conseil sera nommé, la tutrice sera habile à faire les autres sans son assistance.

392. Cette nomination de conseil ne pourra être faite que de l'une des manières suivantes : — 1° par acte de dernière volonté ; — 2° par une déclaration faite ou devant le juge de paix, assisté de son greffier, ou devant notaires.

393. Si, lors du décès du mari, la femme est enceinte, il sera nommé un curateur au ventre par le conseil de famille. — A la naissance de l'enfant, la mère en deviendra tutrice, et le curateur en sera de plein droit le subrogé tuteur.

394. La mère n'est point tenue d'accepter la tutelle ; néanmoins, et en cas qu'elle la refuse, elle devra en remplir les devoirs jusqu'à ce qu'elle ait fait nommer un tuteur.

395. Si la mère tutrice veut se remarier, elle devra, avant l'acte de mariage, convoquer le conseil de famille, qui décidera si la tutelle doit lui être conservée. — A défaut de cette convocation, elle perdra la tutelle de plein droit ; et son nouveau mari sera solidairement responsable de toutes les suites de la tutelle qu'elle aura indûment conservée.

396. Lorsque le conseil de famille, dûment convoqué, conservera

la tutelle à la mère, il lui donnera nécessairement pour cotuteur le second mari, qui deviendra solidairement responsable, avec sa femme, de la gestion postérieure au mariage.

Définition et notions générales. — La tutelle est une fonction déférée à une personne capable, chargée de protéger une personne incapable et de la représenter dans les différents actes de la vie civile.

La tutelle est une charge à la fois *publique et gratuite :* *publique* parce que la loi l'impose au tuteur dans l'intérêt même de l'ordre social qui ne permet pas de laisser les incapables sans protection ; *gratuite* parce que le tuteur n'a droit à aucune indemnité à raison du temps et des soins qu'il consacre aux affaires du pupille.

Tout mineur de vingt-un ans doit recevoir un tuteur dès qu'il a perdu ou son père ou sa mère, et à plus forte raison s'il a perdu l'un et l'autre. Cette règle de l'article 390 paraît singulière dans le cas où, la mère étant morte, le père a survécu. En effet, aux termes de l'art. 389, le père est durant le mariage administrateur sans contrôle des biens de ses enfants mineurs, et l'on ne voit pas pourquoi le décès de la mère viendrait amoindrir ou modifier ses pouvoirs, en les soumettant au régime de la tutelle. Cette transformation dans l'autorité paternelle est cependant facile à justifier. D'abord le père est, avant son veuvage, plus ou moins surveillé par la mère. Ensuite la présence de celle-ci au domicile conjugal le met habituellement à l'abri des influences ou des écarts qui surviennent souvent après la dissolution du mariage. On comprend dès lors que la loi convertisse à ce moment son administration légale en une tutelle véritable qui sera exercée sous la surveillance d'un conseil de famille. Le père administrateur ne devait compte qu'à ses enfants devenus majeurs. Désormais, il devra compte et au conseil de famille et à ses enfants.

Les pouvoirs du père administrateur n'ont pas été définis par le Code. Généralement on comble cette lacune avec

les règles de la tutelle, et, en effet, il n'y a aucune raison de
différence, puisque, dans l'un et l'autre cas, il s'agit de protéger les intérêts du même incapable. En conséquence, le
père administrateur pourra faire seul les actes que le tuteur
peut faire seul, et, toutes les fois que le tuteur aurait besoin
de l'autorisation du conseil de famille, ou de l'homologation
du tribunal, le père ne pourra faire l'acte qu'avec les mêmes
autorisations [1].

Le père administrateur légal n'étant pas soumis, en principe, au régime de la tutelle, il n'y a jamais de subrogé tuteur pour surveiller son administration et pour prendre en
main les intérêts de l'enfant dans le cas où ils seraient contraires à ceux du père. Cette hypothèse peut cependant se
produire, par exemple si le père et l'enfant sont appelés à la
même succession : par qui l'enfant sera-t-il alors représenté ? Il
sera évidemment nécessaire de recourir à la justice qui
nommera un tuteur *ad hoc* à l'enfant. La mission de ce tuteur sera spéciale, et prendra fin avec l'acte ou les actes qu'il
est chargé d'accomplir.

Les biens du père administrateur légal sont exempts de
l'hypothèque légale qui grève les biens du père tuteur : comme
ils sont déjà sous le coup de l'hypothèque légale de la femme,
une seconde hypothèque eût été de nature à ruiner entièrement le crédit du chef de la famille, et c'est avec raison que
la loi ne l'a point établie.

Quant aux enfants naturels reconnus, le Code garde le silence. Mais on doit décider que leur tutelle sera ouverte à
partir du moment où ils auront des biens personnels : en effet, les père et mère naturels, n'exerçant pas l'un sur l'autre
ce contrôle de fait qui existe entre mari et femme légitimes,
l'enfant naturel ne peut jamais être plus protégé que ne l'est
l'enfant légitime après avoir perdu son père ou sa mère. Or,
comme dans ce dernier cas il y a lieu à tutelle, il faut ad-

---

[1] Valette, *Expl. Code Nap.*, p. 220, n° 5. — Demolombe, t. VI, n° 446. —
Aubry et Rau, t. I, § 123, p. 449, note 8.

mettre que l'enfant naturel doit, en principe et toujours, avoir cette protection.

La tutelle des enfants naturels sera déférée par le conseil de famille, et ce conseil se composera d'amis, puisque les enfants dont il s'agit n'ont point de parents. Il ne peut pas y avoir pour l'enfant naturel de tutelle légitime, même au profit de ses père ou mère, car la loi est muette à cet égard et une tutelle légitime ne peut s'établir par analogie ; ni même de tutelle testamentaire, car les père et mère, déjà tuteurs légaux, peuvent seuls nommer un tuteur à leur enfant [1].

Des DIFFÉRENTES ESPÈCES DE *tutelle*. — Il y a quatre espèces de tutelle, savoir :

1° La tutelle *légitime* du survivant des *père* et *mère*, ainsi appelée parce que la loi elle-même la leur confère ;

2° La tutelle *testamentaire*, déférée par le dernier mourant des père et mère ;

3° La tutelle *légitime* des *ascendants ;*

4° La tutelle *dative*, déférée par le conseil de famille.

De la tutelle du SURVIVANT DES PÈRE ET MÈRE. — Aux termes de l'art. 390, le survivant des père et mère est de plein droit tuteur de ses enfants mineurs et non émancipés. Mais les pouvoirs conférés au mari sont, sous plusieurs rapports, plus étendus que les pouvoirs conférés à la femme. Ainsi, le père peut nommer à la mère survivante et tutrice un conseil sans l'*avis* duquel elle ne pourra faire aucun acte relatif à la tutelle. Faudra-t-il l'approbation de ce conseil, ou la mère sera-t-elle libre, après l'avoir consulté, de ne pas suivre son avis ? La première opinion paraît préférable, car l'art. 391 *in fine* montre que la mère ne peut agir qu'avec l'*assistance* du conseil. Or, le conseil n'assisterait évidemment pas la mère s'il était d'un avis opposé. Les actes faits par elle sans cette assistance seront annulables, dans l'intérêt du pupille. Les tiers ne pourront jamais se prévaloir de cette nullité ; ils

---

[1] Demante, t. II, n° 138 *bis*. — Demolombe, t. VIII, n° 385.

n'avaient qu'à se renseigner sur l'étendue des pouvoirs de la mère survivante et tutrice.

Si la mère tutrice et le conseil sont d'avis différent, le conseil de famille tranchera la difficulté, sauf le droit pour l'un et pour l'autre, de se pourvoir devant le tribunal qui statuera définitivement.

Le conseil donné à la mère est au fond un mandataire du mari, et, comme tout mandataire, il est responsable de ses fautes. Son irresponsabilité, admise par certains auteurs, enlèverait à l'enfant toute garantie.

L'art. 392 détermine le mode à suivre pour la nomination du conseil.

Le père survivant est nécessairement tuteur, s'il ne se trouve point dans un cas d'excuse légale. Mais le Code, prévoyant que la mère pourrait ne pas avoir l'aptitude nécessaire à une bonne administration, lui permet de refuser la tutelle (art. 394).

Le père qui se remarie ne perd pas la tutelle, mais la mère qui se remarie en est déchue de plein droit, à moins que le conseil de famille ne la lui ait conservée (art. 395). Au cas où la mère est maintenue dans ses fonctions, son nouveau mari devient avec elle cotuteur et solidairement responsable. L'art. 396 consacre ainsi l'ancienne maxime : *Qui épouse la veuve épouse la tutelle.* Il n'en pouvait être autrement, car la femme passe entièrement sous la dépendance de son second mari, et, en réalité, c'est lui qui gérera la tutelle. Il importait donc de donner aux enfants la garantie de sa responsabilité solidaire.

Que décider, si la mère s'est remariée avant que le conseil de famille l'ait maintenue dans la tutelle ? Pourra-t-elle être nommée tutrice dative ? La raison de douter vient de l'art. 445, qui déclare incapable d'être membre d'un conseil de famille, et, *à fortiori*, d'être tuteur, celui qui a été exclu ou destitué d'une tutelle. Mais on dit avec raison qu'il n'y a eu ici ni exclusion ni destitution de tutelle. La mère a simplement encouru une déchéance, et cette déchéance peut provenir d'un simple oubli, ou même de l'ignorance où elle était de la nécessité pour elle de se faire maintenir dans la tutelle. Il n'y a donc aucun motif sérieux de la déclarer dans ce cas incapable de la tutelle dative.

Le mari cotuteur est solidairement responsable du défaut de gestion comme de toute mauvaise gestion. Si la mère est maintenue dans la tutelle, sa responsabilité n'est évidemment engagée que pour la gestion postérieure au mariage (art. 396). Mais, dans le cas contraire, cette responsabilité s'étendra-t-elle aux actes faits par la mère avant le mariage? Le texte absolu de l'art. 395, qui le déclare responsable de *toutes les suites* de la tutelle *indûment conservée* par la mère, doit, selon nous, faire répondre affirmativement [1]. D'ailleurs, cette solution était adoptée par l'ancienne jurisprudence, et l'opinion contraire, insérée dans le projet du Code, a disparu dans la rédaction définitive. Puis, pourquoi dégrever dans ce cas le mari d'une responsabilité qu'il est en faute de n'avoir pas évitée en provoquant la réunion du conseil de famille et en faisant maintenir la mère dans la tutelle de ses enfants?

Du CURATEUR AU VENTRE. — Lorsque la mère survivante est enceinte, il lui est nommé un curateur au ventre par le conseil de famille. Ses fonctions consistent à empêcher soit une *supposition de part*, faite dans le but de donner à l'enfant supposé la succession du mari au préjudice des héritiers naturels de ce dernier, succession dont la mère aurait ainsi l'usufruit légal ; soit une *suppression de part* faite dans le but d'écarter l'enfant de la succession de son père, succession qui passerait à la mère survivante, au cas où le défunt n'aurait pas laissé de parents légitimes (art. 767). Le curateur aura le droit, non d'assister à l'accouchement, mais d'exercer sur la mère une surveillance telle que toute supposition ou suppression de part soit impossible. En cas de difficulté, les tribu-

---

[1] *Sic*, Marcadé, sur l'art. 395. — Caen, 22 mars 1866. — *Contrà,* Va'ette, *Expl. som.*, p. 231. — Demolombe, t. VII, n° 126 et suiv.

naux auront toute latitude pour déterminer les actes de surveillance qu'il pourra faire et cette surveillance devra être
d'autant plus rigoureuse que la mère fera plus de tentatives
pour y échapper. Le curateur doit, en outre, administrer les
biens dont se compose la succession du mari décédé : ils seront définitivement remis à l'enfant s'il naît viable, et, à
son défaut, aux héritiers du mari. A la naissance de l'enfant, la mère en devient tutrice, et le curateur est de plein
droit son subrogé tuteur.

Il n'y a pas lieu à la nomination d'un curateur au ventre
si la veuve a d'autres enfants déjà pourvus d'un tuteur et
d'un subrogé tuteur. Ce dernier en remplira les fonctions ;
mais si les enfants déjà nés étaient majeurs, la nomination
d'un curateur serait nécessaire, car autrement les intérêts
de l'enfant conçu manqueraient de protection.

DEUXIÈME SECTION

DE LA TUTELLE DÉFÉRÉE PAR LE PÈRE OU LA MÈRE.

ART. 397. Le droit individuel de choisir un tuteur parent, ou
même étranger, n'appartient qu'au dernier mourant des père et mère.

398. Ce droit ne peut être exercé que dans les formes prescrites
par l'article 392, et sous les exceptions et modifications ci-après.

399. La mère remariée, et non maintenue dans la tutelle des
enfants de son premier mariage, ne peut leur choisir un tuteur.

400. Lorsque la mère remariée, et maintenue dans la tutelle,
aura fait choix d'un tuteur aux enfants de son premier mariage,
ce choix ne sera valable qu'autant qu'il sera confirmé par le conseil de famille.

401. Le tuteur élu par le père ou la mère n'est pas tenu d'accepter
la tutelle, s'il n'est d'ailleurs dans la classe des personnes qu'à défaut
de cette élection spéciale le conseil de famille eût pu en charger.

Qui peut nommer un tuteur testamentaire. — Le droit de
nommer un tuteur testamentaire n'appartient qu'au dernier
mourant des père et mère. Cette nomination doit être faite,
ou par acte de dernière volonté, ou par une déclaration devant le juge de paix assisté de son greffier, ou par acte no-

tarié. On l'appelle dans tous les cas *testamentaire*, parce qu'elle ne doit, comme le testament, produire d'effet qu'après le décès de celui qui nomme le tuteur.

Le dernier mourant des père et mère conserve-t-il son droit de nomination, lorsqu'il n'est pas lui-même tuteur des enfants ? Non, s'il a été exclu ou destitué de la tutelle. Mais la question est douteuse lorsqu'il s'agit du père ou de la mère excusé de la tutelle. Il faut encore, à notre avis, lui refuser le droit de nomination, parce qu'autrement le père ou la mère excusé destituerait le tuteur datif, en le remplaçant par un tuteur testamentaire, et aucun texte ne lui accorde ce droit exorbitant.

La loi, méfiante envers la mère remariée qui a été maintenue dans la tutelle, exige que la nomination par elle faite d'un tuteur soit confirmée par le conseil de famille (art. 400). Mais alors à quoi sert la nomination émanée de la mère ? Elle a pour unique résultat de faire écarter la tutelle légitime des ascendants, tutelle qui existerait de plein droit, si la mère n'avait pas nommé un tuteur testamentaire. Aussi, dans le cas où il n'y a pas d'ascendants, la nomination qu'elle fait n'a pas d'effet sérieux.

Quant à la mère remariée qui n'a pas été maintenue dans la tutelle, nous venons de voir qu'elle ne pourrait pas nommer un tuteur testamentaire. Tout tuteur testamentaire peut refuser la tutelle qui lui est déférée, à moins qu'il ne soit dans la classe des personnes qui ne peuvent s'en dispenser que par une excuse légitime.

TROISIÈME SECTION

DE LA TUTELLE DES ASCENDANTS.

ART. 402. Lorsqu'il n'a pas été choisi au mineur un tuteur par le dernier mourant de ses père et mère, la tutelle appartient de droit à son aïeul paternel ; à défaut de celui-ci, à son aïeul maternel, et ainsi en remontant, de manière que l'ascendant paternel soit toujours préféré à l'ascendant maternel du même degré.

403. Si, à défaut de l'aïeul paternel et de l'aïeul maternel du mineur, la concurrence se trouvait établie entre deux ascendants du degré supérieur qui appartinssent tous deux à la ligne paternelle du mineur, la tutelle passera de droit à celui des deux qui se trouvera être l'aïeul paternel du père du mineur.

404. Si la même concurrence a lieu entre deux bisaïeuls de la ligne maternelle, la nomination sera faite par le conseil de famille, qui ne pourra néanmoins que choisir l'un de ces deux ascendants.

Quand a lieu la TUTELLE DES ASCENDANTS. — La tutelle des ascendants est subordonnée à la double condition que les père et mère de l'enfant soient l'un et l'autre décédés, et qu'il n'y ait ni tuteur testamentaire ni tuteur datif déjà nommés.

La tutelle légitime ne succède jamais à la tutelle testamentaire ou dative, et c'est juste, car rien ne prouve que les motifs sur lesquels a été une première fois basée l'exclusion des ascendants aient cessé d'exister.

A QUELS ASCENDANTS *est déférée* LA TUTELLE LÉGITIME. — La tutelle légitime est déférée aux ascendants mâles seulement, et dans l'ordre qui suit :

1° A l'ascendant le plus proche dans l'une ou l'autre ligne ;

2° En cas d'égale proximité dans les deux lignes, à l'ascendant de la ligne paternelle qui porte le nom de l'enfant, car l'honneur du nom est une garantie de plus d'une bonne administration. En cas d'égale proximité dans la ligne maternelle, et lorsque, d'ailleurs, la ligne paternelle ne renferme que des parents d'un degré plus éloigné, le conseil de famille choisit.

QUATRIÈME SECTION

DE LA TUTELLE DÉFÉRÉE PAR LE CONSEIL DE FAMILLE.

ART. 405. Lorsqu'un enfant mineur et non émancipé restera sans père ni mère, ni tuteur élu par ses père et mère, ni ascendants mâles, comme aussi lorsque le tuteur de l'une des qualités ci-dessus exprimées se trouvera ou dans le cas des exclusions dont il sera parlé ci-après, ou valablement excusé, il sera pourvu, par un conseil de famille, à la nomination d'un tuteur.

406. Ce conseil sera convoqué soit sur la réquisition et à la diligence des parents du mineur, de ses créanciers ou d'autres parties intéressées, soit même d'office et à la poursuite du juge de paix du domicile du mineur. Toute personne pourra dénoncer à ce juge de paix le fait qui donnera lieu à la nomination d'un tuteur.

407. Le conseil de famille sera composé, non compris le juge de paix, de six parents ou alliés, pris tant dans la commune où la tutelle sera ouverte que dans la distance de deux myriamètres, moitié du côté paternel, moitié du côté maternel, et en suivant l'ordre de proximité dans chaque ligne. — Le parent sera préféré à l'allié du même degré ; et, parmi les parents du même degré, le plus âgé à celui qui le sera le moins.

408. Les frères germains du mineur et les maris des sœurs germaines sont seuls exceptés de la limitation de nombre posée en l'article précédent. — S'ils sont six, ou au delà, ils seront tous membres du conseil de famille, qu'ils composeront seuls, avec les veuves d'ascendants et les ascendants valablement excusés, s'il y en a. — S'ils sont en nombre inférieur, les autres parents ne seront appelés que pour compléter le conseil.

409. Lorsque les parents ou alliés de l'une ou de l'autre ligne se trouveront en nombre insuffisant sur les lieux, ou dans la distance désignée par l'art. 407, le juge de paix appellera soit des parents ou alliés, domiciliés à de plus grandes distances, soit, dans la commune même, des citoyens connus pour avoir eu des relations habituelles d'amitié avec le père ou la mère du mineur.

410. Le juge de paix pourra, lors même qu'il y aurait sur les lieux un nombre suffisant de parents ou alliés, permettre de citer, à quelque distance qu'ils soient domiciliés, des parents ou alliés plus proches en degrés ou de mêmes degrés que les parents ou alliés présents ; de manière toutefois que cela s'opère en retranchant quelques-uns de ces derniers, et sans excéder le nombre réglé par les précédents articles.

411. Le délai pour comparaître sera réglé par le juge de paix à jour fixe, mais de manière qu'il y ait toujours, entre la citation notifiée et le jour indiqué pour la réunion du conseil, un intervalle de trois jours au moins, quand toutes les parties citées résideront dans la commune, ou dans la distance de deux myriamètres. — Toutes les fois que, parmi les parties citées, il s'en trouvera de domiciliées au delà de cette distance, le délai sera augmenté d'un jour par trois myriamètres.

412. Les parents, alliés ou amis, ainsi convoqués, seront tenus de

se rendre en personne, ou de se faire représenter par un mandataire spécial. — Le fondé de pouvoir ne peut représenter plus d'une personne.

413. Tout parent, allié ou ami, convoqué, et qui, sans excuse légitime, ne comparaîtra point, encourra une amende qui ne pourra excéder cinquante francs, et sera prononcée sans appel par le juge de paix.

414. S'il y a excuse suffisante, et qu'il convienne soit d'attendre le membre absent, soit de le remplacer, en ce cas, comme en tout autre où l'intérêt du mineur semblera l'exiger, le juge de paix pourra ajourner l'assemblée ou la proroger.

415. Cette assemblée se tiendra de plein droit chez le juge de paix, à moins qu'il ne désigne lui-même un autre local. La présence des trois quarts au moins de ses membres convoqués sera nécessaire pour qu'elle délibère.

416. Le conseil de famille sera présidé par le juge de paix, qui y aura voix délibérative et prépondérante en cas de partage.

417. Quand le mineur, domicilié en France, possédera des biens dans les colonies, ou réciproquement, l'administration spéciale de ces biens sera donnée à un protuteur. — En ce cas, le tuteur et le protuteur seront indépendants, et non responsables l'un envers l'autre pour leur gestion respective.

418. Le tuteur agira et administrera, en cette qualité, du jour de sa nomination, si elle a lieu en sa présence ; sinon, du jour qu'elle lui aura été notifiée.

419. La tutelle est une charge personnelle qui ne passe point aux héritiers du tuteur. Ceux-ci seront seulement responsables de la gestion de leur auteur ; et, s'ils sont majeurs, ils seront tenus de la continuer jusqu'à la nomination d'un nouveau tuteur.

Quand a lieu la TUTELLE DATIVE. — La tutelle dative a lieu, comme nous le savons, soit lorsque l'enfant est resté sans ascendants, soit même lorsqu'il a des ascendants, si ces derniers ont été une fois écartés de la tutelle pour une cause quelconque.

Du CONSEIL DE FAMILLE. — Toute tutelle s'exerce sous la direction et le contrôle d'un conseil de famille. La création de ce conseil est une des plus heureuses innovations du Code. Il se compose :

1° Du *juge de paix*, qui en est le président-né ;

2° De *six parents ou alliés,* pris moitié du côté paternel, moitié du côté maternel, et en suivant l'ordre de proximité dans chaque ligne. A proximité égale, le parent est préféré à l'allié, et le parent plus âgé au parent moins âgé.

Le conseil de famille ne peut contenir plus de six parents ou alliés. La loi fait exception en faveur des frères germains, des maris des sœurs germaines et des ascendantes veuves ou ascendants valablement excusés. L'article 408 désigne à tort les veuves d'ascendants, car la veuve dont l'enfant ne descendrait pas, par exemple, la femme en seconde noces d'un aïeul, serait certainement exclue du conseil de famille.

Les membres du conseil de famille doivent être pris dans une circonscription territoriale fixée par l'article 407. Les articles 409 et 410 autorisent le juge de paix à appeler soit des parents ou alliés domiciliés à une plus grande distance, soit, dans la commune même, les amis du père ou de la mère. Mais alors il retranchera d'autres parents légitimes, de manière que le nombre légal ne soit pas excédé.

Du LIEU *où doit être convoqué le conseil de famille.* — Le conseil de famille doit être convoqué au lieu de l'ouverture de la tutelle (art. 407). Or, où la tutelle s'est-elle ouverte ? Évidemment au domicile du père, puisque c'est par la dissolution du mariage que la tutelle est ouverte, et qu'au moment de cette dissolution l'enfant a le même domicile que son père ; mais ce domicile originaire est-il fixe, ou, au contraire, peut-il changer pendant le cours de la tutelle ? Par exemple, l'enfant a un premier tuteur dont le domicile est à Paris. Ce premier tuteur, qui est habituellement le père ou la mère survivant, vient à décéder, et le nouveau tuteur de l'enfant a son domicile à Bordeaux. Le domicile de la tutelle, celui où se fera la convocation du conseil de famille, va-t-il rester à Paris ou être transporté à Bordeaux ? Généralement on admet que le domicile originaire de la tutelle doit être maintenu. La raison en est précisément que les tuteurs successifs que peut avoir un enfant seront souvent domiciliés dans des localités différentes, et que dans tous les cas ils peuvent changer à leur gré de domicile. Or il importe de mettre l'enfant à l'abri de déplacements dont le résultat, ou peut-être même le but, serait de l'isoler de sa famille. Et il n'y a aucune raison de distinguer, comme le font certains auteurs, entre la tutelle légitime et les autres tutelles [1].

Faisons observer que le domicile du mineur ne doit pas être confondu avec celui de la tutelle. Le domicile de la tutelle est fixe, comme nous venons de le démontrer : celui du mineur au contraire se confond avec le domicile de son tuteur (art. 108) et subit tous les déplacements que subit le domicile même du tuteur.

De la CONVOCATION *du conseil de famille.* — Peuvent la requérir, lorsqu'il s'agit de nommer un tuteur :

1° *Tous les parents* du mineur, à quelque degré qu'ils se trouvent ;

2° *Ses créanciers,* et, en général, toute personne intéressée à la conservation de ses biens.

La convocation est toujours faite par le juge de paix, qui doit obtempérer aux réquisitions à lui adressées. Dans la pratique, elle a lieu par lettres ou verbalement ; mais, à la rigueur, elle devrait résulter d'une citation par huissier : en effet, les lettres et encore plus les paroles sont dépourvues de tout caractère public. L'amende ne sera, du reste, encourue par les membres défaillants, que dans l'hypothèse où ils auraient été cités par huissier. L'article 411 indique les délais de la convocation.

Tout membre convoqué doit se rendre au conseil en personne, ou s'y faire représenter par un mandataire spécial. Il faudra donc autant de mandataires que de membres non comparants ; car autrement le conseil de famille deviendrait une institution dérisoire, si tous ses membres pouvaient donner leur procuration à la même personne.

[1] Demolombe, t. IV, n° 249. — Rivière, *Jurispr. de la cour de Cass.,* n° 107.

Le juge de paix frappe d'une amende ne pouvant excéder cinquante francs les membres absents qui n'ont pas d'excuse légitime. Il peut, lorsque le conseil est en nombre insuffisant, soit l'*ajourner*, c'est-à-dire le renvoyer à une autre jour qui n'est pas actuellement indiqué ; soit le *proroger*, c'est-à-dire le renvoyer à un autre jour actuellement indiqué.

L'assemblée se tient chez le juge de paix, et doit comprendre les trois quarts des membres. Or comme les trois quarts de six sont quatre et une fraction, et que les membres du conseil de famille ne peuvent se fractionner, la présence de cinq membres au moins sera nécessaire.

Les délibérations sont prises à la majorité. Mais est-ce à la majorité absolue ou à la majorité relative ? A cet égard, le Code est muet. Toutefois, il est naturel d'appliquer ici les règles établies par le Code de procédure pour les jugements. D'après ces règles, toutes les opinions exprimées doivent se réduire à deux par l'adjonction des plus faibles à l'une des deux plus fortes. En d'autres termes, il ne suffit pas qu'une opinion ait réuni une majorité relative pour qu'elle triomphe ; il est nécessaire qu'elle réunisse une majorité absolue[1]. En cas de partage, c'est-à-dire en cas qu'il y ait deux opinions ayant le même nombre de suffrages, la voix du juge de paix sera prépondérante.

Le système de la majorité relative, adopté par certains auteurs, conduirait à un résultat inadmissible : en effet, s'il se formait cinq opinions dont une aurait deux voix, tandis que les autres en auraient une seule, la première l'emporterait ; et cependant il est constant que la majorité du conseil de famille serait, dans ce cas, contraire à la décision définitive.

Quelle solution donner lorsque, les opinions les plus faibles refusant d'adhérer aux opinions les plus fortes, il est impossible d'arriver à une majorité absolue ? Il est rationnel de s'en référer au tribunal qui, suivant les cas, ordonnera la nomi-

---

[1] Demolombe, t. VII, n° 313. — Demante, t. II, n° 164.

nation d'un nouveau conseil de famille, ou rendra lui-même une décision sur l'objet en question.

Nomination du tuteur DATIF *et du* PROTUTEUR. — Le conseil de famille nomme un tuteur pour les biens de France, et un protuteur pour les biens situés dans les colonies. Le même conseil doit procéder à cette double nomination. On avait d'abord proposé deux conseils de famille, mais ce système a été écarté lors de la discussion du Code au Conseil d'État.

Les tuteurs sont tenus d'administrer à partir du jour de leur nomination, s'ils étaient présents au conseil de famille; et à partir du jour de la notification qui leur en est faite, s'ils n'étaient pas présents.

La tutelle est une charge exclusivement personnelle, et elle finit avec la vie du tuteur, car il n'est pas prouvé que ses héritiers soient capables de continuer ses fonctions. Toutefois, les héritiers du tuteur doivent provisoirement se constituer les gérants d'affaires du pupille, afin que ses intérêts ne soient pas en souffrance dans l'intervalle des deux tutelles.

CINQUIÈME SECTION
DU SUBROGÉ TUTEUR.

ART. 420. Dans toute tutelle, il y aura un subrogé tuteur, nommé par le conseil de famille. — Ses fonctions consisteront à agir pour les intérêts du mineur, lorsqu'ils seront en opposition avec ceux du tuteur.

421. Lorsque les fonctions du tuteur seront dévolues à une personne de l'une des qualités exprimées aux sections I, II et III du présent chapitre, ce tuteur devra, avant d'entrer en fonctions, faire convoquer, pour la nomination du subrogé tuteur, un conseil de famille composé comme il est dit dans la section IV. — S'il s'est ingéré dans la gestion avant d'avoir rempli cette formalité, le conseil de famille, convoqué, soit sur la réquisition des parents, créanciers ou autres parties intéressées, soit d'office par le juge de paix, pourra, s'il y a eu dol de la part du tuteur, lui retirer la tutelle, sans préjudice des indemnités dues au mineur.

422. Dans les autres tutelles, la nomination du subrogé tuteur aura lieu immédiatement après celle du tuteur.

423. En aucun cas le tuteur ne votera pour la nomination du su-

brogé tuteur, lequel sera pris, hors le cas de frères germains, dans celle des deux lignes à laquelle le tuteur n'appartiendra point.

424. Le subrogé tuteur ne remplacera pas de plein droit le tuteur, lorsque la tutelle deviendra vacante, ou qu'elle sera abandonnée par absence ; mais il devra, en ce cas, sous peine des dommages-intérêts qui pourraient en résulter pour le mineur, provoquer la nomination d'un nouveau tuteur.

425. Les fonctions du subrogé tuteur cesseront à la même époque que la tutelle.

426. Les dispositions contenues dans les sections VI et VII du présent chapitre s'appliqueront aux subrogés tuteurs. — Néanmoins le tuteur ne pourra provoquer la destitution du subrogé tuteur, ni voter dans les conseils de famille qui seront convoqués pour cet objet.

Du SUBROGÉ TUTEUR. — Le subrogé tuteur est chargé de surveiller le tuteur, de le remplacer lorsqu'il a des intérêts contraires à ceux du pupille, de poursuivre sa destitution lorsque par infidélité ou incurie il compromet les intérêts qui lui sont confiés et de provoquer la nomination d'un nouveau tuteur lorsque pour une cause quelconque la tutelle devient vacante.

Le subrogé tuteur est, dans toute tutelle, nommé par le conseil de famille ; et, lorsque la tutelle est dative, sa nomination est faite dans la même réunion que celle du tuteur. Il est interdit au tuteur testamentaire ou légitime d'entrer en fonctions, avant la nomination du subrogé tuteur qui doit le surveiller. S'il ne poursuit pas préalablement cette nomination, il pourra, suivant les cas, être destitué de la tutelle, ou même condamné à des dommages-intérêts.

Comme le subrogé tuteur doit surveiller le tuteur, la loi exige qu'il soit pris dans la ligne à laquelle le tuteur n'appartient pas. En outre, le tuteur ne peut, en qualité de membre du conseil de famille, prendre part aux délibérations relatives à la nomination ou à la révocation du subrogé tuteur.

Si la ligne à laquelle n'appartient pas le tuteur ne renferme aucun membre qui puisse exercer les fonctions de subrogé tuteur, ou même si elle n'a pas la confiance du conseil de famille, celui-ci pourra évidemment nommer un étranger, car il importe, avant tout, que les intérêts du pupille soient protégés. Le Code fait exception à la règle que le tuteur et le subrogé tuteur doivent être pris dans une ligne différente, pour le cas où il y a des frères germains, lesquels appartiennent toujours simultanément aux deux lignes. Un frère pourra donc être tuteur et l'autre frère subrogé tuteur. Il faut même aller plus loin, et reconnaître que, dans le cas où la tutelle appartient à un frère germain, tout parent de l'une ou de l'autre ligne pourra être subrogé tuteur, car autrement cette tutelle serait de nature, s'il n'y avait pas d'autre frère germain capable d'exercer les fonctions de subrogé tuteur, à porter préjudice aux intérêts du pupille, puisque, le tuteur appartenant à la fois aux deux lignes, il faudrait nécessairement que le subrogé tuteur fût un étranger.

Les fonctions de subrogé tuteur cessent par tous les événements qui mettent fin à la tutelle, et notamment par la mort, l'émancipation ou la majorité du mineur.

SIXIÈME SECTION

DES CAUSES QUI DISPENSENT DE LA TUTELLE.

ART. 427. Sont dispensés de la tutelle : — les personnes désignées dans les titres III, V, VI, VIII, IX et XI de l'acte du 18 mai 1804 [1] ; —

---

[1] *Sénatus-consulte organique du 28 floréal an XII* (18 mai 1804.)

Tit. III. — 9. Les membres de la famille impériale.

Tit. V. (Les grands dignitaires de l'Empire.) — 32. Les grandes dignités de l'Empire sont celles — de grand électeur, d'archi- chancelier de l'empire, — d'archi-chancelier de l'État, — d'archi-trésorier, — de connétable, — de grand amiral.

Tit. VI. (Les grands officiers de l'Empire.) — 48. Les grands officiers de l'Empire sont : — 1° des maréchaux de l'Empire ; — 2° huit inspecteurs et colonels généraux de l'artillerie et du génie des troupes à cheval et de la marine ; — 3° des grands officiers civils de la couronne.

Tit. VIII. (Les sénateurs.)

Tit IX. (Les membres du Conseil d'État.)

Tit. X et tit. XI. (Les membres du Corps législatif et du Tribunat, *aujourd'hui* les députés des départements.)

les présidents et conseillers à la cour de cassation [1], le procureur général et les avocats généraux en la même cour ; — les préfets ; — tous citoyens exerçant une fonction publique dans un département autre que celui où la tutelle s'établit.

428. Sont également dispensés de la tutelle : — les militaires en activité de service, et tous autres citoyens qui remplissent, hors du territoire de l'Empire, une mission de l'Empereur.

429. Si la mission est non authentique et contestée, la dispense ne sera prononcée qu'après la représentation, faite par le réclamant, du certificat du ministre dans le département duquel se placera la mission articulée comme excuse.

430. Les citoyens de la qualité exprimée aux articles précédents, qui ont accepté la tutelle postérieurement aux fonctions, services ou missions qui en dispensent, ne seront plus admis à s'en faire décharger pour cette cause.

431. Ceux, au contraire, à qui lesdites fonctions, services ou missions, auront été conférés postérieurement à l'acceptation et gestion d'une tutelle, pourront, s'ils ne veulent la conserver, faire convoquer, dans le mois, un conseil de famille, pour y être procédé à leur remplacement. — Si, à l'expiration de ces fonctions, services ou missions, le nouveau tuteur réclame sa décharge, ou que l'ancien redemande la tutelle, elle pourra lui être rendue par le conseil de famille.

432. Tout citoyen non parent ni allié ne peut être forcé d'accepter la tutelle que dans le cas où il n'existerait pas, dans la distance de quatre myriamètres, des parents ou alliés en état de gérer la tutelle.

433. Tout individu âgé de soixante-cinq ans accomplis peut refuser d'être tuteur. — Celui qui aura été nommé avant cet âge pourra, à soixante-dix ans, se faire décharger de la tutelle.

434. Tout individu atteint d'une infirmité grave et dûment justifiée est dispensé de la tutelle. — Il pourra même s'en faire décharger, si cette infirmité est survenue depuis sa nomination.

435. Deux tutelles sont, pour toutes personnes, une juste dispense d'en accepter une troisième. — Celui qui, époux ou père, sera déjà chargé d'une tutelle, ne pourra être tenu d'en accepter une seconde, excepté celle de ses enfants.

---

[1] Loi du 16 septembre 1807, art. 7. « La Cour des comptes prend rang immédiatement après la Cour de cassation, et jouit des mêmes prérogatives. »

436. Ceux qui ont cinq enfants légitimes sont dispensés de toute tutelle autre que celle desdits enfants. — Les enfants morts en activité de service dans les armées de l'Empereur seront toujours comptés pour opérer cette dispense. — Les autres enfants morts ne seront comptés qu'autant qu'ils auront eux-mêmes laissé des enfants actuellement existants.

437. La survenance d'enfants pendant la tutelle ne pourra autoriser à l'abdiquer.

438. Si le tuteur nommé est présent à la délibération qui lui défère la tutelle, il devra sur-le-champ, et sous peine d'être déclaré non recevable dans toute réclamation ultérieure, proposer ses excuses, sur lesquelles le conseil de famille délibérera.

439. Si le tuteur nommé n'a pas assisté à la délibération qui lui a déféré la tutelle, il pourra faire convoquer le conseil de famille pour délibérer sur ses excuses. — Ses diligences à ce sujet devront avoir lieu dans le délai de trois jours, à partir de la notification qui lui aura été faite de sa nomination ; lequel délai sera augmenté d'un jour par trois myriamètres de distance du lieu de son domicile à celui de l'ouverture de la tutelle : passé ce délai, il sera non recevable.

440. Si ces excuses sont rejetées, il pourra se pourvoir devant les tribunaux pour les faire admettre ; mais il sera, pendant le litige, tenu d'administrer provisoirement.

441. S'il parvient à se faire exempter de la tutelle, ceux qui auront rejeté l'excuse pourront être condamnés aux frais de l'instance. — S'il succombe, il sera condamné lui-même.

SEPTIÈME SECTION

DE L'INCAPACITÉ, DES EXCLUSIONS ET DESTITUTIONS DE LA TUTELLE.

Art. 442. Ne peuvent être tuteurs ni membres des conseils de famille : — 1° les mineurs, excepté le père ou la mère ; — 2° les interdits ; — 3° les femmes, autres que la mère et les ascendantes ; — 4° tous ceux qui ont ou dont les père ou mère ont avec le mineur un procès dans lequel l'état de ce mineur, sa fortune, ou une partie notable de ses biens sont compromis.

443. La condamnation à une peine afflictive ou infamante emporte de plein droit l'exclusion de la tutelle. — Elle emporte de même la destitution, dans le cas où il s'agirait d'une tutelle antérieurement déférée.

444. Sont aussi exclus de la tutelle, et même destituables s'ils sont

en exercice : — 1° les gens d'une inconduite notoire ; — 2° ceux dont la gestion attesterait l'incapacité ou l'infidélité.

445. Tout individu qui aura été exclu ou destitué d'une tutelle ne pourra être membre d'un conseil de famille.

446. Toutes les fois qu'il y aura lieu à une destitution de tuteur, elle sera prononcée par le conseil de famille, convoqué à la diligence du subrogé tuteur, ou d'office par le juge de paix. — Celui-ci ne pourra se dispenser de faire cette convocation, quand elle sera formellement requise par un ou plusieurs parents ou alliés du mineur, au degré de cousin germain ou à des degrés plus proches.

447. Toute délibération du conseil de famille qui prononcera l'exclusion ou la destitution du tuteur sera motivée, et ne pourra être prise qu'après avoir entendu ou appelé le tuteur.

448. Si le tuteur adhère à la délibération, il en sera fait mention, et le nouveau tuteur entrera aussitôt en fonctions. — S'il y a réclamation, le subrogé tuteur poursuivra l'homologation de la délibération devant le tribunal de première instance, qui prononcera, sauf l'appel. — Le tuteur exclu ou destitué peut lui-même, en ce cas, assigner le subrogé tuteur pour se faire déclarer maintenu en la tutelle.

449. Les parents ou alliés qui auront requis la convocation pourront intervenir dans la cause, qui sera instruite et jugée comme affaire urgente.

Observation. — Toute personne est tenue d'accepter une tutelle qui lui est déférée, à moins qu'elle ne soit dans un cas d'excuse légale. Comme on le voit dans le texte, les excuses résultent :

1° De certaines fonctions ou services publics ;

2° De la qualité d'étranger à la famille, lorsque, dans le rayon de 4 myriamètres, il y a des parents ou alliés en état de gérer la tutelle;

3° De l'âge ;

4° Des infirmités ;

5° Du nombre des tutelles ;

6° Du nombre des enfants.

Toutes les excuses ne produisent pas un effet identique. Les unes permettent de se faire décharger de la tutelle, et à plus forte raison de ne pas l'accepter quand on n'en a pas encore été investi (*à susceptâ et à suscipiendâ tulelâ*). Telles sont les excuses fondées sur l'âge et sur les infirmités. Les autres permettent seulement de se dispenser de la lutelle qui n'a pas été encore déférée, mais non d'en obtenir la décharge, si elle a été déjà déférée (*à suscipiendâ tantùm tutelâ*). Tels sont les fonctions ou services publics, lorsqu'ils sont antérieurs à la tutelle; la non-parenté, et le nombre des tutelles ou des enfants, sans distinguer si le nombre légal était excédé avant ou a été excédé depuis la nomination.

Les excuses doivent être proposées au conseil de famille et en appel au tribunal de première instance. A cet effet, la loi donne trois jours au tuteur qui n'était pas présent à la délibération du conseil : s'il était présent, il a dù proposer immédiatement ses excuses.

De L'INCAPACITÉ, *de* L'EXCLUSION *et de* LA DESTITUTION. —Les causes d'incapacité sont fondées, les unes sur un motif d'impossibilité légale d'administrer, résultant de la minorité ou de l'interdiction, du sexe ou d'une rivalité d'intérêts; les autres, sur l'absence de toute garantie morale de la part du tuteur. Seulement, les causes d'incapacité, fondées sur l'absence de garantie morale, sont en même temps des causes d'exclusion ou de destitution.

Nòtons que l'excuse dispense simplement de la tutelle, et que l'incapacité enlève d'une manière absolue la faculté d'être tuteur.

Les exclusions ou destitutions de la tutelle sont prononcées par le conseil de famille convoqué à cet effet par le subrogé tuteur, ou, à son défaut, par les parents ou alliés du pupille jusqu'au degré de cousin germain. La délibération doit être prise après que le tuteur a été entendu ou appelé. Elle doit être motivée, et elle ne devient définitive que par l'homologation du tribunal de première instance.

HUITIÈME SECTION

DE L'ADMINISTRATION DU TUTEUR.

Art. 450. Le tuteur prendra soin de la personne du mineur, et le représentera dans tous les actes civils. — Il administrera ses biens en bon père de famille et répondra des dommages-intérêts qui pourraient résulter d'une mauvaise gestion. — Il ne peut ni acheter les biens du mineur, ni les prendre à ferme, à moins que le conseil de famille n'ait autorisé le subrogé tuteur à lui en passer le bail, ni accepter la cession d'aucun droit ou créance contre son pupille.

451. Dans les dix jours qui suivront celui de sa nomination, dûment connue de lui, le tuteur requerra la levée des scellés, s'ils ont été apposés, et fera procéder immédiatement à l'inventaire des biens du mineur, en présence du subrogé tuteur. — S'il lui est dû quelque chose par le mineur, il devra le déclarer dans l'inventaire, à peine de déchéance, et ce, sur la réquisition que l'officier public sera tenu de lui en faire, et dont mention sera faite au procès-verbal.

452. Dans le mois qui suivra la clôture de l'inventaire, le tuteur fera vendre, en présence du subrogé tuteur, aux enchères reçues par un officier public, et après des affiches ou publications dont le procès-verbal de vente fera mention, tous les meubles autres que ceux que le conseil de famille l'aurait autorisé à conserver en nature.

453. Les père et mère, tant qu'ils ont la jouissance propre et légale des biens du mineur, sont dispensés de vendre les meubles, s'ils préfèrent de les garder pour les remettre en nature. — Dans ce cas, ils en feront faire, à leurs frais, une estimation à juste valeur, par un expert qui sera nommé par le subrogé tuteur et prêtera serment devant le juge de paix. — Ils rendront la valeur estimative de ceux des meubles qu'ils ne pourraient représenter en nature.

454. Lors de l'entrée en exercice de toute tutelle, autre que celle des père et mère, le conseil de famille réglera par aperçu, et selon l'importance des biens régis, la somme à laquelle pourra s'élever la dépense annuelle du mineur, ainsi que celle d'administration de ses biens. — Le même acte spécifiera si le tuteur est autorisé à s'aider, dans sa gestion, d'un ou plusieurs administrateurs particuliers, salariés, et gérant sous sa responsabilité.

455. Ce conseil déterminera positivement la somme à laquelle commencera, pour le tuteur, l'obligation d'employer l'excédant des revenus sur la dépense : cet emploi devra être fait dans le délai de six mois, passé lequel, le tuteur devra les intérêts à défaut d'emploi.

456. Si le tuteur n'a pas fait déterminer par le conseil de famille la somme à laquelle doit commencer l'emploi, il devra, après le délai exprimé dans l'article précédent, les intérêts de toute somme non employée, quelque modique qu'elle soit.

457. Le tuteur, même le père ou la mère, ne peut emprunter pour le mineur, ni aliéner ou hypothéquer ses biens immeubles, sans y être autorisé par un conseil de famille. — Cette autorisation ne devra être accordée que pour cause d'une nécessité absolue, ou d'un avantage évident. — Dans le premier cas, le conseil de famille n'accordera son autorité qu'après qu'il aura été constaté, par un compte sommaire présenté par le tuteur, que les deniers, effets mobiliers et revenus du mineur sont insuffisants. — Le conseil de famille indiquera, dans tous les cas, les immeubles qui devront être vendus de préférence, et toutes les conditions qu'il jugera utiles.

458. Les délibérations du conseil de famille relatives à cet objet ne seront exécutées qu'après que le tuteur en aura demandé et obtenu l'homologation devant le tribunal de première instance, qui y statuera en la chambre du conseil, et après avoir entendu le procureur impérial.

459. La vente se fera publiquement, en présence du subrogé tuteur, aux enchères, qui seront reçues par un membre du tribunal de première instance, ou par un notaire à ce commis, et à la suite de trois affiches apposées, par trois dimanches consécutifs, aux lieux accoutumés dans le canton. — Chacune de ces affiches sera visée et certifiée par le maire des communes où elles auront été apposées.

460. Les formalités exigées par les articles 457 et 458, pour l'aliénation des biens du mineur, ne s'appliquent point au cas où un jugement aurait ordonné la licitation sur la provocation d'un copropriétaire par indivis. — Seulement, et en ce cas, la licitation ne pourra se faire que dans la forme prescrite par l'article précédent : les étrangers y seront nécessairement admis.

461. Le tuteur ne pourra accepter ni répudier une succession échue au mineur, sans une autorisation préalable du conseil de famille. L'acceptation n'aura lieu que sous bénéfice d'inventaire.

462. Dans le cas où la succession répudiée au nom du mineur n'aurait pas été acceptée par un autre, elle pourra être reprise

soit par le tuteur, autorisé à cet effet par une nouvelle délibération du conseil de famille, soit par le mineur devenu majeur, mais dans l'état où elle se trouvera lors de la reprise, et sans pouvoir attaquer les ventes et autres actes qui auraient été légalement faits durant la vacance.

463. La donation faite au mineur ne pourra être acceptée par le tuteur qu'avec l'autorisation du conseil de famille. — Elle aura, à l'égard du mineur, le même effet qu'à l'égard du majeur.

464. Aucun tuteur ne pourra introduire en justice une action relative aux droits immobiliers du mineur, ni acquiescer à une demande relative aux mêmes droits, sans l'autorisation du conseil de famille.

465. La même autorisation sera nécessaire au tuteur pour provoquer un partage : mais il pourra, sans cette autorisation, répondre à une demande en partage dirigée contre le mineur.

466. Pour obtenir à l'égard du mineur tout l'effet qu'il aurait entre majeurs, le partage devra être fait en justice, et précédé d'une estimation faite par experts nommés par le tribunal de première instance du lieu de l'ouverture de la succession. — Les experts, après avoir prêté, devant le président du même tribunal ou autre juge par lui délégué, le serment de bien et fidèlement remplir leur mission, procéderont à la division des héritages et à la formation des lots, qui seront tirés au sort, et en présence soit d'un membre du tribunal, soit d'un notaire par lui commis, lequel fera la délivrance des lots. — Tout autre partage ne sera considéré que comme provisionnel.

467. Le tuteur ne pourra transiger au nom du mineur qu'après y avoir été autorisé par le conseil de famille, et de l'avis de trois jurisconsultes désignés par le procureur impérial près le tribunal de première instance. — La transaction ne sera valable qu'autant qu'elle aura été homologuée par le tribunal de première instance, après avoir entendu le procureur impérial.

468. Le tuteur qui aura des sujets de mécontentement graves sur la conduite du mineur pourra porter ses plaintes à un conseil de famille, et, s'il y est autorisé par ce conseil, provoquer la réclusion du mineur, conformément à ce qui est statué à ce sujet, au titre *de la Puissance paternelle.*

Observation. — Les fonctions de tuteur ont un double objet : la personne du pupille et sa fortune.

DROITS *et* DEVOIRS *du tuteur relativement à* LA PERSONNE DU MINEUR. — Le tuteur a, sur le pupille, le droit de direction et de correction. Mais ce droit est plus ou moins étendu, suivant que c'est le père ou la mère de l'enfant qui exerce la tutelle, ou bien une autre personne. Lorsque c'est le père ou la mère, on applique les règles que nous avons étudiées au titre de *la Puissance paternelle.* Alors en effet le père tuteur ou la mère tutrice a dans sa main une double autorité ; celle qui résulte de sa qualité de père ou de mère, et celle qui résulte de sa qualité de tuteur ou de tutrice. La première de ces autorités comporte certains attributs qui sont étrangers à la seconde. Ainsi le père ou la mère exerce de son propre chef le droit de correction, et ni l'un ni l'autre n'est obligé, pour en user, de consulter le conseil de famille. Pareillement le droit d'éducation, de jouissance légale, d'émancipation, de consentir au mariage de l'enfant, appartient exclusivement au père ou à la mère, et le conseil de famille n'a pas, du moins en principe, le droit d'en contrôler l'exercice. Au contraire, lorsque c'est un autre que le père ou la mère qui est chargé de la tutelle, ses pouvoirs sont plus limités et la loi confère au conseil de famille la faculté de prononcer sur tout ce qui concerne la personne de l'enfant, et notamment celle d'en confier au besoin la garde à un tiers, et de fixer la somme qui sera dépensée pour son entretien et son éducation.

Si le survivant des père et mère avait été excusé, exclu ou destitué de la tutelle, l'autorité paternelle et celle du tuteur seraient alors entièrement séparées et chacun exercerait la sienne dans la sphère de ses attributions.

DROITS *et* DEVOIRS *du tuteur relativement aux* BIENS DU MINEUR. — Aux termes de l'art. 450, le tuteur *représente* le pupille dans tous les actes de la vie civile. Sous ce rapport, la tutelle en droit français diffère essentiellement de la tutelle en droit romain. A Rome, le tuteur faisait intervenir le pupille, dès que son âge le permettait, dans tous les actes relatifs à sa fortune, de telle sorte que la gestion de la tutelle était autant l'œuvre du pupille que celle du tuteur. Chez nous, au contraire, le tuteur fait les actes par lui-même, et sans que le pupille intervienne. Les actes ainsi faits par le tuteur n'en sont pas moins réputés faits par le pupille, et c'est là le sens de la règle que le tuteur *le représente*. On ne peut se dissimuler que la tutelle romaine présentait un avantage sur la tutelle française; car elle apprenait au pupille à gérer ses affaires.

La règle que le tuteur représente le pupille reçoit exception toutes les fois que l'acte doit de sa nature émaner de la personne même qui l'accomplit. Ainsi le mineur qui se marie, ou même qui fait son contrat de mariage, agit par lui-même. Il est assisté, soit par ses ascendants, soit par son tuteur, mais il n'est et ne peut être représenté par personne. De même, le mineur âgé de seize ans révolus qui veut faire son testament, n'aurait pas la faculté de se faire suppléer par son tuteur. Le testament est une œuvre essentiellement personnelle, et le mineur qui le fait n'a même pas besoin d'assistance.

Nous allons examiner successivement les différents actes que le tuteur peut ou doit faire, soit avant d'entrer ou lorsqu'il entre en fonctions, soit pendant le cours de la tutelle.

Des actes que le tuteur DOIT *faire* AVANT D'ENTRER *ou* LORSQU'IL ENTRE EN FONCTIONS. — Le tuteur doit :

1° *Requérir la convocation* du conseil de famille pour faire nommer un subrogé tuteur;

2° *Requérir*, dans les dix jours qui suivent celui où il a connu sa nomination, la *levée des scellés* s'ils ont été apposés, et faire procéder immédiatement à l'inventaire des biens du mineur en présence du subrogé tuteur.

L'apposition des scellés consiste à mettre sur les serrures des portes et armoires, etc., des bandes de papier fixées par un sceau dont le juge de paix reste détenteur. Elle est généralement faite après le décès de toute personne.

Lorsque les scellés n'ont pas été apposés, le tuteur fait immédiatement procéder à l'inventaire.

L'inventaire consiste dans l'énumération détaillée faite par un notaire de tous les objets et de toutes les valeurs mobilières de la succession. Cette mesure conservatoire est exigée dans le double but de faire connaître tous les éléments dont se compose la fortune du mineur, et de servir plus tard de base aux comptes que le tuteur devra rendre. L'omission de l'inventaire par le tuteur peut, si elle a un caractère suspect, entraîner sa destitution. En outre le mineur ou ses représentants auront la faculté de prouver à l'encontre du tuteur la consistance et la valeur des biens par titres, par témoins et même par commune renommée, c'est-à-dire au moyen d'une enquête dans laquelle les personnes entendues affirmeront que, dans leur pensée, la fortune du mineur pouvait avoir telle ou telle importance. Une telle enquête sera fort périlleuse pour le tuteur, parce qu'on est généralement plus porté à exagérer les fortunes qu'à les diminuer, mais il n'a qu'à s'en prendre à lui-même de n'avoir pas fait procéder à un inventaire.

Comme le tuteur pouvait être en relations d'affaires avec la personne dont l'enfant est l'héritier, l'article 451-2° exige qu'il déclare dans l'inventaire toutes ses créances contre le mineur. Sans cette précaution, le tuteur payé eût pu détruire les quittances qu'il avait données au défunt, et faire ainsi revivre des droits éteints. Sa déclaration dans l'inventaire rend une pareille fraude difficile, car la crainte de voir ces quittances retrouvées par le notaire le fera reculer devant un mensonge. L'omission de cette déclaration préalable entraîne la perte des droits du tuteur ; mais, afin que celui-ci ne soit pas victime de son ignorance ou même d'un oubli, la loi exige que le notaire requière de lui la déclaration dont il s'agit, et que le procès-verbal en fasse mention. Le notaire est personnellement responsable envers le tuteur de tous dommages-intérêts pouvant résulter de la déchéance que la loi prononce contre lui, quand la déclaration exigée a été omise.

Le tuteur doit :

3° *Faire vendre*, dans le mois qui suit la clôture de l'inventaire, en présence du subrogé tuteur, aux enchères publiques, et après des affiches et publications préalables, tous les meubles que le conseil de famille ne l'aurait pas autorisé à conserver en nature (art. 452). Évidemment, cette disposition n'a pour objet que les meubles corporels; car les meubles incorporels, tels que créances sur particuliers, rentes sur l'État, etc., constituent précisément un de ces placements productifs que le Code veut obtenir en prescrivant la vente de tous les meubles qui ne seraient pas ou ne pourraient pas être réellement utiles au mineur.

Quand il y a lieu de vendre les meubles incorporels du pupille, faut-il suivre les règles établies pour la vente des meubles corporels ? Nous ne le pensons pas, et en effet, lorsque le Code n'a pas restreint les pouvoirs du tuteur, celui-ci a le droit de faire par lui-même tous les actes qui intéressent le mineur, en vertu du principe général qu'il le représente. Le tuteur pourra donc procéder à l'amiable et sous sa responsabilité à la vente des meubles incorporels qu'il serait nécessaire de réaliser dans l'intérêt du pupille [1]. Toutefois, une loi du 24 mars 1806 a tracé des règles spéciales pour l'aliénation des rentes sur l'État et des actions de la Banque de France appartenant à des mineurs. Les inscriptions de rente au-dessus de 50 francs, et les actions de la Banque de France ne peuvent être vendues qu'avec l'autorisation du conseil de famille. Aucune affiche ni publication n'est ici nécessaire ; la vente sera faite suivant le cours du jour et de la place, légalement constaté. Comme il n'y a aucune raison de différence entre les rentes sur particuliers et les rentes sur l'État, on doit appliquer aux premières les dispositions édictées pour

---

[1] Valette sur Proudhon, t. II, p. 279. — Demolombe, t. VII, n°s 572 et suiv. — Marcadé, art. 459, n° 2.

les dernières. Lorsque l'inscription de rente ou bien l'action ou coupon d'action est de 50 francs ou au-dessous, le tuteur peut, sans aucune autorisation, procéder à la vente.

L'art. 453 dispense de la vente des meubles le survivant des père et mère qui en a la jouissance légale, et avec raison ; en effet, dans cette hypothèse, il y a deux intérêts à concilier, celui du père ou de la mère usufruitier et celui de l'enfant nu propriétaire ; or, quand deux intérêts opposés ne peuvent être réglés d'un commun accord, on doit naturellement maintenir l'état de choses existant. D'ailleurs, le pupille n'éprouvera ici aucun préjudice ; car, même dans l'hypothèse d'un placement productif du prix provenant de la vente de ses meubles, le profit eût été pour le père ou la mère usufruitier.

Le père ou la mère qui conserve les biens en nature doit en faire faire, à ses frais, l'estimation à juste valeur : cet inventaire estimatif servira de base à la restitution qui devra être faite à l'enfant, lors de la reddition des comptes.

Les risques du mobilier conservé en nature seront-ils pour le père ou la mère usufruitier légal, ou bien pour le pupille ?

D'après les uns, le survivant des père et mère les supporte et doit restituer le montant des meubles estimés, lors même qu'ils auraient péri par un cas fortuit ou par l'usure. Pourquoi ? Parce que, si les meubles avaient été vendus, le père ou la mère usufruitier aurait seulement perçu les intérêts du prix, mais non absorbé le capital, et il serait injuste que le mineur souffrît de son opposition à la vente.

D'après les autres, le mineur supporte les risques, et le survivant des père et mère répond seulement des détériorations provenant de sa faute ou de son fait. Ce système est préférable ; en effet, tant que dure le mariage, le père, usufruitier légal, ne répond ni de l'usure ni des cas fortuits, et l'on ne voit pas pourquoi son droit de jouissance changerait de caractère à l'ouverture de la tutelle. Tout usufruitier, et, spécialement, le survivant des père et mère, a la faculté de

jouir des objets mêmes sur lesquels son usufruit a pris naissance, et il faudrait un texte formel pour les rendre responsables des cas fortuits ou de force majeure arrivés pendant
l'exercice d'un droit si légitime [1].

Le tuteur doit :

4° *Faire régler* par le conseil de famille, et selon l'importance des biens régis, la somme à laquelle pourront s'élever
la dépense annuelle du mineur et les frais d'administration.
Le père et la mère tuteurs sont dispensés de cette formalité.
La fixation que fera le conseil de famille aura un caractère
provisoire, et pourra être modifiée selon les circonstances.
L'excédant des revenus sur la dépense annuelle devra être employé dans le délai de six mois, passé lequel le tuteur devra les
intérêts. Ordinairement le conseil de famille aura fixé le *maximum* au delà duquel il n'est pas permis au tuteur de laisser
improductifs les fonds du pupille. Si l'excédant est au-dessous
de ce *maximum*, le tuteur ne devra pas les intérêts ; mais s'il
est au-dessus, ou bien si le conseil de famille n'a point fixé
de maximum, il les devra, si minime d'ailleurs que puisse
être cet excédant. Le Code n'indique pas la nature de l'emploi qui devra être fait des deniers du pupille, et s'en rapporte, à cet égard, à la sagesse du tuteur. Les placements les
plus convenables consisteront en acquisitions d'immeubles,
de rentes sur l'État, d'actions de la banque de France, et en
prêts sur privilége ou sur première hypothèque.

Des actes que le tuteur PEUT *ou* DOIT *faire* LORSQU'IL EST
ENTRÉ EN FONCTIONS. — Les pouvoirs du tuteur sont plus ou
moins étendus, et ses obligations plus ou moins graves, suivant la nature des actes qu'il veut ou doit accomplir.

Des actes que le tuteur peut faire SEUL. Le tuteur administre les biens du pupille ; conséquemment il peut et doit
faire tous les actes qui tendent à conserver sa fortune, et à
la faire fructifier. Ainsi, il peut, sans autorisation, passer

---

[1] Paris, 14 mai 1853.

des baux dont la durée n'excède pas neuf années, les renouveler deux ans avant l'expiration de la période courante,
s'il s'agit de biens urbains, et trois ans, s'il s'agit de biens
ruraux (art. 1429 et 1430), poursuivre les débiteurs, interrompre la prescription des biens du mineur, etc. Mais comment comprendre que le tuteur puisse faire des baux de neuf
ans, lorsque par exemple la tutelle doit finir avant cette période ? C'est que, dans l'intérêt même du pupille, le Code a
cru devoir déroger au principe général d'après lequel on ne
peut conférer des droits dont la durée excède celle des pouvoirs d'où ils dérivent. La location des biens ne peut être
avantageuse que si le preneur trouve dans le contrat durée
et sécurité. Et c'est pourquoi les baux faits dans les termes
indiqués plus haut devront être également respectés et du
fermier ou locataire, et du mineur devenu majeur. Les baux
dont la durée excède neuf ans ne rentrent pas dans les actes
de simple administration. Toutefois, si le tuteur a consenti
des baux de cette nature, le mineur, devenu majeur, devra
les supporter pendant le délai qui restera à courir pour compléter la période actuelle. Du reste, le tuteur lui-même aurait le droit de faire réduire les baux d'une durée excessive
qu'il aurait pu consentir : effectivement rien n'empêche que,
comme représentant du pupille, il intente des actions dans
lesquelles il serait personnellement non recevable. Seulement, il sera responsable envers le preneur du préjudice
qu'il lui aura fait éprouver.

DES ACTES POUR LESQUELS L'AUTORISATION DU CONSEIL DE FA
MILLE *est* NÉCESSAIRE *et* SUFFISANTE. — Ces actes sont, en général, ceux qui peuvent léser le mineur, sans être véritablement compromettants pour sa fortune. L'autorisation du
conseil est nécessaire et suffisante :

1° *Pour accepter ou répudier une* SUCCESSION *échue au mineur.* — L'un et l'autre de ces actes n'est pas sans gravité ;
car une répudiation serait préjudiciable au pupille, si la
succession était bonne ; et une acceptation ne le serait pas

moins, si la succession était mauvaise. Le législateur, craignant qu'une succession, bonne en apparence, ne soit onéreuse en réalité, exige même que dans le cas d'acceptation, celle-ci ait toujours lieu sous bénéfice d'inventaire. Par ce moyen, le mineur est mis à l'abri de tout risque ; en effet, ou l'actif de la succession excédera le passif, et alors il profitera du surplus ; ou au contraire le passif excédera l'actif, et alors il ne sera tenu envers les créanciers que jusqu'à concurrence des biens par lui recueillis. Mais alors pourquoi le tuteur ne peut-il pas seul accepter la succession ? C'est qu'une acceptation, fût-elle bénéficiaire, peut, dans certains cas, être désavantageuse. Effectivement, l'article 843 oblige tout héritier, même bénéficiaire, à rapporter à ses cohéritiers tout ce qu'il a reçu du défunt directement ou indirectement par donation entre-vifs, ou par libéralité testamentaire. Or si le mineur a reçu du défunt une donation ou un legs excédant la part qu'il prendrait dans la succession, une renonciation lui sera évidemment plus profitable qu'une acceptation bénéficiaire, et c'est pourquoi le Code exige l'autorisation du conseil de famille.

L'article 462 permet au mineur devenu majeur de reprendre la succession à laquelle le tuteur avait renoncé pour lui, et non encore acceptée par les héritiers du degré subséquent ; mais à la condition de respecter tous les actes légalement faits durant la vacance. Le conseil de famille, mieux éclairé, peut même revenir sur sa première délibération, et autoriser une acceptation bénéficiaire après avoir ordonné une renonciation.

L'autorisation du conseil de famille est nécessaire et suffisante :

2° *Pour accepter une* DONATION *offerte au mineur.* — Mais à quoi sert ici l'autorisation du conseil de famille puisqu'un acte de cette nature est nécessairement profitable ? Le Code a craint que la donation ne portât atteinte à l'honneur ou à la considération de la famille ; et c'est pourquoi il appelle le conseil de famille à juger de la convenance qu'il peut y avoir à accepter ou à refuser la libéralité. Comme les ascendants sont présumés être les plus vigilants gardiens de l'honneur domestique, l'art. '935 les autorise à accepter la donation sans l'autorisation du conseil, lors même qu'ils ne seraient ni tuteurs ni curateurs du pupille.

3° *Pour* INTRODUIRE EN JUSTICE *une action relative aux* DROITS IMMOBILIERS *du mineur.* — D'où il suit que le tuteur non autorisé pourrait y défendre, et que, pareillement, il peut intenter toutes les actions mobilières.

4° *Pour* ACQUIESCER *à une* ACTION IMMOBILIÈRE *intentée contre le mineur.* — C'est-à-dire pour la reconnaître fondée et donner gain de cause à celui qui l'intente. Le Code a craint que le tuteur non autorisé ne sacrifiât trop facilement les intérêts du mineur à sa tranquillité personnelle.

5° *Pour* PROVOQUER *un partage de biens indivis entre le mineur et des tiers;* car un partage, fait en temps inopportun, pourrait donner lieu à une vente désavantageuse des biens reconnus impartageables. Mais si le tuteur doit être autorisé pour former une demande en partage, il peut, sans autorisation, défendre à la demande formée par les tiers contre le mineur : effectivement, aux termes de l'art. 815, nul n'est tenu de rester dans l'indivision, et le conseil de famille ne pourrait pas, dans ce cas, s'opposer au partage, lors même qu'il le voudrait. Tout partage dans lequel un mineur est intéressé doit être fait en justice, et il est soumis à plusieurs formalités qui sont indiquées au titre *des Successions.*

6° *Pour* L'ALIÉNATION DES INSCRIPTIONS de rente sur l'État au-dessus de 50 fr., ou d'actions de la banque de France ainsi qu'il a été précédemment expliqué.

Des ACTES POUR *lesquels* L'AUTORISATION *du conseil de famille et* L'HOMOLOGATION *du tribunal de première instance sont* NÉCESSAIRES. — Nous savons en quoi consiste l'autorisation. On appelle *homologation* (avis conforme) l'approbation donnée par le tribunal à la décision émanée du conseil de famille. L'une et l'autre de ces garanties sont exigées pour les actes qui pourraient compromettre gravement les intérêts du mineur, savoir :

1° *Pour* EMPRUNTER ; car l'emprunt non remboursé mène à la vente des biens du débiteur par autorité de justice. L'emprunt ne devra être autorisé que pour une nécessité absolue, par exemple, pour faire des réparations indispensables ; ou pour un avantage évident, par exemple, pour éteindre une dette dont les intérêts sont plus forts que ceux stipulés par le prêteur de la somme.

2° *Pour* ALIÉNER LES IMMEUBLES *du mineur ;* car il est toujours périlleux de convertir des immeubles en valeurs mobilières. Mais, évidemment, toute autorisation serait inutile si la vente était poursuivie par les copropriétaires indivis du pupille ou par ses créanciers. L'aliénation ne peut être autorisée que dans les cas où l'emprunt peut l'être lui-même, c'est-à-dire pour une nécessité absolue ou un avantage évident ; elle a toujours lieu aux enchères publiques, et après les formalités prescrites par les art. 953 et suiv. C. proc.

3° *Pour* HYPOTHÉQUER ; car toute hypothèque mène, ou peut mener à l'aliénation. L'article 2124 du Code dit même qu'il faut être capable d'aliéner pour pouvoir hypothéquer.

4° *Pour* TRANSIGER ; la transaction est un contrat par lequel les parties terminent une contestation déjà née, ou préviennent une contestation à naître, au moyen de sacrifices réciproques. La loi exige plus de garanties pour la transaction que pour l'acquiescement, car l'acquiescement n'a jamais lieu que si la prétention du demandeur est évidemment fondée, tandis que les sacrifices respectifs que les parties se font dans la transaction prouvent qu'aucune d'elles n'a tout à fait tort ni tout à fait raison ; et c'est pourquoi la transaction doit être à la fois basée sur l'avis de trois jurisconsultes, et approuvée tant du conseil de famille que du tribunal de première instance.

Des ACTES INTERDITS AU TUTEUR. — Le tuteur ne peut, même

avec l'autorisation du conseil de famille et l'homologation du tribunal de première instance :

1° *Accepter* PUREMENT ET SIMPLEMENT *une succession échue au mineur*, ainsi que nous l'avons expliqué;

2° FAIRE DES DONATIONS ; car des actes de cette nature ne peuvent jamais être profitables ;

3° *Se* RENDRE ACQUÉREUR, *amiablement ou aux enchères publiques*, DES BIENS DU PUPILLE (art. 1596), car l'intérêt ne doit jamais être mis en conflit avec le devoir : mais on admet généralement que le tuteur peut se rendre adjudicataire, s'il est copropriétaire avec le mineur des biens vendus : en effet, il serait trop rigoureux de faire peser sur lui, outre les charges de la tutelle, une prohibition qui le priverait de la faculté de conserver une partie de son patrimoine [1]. Seulement alors, les intérêts du pupille étant opposés aux siens, le subrogé tuteur devra le remplacer dans la procédure à suivre pour arriver à la vente.

Le tuteur peut cependant, autorisé par le conseil de famille, prendre à loyer les biens du mineur ; et, en effet, d'une part, un tel contrat n'expose ce dernier à aucun préjudice grave, et, de l'autre, il peut lui être fort avantageux.

4° *Se rendre* CESSIONNAIRE *de droits ou créances existant* CONTRE LE MINEUR ; car on pourrait craindre qu'il ne fît disparaître, dans son intérêt personnel, les titres que ce dernier pourrait opposer à son adversaire. Toutefois, si le tuteur était investi de ces droits ou créances à titre gratuit, ou comme subrogé au créancier, par suite d'un payement qu'il aurait fait de ses deniers dans l'intérêt même du pupille (art. 1249), il faudrait décider le contraire; effectivement on ne doit redouter aucune fraude d'un tuteur qui ne spécule pas, et encore moins d'un tuteur qui rend service au pupille.

Que décider si, en fait, le tuteur a acheté un droit ou une créance contre son pupille? D'après les uns, la cession,

[1] Valette, *Expl. Code nap.*, p. 237, note 2. — Demolombe, t. VII, n° 754. — Montpellier, 10 juin 1862.

valable par rapport au créancier cédant, est nulle par rapport au tuteur cessionnaire, et, par suite, le mineur ne peut être poursuivi ni par le cédant, qui a cessé d'être son créancier, ni par le tuteur, qui n'a pu le devenir.

D'autres rejettent cette interprétation rigoureuse ; car si le tuteur ne peut se rendre cessionnaire, il n'en résulte pas que le mineur doive être déchargé de son obligation. La cession serait donc nulle par rapport à toutes les parties, et les choses resteraient dans leur état primitif. .

Mais il est préférable, selon nous, de donner à la nullité de la cession le même caractère qu'à la nullité des autres actes intéressant le pupille et qui ont été faits irrégulièrement. En conséquence, le mineur sera seul recevable à critiquer la cession, et il pourra choisir à son gré pour adversaire, ou le créancier cédant, ou le tuteur cessionnaire. Il n'y a ici aucune raison de déroger au droit commun.

5° Le tuteur ne peut jamais *faire pour le mineur* un compromis : on appelle ainsi le contrat par lequel deux ou plusieurs personnes remettent à un tiers la décision d'un différend. La loi ne veut pas que les intérêts du mineur soient confiés à des mains irresponsables comme celles d'un arbitre, et c'est pourquoi elle interdit de compromettre sur toutes contestations communicables au ministère public en général (C. pr., art. 1004), et particulièrement sur celles qui intéressent les mineurs (C. pr., art. 83).

NEUVIÈME SECTION

DES COMPTES DE LA TUTELLE.

Art. 469. Tout tuteur est comptable de sa gestion, lorsqu'elle finit.

470. Tout tuteur, autre que le père et la mère, peut être tenu, même durant la tutelle, de remettre au subrogé tuteur des états de situation de sa gestion, aux époques que le conseil de famille aurait jugé à propos de fixer, sans néanmoins que le tuteur puisse être astreint à en fournir plus d'un chaque année. — Ces états de si-

tuation seront rédigés et remis, sans frais, sur papier non timbré, et sans aucune formalité de justice.

471. Le compte définitif de tutelle sera rendu aux dépens du mineur, lorsqu'il aura atteint sa majorité ou obtenu son émancipation. — Le tuteur en avancera les frais. — On y allouera au tuteur toutes dépenses suffisamment justifiées, et dont l'objet sera utile.

472. Tout traité qui pourrait intervenir entre le tuteur et le mineur devenu majeur sera nul, s'il n'a été précédé de la reddition d'un compte détaillé, et de la remise des pièces justificatives ; le tout constaté par un récépissé de l'oyant compte, dix jours au moins avant le traité.

473. Si le compte donne lieu à des contestations, elles seront poursuivies et jugées comme les autres contestations en matière civile.

474. La somme à laquelle s'élèvera le reliquat dû par le tuteur portera intérêt, sans demande, à compter de la clôture du compte. — Les intérêts de ce qui sera dû au tuteur par le mineur ne courront que du jour de la sommation de payer qui aura suivi la clôture du compte.

475. Toute action du mineur contre son tuteur, relativement aux faits de la tutelle, se prescrit par dix ans, à compter de la majorité.

Des COMPTES *de la tutelle.* — Tout tuteur est responsable de sa gestion, et les éléments de sa responsabilité sont puisés dans les comptes de tutelle. Ces comptes consistent en un tableau des recettes et des dépenses. A la recette, le tuteur doit porter toutes les valeurs mobilières ou immobilières, corporelles ou incorporelles qu'il a touchées pour le pupille, et même celles qu'il a omis de toucher par sa négligence. A la dépense, il doit porter toutes les sommes ou valeurs qu'il justifie avoir employées dans l'intérêt du pupille. Les tribunaux ont un pouvoir discrétionnaire pour apprécier la sincérité et l'utilité de la dépense alléguée.

Du RELIQUAT. — On appelle *reliquat* l'excédant de la recette sur la dépense, ou de la dépense sur la recette. Au premier cas, le tuteur le doit au pupille ; au second cas, le pupille le doit au tuteur ; mais la dette de l'un et de l'autre n'est pas sanctionnée de la même manière, et avec raison, car le reliquat est l'œuvre du tuteur, et non celle du pupille. La loi fait courir de plein droit les intérêts de la dette du tuteur, à dater de la clôture du compte, tandis que celle du mineur ne sera productive d'intérêts qu'à dater du jour de la sommation à lui faite par le tuteur de se libérer. Une sommation est ici suffisante, et le Code n'exige pas, comme dans les cas ordinaires, une demande en justice, parce qu'il n'a pas voulu mettre l'ancien tuteur dans le cas d'intenter un procès à son pupille.

Notons, en outre, que les biens du tuteur sont grevés d'une hypothèque légale au profit du mineur devenu son créancier (art. 2121), et que cette hypothèque est la plus avantageuse que le Code ait établie, car elle rétroagit. Aucune garantie spéciale n'est accordée au tuteur créancier du pupille.

COMMENT *peuvent être rendus les* COMPTES DE TUTELLE. — Les comptes de tutelle peuvent être rendus à l'amiable, ou en justice : à l'amiable, lorsque les parties sont d'accord ; en justice, lorsque l'une demande plus que l'autre ne veut donner ou que le tuteur refuse de rendre le compte à l'amiable, ou que le mineur ou ses représentants refusent de le recevoir.

Le compte amiable n'est soumis à aucune formalité particulière. Il peut être rendu soit par-devant un notaire qui en dressera procès-verbal, soit même entre les parties qui le consigneront dans un acte sous seing privé.

Le compte judiciaire est rendu suivant les formes tracées par les articles 527 et suivants du Code de procédure. Les contestations auxquelles il peut donner lieu sont jugées comme affaires ordinaires.

QUI *rend les* COMPTES DE TUTELLE. — Les comptes sont rendus par tous ceux qui ont géré la tutelle, soit à titre de tuteurs définitifs, soit même provisoirement, comme les héritiers du tuteur décédé. Ils sont reçus par le mineur lui-même devenu majeur, ou par ses héritiers, lorsqu'il est décédé pendant la minorité. Les frais du compte sont à la charge du pupille, puisqu'ils sont faits dans son intérêt ; mais le tuteur doit les supporter, lorsqu'il rend compte pour avoir été exclu ou destitué de la tutelle : effectivement alors il les a rendus nécessaires par sa faute. Dans toute hypothèse, le tuteur doit faire l'avance des frais, car c'est lui qui détient l'argent du pupille.

La loi, craignant un abus d'autorité de la part de l'ex-tuteur, déclare nul tout traité intervenu entre lui et le mineur devenu majeur, s'il n'y a eu, de sa part, reddition d'un compte détaillé, et remise des pièces justificatives dix jours auparavant, le tout constaté par un récépissé de l'oyant-compte. Ainsi, le mineur ne peut, après sa majorité, ni dispenser son tuteur de la reddition des comptes, ni renoncer immédiatement à critiquer les comptes qu'il a reçus. Un délai de dix jours a paru nécessaire pour qu'il pût en apprécier et approfondir tous les éléments. Mais, comme toute prohibition doit être restreinte à ses termes exprès, les contrats intervenus entre le tuteur et le mineur depuis la fin de la tutelle, et non relatifs à la gestion, seraient valables.

Pour ne pas aggraver outre mesure la condition du tuteur, l'article 475 limite à dix ans, à dater de la majorité, la prescription de toutes les actions appartenant au mineur contre lui, relativement aux faits de la tutelle. Mais que faut-il entendre par actions relatives *aux faits de la tutelle?* Le voici : toutes les fois que le mineur voudra provoquer un nouvel examen des actes du tuteur, son action sera de ce chef prescriptible par dix ans; mais si, au lieu de demander la révision du passé, il fonde son action sur le compte même de tutelle, soit qu'il demande la rectification d'une erreur, soit qu'il poursuive le payement de son reliquat, la prescription de trente ans lui est seule opposable [1].

Les actions du tuteur contre son pupille restent soumises à la prescription du droit commun.

[1] Valette, *Expl. Code Nap.*, p. 299. — Marcadé, sur l'art. 475. — Demolombe, t. VIII, n° 162.

Indépendamment du compte définitif de tutelle, les tuteurs autres que le père et la mère peuvent être astreints à fournir chaque année un état de situation, pendant tout le cours de la tutelle. A cet égard, le conseil de famille a un pouvoir discrétionnaire (art. 475).

CHAPITRE III

DE L'ÉMANCIPATION.

Art. 476. Le mineur est émancipé de plein droit par le mariage.

477. Le mineur, même non marié, pourra être émancipé par son père, ou, à défaut de père, par sa mère, lorsqu'il aura atteint l'âge de quinze ans révolus. — Cette émancipation s'opérera par la seule déclaration du père ou de la mère, reçue par le juge de paix assisté de son greffier.

478. Le mineur resté sans père ni mère pourra aussi, mais seulement à l'âge de dix-huit ans accomplis, être émancipé, si le conseil de famille l'en juge capable. — En ce cas, l'émancipation résultera de la délibération qui l'aura autorisée, et de la déclaration que le juge de paix, comme président du conseil de famille, aura faite, dans le même acte, *que le mineur est émancipé.*

479. Lorsque le tuteur n'aura fait aucune diligence pour l'émancipation du mineur dont il est parlé dans l'article précédent, et qu'un ou plusieurs parents ou alliés de ce mineur, au degré de cousin germain ou à des degrés plus proches, le jugeront capable d'être émancipé, ils pourront requérir le juge de paix de convoquer le conseil de famille pour délibérer à ce sujet. — Le juge de paix devra déférer à cette réquisition.

480. Le compte de tutelle sera rendu au mineur émancipé, assisté d'un curateur qui lui sera nommé par le conseil de famille.

481. Le mineur émancipé passera les baux dont la durée n'excédera point neuf ans ; il recevra ses revenus, en donnera décharge, et fera tous les actes qui ne sont que de pure administration, sans être restituable contre ces actes dans tous les cas où le majeur ne le serait pas lui-même.

482. Il ne pourra intenter une action immobilière, ni y défendre, même recevoir et donner décharge d'un capital mobilier, sans

l'assistance de son curateur, qui, au dernier cas, surveillera l'emploi du capital reçu.

483. Le mineur émancipé ne pourra faire d'emprunts, sous aucun prétexte, sans une délibération du conseil de famille, homologuée par le tribunal de première instance, après avoir entendu le procureur impérial.

484. Il ne pourra non plus vendre ni aliéner ses immeubles, ni faire aucun acte autre que ceux de pure administration, sans observer les formes prescrites au mineur non émancipé. — A l'égard des obligations qu'il aurait contractées par voie d'achats ou autrement, elles seront reductibles en cas d'excès : les tribunaux prendront, à ce sujet, en considération la fortune du mineur, la bonne ou mauvaise foi des personnes qui auront contracté avec lui, l'utilité ou l'inutilité des dépenses.

485. Tout mineur émancipé dont les engagements auraient été réduits en vertu de l'article précédent pourra être privé du bénéfice de l'émancipation, laquelle lui sera retirée en suivant les mêmes formes que celles qui auront eu lieu pour la lui conférer.

486. Dès le jour où l'émancipation aura été révoquée, le mineur rentrera en tutelle, et y restera jusqu'à sa majorité accomplie.

487. Le mineur émancipé qui fait un commerce est réputé majeur pour les faits relatifs à ce commerce.

DÉFINITION *et* FORMES *de l'émancipation*. — L'émancipation est l'acte par lequel le mineur acquiert le droit de gouverner sa personne et d'administrer sa fortune. Elle peut être tacite ou expresse. Tacite, elle résulte du mariage, et, en effet, on ne pourrait comprendre que la famille jugeât l'enfant capable de remplir ses devoirs d'époux, et bientôt peut-être ceux de père ou de mère, s'il ne l'était pas de se gouverner lui-même. Le mariage emporte donc nécessairement l'émancipation, et celle-ci survivrait à sa dissolution ; car l'art. 485 ne permet de la révoquer que suivant les formes employées pour la conférer. Or, un second emploi de ces formes est, dans notre hypothèse, impossible.

L'émancipation expresse résulte d'une déclaration du père ou de la mère du mineur, reçue par le juge de paix, assisté de son greffier ; ou de la délibération du conseil de famille, suivie de la déclaration par le juge de paix, son président, *que le mineur est émancipé* (art. 478).

AGE *de l'émancipation.* — Le mineur qui a son père ou sa mère peut être émancipé à quinze ans révolus ; celui qui n'a ni père ni mère ne peut l'être qu'à dix-huit ans révolus (art. 477-478). Pourquoi cette différence? Parce que le père ou la mère seront toujours guidés par l'intérêt de l'enfant, et, même après l'avoir émancipé, ils continueront à le diriger de leurs conseils et à le soutenir de leur expérience. Au contraire, il était à craindre que le tuteur, dans le but de s'affranchir de la tutelle, ne poursuivît une émancipation prématurée du pupille ; et c'est pourquoi l'âge de l'émancipation a été, dans le second cas, reculé jusqu'à dix-huit ans révolus.

Des personnes ayant QUALITÉ POUR REQUÉRIR *l'émancipation.* — Le Code a voulu prévenir la négligence tout comme la précipitation du tuteur à requérir l'émancipation du pupille ; et, en effet, l'absence de toute émancipation peut, aussi bien qu'une émancipation prématurée, porter préjudice au mineur. En conséquence, l'art. 479 autorise les parents de ce dernier, jusqu'au degré de cousin germain, à requérir la convocation du conseil de famille par le juge de paix, à l'effet de délibérer sur l'émancipation. Le juge de paix sera tenu d'obtempérer à cette demande. Les ascendants autres que les père et mère, n'ayant pas le droit individuel d'émanciper, seront obligés de recourir, ainsi que les collatéraux, à l'intermédiaire du conseil de famille.

La mère peut-elle émanciper le mineur, lorsque le père est interdit ou absent? La raison de douter vient des termes ambigus de l'article 477 qui autorise l'émancipation par la mère, *à défaut de père.*

Les uns disent que la mère pourra émanciper l'enfant qui a dix-huit ans accomplis, mais non l'enfant qui n'aurait pas atteint cet âge. Ils donnent pour motif que l'usufruit légal disparaît par l'émancipation, qu'on ne saurait reconnaître à la mère le droit d'en priver le père interdit ou absent, en émancipant le mineur de dix-huit années.. Au-dessus de cet âge, l'usufruit légal a pris fin, et alors la mère pourrait émanciper l'enfant, puisque cette émancipation ne causerait aucun préjudice au père.

D'après les autres, la mère ne peut émanciper l'enfant que si le père est décédé ; en effet, disent-ils, l'émancipation met fin, non-seulement à l'usufruit légal, lorsque l'enfant n'a pas dix-huit ans accomplis, mais encore à la puissance paternelle dont le mari ne saurait être privé sans son consentement.

Enfin, dans un dernier système, on reconnaît à la mère le droit d'émancipation toutes les fois que le père ne peut l'exercer pour une cause ou pour une autre, et sans distinguer si l'enfant a ou non dix-huit ans accomplis. On se fonde sur la nature même de la puissance paternelle qui impose des devoirs plutôt qu'elle ne crée des droits, et l'on conclut que l'enfant doit toujours, si son intérêt l'exige, pouvoir être émancipé par la mère dès l'âge de quinze ans révolus. On ajoute avec raison qu'aux termes de l'art. 141 du Code, la mère remplace le père absent dans l'éducation des enfants et l'administration de leur fortune, ce qui semble bien lui conférer le droit d'émancipation [1].

Si le père et la mère sont l'un et l'autre vivants, mais privés de l'exercice de la puissance paternelle, le mineur pourra-t-il être émancipé? La solution que nous venons d'adopter nous conduit à répondre affirmativement. Et, en effet, du moment que la mère a le droit d'émancipation quand le père est interdit ou absent, il n'y a aucune raison de refuser au conseil de famille le même droit, quand les père et mère sont tous les deux privés de leur autorité.

Le mineur peut-il provoquer lui-même son émancipation par le conseil de famille ? On admet généralement la négative par la raison que l'article 479 du Code détermine avec pré-

---

[1] Aubry et Rau, t. I, § 129, note 14.

cision les personnes investies de ce droit, et que, parmi elles,
il n'a pas mis le mineur. Toutefois il faut reconnaître au
juge de paix la faculté de convoquer d'office le conseil de famille pour délibérer sur l'émancipation, lorsque tous les parents ayant qualité négligent de la demander, et, en effet, le
juge de paix doit provoquer toutes les mesures utiles au mineur, et il n'y a aucune raison d'excepter celle de l'émancipation.

Du CURATEUR *donné au mineur émancipé.* — Toute curatelle est en principe déférée par le conseil de famille. Le Code
n'a pas admis ici le système suivi pour l'organisation des tutelles légitime et testamentaire. La curatelle dative est la seule
qu'il ait adoptée. Cette règle ne comporte qu'une exception,
en faveur du mari qui est de plein droit curateur de sa
femme émancipée par le mariage. Quand le mari est majeur,
sa qualité de curateur ne donne lieu à aucune difficulté. Mais
il en est autrement quand il est mineur, et que, comme tel,
il a lui-même besoin d'un curateur. Comment devra-t-on
dans ce cas lui assurer la protection qui lui est nécessaire?
La nomination d'un curateur général serait évidemment
peu compatible avec la puissance maritale, et il vaut mieux
admettre que la justice lui nommera un curateur spécial
pour chaque affaire. Cette solution résulte implicitement
d'ailleurs de l'art. 2208, qui prescrit cette nomination dans
un cas particulier, celui de la vente forcée des biens de la
femme.

Le mineur émancipé ne peut recevoir ses comptes qu'assisté de son curateur. Le curateur peut être ou un curateur
général que le mineur conservera jusqu'à sa majorité, ou
même un curateur spécial nommé pour l'assister dans les
comptes de sa tutelle, et dont les fonctions finiront avec la
reddition de ces comptes. Cette dernière hypothèse se présentera presque toujours quand, la tutelle ayant été gérée par le
père ou la mère, ceux-ci auront à rendre les comptes de tutelle à leur enfant émancipé. Dans ce cas le conseil de famille

nommera un curateur *ad hoc* qui assistera le mineur dans la réception des comptes, et, une fois ces comptes réglés, le père ou la mère sera investi de la curatelle générale du mineur jusqu'à sa majorité.

Des EFFETS *de l'émancipation.* — Le mineur émancipé devient administrateur de sa fortune ; mais ses pouvoirs reçoivent des limites pour tous les actes qui seraient de nature à la compromettre sérieusement.

ACTES QUE PEUT FAIRE SEUL *le* MINEUR ÉMANCIPÉ. — Il peut :

1° *Passer des* BAUX DE PURE ADMINISTRATION, comme ceux permis au tuteur gérant les biens du pupille ;

2° *Recevoir ses* REVENUS *et en donner décharge ;* d'où l'on doit conclure qu'il ne pourrait pas donner décharge des capitaux eux-mêmes. Le mineur émancipé a évidemment l'exercice de toutes les actions mobilières ne tendant pas au recouvrement d'un capital, mais celles qui auraient ce but ne pourraient être intentées par lui qu'avec l'assistance de son curateur. Ainsi les actions tendant à obtenir le payement de loyers ou fermages, de revenus de capitaux, d'arrérages de rentes, ainsi que les demandes en revendication de meubles possédés par des tiers détenteurs, peuvent être intentées par le mineur émancipé sans aucune assistance, et au contraire cette assistance lui serait nécessaire pour exiger le remboursement d'un capital, quelle que fut d'ailleurs son importance [1]. Sous ce rapport, la capacité du mineur émancipé est moindre que celle du tuteur.

Certains actes, qui sont en principe de pure administration, peuvent quelquefois devenir préjudiciables au pupille ; tels sont les achats exagérés d'objets de luxe, par exemple, de chevaux, de voitures, etc. La loi déclare ces obligations réductibles' lorsqu'elles sont excessives. Les tribunaux tiendront compte et de la bonne ou mauvaise foi

---

[1] Valette, *Exp. som.*, p. 317. — Marcadé, sur l'art. 481. — Demolombe, t. VIII, nos 283 et 284.

des tiers, et de la fortune plus ou moins considérable de l'émancipé (art. 484).

ACTES POUR LESQUELS L'ASSISTANCE DU CURATEUR EST NÉCESSAIRE *et* SUFFISANTE. — Le mineur émancipé peut, avec la seule assistance de son curateur :

1° *Recevoir les* COMPTES *de tutelle,* ainsi que nous l'avons précédemment expliqué ;

2° *Intenter* UNE ACTION IMMOBILIÈRE *et y défendre;* par exemple, revendiquer un immeuble à lui appartenant, qui se trouve possédé par un tiers et défendre à une action en revendication qu'un tiers dirigerait contre lui à raison d'un immeuble dont il est lui-même possesseur ;

3° *Recevoir et donner décharge d'un capital mobilier,* cas auquel le curateur surveillera l'emploi de la somme ;

4° *Aliéner une* INSCRIPTION DE RENTE *de* 50 *fr. ou au-dessous ;*

5° *Intenter une* ACTION EN PARTAGE OU Y DÉFENDRE (art. 840) ;

6° *Accepter une* DONATION (art. 935).

ACTES POUR LESQUELS L'ASSISTANCE DU CURATEUR ET L'AUTORISATION DU CONSEIL DE FAMILLE *sont* NÉCESSAIRES ET SUFFISANTES. — Autorisé par le conseil de famille et assisté de son curateur, l'émancipé peut :

1° *Acquiescer à une demande immobilière* (art. 464 et 484).

2° *Accepter ou* RÉPUDIER UNE SUCCESSION ;

3° *Aliéner une* INSCRIPTION *de rente au-dessus de* 50 *fr.*

ACTES POUR LESQUELS IL FAUT L'AUTORISATION *du conseil de famille,* L'HOMOLOGATION *du tribunal et* L'ASSISTANCE *du curateur.* — Cette triple garantie est nécessaire à l'émancipé pour :

1° ALIÉNER SES IMMEUBLES ;

2° *Les* HYPOTHÉQUER ;

3° TRANSIGER ;

4° EMPRUNTER.

Pour tous ces actes, il n'y a aucune différence entre le mineur émancipé et le mineur non émancipé.

ACTES INTERDITS A L'ÉMANCIPÉ. — Le mineur émancipé ne peut jamais :

1° *Faire* DES DONATIONS ;

2° COMPROMETTRE.

De la RÉVOCATION *de* L'ÉMANCIPATION. — *Du mineur émancipé* COMMERÇANT. — Les règles que nous venons de tracer ne s'appliquent pas toutes au mineur émancipé qui a été régulièrement autorisé à faire le commerce. Aux termes de l'article 487 le mineur est réputé majeur pour tous les actes de sa profession. En outre, il peut contracter des emprunts pour ses besoins commerciaux, et même hypothéquer dans ce but ses immeubles (Cod. com., art. 6), par exception au principe qu'il faut-être capable d'aliéner pour pouvoir hypothéquer (Cod. Nap., art. 2124). L'art. 485 permet de révoquer l'émancipation du mineur dont les engagements ont été réduits ; ajoutons : et du mineur dont les engagements auraient pu être réduits ; car il suffit que son incapacité de bien administrer soit constatée. On objecte à tort que le texte est formel, et que l'émancipation peut être seulement révoquée lorsque les engagements ont été réduits. Le Code prévoit en effet les cas les plus fréquents, et non ceux, par exemple, où le dol du mineur aurait été un obstacle à la réduction et où cependant sa mauvaise administration serait évidente.

La révocation de l'émancipation doit être entourée des mêmes garanties que l'émancipation, et c'est pourquoi le Code exige les mêmes formalités.

Le mineur dont l'émancipation est révoquée rentre en tutelle ou en puissance paternelle, s'il a encore son père ou sa mère. Dans ce dernier cas, l'usufruit légal renaît : son extinction devait cesser avec la cause qui l'avait produite. Le conseil de famille observera, pour la tutelle qui va recommencer, les mêmes règles de nomination et de surveillance du tuteur que pour la tutelle primitive. Une émancipation révoquée fait obstacle à toute émancipation nouvelle. Le mineur ne recouvrera donc son indépendance qu'à l'époque de sa majorité.

LIVRE I. TITRE XI.

De la Majorité, de l'Interdiction et du Conseil judiciaire.

(Décrété le 29 mars 1803. Promulgué le 8 avril.)

CHAPITRE PREMIER

DE LA MAJORITÉ.

ART. 488. La majorité est fixée à vingt-un ans accomplis ; à cet âge on est capable de tous les actes de la vie civile, sauf la restriction portée au titre *du Mariage.*

De la MAJORITÉ. — La majorité est fixée, par l'article 488, à vingt-un ans accomplis. D'après les uns, le calcul des vingt-un ans doit se faire de jour à jour, comme pour la prescription (art. 2260). Mais il faut admettre le calcul par heures, car autrement on ne s'expliquerait pas pourquoi le Code exige la mention de l'heure sur l'acte de naissance (art. 57). Dès lors, l'enfant né le 1er juillet 1864, à midi, sera majeur le 1er juillet 1885, à l'heure correspondante. Mais à quelle heure l'enfant né le 29 février, à midi, aura-t-il atteint sa majorité? car si l'année de la naissance est bissextile, celle de la majorité ne peut l'être. Certains auteurs ont voulu que la majorité fût atteinte le 28 février, et les autres le 1er mars, à midi. Ces deux systèmes sont également inadmissibles ; effectivement le premier aurait pour résultat de placer la majorité de l'enfant né le 29 février à midi, avant celle de l'enfant né la veille à une heure de relevée ; et le second aurait pour résultat de placer la majorité de l'enfant né le 29 février, à midi, après celle de l'enfant né le 1er mars, à onze heures du matin ; ce qui est absurde. Au contraire, si, dans l'impossibilité où l'on est d'arriver à l'heure correspondante du 29 février, l'on place l'instant de la majorité à la dernière heure du 28 février, l'on évitera la double inconséquence des autres systèmes ; aussi je n'hésite point à admettre cette manière de calculer.

Le majeur est capable de tous les actes de la vie civile, sauf les restrictions édictées pour le mariage et l'adoption.

CHAPITRE II

DE L'INTERDICTION.

Art. 489. Le majeur qui est dans un état habituel d'imbécillité, de démence ou de fureur, doit être interdit, même lorsque cet état présente des intervalles lucides.

490. Tout parent est recevable à provoquer l'interdiction de son parent. — Il en est de même de l'un des époux à l'égard de l'autre.

491. Dans le cas de fureur, si l'interdiction n'est provoquée ni par l'époux ni par les parents, elle doit l'être par le procureur impérial, qui, dans les cas d'imbécillité ou de démence, peut aussi la provoquer contre un individu qui n'a ni époux, ni épouse, ni parents connus.

492. Toute demande en interdiction sera portée devant le tribunal de première instance.

493. Les faits d'imbécillité, de démence ou de fureur, seront articulés par écrit. Ceux qui poursuivront l'interdiction présenteront les témoins et les pièces.

494. Le tribunal ordonnera que le conseil de famille, formé selon le mode déterminé à la section IV du chapitre II du titre *de la Minorité, de la Tutelle et de l'Émancipation,* donne son avis sur l'état de la personne dont l'interdiction est demandée.

495. Ceux qui auront provoqué l'interdiction ne pourront faire partie du conseil de famille : cependant l'époux ou l'épouse, et les enfants de la personne dont l'interdiction sera provoquée, pourront y être admis sans y avoir voix délibérative.

496. Après avoir reçu l'avis du conseil de famille, le tribunal interrogera le défendeur à la chambre du conseil : s'il ne peut s'y présenter, il sera interrogé dans sa demeure par l'un des juges à ce commis, assisté du greffier. Dans tous les cas, le procureur impérial sera prétent à l'interrogatoire.

497. Après le premier interrogatoire, le tribunal commettra, s'il y a lieu, un administrateur provisoire, pour prendre soin de la personne et des biens du défendeur.

498. Le jugement sur une demande en interdiction ne pourra être rendu qu'à l'audience publique, les parties entendues ou appelées.

499. En rejetant la demande en interdiction, le tribunal pourra néanmoins, si les circonstances l'exigent, ordonner que le défendeur ne pourra désormais plaider, transiger, emprunter, recevoir un capital mobilier, ni en donner décharge, aliéner, ni grever ses biens d'hypothèques, sans l'assistance d'un conseil qui lui sera nommé par le même jugement.

500. En cas d'appel du jugement rendu en première instance, la cour impériale pourra, si elle le juge nécessaire, interroger de nouveau, ou faire interroger par un commissaire, la personne dont l'interdiction est demandée.

501. Tout arrêt ou jugement portant interdiction, ou nomination d'un conseil, sera, à la diligence des demandeurs, levé, signifié à partie, et inscrit, dans les dix jours, sur les tableaux qui doivent être affichés dans la salle de l'auditoire et dans les études des notaires de l'arrondissement.

502. L'interdiction ou la nomination d'un conseil aura son effet du jour du jugement. Tous actes passés postérieurement par l'interdit, ou sans l'assistance du conseil, seront nuls de droit.

503. Les actes antérieurs à l'interdiction pourront être annulés, si la cause de l'interdiction existait notoirement à l'époque où ces actes ont été faits.

504. Après la mort d'un individu, les actes par lui faits ne pourront être attaqués, pour cause de démence, qu'autant que son interdiction aurait été prononcée ou provoquée avant son décès, à moins que la preuve de la démence ne résulte de l'acte même qui est attaqué.

505. S'il n'y a pas d'appel du jugement d'interdiction rendu en première instance, ou s'il est confirmé sur l'appel, il sera pourvu à la nomination d'un tuteur et d'un subrogé tuteur à l'interdit, suivant les règles prescrites au titre *de la Minorité, de la Tutelle et de*

l'Émancipation. L'administrateur provisoire cessera ses fonctions, et rendra compte au tuteur, s'il ne l'est pas lui-même.

506. Le mari est, de droit, le tuteur de sa femme interdite.

507. La femme pourra être nommée tutrice de son mari. En ce cas, le conseil de famille réglera la forme et les conditions de l'administration, sauf le recours devant les tribunaux de la part de la femme qui se croirait lésée par l'arrêté de la famille.

508. Nul, à l'exception des époux, des ascendants et descendants, ne sera tenu de conserver la tutelle d'un interdit au delà de dix ans. A l'expiration de ce délai, le tuteur pourra demander et devra obtenir son remplacement.

509. L'interdit est assimilé au mineur, pour sa personne et pour ses biens ; les lois sur la tutelle des mineurs s'appliqueront à la tutelle des interdits.

510. Les revenus d'un interdit doivent être essentiellement employés à adoucir son sort et à accélérer sa guérison. Selon les caractères de sa maladie et l'état de sa fortune, le conseil de famille pourra arrêter qu'il sera traité dans son domicile, ou qu'il sera placé dans une maison de santé, et même dans un hospice.

511. Lorsqu'il sera question du mariage de l'enfant d'un interdit, la dot, ou l'avancement d'hoirie, et les autres conventions matrimoniales, seront réglés par un avis du conseil de famille, homologué par le tribunal, sur les conclusions du procureur impérial.

512. L'interdiction cesse avec les causes qui l'ont déterminée : néanmoins la mainlevée ne sera prononcée qu'en observant les formalités prescrites pour parvenir à l'interdiction, et l'interdit ne pourra reprendre l'exercice de ses droits qu'après le jugement de mainlevée.

De L'INTERDICTION. — La capacité naturelle n'est pas toujours en rapport avec la capacité civile, et le Code a organisé un système de protection pour ceux qui n'ont pas les lumières ou la volonté nécessaires à la direction de leurs actes. On appelle *interdiction* l'état de l'individu qui a été privé de l'exercice de ses droits civils par un jugement.

Des CAUSES *de* L'INTERDICTION. — Il y a trois causes d'interdiction, savoir :

1° L'IMBÉCILLITÉ, c'est-à-dire une faiblesse extrême des facultés intellectuelle

2° La démence, c'est-à-dire la perturbation de ces facultés ;

3° La fureur, c'est-à-dire la démence accompagnée de violence.

L'un ou l'autre de ces états doit être *habituel* pour donner lieu à l'interdiction ; et, en effet, lorsque les accès de folie sont rares, ils n'empêchent pas l'individu de diriger suffisamment ses actions. D'un autre côté, il n'est pas nécessaire que la folie soit sans intervalles lucides ; car autrement il faudrait refuser la protection de la loi à des personnes qui, en fait, ne peuvent se conduire.

La question de savoir si l'état d'imbécillité, de démence ou de fureur est assez habituel pour motiver l'interdiction n'est pas toujours facile à résoudre. Les causes qui affectent l'intelligence humaine sont multiples, et la gravité des désordres intellectuels présente des degrés infiniment variables. Comme l'interdiction fait peser sur la personne une présomption d'incapacité permanente et contre laquelle la preuve contraire n'est point recevable, les tribunaux ont l'habitude de ne la prononcer que dans le cas où le jeu normal des facultés mentales est entièrement bouleversé ou anéanti. Dès que les intervalles lucides présentent une durée notable, ils se contentent de mesures moins radicales que nous indiquerons tout à l'heure.

Qui peut être interdit. — Toute personne peut être interdite, même les mineurs, et, en effet, la protection résultant de l'interdiction est plus efficace que celle résultant de la minorité. Ainsi un mineur peut se marier, tester s'il est âgé de seize ans accomplis, etc. ; tandis que l'interdit est incapable de tous ces actes. Du reste, le Code lui-même reconnaît que le mineur peut être interdit, puisque le tuteur chargé de former opposition à son mariage doit, dans un bref délai, provoquer son interdiction (art. 174-175). Cette interdiction sera principalement utile pour protéger le mineur au moment où, atteignant sa majorité, il se trouvera exposé à toutes les surprises que des spéculateurs dangereux,pourraient tenter sur son imbécillité ou sa démence.

Qui peut provoquer *l'interdiction*. — Peuvent provoquer l'interdiction :

1° *Tout* parent, à quelque degré qu'il se trouve, car la loi ne fixe aucune limite ;

2° *Le* conjoint de la personne qui est en état habituel d'imbécillité, de démence ou de fureur ;

3° *Le* procureur impérial, dans le cas de fureur, car alors l'ordre public est intéressé à l'interdiction ; et même en cas d'imbécilité ou de démence, si l'individu n'a ni conjoint ni parents connus, car le ministère public doit sa protection à ceux qui n'en trouvent ni en eux-mêmes ni dans leur famille.

Certains auteurs accordent le droit de provoquer l'interdiction à l'individu même qui se sent incapable de diriger ses actions : il est certain que son intérêt est aussi légitime que réel ; mais l'historique du Code ne permet pas d'adopter cette opinion ; effectivement, une disposition du projet, qui avait pour but de la consacrer, n'a pas été maintenue. D'ailleurs, tout dans le Code montre que l'individu joue, dans les procès en interdiction, le rôle de défendeur et non celui de demandeur.

Du tribunal compétent. — Est compétent le tribunal de première instance du domicile du défendeur.

Procédure de l'interdiction. — La procédure de l'interdiction doit nécessairement être très-différente de la procédure ordinaire, puisque celui contre lequel elle est dirigée n'est point, d'après la prétention même du demandeur, en état de la comprendre et d'y contredire. En conséquence, la demande doit être formée, non par exploit d'huissier, mais par requête adressée au président du tribunal, avec articulation des faits qui doivent motiver l'interdiction. Le président nomme un juge rapporteur, et communique la de-

mande au ministère public. Le tribunal ou rejette *de plano*
la demande, ou, dans le cas contraire, ordonne que le conseil de famille sera convoqué pour donner son avis sur l'état
du défendeur (art. 891-892 C. pr). Les parents qui poursuivent l'interdiction ne peuvent faire partie du conseil de famille. L'art. 495, qui édicte cette prohibition, contient dans sa
dernière partie une disposition exceptionnelle relativement
au conjoint et aux enfants de la personne qu'il s'agit d'interdire. Quel est le sens de cette exception ? A cet égard, les
auteurs sont divisés.

Les uns prétendent que le conjoint ou les enfants demandeurs en interdiction sont sur la même ligne que les autres
parents et n'ont pas accès dans le conseil de famille. S'ils ne
sont pas demandeurs en interdiction, ils y ont accès, mais
alors ils n'ont que voix consultative en telle sorte que jamais
ils ne seraient appelés à *délibérer* sur l'état du défendeur à
l'interdiction.

Les autres répondent, avec raison, que l'on ne peut ainsi
priver, dans tous les cas, le conjoint et les enfants de leur
voix *délibérative*. Il est en même temps juste et moral que
les enfants et l'allié le plus proches puissent prendre part aux
mesures de protection qu'il s'agit d'obtenir de la justice. Ils
ont qualité pour provoquer l'interdiction de l'ascendant ou
du conjoint ; pourquoi n'auraient-ils pas qualité pour se
prononcer dans le conseil de famille avec voix délibérative
sur son état mental ? La dernière disposition de l'art. 495
devra dès lors être ainsi interprétée. Si le conjoint ou les enfants sont demandeurs à l'interdiction, ils n'en feront pas
moins partie du conseil de famille et, sous ce rapport, ils ont
un avantage sur les autres parents : seulement dans ce cas,
au lieu d'avoir voix délibérative, ils n'auront que voix *consultative.* Mais si le conjoint et les enfants n'ont pas eux-mêmes
provoqué l'interdiction, ils feront toujours partie du conseil
de famille, et ils y auront voix *délibérative.* La disposition
du Code que nous expliquons, loin de diminuer le rôle du

conjoint et des enfants, a donc pour résultat de le rendre plus important, et c'est de toute justice [1].

Après avoir reçu l'avis de la famille, le tribunal doit interroger le défendeur, afin de s'assurer par lui-même que son interdiction est nécessaire. Cet interrogatoire, dont la portée est si grave dans tous les procès en interdiction, doit être fait, non par un juge commis, mais par le tribunal tout entier qui pourra ainsi se former une opinion éclairée sur le véritable état mental du défendeur. Il a lieu dans la chambre du conseil, afin d'éviter la présence du public qui pourrait troubler son esprit et ses réponses. Toutefois, dans le cas où le défendeur ne pourrait pas se déplacer, le tribunal commettra un juge qui se transportera auprès de lui et l'interrogera en présence du procureur impérial. Lorsqu'il y a urgence et que l'interdiction ne peut être actuellement prononcée, le tribunal nomme un administrateur provisoire, qui fera place à un tuteur, dans le cas où l'interdiction serait prononcée.

Si l'état de l'individu ne paraît pas suffisamment grave, la justice lui nommera, suivant les circonstances, un conseil qui l'assistera dans les actes les plus importants. Cette mesure, moins radicale que l'interdiction, pourra même être demandée par voie principale, et en effet la faculté de demander plus emporte évidemment celle de demander moins. Le conseil nommé sera une personne digne de la confiance du tribunal et de la famille. L'article 499 enumère les actes que l'on pourra interdire au défendeur de faire sans l'assistance de son conseil.

Dans le cas où la nomination d'un conseil serait jugée insuffisante, le tribunal prononcera l'interdiction : ce jugement sera rendu en audience publique, à la différence de la procédure, qui doit être instruite secrètement. La publicité de l'audience où est prononcé le jugement d'interdiction ainsi

---

[1] Aubry et Rau, t. II, § 125, note 9, p. 460. — Marcadé, sur l'art. 495. — Paris, 15 juin 1857.

que celle des plaidoiries qui le précèdent est une garantie donnée à la liberté individuelle, comme le secret de la procédure était une garantie donnée aux légitimes scrupules des familles.

Tout jugement admettant ou non l'interdiction est susceptible d'appel.

Tout jugement ou arrêt d'interdiction doit, dans l'intérêt des tiers, être rendu public par affiches dans la salle de l'auditoire et dans les études de notaire (art. 501).

Des EFFETS DE L'INTERDICTION. — Le jugement d'interdiction a pour effet :

1° De rendre l'interdit *incapable* d'administrer sa personne et sa fortune ;

2° *D'ouvrir sa tutelle.*

L'incapacité de l'interdit a pour cause une présomption d'imbécillité, de démence ou de fureur, contre laquelle, avons-nous dit, la preuve contraire n'est pas admise : en conséquence, l'art. 502 déclare *nuls de droit* tous les actes faits par l'interdit. Ces mots signifient non que l'acte est inexistant, car, aux termes de l'art. 1304, la nullité doit en être demandée dans les dix ans qui suivent la fin de l'interdiction ; mais qu'il n'y a pas à examiner, comme pour le mineur, si l'acte a ou non porté préjudice à l'incapable. Par cela seul qu'il émane d'un interdit, il est frappé de nullité, tandis qu'à l'égard du mineur, on applique encore la règle romaine : *Restituitur minor, non tanquam minor, sed tanquam læsus.* L'interdiction produit son effet à dater du jour du jugement, et non de la publicité de ce jugement (art. 502). La raison en est que d'une part l'on ne peut pas imputer à l'interdit ce défaut de publicité, et que de l'autre on ne doit pas non plus subordonner la protection qui vient de lui être accordée à la négligence de ceux qui ont mission de rendre le jugement public. Seulement, dans ce cas, les tiers de bonne foi qui auraient contracté avec l'interdit, dans l'ignorance de la mesure dont il a été l'objet, auraient contre ces

derniers une action en dommages-intérêts pour le préjudice
que 'la nullité du contrat leur ferait éprouver [1].

L'appel, qui est en général suspensif, n'empêcherait pas le
jugement de produire ses effets, car il ne suspend que *l'exécution* du jugement, et non ses conséquences *légales*. Or l'incapacité de l'interdit n'est pas un fait d'exécution ; mais un
effet légal du jugement. Cet effet légal sera définitif, si le jugement est confirmé par la cour impériale : il n'aura été au
contraire que provisoire et sera rétroactivement anéanti si le
jugement est infirmé et l'interdiction repoussée.

Quant aux actes *antérieurs* à l'interdiction, l'art. 503 ne
permet de les annuler que si la cause de l'interdiction existait
notoirement à l'époque où ils ont été passés. Il a paru possible, dans ce cas, de protéger l'incapable sans nuire injustement aux tiers ; car, du moment que le fait de l'imbécillité,
de la démence ou de la fureur, était notoire, ceux qui ont
contracté avec l'individu maintenant interdit ont dû connaître
son état intellectuel. Toutefois, comme ils pourraient, à la
rigueur, l'avoir ignoré, et qu'en outre, l'individu était peut-
être, au moment du contrat, dans un intervalle lucide, la loi
donne aux juges la faculté d'annuler le contrat, mais ne leur
en impose point l'obligation. Dans le doute, la nullité devra
être prononcée , parce que le jugement d'interdiction, et
ensuite la notoriété qui établissait l'état habituel d'imbécillité, de démence ou de fureur de l'interdit constituent
une présomption contre les tiers en faveur de l'incapable. Mais le concours de ces deux circonstances n'est pas
nécessaire pour qu'une personne soit recevable à demander
la nullité d'un contrat pour insanité d'esprit. Il lui suffira de
prouver qu'au moment de l'acte elle n'avait pas l'usage de
sa raison, car sans consentement il ne peut y avoir de contrat
valable. Seulement, lorsque l'interdiction n'a pas été prononcée, ou que la notoriété dont nous venons de parler

---

[1] Valette, *Expl. Cod. Nap.*, n° 23. — Demante, t. II, n° 274 *bis.*
Demolombe, t. VIII n° 550.

n'existait pas, le demandeur n'est plus protégé par la présomption qui millitait tout à l'heure en sa faveur, et cette fois le contrat doit dans le doute être maintenu.

Après la *mort* d'un individu, les actes par lui faits ne peuêtre attaqués pour cause de démence, à moins que son interdiction n'ait été *provoquée* ou *prononcée* avant son décès, ou que la preuve de la démence ne résulte de *l'acte même qui est attaqué* (art. 504). Pourquoi cette dérogation au droit commun ? Elle s'explique par la propension inconsidérée des héritiers à critiquer les actes du défunt, qui leur sont préjudiciables. Le Code a voulu tarir cette source de procès, et il a restreint le droit de demander la nullité des actes dont il s'agit au cas où l'allégation de démence est fondée sur un commencement de preuve. Or, ce commencement de preuve existe seulement lorsque l'interdiction avait été provoquée ou prononcée avant le décès, ou lorsque l'acte attaqué porte des traces de folie.

Certains auteurs voient dans ces dispositions du Code une peine infligée aux héritiers qui n'ont pas provoqué l'interdiction du défunt, et ils en concluent que les actes faits par le défunt dans un accès purement accidentel et momentané de folie pourront être annulés, parce que, dans ce cas, les héritiers ne devaient ni ne pouvaient provoquer l'interdiction. Mais cette raison et ces conséquences ne sont pas admissibles : La loi n'a pas eu pour but de punir les héritiers, même dans le cas où, le défunt s'étant trouvé dans un état habituel d'imbécillité, de démence ou de fureur, ils avaient la faculté et le devoir de provoquer son interdiction. Souvent en effet les héritiers n'auront pas pu provoquer l'interdiction, soit à cause de leur extrême jeunesse, soit à cause de leur absence, soit même à cause de leur démence ; et, si la loi avait voulu les punir, elle aurait dû excepter de sa disposition ceux qui ne pouvaient pas se soustraire à la pénalité. Puis peut-on sérieusement faire un crime à des héritiers, peut-être aux enfants même du défunt, d'avoir reculé devant la procédure, toujours si douloureuse pour les familles, d'une

demande en interdiction? Leur silence ne sera-t-il pas quelquefois plus digne d'éloge que ne l'eût été leur poursuite?
Évidemment le seul motif de la disposition restrictive que
nous expliquons est que le législateur a voulu prévenir des
procès souvent téméraires et toujours difficiles à juger. Nous
conclurons donc que jamais les héritiers ne pourront attaquer
pour cause de démence les actes faits par le défunt, si son in-
diction n'avait pas été provoquée ou prononcée, ou si la
preuve de la folie ne résulte pas de l'acte même qui est attaqué.

La théorie qui précède n'est applicable ni aux donations
ni aux testaments (art. 901).

Du TUTEUR *et du* SUBROGÉ TUTEUR DE L'INTERDIT. — Comme
le mineur, l'interdit reçoit un tuteur et un subrogé tuteur.
Mais l'article 509 assimile à tort la tutelle des interdits à celle
des mineurs ; en effet, celle des interdits est toujours dative,
au lieu d'être, comme celle des mineurs, tantôt légitime, tantôt testamentaire et tantôt dative. Dans un seul cas, elle est
légitime ; c'est le cas de l'art. 506, aux termes duquel le
mari est, de droit, le tuteur de sa femme interdite. Toutefois la réciproque n'est pas vraie, et la femme ne devient la
tutrice de son mari interdit que si elle est nommée par le
conseil de famille, lequel doit alors régler la forme et les
conditions de son administration. Lorsque l'arrêté qui la
nomme ou qui l'exclut lèse ses droits de femme mariée, par
exemple, en fixant trop bas le montant des dépenses de la
maison, elle a son recours devant les tribunaux (art. 507).

En général, la nomination du tuteur n'aura lieu qu'après
huitaine à dater du jugement ; en effet, aux termes des
art. 449 et 450 du Code de proc., un jugement n'est exécutoire que huit jours après avoir été prononcé, et la nomination d'un tuteur est un fait d'exécution : s'il est interjeté appel, la nomination du tuteur devra même être retardée
jusqu'après l'arrêt de confirmation, car il est de principe,
comme nous l'avons dit, que l'appel interjeté suspend l'exécution du jugement.

De la GESTION *du tuteur donné à l'interdit.* — Cette gestion est soumise aux mêmes règles que celle du tuteur d'enfants mineurs. Seulement le tuteur de l'interdit devra employer les revenus du malade à sa guérison, et non les capitaliser.

Lorsqu'il s'agit du mariage ou de tout autre établissement des enfants de l'interdit, le conseil de famille fixe la dot ou avancement d'hoirie qui doit leur être donnée, et il émet son avis sur les conventions matrimoniales qui vont intervenir. L'avis du conseil doit être homologué par la justice, sur les conclusions du procureur impérial (art. 511).

Comme la tutelle des interdits peut durer indéfiniment, le tuteur a le droit de s'en faire décharger après dix ans, s'il n'est ni l'époux, ni l'ascendant, ni le descendant de l'incapable (art. 508).

Comment FINIT *l'interdiction.* — L'interdiction ne finit que par un jugement de mainlevée, lequel ne pourra être rendu que suivant les formes prescrites pour obtenir le jugement d'interdiction. Il faut, à notre avis, reconnaître à l'interdit le droit de poursuivre cette mainlevée ; car autrement sa famille pourrait, en restant inactive, le tenir perpétuellement en tutelle. Le jugement de mainlevée ne doit pas être nécessairement rendu public comme celui d'interdiction, par la double raison que les tiers ne peuvent être lésées par lui, et que, d'ailleurs, le Code ne prescrit pas, après la mainlevée, les formalités prescrites après le prononcé de l'interdiction.

De l'interdiction LÉGALE. — Il faut rapprocher l'interdiction *légale*, résultant de certaines condamnations criminelles (art. 29 C. pén.), de l'interdiction judiciaire prononcée contre la personne incapable de diriger ses actions. Les condamnations auxquelles la loi attache l'interdiction comme une conséquence nécessaire sont celles emportant une peine afflictive et infamante. Nous les avons précé-

demment énumérées (v. p. 66). Ainsi que l'interdit judiciaire, l'interdit légal, tout en conservant la jouissance de
ses droits civils, est privé de leur exercice et soumis au
régime de la tutelle. Mais plusieurs différences existent
entre l'un et l'autre : en effet, l'interdiction légale est une
peine accessoire, au lieu d'être une mesure de protection ;
et comme la loi veut empêcher que le condamné ne puisse
se procurer des moyens d'évasion en consentant certains actes
au profit des tiers, il faut admettre que la nullité de ces
actes pourra être invoquée par toute personne intéressée,
et particulièrement par les tiers qui ont contracté avec l'interdit légal : plus cette nullité sera certaine, plus la sé-
questration juridique du condamné sera rigoureusement
observée. En outre, le testament qui aurait été fait et le mariage qui aurait été contracté par le condamné pendant son
interdiction légale ne pourraient pas être attaqués. Effectivement de tels actes ne sont guère de nature à préparer ou à
faciliter une évasion, et comme l'interdit légal a toutes ses
facultés, il n'y a pas de raison pour les annuler. Nous avons
vu qu'il en serait tout autrement du testament fait ou du mariage contracté par l'interdit judiciaire qui est présumé incapable de donner un consentement libre et éclairé.

Des personnes NON INTERDITES *placées dans* UNE MAISON D'A-
LIÉNÉS. — Une loi du 30 juin 1838 sur les aliénés est venue
modifier en plusieurs points la législation du Code ; elle
permet, et même prescrit, lorsqu'il y a urgence, de placer
les aliénés dans les maisons destinées à les recevoir, et cela
sans que leur interdiction ait été prononcée, ou même provoquée. Auparavant, la personne tombée en démence ne pouvait être mise dans ces établissements qu'après son interdiction, et ce système présentait les plus graves inconvénients.
Aujourd'hui toute personne, dont la démence est dûment
constatée, peut être immédiatement et sans intervention
de justice, placée dans une maison d'aliénés. Ces placements
sont volontaires, ou ordonnés par l'autorité publique. Les ar-

ticles 8 et suivants de la loi du 30 juin 1838 indiquent les pièces à fournir et les constatations à faire pour empêcher que, sous prétexte de folie, il ne soit porté atteinte à la liberté individuelle. Nous n'avons pas à étudier ici toutes ces formalités, et nous devons nous borner à faire connaître les conséquences des placements faits dans les maisons d'aliénés.

La loi du 30 juin 1838 déclare annulables les actes faits par l'aliéné non encore interdit, lorsqu'ils sont postérieurs à son entrée dans un des établissements sus-énoncés ; mais elle laisse à la justice la faculté de les maintenir, s'ils ont été faits pendant un intervalle lucide. Les dix ans accordés à l'aliéné pour demander cette nullité ne courent qu'à dater de la signification qui lui est faite de son obligation, tandis que ce délai court de plein droit, à l'égard de l'interdit, à dater du jugement de mainlevé (art. 1304).

L'aliéné placé dans un *établissement public* a ses biens et sa personne administrés par la commission administrative ou de surveillance de l'établissement.

L'aliéné placé dans une *maison privée* reçoit, tant que son interdiction n'est pas prononcée, un administrateur provisoire habituellement pris parmi ses héritiers présomptifs. Cet administrateur est nommé par le tribunal et n'a que les pouvoirs d'un administrateur ordinaire. Il diffère sous plusieurs rapports du tuteur d'un interdit. D'abord il n'est pas soumis à l'hypothèque légale. Toutefois le jugement qui le nomme peut constituer sur ses biens une hypothèque générale ou spéciale jusqu'à concurrence d'une certaine somme. De plus, son administration s'applique exclusivement aux biens de l'aliéné et non à sa personne. La garde même de l'aliéné est confiée à un curateur spécial choisi en dehors de ses héritiers présomptifs. Enfin les pouvoirs de l'administrateur provisoire ne durent que trois années, et, passé ce délai, ils doivent être renouvelés. Telles sont les principales différences qui existent entre le régime de l'administration provisoire et le régime de la tutelle.

CHAPITRE III

DU CONSEIL JUDICIAIRE.

ART. 513. Il peut être défendu aux prodigues de plaider, de transiger, d'emprunter, de recevoir un capital mobilier et d'en donner décharge, d'aliéner ni de grever leurs biens d'hypothèques, sans l'assistance d'un conseil qui leur est nommé par le tribunal.

514. La défense de procéder sans l'assistance d'un conseil peut être provoquée par ceux qui ont droit de demander l'interdiction ; leur demande doit être instruite et jugée de la même manière. — Cette défense ne peut être levée qu'en observant les mêmes formalités.

515. Aucun jugement, en matière d'interdiction ou de nomination de conseil, ne pourra être rendu, soit en première instance, soit en cause d'appel, que sur les conclusions du ministère public.

DÉFINITION. — On appelle conseil judiciaire un curateur, nommé à certaines personnes par le tribunal, sans l'assistance duquel elles ne pourront faire certains actes de la vie civile. Ceux-là reçoivent un conseil judiciaire, qui, d'un côté, n'ont pas leurs facultés intellectuelles assez faibles ou malades pour être interdits, et qui, de l'autre, ne les ont pas assez sûres pour qu'ils puissent diriger eux-mêmes toutes leurs actions. Une extrême prodigalité suffit pour motiver la nomination d'un conseil judiciaire.

Les personnes qui ont qualité pour provoquer la nomination d'un conseil judiciaire, et les formalités à suivre pour y parvenir, comme pour faire cesser l'incapacité déjà prononcée, sont les mêmes qu'en matière d'interdiction.

De L'INCAPACITÉ *qui résulte de la nomination d'un* CONSEIL JUDICIAIRE. — Celui qui est pourvu d'un conseil judiciaire doit être non-seulement autorisé, mais encore assisté de ce conseil, et il ne peut, sans lui, faire aucun des actes que l'article 513 énumère. Ces actes sont tous ceux qui, à raison de leur importance, peuvent gravement compromettre sa fortune. Si, en fait, il les a seul consentis, il a le droit de les faire annuler, de la même manière qu'un interdit. L'individu pourvu d'un conseil judiciaire peut , sans l'assistance de son conseil, se marier et tester , car le Code ne lui enlève pas formellement cette double faculté. Toutefois il ne pourrait faire seul par contrat de mariage une donation ou une institution contractuelle au profit de son conjoint, parce que c'est là un acte de disposition irrévocable, qui, à ce titre, doit lui rester interdit [1]. L'assistance du conseil judiciaire suffit, dans tous les actes où elle est nécessaire, pour relever de son incapacité le faible d'esprit ou le prodigue, et il n'y a jamais à obtenir pour lui, comme pour le mineur émancipé, soit l'homologation du tribunal de première instance, soit même l'autorisation du conseil de famille. Il est à noter que, si le conseil judiciaire doit assister le faible d'esprit ou le prodigue, il ne peut jamais faire les actes en ses lieu et place, car il n'a pas qualité pour le *représenter*. Le conseil doit être présent à l'acte, ou tout au moins il doit y avoir préalablement consenti. Un consentement après coup serait toutefois suffisant pour en couvrir la nullité.

Jamais les actes antérieurs à la nomination d'un conseil judiciaire ne peuvent être annulés, comme certains actes antérieurs au jugement d'interdiction ; car les faits de prodigalité ou de faiblesse sont, à la différence des faits de véritable démence, difficiles à apprécier, et il importe que les tiers soient à l'abri d'une rescision qu'ils ne pouvaient ni prévoir ni, par suite, éviter [2].

---

[1] Demolombe, t. III, n° 22 et t. VIII, n°s 734 et 735. Proudhon, t. II, p. 340.

[1] Valette sur Proudhon, t. II, p. 570. — Demolombe, t. VIII, n° 770. Demante, t. II, n° 285 *bis*.

LIVRE DEUXIÈME

DES BIENS ET DES DIFFÉRENTES MODIFICATIONS DE LA PROPRIÉTÉ.

NOTIONS GÉNÉRALES.

Des BIENS. — Dans la langue du droit, on appelle BIENS les choses utiles à l'homme, qui sont susceptibles de propriété. En examinant la nature même des choses, on distingue facilement celles qui sont susceptibles de tomber dans le domaine privé de l'homme, de celles qui n'en sont pas susceptibles. Ainsi les choses que nous trouvons en telle quantité que la jouissance de l'un ne fasse jamais obstacle à la jouissance de l'autre, comme l'air et la lumière, échappent à toute disposition législative, par la raison que le droit a pour but de régler le conflit des intérêts, et qu'ici un tel conflit ne peut exister. Mais les choses que nous trouvons en moindre quantité, et dont chacun ne peut jouir à discrétion, telles que le sol, les rivières, les animaux, etc., sont des objets de propriété ; car il importait de limiter les prétentions de l'un par les droits de l'autre, en soumettant à des règles certaines l'acquisition et la transmission de ces différents objets.

Des droits RÉELS *et* PERSONNELS. — On peut avoir sur une chose ou un droit direct, comme la *propriété*, l'usufruit, etc. (*jus in re*), ou un droit indirect, comme les *créances* qui n'atteignent leur objet que par l'intermédiaire d'une autre personne (*jus ad rem*). Ainsi, quand nous avons la propriété d'une maison, nous avons sur elle un droit direct, puisque

rien ne s'interpose entre nous qui faisons acte de propriété,
et la maison qui est l'objet de cette propriété. Il en est au
contraire différemment quand nous sommes créanciers de
quelqu'un pour une somme de mille francs, par exemple. Il
y a, entre nous et l'objet, un intermédiaire qui est le débiteur
et, au lieu que nous puissions directement toucher les mille
francs qui nous sont dus, nous sommes dans la nécessité de
les demander au débiteur. C'est seulement lorsque celui-ci
nous les a remis, que notre droit se transforme, et, d'indirect
qu'il était d'abord, devient direct. En d'autres termes, à la
place d'une simple créance, nous acquérons alors la propriété
même de la somme.

Lorsque le droit est *direct*, comme dans l'hypothèse de la
propriété et de ses divers démembrements, il s'appelle *droit
réel*.

Lorsque le droit est *indirect*, comme dans l'hypothèse d'une
simple créance, il s'appelle *droit personnel*. Cette double dénomination vient de ce que le droit réel paraît exister de
personne à chose, tandis que le droit personnel existe de
personne à personne. En d'autres termes, le droit réel semble
être *absolu* et le droit personnel *relatif*. Mais il est évident
que tout droit est, au fond, établi à l'encontre d'autrui, et que
la propriété ou ses démembrements supposent, comme les
créances, le conflit de plusieurs personnes ayant des intérêts
opposés. Seulement, le droit réel a cela de particulier qu'il
existe entre une personne déterminée d'une part, et toute
personne qui ferait obstacle à l'exercice du droit, de l'autre ;
de telle sorte que l'un des termes du rapport est défini, et
l'autre indéfini. Le droit personnel, au contraire, existe entre deux personnes déterminées, le créancier et le débiteur,
de telle sorte que ses deux termes sont toujours également
définis. Ainsi, quand on envisage le droit réel, on connaît
bien la personne qui en est investie, mais on ne sait pas encore à l'encontre de quelle autre personne elle aura l'occasion
d'en faire usage. De sa nature ce droit est opposable à tous ;

en fait, il ne sera opposé qu'à ceux qui voudront en entraver l'exercice, et on ne les connaîtra qu'à *posteriori*.

Quand on envisage le droit personnel, au contraire, on connaît dès l'origine, à *priori*, les deux personnes qui en sont le sujet actif et le sujet passif. L'usage du droit ne peut jamais avoir lieu que de la part de la première ou de ses représentants, à l'encontre de la seconde ou de ses représentants. Maintenant, le langage, s'affranchissant de ces données rationnelles, a, dans le droit réel, fait abstraction du terme indéterminé, pour ne considérer que la chose, et, dans le droit personnel, de l'objet dû au créancier par le débiteur, pour ne considérer que la personne, et de là vient cette double qualification de droit *réel* ou *personnel*, qui fait perdre en exactitude aux idées ce qu'elles gagnent en simplicité.

Le droit réel donne des avantages que ne comporte pas le droit personnel. Ces avantages sont au nombre de deux principaux : on les appelle droit de *préférence* et droit *de suite.*

Le droit de *préférence* consiste dans la faculté que l'on a d'exclure toute personne qui élèverait des prétentions sur la chose soumise au droit réel. Par exemple, le propriétaire d'un objet qui se trouve entre les mains d'un tiers détenteur a le droit d'en obtenir la restitution sans avoir à subir la prétention des créanciers du tiers détenteur qui voudraient retenir l'objet pour le faire vendre dans leur intérêt commun. Le droit de propriété prime donc le droit de créance, quand un conflit s'élève entre l'une et l'autre.

Le droit de *suite* consiste dans la faculté de revendiquer la chose entre les mains des tiers, quel que soit le nombre des intermédiaires qui ont pu se placer entre le propriétaire qui a transmis ou perdu la détention de sa chose, et la personne qui l'a actuellement en son pouvoir. Ainsi le propriétaire d'un cheval qui l'a donné en louage à un tiers, lequel par un abus de confiance en a disposé en faveur d'une autre personne, pourra aussi bien en poursuivre la restitution contre cette dernière, qu'il le pourrait contre celui-là même qui l'avait pris en location. Et ce droit de revendication existerait contre le centième sous-détenteur, tout comme contre le premier. La prescription acquise à l'un des possesseurs pourrait seule le soustraire à l'action du propriétaire.

L'efficacité du droit réel est garantie par une ACTION RÉELLE; celle du droit personnel, par une ACTION PERSONNELLE.

Dans l'action réelle, le rôle de demandeur appartient à celui qui est investi du droit réel exercé, et le rôle de défendeur au tiers quelconque qui fait obstacle à cet exercice. En définissant les caractères du droit réel, nous avons par cela même indiqué ceux de l'action réelle qui en est la consécration.

Dans l'action personnelle le rôle de demandeur appartient toujours et nécessairement au créancier ou à ses représentants, et le rôle de défendeur à la personne déterminée et connue dès l'origine qui a contracté la dette, ou à ses représentants. L'action personnelle est donc exactement calquée sur le droit personnel qu'elle consacre, comme l'action réelle est calquée sur le droit réel, ainsi que nous venons de le dire.

La théorie des droits réels est dans le livre II, que nous allons expliquer; celle des droits personnels dans le livre III, au titre *des Contrats ou obligations.*

La mise en action des uns et des autres est organisée dans le Code de procédure civile.

LIVRE II. TITRE I.

De la distinction des biens.

(Décrété le 25 janvier 1804. Promulgué le 4 février.)

ART. 516. Tous les biens sont meubles ou immeubles.

Division des biens. — L'art. 516 indique deux sortes
de biens, les meubles et les immeubles ; mais cette division
n'est pas la seule, quoiqu'elle soit de beaucoup la plus importante. Ainsi on distingue les biens :

1° En CORPORELS ET INCORPORELS, suivant qu'ils tombent
ou ne tombent pas sous nos sens. Cette division, toutefois,
n'est pas très-rationnelle, car le jurisconsulte doit considérer
les choses non en elles-mêmes, comme le physicien ou le
chimiste, mais au point de vue des droits dont elles peuvent
être l'objet. Or, même lorsqu'il s'agit de choses corporelles,
les droits sont nécessairement incorporels, ainsi que toutes
les autres conceptions de l'esprit. Comment dès lors expliquer une semblable division? C'est que la propriété donne
sur la chose un droit tellement complet et absolu, qu'on l'a
de tout temps confondue avec son objet, et qu'au lieu de désigner le droit, qui est incorporel, on désigne cet objet, qui
est corporel. Ainsi l'on dit *ma maison*, au lieu de dire *ma
propriété sur telle maison*. Cette confusion une fois faite,
on avait la catégorie des choses corporelles. Maintenant, la
propriété seule peut être confondue avec son objet, puisque
seule elle est un droit complet, absolu, comprenant la chose
tout entière. Ses démembrements, au contraire, s'appliquent
uniquement à une partie des avantages que la chose comporte, et, à partir du moment où ils cessent d'être dans la
même main, il est nécessaire de les envisager distinctement
et de donner à chacun d'eux une dénomination spéciale, le
droit de l'un étant limité par le droit de l'autre, et aucun
de ces droits ne pouvant se confondre avec l'objet tout
entier. Ainsi la même chose peut être grevée au profit de
diverses personnes, d'un droit d'usufruit, d'un droit d'hypothèque, d'un droit de servitude, etc., et aucune de ces personnes ne pourra dire *ma chose*, puisque son droit est partiel et que sa désignation doit rester limitative et distincte
de celle qui exprime l'idée de propriété. C'est de la sorte
que la catégorie des choses incorporelles a pris naissance,

et que l'on a eu la division générale des choses en *corporelles* et *incorporelles.*

Les créances sont, comme nous l'avons vu, des droits purement personnels, et à ce titre elles ne peuvent jamais se confondre avec leurs objets, puique entre le droit et la chose il y a un intermédiaire qui est le débiteur. Dès lors elles doivent toujours être, comme les démembrements de la propriété, classées parmi les choses incorporelles.

La division des choses en corporelles et incorporelles avait, à Rome, une grande importance, car la possession, qui était, sous Justinien, le principal moyen d'acquérir ou de transmettre la propriété, s'appliquait aux choses corporelles, mais non aux choses incorporelles. Aujourd'hui, elle n'offre plus guère d'intérêt que pour les formes à suivre dans la saisie et la vente forcée, formes différentes suivant qu'il s'agit de choses corporelles ou de choses incorporelles.

2° La deuxième division des biens est celle en MEUBLES ET IMMEUBLES. Cette division, insignifiante à Rome, est aujourd'hui la principale, comme nous l'avons dit précédemment. Elle a d'ailleurs son fondement dans la nature même des choses. Ainsi, les meubles ont souvent peu de valeur, comparativement aux immeubles ; de plus, ils passent rapidement d'une main dans une autre, tandis que les immeubles ont une fixité naturelle, qui en ralentit la circulation. Précisons l'intérêt qu'il y a à distinguer les uns des autres : cet intérêt est multiple. Ainsi :

1° L'aliénation des meubles est plus facilement permise que celle des immeubles, comme nous l'avons vu dans la tutelle ;

2° Les donations mobilières ne sont pas soumises aux mêmes règles que les donations immobilières (art. 939 et 948) ;

3° Les meubles ne peuvent pas être hypothéqués, et les immeubles peuvent l'être (art. 2119) ;

4° La prescription des meubles est instantanée (art. 2279) ;

et celle des immeubles n'a lieu que par dix, vingt ou trente
ans (art. 2262 et suiv.);

5° Les formalités pour la saisie et la vente forcée des meubles sont plus simples que les formalités pour la saisie et la
vente des immeubles;

6° Les contestations relatives aux meubles doivent être
portées devant le tribunal du lieu où le défendeur a son domicile; celles relatives aux immeubles doivent l'être devant
le tribunal de la situation (C. pr., art. 59).

CHAPITRE PREMIER

DES IMMEUBLES.

Art. 517. Les biens sont immeubles ou par leur nature, ou par
leur destination, ou par l'objet auquel ils s'appliquent.

518. Les fonds de terre et les bâtiments sont immeubles par leur
nature.

519. Les moulins à vent ou à eau, fixes sur piliers et faisant partie du bâtiment, sont aussi immeubles par leur nature.

520. Les récoltes pendantes par les racines, et les fruits des
arbres non encore recueillis, sont pareillement immeubles. — Dès
que les grains sont coupés, et les fruits détachés, quoique non enlevés, ils sont meubles. — Si une partie seulement de la récolte est
coupée, cette partie seule est meuble.

521. Les coupes ordinaires des bois taillis ou de futaies mises en
coupes réglées ne deviennent meubles qu'au fur et à mesure que
les arbres sont abattus.

522. Les animaux que le propriétaire du fonds livre au fermier
ou au métayer pour la culture, estimés ou non, sont censés immeubles tant qu'ils demeurent attachés au fonds par l'effet de la convention. — Ceux qu'il donne à cheptel à d'autres qu'au fermier ou
au métayer sont meubles.

523. Les tuyaux servant à la conduite des eaux dans une maison
ou autre héritage sont immeubles et font partie du fonds auquel ils
sont attachés.

524. Les objets que le propriétaire d'un fonds y a placés pour le

service et l'exploitation de ce fonds sont immeubles par destina
tion. — Ainsi, sont immeubles par destination, quand ils ont été
placés par le propriétaire pour le service et l'exploitation du fonds :
— les animaux attachés à la culture ; — les ustensiles aratoires ;
— les semences données aux fermiers ou colons partiaires ; — les
pigeons des colombiers ; — les lapins des garennes, — les ruches à
miel ; — les poissons des étangs ; — les pressoirs, chaudières,
alambics, cuves et tonnes ; — les ustensiles nécessaires à l'exploitation des forges, papeteries et autres usines ; — les pailles et engrais.
— Sont aussi immeubles par destination tous effets mobiliers que
le propriétaire a attachés au fonds à perpétuelle demeure.

525. Le propriétaire est censé avoir attaché à son fonds des effets
mobiliers à perpétuelle demeure, quand ils sont scellés en plâtre
ou à chaux ou à ciment, ou lorsqu'ils ne peuvent être détachés sans
être fracturés et détériorés, ou sans briser ou détériorer la partie
du fonds à laquelle ils sont attachés. — Les glaces d'un appartement sont censées mises à perpétuelle demeure, lorsque le parquet
sur lequel elles sont attachées fait corps avec la boiserie. — Il en
est de même des tableaux et autres ornements. — Quant aux statues, elles sont immeubles lorsqu'elles sont placées dans une niche
pratiquée exprès pour les recevoir, encore qu'elles puissent être
enlevées sans fracture ou détérioration.

526. Sont immeubles par l'objet auquel ils s'appliquent : — l'usufruit des choses immobilières ; — les servitudes ou services fonciers ; — les actions qui tendent à revendiquer un immeuble.

Définition. — Les *immeubles* sont les biens non susceptibles de déplacement. Le Code les divise en trois classes, savoir :

I. Les immeubles par NATURE ;

II. Les immeubles par DESTINATION ;

III. Les immeubles par L'OBJET AUQUEL ILS S'APPLIQUENT.

I. *Des immeubles par* NATURE. — Les immeubles par NA-
TURE sont ceux qui, considérés en eux-mêmes, ne peuvent pas
être déplacés. Sont immeubles par nature :

1° LES FONDS DE TERRE ET LES BATIMENTS. — La nature immobilière des fonds de terre est évidente, et ne peut donner
lieu à aucune difficulté. Celle des bâtiments pris dans leur
ensemble n'est pas moins certaine. En effet, quoique les

matériaux dont ils se composent aient été à l'origine mobiliers, ils ont perdu ce caractère en devenant les éléments, les
parties intégrantes et constitutives d'un tout qui est le bâtiment. Si ce bâtiment était démoli, les matériaux recouvre-
raient leur nature mobilière, mais on ne serait plus alors
dans l'hypothèse de la loi, qui parle d'un bâtiment, et non
des matériaux d'un bâtiment.

Examinons maintenant quel est le sens et l'étendue du mot
bâtiments. Les auteurs ne sont pas d'accord sur la manière
d'interpréter cette locution.

Selon les uns, elle comprend toutes les choses qui tiennent
au sol par une attache matérielle, c'est-à-dire la construction
principale et tous les accessoires qui n'en pourraient être
séparés sans une fracture ou détérioration, et il n'y a pas à
distinguer si l'attache vient ou non du propriétaire. Les
objets font, dans tous les cas, partie du bâtiment, et ont,
comme lui, le caractère d'immeubles par nature.

La conséquence de ce système est grave : en effet, le propriétaire du sol est propriétaire des bâtiments qu'il supporte,
sauf indemnité pour les matériaux provenant d'autrui
(art. 555) ; or, du moment que tous les objets attachés à un
bâtiment ont la même nature et le même sort que ce bâtiment, on doit admettre que le locataire ne pourrait pas emporter les meubles qu'il aurait scellés à un mur, parce que le
propriétaire de la maison serait, par cela même, devenu,
sauf indemnité, propriétaire de ces meubles. Un tel résultat
paraît rigoureux, et il faut, je crois, adopter une autre interprétation.

D'après un second système [1], le mot *bâtiments* doit être
entendu dans un sens plus restreint. Il comprend, non tous
les objets qui tiennent au sol par une attache matérielle, mais
ceux-là seulement qui sont inhérents à la construction, de
telle manière qu'on ne pourrait les en distraire sans la déna-
turer ou la détruire ; ceux, en un mot, qu'on peut appeler

[1] Paris. 30 mai 1864.

matériaux. De là, il résulte que les meubles scellés à un mur par le locataire pourraient être enlevés, car ils ne sont pas nécessaires à l'existence de la construction ; et qu'au contraire, les matériaux qu'il aurait employés à la soutenir ou à la réparer pourraient être conservés par le propriétaire. Cette distinction est rationnelle : en effet, si l'intérêt public exige que le propriétaire du sol puisse s'opposer à l'enlèvement de matériaux qui entraîneraient la destruction de l'édifice il n'exige point que les meubles sans lesquels la construction peut subsister deviennent immeubles comme elle, par cela seul qu'ils sont retenus par un lien physique. Ces divers accessoires n'auront le caractère d'immeubles qu'à la condition d'avoir été attachés au bâtiment par le propriétaire lui-même, et alors ils rentreront, non dans la classe des immeubles par nature, mais dans celle des immeubles par destination. Ajoutons que ce système n'est pas moins équitable que rationnel ; car si, d'un côté, le locataire ou le fermier ne peuvent, en construisant sur le fonds d'autrui, songer à l'enlèvement des matériaux qu'ils emploient, le plus souvent ils n'auront attaché à l'immeuble loué certains objets accessoires, qui servent à son ornement ou à sa commodité, que dans l'intention formelle de les emporter à l'expiration du bail. Les obliger à laisser ces objets au propriétaire, même avec indemnité, serait donner à celui-ci un avantage sur lequel il n'a pas compté, et priver ceux-là d'une faculté qui devait leur sembler incontestable.

Sont immeubles par nature :

2° *Les* MOULINS *à eau ou à vent* FIXÉS SUR PILIERS *ou* FAISANT PARTIE DE BATIMENTS. — Le Code, en les désignant, a voulu exclure les moulins sur bateau, qui sont meubles, comme le bateau lui-même.

3° *Les* RÉCOLTES *pendantes par* BRANCHES *ou* PAR RACINES. — Ces récoltes deviennent mobilières dès qu'elles sont détachées du sol ou de l'arbre. Quant aux fleurs ou arbustes contenus dans des vases, ils sont évidemment meubles.

Le Code a cru nécessaire de dire (art. 521) que les bois taillis ou les futaies mises en coupe réglée ne cessent d'être immeubles qu'au fur et à mesure de la coupe des arbres. Pourquoi ? C'est qu'il a voulu abroger certaines coutumes de l'ancien droit français, d'après lesquelles les coupes devenaient mobilières dès que le moment de les faire était arrivé, lors même qu'elles n'étaient pas encore réellement faites. Aujourd'hui, elles n'ont ce caractère qu'après l'abatage des arbres.

Le Code de procédure permet exceptionnellement aux créanciers de saisir comme meubles les récoltes encore sur pied, pourvu que ce soit dans les six semaines qui précèdent leur maturité. Cette saisie s'appelle *saisie-brandon*. Elle a pour but, d'un côté, d'épargner au débiteur les frais d'une saisie immobilière, et, de l'autre, de donner aux créanciers une sûreté équivalente, en empêchant la perception de la récolte hors de leur présence et sans leur intervention.

Notons que les créanciers d'une personne doivent respecter les baux par elle consentis, pourvu qu'ils n'excèdent pas neuf ans et qu'ils aient date certaine, antérieure au commandement qui a précédé la saisie (C. de pr., art. 684). Ils ne peuvent, dans ce cas, saisir que les sommes dues par le preneur au propriétaire. Ou, s'ils saisissent et font vendre l'immeuble, l'adjudicataire devra exécuter le bail jusqu'à son expiration.

Nous avons vu que dans le cas de saisie-brandon les fruits encore pendants par branches et par racines sont regardés exceptionnellement comme des meubles dans les six semaines qui précèdent leur maturité. Dans la saisie immobilière nous trouvons une exception inverse, en ce sens que des fruits déja séparés du sol et qui sont réellement des meubles, seront cependant traités comme l'immeuble même qui les a produits. En effet, aux termes de l'article 682 du Code de pr., les fruits naturels et industriels perçus postérieurement à la transcription de la saisie, ou le prix qui en proviendra, sont immobilisés pour être distribués avec le prix de l'immeuble par ordre d'hypothèque. L'art. 685 du même code immobilise également les loyers et fermages qui échoient après cette transcription.

4° Les TUYAUX *servant à la conduite des eaux dans une maison ou autre héritage* (art. 523). — Quoique l'article 523 mette ces tuyaux parmi les immeubles par destination, il n'est pas douteux qu'ils ne soient des immeubles par nature. Effectivement, ils font partie intégrante de l'héritage, dont ils facilitent la conservation et augmentent l'utilité ; et, sous ce rapport, il n'y a aucune différence entre les tuyaux d'une maison et ses portes ou fenêtres, par exemple. Or, pourquoi, ces dernières étant immeubles par nature, les tuyaux seraient-ils immeubles par destination?

II. *Des* IMMEUBLES *par* DESTINATION. — On appelle ainsi les meubles attachés, soit matériellement, soit intellectuellement, à un fonds par le propriétaire, et à perpétuelle demeure, pourvu toutefois qu'ils n'en fassent pas partie intégrante et constitutive, cas auquel ils seraient immeubles par nature, ainsi que nous l'avons précédemment expliqué. Le Code qualifie immeubles par destination :

1° *Les objets que le* PROPRIÉTAIRE *a placés dans un fonds pour son* SERVICE *ou* SON EXPLOITATION, tels que les animaux attachés à la culture, les ustensiles aratoires, les semences données aux fermiers ou colons partiaires, etc. L'article 522, parlant des animaux livrés au fermier ou au métayer pour la culture, dit qu'ils seront immeubles par destination, qu'ils aient été *estimés ou non* au moment de leur livraison. On peut se demander en quoi et comment la circonstance qu'une estimation a été ou n'a pas été faite, peut influer sur le caractère immobilier des animaux ainsi attachés à la culture par le propriétaire : le voici. Dans plusieurs contrats, l'estimation est considérée comme une *vente* qui serait faite des objets estimés. Ainsi dans le contrat de mariage, dans la société, l'estimation des meubles apportés par une femme à son mari, par un associé à la société, équivaut à une véritable vente

faite au mari ou à la société. Il est naturel en effet de penser
que les meubles étant sujets à un prompt dépérissement, leur
estimation a pour but d'en transférer la propriété de celui
qui les livre à celui qui les reçoit, et d'obliger ce dernier à
restituer plus tard la valeur d'estimation, au lieu des objets
mêmes qui ont toujours plus ou moins dépéri. De là le principe appliqué dans certains contrats, que *l'estimation vaut
vente.* Si ce principe avait été admis entre bailleur et fermier,
les animaux estimés seraient devenus la propriété du preneur au lieu de rester celle du bailleur, et comme un fermier, dont le titre est essentiellement précaire et transitoire,
ne peut pas avoir l'intention d'attacher à perpétuelle demeure
les animaux ou objets qui lui appartiennent, à un fonds qui
n'est pas le sien, on aurait dû nécessairement décider que les
animaux dont il s'agit restaient meubles. Le Code a écarté
ici avec raison un tel principe et ses conséquences. Il a pensé
que l'estimation qui intervient entre bailleur et fermier n'a
pas pour but de transférer du premier au second la propriété
des objets estimés. D'abord le bailleur a ordinairement le
plus grand intérêt à la restitution en nature des animaux ou
ustensiles qui servent à l'exploitation de son héritage. Si, à
la fin du bail, il n'en recevait que le prix, et se trouvait ainsi
contraint à l'acquisition de nouveaux ustensiles ou animaux,
l'exploitation de son fonds pourrait éprouver une fâcheuse
interruption. A un autre point de vue, il n'est pas à supposer
que le bailleur transfère à un fermier qui, dans la plupart
des cas, ne présentera qu'une solvabilité fort douteuse, la
propriété des animaux ou autres objets qu'il lui livre, et
s'expose de sorte à les voir saisir et vendre à la requête des
créanciers personnels de ce fermier. Quel peut donc être le
sens et le but de cette estimation? Le Code la regarde avec
raison comme étant, purement et simplement, *la base* fixée
d'avance par les parties, des *dommages-intérêts éventuels*
que le fermier devra au bailleur si l'estimation à fin de bail est
inférieure à celle du commencement, ou même dans l'hypo-

thèse contraire, la base de la plus-value que le bailleur devra
au fermier à raison de l'augmentation que ce dernier aura su
par sa bonne administration procurer aux objets estimés.

Cela posé, les objets estimés devaient évidemment comme
ceux non estimés être immeubles par destination. Et, en effet,
ils restent toujours la propriété du bailleur, et sont attachés
au fond à perpétuelle demeure. En conséquence, d'une part
les créanciers du fermier ne pourront pas saisir ces objets
qui n'appartiennent pas à leur débiteur, et d'autre part les
créanciers du bailleur ne pourront les saisir et les faire vendre qu'avec l'immeuble même auquel ils sont attachés. De la
sorte l'instrument de l'exploitation ne sera jamais séparé du
fonds exploité, et c'est là le principal résultat que le législateur a voulu atteindre en créant la catégorie des immeubles
par destination.

Notons que l'article 524 ne parle pas très-exactement, lorsqu'il appelle immeubles par destination, *les pigeons des
colombiers*, *les lapins des garennes*, et *les poissons des
étangs*. Et, en effet, ce ne sont par les pigeons, les lapins et
les poissons pris individuellement qui sont immeubles, mais
bien leur collection, leur ensemble. Envisagée en bloc, la
population d'un colombier, d'une garenne, d'un étang se
confond en quelque sorte avec les divers immeubles où elle
demeure et se reproduit. Elle sert à leur exploitation ; elle
en constitue le produit, et dès lors elle doit être immeuble
par destination. Le Code a entendu désigner cette population, en désignant les individus, et l'inexactitude de son langage s'explique par cette seule raison qu'il n'y a pas de mot
dans notre langue pour désigner la collection elle-même.

Sont immeubles par destination :

2° *Tous* LES EFFETS MOBILIERS *que le propriétaire a attachés
au fonds* A PERPÉTUELLE DEMEURE. — Mais comment savoir si
le propriétaire a ou n'a pas eu l'intention d'attacher les objets
au fonds à perpétuelle demeure ? A cet égard, le Code établit
certaines présomptions : les objets sont censés attachés au

fonds à perpétuelle demeure lorsqu'ils ne peuvent être enlevés sans une fracture, une détérioration, ou même un vide apparent. Et, en effet, ce sont là les signes ordinaires d'une destination perpétuelle.

Les glaces, les tableaux ne sont immeubles que si leur parquet ou leur cadre fait corps avec la boiserie ; ou bien que si, à défaut de cette circonstance, il existe une disposition nettement indicative d'une destination à perpétuelle demeure [1], car autrement on pourrait croire qu'ils ont été placés dans la maison pour un temps limité dans le but notamment de satisfaire aux exigences d'un locataire. Conséquemment, lorsqu'ils en sont un ornement en quelque sorte supplémentaire, et non essentiel ; par exemple, si les glaces, tableaux ou statues sont mis à un endroit qui n'était pas précisément destiné à les recevoir ; en d'autres termes, si, au lieu de servir, comme disait Pothier, à compléter la maison, *ad integrandam domum*, ils servent à la meubler, à l'embellir, *ad instruendam domum*, alors ils gardent le caractère de meubles, au lieu d'acquérir celui d'immeubles par destination.

III. *Des* IMMEUBLES *par* L'OBJET AUQUEL ILS S'APPLIQUENT. — Cette classe d'immeubles comprend les droits qui ont pour objet les immeubles. A proprement parler, un droit n'est ni meuble ni immeuble, puisque les conceptions de l'esprit n'ont pas d'existence matérielle, et, par suite, ne sont susceptibles ni de fixité ni de déplacement. Mais on comprend que le Code, s'attachant à l'objet du droit, au lieu de s'attacher au droit lui-même, ait pu créer cette troisième espèce d'immeubles.

Sont immeubles par leur objet (art. 526) :

1° *L'usufruit* des *choses immobilières*, et, par analogie, l'usage des immeubles et l'habitation ;

2° Les *servitudes* ou services fonciers qui, comme nous

---

[1] Demolombe, t. IX, n° 309, Aubry et Rau, t. II, § 164, p. 17 et 18.

le verrons, sont des charges imposées à un héritage au profit
d'un autre héritage ;

3° Les *actions* tendant à *revendiquer* un immeuble. On
appelle ainsi les actions par lesquelles le propriétaire d'un
héritage, qui en a perdu la possession, tend à la recouvrer,
en se fondant sur sa qualité de propriétaire. L'action en
revendication est réelle, car elle peut être intentée contre
tout détenteur du fonds, et non pas seulement contre telle
ou telle personne déterminée.

A l'action en revendication d'un immeuble il faut évidemment assimiler toutes les actions ayant pour fondement
un droit réel immobilier autre que celui de propriété. Ainsi,
la personne qui réclame un droit d'usufruit ou de servitude
sur un immeuble intente une action immobilière, comme la
précédente. Mais n'y a-t-il que des actions réelles auxquelles
puisse appartenir le caractère d'immeubles ? L'art. 526 semble le dire, puisqu'il ne parle que des actions tendant à
revendiquer un immeuble. Cependant on rencontre quelquefois des actions personnelles immobilières. Le Code n'en
parle point, parce qu'elles sont aujourd'hui d'une extrême
rareté. En effet, le seul consentement suffit pour transférer
la propriété de toutes les choses déterminées (art. 1138).
Ainsi, je vous vends tel cheval, telle maison, et vous en
devenez propriétaire. Mais, comme la convention est translative de propriété dans tous les cas où elle a pour objet une
chose déterminée, il en résulte qu'elle donne naissance à
une action réelle en revendication. Pour qu'une action immobilière reste exclusivement personnelle, il faut que la
propriété de l'immeuble ne passe point du débiteur au
créancier. Or, cela n'arrivera que si le contrat a pour objet
un immeuble indéterminé, par exemple, un certain nombre d'hectares de terre à prendre dans un domaine ou
dans le périmètre d'une concession. Alors la propriété continuera d'appartenir au débiteur jusqu'à la livraison des
hectares promis, et, en effet, avant cette livraison, on ne

sait pas si le droit du créancier portera sur tel point ou sur tel autre, et la détermination seule des parcelles de terrain opérera la mutation de propriété entre le débiteur et le créancier. En d'autres termes on ne peut devenir propriétaire que de choses individuellement déterminées, et tant que cette détermination individuelle n'a pas été faite, on n'a qu'une simple créance.

Quand il s'agit de choses mobilières, les contrats ont souvent pour objet des genres, par exemple telle quantité de blé, de vin, etc. Mais il en est autrement quand il s'agit d'immeubles. Leur importance d'abord, et puis la différence infinie qui existe entre les uns et les autres, font que les parties les déterminent presque toujours au moment du contrat, et que par cette détermination elles en opèrent immédiatement la mutation. L'action immobilière qui prend naissance est dès lors réelle, et, comme nous l'avons dit, les cas où elle serait personnelle ont à peu près entièrement disparu, depuis que le Code a fait résulter le transfert de la propriété du seul consentement des parties.

Des décrets du 16 janvier et du 1er mars 1808 permettent aux particuliers de convertir, par une déclaration formelle, certains droits mobiliers en droits immobiliers. Ce sont : les actions de la Banque de France et les rentes sur l'État.

CHAPITRE II

DES MEUBLES.

Art. 527. Les biens sont meubles par leur nature, ou par la détermination de la loi.

528. Sont meubles par leur nature les corps qui peuvent se transporter d'un lieu à un autre, soit qu'ils se meuvent par eux-mêmes, comme les animaux, soit qu'ils ne puissent changer de place que par l'effet d'une force étrangère, comme les choses inanimées.

529. Sont meubles par la détermination de la loi les obligations

et actions [1] qui ont pour objet des sommes exigibles ou des effets mobiliers, les actions ou intérêts dans les compagnies de finance, de commerce ou d'industrie, encore que des immeubles dépendants de ces entreprises appartiennent aux compagnies. — Ces actions ou intérêts sont réputés meubles à l'égard de chaque associé seulement, tant que dure la société. — Sont aussi meubles par la détermination de la loi les rentes perpétuelles ou viagères, soit sur l'État, soit sur des particuliers.

(Art. 530, décrété le 21 mars 1084. Promulgué le 31 du même mois.)

530. Toute rente établie à perpétuité pour le prix de la vente d'un immeuble, ou comme condition de la cession à titre onéreux ou gratuit d'un fonds immobilier, est essentiellement rachetable. — Il est néanmoins permis au créancier de régler les clauses et conditions du rachat. — Il lui est aussi permis de stipuler que la rente ne pourra lui être remboursée qu'après un certain terme, lequel ne peut jamais excéder trente ans : toute stipulation contraire est nulle.

531. Les bateaux, bacs, navires, moulins et bains sur bateaux, et généralement toutes usines non fixées par des piliers, et ne faisant point partie de la maison, sont meubles : la saisie de quelques-uns de ces objets peut cependant, à cause de leur importance, être soumise à des formes particulières, ainsi qu'il sera expliqué dans le Code de la procédure civile.

532. Les matériaux provenant de la démolition d'un édifice, ceux assemblés pour en construire un nouveau, sont meubles jusqu'à ce qu'ils soient employés par l'ouvrier dans une construction.

533. Le mot *meuble*, employé seul dans les dispositions de la loi ou de l'homme, sans autre addition ni désignation, ne comprend pas l'argent comptant, les pierreries, les dettes actives, les livres, les médailles, les instruments des sciences, des arts et métiers, le linge de corps, les chevaux, équipages, armes, grains, vins, foins et autres denrées ; il ne comprend pas aussi ce qui fait l'objet d'un commerce.

534. Les mots *meubles meublants* ne comprennent que les meubles destinés à l'usage et à l'ornement des appartements, comme tapisseries, lits, siéges, glaces, pendules, tables, porcelaines et autres

[1] *Décret du 16 janvier 1808.*

Art. 7. Les actionnaires de la Banque de France qui voudront donner à leurs actions la qualité d'immeubles en auront la faculté.

objets de cette nature. — Les tableaux et les statues qui font partie du meuble d'un appartement y sont aussi compris, mais non les collections de tableaux qui peuvent être dans les galeries ou pièces particulières. — Il en est de même des porcelaines : celles seulement qui font partie de la décoration d'un appartement sont comprises sous la dénomination de *meubles meublants*.

535. L'expression *biens meubles*, celle de *mobilier* ou d'*effets mobiliers*, comprennent généralement tout ce qui est censé meuble d'après les règles ci-dessus établies. — La vente ou le don d'une maison meublée ne comprend que les meubles meublants.

536. La vente ou le don d'une maison, avec tout ce qui s'y trouve, ne comprend pas l'argent comptant, ni les dettes actives et autres droits dont les titres peuvent être déposés dans la maison ; tous les autres effets mobiliers y sont compris.

Définition. — On appelle meubles tous les objets susceptibles de déplacement. Cette définition est exactement contraire à celle que nous avons donnée des immeubles, et l'on peut se demander s'il était bien utile de faire la théorie des meubles après avoir fait celle des immeubles, puisque tout ce qui n'est pas immeuble doit nécessairement être meuble. Abstraitement, cette objection peut avoir sa valeur. Pratiquement, elle n'est pas fondée. Le Code a introduit en effet dans la matière que nous allons parcourir de graves innovations aux anciennes règles, et s'il n'en avait pas précisé le sens et la portée, des doutes auraient pu s'élever sur plusieurs points importants qui sont aujourd'hui résolus tout autrement qu'ils ne l'étaient sous l'ancienne législation française. Aussi la théorie des meubles est-elle digne de l'étude la plus attentive.

DIVISION *des* MEUBLES. — Les meubles se divisent en deux classes, savoir :

I. Les *meubles* par leur NATURE ;

II. Les *meubles* par la DÉTERMINATION DE LA LOI, ou, ce qui est la même chose, les meubles par l'objet auquel ils s'appliquent. Pourquoi n'y a-t-il pas des meubles par *destination* comme il y a des immeubles par *destination?* C'est qu'un immeuble ne peut être l'accessoire d'un meuble, à la différence des meubles qui peuvent être l'accessoire des immeubles. Ainsi l'on comprend que des pigeons soient attachés à un colombier ; mais l'on ne comprendrait pas qu'un colombier fût attaché à des pigeons. Une semblable catégorie de meubles était donc écartée par la nature même des choses.

I. *Des meubles par* NATURE. — Sont meubles par nature les corps qui peuvent être transportés d'un lieu à un autre, soit par une force intrinsèque, comme les animaux, soit par une force extrinsèque, comme les bateaux, les navires, les matériaux provenant de la démolition d'un édifice, ou ceux assemblés pour en construire un nouveau. Quant à ceux que l'on détache d'un édifice pour les y remettre, l'ancien droit les considérait comme faisant toujours partie de la construction et les déclarait immeubles. A proprement parler, ces matériaux, quoique séparés matériellement de la construction, y sont toujours attachés intellectuellement, et ce lien suffit pour qu'ils restent immeubles. Le Code ne paraît pas avoir changé cette solution de notre ancienne jurisprudence, et il faut encore aujourd'hui l'appliquer.

II. *Des meubles par la* DÉTERMINATION DE LA LOI, *c'est-à-dire par l'*OBJET AUQUEL ILS S'APPLIQUENT. — On appelle ainsi les droits ayant pour objet des meubles. Les observations que nous avons faites pour les immeubles par l'objet auquel ils s'appliquent sont également vraies ici, puisque le mode de qualification est, de part et d'autre, identique. Ainsi la propriété des meubles se confond avec son objet, et on appelle meubles par nature, ceux dont on est propriétaire. Cette confusion a pour les meubles les mêmes caractères et les mêmes conséquences, que la confusion semblable que nous avons signalée entre la propriété des immeubles et les immeubles eux-mêmes. Les démembrements de la propriété d'un meuble sont qualifiés aussi meubles par l'objet auquel ils s'appliquent, tout comme les démembrements de la propriété d'un immeuble étaient tout à l'heure qualifiés immeubles par

l'objet auquel ils s'appliquent. Sur les meubles on peut
avoir un droit d'usufruit, quelquefois un droit d'usage, jamais un droit d'habitation, de servitude ou d'hypothèque.
Aussi n'est-ce point dans les démembrements de la propriété
mobilière que l'on rencontre la plus grande masse de meubles
par l'objet auquel ils s'appliquent. Presque tous les meubles
de cette deuxième catégorie consistent en créances ou
droits mobiliers qu'une personne a contre une autre ; en
d'autres termes ils sont presque tous des droits personnels
tendant *ad quid mobile*, et non des droits réels portant sur
des meubles déterminés. Passons à leur examen détaillé.

Aux termes de l'article 529 sont meubles par la détermination de la loi :

. 1° *Les* OBLIGATIONS *et* ACTIONS *qui ont pour objet des
sommes* EXIGIBLES *ou* DES EFFETS MOBILIERS.

L'obligation est un lien de droit existant entre deux personnes dont l'une est astreinte envers l'autre à lui procurer
quelque chose. Celui qui est obligé se nomme *débiteur ;* celui envers lequel il est obligé se nomme *créancier*. On appelle *action* le moyen juridique accordé au créancier pour
contraindre le débiteur à exécuter son obligation. Elle
s'exerce par une assignation en justice, qui est suivie d'un
jugement, lequel, à son tour, est exécuté avec l'assistance de
la force publique en cas de résistance de la part du débiteur,
et c'est pourquoi l'on dit encore que l'obligation est une *nécessité légale* existant d'une personne à une autre. Lorsque
l'obligation, et, par suite, l'action qui en dérive, tendent à
procurer au créancier une chose mobilière, la loi les qualifie
de meubles. Ainsi la créance de 1,000 fr. que j'ai sur vous
est mobilière, puisqu'elle a pour objet une somme d'argent.
Mais pourquoi le Code ajoute-t-il que la somme doit être
exigible ? Ce mot signifie, ou que la somme peut être actuellement réclamée par le créancier, ou que tôt ou tard elle
pourra l'être. Une exigibilité actuelle ou future constitue le
signe distinctif des créances ordinaires, et les sépare, ainsi

que nous le verrons tout à l'heure, de certaines autres créances appelées *rentes*, qui ont nécessairement un caractère opposé. Or, comme certaines rentes étaient autrefois immobilières, le Code, réservant cette question, a voulu, dès à présent, décider que les créances ordinaires de sommes d'argent seraient mobilières.

2° *Les* ACTIONS *ou* INTÉRÊTS *dans les compagnies de finance, de commerce ou d'industrie, encore que* DES IMMEUBLES *dépendants de ces entreprises appartiennent aux compagnies.*

Avant d'exposer la théorie des *actions ou intérêts* dont parle le Code, il importe d'indiquer la nature et les caractères des différentes sociétés ayant pour objet des opérations de finances, de commerce ou d'industrie, toutes opérations essentiellement commerciales.

D'après le titre III du livre I du Code de commerce, il y a quatre sortes de sociétés, savoir :

1° La société en *nom collectif;*

2° La société *anonyme;*

3° La société *en commandite;*

4° La société *en participation.*

A ces quatre espèces de sociétés commerciales, la loi du 29 juillet 1867 est venue en ajouter une cinquième, la société à *capital variable,* ou société *coopérative.*

Examinons sommairement chacune de ces sociétés.

On appelle société en *nom collectif* celle qui est formée entre plusieurs personnes dont chacune apporte en commun non-seulement un capital, mais encore son industrie, son crédit et sa responsabilité entière pour tous les engagements sociaux. La société prend le nom d'un ou plusieurs des associés, à la suite desquels on ajoute les mots *et C*ie ; par exemple, on dit la société *Laffitte, Caillard et C*ie. Cette désignation est dite *raison sociale,* et le droit de chaque associé *intérêt.* Maintenant, comme le crédit et l'industrie constituent des qualités personnelles qui varient avec les individus, il en résulte qu'un associé ne peut, sans le consentement de tous les autres, se substituer un autre associé, et que son *intérêt* est *incessible.* Les associés en nom collectif sont solidairement et indéfiniment responsables de toutes les dettes contractées par la société.

On appelle société *anonyme* celle qui est formée entre plusieurs personnes dont chacune apporte en commun un capital seulement. La société prend le nom de l'entreprise ; car la personne des associés est ici entièrement mise de côté, et l'on ne peut adopter le même mode de désignation que pour les sociétés en nom collectif. On dira donc, par exemple, la *société des mines de la Loire,* ou la *compagnie du chemin de fer d'Orléans.* Le capital social est divisé en fractions plus ou moins considérables, qu'on appelle *actions*, et si on subdivise plus tard ces fractions, la fraction réduite s'appelle *coupon d'action.* Comme dans cette sorte de société, chaque associé ne met en commun qu'un capital, et que la valeur d'un capital est indépendante de la personne qui le fournit, il en résulte qu'un associé peut, sans consulter personne, se substituer un autre associé, et que son *action est cessible.*

Afin d'empêcher que le public ne fût entraîné dans des spéculations d'autant plus dangereuses que les associés sont seulement responsables jusqu'à concurrence de leurs mises, le Code de commerce exigeait que toute société anonyme fût autorisée par un décret impérial, rendu sur l'avis du Conseil d'État, qui devait examiner préalablement les conditions de l'entreprise.

La société *en commandite* est la combinaison d'une société en nom collectif avec une société anonyme, c'est-à-dire que certains associés engagent leur personne, et que d'autres engagent seulement un capital. Mais, depuis la loi du 29 juillet 1867, ces dispositions restrictives du Code de commerce ont cessé d'être en vigueur. Aujourd'hui toutes les sociétés anonymes peuvent se former sans l'autorisation du gouvernement. Seulement la loi nouvelle exige qu'elles réunissent certaines conditions qui sont de nature à sauvegarder les intérêts des tiers, et dans le détail desquelles nous n'avons pas à entrer. Les associés en nom s'appellent *commandités*, et les associés en capital seulement *commanditaires*. La société prend le nom d'un ou plusieurs commandités, à la suite desquels on ajoute : *et Cie*.

Le droit des commandités a tous les caractères de *l'intérêt* qui appartient aux divers associés dans les sociétés en nom collectif. A vrai dire, les commandités sont, en ce qui les concerne, de véritables associés en nom, solidairement et indéfiniment responsables de toutes les dettes sociales. En conséquence leur droit dans la société n'est point cessible.

Quant au droit des commanditaires, une distinction est à faire pour savoir s'il est ou non transmissible. Leur commandite peut en effet être *simple* ou par *actions*. Elle est simple, lorsque le capital mis par eux dans la société n'est pas divisé en fractions négociables. Elle est au contraire par actions, lorsque ce capital est divisé en fractions négociables. Au premier cas, les commanditaires ne peuvent pas, du moins en principe, céder leur droit dans la société, et avec raison, car si les commandités ont consenti à recevoir un capital de leurs mains, il est possible qu'ils l'eussent refusé de mains différentes. Et en effet les commanditaires ont nécessairement, quoique simples bailleurs de fonds, des rapports plus ou moins fréquents avec les commandités, et il n'est pas indifférent à ces derniers que le capital de la commandite appartienne à telles ou à telles personnes. Au second cas, la division du capital en actions ou coupons d'actions rend évidemment le droit des commanditaires cessible, tout comme si ce droit avait pour objet une action ou coupon d'action dans une *société anonyme*.

La société *en participation* n'a pas dans le Code de commerce des caractères bien définis, et les auteurs ne sont pas d'accord sur sa véritable nature. Nous dirons seulement que cette société consiste, selon nous, dans la réunion de plusieurs personnes, qui agissent aux yeux du public en leur nom personnel, et comme si aucun lien ne les unissait, et qui cependant doivent toutes participer aux bénéfices ou aux pertes

réalisés dans les opérations faites pour le compte commun.
Le droit des associés est évidemment ici attaché à la personne
et comme tel incessible.

Quant aux sociétés *coopératives*, que la loi du 29 juillet
1867 a empruntées à l'Angleterre et à l'Allemagne, dans le but
d'ouvrir aux classes populaires des sources nouvelles soit de
crédit, soit de bénéfices à réaliser sur les objets de leur production ou de leur consommation, de leur commerce ou de
leur industrie, elles affectent le plus souvent la forme anonyme. Seulement ces sociétés ont cela de particulier que les statuts peuvent subordonner le transport des actions à l'agrément du conseil d'administration, ou de l'assemblée générale.

En résumant ce qui précède, on voit que les éléments constitutifs de toutes les sociétés peuvent se ramener à deux : l'é-
lément *personnel* et l'élément *réel*. Dans les sociétés en nom
collectif, l'élément personnel domine. Dans les sociétés anonymes on ne rencontre que l'élément *réel*. Dans les sociétés
en commandite et coopératives l'un et l'autre se combinent
à des degrés et dans des proportions variables. Il en est habituellement de même dans les sociétés en participation.

L'élément personnel n'est jamais négociable ; l'élément
réel l'est d'ordinaire, mais non nécessairement.

Toutes les sociétés commerciales, moins la société en participation dont l'existence est en quelque sorte tout interne,
doivent être révélées au public par affiches et insertions dans
les journaux.

Après avoir défini la nature et les caractères des diverses
espèces de sociétés commerciales, il nous reste à expliquer
comment les actions et intérêts sont *meubles*, même lorsque
des immeubles dépendent de l'entreprise. Il semble que le
droit de chaque associé devrait participer de la nature des
biens qui constituent le fonds social, et que si la société possède en même temps des meubles et des immeubles, comme
cela arrive presque toujours, ce droit devrait être pour partie
mobilier et pour partie immobilier. Comment peut-il en être

autrement? La raison en est évidemment que le droit de chaque associé n'a point directement pour objet les biens qui composent le fonds social : ces biens appartiennent en effet à la société elle même, qui est une personne juridique, une personne essentiellement distincte des différents associés, ayant son actif et son passif propres, et dont le patrimoine ne doit jamais, tant qu'elle dure, se confondre avec le patrimoine personnel de chaque associé. Cette personnalité des sociétés commerciales est une fiction, mais une fiction qui était nécessaire pour assurer leur crédit et leur prospérité, car le public ne devant compter qu'avec la personne morale, n'a pas à rechercher en quel état sont les affaires des différents associés, et lors même que celles de plusieurs d'entre eux péricliteraient, le crédit de la société n'en sera point ébranlé, si d'ailleurs l'entreprise est bonne et bien dirigée. Grâce à cette personnalité, les créanciers sociaux ont un gage spécial, qui est l'actif de la société, et en aucun cas ils n'ont à craindre le concours des créanciers personnels de chaque associé.

Ces principes posés, il est facile de voir en quoi consiste le droit de chaque associé. Ce droit, tant que dure la société, a uniquement pour objet une part, dite dividende, dans les bénéfices que peut réaliser la société. Or comme un dividende se liquide toujours en argent, on voit que le droit des associés a toujours et nécessairement pour objet une chose mobilière. Toutefois, la dissolution de la société, en même temps qu'elle fait disparaître la personne morale, vient, lorsqu'il y a des immeubles, changer la nature du droit des associés ; en effet, ces immeubles, au lieu d'appartenir à la personne morale, sont désormais la propriété indivise des différents associés. Le droit de ces derniers devient donc immobilier pour une part corrélative à la quotité d'immeubles que comprend l'actif général de la société, et c'est pourquoi, aux termes de l'article 529, les intérêts ou actions ne sont meubles que pendant la durée de la société.

Le Code ne dit rien des sociétés civiles ; et on conteste
même, ainsi que nous le verrons plus tard, que la théorie des
sociétés commerciales leur soit applicable. Nous renvoyons au
titre *de la Société* l'examen de cette question.

Sont meubles par la détermination de la loi :

3° *Les* RENTES PERPÉTUELLES OU VIAGÈRES, *soit sur l'État,
soit sur des particuliers.* — Le Code expose la théorie générale des rentes aux articles 1909 et suivants, 1977 et suivants. Nous allons, le plus brièvement possible, faire connaître ici leurs caractères essentiels et leurs principales divisions.

DÉFINITION *de la* RENTE. — Une rente consiste dans le droit
qu'a une personne d'exiger d'une autre des prestations périodiques en argent, ou en nature, appelées *arrérages ;* et,
lorsque la rente est à titre onéreux, ce droit est acquis
moyennant l'aliénation d'un capital mobilier ou immobilier
qui ne peut jamais être exigé du débiteur. La *rente* est donc
bien distincte des *arrérages* que l'on appelle souvent aussi,
mais très-improprement, du nom de *rentes.* La rente est la
cause, le droit générateur. Les arrérages ne sont que l'effet,
le produit de la rente.

La rente établie à prix d'argent a beaucoup d'analogie
avec le prêt à intérêt. Cependant une différence profonde les
sépare. Effectivement, comme nous l'avons fait remarquer
plus haut, le capital *prêté* est ou doit être *exigible* de la part
du créancier, et au contraire cette *exigibilité* ne peut jamais
exister pour le capital de la *rente.*

Des DIVERSES ESPÈCES DE RENTES. — Les rentes se divisent :

En rentes CONSTITUÉES OU FONCIÈRES, suivant que le capital
aliéné est mobilier ou immobilier ;

En rentes PERPÉTUELLES OU VIAGÈRES, suivant que les arrérages doivent être fournis pendant un temps illimité, ou
seulement pendant la vie de certaines personnes.

D'après les articles 529 et 530, toutes les rentes sont mobilières. Rien de plus naturel en ce qui concerne les rentes
constituées ; car le capital qu'aliène le créancier, et les arréra-

ges que paye le débiteur, sont également mobiliers. Aussi ces rentes ont-elles été, de tout temps, regardées comme mobilières. Mais il n'en est pas de même des rentes foncières. Dans l'ancien droit français, elles étaient immobilières ; et en effet, le rentier retenait sur le fonds qu'il aliénait un véritable démembrement de la propriété. Grâce à ce droit réel, il suivait le fonds entre les mains des tiers détenteurs, et celui-là payait les arrérages qui possédait l'immeuble. Au surplus, tout détenteur, même celui qui avait originairement traité avec le rentier, avait la faculté de se soustraire à cette obligation par un abandon de l'immeuble, appelé *déguerpissement*. Nous n'avons pas besoin de faire ressortir les inconvénients et les vices d'un tel système. L'impossibilité où étaient les tiers détenteurs de se soustraire au service de la rente par un moyen autre que le déguerpissement, les mettait dans l'alternative ou de rester perpétuellement grevés d'une charge qui paralysait en grande partie la propriété dans leurs mains, puisqu'ils ne pouvaient que difficilement l'aliéner ou l'hypothéquer ; ou bien d'abandonner un immeuble dont la valeur, souvent développée par leurs propres améliorations, excédait notablement le capital de la rente à laquelle il était inféodé.

Le droit intermédiaire apporta un changement radical à ce système, en déclarant que toute rente foncière serait *rachetable*. (Lois du 6 août 1789 et 18 décembre 1790).

Le Code a confirmé cette innovation également favorable à la circulation des biens et au crédit public.

Comment est-on parvenu à rendre ainsi la rente foncière rachetable ? En transformant sa nature et en lui donnant un objet différent. Le rentier ne conserve plus en effet de *droit réel* sur l'immeuble aliéné. Son droit est devenu *personnel*, il consiste dans une créance contre l'acquéreur de l'immeuble, créance non exigible, mais qui a les mêmes caractères que la créance d'un vendeur ordinaire d'immeuble contre son acheteur. La rente est le prix de l'immeuble ; l'acquéreur retiendra

ce prix aussi longtemps qu'il voudra entre ses mains, puisqu'on ne peut le lui réclamer, mais il en servira les arrérages.
Seulement, au lieu de ne pouvoir se libérer de cette charge que
par l'abandon même de l'immeuble, il aura la faculté de s'en
libérer par la simple restitution du capital mobilier qui en
représente la valeur. Le droit du rentier se traduira donc en
définitive par une somme d'argent, et de là il résulte que ce
droit est toujours *mobilier* quoiqu'il ait été établi moyennant l'aliénation d'un immeuble. En résumé, le droit intermédiaire et le Code ont voulu rendre *rachetables* les rentes
foncières, et, pour y parvenir, ils les ont *mobilisées*.

Avant d'examiner l'opération même du rachat, voyons
comment on distinguera la rente foncière de la rente constituée.

Pour faire cette distinction, il faut examiner si les arrérages ont été considérés par les parties comme le *produit direct* d'une aliénation immobilière, ou comme le *produit direct* d'une aliénation mobilière. Ainsi, lorsqu'un immeuble
est vendu moyennant 5 d'arrérages, la rente est foncière ; car
les arrérages sont dus à raison de l'immeuble. Lorsqu'au
contraire l'immeuble est vendu 100, et que plus tard le créancier autorise le débiteur à garder cette somme, sous la condition de payer 5 d'arrérages, la rente est constituée ; car les
arrérages sont dus à raison des 100 qui servent de prix à
l'immeuble, et non à raison de l'immeuble lui-même. Toutefois, si c'est dans le même contrat que les parties fixent le
prix de l'immeuble et le convertissent en rente, l'article 530 du
Code décide qu'il y a rente foncière et non rente constituée,
car il assimile les arrérages payés pour le *prix de la vente de
l'immeuble* aux arrérages stipulés comme *prix direct de cet
immeuble.*

Toutes les rentes, excepté les rentes viagères, sont rachetables. Maintenant celui-là rachète, qui a vendu. Or, dans
la rente, c'est le débiteur qui vend au créancier, moyennant
une somme ou un immeuble qui sert de prix, le droit d'exiger de lui les arrérages convenus. L'opération du rachat con-

siste donc dans la restitution, par le débiteur à son créancier, du capital reçu, restitution qui éteint la dette des arrérages. Quand la rente est foncière, ce rachat est en quelque sorte la rançon de la franchise de l'immeuble qui en était grevé.

Nous avons dit que le capital d'une rente n'est jamais exigible de la part du rentier. Mais aussi nous venons de voir qu'il est toujours remboursable de la part du débiteur qui veut se libérer. Le débiteur choisira pour ce rachat le moment qui lui semblera le plus favorable. Toutefois, comme il serait contraire à l'intérêt légitime du rentier qui vient de faire un placement de son capital mobilier ou immobilier qu'un tel remboursement fût immédiat, il est permis aux parties de stipuler que le rachat ne pourra être effectué qu'après un délai déterminé. Le délai *maximum* dont elles peuvent convenir est de trente ans dans les rentes foncières, et de dix ans dans les rentes constituées. Ces délais passés, le débiteur aura la faculté d'exercer le rachat quand il lui plaira, et nonobstant toute clause contraire.

Par exception au principe que nous venons d'exposer, les rentes viagères ne sont pas rachetables. La raison en est qu'elles consistent dans un droit aléatoire, et en effet, la vie de la personne sur la tête de laquelle elles sont établies peut être plus ou moins longue. Il serait dès lors impossible de fixer exactement le taux de leur rachat, et d'ailleurs elles ne peuvent jamais être, à cause de leur caractère viager, une charge permanente pour ceux qui les doivent.

Le Code parle séparément des rentes sur l'État et des rentes sur particuliers ; mais il n'y a entre elles aucune différence essentielle, soit au point de vue de leur nature, soit au point de vue de leur rachat.

Dans les articles 533 à 536, le Code précise le sens légal de plusieurs expressions ou locutions ; mais ces articles sont sans application, car une pratique constante et le Code lui-même dérogent fréquemment à la nomenclature qu'ils contiennent. Il nous suffit de renvoyer au texte des articles.

L'article 536 donne une règle d'interprétation pour le cas de vente ou de donation d'une maison *avec tout ce qui s'y trouve*. Ces expressions comprennent tous les meubles, sauf l'argent comptant, les créances et les autres droits, dont les titres sont déposés dans la maison. Mais cette présomption devrait évidemment tomber devant la preuve d'une volonté contraire.

CHAPITRE III

DES BIENS DANS LEUR RAPPORT AVEC CEUX QUI LES POSSÈDENT.

ART. 537. Les particuliers ont la libre disposition des biens qui leur appartiennent, sous les modifications établies par les lois. — Les biens qui n'appartiennent pas à des particuliers sont administrés et ne peuvent être aliénés que dans les formes et suivant les règles qui leur sont particulières.

538. Les chemins, routes et rues à la charge de l'État, les fleuves et rivières navigables ou flottables, les rivages, lais et relais de la mer, les ports, les havres, les rades, et généralement toutes les portions du territoire français qui ne sont pas susceptibles d'une propriété privée, sont considérés comme des dépendances du domaine public.

539. Tous les biens vacants et sans maître, et ceux des personnes qui décèdent sans héritiers, ou dont les successions sont abandonnées, appartiennent au domaine public.

540. Les portes, murs, fossés, remparts des places de guerre et des forteresses, font aussi partie du domaine public.

541. Il en est de même des terrains des fortifications et remparts des places qui ne sont plus places de guerre ; ils appartiennent à l'État, s'ils n'ont été valablement aliénés, ou si la propriété n'en a pas été prescrite contre lui.

542. Les biens communaux sont ceux à la propriété ou au produit desquels les habitants d'une ou plusieurs communes ont un droit acquis.

543. On peut avoir sur les biens, ou un droit de propriété, ou un simple droit de jouissance, ou seulement des services fonciers à prétendre.

Des différents propriétaires. — Les biens peuvent appartenir soit aux *particuliers*, soit à des *personnes morales*. Les particuliers peuvent, comme nous le savons, être capables ou incapables : dans le premier cas, ils ont à la fois la jouissance et l'exercice du droit de propriété ; dans le second, ils n'en ont que la jouissance, et l'exercice de leur droit est dévolu à ceux qui les représentent dans les actes de la vie civile.

Quant aux personnes morales, nous avons vu qu'elles tiennent toutes leur existence de la loi qui considère certaines collections d'individus, comme ayant une vie propre, et comme capables d'avoir des droits, de prendre des engagements, et de participer au mouvement général des transactions. Cette vie des personnes morales est à la fois une et collective ; elle est une, puisque la personne morale agit comme le ferait un simple particulier ; elle est collective, puisque les intérêts de la personne morale concernent tous les individus qui entrent dans son unité.

Les personnes morales se divisent en deux grandes espèces, qui sont : 1° les personnes morales *publiques*, et 2° les personnes morales *privées*.

Les personnes morales sont dites *publiques*, lorsqu'elles se rattachent à l'organisation politique ou sociale ; elles sont dites *privées*, lorsqu'elles ne se rattachent qu'aux intérêts des particuliers. Ainsi l'État est une personne publique ; et une société de commerce est une personne privée. Que la personne morale soit publique ou privée, elle est toujours également capable d'avoir son patrimoine propre ; seulement les règles qui président à son administration varient suivant l'une ou l'autre hypothèse.

Une personne morale ne peut exister qu'à la condition d'avoir été *créée*, ou tout au moins *autorisée* par la loi : sans cette création ou autorisation, les collections d'individus ne peuvent prétendre aux avantages de la personnalité, ni devenir propriétaires. Si en fait tous les individus qui composent une collection ont acquis un bien, ce bien appartiendra par indivis à tous les membres de la collection, mais il n'appartiendra pas à la collection elle-même qui n'est pas une personne. De là cette conséquence que chacun des individus pourra demander le partage du bien commun, que si l'un vient à décéder laissant plusieurs héritiers le nombre des copropriétaires augmentera en proportion du nombre des héritiers, etc., tandis que si la personne morale existait, la propriété serait à elle, et aucun des membres de la collection n'aurait le droit de poursuivre le partage d'un bien qui ne serait pas indivis, ni de transmettre à ses héritiers une part de ce bien qui appartiendrait exclusivement à la personne morale.

La question de savoir si une collection d'individus constitue une personne morale est facile à résoudre. Il suffit d'examiner si une loi spéciale lui a donné cette personnalité, ou si une loi générale en a permis aux particuliers la formation. Par exemple l'État, les départements, les communes, etc., ont été l'objet de lois spéciales. Les sociétés commerciales au contraire se forment, ainsi que nous l'avons vu plus haut, en vertu de dispositions générales de la loi qui, sous certaines conditions, permet d'en faire des personnes juridiques.

Les personnes morales sont :

1° L'État qui est la collection la plus vaste de toutes et au sein de laquelle se meuvent toutes les autres ;

2° Les *Départements* (loi du 10 mai 1838) ;

3° Les *Communes* (loi du 18 juillet 1837) ;

4° Les *Établissements publics*, tels que les hospices (loi du 16 vendémiaire an V) ; les universités (loi du 17 mars 1810), les établissements ecclésiastiques et les communautés religieuses autorisées (loi du 2 janvier 1817) ;

5° Les *Sociétés commerciales* régulièrement constituées.

On peut remarquer que l'arrondissement et le canton sont de pures divisions administratives et n'ont pas le caractère de personnes morales. Les communautés religieuses non autorisées, quelles que soient d'ailleurs en fait leur ancienneté ou leur importance, n'ont pas non plus le bénéfice de la personnalité. Les uns et les autres ne peuvent donc pas être propriétaires.

Lorsque les biens appartiennent soit à des personnes morales privées, soit à des particuliers, les propriétaires les régissent et en disposent comme ils l'entendent, à la seule condition de respecter les lois et les règlements qui peuvent restreindre l'exercice du droit de propriété. Ces restrictions législatives ou réglementaires existent principalement dans les villes, où certaines conditions de nivellement, d'alignement, de hauteur dans les constructions, etc., sont imposées aux propriétaires.

Les biens appartenant aux personnes morales publiques sont au contraire régis comme ceux des incapables, et il n'en pouvait être autrement, car les personnes morales ne peuvent s'administrer elles-mêmes, et il importe de les protéger contre les mandataires chargés de leurs intérêts. Nous n'avons pas à entrer ici dans l'examen des règles fort nombreuses et fort diverses qui s'appliquent à l'administration des biens appartenant aux personnes morales publiques. C'est là une matière qui rentre dans le droit administratif. Nous allons seulement, avec les articles 538 et suivants, dire quelques mots des biens de l'État.

*Des biens de l'*ÉTAT. — Les biens de l'État sont de trois sortes : les uns sont affectés à un service public, les autres au service privé de l'État, les derniers au service de l'Empereur.

Les *biens* PUBLICS de l'État ont cela de particulier qu'ils sont *inaliénables* et *imprescriptibles*, tant qu'ils n'ont pas changé de destination. Or, une loi seule peut opérer ce changement. Ces biens comprennent :

1° Les *chemins, routes et rues* à la CHARGE *de l'État*, c'est-à-dire les routes et rues impériales, les chemins de fer, même concédés à des compagnies [1] ;

_____

[1] Delalleau et Jousselin, *Tr. de l'Exp. pour util. pub.*, t. I, n° 182. — Cass., 15 mai 1861.

2° Les *fleuves* et *rivières navigables* ou *flottables*, car le public tout entier doit pouvoir profiter de ces voies naturelles de communication. Quant aux cours d'eau qui ne sont flottables qu'à bûches perdues et non par trains de bois ou radeaux, ils appartiennent, comme nous le verrons, aux propriétaires riverains ;

3° Les *rivages* de la *mer* s'étendant jusqu'où vont les eaux les plus hautes, les ports, les havres et les rades, etc. ;

4° Les *portes, murs, fossés, remparts* et *places* de guerre. L'article 541 leur assimile à tort les terrains, les fortifications et remparts des places qui ne sont plus places de guerre ; effectivement, ces immeubles, en changeant de destination, sont devenus aliénables et prescriptibles. On peut appliquer la même observation aux lais et relais de la mer, c'est-à-dire aux terrains insensiblement abandonnés par les eaux, car ils ne sont en rien nécessaires ou utiles à un service public.

Une fois que les biens publics de l'État sont devenus biens privés par suite d'un changement légal de destination, ils sont soumis à toutes les règles du droit commun, particulièrement en ce qui concerne leur aliénabilité ou leur prescriptibilité.

Les biens privés *de l'État* comprennent :

1° Les *biens* du *domaine* public qui ont *perdu* ce caractère ;

2° Les biens *vacants* et *sans maître,* qui ont été classés à tort par l'article 539 parmi ceux du domaine public ;

3° Les *successions en déshérence* (art. 768).

Les biens affectés à l'usage de l'Empereur, dits biens de la liste civile, comprennent :

1° Une *dotation* annuelle de 25 millions ;

2° *L'usufruit* des palais impériaux, avec leurs jardins, parcs et forêts.

Les *départements* et les *communes* ont aussi leurs biens publics et privés, auxquels sont applicables les règles tracées pour les biens publics et privés de l'État. Ainsi les départements ont des routes dites *départementales,* et les communes des chemins dits *vicinaux.* Ces routes et ces chemins sont protégés par l'inaliénabilité et l'imprescriptibilité, tant que dure leur affectation à un service public.

Quant aux biens privés des départements ou des communes, ils sont au contraire aliénables et prescriptibles comme ceux des simples particuliers. Leur aliénation ne peut toutefois avoir lieu que suivant les formes indiquées par les lois administratives.

Les établissements publics, tels que les hospices, les universités, n'ont et ne peuvent avoir que des biens privés.

Des DROITS *que l'on* PEUT *avoir sur les biens.* — On peut avoir sur les biens :

1° Un droit de *propriété,* que nous allons bientôt définir et étudier ;

2° Un droit *d'usufruit ;*

3° Des droits de *servitude ;*

4° Des droits de *gage,* de *privilége* ou d'*hypothèque.*

Le Code a supprimé cette foule de droits réels qui existaient dans l'ancien droit français, tels que les fiefs, les emphytéoses, les rentes foncières, etc. : les uns, parce qu'ils sont désormais inutiles ; les autres, parce qu'ils se rattachaient par un lien trop intime au régime féodal.

Parmi les droits réels admis dans l'ancienne législation, l'un des plus importants était l'*emphytéose.* On donnait ce nom au droit que le propriétaire d'un immeuble concédait à une autre personne de jouir à perpétuité de cet immeuble, moyennant une redevance annuelle. Le contrat d'emphytéose tenait donc le milieu entre la vente et le louage. Il donnait moins que la vente, puisqu'il ne transférait pas la propriété, mais plus que le louage puisqu'il conférait au preneur la faculté de disposer de la chose à perpétuité, à la double condition de ne pas la détériorer, et de servir la redevance annuelle.

Le droit intermédiaire, qui proclamait le rachat des rentes

foncières, ne pouvait évidemment pas laisser subsister les emphytéoses avec leur ancien caractère. Il les rendit toutes temporaires, mais il les conserva comme droits réels, susceptibles d'être hypothéqués. On discute vivement la question de savoir si le Code a changé ce régime. Plusieurs auteurs et la jurisprudence sont pour la négative, et décident qu'aujourd'hui encore les emphytéoses sont des droits réels et peuvent être hypothéquées. Nous examinerons cette question en traitant du louage.

LIVRE II. TITRE II.

De la Propriété.

(Décrété le 27 janvier 1804. Promulgué le 6 février.)

Art. 544. La propriété est le droit de jouir et de disposer des choses de la manière la plus absolue, pourvu qu'on n'en fasse pas un usage prohibé par les lois ou par les règlements.

545. Nul ne peut être contraint de céder sa propriété, si ce n'est pour cause d'utilité publique, et moyennant une juste et préalable indemnité.

546. La propriété d'une chose, soit mobilière, soit immobilière, donne droit sur tout ce qu'elle produit, et sur ce qui s'y unit accessoirement, soit naturellement, soit artificiellement. — Ce droit s'appelle *droit d'accession*.

Observation générale. — On a beaucoup disserté sur l'origine et la légitimité du droit de propriété. Cette discussion appartient au domaine de la philosophie sociale et ne saurait trouver place dans un ouvrage élémentaire. Il nous suffit de dire que la notion de la propriété a existé chez tous le peuples, qu'elle a toujours été considérée comme la pierre angulaire de toute civilisation, et qu'elle est pour les sociétés humaines le principe même où elles puisent la vie et le mouvement. La propriété est à la fois juste et nécessaire : elle est juste, car elle a sa source première dans le travail de l'homme ; elle est nécessaire, car si l'homme n'avait pas la certitude de pouvoir conserver et transmettre les produits de son travail, le ressort de son activité serait brisé, et la vie sociale, qui n'est autre chose que l'harmonie des efforts individuels tendant à réaliser toutes les améliorations, tous les progrès, s'éteindrait pour faire place à une stagnation universelle, et à une désorganisation aussi inévitable que prochaine.

Définition de la PROPRIÉTÉ. — La propriété est le droit d'*user* (*utendi*), de *jouir* (*fruendi*) et de *disposer* (*abutendi*) d'une chose de la manière la plus absolue, pourvu qu'on n'en fasse pas un usage prohibé par les lois et les règlements. Cette définition présente une légère différence avec celle donnée par l'article 544 qui ne mentionne pas le droit d'*user*. La raison de cette différence est que le droit d'user se trouve très-rarement séparé de celui de jouir, mais comme après tout cette séparation peut exister, il est nécessaire de marquer distinctement les trois éléments qui composent le droit de propriété. Passons à la définition de chacun de ces éléments.

Le droit d'*user* consiste dans la faculté de retirer d'une chose tous les services qu'elle peut rendre, sans toucher à ses produits. Ainsi, l'on use d'un cheval en lui faisant traîner ou porter un fardeau.

Le droit de *jouir* consiste dans la faculté de percevoir les fruits d'une chose, c'est-à-dire les produits qu'elle est destinée à fournir.

Le droit de *disposer* consiste dans la faculté de faire de la chose un usage définitif, soit en la détruisant, soit en la transmettant à autrui.

Comme on le voit, le droit de propriété est le plus étendu que l'on puisse avoir sur une chose. De sa nature il est sans limites, puisque le propriétaire a la faculté de faire tout ce

qui ne lui est pas expressément défendu. Le droit de propriété a sa sanction légitime et certaine dans la force publique
mise au service de chacun pour protéger ce qui lui appartient. Mais précisément parce que la société donne à la propriété sa sanction, elle ne doit pas en souffrir, et c'est pourquoi le Code l'a circonscrite dans certaines limites, qu'il n'est
permis à personne de supprimer ou même de restreindre.
Ainsi, toutes les fois que l'intérêt public l'exige, les particuliers doivent subir le sacrifice complet de leur propriété,
moyennant une juste et préalable indemnité.

La législation a beaucoup varié en ce qui concerne l'expropriation pour cause d'utilité publique. Nous n'avons pas à
parler ici de l'expropriation sous notre ancienne législation,
et nous avons peu de chose à dire de l'expropriation sous la
législation actuelle, puisque c'est là une matière essentiellement administrative. Conséquemment nous nous bornerons
à rappeler que, depuis la révolution française, toutes les constitutions ou chartes ont proclamé ce principe que l'intérêt
privé doit s'effacer devant l'intérêt général, et que plusieurs
lois en ont successivement réglé l'application.

Les conditions générales auxquelles est subordonnée
l'expropriation ont été à l'origine plus rigoureuses qu'elles ne
le sont aujourd'hui : la constitution de 1791 s'exprimait ainsi
dans l'article 17 de son préambule contenant la déclaration des
droits de l'homme et du citoyen : « La propriété est invio-
lable et sacrée, si ce n'est lorsque la *nécessité* publique légalement constatée l'exige évidemment, et sous la condition
d'une juste et préalable indemnité. »

Les constitutions de 1793 et de l'an III exigeaient aussi la
nécessité publique. L'article 545 du Code déclare que l'utilité
publique suffira. Depuis, les différentes chartes où constitutions qui ont régi la France ont proclamé dans les mêmes
termes que le Code, le principe de l'expropriation.

L'expropriation pour cause d'utilité publique ne peut être
faite que sous certaines conditions et avec certaines formes

déterminées. Ces conditions et formalités peuvent ainsi se résumer :

1° *Déclaration d'utilité publique* faite par l'autorité compétente ;

2° *Dsignation des localités* ou territoires sur lesquels les travaux doivent être exécutés, et détermination des parcelles à céder ;

3° *Jugement d'expropriation ;*

4° *Fixation des indemnités,* soit à l'amiable, soit par un jury d'expropriation.

La loi du 3 mai 1841 indique avec détail la marche à suivre pour l'accomplissement des diverses formalités de l'expropriation.

Nous dirons seulement :

Qu'aux termes de l'article 4 du sénatus-consulte du 25 décembre 1852, la déclaration d'utilité publique est aujourd'hui prononcée par simple décret impérial ;

Que la désignation des localités ou territoires sur lesquels les travaux doivent être exécutés est faite, soit par le décret qui déclare l'utilité publique, soit par un arrêté du préfet ; que la détermination des parcelles à céder est toujours faite par un arrêté du préfet, rendu après l'accomplissement de diverses formalités tendant à protéger les intérêts particuliers contre les abus possibles du droit d'expropriation ;

Que l'expropriation doit être, à défaut d'une cession amiable, prononcée sur les réquisitions du ministère public, par le tribunal civil dans l'arrondissement duquel les propriétés à céder sont situées ;

Qu'enfin, si l'expropriant et les expropriés ne sont pas d'accord pour la fixation amiable des indemnités, un jury spécial est convoqué pour faire ce règlement.

*Du droit d'*ACCESISON. — Il consiste dans l'attribution, faite au propriétaire d'une chose qui est principale, de la propriété d'une autre chose qui est accessoire. Les rédacteurs du Code ont puisé le droit d'accession dans Pothier, qui lui-

même croyait l'avoir trouvé dans les lois romaines. Mais s'il
est certain que, d'après le Code, l'accession est un moyen
légal d'acquérir, il l'est beaucoup moins qu'elle eût à Rome
la même efficacité. Presque tous les cas d'accession qu'on
rencontre dans les textes romains s'expliquent plutôt comme
étant la conséquence d'une propriété préalablement acquise,
que comme étant l'acquisition d'une propriété nouvelle.
Mais le texte du Code est formel, et il rend désormais superflue toute discussion sur l'existence ou les effets de l'accession.

CHAPITRE PREMIER

DU DROIT D'ACCESSION SUR CE QUI EST PRODUIT PAR LA CHOSE.

ART. 547. Les fruits naturels ou industriels de la terre, — les
fruits civils, — le croît des animaux, — appartiennent au propriétaire par droit d'accession.

548. Les fruits produits par la chose n'appartiennent au propriétaire qu'à la charge de rembourser les frais des labours, travaux et
semences faits par des tiers.

549. Le simple possesseur ne fait les fruits siens que dans le cas
où il possède de bonne foi : dans le cas contraire, il est tenu de rendre les produits avec la chose du propriétaire qui la revendique.

550. Le possesseur est de bonne foi quand il possède comme propriétaire, en vertu d'un titre translatif de propriété dont il ignore
les vices. — Il cesse d'être de bonne foi du moment où ces vices lui
sont connus.

*Du droit d'*ACCESSION *par rapport aux* PRODUITS *de la
chose.* — La propriété d'une chose emporte celle de ses produits. Le Code voit là un cas d'accession ; mais il était inutile
d'apporter ici cette nouvelle manière d'acquérir. Effectivement, le propriétaire d'une chose est, par cela même, propriétaire de chacune de ses parties, et les produits ne sont
qu'une partie de la chose principale, tant qu'ils n'en sont pas

détachés. Or, cette séparation fait apparaître une propriété préexistante, plutôt qu'elle n'engendre une propriété nouvelle; et les principes généraux conduisaient au même résultat que le droit d'accession introduit par le Code. Cette introduction n'a, encore une fois, d'autre raison d'être que la tradition romaine, reproduite avec plus ou moins de fidélité par les anciens jurisconsultes.

Les produits d'une chose prennent le nom de *fruits*, lorsque la chose est *destinée à les fournir*. Or, pour savoir si cette destination existe, on n'a qu'à rechercher si les produits ont ou non un caractère de *périodicité*. Ainsi les arbres de haute futaie, non mis en coupe réglée, sont des produits du sol, mais ils ne sont pas des fruits, puisqu'au lieu de se reproduire régulièrement, périodiquement, ils sont considérés comme étant eux-mêmes une chose principale, un véritable capital qui est sujet à périr, mais qui ne doit pas nécessairement être remplacé par un produit semblable. Au contraire, les bois mis en coupe réglée sont de véritables fruits, puisque les coupes se renouvellent périodiquement et constituent pour le propriétaire un revenu normal. Les fruits se divisent en *naturels, industriels* et *civils*.

Les fruits NATURELS sont ceux que la chose produit sans le fait de l'homme; tels sont les arbres d'une forêt.

Les fruits INDUSTRIELS sont ceux que la chose produit avec le secours de l'homme; telles sont les récoltes venant aux champs, etc.

Les fruits CIVILS sont ceux que l'on perçoit à l'occasion d'une chose, sans que cette chose les ait, à proprement parler, produits. Tels sont les loyers d'une maison.

Nous verrons, au titre de l'*Usufruit*, que les fruits naturels et industriels d'une part, et les fruits civils d'autre part, s'acquièrent d'une manière toute différente.

Le propriétaire d'une chose ne peut en prendre les fruits qu'à la charge de rembourser les frais faits par les tiers pour les produire. Ainsi, le laboureur qui a cultivé le champ d'au-

trui, a le droit de retenir la récolte jusqu'à ce qu'il soit désin-
téressé par le propriétaire.

Comment le possesseur de bonne foi fait les fruits siens.
— Le propriétaire d'une chose n'a pas toujours ses fruits.
Le Code a fait une exception au profit du possesseur qui
réunit certaines conditions.

Définition, CARACTÈRES *et* EFFETS *de la* POSSESSION. — La
possession est le fait de détenir une chose avec l'intention d'en
être propriétaire. Elle est donc composée de deux éléments :
l'un matériel, qui est la *détention* de la chose, et l'autre intellectuel, qui est l'*intention* de l'acquérir. La possession
diffère de la propriété; la première est un fait, et la seconde
un droit. Presque toujours elles sont confondues l'une et
l'autre dans la même main, et celui qui est propriétaire de
la chose en est en même temps le possesseur. Le droit et le
fait sont alors en parfait accord, et ils se fortifient mutuellement. Mais il arrive quelquefois que la propriété est dans
une main, et la possession dans une autre. Il s'élève alors
entre elles un conflit dont le législateur règle ici les conséquences. D'une part le droit du propriétaire sur la chose ne
peut être méconnu, et d'autre part cependant il ne serait pas
toujours juste d'enlever la chose au possesseur sans tenir
compte des circonstances qui lui avaient donné ou qui lui ont
plus ou moins longtemps conservé la possession de cette chose.

Quoique la propriété et la possession puissent être en conflit, un tel conflit n'est jamais qu'accidentel, et il existe entre
l'une et l'autre des liens nombreux : cela se comprend, car
tout droit résulte originairement d'un fait de l'homme, et la
possession est un des faits les plus significatifs qui puissent
être accomplis par une personne sur une chose. C'est ainsi
que la possession établit une *présomption de propriété* au
profit du possesseur, présomption qui ne tombera que devant
la preuve contraire produite par le tiers revendiquant. La
possession, qui réunit certains caractères, *donne la propriété*
elle-même, lorsqu'elle a duré pendant le temps nécessaire à

la prescription. On peut donc dire que la possession est à la fois le signe et le chemin de la propriété. De tels effets, produits par la possession, suffisent pour expliquer comment, dans certaines circonstances, elle peut faire acquérir au possesseur, à l'exclusion du propriétaire, les fruits qui appartiennent ordinairement à ce dernier.

Le possesseur doit réunir deux conditions pour faire les fruits siens :

1° La *bonne foi* ;

2° Le *juste titre*.

La *bonne foi* consiste dans le fait de croire que l'on est devenu propriétaire.

Le *juste titre* consiste dans un fait qui eût transféré la propriété, s'il fût émané du véritable propriétaire ; d'où il suit qu'il y a autant de justes titres possibles qu'il y a de moyens de transmettre la propriété : ce sont le testament, le partage, la donation, la vente et l'échange. Le possesseur réunira donc les conditions requises pour faire les fruits siens, s'il a, par exemple, acheté la chose de celui qu'il croyait propriétaire. Dans ce cas, son erreur est tellement excusable, que le dépouiller des fruits qu'il a perçus et consommés, ou tout au moins sur lesquels il a dû compter, au profit d'un propriétaire qui, presque toujours, ignorait son droit, et qui certainement n'a pas compté sur ces fruits, serait une injustice manifeste, et qu'on ne pourrait jamais dire avec plus de vérité : *Summum jus, summa injuria.* Mais comment savoir si le possesseur est de bonne foi ? Un fait de cette nature ne peut être facilement établi, et, en conséquence, la loi le présume. Ce sera donc au propriétaire à prouver la mauvaise foi du possesseur, et non au possesseur à prouver sa bonne foi à l'encontre du propriétaire.

On peut se demander pourquoi le Code n'a pas établi la présomption inverse, et obligé le possesseur à prouver sa bonne foi contre le propriétaire qui le poursuit. La raison en est que le possesseur n'eût très-probablement pas voulu recevoir la chose de la part de celui qui lui a consenti le juste titre s'il n'avait pas réellement cru devenir propriétaire. Ainsi on n'achète pas une chose, on ne s'oblige pas à en payer le prix, si l'on a, soit la conviction, soit même un doute que le vendeur n'est qu'un faux propriétaire qui ne peut transmettre aucun droit sérieux sur l'objet. La bonne foi du possesseur qui a juste titre devait donc se présumer.

Comme l'attribution des fruits au possesseur, à l'encontre du propriétaire, est une exception aux principes, il faut exiger l'accomplissement rigoureux et constant de toutes les conditions prescrites par le Code ; sans quoi elle ne serait plus justifiée. Ainsi, lorsque la bonne foi vient à cesser, le possesseur ne fait plus les fruits siens, et il doit rendre tous ceux qu'il a perçus depuis cette époque, en nature s'ils existent encore, en argent s'ils sont consommés. Il est même responsable de ceux qu'il a négligé de percevoir.

Si le possesseur a reçu la chose en vertu d'un titre contenant une nullité de forme dont il eût pu se convaincre, par exemple, si une donation lui a été faite par acte sous seing privé, fera-t-il les fruits siens ? Une telle erreur est grossière sans doute, puisque la loi exige formellement un acte authentique pour la validité des donations (art. 931). Cependant il n'est pas impossible qu'elle ait été commise par un donataire étranger aux matières juridiques, et l'on doit, selon nous, décider que le possesseur fera dans ce cas les fruits siens. L'article 550 ne distingue pas, comme l'article 2267 le fait pour la prescription de dix et de vingt ans, le titre nul pour défaut de forme du titre régulier. La seule chose qu'il exige est que le possesseur ait *ignoré les vices* de son titre, et du moment que son ignorance a existé, peu importe que ces vices soient plus ou moins graves, plus ou moins faciles à découvrir : sa bonne foi le protége. Il s'est trompé en croyant acquérir la propriété ; il aura du moins acquis les fruits de la chose.

Quelques auteurs vont plus loin, et se contentent, comme le droit romain, que le possesseur ait *cru* avoir un juste titre, quoique cependant il n'en ait aucun. Ainsi, le légataire qui aurait reçu la chose en vertu d'un testament révoqué par un testament postérieur encore ignoré ferait les fruits siens, parce que son erreur est tellement plausible que tout autre, à sa place, l'eût commise. Ce système est équitable, et quoique l'article 550 semble exiger la réalité d'un titre translatif de propriété, il y a lieu selon nous de l'admettre[1]. Considéré en lui-même, le testament révoqué par un testament postérieur encore inconnu, a toutes les apparences d'un titre translatif de propriété. Rien ne révèle son vice caché, l'erreur du lé-. gataire est invincible, et sa bonne foi est au moins aussi digne de protection que celle d'un donataire par acte sous seing privé qui pouvait après tout facilement découvrir le vice du titre qui lui avait été consenti.

A quel moment le possesseur fait-il les fruits siens? Au moment où il les perçoit et non au moment où il commence à posséder la chose frugifère. Cela résulte de l'article 549, d'après lequel la bonne foi doit exister au moment même où les fruits sont perçus. Et, en effet, pourquoi la bonne foi serait-elle nécessaire à ce moment, si les fruits étaient acquis à un autre par le possesseur?

En matière de prescription par dix et vingt ans, il en est autrement. La bonne foi qui a existé au commencement de la possession produit son effet pendant tout le cours de la prescription, lors même qu'elle viendrait à cesser avant que la prescription soit accomplie (art. 2269). Cette différence tient à ce que la prescription accomplie rétroagit au jour du juste titre, ainsi que nous le verrons en étudiant cette matière, tandis que les fruits ne peuvent se percevoir qu'au fur et à mesure de leur production, et comme l'on ne peut jamais en faire remonter plus haut l'acquisition, c'est au moment même de cette perception que la bonne foi est nécessaire.

L'acquisition des fruits est définitive dès le moment de leur

[1] Colmar, 18 janvier 1850.

perception, et le possesseur de bonne foi n'aura pas à les restituer, dans le cas où il ne les aurait pas encore consommés
au moment où le propriétaire revendiquera la chose. Le droit
romain avait adopté sur ce point une règle toute contraire,
mais le Code ne l'a pas reproduite.

Le possesseur cesse nécessairement d'être de bonne foi au
moment où il est poursuivi en revendication. En conséquence
il doit toujours compte des fruits au propriétaire du jour
de la demande. A l'inverse, il pourrait se faire que le possesseur, après avoir été de mauvaise foi au début, fût de bonne
foi plus tard. Cette bonne foi prendrait naissance, par exemple, si le possesseur achetait la chose de celui qui passe pour
être l'héritier du vrai propriétaire, sans l'être réellement.
Dans cette hypothèse, qui sera fort rare, le possesseur devra
compte des fruits perçus jusqu'au moment où est intervenu
le juste titre qui sert de fondement à sa bonne foi, mais il
aura fait siens tous les fruits perçus depuis cette époque.
Seulement il redeviendra encore comptable des fruits si sa
mauvaise foi vient à recommencer soit par la survenance du
véritable héritier du propriétaire, soit par la connaissance
personnelle que le possesseur acquerrait de son existence.

CHAPITRE II

DU DROIT D'ACCESSION SUR CE QUI S'UNIT ET S'INCORPORE A LA CHOSE.

ART. 551. Tout ce qui s'unit et s'incorpore à la chose appartient
au propriétaire, suivant les règles qui seront ci-après établies.

PREMIÈRE SECTION

DU DROIT D'ACCESSION RELATIVEMENT AUX CHOSES IMMOBILIÈRES.

ART. 552. La propriété du sol emporte la propriété du dessus et du dessous. — Le propriétaire peut faire au dessus toutes les plantations et constructions qu'il juge à propos, sauf les exceptions établies au titre *des Servitudes ou Services fonciers.* — Il peut faire au dessous toutes les constructions et fouilles qu'il jugera à propos, et tirer de ces fouilles tous les produits qu'elles peuvent fournir, sauf les modifications résultant des lois et règlements relatifs aux mines, et des lois et règlements de police.

553. Toutes constructions, plantations et ouvrages sur un terrain ou dans l'intérieur, sont présumés faits par le propriétaire à ses frais et lui appartenir, si le contraire n'est prouvé ; sans préjudice de la propriété qu'un tiers pourrait avoir acquise ou pourrait acquérir par prescription, soit d'un souterrain sous le bâtiment d'autrui, soit de toute autre partie du bâtiment.

554. Le propriétaire du sol qui a fait des constructions, plantations et ouvrages avec des matériaux qui ne lui appartenaient pas, doit en payer la valeur ; il peut aussi être condamné à des dommages et intérêts, s'il y a lieu ; mais le propriétaire des matériaux n'a pas le droit de les enlever.

555. Lorsque les plantations, constructions et ouvrages ont été faits par un tiers et avec ses matériaux, le propriétaire du fonds a droit ou de les retenir, ou d'obliger ce tiers à les enlever. — Si le propriétaire du fonds demande la suppression des plantations et constructions, elle est aux frais de celui qui les a faites, sans aucune indemnité pour lui ; il peut même être condamné à des dommages et intérêts, s'il y a lieu, pour le préjudice que peut avoir éprouvé le propriétaire du fonds. — Si le propriétaire préfère conserver ces plantations et constructions, il doit le remboursement de la valeur des matériaux et du prix de la main-d'œuvre, sans égard à la plus ou moins grande augmentation de valeur que le fonds a pu recevoir. Néanmoins, si les plantations, constructions et ouvrages ont été faits par un tiers évincé, qui n'aurait pas été condamné à la restitution des fruits, attendu sa bonne foi, le propriétaire ne pourra demander la suppression desdits ouvrages, plantations et constructions ; mais il aura le choix, ou de rembourser la valeur des matériaux et du prix de la main-d'œuvre, ou de rembourser une somme égale à celle dont le fonds a augmenté de valeur.

556. Les atterrissements et accroissements qui se forment successivement et imperceptiblement aux fonds riverains d'un fleuve ou d'une rivière s'appellent *alluvion.* — L'alluvion profite au propriétaire riverain, soit qu'il s'agisse d'un fleuve ou d'une rivière navigable, flottable ou non ; à la charge, dans le premier cas, de lais-

ser le marchepied ou chemin de halage [1], conformément aux règlements.

557. Il en est de même des relais que forme l'eau courante qui se retire insensiblement de l'une de ses rives en se portant sur l'autre : le propriétaire de la rive découverte profite de l'alluvion, sans que le riverain du côté opposé y puisse venir réclamer le terrain qu'il a perdu. — Ce droit n'a pas lieu à l'égard des relais de la mer.

558. L'alluvion n'a pas lieu à l'égard des lacs et étangs, dont le propriétaire conserve toujours le terrain que l'eau couvre quand elle est à la hauteur de la décharge de l'étang, encore que le volume de l'eau vienne à diminuer. — Réciproquement le propriétaire de l'étang n'acquiert aucun droit sur les terres riveraines que son eau vient à couvrir dans les crues extraordinaires.

559. Si un fleuve ou une rivière, navigable ou non, enlève par une force subite une partie considérable et reconnaissable d'un champ riverain, et la porte vers un champ inférieur ou sur la rive opposée, le propriétaire de la partie enlevée peut réclamer sa propriété ; mais il est tenu de former sa demande dans l'année : après ce délai, il n'y sera plus recevable, à moins que le propriétaire du champ auquel la partie enlevée a été unie n'eût pas encore pris possession de celle-ci.

560. Les îles, îlots, atterrissements, qui se forment dans le lit des fleuves ou des rivières navigables ou flottables, appartiennent à l'Etat, s'il n'y a titre ou prescription contraire.

561. Les îles et atterrissements qui se forment dans les rivières non navigables et non flottables appartiennent aux propriétaires riverains du côté où l'île s'est formée : si l'île n'est pas formée d'un seul côté, elle appartient aux propriétaires riverains des deux côtés, à partir de la ligne qu'on suppose tracée au milieu de la rivière.

562. Si une rivière ou un fleuve, en se formant un bras nouveau, coupe et embrasse le champ d'un propriétaire riverain, et en fait une île, ce propriétaire conserve la propriété de son champ, encore que l'île se soit formée dans un fleuve ou dans une rivière navigable ou flottable.

563. Si un fleuve ou une rivière navigable, flottable ou non, se

---

[1] Art. 7, tit. 28, ord. de 1669. « Les propriétaires des héritages aboutissant aux rivières navigables laisseront le long des bords vingt-quatre pieds au moins de place en largeur pour chemin et trait des chevaux, sans qu'ils puissent planter arbres, ni tenir clôture ou haie plus près que trente pieds du côté que les bateaux se tirent, et dix pieds de l'autre bord. »

forme un nouveau cours en abandonnant son ancien lit, les propriétaires des fonds nouvellement occupés prennent, à titre d'indemnité, l'ancien lit abandonné, chacun dans la proportion du terrain qui lui a été enlevé.

564. Les pigeons, lapins, poissons, qui passent dans un autre colombier, garenne ou étang, appartiennent au propriétaire de ces objets, pourvu qu'ils n'y aient point été attirés par fraude et artifice.

Notions générales. — Dans ce chapitre, le Code traite successivement de l'*accession* relative aux choses *immobilières*, et de l'accession relative aux choses *mobilières*.

L'accession relative aux choses immobilières se divise en *industrielle* ou *naturelle*, selon qu'elle provient du fait de l'homme, ou d'un fait purement naturel.

L'accession industrielle a trait aux constructions, plantations ou autres ouvrages émanés de l'homme.

L'accession naturelle a trait aux atterrissements qui résultent du voisinage d'une rivière, et aux animau xsauvages qui se fixent sur un immeuble.

Le principe général qui domine nôtre matière, est que la propriété du sol emporte celle du dessus et celle du dessous (art. 552). En conséquence, le propriétaire peut faire les constructions les plus élevées, comme les fouilles les plus profondes, sans sortir des limites de sa propriété. Toutefois, il devra se conformer, dans l'exécution de ses travaux, aux lois et règlements qui protégent la sécurité publique.

Le principe que le propriétaire du dessus est propriétaire du dessous a toujours été l'objet de dérogations plus ou moins graves, quand le dessous est une mine, parce qu'alors il peut y avoir un intérêt public à faciliter, ou tout au moins à surveiller son exploitation.

L'ancien droit français contient sur les mines des dispositions très-diverses, qui oscillent entre la liberté absolue pour le propriétaire de la surface d'exploiter, selon sa convenance, la mine qui est au dessous, et le privilége de l'État qui ac-

cordait des concessions à ceux qui présentaient les facultés
nécessaires à une bonne exploitation. En thèse générale cependant, on peut dire que le propriétaire de la surface était
autrefois regardé comme propriétaire de la mine elle-même.

Le droit intermédiaire n'apporta pas de grands change-
ments à cette législation. La loi du 28 juillet 1791 admit
que les mines appartenaient au propriétaire de la surface, et
reconnut à celui-ci un droit de préférence sur tous les demandeurs en concession. Seulement elle soumit l'exploitation des mines à l'autorisation et à la surveillance du gouvernement.

Survint enfin la loi du 21 avril 1810 qui rétablit la prépondérance exclusive de l'État.

D'après cette loi, le dessous n'appartient plus au propriétaire de la surface, lorsqu'il renferme des richesses minéra-
les. Celles-ci sont la propriété de l'État, qui les concède aux
personnes présentant le plus de garanties d'une bonne exploitation, et le propriétaire de la surface n'a même pas, comme
auparavant, la préférence sur les étrangers. La concession
des mines est accordée par décret impérial délibéré en conseil d'État. L'acte de concession donne la propriété perpétuelle de la mine, et cette propriété est soumise au même
régime que la propriété ordinaire. Comme elle, elle est transmissible par acte à titre gratuit ou à titre onéreux ; comme
elle, elle peut être grevée de droits d'usufruit, de servitude,
de privilége et d'hypothèque. Quand le concessionnaire de la
mine et le propriétaire de la surface sont différents, il y a deux
propriétés superposées, mais ces propriétés sont parfaitement
distinctes l'une de l'autre. Seulement la concession de la mine est
soumise à la condition qu'elle sera exploitée, et si cette exploitation cessait, la concession elle-même pourrait être révoquée.

L'atteinte portée par la loi du 21 avril 1810 aux droits du
propriétaire de la surface n'a rien de regrettable. D'un côté
en effet, elle ne peut le léser gravement, puisque les terrains
sont presque toujours acquis en vue de la surface, et non en

vue de la profondeur; et de l'autre, elle est essentiellement favorable à l'intérêt général, car l'exploitation des mines exige des capitaux que possède rarement le propriétaire du sol, et on ne pouvait laisser à ce dernier un droit exclusif sur la mine, sans exposer le public à être privé d'une richesse naturelle, quelquefois très-précieuse.

*Du droit d'*ACCESSION PAR RAPPORT *aux* CONSTRUCTIONS *ou autres* OUVRAGES. — D'après l'article 553, toutes les constructions faites à la surface d'un terrain ou au-dessous sont présumées l'œuvre du propriétaire et, conséquemment, lui appartiennent, si un tiers ne les a pas acquises par la prescription ou autrement.

Dans les articles suivants, le Code détermine et précise les droits respectifs des parties, lorsque le propriétaire d'un fonds y bâtit avec les matériaux d'autrui, et lorsqu'un tiers bâtit sur le fonds d'autrui avec ses propres matériaux.

Les deux cas présentent d'abord un résultat commun; car, dans l'un et l'autre, le propriétaire du sol est propriétaire des constructions ou autres ouvrages. Il en devait être ainsi. Effectivement, si un particulier pouvait, pour recouvrer ses matériaux, faire détruire tout un édifice, au lieu de se contenter d'une indemnité, l'intérêt public serait, jusqu'à un certain point, sacrifié à un intérêt privé. Ces deux cas comportent cependant plusieurs différences. Nous allons les examiner.

Premier cas. — Lorsqu'un propriétaire a bâti sur son fonds avec les matériaux d'autrui, ses obligations varient selon qu'il était de bonne ou de mauvaise foi.

Etait-il de bonne foi, il doit alors indemniser le propriétaire du préjudice qui pouvait être raisonnablement prévu (art. 1150).

Etait-il de mauvaise foi, il doit alors l'indemniser de tout le préjudice prévu et imprévu. Dans l'une et l'autre hypothèse, il n'est tenu compte de ce préjudice que s'il est la conséquence directe et immédiate de l'emploi des matériaux d'autrui : on applique ici le principe général consacré par l'article 1151 du Code.

Si l'ouvrage est détruit, le propriétaire des matériaux pourra-t-il les revendiquer ? Il le pouvait à Rome, où l'accession avait moins pour effet d'attribuer les matériaux au propriétaire du sol que d'empêcher le maître des matériaux de les revendiquer. Il ne le pourra pas en droit français, où l'accession est véritablement translative de la propriété des matériaux. Ce que nous avons dit des constructions est vrai des plantations ; mais notons que ces dernières appartiennent au propriétaire du sol dès qu'elles sont faites, et que le Code ne distingue plus, comme les lois romaines, si elles ont ou non pris racine.

Deuxième cas. — Lorsqu'un tiers a bâti sur le fonds d'autrui avec ses propres matériaux, il faut encore distinguer s'il était de bonne ou de mauvaise foi.

Etait-il de bonne foi, le propriétaire du sol ne peut pas alors le contraindre à démolir la construction ; mais, par contre, il lui doit seulement, et à son choix, la plus-value donnée au fonds par les travaux, ou le prix de la main-d'œuvre et des matériaux. Cette solution est juste ; car si une dépense de 10 n'a produit qu'une plus-value de 8, on ne peut contraindre le propriétaire du sol à payer 10, puisqu'il ne profite que de 8. D'un autre côté, si une dépense de 8 a produit une plus-value de 10, on ne peut le contraindre à payer les 10 dont il profite, puisque 8 suffisent à indemniser le constructeur, qui, n'ayant pas fait une spéculation, doit être satisfait de rentrer dans ses déboursés.

Le constructeur était-il de mauvaise foi, le propriétaire du sol a le choix ou de le contraindre à la destruction de l'édifice, avec dommages-intérêts pour le préjudice qu'il peut avoir éprouvé, ou de conserver la construction en remboursant le prix de la main-d'œuvre et des matériaux, sans avoir égard à la plus-value. S'il prend le premier parti, le constructeur de mauvaise foi est évidemment plus maltraité que le constructeur de bonne foi, et cela se comprend ; mais s'il prend le second parti, le constructeur de mauvaise foi paraît être mieux traité que le constructeur de bonne foi, puisqu'il a droit au prix des matériaux et de la main-d'œuvre, lequel est, en général, supérieur à la plus-value. Toutefois, cette contradiction est plutôt apparente que réelle. En effet, du moment que le propriétaire du sol a le droit d'exiger du constructeur de mauvaise foi la destruction de son ouvrage avec dommages-intérêts, à plus forte raison peut-il, en le tenant sous le coup de cette menace, le forcer à recevoir moins qu'un constructeur de bonne foi ne pourrait réclamer.

Il ne faut pas appliquer rigoureusement les principes que nous venons d'exposer, quand le constructeur de bonne foi a fait des travaux tellement considérables que le propriétaire du sol ne pourrait sans gêne lui rembourser ni leur prix, ni la plus-value qui en est résultée pour l'immeuble ; en effet, s'il importe que le propriétaire ne s'enrichisse pas au préjudice du constructeur, il importe au même degré que le constructeur n'impose pas une indemnité trop onéreuse au propriétaire. Conséquemment, l'on doit, dans ce cas, adopter encore aujourd'hui une solution donnée par Pothier, solution qui emprunte une égale autorité à la tradition et à l'équité. Le propriétaire du sol servira simplement au constructeur de bonne foi une rente calculée de manière à l'indemniser, au lieu de lui rembourser le capital représentant la plus-value ou le prix de la main-d'œuvre et des matériaux.

Le constructeur de mauvaise foi contraint à démolir peut emporter tous les matériaux, même ceux dont il ne tirera aucun profit, car la loi ne fait aucune distinction, et il n'y a pas de raison pour qu'ils restent à un propriétaire qui refuse toute indemnité.

*Du droit d'accession par rapport à l'*ALLUVION *et aux* ILES *qui naissent dans un fleuve.* — L'alluvion prend le nom de *lais* lorsqu'elle résulte de l'accroissement insensible du rivage par les molécules de terre que le fleuve apporte, et ce-

lui de *relais* lorsqu'elle résulte du déplacement du lit de la
rivière, qui abandonne une rive pour se porter sur l'autre.
Les propriétaires riverains sont, par droit d'accession, propriétaires de l'alluvion, sauf l'obligation de laisser le long des
rivières navigables ou flottables le chemin de halage ou le
marchepied, d'après les règlements.

Lorsque les fragments de terre apportés par le fleuve sont
tels que leur identité puisse être constatée, le propriétaire du
fonds dont ils se sont détachés peut les revendiquer dans le
délai d'une année, à moins que personne n'en ait pris possession, cas auquel l'action en revendication peut être toujours
exercée.

Quant aux îles qui se forment dans un fleuve ou une rivière, elles appartiennent au propriétaire du cours d'eau lui-
même, c'est-à-dire à l'État, si le fleuve ou la rivière est
navigable ou flottable, et, dans le cas contraire, aux propriétaires riverains.

Mû par un motif d'équité, le législateur attribue le lit
abandonné par une rivière navigable, flottable ou non, au
propriétaire dont les fonds sont envahis. Cette disposition se
comprend pour les rivières navigables et flottables dont
l'État est propriétaire ; mais elle paraît contraire aux principes pour les rivières non navigables ni flottables, qui appartiennent aux particuliers. On ne peut l'expliquer que comme
un souvenir du droit intermédiaire, lequel accordait à l'État la
propriété, même des cours d'eau non navigables ni flottables.

Du droit d'accession par rapport aux ANIMAUX SAUVAGES
qui s'attachent à un immeuble. — L'article 564 cite le cas de
pigeons, lapins ou poissons qui passent dans d'autres colombiers, garennes ou étangs ; mais ce sont évidemment là des
exemples qui n'ont rien de limitatif. Faisons observer que si
ces animaux sont frauduleusement attirés par autrui dans sa
propriété, le précédent propriétaire pourra réclamer une indemnité, car l'ancien droit français le décidait ainsi, et rien
ne prouve que le Code ait voulu innover.

DEUXIÈME SECTION

DU DROIT D'ACCESSION RELATIVEMENT AUX CHOSES MOBILIÈRES.

ART. 565. Le droit d'accession, quand il a pour objet deux choses mobilières appartenant à deux maîtres différents, est entièrement subordonné aux principes de l'équité naturelle. — Les règles suivantes serviront d'exemple au juge pour se déterminer, dans les cas non prévus, suivant les circonstances particulières.

566. Lorsque les deux choses appartenant à différents maîtres, qui ont été unies de manière à former un tout, sont néanmoins séparables, en sorte que l'une puisse subsister sans l'autre, le tout appartient au maître de la chose qui forme la partie principale, à la charge de payer à l'autre la valeur de la chose qui lui a été unie.

567. Est réputée partie principale celle à laquelle l'autre n'a été unie que pour l'usage, l'ornement ou le complément de la première.

568. Néanmoins, quand la chose unie est beaucoup plus précieuse que la chose principale, et quand elle a été employée à l'insu du propriétaire, celui-ci peut demander que la chose unie soit séparée pour lui être rendue, même quand il pourrait en résulter quelque dégradation de la chose à laquelle elle a été jointe.

569. Si, de deux choses unies pour former un seul tout, l'une ne peut point être regardée comme l'accessoire de l'autre, celle-là est réputée principale qui est la plus considérable en valeur, ou en volume si les valeurs sont à peu près égales.

570. Si un artisan ou une personne quelconque a employé une matière qui ne lui appartenait pas à former une chose d'une nouvelle espèce, soit que la matière puisse ou non reprendre sa première forme, celui qui en était le propriétaire a le droit de réclamer la chose qui en a été formée, en remboursant le prix de la main-d'œuvre.

571. Si cependant la main-d'œuvre était tellement importante qu'elle surpassât de beaucoup la valeur de la matière employée, l'industrie serait alors réputée la partie principale, et l'ouvrier aurait le droit de retenir la chose travaillée, en remboursant le prix de la matière au propriétaire.

572. Lorsqu'une personne a employé en partie la matière qui lui appartenait, et en partie celle qui ne lui appartenait pas, à former une chose d'une espèce nouvelle, sans que ni l'une ni l'autre des deux matières soit entièrement détruite, mais de manière qu'elles

ne puissent pas se séparer sans inconvénient, la chose est commune aux deux propriétaires, en raison, quant à l'un, de la matière qui lui appartenait ; quant à l'autre, en raison à la fois et de la matière qui lui appartenait et du prix de sa main-d'œuvre.

573. Lorsqu'une chose a été formée par le mélange de plusieurs matières appartenant à différents propriétaires, mais dont aucune ne peut être regardée comme la matière principale, si les matières peuvent être séparées, celui à l'insu duquel les matières ont été mélangées peut en demander la division. — Si les matières ne peuvent plus être séparées sans inconvénient, ils en acquièrent en commun la propriété, dans la proportion de la quantité et de la qualité et de la valeur des matières appartenant à chacun d'eux.

574. Si la matière appartenant à l'un des propriétaires était de beaucoup supérieure à l'autre par la quantité et le prix, en ce cas le propriétaire de la matière supérieure en valeur pourrait réclamer la chose provenue du mélange, en remboursant à l'autre la valeur de sa matière.

575. Lorsque la chose reste en commun entre les propriétaires des matières dont elle a été formée, elle doit être licitée au profit commun.

576. Dans tous les cas où le propriétaire dont la matière a été employée, à son insu, à former une chose d'une autre espèce, peut réclamer la propriété de cette chose, il a le choix de demander la restitution de sa matière en mêmes nature, quantité, poids, mesure et bonté, ou sa valeur.

577. Ceux qui auront employé des matières appartenant à d'autres, et à leur insu, pourront aussi être condamnés à des dommages et intérêts, s'il y a lieu, sans préjudice des poursuites par voie extraordinaire, si le cas y échet.

Notions générales. — Après avoir exposé les principes de l'accession en matière immobilière, le Code passe au droit d'accession relativement aux choses mobilières. Un meuble peut devenir l'accessoire d'un autre :

1° Par ADJONCTION, c'est-à-dire par une juxtaposition, qui laisse à chaque meuble son identité ;

2° Par SPÉCIFICATION, c'est-à-dire par la transformation du meuble en une chose nouvelle ;

3° Par le MÉLANGE, c'est-à-dire par la confusion de deux choses qui perdent leur identité.

Lorsque deux objets ont été, du consentement de leurs propriétaires, unis par un mode quelconque, les droits respectifs des parties se règlent uniquement d'après leur intention. Lorsqu'ils ont été unis sans leur volonté commune, le Code décide que le propriétaire de la chose principale est, sauf indemnité, propriétaire de la chose accessoire. Mais quelle est la chose accessoire ? Est accessoire la chose qui sert à l'usage, à l'ornement ou au complément de l'autre (art. 567), à moins qu'elle ne soit plus précieuse, cas auquel son propriétaire peut exiger qu'elle soit séparée pour lui être rendue. Dans le cas où la destination naturelle des choses n'indiquerait pas suffisamment laquelle est principale et laquelle est accessoire, il faut s'en rapporter à leur valeur respective, et, si la valeur est égale, à leur volume.

Le Code prévoit plusieurs hypothèses où ces différentes règles reçoivent leur application, et il les présente comme des exemples. Mais en trouver d'autres serait difficile.

La règle « En fait de meubles, la possession vaut titre » fera souvent obstacle au droit d'accession. En effet la personne qui aura joint le meuble d'autrui au sien, en sera souvent devenue propriétaire par la prescription instantanée, avant de le devenir par accession, et celle-ci ne pourra plus lui conférer une propriété qui lui est déjà acquise. Toutefois la règle dont il s'agit n'est pas applicable à tous les meubles sans exception. Ceux qui ont été perdus ou volés, et même les meubles qui seraient possédés de mauvaise foi, sans avoir d'ailleurs été ni perdus ni volés, échappent à son empire (art. 2279, 1141). Dans tous ces cas, le possesseur du meuble ne sera plus protégé par la prescription instantanée, et s'il ne veut pas le restituer à celui qui en était propriétaire, il devra invoquer le droit d'accession.

Dans l'adjonction et le mélange, on comprend qu'il y ait une chose principale et une chose accessoire ; mais lorsqu'une chose est transformée par la spécification, par exemple, lorsqu'un bloc de marbre est changé en statue, on ne voit pas où est le principal, ni l'accessoire.

Disons d'abord que la spécification avait donné lieu, à Rome, aux décisions les plus diverses. D'après les Sabiniens, le propriétaire de la matière était, dans tous les cas, propriétaire de l'œuvre. D'après les Proculiens, au contraire, l'ouvrier devenait propriétaire de la matière transformée, car, disaient-ils, la substance juridique des choses consiste non dans la matière, mais dans la forme, qui seule donne aux objets leur utilité : *Forma dat esse rei.* Plus tard Justinien distingua si la chose pouvait ou non revenir à son état primitif, et donna, dans le premier cas, la propriété de la forme au maître de la matière, et, dans le second, la propriété de la matière au créateur de la forme. Le Code a rejeté cette théorie et consacré la solution des Sabiniens. Dès lors, il faut voir dans la forme un accessoire de la matière. Lorsque cependant la main d'œuvre a beaucoup plus de prix que la matière, la chose transformée appartient à l'ouvrier. Dans ce cas, la matière est exceptionnellement l'accessoire de la forme, qui joue le rôle de partie principale, comme le ferait un objet corporel. Ces solutions diverses sont équitables, quoique subtiles.

Nous renvoyons au texte du Code pour celles que le droit d'accession peut encore comporter.

LIVRE II. TITRE III.

De l'usufruit, de l'usage et de l'habitation.

(Décrété le 30 janvier 1804. Promulgué le 9 février.)

CHAPITRE PREMIER

DE L'USUFRUIT.

Art. 578. L'usufruit est le droit de jouir des choses dont un autre

a la propriété, comme le propriétaire lui-même, mais à la charge
d'en conserver la substance.

579. L'usufruit est établi par la loi, ou par la volonté de l'homme.

580. L'usufruit peut être établi, ou purement, ou à certain jour,
ou à condition.

581. Il peut être établi sur toute espèce de biens meubles ou
immeubles.

Définition. — L'usufruit est le droit d'user et de jouir de
la chose d'autrui, comme le propriétaire lui-même, et à la
charge d'en conserver la substance. C'est le plus important
de tous les démembrements de la propriété. Il est aussi l'un
de ceux que l'on rencontre le plus fréquemment dans la pratique. Quand l'usufruit se trouve dans la même main que la
propriété, il n'y a pas lieu de lui appliquer les règles spéciales
que nous allons étudier. Mais il en est autrement dans le cas
où, l'usufruit appartenant à l'un, la nu-propriété est à un
autre. Alors on est en présence de deux droits parallèles et
rivaux qui comportent un ensemble de règles destinées à
régir leurs rapports respectifs. Examinons d'abord la nature
et les caractères de l'usufruit.

NATURE *et* CARACTÈRE *de l'usufruit.* — L'usufruit est :

1° Un droit *réel ;* car il comprend deux éléments de la
propriété, *jus utendi, jus fruendi.* Il ne manque à l'usufruitier que le *jus abutendi* pour être entièrement propriétaire ;

2° Un droit *mobilier* ou *immobilier,* suivant qu'il a pour
objet des meubles ou des immeubles ;

3° Un droit essentiellement *temporaire ;* car l'usufruit ne
peut et n'a jamais pu passer aux héritiers de l'usufruitier.
La raison de cette intransmissibilité de l'usufruit par voie de
succession est dans sa nature même. Effectivement la séparation des différents éléments de la propriété entre plusieurs
personnes est un obstacle à la circulation des biens et à leur
bonne exploitation. Elle est un obstacle à la circulation des
biens, car l'aliénation complète n'en peut avoir lieu qu'avec
le concours de tous ceux qui ont une partie de la propriété, et

ce concours est difficile à obtenir, parce que chacun exagère l'importance du démembrement qu'il possède, au détriment de celui que possède autrui. Elle est un obstacle à leur bonne exploitation, car le nu-propriétaire ne jouirait pas actuellement des dépenses qu'il pourrait s'imposer dans ce but, et l'usufruitier qui en jouirait actuellement ne peut espérer en jouir à perpétuité. En conséquence, le Code a multiplié les causes d'extinction de l'usufruit, et il ne permet pas qu'en aucun cas il survive à l'usufruitier. D'ailleurs, si cette survivance avait été autorisée, l'usufruit, transmis successivement d'héritier en héritier, aurait pu durer indéfiniment et rendre ainsi la nu-propriété inutile.

D'après la définition du Code, l'usufruitier doit jouir de la chose comme le propriétaire lui-même ; ce qui signifie, non qu'il pourra commettre toutes les fautes que commettrait un propriétaire mauvais administrateur, mais qu'il devra maintenir la destination assignée à la chose par le propriétaire, et se conformer à son plan général d'exploitation.

L'usufruitier doit, en outre, conserver la *substance* des objets grevés d'usufruit. Que signifie cette expression ? On appelle substance l'ensemble des qualités essentielles d'une chose au point de vue de son utilité. Ainsi, la substance d'une vigne est sa qualité même de vigne, et l'usufruitier ne pourrait pas la convertir en prairie, puisque l'utilité principale d'une prairie n'est pas la même que celle d'une vigne. Nous verrons, toutefois, que le législateur permet exceptionnellement d'établir une sorte d'usufruit sur les choses dont la substance périt par l'usage ; par exemple, sur le vin, sur l'huile. Mais un tel droit ne constitue point un véritable usufruit, puisque l'usufruitier a, non-seulement la faculté d'user et de jouir de la chose, mais encore celle d'en disposer.

Le Code ne parle pas de l'usufruit qu'on a sur sa propre chose ; car alors cet usufruit se confond avec la propriété. On l'appelait autrefois *causal*, par opposition à l'usufruit distinct de la propriété, qu'on appelait *formel*.

DIFFÉRENCES *entre l'*USUFRUIT *et le* LOUAGE. — L'usufruit et le louage nous procurent l'un et l'autre la jouissance de la chose d'autrui ; mais de graves différences les séparent.

Ainsi, l'*usufruit :*

Est un démembrement de la propriété ;

Peut être établi à titre gratuit ;

Finit nécessairement avec la vie de l'usufrutier, etc.

Le *louage*, au contraire :

Est un droit personnel, consistant tout entier dans les obligations intervenues entre le bailleur et le preneur ;

Ne s'établit qu'à titre onéreux ;

Passe aux héritiers des parties contractantes.

Un mot sur les conséquences qui dérivent de la *réalité* du droit de l'usufruitier, et de la *personnalité* de celui du preneur.

L'usufruitier ayant un droit réel, un démembrement de la propriété, est en rapport direct avec la chose grevée de son usufruit. Il a dès lors toutes les actions réelles qui tendent à lui assurer l'exercice de son droit, et si des tiers tentent d'y faire obstacle, il peut de lui-même et sans recourir au nu-propriétaire saisir les tribunaux. D'un autre côté, dès qu'il est entré en possession de son usufruit, il a tout ce qu'il peut exiger, et le nu-propriétaire n'est tenu de faire à la chose aucune réparation. Si cette chose augmente ou diminue de valeur, si elle se développe ou se détériore, ce sera autant de gagné ou de perdu pour la jouissance actuelle de l'usufruitier, comme pour la jouissance future du nu-propriétaire. Les droits respectifs de l'usufruitier et du nu-propriétaire fonctionnent ainsi parallèlement, et en quelque sorte sans se toucher.

Il n'en n'est pas de même dans le cas de louage. Le bailleur est uni à son preneur par un lien personnel qui fait constamment sentir son action. Quand le preneur est troublé dans sa jouissance par des tiers, le bailleur doit venir à son secours et le défendre en justice. Quand la chose louée a subi des dégradations qui ne proviennent pas de la faute ou du fait du preneur, le bailleur doit faire les réparations nécessaires. En un mot, le nu-propriétaire doit simplement *laisser jouir* l'usufruitier, et *le bailleur doit faire jouir* le preneur.

Signalons une dernière conséquence de la diversité qui existe entre les deux droits dont nous parlons. Nous avons dit, et cela est évident, que le droit de l'usufruitier est mobilier ou immobilier, selon qu'il porte sur des meubles ou sur des immeubles. Le droit du preneur, au contraire, est toujours mobilier, même quand le bail a pour objet des immeubles. En effet du moment que ce droit consiste, non dans un démembrement de la propriété, mais dans une *créance* du preneur contre son bailleur tendant à obtenir la jouissance paisible et utile de la chose louée, il se traduit simplement par des dommages-intérêts dans le cas où le bailleur ne remplit pas ses obligations, et son objet définitif est une condamnation pécuniaire. Par cela même qu'il est personnel le droit du preneur est donc toujours mobilier. Nous reviendrons, en traitant du louage, sur ces différences entre le droit de l'usufruitier et celui du preneur.

Comment s'établit *l'usufruit.* — Aux termes de l'art. 579, l'usufruit est établi par la loi, ou par la volonté de l'homme.

1° *De l'usufruit* établi par la loi. — Les cas d'usufruit légal sont au nombre de deux seulement. Nous avons déjà vu que l'article 384 du Code accorde à celui des père ou mère qui a la puissance paternelle la jouissance des biens de ses enfants mineurs de dix-huit ans et non émancipés.

A ce cas, il faut ajouter celui de l'article 754, qui accorde au père ou à la mère survivant à son descendant, l'usufruit du tiers des biens dévolus à la ligne qui n'est pas la sienne. Nous reviendrons sur ce cas d'usufruit en traitant des successions.

2° *De l'usufruit établi par la* volonté de l'homme. — Cette volonté peut se manifester de plusieurs manières. Ainsi, tous les faits translatifs de propriété, tels que le testament, la vente, l'échange, la donation, le partage et la prescription, peuvent servir à constituer un usufruit. Mais il faut excepter l'adjudication, qui transfère la propriété des choses vendues en justice, et ne peut cependant plus aujourd'hui, comme à Rome, établir un usufruit. Pourquoi ? Parce que le législateur français, justement hostile aux démembrements de la propriété, a décidé que si une chose commune n'est pas commodément partageable, elle devra être licitée, c'est-à-dire vendue en toute propriété aux enchères publiques, pour le prix en être distribué aux différents copropriétaires (art. 1686). De la sorte il n'y a jamais lieu aujourd'hui, dans les partages faits en justice, de donner à l'un la nu-propriété et à l'autre l'usufruit. Sous ce rapport, nos tribunaux n'ont plus la latitude qu'avait en droit romain le juge des actions *familiæ erciscundæ* et *communi dividundo*.

Depuis la loi du 23 mars 1855, tout titre constitutif d'usufruit sur un immeuble, sauf le testament, doit, pour devenir opposable aux tiers, être transcrit au bureau des hypothèques dans l'arrondissement duquel l'immeuble est situé. Nous verrons qu'il en est de même pour les servitudes.

Des MODALITÉS *dont l'usufruit est susceptible.* — L'usufruit peut être établi :

1° *Purement et simplement :* dans ce cas, il prend naissance et peut être exercé dès le jour même de sa constitution ;

2° *A terme.* — Le terme est un événement futur et nécessaire. Les parties peuvent le placer soit au début, soit à la fin de l'usufruit, et dire, par exemple, que celui-ci commencera seulement à partir de telle époque (*dies à quo*), ou qu'il ne durera que jusqu'à telle époque (*dies ad quem*). La mort de l'usufruitier est un terme nécessaire qu'aucun autre ne peut excéder.

3° *Sous condition.* — La condition est un événement futur et non nécessaire. A la différence du terme, elle suspend non-seulement l'exercice des droits subordonnés à son évé-

nement, mais encore leur existence. Un double exemple va
rendre cette différence plus sensible. Ainsi, lorsque je vends
un usufruit, avec clause que l'acheteur ne l'exercera que
dans un an, son droit prend immédiatement naissance et
l'exercice en est seul retardé. Lorsqu'au contraire je vends
un usufruit sous la condition que tel vaisseau reviendra dans
un an de son voyage, le droit ne prendra naissance que le
jour où la condition s'accomplira. Mais, comme toute condition accomplie produit un effet rétroactif (art. 1179), l'usufruit sera censé avoir existé dès l'origine et à partir du contrat, si réellement le vaisseau revient avant l'expiration du
temps convenu. Au surplus, la condition peut être résolutoire, au lieu d'être suspensive. Alors le droit existe actuellement et peut être actuellement exercé. Mais si la condition se réalise, l'usufruit disparaît et est censé n'avoir jamais
existé. Ainsi, dans le cas où je vous aurais vendu tel usufruit
pour le cas où tel vaisseau ne reviendrait pas de son voyage ;
le vaisseau revenu, l'usufruit s'évanouit rétroactivement.

Des biens susceptibles d'usufruit. — Les meubles comme
les immeubles, et les choses incorporelles comme les choses
corporelles, sont susceptibles d'usufruit.

PREMIÈRE SECTION

DES DROITS DE L'USUFRUITIER.

Art. 582. L'usufruitier a le droit de jouir de toute espèce de
fruits, soit naturels, soit industriels, soit civils, que peut produire
l'objet dont il a l'usufruit.

583. Les fruits naturels sont ceux qui sont le produit spontané de
la terre. — Le produit et le croît des animaux sont aussi des fruits
naturels. — Les fruits industriels d'un fonds sont ceux qu'on obtient
par la culture.

584. Les fruits civils sont les loyers des maisons, les intérêts des
sommes exigibles, les arrérages des rentes. — Les prix de baux à
ferme sont aussi rangés dans la classe des fruits civils.

585. Les fruits naturels et industriels, pendants par branches ou
par racines au moment où l'usufruit est ouvert, appartiennent à

l'usufruitier. — Ceux qui sont dans le même état au moment où finit l'usufruit appartiennent au propriétaire, sans récompense de part ni d'autre des labours et des semences, mais aussi sans préjudice de la portion des fruits qui pourrait être acquise au colon partiaire, s'il en existait un au commencement ou à la cessation de l'usufruit.

586. Les fruits civils sont réputés s'acquérir jour par jour, et appartiennent à l'usufruitier, à proportion de la durée de son usufruit. Cette règle s'applique aux prix des baux à ferme, comme aux loyers des maisons et aux autres fruits civils.

587. Si l'usufruit comprend des choses dont on ne peut faire usage sans les consommer, comme l'argent, les grains, les liqueurs, l'usufruitier a le droit de s'en servir, mais à la charge d'en rendre de pareilles quantité, qualité et valeur, ou leur estimation à la fin de l'usufruit.

588. L'usufruit d'une rente viagère donne aussi à l'usufruitier, pendant la durée de son usufruit, le droit d'en percevoir les arrérages, sans être tenu à aucune restitution.

589. Si l'usufruit comprend des choses qui, sans se consommer de suite, se détériorent peu à peu par l'usage, comme du linge, des meubles meublants, l'usufruitier a le droit de s'en servir pour l'usage auquel elles sont destinées, et n'est obligé de les rendre, à la fin de l'usufruit, que dans l'état où elles se trouvent, non détériorées par son dol ou par sa faute.

590. Si l'usufruit comprend des bois taillis, l'usufruitier est tenu d'observer l'ordre et la quotité des coupes, conformément à l'aménagement ou à l'usage constant des propriétaires; sans indemnité toutefois en faveur de l'usufruitier ou de ses héritiers, pour les coupes ordinaires, soit de taillis, soit de baliveaux, soit de futaie, qu'il n'aurait pas faites pendant sa jouissance. — Les arbres que l'on peut tirer d'une pépinière sans la dégrader ne font aussi partie de l'usufruit qu'à la charge par l'usufruitier de se conformer aux usages des lieux pour le remplacement.

591. L'usufruitier profite encore, toujours en se conformant aux époques et à l'usage des anciens propriétaires, des parties de bois de haute futaie qui ont été mises en coupes réglées, soit que ces coupes se fassent périodiquement sur une certaine étendue de terrain, soit qu'elles se fassent d'une certaine quantité d'arbres pris indistinctement sur toute la surface du domaine.

592. Dans tous les autres cas, l'usufruitier ne peut toucher aux arbres de haute futaie : il peut seulement employer, pour faire les

réparations&dont il est tenu, les arbres arrachés ou brisés par accident ; il peut même, pour cet objet, en faire abattre, s'il est nécessaire, mais à la charge d'en faire constater la nécessité avec le propriétaire.

593. Il peut prendre, dans les bois, des échalas pour les vignes ; il peut aussi prendre, sur les arbres, des produits annuels ou périodiques ; le tout suivant l'usage du pays ou la coutume des propriétaires.

594. Les arbres fruitiers qui meurent, ceux même qui sont arrachés ou brisés par accident, appartiennent à l'usufruitier, à la charge de les remplacer par d'autres.

595. L'usufruitier peut jouir par lui-même, donner à ferme à un autre, ou même vendre ou céder son droit à titre gratuit. S'il donne à ferme, il doit se conformer, pour les époques où les baux doivent être renouvelés, et pour leur durée, aux règles établies pour le mari, à l'égard des biens de la femme, au titre *du Contrat de mariage et des Droits respectifs des époux.*

596. L'usufruitier jouit de l'augmentation survenue par alluvion à l'objet dont il a l'usufruit.

597. Il jouit des droits de servitude, de passage, et généralement de tous les droits dont le propriétaire peut jouir, et il en jouit comme le propriétaire lui-même.

598. Il jouit aussi, de la même manière que le propriétaire, des mines et carrières qui sont en exploitation à l'ouverture de l'usufruit ; et néanmoins, s'il s'agit d'une exploitation qui ne puisse être faite sans une concession, l'usufruitier ne pourra en jouir qu'après en avoir obtenu la permission de l'Empereur. — Il n'a aucun droit aux mines et carrières non encore ouvertes, ni aux tourbières dont l'exploitation n'est point encore commencée, ni au trésor qui pourrait être découvert pendant la durée de l'usufruit.

599. Le propriétaire ne peut, par son fait, ni de quelque manière que ce soit, nuire aux droits de l'usufruitier. — De son côté, l'usufruitier ne peut, à la cessation de l'usufruit, réclamer aucune indemnité pour les améliorations qu'il prétendrait avoir faites, encore que la valeur de la chose en fût augmentée. — Il peut cependant, ou ses héritiers, enlever les glaces, tableaux et autres ornements qu'il aurait fait placer, mais à la charge de rétablir les lieux dans le même état.

Du droit de JOUISSANCE. — L'usufruitier use et jouit de la chose, et devient propriétaire de tous les fruits qu'elle pro-

duit. L'art. 582 est inexact, en ce qu'il n'accorde à l'usufruitier qu'un droit de jouissance sur les fruits ; et incomplet, en
ce qu'il ne fait pas mention des services que peut procurer la
chose, indépendamment de ses produits. L'inexactitude de
l'article est évidente, car si l'usufruitier n'a sur la chose d'où
proviennent les fruits qu'un droit de jouissance, il acquiert sur
les fruits eux-mêmes, dès qu'ils sont séparés du sol, un véritable droit de propriété qui lui permet d'en disposer sans avoir
aucun compte à rendre au nu propriétaire. De plus il est clair
que l'article est incomplet, puisque l'usage de la chose appartient à l'usufruitier distinctement de la jouissance, et que
même il constitue tout l'avantage de l'usufruit quand la
chose n'est pas frugifère de sa nature, comme par exemple
un parc uniquement destiné à l'agrément.

Des FRUITS. — Nous savons que le Code appelle ainsi tous
les produits que la chose est destinée à fournir. Et nous avons
vu que le signe caractéristique de cette destination est la
périodicité des produits. L'usufruitier a seulement droit aux
produits périodiques, ou, en d'autres termes, aux *fruits* de
la chose. La raison en est que la personne qui a constitué
l'usufruit en sa faveur n'a certainement pas eu l'intention de
lui donner des produits exceptionnels et imprévus, et que de
son côté l'usufruitier n'a pas dû compter les percevoir. Ce
serait donc aller contre la pensée commune des parties que de
permettre à l'usufruitier de réclamer les produits qui sur-
viendraient extraordinairement. Ainsi, lorsqu'après l'établissement de l'usufruit, une carrière est ouverte dans le
fonds qui en est grevé, les matériaux qui proviennent de l'extraction appartiennent au nu propriétaire et non à l'usufruitier. Lorsqu'au contraire cette carrière était ouverte avant la
constitution de l'usufruit, ses produits doivent appartenir à
l'usufruitier, parce que le fonds était destiné à les fournir, et
que les produits avaient déjà reçu de l'exploitation de la carrière un caractère de périodicité.

La distinction des fruits naturels et des fruits industriels est sans aucune utilité ; mais celle des fruits naturels ou industriels d'une part, et des fruits civils d'autre part, est très-importante, car les uns et les autres s'acquièrent d'une manière différente. Nous ne revenons pas ici sur cette classification des différentes espèces de fruits. Nous l'avons suffisamment étudiée.

Parmi les fruits civils, le Code cite les loyers des maisons, les intérêts des sommes exigibles, les arrérages des rentes et les prix des baux à ferme. Mais ce sont là des exemples qui n'ont rien de limitatif. Ainsi, les produits du péage d'un pont, ceux de la location des livres d'un cabinet de lecture, et en général tout ce qui est perçu à l'occasion d'une chose, sans être produit par elle, constitue des fruits civils.

Notons que le Code a innové à l'ancien droit français, en donnant aux prix des baux à ferme le caractère de fruits civils. Autrefois les fermages étaient assimilés à un prix de vente, par le motif que l'usufruitier bailleur était censé vendre à son fermier les fruits du fonds qu'il lui louait. Aujourd'hui le Code considère que les fermages, au lieu d'être un prix de vente des fruits récoltés par le fermier, proviennent directement du fonds affermé, tout comme les loyers proviennent d'une maison. En d'autres termes, les fermages sont perçus à l'occasion de l'immeuble affermé, et sont la représentation de la jouissance du preneur, au lieu d'être perçus à l'occasion de la récolte et d'être la représentation des fruits cueillis par le fermier. Cette innovation a eu pour but d'éviter les procès que faisait naître l'ancienne législation. En effet, quand l'usufruitier d'un fonds l'avait donné à ferme, et venait à mourir au cours d'une récolte, il était souvent difficile de savoir quelle quotité de fruits était déjà acquise à sa succession, et quelle quotité devait appartenir au nu propriétaire. Pour parvenir à ce règlement de leurs droits respectifs, il était nécessaire de déterminer la partie des fruits qui avait été récoltée, et celle qui était encore sur pied, au moment de la mort de l'usufruitier. Les fruits perçus avant sa mort étaient acquis à ses héritiers, et en conséquence la valeur de ces fruits pouvait être réclamée par eux du fermier. Au contraire, les fruits qui se trouvaient encore, au moment de la mort, pendants par branches ou par racines, appartenaient au nu propriétaire, et c'est à lui que le preneur devait payer la partie de son fermage annuel, correspondant à cette partie de la récolte.

Le Code a voulu, avec raison, éviter tous ces comptes, et il a transformé les fermages en fruits civils, afin que l'usufruitier les acquière toujours en proportion du temps qu'il aura vécu depuis la location, ainsi que nous allons le voir tout à l'heure.

Comment *l'usufruitier* fait les fruits siens. — Les fruits naturels et industriels deviennent la propriété de l'usufruitier, par cela seul qu'ils sont détachés du sol. Et, en effet, l'article 585, en accordant au nu propriétaire ceux pendants par branches et par racines au moment où l'usufruit s'éteint, reconnaît, par cela même, que tous ceux détachés du sol appartiennent à l'usufruitier. Mais est-il nécessaire, comme à Rome, que l'usufruitier ait pris possession des fruits par lui-même ou par autrui ? Nous ne le pensons pas. L'article 585 exige seulement qu'ils ne soient plus pendants par branches et par racines; d'où il suit que, si un cas fortuit, par exemple un orage, avait abattu des fruits, même à l'insu de l'usufruitier, ce dernier en aurait acquis la propriété, et aurait pu en mourant la transmettre à ses héritiers.

Notons que l'article 585 1o déclare à tort l'usufruitier propriétaire de tous les fruits pendants par branches ou par racines au moment de l'ouverture de son droit; car si ce droit s'éteint avant leur séparation du sol ou de l'arbre, il n'est pas douteux qu'aux termes du deuxième alinéa du même article, ils appartiennent au nu propriétaire. Cette disposition a du reste un sens évident. Elle veut simplement dire que l'usufruitier aura le droit de récolter ces fruits, quoiqu'il n'ait pas fait lui-même les frais de la récolte, son droit étant d'ailleurs subordonné à la condition que l'usufruit durera jusqu'à la perception de la récolte.

Que décider si l'usufruitier, ayant vendu une récolte sur pied, vient à mourir avant que l'acheteur l'ait perçue ? D'après les uns, la vente est nulle, car, aux termes de l'article 1599, on ne peut vendre la chose d'autrui, et la récolte qui était sur pied au moment de l'extinction de l'usufruit, n'a jamais appartenu à l'usufruitier vendeur. D'après les autres, la vente est valable, car l'article 595 accorde à l'usufruitier le droit de faire des baux dont la durée pourra excéder celle de son usufruit. Or, la vente d'une récolte peut être assimilée à un bail limité au temps nécessaire pour la faire, et, dès lors, on ne peut objecter l'article 1599, qui prohibe la vente de la chose d'autrui. Cette solution est plus'conforme à l'équité, et ne paraît pas contraire aux principes. Le prix de la vente appartiendra du reste, cela va sans dire, au nu propriétaire et non aux héritiers de l'usufruitier, parce que ce prix représente des fruits qui n'étaient pas détachés du sol et qui par cela même n'avaient jamais été la propriété de l'usufruitier.

L'usufruitier et le nu propriétaire ne se doivent respectivement aucun compte des frais de semence ou de labour. Sous ce rapport, l'usufruit est aléatoire ; en effet, s'il commence après une récolte et finit avant la récolte suivante, l'usufruitier n'aura rien perçu, et cependant il aura supporté les frais de semence et de labour pour une récolte. Réciproquement, si l'usufruit commence avant une récolte, et finit avant les travaux de la récolte suivante, l'usufruitier aura perçu toute une récolte, sans avoir supporté les frais d'aucune. Le Code a préféré cette égalité de chances à des comptes respectifs, toujours difficiles à établir. Mais comme les tiers qui auraient fait les travaux de l'année ne doivent pas souffrir d'une constitution d'usufruit à laquelle ils sont étrangers, le Code leur accorde le droit de prélever, sur le prix de la récolte, les frais des travaux qui l'ont préparée et produite (art. 2102-1°). Pareillement, le colon partiaire, qui cultive le fonds moyennant une fraction de la récolte, aura le droit de la partager avec celui qui la percevra, sans distinguer si c'est le nu propriétaire ou l'usufruitier.

L'usufruitier acquiert les fruits civils *jour par jour*, c'est-à-dire proportionnellement à la durée de son usufruit (art. 586). Il importe de préciser le sens de cette acquisition. Le Code veut-il dire que jour par jour l'usufruitier devient *propriétaire* des fruits civils? Un tel sens n'est point admissible par la raison que les fruits civils consistent en un genre, qui est habituellement une somme d'argent payable à des époques régulières et périodiques, et l'on ne peut devenir propriétaire, comme nous l'avons vu, que de choses individuellement déterminées. L'art. 586 signifie simplement que jour par jour, l'usufruitier devient *créancier* des fruits civils courants, et qu'après l'extinction de son droit, ses héritiers pourront réclamer une quotité des fruits civils proportionnelle au nombre de jours qui se seront écoulés depuis le moment où ces fruits civils avaient commencé à courir.

Ainsi lorsque l'usufruitier d'une maison la loue, et meurt avant d'avoir rien reçu de son locataire, ses héritiers ont le droit d'exiger autant de 365es du loyer qu'il s'est écoulé de jours depuis la location. Pareillement, si l'usufruitier d'un fonds l'a affermé, et qu'il meure sans avoir rien touché du preneur, ses héritiers pourront, aux termes de l'article 586 exiger autant de 365es des fermages qu'il s'est écoulé de jours depuis le bail. Nous avons déjà dit que pour les fermages il en était différemment dans l'ancien droit français, et nous avons indiqué la raison de cette innovation.

Il va de soi que, si l'usufruitier a reçu une certaine quotité de loyers ou de fermages, le nombre des jours de jouissance ne commence à courir pour lui ou pour ses héritiers qu'à dater du moment qui sert de point de départ à la dette postérieure du locataire ou du fermier. Par exemple, si les loyers ou fermages ont été payés jusqu'au 1er juillet, et que l'usufruitier meure le 25 du même mois, ses héritiers n'auront droit qu'à vingt-cinq 365es des loyers ou fermages de l'année courante.

Du QUASI-USUFRUIT. — On ne peut établir d'usufruit véritable sur les choses destinées à la consommation, telles que le vin, le blé et autres denrées, car le fait d'en jouir et le fait d'en disposer sont, dans ce cas, équivalents. Par cela seul qu'on en jouit, on les consomme, et, en les consommant, on fait acte de propriétaire, et non d'*usufruitier*. Toutefois, les lois romaines, et le Code après elles, ont permis de les grever d'un quasi-usufruit. Mais alors l'usufruitier en devient propriétaire, et peut les consommer ; d'où il suit qu'au lieu de les restituer identiquement, il les remplacera, à l'extinction de l'usufruit, par des choses de même nature, en pareille quantité et qualité.

Le quasi-usufruit se rapproche beaucoup du prêt de consommation. Cependant, plusieurs différences les séparent : ainsi, l'emprunteur n'est pas tenu de donner caution, et son droit ne s'éteint pas nécessairement avec sa vie. Le quasi-usufruitier, au contraire, est tenu de donner caution, et son droit est intransmissible à ses héritiers.

De ce que le quasi-usufruitier devient propriétaire de la chose, il en supporte les risques, et il doit, à tout événement, restituer l'équivalent de ce qu'il a reçu.

L'art. 587 ne détermine pas cet équivalent d'une façon claire et précise : il paraît laisser au quasi-usufruitier ou à ses représentants le choix de rendre des choses de même nature en pareilles quantité et qualité, ou leur estimation à la fin de l'usufruit. Mais cette disposition ne peut être admise dans un sens absolu, car elle serait souvent contraire à l'intention réelle ou présumée des parties ; et, d'ailleurs, on ne voit pas pourquoi le choix appartiendrait au débiteur plutôt qu'au créancier. A plus forte raison faut-il écarter le système de ceux qui accordent à l'usufruitier ou à ses représentants le choix de rendre les choses qu'il a reçues en pareilles quantité et qualité, ou leur estimation d'après la valeur qu'elles avaient au moment de la constitution de l'usufruit ; car, si les choses avaient augmenté de valeur, le débiteur restituerait toujours leur estimation, et si elles avaient subi une dépréciation, il les restituerait en nature.

Pour concilier le texte du Code avec l'intention probable des parties et avec l'équité, il faut voir, dans l'article 587, non une alternative, mais une double solution donnée en vue de deux hypothèses différentes. En effet, ou les choses auront été estimées au moment de la constitution de l'usufruit, et alors le quasi-usufruitier ou ses représentants devront nécessairement restituer l'estimation ; ou elles n'auront pas été estimées, et alors ils devront nécessairement restituer des choses semblables en pareilles quantité et qualité. Cette interprétation, adoptée par le droit romain et par l'ancien droit français, n'est pas contraire au Code, et elle doit être admise encore aujourd'hui [1].

Notons que, pour savoir s'il a été constitué un usufruit véritable ou un quasi-usufruit, il faut consulter, moins la nature des choses, que l'intention des parties contractantes ; car telle chose qui ordinairement se consomme par le premier usage devra, d'après l'intention des contractants, être identiquement restituée ; et telle chose qui ne se consomme pas ordinairement par le premier usage pourra être remplacée par une chose équivalente. Ainsi, le blé, le vin peuvent être l'objet d'un véritable usufruit, par exemple s'ils doivent servir à l'étalage d'une boutique ; et réciproquement, des exemplaires d'un ouvrage peuvent être l'objet d'un quasi-usufruit, par exemple si un libraire les emprunte à un autre libraire pour les vendre, sauf à lui restituer un nombre égal d'exemplaires du même ouvrage et de la même édition. On appelle *fongibles* les choses destinées à être remplacées par d'autres de même nature, et *corps certains* les choses devant être restituées identiquement. Les choses fongibles seules peu-

---

[1] Marcadé, t. II, p. 519. — Zachariæ, t. II, § 225, note 7.

vent être l'objet d'un quasi-usufruit. Dès que ces choses ont
été considérées par les parties comme corps certains, elles donnent lieu à un véritable usufruit, et, à l'expiration de cet usufruit, elles doivent être restituées identiquement au nu propriétaire.

On ne doit pas assimiler les choses d'une facile détérioration, comme le linge, les vêtements, etc., aux choses qui se
consomment par le premier usage. Elles sont susceptibles
d'un usufruit véritable, et doivent être restituées identiquement. La perte arrivée par cas fortuit sera donc pour le nu
propriétaire, et l'usufruitier ne répondra que des détériorations provenant de son dol ou de sa faute.

De l'usufruit DES RENTES. — L'usufruitier des choses incorporelles, telles que créances, rentes, etc., a le droit d'en
percevoir tous les produits ; ainsi les intérêts et les arrérages
lui appartiennent, et il n'a jamais à rendre compte que du
droit même de créance ou de rente. L'article 588 applique
aux rentes viagères le principe admis pour les rentes perpétuelles et les créances ordinaires, quoique cependant les arrérages comprennent, dans ce cas, une partie du capital, en
même temps que les revenus de ce capital. Dans l'ancien
droit français, il y avait sur ce point de vives controverses.
Les uns disaient que l'usufruitier devait considérer les arrérages de la rente viagère comme de petits capitaux successifs
dont il avait le droit de percevoir simplement les revenus,
mais dont il ne pouvait pas disposer. En conséquence, il devait
faire le placement de ces capitaux périodiques, et, après en
avoir touché les revenus pendant toute la durée de l'usufruit,
les rendre à l'expiration de son droit au nu propriétaire. Ce
système avait un double tort : d'une part il réduisait à presque rien les avantages de l'usufruit établi sur une rente, et
de l'autre il n'accordait pas à l'usufruitier la totalité des revenus du capital de cette rente. Effectivement les arrérages
d'une rente viagère représentent principalement et avant
tout les intérêts du capital, auquel vient s'ajouter une mi-

nime fraction du capital lui-même, calculée de manière à équilibrer les chances du créancier de la rente avec celles du débiteur. Cette fraction du capital est presque toujours inférieure au revenu. Pour qu'elle lui fût égale, il faudrait que la rente fût constituée au taux de 10 pour 100, ce qui est rare. En ne donnant à l'usufruitier que les intérêts des arrérages, on le privait donc du revenu normal du capital de la rente, auquel il a un droit incontestable, et qui est habituellement la partie la plus importante des arrérages. Or on ne peut point ainsi sacrifier injustement les intérêts légitimes de l'usufruitier, pour sauvegarder au nu propriétaire la partie de ces arrérages qui représente une fraction du capital.

La solution rigoureusement exacte consisterait évidemment à donner à l'usufruitier de la rente viagère la portion des arrérages qui correspond au revenu du capital aliéné, et au nu propriétaire le restant des arrérages, qui représente la fraction du capital. Cette solution n'a cependant jamais été adoptée, sans doute parce que les intérêts des sommes d'argent étant très-variables, on ne sait pas au juste quelle est la quotité des arrérages qui représente le revenu, et quelle est la quotité qui représente la fraction du capital.

La seconde opinion qui s'était produite dans l'ancienne jurisprudence consistait à donner la totalité des arrérages à l'usufruitier. C'était là un avantage excessif, puisque l'usufruitier recevait ainsi la fraction du capital qui devait rester au nu propriétaire. Néanmoins l'art. 588 l'a consacrée. Mais alors une autre difficulté se présente. On ne voit pas en effet quelle différence existe entre l'usufruitier d'une rente viagère et le rentier lui-même, puisque l'un et l'autre perçoivent tous les arrérages, quel qu'en soit le montant. Il faut le reconnaître : cette différence est nulle si l'usufruitier vit autant que le rentier, car alors il absorbe la rente tout entière, mais elle est très-réelle dans le cas où le rentier survit à l'usufruitier, car alors il jouit de la rente à partir de l'extinction de l'usufruit.

Un droit analogue à celui que nous venons d'examiner est

l'usufruit établi sur un autre usufruit. L'usufruit superposé ne pourra jamais durer plus longtemps que l'usufruit qui sert de base ; mais l'inverse pourra se produire. Tant que l'usufruit superposé durera, l'usufruitier primordial ne percevra rien ; mais s'il vient à finir de son vivant, l'usufruitier primordial, se trouvant dégagé de la charge qui le grevait, rentrera dans l'exercice de son droit d'usufruit.

De l'usufruit DES BOIS. — Les bois sont de plusieurs espèces ; on peut distinguer :

1° *Les pépinières*, destinées à fournir les arbres nécessaires à l'entretien des forêts ;

2° Les *bois taillis*, destinés à être coupés à des époques rapprochées, par exemple, tous les huit, dix ou douze ans, suivant l'usage des différentes localités ;

3° Les *baliveaux*, destinés à être coupés tous les vingt ou vingt-cinq ans ;

4° Les *hautes futaies*, destinées à être coupées à des époques éloignées, par exemple, tous les soixante-quinze ans ;

5° Les *hautes futaies* non mises en coupes réglées ;

6° Les arbres *fruitiers*.

L'usufruitier a le droit de jouir des pépinières, des bois taillis, des baliveaux et des hautes futaies mises en coupes réglées, en se conformant, pour les coupes, à l'aménagement ou à l'usage constant des anciens propriétaires. Si ces derniers n'avaient pas encore commencé l'exploitation, l'usufruitier devrait se conformer à l'usage des lieux, car il est présumable que le propriétaire n'eût pas adopté un autre système d'aménagement.

Les coupes ne sont acquises à l'usufruitier que par la perception. Dès lors, s'il a négligé de faire une coupe qui était arrivée à maturité, et qu'il vienne à mourir, cette coupe n'appartiendra point à ses héritiers, mais au nu propriétaire. Qu'arriverait-il dans l'hypothèse inverse, c'est-à-dire si l'usufruitier avait fait une coupe par anticipation, et que son droit prît fin avant l'époque de la maturité ? Dans ce cas, il aurait évidemment commis un abus de jouissance, et ses héritiers devraient indemniser le nu propriétaire du préjudice qu'il aurait éprouvé.

Quant aux arbres fruitiers et de haute futaie non mise en coupe réglée, le Code les considère comme une partie intégrante du fonds, comme un véritable capital, et l'usufruitier peut seulement en recueillir les fruits. Mais cette conséquence rigoureuse des principes est tempérée par la règle : « que l'usufruitier doit administrer en bon père de famille. » Or, un bon père de famille prend chez lui des échalas pour ses vignes et les arbres nécessaires à la réparation de ses bâtiments, lors même que ces arbres ne seraient pas mis en couple réglée. Conséquemment, l'usufruitier pourra, dans ce double but, exiger aussi la coupe des arbres que le propriétaire lui-même eût abattus, à la condition toutefois d'en constater avec lui la nécessité.

L'art. 594 contient une règle particulière aux arbres fruitiers. Malgré leur caractère de produits non périodiques du fonds, il en attribue la propriété à l'usufruitier, quand un accident les arrache ou les brise. Mais, par contre, l'usufruitier est tenu de les remplacer. C'est là une compensation à l'avantage exceptionnel qui lui est accordé.

De l'usufruit des MINES *et* CARRIÈRES. — D'après l'article 598 du Code, aujourd'hui sans application, l'usufruitier d'un fonds avait droit aux produits des mines ouvertes avant la constitution de son usufruit, mais non aux produits des mines ouvertes après cette époque. Cette différence était rationnelle ; car, dans le premier cas, l'usufruitier devait, et, dans le second, il ne devait pas compter sur les revenus de la mine. L'art. 598 *in fine* ajoutait que, dans la première hypothèse l'usufruitier devait obtenir la *permission de l'Empereur.* Ces mots faisaient allusion à la loi du 28 juillet 1791, qui était encore en vigueur au moment de la rédaction du Code, loi d'après laquelle toute concession était personnelle et ne pouvait être transmise à des tiers, en tout ou en partie, qu'avec l'assentiment de l'autorité.

Mais nous avons vu que la loi du 21 avril 1810 est venue
depuis inaugurer un régime tout différent. Aujourd'hui, les
mines appartiennent exclusivement à ceux qui, propriétaires
ou non de la surface, en ont reçu de l'État la concession. Conséquemment, l'usufruitier n'a droit aux produits d'une mine,
même ouverte avant la constitution de l'usufruit, que si le
propriétaire du fonds était en même temps concessionnaire
de la mine. A plus forte raison n'aura-t-il pas droit aux produits d'une mine ouverte après la constitution de l'usufruit, à
moins qu'il n'en obtienne lui-même la concession, cas auquel il les percevra non plus comme usufruitier du fond,
mais comme propriétaire de la mine. Quant à la permission
de l'Empereur, dont parle l'art. 598, il n'y a plus lieu, en aucun cas, de la demander, puisque toute concession de mine
peut être transmise d'une personne à une autre sans l'intervention du gouvernement. Celui auquel le concessionnaire
d'une mine en aura donné l'usufruit aura donc la faculté de l'exploiter, comme celui auquel il en aurait transféré la propriété.

Quant aux carrières et tourbières, elles appartiennent toujours au propriétaire de la surface, et l'usufruitier a droit à
leurs produits, lorsqu'elles sont ouvertes avant la constitution de l'usufruit. Dans le cas contraire, le nu propriétaire
les perçoit, parce qu'ils ne sont plus des fruits, mais des produits extraordinaires.

Le trésor découvert sur le fonds grevé d'usufruit appartient
évidemment au nu propriétaire, à moins que l'usufruitier
n'ait droit à la moitié en qualité d'inventeur (art. 716).

Des droits de l'usufruitier sur les ACCROISSEMENTS *du fonds
et sur les* SERVITUDES *qui y sont attachées.* — L'usufruit d'un
fonds emporte celui de ses accessoires ; par exemple, des accroissements résultant de *l'alluvion* (art. 596). Les accroissements dus à l'alluvion sont insensibles, et comme il serait
impossible de distinguer les parcelles originaires, des parcelles qui sont venues s'ajouter à la rive, on regarde le tout
comme soumis à l'usufruit. Mais cet usufruit s'étend-il aux

îles qui se forment dans la rivière non navigable ni flottable, dont le fonds est riverain ? Le droit romain décidait la négative ; et, en effet, l'île était considérée comme un fonds nouveau, distinct du précédent. Le Code paraît avoir reproduit cette théorie ; car, disant que l'usufruit d'un fonds s'étend à l'alluvion, il exclut, par cela même, son extension sur l'île. Mais, toutes les fois que l'augmentation de la chose grevée d'un usufruit n'en sera point parfaitement distincte, on appliquera le principe, que le droit existant sur le principal s'étend sur l'accessoire.

Lorsque le fonds grevé d'usufruit est envahi par une rivière, le lit abandonné doit être attribué en jouissance à l'usufruitier, car il souffre dans son usufruit tout comme le nu propriétaire dans sa propriété, et l'un comme l'autre doit recevoir une indemnité correspondante au dommage qu'il éprouve (art. 563).

L'usufruitier a droit à toutes les servitudes établies au profit du fonds dont il jouit, et il doit même les exercer, car il est responsable de leur extinction par le non-usage. A plus forte raison doit-il supporter celles dont le fonds est grevé.

Comment l'usufruitier peut EXERCER *son droit de jouissance.* — L'usufruitier peut jouir, soit par lui-même, soit par autrui. La jouissance par autrui est susceptible de formes diverses. Ainsi, l'usufruitier peut :

1° *Affermer* les biens dont il a l'usufruit ;

2° *Donner ou vendre* l'usufruit lui-même.

De la LOCATION *des biens grevés d'usufruit.* — L'usufruitier a, par rapport aux biens dont il jouit, la faculté de consentir des baux de simple administration ; et, à cet égard, il doit suivre les règles tracées pour le mari administrant les biens de sa femme, ou le tuteur administrant ceux de son pupille. Il peut donc faire des baux de neuf ans, avec faculté de les renouveler deux ou trois ans avant l'expiration de la période courante, suivant qu'il s'agit de biens urbains ou de biens ruraux (art. 595).

Ces baux pourront évidemment excéder la durée de l'usufruit ; mais l'intérêt public exigeait une semblable infraction
aux droits du nu propriétaire, parce que d'un côté l'usufruitier aurait difficilement trouvé des preneurs, si la durée des
baux avait été soumise aux mêmes chances que la durée de
l'usufruit ; et que, de l'autre, la sécurité est indispensable au
preneur pour qu'il entreprenne les travaux de longue ha-
leine que comporte une bonne exploitation.

Si l'usufruitier a fait un bail pour une période trop longue,
ou s'il a renouvelé avant l'époque légale un bail antérieur, le
nu propriétaire est seulement tenu de supporter ce qui reste
à courir pour compléter la période de neuf ans dans laquelle
on se trouve. Ainsi, en supposant que le bail ait été fait pour
dix-huit ans, et que l'usufruit cesse après trois, six ou douze
ans, le preneur aura encore six, trois, ou six ans de jouissance. En un mot, le preneur jouira pendant tout l'intervalle
nécessaire pour compléter la période de neuf ans qui sera en
cours d'exécution.

Nous savons déjà qu'une grave différence sépare l'usufruitier jouissant par lui-même de l'usufruitier jouissant par un
locataire ou par un fermier. Le premier acquiert des fruits
naturels, le second des fruits civils, et les droits respectifs du
nu propriétaire et de l'usufruitier se liquident différemment
dans l'une et l'autre hypothèse.

DONATION OU VENTE *de l'usufruit*. — L'usufruitier peut
chez nous donner ou vendre son usufruit (art. 595). A Rome
il pouvait le vendre, mais non le transmettre par un mode
translatif de propriété, par exemple par la *cessio in jure*. Cette
différence de solution tenait à la nature même de ces deux opérations. Les Romains ne voyaient dans la vente qu'une obligation contractée par l'usufruitier de laisser une autre personne
exercer son droit, droit qui restait d'ailleurs toujours fixé sur
sa propre tête ; et au contraire ils voyaient dans la *cessio in
jure* un transfert du *droit même* d'usufruit, transfert qui
tendait à le faire passer de la tête du cédant sur celle du ces-

sionnaire, et à constituer en quelque sorte ainsi un nouvel usufruit dont la durée aurait été déterminée par la vie du cessionnaire, et non plus par celle du cédant.

Le Code a justement écarté les idées que les Romains attachaient à la *cessio in jure* de l'usufruit, et il a permis de faire le transfert à une autre personne, du *droit* même d'usufruit et non pas seulement de son *exercice*, par tous les moyens translatifs de propriété. Cette transmission de l'usufruit n'a rien de contraire à sa nature, car de ce qu'un usufruitier cède son droit, il ne résulte pas que sa vie cesse d'être le terme fatal de l'usufruit. Loin de là, quiconque cède un droit le cède avec toutes ses conditions d'existence, et, quand il s'agit d'un usufruit, cet usufruit reste toujours soumis à ses causes primitives d'extinction. Le texte du Code ne laisse, au surplus, aucun doute sur la possibilité et la légalité de cette transmission de l'usufruit. L'acquéreur aura les mêmes droits que son auteur ; conséquemment, il pourra céder à son tour l'usufruit, l'hypothéquer s'il est immobilier, et aucun de ces événements n'affectera la nature du droit ainsi transféré ou démembré.

Des COMPTES *à liquider entre l'usufruitier et le nu propriétaire.* — L'usufruitier a le droit de jouir, mais non d'exiger que le nu propriétaire le fasse jouir. Tel est le principe. Par contre, le nu propriétaire doit s'abstenir de tout ce qui porterait atteinte à la jouissance de l'usufruitier, sans que cette obligation purement passive puisse jamais devenir pour lui une obligation active. Lorsque, en fait, l'usufruitier a amélioré la chose dont il jouit, l'art. 599 lui interdit de réclamer, à l'extinction de son droit, aucune indemnité du nu propriétaire pour toutes les dépenses qu'il s'est imposées. Cette disposition paraît rigoureuse, car elle permet au nu propriétaire de s'enrichir au préjudice de l'usufruitier. On la justifie en disant que le Code a voulu prévenir tout procès sur des comptes respectifs toujours difficiles à établir. Et c'est pourquoi l'usufruitier peut bien enlever les glaces, tableaux et autres ornements, à la charge de rétablir les lieux dans leur premier état ; mais toute action en indemnité pour la plus-value donnée à la chose grevée d'usufruit serait, de sa part, non recevable. Ainsi les défrichements et les plantations qu'il a pu faire, les engrais dont il a enrichi les terres, ne donneront lieu de sa part à aucune répétition.

La comparaison de la règle qui précède avec cette autre « que le constructeur de mauvaise foi peut exiger le prix de la main-d'œuvre et des matériaux, lorsque le propriétaire garde les constructions (art. 555), » a fait naître une difficulté, au cas où les améliorations faites par l'usufruitier consistent précisément en constructions qu'il a élevées sur le fonds grevé d'usufruit. Il semble en effet que le constructeur de mauvaise foi ne puisse pas être dans une condition meilleure que l'usufruitier. De là une vive controverse. Certains auteurs veulent que l'usufruitier puisse exiger le payement des sommes que le constructeur de mauvaise foi pourrait lui-même réclamer. D'après eux, les améliorations dont parle l'art. 599 ne comprennent pas les *constructions*, mais simplement la plus-value donnée à des immeubles préexistants ; et, à raison des constructions proprement dites, l'usufruitier serait dans le droit commun et aurait une action en indemnité.

On doit, selon nous, écarter ce système et décider que, même pour les constructions, l'usufruitier n'a droit à aucune indemnité :

1° Parce que le mot *amélioration* est général et comprend aussi bien les constructions que tous autres ouvrages ;

2° Parce que le droit romain et l'ancien droit français donnaient cette solution, et que le Code ne paraît pas y avoir dérogé ;

3° Parce que l'usufruitier connaissait la durée temporaire de son droit, et que, n'ayant pas dû compter sur une jouissance perpétuelle des constructions qu'il élevait, il ne peut se plaindre d'en être privé sans indemnité ;

4° Parce qu'enfin le Code a voulu, comme nous l'avons

déjà dit, prévenir les procès, que l'espoir d'une indemnité eût rendus très-fréquents [1].

Pourquoi le Code permet-il à l'usufruitier d'enlever les glaces, tableaux et autres ornements, lorsque les constructions doivent rester intactes, et passer au nu propriétaire sans indemnité ? La raison en est que l'usufruitier est présumé n'avoir mis les meubles dans les bâtiments que pendant la durée de son usufruit, tandis que la même présomption est inadmissible lorsqu'il s'agit des constructions.

DEUXIÈME SECTION

DES OBLIGATIONS DE L'USUFRUITIER.

Art. 600. L'usufruitier prend les choses dans l'état où elles sont ; mais il ne peut entrer en jouissance qu'après avoir fait dresser, en présence du propriétaire, ou lui dûment appelé, un inventaire des meubles et un état des immeubles sujets à l'usufruit.

601. Il donne caution de jouir en bon père de famille, s'il n'en est dispensé par l'acte constitutif de l'usufruit ; cependant, les père et mère ayant l'usufruit légal du bien de leurs enfants, le vendeur ou le donateur, sous réserve d'usufruit, ne sont pas tenus de donner caution.

602. Si l'usufruitier ne trouve pas de caution, les immeubles sont donnés à ferme ou mis en séquestre. — Les sommes comprises dans l'usufruit sont placées. — Les denrées sont vendues, et le prix en provenant est pareillement placé. — Les intérêts de ces sommes et les prix des fermes appartiennent, dans ce cas, à l'usufruitier.

603. A défaut d'une caution de la part de l'usufruitier, le propriétaire peut exiger que les meubles qui dépérissent par l'usage soient vendus, pour le prix en être placé comme celui des denrées ; et alors l'usufruitier jouit de l'intérêt pendant son usufruit : cependant l'usufruitier pourra demander, et les juges pourront ordonner, suivant les circonstances, qu'une partie des meubles nécessaires pour son usage lui soit délaissée, sous sa simple caution juratoire, et à la charge de les représenter à l'extinction de l'usufruit.

---

[1] *Sic*, Proudhon, t. III, nᵒˢ 1441 et 1443. — *Contrà*, Marcadé, t. III, p. 124.

604. Le retard de donner caution ne prive pas l'usufruitier des fruits auxquels il peut avoir droit ; ils lui sont dus du moment où l'usufruit a été ouvert.

605. L'usufruitier n'est tenu qu'aux réparations d'entretien. — Les grosses réparations demeurent à la charge du propriétaire, à moins qu'elles n'aient été occasionnées par le défaut de réparation d'entretien, depuis l'ouverture de l'usufruit ; auquel cas, l'usufruitier en est aussi tenu.

606. Les grosses réparations sont celles des gros murs et des voûtes, le rétablissement des poutres et des couvertures entières ; — celui des digues et des murs de soutènement et de clôture aussi en entier. — Toutes les autres réparations sont d'entretien.

607. Ni le propriétaire ni l'usufruitier ne sont tenus de rebâtir ce qui est tombé de vétusté, ou ce qui a été détruit par cas fortuit.

608. L'usufruitier est tenu, pendant sa jouissance, de toutes les charges annuelles de l'héritage, telles que les contributions et autres qui, dans l'usage, sont censées charges des fruits.

609. A l'égard des charges qui peuvent être imposées sur la propriété pendant la durée de l'usufruit, l'usufruitier et le propriétaire y contribuent ainsi qu'il suit : — le propriétaire est obligé de les payer, et l'usufruitier doit lui tenir compte des intérêts. — Si elles sont avancées par l'usufruitier, il a la répétition du capital à la fin de l'usufruit.

610. Le legs, fait par un testateur, d'une rente viagère ou pension alimentaire, doit être acquitté par le légataire universel de l'usufruit dans son intégrité, et par le légataire à titre universel de l'usufruit dans la proportion de sa jouissance, sans aucune répétition de leur part.

611. L'usufruitier à titre particulier n'est pas tenu des dettes auxquelles le fonds est hypothéqué : s'il est forcé de les payer, il a son recours contre le propriétaire, sauf ce qui est dit à l'article 1020, au titre *des Donations entre-vifs et des testaments*.

612. L'usufruitier, ou universel, ou à titre universel, doit contribuer avec le propriétaire au payement des dettes, ainsi qu'il suit : — On estime la valeur du fonds sujet à usufruit ; on fixe ensuite la contribution aux dettes à raison de cette valeur. — Si l'usufruitier veut avancer la somme pour laquelle le fonds doit contribuer, le capital lui en est restitué à la fin de l'usufruit sans aucun intérêt. — Si l'usufruitier ne veut pas faire cette avance, le propriétaire a le choix, ou de payer cette somme, et, dans ce cas, l'usufruitier lui tient compte des intérêts pendant la durée de l'usufruit, ou de

faire vendre jusqu'à due concurrence une portion es biens soumis à l'usufruit.

613. L'usufruitier n'est tenu que des frais des procès qui concernent la jouissance, et des autres condamnations auxquelles ces procès pourraient donner lieu.

614. Si, pendant la durée de l'usufruit, un tiers commet quelque usurpation sur le fonds, ou attente autrement aux droits du propriétaire, l'usufruitier est tenu de le dénoncer à celui-ci : faute de ce, il est responsable de tout le dommage qui peut en résulter pour le propriétaire, comme il le serait de dégradations commises par lui-même.

615. Si l'usufruit n'est établi que sur un animal qui vient à périr sans la faute de l'usufruitier, celui-ci n'est pas tenu d'en rendre un autre, ni d'en payer l'estimation.

616. Si le troupeau sur lequel un usufruit a été établi périt entièrement par accident ou par maladie, et sans la faute de l'usufruitier, celui-ci n'est tenu envers le propriétaire que de lui rendre compte des cuirs ou de leur valeur. — Si le troupeau ne périt pas entièrement, l'usufruitier est tenu de remplacer, jusqu'à concurrence du croît, les têtes des animaux qui ont péri.

DIVISION *des obligations de l'usufruitier.* — Les obligations de l'usufruitier sont ou *antérieures*, ou *contemporaines*, ou *postérieures* à la jouissance.

Des obligations ANTÉRIEURES *à la* JOUISSANCE. Il y en a deux seulement :

1° L'usufruitier doit faire dresser *un inventaire* des meubles et *un état des* immeubles en présence du propriétaire, ou lui dûment appelé.

Cet inventaire et cet état ont pour but de servir de base aux restitutions, et, s'il y a lieu, aux dommages-intérêts qui pourront plus tard incomber à l'usufruitier.

Si l'usufruitier appréhende les meubles sans inventaire, le nu propriétaire en pourra prouver contre lui la consistance, tant par titres que par témoins, et même par la commune renommée ; s'il appréhende les immeubles sans état, il sera réputé les avoir reçus non détériorés. La preuve par titres, par témoins et au besoin par commune renommée présente, ainsi

que nous l'avons dit plus haut, des dangers pour celui qui la
subit; mais l'usufruitier est en faute de n'avoir pas fait procéder à un inventaire, et il n'y a pas de raison pour le traiter
autrement que la loi traite le tuteur qui s'est mis dans le même
cas en appréhendant les meubles de son pupille, ou le mari
en appréhendant ceux de sa femme (art. 1415). Quant aux
immeubles, l'art. 1731 déclare qu'à défaut d'un état régulièrement dressé, le preneur est présumé les avoir reçus en
bon état de réparations, et de réparations même locatives. Il
n'y a pas de raison non plus pour ne pas appliquer ici la
même présomption à l'usufruitier.

A propos de l'inventaire des meubles, une question se présente. Il arrive souvent qu'un testateur, par exemple, lègue
la nue propriété à une personne et la jouissance à une autre,
et qu'il dispense l'usufruitier de faire un inventaire. Cette
clause est-elle valable ? On admet généralement l'affirmative, parce que la clause, considérée en elle-même, n'a rien
de contraire à l'ordre public. Mais le testateur peut-il dispenser l'usufruitier de subir l'inventaire que voudra dresser le
nu propriétaire ? La négative doit être adoptée [1], car autrement on arriverait à ce singulier résultat qu'un propriétaire
ne pourrait pas constater l'objet de sa propriété. Or, il faut
que chacun puisse connaître exactement les choses qui lui
appartiennent, et se soustraire ainsi aux fraudes que des tiers
de mauvaise foi pourraient pratiquer à son préjudice ; d'ailleurs, si le nu propriétaire ne pouvait inventorier les effets
dont il s'agit et se créer ainsi un titre, il se trouverait dans
l'impossibilité de les aliéner, ce qui est inadmissible. Les frais
de l'inventaire seront évidemment, dans notre hypothèse,
supportés en entier par le nu propriétaire. S'ils devaient l'être
par l'usufruitier, la clause lui serait tout à fait inutile, et
rien n'empêche qu'au point de vue de la dispense des frais,
elle ait en sa faveur une entière efficacité.

---

[1] Marcadé, sur l'art. 600, n° 3. — Demolombe, t. X, n°s 473 et suiv. —
Caen, 30 avril 1855.

2° L'usufruitier doit *donner caution* de jouir en bon père de famille, c'est-à-dire présenter une personne solvable s'engageant au payement de tous les dommages-intérêts qui pourraient être dus au nu propriétaire à l'expiration de l'usufruit. Au lieu de fournir une caution proprement dite, l'usufruitier serait évidemment recevable à déposer en mains tierces , par exemple, à la Caisse des dépôts et consignations, somme suffisante pour assurer le payement de ces dommages-intérêts : *Plus est enim cautionis in re quam in personâ*. Seulement un tel expédient sera rarement employé, parce que l'usufruitier aura plus de peine encore à trouver la somme nécessaire que la caution exigée. A notre avis, l'usufruitier serait également recevable à donner en garantie une hypothèque sur des biens libres et suffisants [1].

L'art. 601 dit que la caution garantira la jouissance de l'usufruitier *en bon père de famille*. Nous savons déjà et nous verrons plus tard avec plus de développements, que le bon père de famille est *le type légal du bon administrateur.* L'usufruitier devra se conformer à ce type, et, s'il est habituellement négligent pour ses propres affaires, il n'en devra pas moins les soins les plus attentifs aux choses grevées d'usufruit. Toute faute de sa part, toute négligence même l'exposerait à des dommages-intérêts envers le nu propriétaire.

Comme un débiteur peut d'autant plus difficilement trouver une caution qu'il est lui-même moins solvable, et comme d'ailleurs on ne peut faire grief à personne de son insolvabilité, l'art. 604 maintient les droits de l'usufruitier en retard de donner caution, et lui attribue tous les fruits qu'il eût lui-même perçus dans le cas où il eût trouvé immédiatement la caution nécessaire.

Mais comment l'usufruit doit-il être exercé, lorsque l'usufruitier ne trouve ni caution ni gage suffisant ? Il serait également dangereux de laisser cet exercice à l'usufruitier peu

---

[1] Demolombe, t. X, n° 505. -- Limoges, 12 mars 1851.

solvable, et au nu propriétaire en opposition d'intérêts avec l'usufruitier. En conséquence, les art. 602 et 603 ordonnent de placer les sommes comprises dans l'usufruit, de vendre les meubles qui dépérissent par l'usage, pour le prix en être aussi placé, d'affermer les immeubles ou de les mettre en séquestre, c'est-à-dire entre les mains d'un tiers nommé par justice qui les administrera, et, en général, de faire fructifier tous les biens grevés d'usufruit ; et ils attribuent à l'usufruitier les revenus qui proviendront des biens ainsi administrés.

Celui-ci conserve donc le bénéfice de son droit, quoiqu'il ne puisse pas toucher aux objets sur lesquels il est établi.

L'art. 604 déclare que les fruits appartiendront à l'usufruitier du moment où son droit a *été ouvert*. Dans la plupart des cas il en sera effectivement ainsi, mais cette règle souffre exception dans l'hypothèse d'un *legs* d'usufruit. Le droit est alors ouvert par la mort du testateur, et cependant le légataire d'usufruit ne peut prétendre aux fruits qu'à partir de sa demande en délivrance, ou du jour auquel cette délivrance lui aurait été volontairement consentie. L'art. 1014 est formel à cet égard : jusqu'à cette délivrance, ou demande en délivrance les fruits ou intérêts des legs appartiennent à ceux qui sont investis de la succession soit comme héritiers légitimes, soit comme successeurs irréguliers, soit enfin comme légataires universels.

Exceptionnellement, les meubles nécessaires à l'usage personnel de l'usufruitier, tels que le linge, les vêtements, etc., pourront lui être laissés, sur la promesse qu'il fera sous serment de les représenter à l'extinction de l'usufruit. Le Code appelle cette promesse *caution juratoire*.

Quant aux meubles qui, par leur nature, ne peuvent être ni vendus ni loués, tels que tableaux de famille, collections d'autographes, manuscrits, etc., le nu propriétaire en restera détenteur, si l'usufruitier ne trouve pas une caution ou un gage suffisant. Et, en effet, le risque auquel serait exposé le nu propriétaire de voir les objets disparaître, a plus de gravité que la privation momentanée de jouissance qu'éprouvera l'usufruitier. D'ailleurs, celui-ci peut toujours se faire mettre en possession de ces objets en donnant caution.

Des cas où l'usufruitier est DISPENSÉ *de donner caution.* — Cette dispense existe dans trois hypothèses, savoir :

1° Lorsque l'usufruitier la trouve formellement inscrite dans le titre constitutif de son droit d'usufruit ; et, selon nous, la dispense peut s'appliquer même à l'usufruit que la loi permet à un époux de donner à son conjoint survivant sur la portion de biens réservée aux héritiers du donateur [1] ;

2° Lorsque son droit a pour objet les biens de ses enfants mineurs de dix-huit ans et non émancipés (art. 601) ;

3° Lorsqu'il a vendu ou donné la nue propriété en se réservant l'usufruit. Effectivement alors, le contrat étant muet sur la caution quand il est exprès sur la réserve d'usufruit, l'on doit penser que le vendeur ou donateur de la nue propriété a voulu conserver la jouissance sans se soumettre à cette charge. Cette interprétation de la volonté présumée des parties est évidemment exacte dans le cas où il y a eu don de la nue propriété. On ne fait pas des libéralités pour se soumettre à des charges, qui sans elles, n'auraient jamais existé. Dans le cas de vente de la nue propriété, la question pouvait paraître douteuse : le Code l'a résolue dans le même sens, parce que le vendeur étant déjà en possession de la chose sur laquelle il exercera son usufruit, l'acheteur devait stipuler les conditions nouvelles de cette possession, si véritablement il entendait la modifier. Du moment qu'il n'a rien dit, il a consenti à laisser le vendeur jouir comme par le passé, c'est-à-dire sans caution.

Des OBLIGATIONS CONTEMPORAINES *à la* JOUISSANCE. — Ces obligations peuvent être plus ou moins nombreuses,

---

[1] *Sic*, Demante, t. II, n° 442 *bis*, III. Aubry et Rau, t. V , § 679, p. 546, note 5. — Cass., 16 août 1861 et 12 mars 1862.

Contrà, Marcadé, art. 601. — Demolombe, t. X, n° 493. Orléans, 23 février 1860.

selon les circonstances. Mais il en est trois qui incombent nécessairement à tout usufruitier. Ce sont :

1° l'obligation de donner à la chose les *soins d'un bon père
de famille* et de la conserver à la fois dans son intégrité physique et dans son intégrité juridique. En conséquence, l'usufruitier doit avertir le nu propriétaire toutes les fois qu'un
tiers commet une usurpation quelconque sur la chose dont il
jouit, par exemple, en empiétant sur un fonds de terre, ou en
pratiquant dans une maison des ouvertures plus rapprochées
que la loi ne permet (art. 614).

2° L'obligation de supporter toutes les *charges annuelles*
des fonds grevés d'usufruit, telles que les contributions et autres charges analogues que le bon père de famille paye avec ses
revenus (art. 608). Quant aux charges extraordinaires et im-
prévues qui peuvent être imposées à l'héritage, telles que
contributions de guerre, emprunts forcés, elles affecteront
simultanément l'usufruit et la nu propriété. Le capital sera
au compte du nu propriétaire, et les intérêts au compte de
l'usufruitier. Nous verrons, en expliquant l'art. 612, comment devra se liquider le payement de cette dette commune.

3° L'obligation de faire les *réparations locatives et d'entretien* (art. 605), parce que ces réparations sont également
la charge naturelle des fruits. Quelques explications sont ici
nécessaires.

D'abord il y a trois espèces de réparations, savoir :

Les réparations *locatives*, qui s'appliquent aux dégradations de minime importance, résultant de la négligence ou
de la maladresse du détenteur de la chose ;

Les réparations d'*entretien*, qui s'appliquent aux détériorations plus graves résultant, soit de l'usage prolongé
de la chose, soit de l'action du temps, et qu'un bon père
de famille acquitte sur ses revenus ;

Les *grosses* réparations, comprenant le rétablissement
des gros murs et des voûtes, des poutres, des couvertures ou
clôtures entières, enfin des digues et des murs de soutène-

ment (art. 606). La désignation du Code est limitative, et
c'est pourquoi il rejette toutes les autres réparations parmi
celles d'entretien.

L'usufruitier, percevant les revenus, supporte les réparations locatives et d'entretien. Mais comme il ne les perçoit
qu'à partir de son entrée en jouissance, il ne doit pas, en
principe, supporter les réparations qui étaient nécessaires
avant cette époque, car les revenus afférents à ces réparations ont été touchés par autrui. Il devra cependant, même
dans ce cas, faire celles qui sont nécessaires pour conserver la
chose ; et, en effet, s'il n'est pas tenu de la restaurer entièrement, il ne doit pas non plus la laisser dépérir davantage.
Par contre, l'usufruitier, même renonçant à son droit, serait
tenu des réparations devenues nécessaires pendant sa jouissance, car il a perçu les revenus qui devaient les payer. Là
où le bénéfice est allé, là doivent aller les charges.

Les grosses réparations se payent ordinairement sur les
capitaux, et c'est pourquoi l'usufruitier n'en est point tenu,
à moins qu'elles n'aient été occasionnées par le défaut d'entretien depuis l'ouverture de l'usufruit, cas auquel il doit évidemment les supporter. Le nu propriétaire n'est pas non plus
tenu des grosses réparations, car il doit simplement laisser
jouir l'usufruitier, et non le faire jouir ; et, d'ailleurs,
l'art. 607, en supposant qu'une maison tombe de vétusté,
décide par cela même que le nu propriétaire n'a point pu être
contraint par l'usufruitier aux grosses réparations [1]. On ne
saurait se dissimuler qu'il y a là un grave inconvénient pour
l'intérêt public, car souvent les grosses réparations ne seront
faites ni par l'usufruitier, puisque sa jouissance est temporaire, ni par le nu propriétaire, puisque la sienne n'a pas encore commencé. Les constructions grevées d'usufruit se trouvent donc en quelque sorte exposées à un dépérissement fatal.

Pourquoi l'art. 607 dit-il que ni le propriétaire ni l'usu-

---

[1] Demante, t. II, n° 449 *bis*, IV. Demolombe, t. X, n°ˢ 581 et suiv.

fruitier ne sont tenus de rebâtir ce qui est tombé de vétusté
ou ce qui a été détruit par cas fortuit, puisque les principes
généraux conduisaient à cette solution ? Dans un système,
on accorde à l'usufruitier le droit d'exiger en principe que le
nu propriétaire fasse les grosses réparations et on voit ici une
exception à la règle : mais ce système est, ainsi que nous l'a-
vons montré, contraire aux principes de la matière et à la
tradition, et l'art. 607 ne peut être justifié par aucun motif
plausible. Il est préférable de voir dans cet article une disposition superflue, et cela est d'autant plus admissible, que le
Code a emprunté au Digeste les décisions diverses dont nous
nous occupons : or, on sait que le Digeste ne pèche point par
une excessive sobriété.

Si, en fait, l'usufruitier ou le nu propriétaire fait les grosses réparations, comment devront être réglés leurs droits
respectifs ? Certains auteurs assimilent l'usufruitier qui ré-
pare à l'usufruitier qui améliore, et ne lui donnent aucun
recours contre le nu propriétaire. Mais cette théorie doit être
rejetée, car autre chose est améliorer des bâtiments pour
son plus grand agrément, autre chose est faire des réparations sans lesquelles l'usufruit deviendrait inutile. La loi
elle-même ne confond pas les dépenses d'amélioration et celles
de conservation ; ainsi les premières ne donnent jamais lieu
qu'à une créance ordinaire, tandis que les secondes donnent lieu à une créance privilégiée (art. 2102, 3ᵐᵉ alinéa).
Les dépenses d'amélioration sont faites dans un but de spéculation ; les dépenses de conservation sont en quelque sorte
imposées par la nécessité. Dans le premier cas, l'usufruitier
peut s'abstenir ; dans le second, il a la main forcée par son intérêt le plus pressant et le plus légitime, et cet intérêt est en
même temps celui du nu propriétaire. Il faut donc accorder à
l'usufruitier le droit d'exiger du nu propriétaire le capital qu'il
a déboursé pour les grosses réparations. On objecterait vainement que l'usufruitier qui ne peut pas contraindre directement
le nu propriétaire aux grosses réparations, atteindra de la sorte

indirectement le même résultat. Et, en effet, autre chose est
la restitution faite par le nu propriétaire à la fin de l'usufruit
d'un capital dont son immeuble a profité, et autre chose l'a-
vance qu'il serait obligé de faire de ce même capital au cours
de l'usufruit dans un intérêt lointain pour lui, mais immédiat
pour l'usufruitier. On comprend que la restitution lui soit
imposée, et que l'avance lui soit au contraire épargnée.

Lorsque les grosses réparations sont faites par le nu propriétaire même, l'usufruitier en profite, mais à la condition
de lui payer l'intérêt des dépenses qu'elles ont occasionnées
(art. 609).

Il peut arriver que l'usufruitier qui n'a pas les grosses réparations à sa charge, ne veuille même pas faire les réparations d'entretien dont il est cependant tenu.

Peut-il s'en dispenser ?

Certains auteurs sont d'avis qu'il a cette faculté en abandonnant son droit et en restituant la totalité des fruits qu'il
a perçus. En effet, disent-ils, l'usufruitier est tenu *propter
rem* plutôt que personnellement; il est dans la situation d'un
tiers détenteur qui peut toujours, en délaissant l'immeuble,
se débarrasser des charges dont il est grevé.

Nous ne saurions, quant à nous, admettre le droit absolu de
l'usufruitier de se soustraire ainsi à toutes les réparations d'entretien. Assurément, il a cette faculté pour les réparations à
venir s'il renonce à son usufruit. En effet, ces réparations seront la charge des fruits à percevoir, et, par l'abandon de
l'usufruit, il ne fera pas cette perception. Mais on doit la lui
dénier pour les réparations devenues nécessaires au cours de
sa jouissance. Le Code lui impose formellement l'obligation
de les faire; en percevant les fruits, il a nécessairement
accepté la charge naturelle de ces fruits; il en a fait sa charge
propre et personnelle, et il ne peut point, revenant sur ses
pas, se replacer par la restitution des fruits dans la situation
où il était à l'origine. Il n'avait qu'à renoncer à l'usufruit
dès l'ouverture; l'ayant recueilli, il doit en subir toutes

les conséquences jusqu'au jour de l'abandon qu'il en fera.

Au sujet des réparations diverses dont l'usufruitier peut, selon l'objet sur lequel son droit repose, être tenu ou n'être pas tenu, l'article 616 contient une disposition particulière à l'usufruit d'un troupeau. Si le troupeau périt tout entier sans la faute et sans le fait de l'usufruitier, celui-ci ne doit compte au propriétaire que des cuirs ou de leur valeur. Mais s'il ne périt que pour partie, l'usufruitier est tenu de remplacer jusqu'à concurrence du croît les animaux qui ont péri. De quel croît le Code entend-il parler ? Est-ce du croît perçu et à percevoir par l'usufruitier, ou seulement du croît à percevoir ? Les uns soutiennent que l'usufruitier est tenu jusqu'à concurrence du croît passé et futur. C'était l'opinion de Domat. Dans ce système, les têtes retirées du troupeau par l'usufruitier ne lui sont acquises que sous une condition résolutoire. Il faut que le troupeau ne subisse point une telle diminution que, pour le rétablir dans son premier état, il soit nécessaire de lui restituer toutes les têtes qui en avaient déjà été distraites. Mais le système contraire nous paraît préférable. En effet, rien ne peut être reproché à l'usufruitier qui a perçu le croît passé, et l'obliger à remettre ce croît dans le troupeau serait lui imposer un sacrifice d'autant plus onéreux qu'il est souvent plus imprévu. Et d'ailleurs n'est-ce pas là une grosse réparation, qui doit rester à la charge du nu propriétaire ? Enfin, n'est-ce pas l'intérêt de ce dernier lui-même que l'usufruitier ne soit pas mis dans l'alternative ou de reconstituer tout le troupeau, ou d'en faire périr le restant pour se soustraire à une aussi grave obligation ?

Des CHARGES *d'un usufruit constitué par* TESTAMENT.—Souvent les testateurs constituent un usufruit sur des biens grevés de certaines charges héréditaires. Examinons dans quelle proportion ces charges seront supportées par le nu propriétaire et par l'usufruitier. A cet égard, il est nécessaire de faire connaître les différentes sortes de legs que peut contenir un testament.

Les art. 1002 et suivants du Code en indiquent le nom,

la définition et les caractères. Nous allons ici les résumer. Il y a trois sortes de legs, savoir :

1° Le legs *universel*, par lequel le testateur donne à une ou plusieurs personnes la *totalité* des biens qu'il laissera à son décès ;

2° Le legs à *titre universel*, qui a pour objet soit une quote-part de la succession, par exemple, un tiers, un cinquième ; soit la totalité des meubles, soit la totalité des immeubles, soit une quote-part des meubles, soit enfin une quote-part des immeubles;

3° Le legs *particulier*, qu'on peut définir, le legs qui n'est ni universel ni à titre universel.

Aux termes des art. 1009 et 1012, les légataires universels ou à titre universel sont tenus de supporter les dettes et charges de la succession proportionnellement à leur part, tandis qu'aux termes de l'art. 1024, le légataire particulier ne supporte rien dans ces dettes ou charges. La raison de cette différence est que le légataire particulier, au lieu de prendre une fraction de la succession en général, est appelé à un objet déterminé; or, les dettes et charges héréditaires pèsent sur l'ensemble de la succession et non sur un objet spécifié.

De ce qui précède il résulte que l'usufruitier d'un legs universel ou à titre universel qui en a la jouissance active, devra dégrever le nu propriétaire de toutes les charges afférentes à cette jouissance et qu'au contraire l'usufruitier d'un legs particulier n'aura rien à supporter dans le passif, puisque le nu propriétaire lui-même en est complétement exempt. Cela posé, voici comment l'art. 612 règle les comptes respectifs de l'usufruitier et du nu propriétaire d'un legs universel ou à titre universel. En principe, le premier doit payer les intérêts des dettes, puisqu'il a les revenus, et le second doit en supporter le capital, puisqu'il a la propriété. Si le remboursement de la somme due n'est pas exigé par le créancier pendant la durée de l'usufruit, tous les intérêts auront été payés par l'usufruitier sans récompense, et le nu propriétaire restera chargé du remboursement de la somme principale ; mais si ce remboursement est exigé avant l'extinction du l'usufruit, le Code offre trois partis au nu propriétaire et à l'usufruitier.

Le premier consiste dans l'avance du capital par l'usufruitier, qui, à la fin de sa jouissance, le réclamera sans intérets au nu propriétaire. De la sorte, il aura supporté les intérêts, et le nu propriétaire le capital, ce qui est conforme aux principes.

Le second consiste dans l'avance du capital par le nu propriétaire, qui, alors, se fera tenir compte des intérêts par l'ufruitier pendant toute la durée de l'usufruit : même résultat que dans l'hypothèse précédente.

Le troisième consiste dans la vente, jusqu'à due concurrence, des biens soumis à l'usufruit. De la sorte encore, l'usufruitier supportera les intérêts, et le nu propriétaire le capital.

Il arrivera quelquefois que le nu propriétaire et l'usufruitier d'un legs particulier seront tenus de payer certaines dettes ou charges à des créanciers ayant privilége ou hypotèque sur la chose léguée ; et, en effet, les libéralités du défunt ne peuvent en rien modifier les droits de ses créanciers. Mais alors ils auront recours contre les légataires universels ou à titre universel, l'usufruitier pour ses intérêts, et le nu propriétaire pour son capital (art. 611).

Ce que nous venons de dire du payement des dettes ordinaires est vrai du payement des rentes viagères ou pensions alimentaires. L'usufruitier les supporte en proportion des revenus qu'il perçoit (art. 610).

Faisons en terminant une observation critique :

Les articles 610 et 612 du Code parlent, non de l'usufruitier d'un legs universel ou à titre universel, mais du *légataire universel* ou à *titre universel* de l'*usufruit*. Le sens de ces différentes locutions est évidemment le même. Mais le langage du Code manque, à notre avis, d'exactitude. L'usufruit d'un legs universel n'est pas un legs universel, puisque, d'après l'art. 1003, le legs universel donne vocation à la *totalité* de la succession, et que l'usufruitier d'un legs universel ne peut jamais prétendre à la *nue propriété*. L'usufruit d'un legs à titre universel n'est pas davantage, et pour la même raison, un legs à titre universel. Il est donc impossible de faire rentrer les legs d'usufruit soit de tous les biens, soit de tous les meubles ou de tous les immeubles, soit d'une quote-part des uns ou des autres, dans la définition légale du legs universel ou à titre universel. D'où il faut conclure que le legs d'usufruit, si étendu que soit son objet, est toujours, considéréré en lui-même, un legs particulier [1]. Seulement, comme ce legs donne à l'usufruitier, dans le cas où il est afférent à un legs universel ou à titre universel, la jouissance active des biens qui supportent les dettes et charges de la succession, il est logique et juste de mettre au compte de cette jouissance les revenus passifs de ces dettes et charges.

Des FRAIS *des procès.* — Un procès peut être suscité soit à l'usufruitier par rapport à la jouissance, soit au nu propriétaire par rapport à la nue propriété, soit enfin à l'un et à l'autre pour la pleine propriété. Or, il est juste que chacun supporte les frais qui sont faits pour la défense de ses intérêts. Conséquemment, l'usufruitier payera ceux des procès relatifs à la jouissance, le nu propriétaire ceux des procès relatifs à la nue propriété, et, quant aux frais des procès relatifs à la pleine propriété, l'usufruitier en supportera les intérêts, et le nu propriétaire le capital.

Des OBLIGATIONS POSTÉRIEURES *à la* JOUISSANCE. — A l'extinction de son droit, l'usufuitier doit rendre compte au propriétaire de tous les capitaux mobiliers ou immobiliers dont il a joui, à moins qu'ils n'aient péri par cas fortuit ou force majeure. Dans le cas de perte, arrivée sans sa faute et sans son fait, il sera libéré en rendant les restes de la chose, quelle qu'en soit la nature. Ainsi, l'usufruitier d'un animal sera libéré par la restitution du cuir de cet animal. Si la perte est

---

(1) *Sic*, Marcadé, art. 1010. — Colmet de Santerre, cont. Demante, t. IV, n° 144 *bis*, IV. — Riom, 26 juillet 1862. *Contrà*, Duranton, t. IV, n° 522. — Cass., 8 décembre 1862.

imputable à l'usufruitier, le nu propriétaire aura droit à des dommages-intérêts qui seront fixés conformément au droit commun (art. 1150 et suiv.). Quant aux choses fongibles, nous avons vu que les risques sont pour l'usufruitier qui devient dans ce cas propriétaire, et nous avons déterminé l'étendue de ses obligations.

TROISIÈME SECTION

COMMENT L'USUFRUIT PREND FIN.

Art. 617. L'usufruit s'éteint : — par la mort naturelle et par la mort civile de l'usufruitier ; — par l'expiration du temps pour lequel il a été accordé ; — par la consolidation ou la réunion, sur la même tête, des deux qualités d'usufruitier et de propriétaire ; — par le non-usage du droit pendant trente ans ; — par la perte totale de la chose sur laquelle l'usufruit est établi.

618. L'usufruit peut aussi cesser par l'abus que l'usufruitier fait de sa jouissance, soit en commettant des dégradations sur le fonds, soit en le laissant dépérir faute d'entretien. — Les créanciers de l'usufruitier peuvent intervenir dans les contestations pour la conservation de leurs droits ; ils peuvent offrir la réparation des dégradations commises, et des garanties pour l'avenir. — Les juges peuvent, suivant la gravité des circonstances, ou prononcer l'extinction absolue de l'usufruit, ou n'ordonner la rentrée du propriétaire dans la jouissance de l'objet qui en est grevé, que sous la charge de payer annuellement à l'usufruitier ou à ses ayants cause une somme déterminée jusqu'à l'instant où l'usufruit aurait dû cesser.

619. L'usufruit qui n'est pas accordé à des particuliers ne dure que trente ans.

620. L'usufruit accordé jusqu'à ce qu'un tiers ait atteint un âge fixe dure jusqu'à cette époque, encore que le tiers soit mort avant l'âge fixé.

621. La vente de la chose sujette à usufruit ne fait aucun changement dans le droit de l'usufruitier ; il continue de jouir de son usufruit s'il n'y a pas formellement renoncé.

622. Les créanciers de l'usufruitier peuvent faire annuler la renonciation qu'il aurait faite à leur préjudice.

623. Si une partie seulement de la chose soumise à l'usufruit est détruite, l'usufruit se conserve sur ce qui reste.

624. Si l'usufruit n'est établi que sur un bâtiment, et que ce bâtiment soit détruit par un incendie ou autre accident, ou qu'il s'écroule de vétusté, l'usufruitier n'aura le droit de jouir ni du sol ni des matériaux. — Si l'usufruit était établi sur un domaine dont le bâtiment faisait partie, l'usufruitier jouirait du sol et des matériaux.

Comment l'usufruit s'éteint. — L'usufruit s'éteint de neuf manières différentes, savoir :

1° Par la *mort naturelle* de l'usufruitier : le Code n'a pas voulu que l'usufruit passât à ses héritiers, pour que la nue propriété ne devînt pas inutile. Les parties pourraient-elles déroger à cette règle par une convention expresse ? La négative n'est point douteuse : l'intérêt général exige que les biens ne soient pas à toujours grevés de charges faisant obstacle à leur bonne exploitation ou à leur circulation.

L'usufruit constitué au profit d'une personne morale qui de sa nature est perpétuelle, par exemple, au profit d'une ville, s'éteignait, d'après le droit romain, par cent ans, dernier terme de la vie humaine. Le Code a pensé, avec raison, qu'il était aussi logique et en même temps plus conforme à l'intérêt général de prendre le terme moyen de la vie humaine comme limite de l'usufruit, et en conséquence l'art. 619 déclare que l'usufruit appartenant à d'autres qu'aux particuliers ne dure que trente ans.

Le principe que l'usufruit n'est pas transmissible aux héritiers de l'usufruitier n'empêche pas qu'il ne puisse être constitué sur plusieurs têtes à la fois, avec clause qu'il ne finira qu'avec le dernier survivant; alors, en effet, le principe de l'intransmissibilité n'est pas violé. La durée de l'usufruit sera, dans ce cas, probablement plus longue, mais en définitive elle n'excédera point les limites de la vie humaine, puisque la même personne l'aura vu naître et le verra finir.

Depuis la loi du 31 mai 1854, la mort civile n'est plus une cause d'extinction de l'usufruit, et cette disposition de l'art. 617 est virtuellement, sinon expressément, abrogée.

L'usufruit s'éteint :

2° Par l'*expiration du temps* pour lequel il a été constitué. Et, en effet, quoique l'usufruit soit habituellement constitué pour toute la vie de l'usufruitier, il est permis aux parties de lui assigner une durée fixe qui pourra être plus courte, mais ne devra jamais être plus longue, ainsi que nous venons de l'expliquer: autrement il serait trop facile, en établissant l'usufruit pour une période très-étendue, par exemple pour un siècle, d'éluder le principe qui le rend intransmissible aux héritiers de l'usufruitier.

Aux termes de l'art. 620, l'usufruit établi jusqu'à ce qu'un tiers ait atteint un âge fixe, par exemple vingt ans, dure jusqu'à cette époque, lors même que le tiers serait mort avant l'âge prévu. Mais il est à remarquer que, si dans ce cas l'usufruit survit au tiers, il ne survit pas à l'usufruitier, et que, si celui-ci venait à mourir à son tour avant l'époque fixée, le droit s'éteindrait. La règle de l'art. 620 est toute d'interprétation : les faits la contrediront quelquefois, et alors à l'intention présumée de la partie qui a constitué l'usufruit on substituera sa volonté réelle, et on déclarera que, par la mort du tiers, l'usufruit s'est éteint.

3° par la *réunion sur la même tête* des deux qualités d'usufruitier et de nu propriétaire soit par voie de succession, soit autrement. On appelle *consolidation* la réunion de la nue propriété à l'usufruit ; car celui-ci, au lieu de s'éteindre, acquiert alors un caractère perpétuel. Seulement, comme il s'anéantit dans la propriété avec laquelle il se confond, on l'appelle *causal* parce qu'il est désormais uni à sa cause, à sa source première, qui est la propriété. Un tel usufruit n'a pas d'existence propre et échappe à toute règle spéciale : il suivra le sort de la propriété, jusqu'à ce qu'il en soit de nouveau séparé.

La réunion de l'usufruit à la propriété ne prend pas comme la réunion de la propriété à l'usufruit le nom de *consolidation*. En effet, la propriété contient virtuellement tous les éléments dont elle se compose, et le jour où l'un de ces éléments, qui en avait été plus ou moins longtemps séparé, vient se réunir à elle, on ne peut pas dire qu'elle se *consolide,* puisqu'elle est la base fixe sur laquelle tous les autres droits reposent. Pour parler exactement, il faut dire alors que le propriétaire est dégrevé d'une servitude qui pesait sur son fonds, et que sa propriété cesse d'être diminuée plutôt qu'elle ne reçoit une augmentation ou un affermissement.

4° Par le *non-usage* du droit pendant trente ans ; car une si longue inaction de l'usufruitier fait présumer sa renonciation à l'usufruit.

5° Par la *perte totale* de la chose grevée d'usufruit, perte qui doit s'entendre non-seulement de la matière elle-même, mais encore de sa substance. Ainsi, l'usufruitier d'une maison ne pourrait pas jouir des matériaux provenant de sa démolition ; car si les matériaux sont les éléments d'une construction, ils ne sont pas la construction même, et la substance primitive a cessé d'exister. L'opinion contraire de Pothier n'a point prévalu ; en effet, quoique l'art. 624 ne prevoie que l'hypothèse d'un bâtiment détruit, il est évident que la perte de la substance serait également, dans tous les autres cas, une cause d'extinction de l'usufruit. Ainsi, lorsqu'un troupeau vient à périr, il reste des peaux sur lesquelles l'usufruitier ne pourra pas exercer sa jouissance, parce que la substance de ce qui reste n'est pas la même que la substance de ce qui a péri. Des auteurs décident même que l'usufruit est éteint, s'il ne reste qu'une seule tête du troupeau, parce que la substance d'un animal et celle d'un troupeau ne sont pas les mêmes.

L'usufruit, une fois éteint, revivra-t-il si la chose est rétablie dans son état primitif ? La raison de douter vient de ce que la chose ainsi rétablie ne paraît pas être différente de celle qui était grevée d'usufruit. L'art. 704 fait, dans ce cas, expressément revivre les servitudes. Doit-on, par analogie, faire revivre l'usufruit ? Nous n'hésitons pas à admettre la négative. Les servitudes foncières ont une utilité générale ;

la loi les favorise parce qu'elles facilitent l'exploitation et le service des immeubles. Les servitudes personnelles au contraire, telles que l'usufruit, l'usage et l'habitation, sont des charges gênantes pour la propriété, et jusqu'à un certain point elles sont contraires à l'intérêt public. Autant la loi est propice aux servitudes foncières, autant elle est hostile aux servitudes personnelles. Il n'y a donc aucune analogie à invoquer. Loin de là, on peut dire avec toute vraisemblance que la loi faisant, par une disposition spéciale, revivre les servitudes, elle a marqué par là même l'intention qu'elle avait de ne pas faire revivre l'usufruit, au sujet duquel elle garde le silence.

6° Par la *renonciation* de l'usufruitier à son droit, pourvu qu'elle ne soit pas faite au préjudice de ses créanciers (art. 622). Nous verrons, en expliquant l'art. 1167 relatif aux actes faits par un débiteur en fraude de ses créanciers, que le préjudice n'est point suffisant pour qu'un acte soit annulé. Ce préjudice doit avoir été accompagné de l'intention de nuire de la part du débiteur qui a fait l'acte attaqué.

En conséquence, la renonciation de l'usufruitier ne pourra être critiquée avec succès par ses créanciers que s'ils prouvent que l'usufruitier renonçant s'est rendu insolvable ou a aggravé son insolvabilité antérieure, et que de plus il avait connaissance du préjudice qu'il allait ainsi leur causer.

La renonciation à un droit est un fait exceptionnel et ne saurait se présumer. Aussi l'art. 621 décide-t-il que, même dans le cas où l'usufruitier consentirait à la vente de la chose dont il jouit, il n'en continuerait pas moins de jouir de son usufruit, car son consentement à la vente et la conservation de son usufruit ne sont pas inconciliables. Une renonciation formelle peut seule dessaisir l'usufruitier du droit qui lui appartient.

7° Par la *prescription* de dix ou vingt ans, lorsqu'un tiers détenteur possède avec bonne foi et juste titre l'immeuble grevé d'usufruit (art. 2265 et suivants). Alors, en effet, le possesseur acquiert la pleine et entière propriété de l'immeuble, et cette propriété est exclusive de l'usufruit qui n'a pas été exercé pendant toute la durée de la possession. Nous ne parlons pas de la prescription de trente ans par le tiers détenteur, parce que dans ce cas l'usufruit sera déjà éteint par le non-usage, ainsi que nous venons de l'expliquer, et que deux causes d'extinction ne peuvent pas opérer simultanément.

8° Par la *résolution ex tunc* du droit du constituant. La résolution a lieu *ex tunc*, lorsqu'elle provient d'une cause antérieure à la constitution du droit résolu, et *ex nunc*, lorsqu'elle provient d'une cause postérieure. Ainsi, lorsque celui qui a concédé un usufruit se trouve n'etre pas le véritable propriétaire de la chose, parce qu'il l'a, par exemple, achetée d'un tiers qui s'en était indûment emparé, cet usufruit disparaît avec cette apparente propriété du constituant : *Resoluto jure dantis, resolvitur jus accipientis.* Mais si l'éviction résulte, par exemple, d'un droit d'hypothèque constitué par le nu propriétaire postérieurement à l'usufruit, celui-ci n'est évidemment pas résolu. Le créancier hypothécaire fera vainement saisir et vendre la nue propriété de l'immeuble, l'usufruitier conservera son droit dans toute son intégrité ; seulement, au lieu d'avoir pour nu propriétaire celui qui le lui avait concédé, il aura pour nu propriétaire celui qui, sur l'expropriation forcée, se sera rendu adjudicataire de l'immeuble.

9° Par l'*abus de jouissance* : cette cause d'extinction n'était admise ni en droit romain ni dans l'ancien droit français. Le Code a pensé qu'elle devait découler de l'intention tacite des parties ; et, en effet, l'usufruit est subordonné à la condition que l'usufruitier l'exercera en bon père de famille, et, du moment qu'il ne remplit pas ses engagements, le nu propriétaire semble devoir recouvrer l'usufruit. Les tribunaux ont toute latitude pour apprécier la gravité des abus de jouissance commis par l'usufruitier, et ils peuvent, suivant les cas, ou prononcer l'extinction pure et simple de l'usufruit, ou la subordonner au payement d'une indemnité par le pro-

priétaire, ou, à plus forte raison, mettre les biens en séquestre, comme lorsque l'usufruitier ne trouve pas de caution.
Les créanciers de l'usufruitier ont toujours la faculté d'intervenir au procès pour s'opposer à l'extinction d'un droit dont
ils profitent. Le tribunal aura tel égard qu'il jugera convenable à leurs réclamations.

L'usufruit une fois éteint par suite de l'abus de jouissance,
tous les droits, et notamment les hypothèques constituées par
l'usufruitier sur l'immeuble, s'évanouissent : *Cessante
causâ, cessat effectus.*

C'est à tort, selon nous, que certains auteurs ont voulu voir,
dans l'extinction de l'usufruit par abus de jouissance, moins
l'effet d'une condition résolutoire accomplie qu'une sorte de
peine appliquée à l'usufruitier, peine qui lui serait exclusivement personnelle et qui laisserait subsister les hypothèques
établies par lui sur son usufruit. L'idée de peine doit être
bannie de la disposition que nous expliquons. Que l'héritier
indigne, que le donataire ingrat soient frappés d'une peine,
cela se comprend. La loi leur retire la succession ou la donation, parce que moralement ils ont démérité. Ici rien de
semblable ne se produit : l'usufruitier qui laisse dépérir la
chose faute d'entretien est un mauvais administrateur, mais
rarement il sera un administrateur coupable. En conséquence,
le nu propriétaire lui reprochera justement de ne pas se
conformer aux prescriptions de la loi ou de son titre ; et il
pourra faire résoudre son droit comme il ferait résoudre celui
d'un acheteur qui manquerait à ses engagements. La loi ne
punira donc pas l'usufruitier dans le sens moral de cette locution, et il faut en conclure que l'extinction de l'usufruit
par abus de jouissance étant l'effet d'une véritable condition
résolutoire accomplie, aucun des droits concédés à des tiers
par l'usufruitier ne pourra survivre à cette extinction.

CHAPITRE II

DE L'USAGE ET DE L'HABITATION.

ART. 625. Les droits d'usage et d'habitation s'établissent et se perdent de la même manière que l'usufruit.

626. On ne peut en jouir, comme dans le cas de l'usufruit, sans donner préalablement caution, et sans faire des états et inventaires.

627. L'usager, et celui qui a un droit d'habitation, doivent jouir en bons pères de famille.

628. Les droits d'usage et d'habitation se règlent par le titre qui les a établis, et reçoivent, d'après ses dispositions, plus ou moins d'étendue.

629. Si le titre ne s'explique pas sur l'étendue de ces droits, ils sont réglés ainsi qu'il suit.

630. Celui qui a l'usage des fruits d'un fonds ne peut en exiger qu'autant qu'il lui en faut pour ses besoins et ceux de sa famille — Il peut en exiger pour le besoin même des enfants qui lui sont survenus depuis la concession de l'usage.

631. L'usager ne peut céder ni louer son droit à un autre.

632. Celui qui a un droit d'habitation dans une maison peut y demeurer avec sa famille, quand même il n'aurait pas été marié à l'époque où ce droit lui a été donné.

633. Le droit d'habitation se restreint à ce qui est nécessaire pour l'habitation de celui à qui ce droit est concédé, et de sa famille.

634. Le droit d'habitation ne peut être ni cédé ni loué.

635. Si l'usager absorbe tous les fruits du fonds, ou s'il occupe la totalité de la maison, il est assujetti aux frais de culture, aux réparations d'entretien, et au payement des contributions, comme l'usufruitier. — S'il ne prend qu'une partie des fruits, ou s'il n'occupe qu'une partie de la maison, il contribue au prorata de ce dont il jouit.

636. L'usage des bois et forêts est réglé par des lois particulières.

*Notions générales. — De l'*USAGER *et de sa* FAMILLE. —
L'usage et l'habitation consistent dans le droit de retirer d'une

chose, en général, ou d'un bâtiment, en particulier, tous les services qu'ils peuvent procurer. A Rome, l'usage était rigoureusement limité aux services de la chose : ainsi, l'usager d'un fonds de terre n'avait sur lui qu'un droit de promenade. Plus tard, les jurisconsultes, prenant en considération le sort malheureux des usagers et voulant d'ailleurs donner une interprétation aussi large que possible des testaments, qui étaient le mode le plus fréquemment employé pour la constitution de l'usage, reconnurent à l'usager le droit d'exiger les fruits nécessaires à sa consommation quotidienne. L'usage a conservé chez nous ce caractère, et l'on peut dire aujourd'hui qu'il est un usufruit restreint aux besoins de l'usager et de sa famille. Or, comme ces besoins peuvent augmenter ou diminuer, l'étendue des droits de l'usager est essentiellement variable.

Maintenant, quelles sont les personnes composant la famille de l'usager? L'usager étant le chef, on doit comprendre, dans sa famille, sa femme et ses enfants, sans qu'il y ait à distinguer s'ils sont légitimes ou naturels, s'ils étaient nés au moment de la constitution de l'usage, ou s'ils sont nés depuis. Dans une première opinion la famille se bornerait là, et il faudrait en exclure les ascendants, les alliés et les collatéraux ; les ascendants parce que l'usager est plutôt dans leur famille qu'ils ne sont eux-mêmes dans la sienne ; les alliés et les collatéraux parce qu'ils sont les chefs ou les membres de familles différentes. Dans un autre système, la famille de l'usager comprend :

1° Toutes les personnes, sans distinction, qui habitaient avec lui au moment de la constitution de l'usage ; et, en effet, l'on doit présumer que les parties ont donné au droit d'usage l'étendue indiquée par les faits, et par la composition *réelle* de la famille, plutôt que celle indiquée par le sens abstrait du mot *famille ;*

2° Les enfants nés depuis la constitution de l'usage, car l'art. 630²° est formel à leur égard ; et d'ailleurs les en-

fants font nécessairement, partout et toujours, partie intégrante de la famille ;

3° Les gens de service employés par les personnes sus-
énoncées, parce que les gens de service ont dû entrer aussi
dans la prévision des parties contractantes, ou du testateur
qui a légué le droit d'usage [1].

Cette manière de déterminer la composition de la famille
de l'usager nous paraît plus exacte et plus vraie que toute autre qui serait conçue abstraitement et *à priori*.

Comment s'EXERCE LE *droit d'usage*. — D'après les uns,
l'usager doit lui-même cultiver les fonds et en percevoir les
fruits, lorsqu'il les absorbe en totalité; mais, dans le cas contraire, l'exploitation est à la charge du propriétaire, auquel il
demandera la portion de fruits afférente aux besoins de sa
maison.

D'après les autres, l'usager aurait, dans tous les cas, le droit
de jouir par lui-même; car le Code lui impose une caution,
un inventaire pour les meubles, un état pour les immeubles,
toutes garanties qui seraient inutiles, s'il n'était pas mis en
possession de la chose. Nous croyons toutefois qu'il faut s'en
référer à la précédente distinction, car lorsque les fruits appartiennent pour partie au propriétaire, et pour partie à l'usager,
il n'y a aucune raison de faire passer la chose des mains du
premier entre celles du second. Loin de là : celui qui a la
propriété doit évidemment, en logique et en équité, l'emporter
sur celui qui n'a qu'un simple droit réel, un droit purement
viager, et, comme ils ne peuvent pas tous les deux avoir la
possession de la même chose, le propriétaire doit exclure l'u-
sager de cette possession. Quant à la caution, à l'inventaire
des meubles et à l'état des immeubles, ils conserveront leur
application et leur utilité dans le cas où l'usager, absorbant
la totalité des fruits, aura le droit de se faire mettre en possession des biens grevés à son profit.

---

[1] Proudhon, t. I, n° 17. — Duranton, t. V, n° 19.

De l'incessibilité *du droit d'usage.* — Le droit d'usage ne peut être ni cédé ni loué (art. 631). Pourquoi, puisque l'usufruit peut être cédé et loué ? Parce que les droits de l'usager sont proportionnés à ses besoins, et que, les besoins variant avec les personnes, l'usage eût changé d'étendue en changeant de main. Il est vrai que l'on eût toujours pu mesurer cette étendue sur les besoins de l'usager originaire ; mais la condition de ce dernier est elle-même essentiellement variable, et l'on peut d'autant moins la prendre pour terme de comparaison, que le prix retiré par lui de la cession ou de la location de l'usage aurait servi à la modifier.

L'usage étant exclusivement attaché à la personne, les créanciers de l'usager ne pourront ni le saisir, ni le faire vendre, ni l'exercer par eux-mêmes. Ce droit équivaudra donc en quelque sorte pour l'usager à une pension alimentaire, incessible et insaisissable.

Des obligations *de l'usager.* — L'usager est tenu :

1° De *jouir en bon père de famille ;*

2° De *contribuer* en proportion de sa jouissance aux *frais* de culture, aux réparations et au payement des contributions ou autres *charges naturelles* de la jouissance.

Sur ces différents points on applique les principes généraux que nous avons exposés en traitant des obligations de l'usufruitier.

Une difficulté particulière s'est toutefois élevée ici sur la manière dont les contributions doivent être supportées par l'usager. D'après les uns, les contributions doivent être prélevées sur la masse générale des fruits, et l'usager a le droit de prendre sur le produit *net* de l'immeuble la portion de fruits qui lui est nécessaire. Si ce prélèvement avait lieu, dit-on, sur la part même de l'usager, cette part, qui a déjà été strictement calculée sur l'étendue de ses besoins, deviendrait insuffisante. Mais on doit, selon nous, adopter le système contraire, car si les contributions étaient prises sur la masse générale des fruits, ce ne serait plus en réalité l'usager qui les supporterait, puisque, même dans l'hypothèse où il n'y aurait aucune charge imposée à son usage, il n'eût pas eu une somme plus forte de revenus que celle par lui prise et conservée. Pour que les contributions pèsent sur lui, et non sur le propriétaire, il est nécessaire de les imputer sur la part de fruits qui doit définitivement lui revenir. Ainsi supposons que les revenus nécessaires à l'existence de l'usager et de sa famille soient exprimés par 100, et que le taux des contributions soit exprimé par 5. On commencera par donner à l'usager 100, et de ces 100 on déduira 5 pour les contributions, en telle sorte qu'il lui restera net 95. Dans le système opposé on eût prélevé les 5 de contributions sur la masse des fruits, et on eût donné 100 à l'usager qui les eût conservés intacts. N'est-il pas évident que le payement des contributions ne l'eût en rien touché, puisque, même dans le cas où il n'en aurait pas été dû, l'usager n'aurait jamais eu droit à plus de 100? Le premier mode de calcul est donc le seul qui satisfasse à l'esprit de la loi comme à son texte.

Notons une inexactitude de rédaction dans l'article 625, aux termes duquel l'usage et l'habitation s'établissent et s'éteignent de la même manière que l'usufruit. D'abord, il est faux de dire que l'usage s'établit par la loi, comme l'usufruit. Nulle part, dans le Code, ou ne trouve d'usage légal comme on trouve un usufruit légal. Puis, au point de vue de l'extinction, l'usage constitué au profit d'une personne morale peut, à la différence de l'usufruit, durer plus de trente ans, quand cette personne n'absorbe pas la totalité des revenus. Et en effet l'usage partiel n'empêche pas le propriétaire de jouir de sa chose, et on ne peut pas dire que la propriété lui soit inutile, comme elle le serait dans le cas d'un usufruit perpétuel. L'intérêt qu'il a dans la jouissance du fonds sera une garantie de sa bonne exploitation, et l'usage considéré en lui-même n'est pas un droit assez étendu pour qu'il puisse faire un obstacle sérieux à la circulation des immeubles. On ne trouve donc ici aucun des graves inconvénients qui résulteraient de la durée excessive et de la perpétuité de l'usufruit. Toutefois, quand l'usager absorbe la totalité des revenus, on retombe dans l'hypothèse d'un usufruit ordinaire, et dans ce cas le droit d'usage établi au profit d'une personne morale ne pourrait pas excéder 30 années.

Les règles que nous avons exposées pour l'usage s'appliquent au droit d'habitation.

LIVRE II. TITRE IV.

Des Servitudes ou Services fonciers.

(Décrété le 31 janvier 1804. Promulgué le 10 février.)

Art. 637. Une servitude est une charge imposée sur un héritage pour l'usage et l'utilité d'un héritage appartenant à un autre propriétaire.

638. La servitude n'établit aucune prééminence d'un héritage sur l'autre.

639. Elle dérive ou de la situation naturelle des lieux, ou des obligations imposées par la loi, ou des conventions entre les propriétaires.

Définition des SERVITUDES. — Aux termes de l'article 637, la servitude est une charge imposée sur un héritage pour l'usage et l'utilité d'un héritage appartenant à un autre propriétaire. Comment comprendre qu'un héritage puisse profiter d'un droit quelconque sur un autre héritage, puisque les droits, même réels, servent toujours aux personnes, et non aux choses? Le Code a voulu dire que la servitude est établie au profit des propriétaires successifs d'un fonds, à l'encontre des propriétaires successifs d'un autre fonds. Or, comme la personne n'est considérée ici qu'au point de vue de sa qualité de propriétaire, on en a fait abstraction, pour n'envisager que la propriété même, et c'est pourquoi la servitude est présentée comme un rapport existant entre deux héritages, lorsqu'en réalité elle est un rapport existant entre les propriétaires successifs de ces héritages.

D'après la définition du Code, on voit qu'une servitude suppose nécessairement deux héritages contigus ou voisins appartenant à des propriétaires différents. La contiguïté ou le voisinage est nécessaire, car un fonds éloigné d'un autre ne pourrait servir à son exploitation, à son agrément ou à son usage; la division des propriétés l'est égalemement, car la servitude que l'on aurait sur son propre fonds se confondrait avec la propriété; or, *Nemini res sua servit*.

DIFFÉRENCES *entre les* SERVITUDES *et les* OBLIGATIONS. La définition des servitudes fait ressortir une certaine analogie entre elles et les obligations, puisqu'on trouve d'un côté le propriétaire du fonds dominant qui a quelque ressemblance avec un créancier, et de l'autre le propriétaire du fonds servant qui a quelque ressemblance avec un débiteur. Cependant une grave différence sépare les servitudes des obligations. Effectivement, toute servitude est un droit *réel*, véritable démembrement de la propriété (art. 543), et à ce titre elle est opposable à toute personne possédant le fonds assujetti. L'obligation, au contraire, est un droit *personnel*, opposable seulement au débiteur et à ses successeurs universels ou à titre universel. En d'autres termes, la servitude est un rapport existant entre deux personnes, qui sont déterminées *à posteriori*, et par ce fait variable qu'elles sont propriétaires du fonds dominant ou du fonds servant; tandis que l'obligation est un rapport existant entre deux personnes déterminées *à priori*, et par ce fait invariable qu'elles ont contracté, ou accompli un acte équivalent au contrat.

De la différence qui précède, découlent plusieurs conséquences. Ainsi, *les servitudes :*

Sont garanties par une action réelle;

Sont de la compétence du tribunal dans le ressort duquel se trouvent les héritages;

Astreignent le propriétaire du fonds servant à souffrir

l'exercice de la servitude de la part du propriétaire de l'héritage dominant, mais non à exécuter lui-même des travaux, ou à accomplir un fait quelconque pour faciliter cet exercice, *Servitus in omittendo consistit, non in faciendo;*

Périssent avec les héritages auxquels elles sont attachées, soit activement, soit passivement.

Les *obligations*, au contraire :

Sont garanties par une action personnelle ;

Sont de la compétence du tribunal dans le ressort duquel le débiteur a son domicile ;

Astreignent presque toujours le débiteur à accomplir un fait déterminé ;

Ne s'éteignent que par le payement de la chose due ou par la renonciation du créancier à son droit contre le débiteur.

Quelquefois on appelle certaines servitudes, *personnelles* (usufruit, usage, etc.), et d'autres, *réelles* (droit de vue, de passage, etc.). Ces expressions signifient, non qu'elles cessent d'être un démembrement de la propriété, mais qu'elles profitent ou à une personne déterminée, comme l'usufruit ou l'usage, ou à un fonds, comme le droit de vue ou de passage. Les premières finissent avec la personne ; les secondes durent autant que l'immeuble, sauf convention ou fait contraire.

Dans le but de prévenir toute fausse idée sur la nature et les effets des servitudes, le Code déclare expressément qu'elles n'établissent aucune prééminence de l'héritage dominant sur l'héritage servant ; ce qui signifie que l'héritage dominant, quoique tirant profit de l'héritage servant, ne donne pas à celui qui en est propriétaire une supériorité personnelle sur le propriétaire du fonds assujetti ; en d'autres termes, les servitudes sont établies dans l'intérêt de l'agriculture ou de l'industrie, mais ne peuvent jamais l'être dans un but de suzeraineté de certaines personnes à l'égard d'autres personnes ; ou, si elles ont ce caractère, elles s'éteignent avec la personne. La révolution a fait table rase du régime féodal, et le droit nouveau n'entend pas le ressusciter. L'aversion pour les droits féodaux était même telle, en 1804, que les rédacteurs du Code ont placé à côté de la rubrique des *servitudes* la dénomination de *services fonciers*, voulant ainsi, dès les premiers mots, prévenir toute confusion entre l'œuvre qu'ils allaient accomplir et l'œuvre du passé qui était à jamais détruite. Nous n'avons pas à parler ici des nombreux droits féodaux qui formaient le cadre de la propriété foncière sous l'ancien régime. Il suffit de dire qu'ils avaient tous pour caractères communs la prééminence personnelle du propriétaire de certains fonds, sur les propriétaires des fonds voisins, et que la plupart imposaient à ces derniers des obligations de faire qui par leur nature même étaient éminemment vexatoires.

DIVISION *des* SERVITUDES. — La principale division des servitudes est tirée de leur origine ; on distingue :

I. Les servitudes dérivant de la *situation naturelle des lieux ;*

II. Les servitudes établies par *la loi ;*

III. Les servitudes résultant *du fait de l'homme.*

Les deux premières classes de servitudes ne méritent pas, à proprement parler, cette qualification ; car toute servitude suppose une charge exceptionnelle, établie sur un héritage au profit d'un autre héritage. Or, lorsque cette charge, au lieu d'avoir un caractère exceptionnel, rentre dans le droit commun d'un peuple, et se trouve imposée à tous les héritages d'une nature ou d'une situation données, au profit de tous les héritages d'une nature et d'une situation parallèles, elle constitue alors l'état normal de la propriété, et ne peut être qualifiée de servitude que si l'on prend pour type de la propriété un régime d'isolement individuel purement abstrait, et conséquemment imaginaire. Un exemple fera comprendre notre pensée : le Code met parmi les servitudes naturelles celle imposée à tous les fonds inférieurs de recevoir les eaux découlant des fonds supérieurs. Il est évident que ce

n'est point là une véritable servitude, car, de tout temps, la
règle a été que les fonds inférieurs fussent obligés de recevoir les eaux découlant des fonds supérieurs, et l'on ne conce-
vrait une telle servitude que dans l'hypothèse où les principes de la propriété astreindraient chacun à garder chez soi les
eaux que la nature y a placées ; or, un semblable système
n'a jamais prévalu ni pu prévaloir, et ce que le Code appelle
une servitude est encore aujourd'hui une simple règle de
droit commun.

Quelle est la différence entre les servitudes naturelles et les
servitudes légales ? Il semble qu'elles devraient se confondre,
car, d'un côté, les servitudes naturelles, recevant leur sanction de la loi, méritent, à ce titre, d'être qualifiées servitudes
légales, et, de l'autre, les servitudes légales, supposant la
contiguïté ou le voisinage des fonds, méritent aussi, à ce titre, d'être qualifiées servitudes *naturelles*. On peut dire, cependant, que les servitudes naturelles ont un caractère évident de nécessité, tandis que les servitudes légales sont toujours plus ou moins empreintes d'arbitraire. Ainsi, l'on ne
comprend pas que les fonds inférieurs ne soient pas tenus de
recevoir les eaux découlant des fonds supérieurs, ce qui constitue une servitude naturelle ; et, au contraire, on comprend
que deux propriétaires voisins soient dispensés de bâtir et
d'entretenir à frais communs un mur mitoyen dans les villes
et faubourgs, ce qui constitue une servitude légale.

Cette distinction entre les servitudes dérivant de la situation naturelle des lieux, et celles établies par la loi, ne présente du reste aucune espèce d'intérêt, aucune utilité. Encore
une fois, ni les unes ni les autres ne sont de véritables servitudes. Les servitudes établies par le fait de l'homme sont les
seules qui portent réellement atteinte à la liberté des héritages.

CHAPITRE PREMIER

DES SERVITUDES QUI DÉRIVENT DE LA SITUATION DES LIEUX.

Art. 640. Les fonds inférieurs sont assujettis envers ceux qui sont plus élevés à recevoir les eaux qui en découlent naturellement sans que la main de l'homme y ait contribué. — Le propriétaire inférieur ne peut point élever de digue qui empêche cet écoulement. — Le propriétaire supérieur ne peut rien faire qui aggrave la servitude du fonds inférieur.

641. Celui qui a une source dans son fonds peut en user à sa volonté, sauf le droit que le propriétaire du fonds inférieur pourrait avoir acquis par titre ou par prescription.

642. La prescription, dans ce cas, ne peut s'acquérir que par une jouissance non interrompue pendant l'espace de trente années, à compter du moment où le propriétaire du fonds inférieur a fait et terminé des ouvrages apparents destinés à faciliter la chute et le cours de l'eau dans sa propriété.

643. Le propriétaire de la source ne peut en changer le cours, lorsqu'il fournit aux habitants d'une commune, village ou hameau, l'eau qui leur est nécessaire ; mais si les habitants n'en ont pas acquis ou prescrit l'usage, le propriétaire peut réclamer une indemnité, laquelle est réglée par experts.

644. Celui dont la propriété borde une eau courante, autre que celle qui est déclarée dépendance du domaine public par l'article 538, au titre *de la Distinction des biens*, peut s'en servir à son passage pour l'irrigation de ses propriétés. — Celui dont cette eau traverse l'héritage peut même en user dans l'intervalle qu'elle y parcourt, mais à la charge de la rendre, à la sortie de ses fonds, à son cours ordinaire.

645. S'il s'élève une contestation entre les propriétaires auxquels ces eaux peuvent être utiles, les tribunaux, en prononçant, doivent concilier l'intérêt de l'agriculture avec le respect dû à la propriété ; et, dans tous les cas, les règlements particuliers et locaux sur le cours et l'usage des eaux doivent être observés.

646. Tout propriétaire peut obliger son voisin au bornage de leurs propriétés contiguës. Le bornage se fait à frais communs.

647. Tout propriétaire peut clore son héritage, sauf l'exception portée en l'article 682.

648. Le propriétaire qui veut se clore perd son droit au parcours
et vaine pâture, en proportion du terrain qu'il y soustrait.

Observation. — Les servitudes naturelles sont relatives :

Aux *eaux* ;

Au *bornage* des fonds contigus ;

A leur *clôture*.

De la servitude relative aux EAUX. — Nous savons déjà
que les fonds inférieurs sont tenus de recevoir les eaux découlant des fonds supérieurs; mais il faut que la main de
l'homme *n'y ait point contribué* (art. 640). Est-ce à dire que
le propriétaire du fonds supérieur ne pourra se livrer à aucun
travail qui modifie l'écoulement des eaux ? Non assurément,
car cette servitude établie dans l'intérêt de l'agriculture ne
saurait être une entrave pour l'agriculture. Conséquemment,
le propriétaire du fonds supérieur aura le droit de le cultiver
et de l'exploiter; seulement, il devra s'abstenir de tous les travaux qui, non autorisés par les usages locaux, aggraveraient
la servitude du fonds inférieur. Par exemple, il ne pourra
pas, en creusant un fossé ou en organisant un système de sil-
lons convergents, faire affluer les eaux sur un seul point, pour
qu'elles se précipitent en masse sur les immeubles situés au-
dessous. De son côté, le propriétaire du fonds inférieur ne
peut élever de digues, ni faire d'autres ouvrages qui empêchent l'écoulement des eaux provenant du fonds supérieur.

Pour comprendre dans son ensemble le régime des eaux,
tel qu'il est établi par notre législation, il importe d'examiner successivement :

1° Les eaux de *source ;*

2° Les eaux *bordant* un héritage ;

3° Les eaux *traversant* un héritage.

1° *Des* EAUX DE SOURCE. — Le propriétaire d'un fonds a un
droit absolu sur la source qui en jaillit, et il peut soit la rete-

nir, soit la laisser descendre sur les fonds inférieurs. Mais l'é-
coulement des eaux peut procurer à ces fonds un avantage véritable, en même temps qu'il est pour eux une servitude naturelle, et si le propriétaire inférieur est toujours obligé de le
subir, il aura par contre quelquefois acquis la faculté d'en exiger le maintien, soit pour l'irrigation de sa propriété, soit
pour tout autre usage.

Dans ce cas, les rôles seront renversés. Le fonds dominant
ne sera plus le fonds supérieur, puisque la servitude qui assurera l'écoulement des eaux sur le fonds inférieur profitera
à celui-ci à l'encontre de celui-là. A vrai dire, cet écoulement
obligé constituera seul une servitude, car nous avons dit que
le droit pour le propriétaire supérieur de faire écouler ses
eaux sur le fonds inférieur n'en est pas une véritable ; et au
contraire, il y a véritable servitude, et servitude établie par le
fait de l'homme, lorsque le propriétaire inférieur a le droit de
contraindre le propriétaire supérieur à laisser les eaux s'é-
couler pour venir arroser ses terres ou alimenter ses usines.
Cette servitude enlève dans ce cas au propriétaire supérieur
une faculté importante, celle de retenir et d'absorber les eaux
qui jaillissent de son immeuble. Elle est une dérogation
grave au droit commun ; tandis que la servitude naturelle
qui autorise l'écoulement des eaux sur le fonds inférieur
n'en est que la consécration.

La faculté pour le propriétaire inférieur d'exiger l'écoulement des eaux provenant du fonds supérieur peut résulter
soit d'un *titre*, soit *de la prescription*.

Le *titre* consiste dans un fait translatif de la propriété ou
d'un démenbrement de la propriété (vente, échange, donation, etc.).

Il importe peu que ce titre soit écrit, si le fait translatif de
la servitude peut être prouvé par témoins, par exemple s'il
s'agit d'une vente faite pour un prix moindre de 150 f., ou
qui est en partie justifiée par un commencement de preuve
par écrit.

La *prescription* consiste dans l'usage de la source par le propriétaire inférieur pendant un certain temps et sous certaines conditions. Le délai normal est de 30 ans. Il ne commence à courir qu'à dater du jour où le propriétaire du fonds inférieur a fait et terminé des ouvrages *apparents destinés à faciliter la chute et le cours de l'eau* dans son héritage.

Les auteurs ne sont pas d'accord sur toutes les conditions que doivent réunir les travaux exécutés pour faire courir la prescription.

Les uns veulent que ces travaux touchent plus ou moins au fonds supérieur. Ils se fondent :

1° Sur l'ancienne jurisprudence, qui exigeait cette contiguïté ;

2° Sur le texte même de l'article 642 qui parle de travaux destinés à faciliter *la chute et le cours de l'eau.* Or, dit-on, des travaux qui ne toucheraient pas au fonds supérieur peuvent bien faciliter le *cours* de l'eau, mais pour en faciliter la *chute*, il faut qu'ils empiètent plus ou moins sur ce fonds, et d'après le texte de l'article les deux résultats paraissent inséparables, en telle sorte que les travaux qui facilitent à la fois la *chute* et le *cours* de l'eau sont les seuls qui puissent servir de fondement à la prescription.

3° Sur les principes généraux de la prescription ; et, en effet, toute prescription suppose que l'un possède la chose de l'autre par suite d'une usurpation que celui-ci aurait le droit de faire cesser. Or, le propriétaire du fonds inférieur qui n'empiète pas sur le fonds supérieur, loin de commettre une usurpation sur la chose d'autrui, use simplement du droit qu'il a sur sa propre chose, et l'on n'en saurait tirer conséquence pour l'acquisition, par prescription, de la source appartenant au fonds supérieur. Puis, comment le propriétaire de la source pourrait-il faire cesser des travaux exécutés sur un fonds qui n'est pas le sien, et desquels va résulter contre lui la prescription ? La raison et l'équité veulent donc que celle-ci ne puisse résulter que d'un fait d'usurpation, susceptible d'être empêché par celui qui doit en souffrir. C'est dans ce sens que s'est fixée la jurisprudence la plus récente [1].

D'après d'autres auteurs, la prescription court toutes les fois que les travaux sont *apparents*, lors même qu'ils ne toucheraient pas au fonds supérieur. Cette opinion s'appuie sur un fait historique grave, car la question qui nous occupe fut posée au Tribunat, et toutes les raisons données par les partisans du premier système ne purent prévaloir. Il y a plus : le projet du Code portait que les travaux devaient être *extérieurs*, et c'est précisément parce que ce mot amphibologique aurait pu être entendu dans le sens de travaux empiétant sur le fonds supérieur, qu'il fut remplacé par le mot *apparents*. On comprend, du reste, que le législateur ait rendu la prescription des sources plus facile que la prescription des choses ordinaires, à cause de leur grande utilité pour l'agriculture et l'industrie.

Ce système, qui est généralement adopté par la doctrine, donne lieu à une difficulté. On se demande en effet comment le propriétaire supérieur interrompra la prescription, puisqu'il ne peut exiger la destruction des ouvrages exécutés sur le fonds inférieur. Le moyen le plus simple et le plus naturel sera pour lui de changer le cours des eaux de la source. Si ce changement est impossible ou gênant, il devra nécessairement demander tous les 30 ans la reconnaissance de son droit au propriétaire inférieur, et, au cas de refus, en obtenir la constatation par la justice.

Dans une hypothèse particulière, le propriétaire du fonds supérieur est privé du droit de changer le cours de sa source ; c'est lorsqu'elle fournit aux habitants d'une commune, village ou hameau, l'eau qui leur est *nécessaire*. L'intérêt individuel du propriétaire devait, dans ce cas, céder à l'inté-

---

[1] *Sic*, Demolombe, *Serv.*, t. I, n° 80. Cass., 8 février 1858. — Paris, 15 mai 1858. — *Contrà*, Aubry et Rau, § 244 et note 17, tome II, p. 513 et 514. — Demante, t. II, n° 493 *bis*, I.

rêt collectif de ces habitants. Est-ce à dire que le propriétaire sera déchu de son droit sans aucune indemnité? Nullement. L'article 643 lui accorde expressément la faculté d'exiger la valeur de la source des habitants qui s'en servent, à moins que ces derniers n'en aient acquis l'usage par prescription ou autrement (par vente, donation, échange, testament, etc.).

Les auteurs sont encore ici partagés sur les conditions nécessaires à l'accomplissement de la prescription. La plupart décident que les habitants prescrivent les eaux de la source par un usage de trente ans, indépendamment de tous travaux apparents destinés à faciliter leur chute ou leur écoulement. Passé ce délai, le propriétaire du fonds supérieur ne pourrait plus réclamer d'indemnité. Mais il semble bien rigoureux de faire courir la prescription, sans que le propriétaire de la source ait été averti, soit directement par une notification, soit indirectement par des travaux apparents, et l'on doit appliquer ici le droit commun, établi par le Code pour la prescription des eaux découlant d'un fonds supérieur. Conséquemment, après trente ans d'usage, la prescription ne sera pas acquise, ni l'indemnité prescrite, s'il n'y a eu ni notification faite, ni travaux exécutés, pour mettre le propriétaire de la source en demeure. Mais si une notification lui a été faite, ou si des travaux ont été exécutés sans opposition de sa part, il aura implicitement renoncé à la propriété des eaux, et, après trente ans, il ne pourra plus les revendiquer ni réclamer d'indemnité. On voit donc que la collection des habitants d'un village ou hameau ne diffère d'un simple particulier qu'en ce qu'elle a le droit, moyennant une indemnité, d'acquérir la source malgré le propriétaire.

Quant à la fixation de l'indemnité, elle sera faite, s'il y a lieu, par experts nommés, soit à l'amiable, soit par justice. Ces experts devront évaluer le préjudice qu'éprouve le propriétaire de la source, et non le bénéfice que les habitants du village ou du hameau en retirent. L'art. 682 pose expressément ce principe dans une hypothèse analogue à la nôtre.

Après s'être occupé des eaux de source, le Code passe aux eaux de rivière et détermine les droits et les obligations des propriétaires dont ces eaux bordent ou traversent les héritages.

2° *Des eaux* BORDANT *un héritage.* — Aux termes de l'art. 644 1° le propriétaire riverain peut user des eaux à leur passage pour l'irrigation de sa propriété, mais à la condition de respecter le droit semblable au sien qui appartient au propriétaire de l'autre rive et aux propriétaires inférieurs. Il n'aura donc pas la faculté de changer le cours de la rivière, ni de retenir une quantité d'eau supérieure à celle qui lui revient.

3° *Des eaux* TRAVERSANT *un héritage.* — Aux termes de l'art. 644 2°, le propriétaire peut changer la direction des eaux et en user à son gré, à la condition, toutefois, de leur restituer, à la sortie de son fonds, leur direction primitive. Son droit n'est pas du reste sans limite. Ainsi le propriétaire peut bien arroser son fonds riverain quelle qu'en soit l'étendue, mais il n'aurait pas la faculté de conduire les eaux sur ses fonds non riverains, en traversant des fonds intermédiaires dont les propriétaires auraient consenti à laisser les eaux passer sur leurs immeubles. Dans ce cas, en effet, l'irrigation s'appliquerait à des fonds qui ne seraient ni *bordés*, ni *traversés* par la rivière, ce qui est en dehors des prévisions du Code.

On doit décider de même qu'un propriétaire dont les fonds sont bordés ou traversés par une rivière, ne peut pas accorder des concessions d'eau à des propriétaires voisins qui ne sont pas riverains. Et en effet, fût-il lui-même propriétaire de ces fonds, il n'aurait pas le droit de les arroser avec des eaux qui n'ont avec eux aucun contact.

Lorsqu'un propriétaire fait des additions à son fonds riverain, il peut évidemment user du cours d'eau pour l'irrigation des parties nouvelles de son immeuble, comme pour celle des parties anciennes, puisque ces différentes parties composent un seul et même immeuble qui est riverain. Mais à l'inverse, si le propriétaire aliène une partie de son immeuble qui n'est pas riveraine, ou si, par l'effet d'un partage, certains lots cessent d'être riverains, il est incontestable que le droit d'irrigation cessera d'exister pour toutes les parcelles non riveraines, à moins qu'il n'y ait eu à leur profit une réserve expresse, ou que le droit d'irrigation n'ait été établi à titre de servitude dérivant de la destination du père de famille , destination que nous étudierons bientôt.

Le droit qu'ont les particuliers d'user des cours d'eau n'est pas aussi absolu dans la pratique qu'il l'est en théorie. Depuis longtemps, l'administration s'est arrogé le privilége d'autoriser et de surveiller l'établissement des usines que fonderait le propriétaire dont l'héritage est soit bordé, soit traversé par une eau courante.

Les contestations qui s'élèvent entre les propriétaires auxquels les eaux peuvent être utiles sont de la compétence des tribunaux civils, qui doivent, en jugeant, concilier l'intérêt de l'agriculture avec le *respect dû à la propriété* (art. 645). Ces dernières expressions doivent faire, selon nous, décider que les propriétaires riverains d'un cours d'eau non navigable ni flottable ont la propriété du cours d'eau lui-même [1]. Cette solution offre peu d'intérêt dans les cas ordinaires, puisque les propriétaires riverains jouissent incontestablement du droit d'irrigation, de pêche, etc. ; mais elle devient importante, lorsque le cours d'eau est détruit ou détourné par des travaux d'utilité publique , car l'indemnité doit être plus ou moins élevée, suivant que le droit des propriétaires riverains est un simple droit d'usage, ou un véritable droit de propriété sur la rivière supprimée.

Dans toute hypothèse, les usages et règlements particuliers doivent être observés pour la détermination des droits de cha-

---

[1] *Sic*, Demante, *Cours analytique,* t. II, n° 374 *bis*, II. — Agen, 27 juillet 1855. — Bordeaux, 7 août 1862.

Contrà, Demolombe, t. X, n°s 128 et suiv. — Cass., 6 mai 1861 et 8 mars 1865.

cun. Autrefois, les rivières dont il s'agit appartenaient aux seigneurs, et non aux propriétaires riverains. Leur droit a été aboli avec la féodalité par la loi des 26 juillet-15 août 1790. Mais les usages ou règlements locaux ont conservé leur empire pour la fixation des droits respectifs des parties contestantes.

Les règles qui précèdent sont évidemment inapplicables aux sources ou rivières appartenant au domaine public, ainsi qu'aux eaux dépendant d'un étang ou d'un canal fait de main d'homme, qui appartiennent évidemment, sans restriction et sans réserve au propriétaire de l'étang ou du canal [1].

Des MODIFICATIONS *apportées au Code par plusieurs lois récentes.* — Les dispositions du Code sur les eaux ont été complétées par plusieurs lois de date récente.

1° *Une loi du* 29 *avril* 1845 permet à tout propriétaire qui veut se servir, pour l'irrigation de son héritage, des eaux naturelles ou artificielles dont il a le *droit de disposer*, par exemple des eaux qui bordent ou traversent sa propriété, ou qui lui ont été concédées par le propriétaire d'une source, ou même par l'administration qui a ouvert à son profit une rivière navigable ou flottable, ou enfin qui jaillissent d'un puits artésien qu'il a creusé, d'obtenir le passage de ces eaux sur les fonds intermédiaires, à la charge d'une juste et préalable indemnité. Sont exceptés de cette servitude les maisons, cours, jardins, parcs et enclos attenants aux habitations, car le domicile des citoyens et les héritages qui s'y rattachent immédiatement sont inviolables.

Du texte de la loi précitée et de sa discussion dans les deux Chambres il résulte que celui-là seul peut invoquer la servitude qui a d'ailleurs le droit de disposer des eaux : or, comme pour les cours d'eau, ce droit est réservé aux seuls propriétaires riverains, il faut en conclure que, dans cette hypothèse, la loi nouvelle a pour résultat de leur faciliter les prises d'eau,

[1] Marcadé, sur l'art. 643.

mais non d'en accorder de nouvellesà d'autres propriétaires.
L'usage du cours d'eau sera donc toujours exclusivement
profitable à ceux dont il borde ou traverse la propriété [1].

2° Une *loi du 22 juillet* 1847 a complété la précédente, en
permettant au propriétaire riverain d'un seul côté d'appuyer
ses barrages sur l'autre rive, afin d'élever le niveau des eaux
et d'en rendre ainsi la prise possible. Avant cette loi, les
barrages entiers ne pouvaient être construits que par le propriétaire des deux rives; et ceux qui étaient riverains d'un
seul côté ne pouvaient que très-difficilement procéder à l'irrigation de leurs propriétés. La loi du 22 juillet 1847 a fait
disparaître ces inconvénients.

3° Enfin, une *loi du 22 juin* 1854 sur le drainage porte
que tout propriétaire voulant assainir son fonds par ce procédé ou tout autre mode de desséchement, peut, moyennant
une juste et préalable indemnité, en conduire les eaux sou-
terrainement ou à ciel ouvert, à travers les propriétés qui
séparent ce fonds d'un cours d'eau ou de toute autre voie
d'écoulement.

Sont encore exceptés de cette servitude les maisons, cours,
jardins, parcs et enclos attenants aux habitations.

Les propriétaires de fonds voisins ou traversés ont la faculté de se servir des travaux faits en vertu de la disposition
précédente pour l'écoulement des eaux de leurs héritages.
Dans ce cas, ils supportent :

1° Une part proportionnelle dans la valeur des travaux
dont ils profitent ;

2° Les dépenses résultant des modifications que l'exercice
de cette faculté peut rendre nécessaires ;

3° Pour l'avenir, une part contributive dans l'entretien
des travaux devenus communs.

Les contestations qui pourraient s'élever sont de la compétence de la justice de paix dans le ressort de laquelle l'immeuble est situé.

---

[1] Duvergier, sur la loi de 1845. — Ballot, *Rev. pratique*, t. V, p. 61.

II° *De la servitude relative* AU BORNAGE *des fonds conti-gus.* — L'art. 646 accorde à tout propriétaire le droit d'exi-ger de son voisin le bornage à frais communs de leurs fonds contigus. Est-ce là une véritable servitude ? Non assurément, puisque le bornage, loin de constituer une charge sur un fonds au profit d'un autre fonds, est au contraire un véri-table avantage pour les fonds voisins ou contigus, dont il dé-termine et constate l'étendue.

Le droit romain voyait dans le bornage une pure obliga-tion légale, et chacun des voisins était sujet à une action per-sonnelle de la part de l'autre. Cette action s'appelait *finium regundorum*. Le Code, en qualifiant à tort cette obligation de servitude, a converti l'action personnelle en une action réelle, et conséquemment substitué la compétence du tribunal de la situation à celle du tribunal dans le ressort duquel le défen-deur est domicilié.

Aux termes de la loi du 25 mai 1838, les actions en bor-nage sont de la compétence des juges de paix, toutes les fois que la propriété ou les titres qui l'établissent ne sont pas con-testés, cas auquel le litige devrait être jugé par les tribunaux ordinaires. Mais on ne comprend guère alors que l'hypothèse de la loi puisse se présenter, puisque, si les parties sont d'ac-cord sur l'étendue de leurs fonds respectifs, elles n'ont pas besoin de recourir au juge de paix, et que, si elles ne sont pas d'accord, elles doivent s'adresser aux tribunaux ordi-naires. L'action en bornage, devant le juge de paix, peut cependant se concevoir. Elle sera intentée dans le cas où les propriétaires n'étant pas en contestation sur les limites res-pectives de leurs héritages, l'un d'eux par incurie, ou par indifférence, refusera de procéder au bornage. Le juge de paix devra nécessairement alors être saisi par l'autre pro-priétaire.

III° *De la servitude relative à la* CLÔTURE. — Le droit de clôture est, encore moins que celui de bornage, une servitude ; car la clôture, loin d'impliquer une charge imposée sur un fonds au profit d'un autre fonds, exclut l'exercice de celles qui existeraient entre le fonds clôturé et les fonds non clôturés. Au lieu de constituer une servitude, elle établit donc plutôt l'inexistence de toute servitude. Pourquoi le Code consacre-t-il le droit de se clore par un article formel? C'est qu'il n'existait pas autrefois, à cause du droit de chasse que les seigneurs avaient sur les fonds roturiers. Cette faculté peut d'ailleurs être encore aujourd'hui limitée par des droits de *parcours* ou de *vaine pâture.*

Le droit de *parcours* consiste dans la faculté qu'ont les habitants de deux communes voisines de faire paître leurs bestiaux sur leurs territoires respectifs.

Le droit de *vaine pâture* consiste dans la faculté qu'ont les habitants d'une même commune de faire paître leurs bestiaux sur leurs propriétés respectives, après la perception des récoltes.

Le propriétaire qui, en exerçant son droit de clôture, enlèverait au parcours ou à la vaine pâture tout ou partie de son fonds, perd son droit à l'un et à l'autre de ces avantages, en proportion du terrain qu'il soustrait aux autres propriétaires. Cette proportion se détermine au moyen de règlements et usages locaux qui fixent le nombre de têtes que chaque particulier peut, à raison des terres possédées par lui dans la commune, envoyer au parcours ou à la vaine pâture. Si donc la clôture enlève aux habitants de la commune le tiers des propriétés de ce particulier, celui-ci ne pourra plus faire paître que les deux tiers du bétail fixé primitivement.

Au surplus, la clôture d'un héritage ne pourra jamais faire obstacle à l'exercice d'une servitude fondée sur un titre, celles de parcours et de vaine pâture étant seules, d'après le Code, susceptibles de restriction.

CHAPITRE II

DES SERVITUDES ÉTABLIES PAR LA LOI.

ART. 649. Les servitudes établies par la loi ont pour objet l'utilité publique ou communale, ou l'utilité des particuliers.

650. Celles établies pour l'utilité publique ou communale ont pour objet le marchepied le long des rivières navigables ou flottables, la construction ou réparation des chemins et autres ouvrages publics ou communaux. — Tout ce qui concerne cette espèce de servitude est déterminé par des lois ou des règlements particuliers.

651. La loi assujettit les propriétaires à différentes obligations l'un à l'égard de l'autre, indépendamment de toute convention.

652. Partie de ces obligations est réglée par les lois sur la police rurale ; — les autres sont relatives au mur et au fossé mitoyens, au cas où il y a lieu à contre-mur, aux vues sur la propriété du voisin, à l'égout des toits, au droit de passage.

Notions générales. — Les servitudes établies par la loi ont pour objet :

1° L'*utilité publique* ou de l'État ;

2° L'*utilité communale ;*

3° L'*utilité des particuliers.*

Les deux premières classes de servitudes sont du ressort du droit administratif : le Code cite spécialement celles ayant pour objet les chemins de halage et le marchepied le long des rivières navigables ou flottables. Aux termes de l'art. 7 d'une ordonnance de 1667 encore en vigueur, le chemin de halage doit avoir 24 pieds au moins de largeur, et sans que les propriétaires riverains puissent planter d'arbres, ni tenir clôture ou haies plus près que 30 pieds, à partir du bord de la rive. Quant au marchepied, il doit avoir 6 pieds au *minimum,* et les propriétaires riverains doivent en outre laisser 4 pieds sans arbres ni clôtures.

Passons aux servitudes légales qui concernent l'utilité des particuliers.

Ces servitudes ont pour objet les murs, haies, maisons et fossés mitoyens, les jours et les vues, l'égout des toits et le droit de passage en cas d'enclave.

PREMIÈRE SECTION

DU MUR ET DU FOSSÉ MITOYENS.

ART. 653. Dans les villes et les campagnes, tout mur servant de séparation entre bâtiments jusqu'à l'héberge, ou entre cours et jardins, et même entre clos dans les champs, est présumé mitoyen, s'il n'y a titre ou marque du contraire.

654. Il y a marque de non-mitoyenneté lorsque la sommité du mur est droite et à plomb de son parement d'un côté, et présente de l'autre un plan incliné ; — lors encore qu'il n'y a que d'un côté ou un chaperon ou des filets et corbeaux de pierre qui y auraient été mis en bâtissant le mur. — Dans ces cas, le mur est censé appartenir exclusivement au propriétaire du côté duquel sont l'égout ou les corbeaux et filets de pierre.

655. La réparation et la reconstruction du mur mitoyen sont à la charge de tous ceux qui y ont droit, et proportionnellement au droit de chacun.

656. Cependant tout copropriétaire d'un mur mitoyen peut se dispenser de contribuer aux réparations et reconstructions, en abandonnant le droit de mitoyenneté, pourvu que le mur mitoyen ne soutienne pas un bâtiment qui lui appartienne.

657. Tout copropriétaire peut faire bâtir contre un mur mitoyen, et y faire placer des poutres ou solives dans toute l'épaisseur du mur, à cinquante-quatre millimètres (deux pouces) près, sans préjudice du droit qu'a le voisin de faire réduire à l'ébauchoir la poutre jusqu'à la moitié du mur, dans le cas où il voudrait lui-même asseoir des poutres dans le même lieu, ou y adosser une cheminée.

658. Tout copropriétaire peut faire exhausser le mur mitoyen ; mais il doit payer seul la dépense de l'exhaussement, les réparations d'entretien au-dessus de la hauteur de la clôture commune, et en outre l'indemnité de la charge en raison de l'exhaussement et suivant la valeur.

659. Si le mur mitoyen n'est pas en état de supporter l'exhaussement, celui qui veut l'exhausser doit le faire reconstruire en entier à ses frais, et l'excédant d'épaisseur doit se prendre de son côté.

660. Le voisin qui n'a pas contribué à l'exbaussement peut en acquérir la mitoyenneté en payant la moitié de la dépense qu'il a coûté, et la valeur de la moitié du sol fourni pour l'excédant d'épaisseur, s'il y en a.

661. Tout propriétaire joignant un mur a de même la faculté de le rendre mitoyen en tout ou en partie, en remboursant au maître du mur la moitié de sa valeur, ou la moitié de la valeur de la portion qu'il veut rendre mitoyenne, et moitié de la valeur du sol sur lequel le mur est bâti.

662. L'un des voisins ne peut pratiquer dans le corps d'un mur mitoyen aucun enfoncement, ni y appliquer ou appuyer aucun ouvrage sans le consentement de l'autre, ou sans avoir, à son refus, fait régler par experts les moyens nécessaires pour que le nouvel ouvrage ne soit pas nuisible aux droits de l'autre.

663. Chacun peut contraindre son voisin, dans les villes et faubourgs, à contribuer aux constructions et réparations de la clôture faisant séparation de leurs maisons, cours et jardins assis ès dites villes et faubourgs : la hauteur de la clôture sera fixée suivant les règlements particuliers ou les usages constants et reconnus ; et, à défaut d'usages et de règlements, tout mur de séparation entre voisins, qui sera construit ou rétabli à l'avenir, doit avoir au moins trente-deux décimètres (dix pieds) de hauteur, compris le chaperon, dans les villes de cinquante mille âmes et au-dessus, et vingt-six décimètres (huit pieds) dans les autres.

664. Lorsque les différents étages d'une maison appartiennent à divers propriétaires, si les titres de propriété ne règlent pas le mode des réparations et reconstructions, elles doivent être faites ainsi qu'il suit : — les gros murs et le toit sont à la charge de tous les propriétaires, chacun en proportion de la valeur de l'étage qui lui appartient ; — le propriétaire de chaque étage fait le plancher sur lequel il marche ; — le propriétaire du premier étage fait l'escalier qui y conduit ; le propriétaire du second étage fait, à partir du premier, l'escalier qui conduit chez lui, et ainsi de suite.

665. Lorsqu'on reconstruit un mur mitoyen ou une maison, les servitudes actives et passives se continuent à l'égard du nouveau mur ou de la nouvelle maison, sans toutefois qu'elles puissent être aggravées, et pourvu que la reconstruction se fasse avant que la prescription soit acquise.

666. Tous fossés entre deux héritages sont présumés mitoyens, s'il n'y a titre ou marque du contraire.

667. Il y a marque de non-mitoyenneté lorsque la levée ou le rejet de la terre se trouve d'un côté seulement du fossé.

668. Le fossé est censé appartenir exclusivement à celui du côté duquel le rejet se trouve.

669. Le fossé mitoyen doit être entretenu à frais communs.

670. Toute haie qui sépare des héritages est réputée mitoyenne, à moins qu'il n'y ait qu'un seul des héritages en état de clôture, ou s'il n'y a titre ou possession suffisante au contraire.

671. Il n'est permis de planter des arbres de haute tige qu'à la distance prescrite par les règlements particuliers actuellement existants, ou par les usages constants et reconnus ; et, à défaut de règlements et usages, qu'à la distance de deux mètres de la ligne séparative des deux héritages pour les arbres à haute tige, et à la distance d'un demi-mètre pour les autres arbres et haies vives.

672. Le voisin peut exiger que les arbres et haies plantés à une moindre distance soient arrachés. — Celui sur la propriété duquel avancent les branches des arbres du voisin peut contraindre celui-ci à couper ces branches. — Si ce sont les racines qui avancent sur son héritage, il a le droit de les y couper lui-même.

673. Les arbres qui se trouvent dans la haie mitoyenne sont mitoyens comme la haie ; et chacun des deux propriétaires a droit de requérir qu'ils soient abattus.

Notions générales. — La MITOYENNETÉ (*moi*, *toi* ou *medius*) consiste dans la *copropriété* d'un mur ou de toute autre clôture établie sur la ligne séparative de deux héritages. Cette copropriété s'applique à toute la chose et à chaque parcelle de la chose. Ainsi, dans l'hypothèse d'un mur mitoyen, le droit de chaque propriétaire s'étend à toute son épaisseur, et il n'est pas limité par le plan imaginaire qui diviserait cette épaisseur en deux parties égales. La mitoyenneté suppose donc une communauté parfaite de la chose entre les propriétaires voisins. Ce serait cependant une erreur de confondre la mitoyenneté avec la simple communauté. Elles ont des points de contact et sous certains rapports elles se confondent, mais de profondes différences les séparent. Voici les principales :

1° La *communauté* est un fait *accidentel* et de sa nature *transitoire*. Elle résulte soit de l'ouverture d'une succession au profit de plusieurs héritiers, soit de la dissolution d'une société, soit enfin de l'acquisition de la même chose faite en commun par plusieurs personnes. La loi ne la voit pas avec faveur, parce que les choses communes sont en général mal administrées. Dès lors chacun des communistes peut demander le partage, et l'art. 815 proclame ce principe « que nul ne peut être contraint à demeurer dans l'indivision. »

La *mitoyenneté* est un fait *normal* et de sa nature *permanent*. Grâce à elle, les propriétaires voisins peuvent à peu de frais séparer leurs héritages et se procurer ainsi toute sécurité. De plus ils peuvent, avec un seul mur, supporter leurs bâtiments respectifs et, de la sorte, s'épargner les frais de construction d'un mur entier.

En un mot, la mitoyenneté présente une utilité générale, et la loi ne permet aux propriétaires voisins d'en sortir que par l'abandon même du droit indivis qu'ils ont sur la chose mitoyenne.

2° La *communauté* d'une chose a pour conséquence nécessaire la communauté de son *administration* et de tous les actes de propriétaire que les parties voudront accomplir. La résistance d'un seul des communistes suffit pour paralyser toutes les modifications que les autres désireraient apporter soit à l'administration, soit à l'état matériel de la chose indivise.

La *mitoyenneté* au contraire donne à chaque propriétaire ses droits *propres* et *distincts*. Ainsi chacun peut, sans le consentement de l'autre, exhausser le mur mitoyen, y appuyer des constructions, y placer des poutres ou des solives, etc.

En résumé, l'on peut dire que la mitoyenneté et la communauté ne se confondent complétement qu'en un point unique, qui est l'indivision de la chose, et que sur tous les autres points elles diffèrent.

Le grand intérêt public qui s'attache à la mitoyenneté a déterminé le législateur à introduire dans cette matière un principe tout nouveau. L'article 661 permet en effet à tout propriétaire joignant un mur de le rendre mitoyen, en remboursant au maître du mur moitié de sa valeur et moitié de la valeur du sol sur lequel il est bâti. C'est là une sorte d'expropriation établie dans l'intérêt de la mitoyenneté au profit de chaque propriétaire contre le propriétaire voisin. La contiguïté du fonds voisin avec le mur est en principe nécessaire; mais si, par calcul et pour échapper à la mitoyenneté, le constructeur du mur avait laissé un intervalle insignifiant entre ce mur et la propriété du voisin, nous pensons que le droit de rendre le mur mitoyen devrait encore recevoir son application.

Avant d'entrer dans l'examen des règles fort nombreuses et fort diverses de la mitoyenneté, nous ferons observer que ces règles sont toutes empruntées à notre ancien droit coutumier.

Du MUR MITOYEN. — La mitoyenneté d'un mur résulte :

1° De sa construction à frais communs par les propriétaires voisins;

2° De l'acquisition que l'un des propriétaires fait de la mitoyenneté, lorsque le mur, bâti par le voisin seul, lui appartenait exclusivement.

Du moment que l'un de ces deux faits est établi, la mitoyenneté du mur l'est par cela même.

PREUVE *de la* MITOYENNETÉ *et de la* NON-MITOYENNETÉ. — Cette preuve résulte ordinairement d'un acte sous seing privé ou authentique, dressé par les parties intéressées; mais, comme il n'y a pas toujours un écrit, le Code a établi plusieurs présomptions pour y suppléer. Ces présomptions tendent à démontrer, les unes la mitoyenneté, et les autres la non-mitoyenneté. Nous allons les examiner successivement.

PRÉSOMPTIONS *de* MITOYENNETÉ. — Un mur est présumé mitoyen :

1° Entre *bâtiments, jusqu'à l'héberge.* On appelle *héberge* le sommet du toit le moins élevé. Cette présomption est naturelle, car, jusqu'à la hauteur dont il s'agit, le mur sert aux deux bâtiments. A partir de l'héberge, et jusqu'au sommet du toit le plus élevé, le mur est réputé n'appartenir qu'au seul propriétaire qui en profite.

2° Entre *cours et jardins*, car les deux héritages sont également clos et protégés par le mur intermédiaire ; mais faut-il nécessairement que le mur sépare deux cours ou deux jardins, pour être réputé mitoyen, ou suffit-il qu'il sépare une cour et un jardin ? La seconde alternative est préférable, car ces deux sortes d'héritages doivent être également clos, et, comme la cour profite du mur aussi bien que le jardin et réciproquement, il n'y a aucune raison de ne pas présumer ce mur mitoyen.

3° Entre *enclos*, quelles que soient leur nature et leur situation ; car le mur sert encore aux deux propriétaires. Mais le mur qui enfermerait un enclos auquel ne serait pas contigu un autre enclos cesserait d'être réputé mitoyen, car alors il profiterait uniquement au propriétaire qui s'est clôturé.

4° Entre héritages *non clôturés ;* car il n'y a aucune raison de supposer que le mur formant séparation a été construit par l'un des propriétaires plutôt que par l'autre.

Faut-il présumer mitoyen le mur qui sépare une cour ou un jardin d'un bâtiment ? Nous ne le pensons pas, par la raison que les murs d'un bâtiment réunissent des conditions d'épaisseur et de solidité inutiles à un simple mur de clôture ; et il serait téméraire d'affirmer que le propriétaire de la cour ou du jardin a coopéré à la construction d'un mur de bâtiment [1]. Peu importe d'ailleurs que les bâtiments et les cours ou jardins dont il s'agit soient situés à la ville ou à la campagne. Les règles et les présomptions que nous venons d'indiquer seront toujours applicables.

Présomptions *de non*-mitoyenneté. — Ces présomptions sont uniquement établies pour les cas où il n'y a pas de titre qui constate la propriété exclusive de l'un des voisins sur le mur de séparation, ou, ce qui reviendrait au même,

---

[1] Demolombe, *Servit.*, t. I, n° 323. — Pau, 7 février 1862.

une reconnaissance de cette propriété exclusive par le voisin intéressé à la mitoyenneté. Dans cette double hypothèse, aucun doute ne pourrait se produire. A défaut de titre ou d'aveu, les marques de non-mitoyenneté devront nécessairement être consultées. Or, l'article 654 du Code déclare qu'il y a présomption de non-mitoyenneté :

1° Quand la sommité du mur est droite et à plomb de son parement d'un côté, et présente de l'autre un *plan incliné :* celui-là est seul propriétaire sur le fonds duquel le mur s'incline, car seul il supporte la servitude des eaux pluviales, qui fût certainement restée commune si le mur était mitoyen ;

2° Quand il y a d'un côté seulement chaperon, filets ou corbeaux. On appelle *chaperon,* le toit de pierres ou de tuiles destiné à couvrir la crête du mur ; *filets,* la saillie du chaperon ; *corbeaux,* des pierres qui ressortent du mur et sont destinées à supporter des poutres ou autres pièces de construction. Dans toutes ces hypothèses, le mur est réputé appartenir exclusivement au propriétaire du côté duquel sont le chaperon, les filets ou les corbeaux ; et, en effet, s'il y avait mitoyenneté, il est présumable que le mur présenterait de chaque côté le même aspect.

Les marques de non-mitoyenneté qui précèdent sont-elles exclusives de toutes autres ? On admet généralement la négative. En effet, l'art. 654 paraît plutôt citer des exemples que tracer une règle limitative, et si, par d'autres circonstances, il apparaît que le mur appartienne à un seul des propriétaires, les juges devront admettre la non-mitoyenneté.

Des CHARGES *de la mitoyenneté.* — Les propriétaires d'un mur mitoyen doivent contribuer proportionnellement à sa réparation et à sa reconstruction ; mais, comme cette obligation n'a d'autre cause que la mitoyenneté, ils peuvent s'y soustraire en abandonnant leur droit au mur mitoyen. Cette faculté cesse toutefois lorsque le mur soutient un bâtiment, car alors l'abandon de la mitoyenneté du mur entraînerait la renonciation à la propriété même du bâtiment. Cependant, si le propriétaire de ce bâtiment préférait le délaisser, il est certain qu'il se soustrairait par là aux charges de la mitoyenneté.

La mitoyenneté d'un mur peut-elle être abandonnée dans les villes et faubourgs comme à la campagne? La raison de douter vient de ce que, dans les villes et faubourgs, tout propriétaire peut, pour assurer sa sécurité personnelle, contraindre son voisin à la construction d'un mur mitoyen (art. 663). Or, il semblerait contradictoire que, d'une part, le simple voisinage fît naître l'obligation de construire un mur mitoyen, et que, d'autre part, l'un des propriétaires pût s'en affranchir, sans cesser d'être voisin de l'autre. Certains auteurs admettent cependant l'affirmative; ils s'appuient sur la généralité des termes de l'art. 656, et sur la discussion au Conseil d'État de la section qui nous occupe. Mais le système contraire doit être adopté, car les Coutumes de Paris et d'Orléans, dont le Code a reproduit les principales dispositions, l'admettaient expressément, et il n'est nullement prouvé que l'art. 656, écrit pour les murs mitoyens en général, ait voulu abroger la théorie que l'ancien droit appliquait aux murs des villes ou faubourgs en particulier. D'ailleurs, l'abandon de la mitoyenneté par l'un des propriétaires n'aurait ici aucun résultat sérieux, puisque l'autre propriétaire pourrait, en détruisant le mur devenu sien, faire renaître pour le voisin l'obligation de reconstruire un nouveau mur à frais communs, et de rentrer dans une mitoyenneté dont il avait voulu sortir. La discussion du Conseil d'État ne contient d'ailleurs rien de positif; le système adverse fut bien proposé par Tronchet, mais rien ne démontre qu'il ait prévalu [1].

Des DROITS *résultant de la* MITOYENNETÉ. — Les propriétaires d'un mur mitoyen peuvent en user pour soutenir des poutres, solives ou constructions; mais lorsqu'un exhausse-

---

[1] *Sic*, Demante, t. II, n° 517 *bis*, I. — Demolombe, *Serv.*, t. I, n° 379. *Contrà*, Aubry et Rau, t. II, § 200, et note 5, p. 208.— Cass., 3 décembre 1862 et 7 novembre 1864.

ment ou toute autre modification du mur mitoyen est nécessaire pour supporter la charge nouvelle qu'on lui impose, le
propriétaire qui fait les travaux doit seul payer la dépense de
l'exhaussement du mur et supporter les réparations. Il
est, en outre, tenu d'une indemnité, à raison de la surcharge
imposée au mur, et en proportion de la valeur de l'exhaussement. Le Code, considérant que l'exhaussement ou la reconstruction profite cependant au voisin, dans une certaine limite,
ne lui accorde pas le droit de demander des dommages-intérêts pour le trouble qu'il a subi par suite de l'exécution des
travaux. D'ailleurs, le droit d'exhausser ou de reconstruire le
mur mitoyen étant réciproque, chacun des propriétaires
trouve dans les avantages éventuels que son exercice lui procurerait, une compensation aux inconvénients qui résultent
pour lui de l'exercice du même droit par le voisin [1].

Aux termes de l'art. 660, le voisin qui n'a pas contribué à
l'exhaussement peut en acquérir la mitoyenneté, en payant la
moitié du sol qui aurait été fourni pour un excédant d'épaisseur et la moitié de la dépense qu'a coûtée l'exhaussement.
Pourquoi la moitié de la *dépense*, puisqu'aux termes de l'article 661, le voisin qui veut acquérir la mitoyenneté d'un mur
appartenant tout entier à un autre propriétaire doit, en
principe, payer la moitié de la *valeur* seulement? C'est que
dans le premier cas il est très-facile de constater la dépense, puisqu'elle vient d'être faite, et comme elle excède presque toujours la plus-value, il ne fallait pas que le voisin, qui a
refusé de la partager lors des travaux, pût acquérir à bas prix
la mitoyenneté de l'ouvrage exécuté sans son concours. Dans
le second cas, au contraire, les travaux sont anciens, et,
outre que la dépense faite serait difficilement constatée, l'on
ne peut reprocher au voisin d'avoir voulu s'y soustraire.

La mitoyenneté, étant établie dans un intérêt commun, ne
saurait préjudicier à l'un ou à l'autre des propriétaires, et

---

[1] Aubry et Rau, t. II, § 222, p. 382. — Aix, 4 mai 1863.

c'est pourquoi l'art. 662 exige le concours des deux voisins pour l'exécution de certains travaux qui peuvent léser l'un ou l'autre. Parmi ces travaux, il faut, suivant quelques auteurs, comprendre même ceux que nous avons précédemment énumérés, par exemple, l'exhaussement. Mais cette opinion doit être écartée ; car le Code se contredirait lui-même si, après avoir permis à chacun l'exhaussement d'un mur mitoyen, il venait ensuite exiger le consentement commun des deux propriétaires. Le législateur a seulement en vue les travaux d'une nature tellement grave, que l'existence ou la solidité du mur mitoyen en serait compromise. Il indique l'enfoncement du mur, l'application contre ce mur d'ouvrages nouveaux, et ne pouvant tous les énumérer, il s'en réfère, pour les autres, à la justice.

Notons que certains travaux ne peuvent jamais être exécutés qu'avec le concours des deux propriétaires, et que l'autorisation de la justice ne pourrait point suppléer à la volonté de l'un ou de l'autre. Ce sont les ouvertures ou fenêtres que l'un d'eux voudrait pratiquer dans le mur mitoyen. De tels ouvrages sont tellement contraires à la destination même de la mitoyenneté, qui est de séparer et non de mettre en communication les fonds contigus, qu'en faisant violence à l'une des parties, on ferait violence à la loi elle-même.

Des MAISONS MITOYENNES. — Une maison peut appartenir à différents propriétaires, soit indivisément, soit divisément et par étages. L'art. 664 règle cette dernière hypothèse, et détermine la part que le propriétaire de chaque étage doit supporter dans les travaux de réparation ou de reconstruction de la maison commune. Il nous suffit de renvoyer au texte même de cet article.

Ajoutons qu'en cas d'incendie de la maison, les propriétaires pourront la reconstruire s'ils sont unanimes, mais qu'ils devront subir le partage ou la licitation du terrain si un seul s'oppose à la reconstruction. Ce terrain est en effet indivis, et nul n'est tenu de rester dans l'indivision.

Des FOSSÉS MITOYENS. — Sont mitoyens les fossés creusés à frais communs sur la ligne séparative de deux héritages. Cette mitoyenneté peut être prouvée soit par titres, soit par présomption. Il y a présomption de mitoyenneté par le seul fait que le fossé est entre deux héritages. La présomption de non-mitoyenneté prend naissance dès que le rejet de la terre se trouve d'un côté seulement. Dans ce cas, le fossé appartient tout entier au propriétaire sur le sol duquel est le rejet, et avec raison ; car, ou la terre rejetée est bonne, et alors chacun des propriétaires en aurait exigé la moitié, si le fossé était commun ; ou elle est mauvaise, et alors aucun ne l'eût, dans la même hypothèse, voulue tout entière.

Le fossé mitoyen doit être entretenu à frais communs, et, comme cette obligation résulte de la mitoyenneté, chacun des voisins peut s'en affranchir, en renonçant à tout droit sur le fossé. Le Code ne le dit point, mais il n'y a, sous ce rapport, aucune raison de différence entre le mur et le fossé mitoyens. Toutefois, si le fossé servait au bornage de deux propriétés ou s'il avait été établi par les ordres de l'autorité dans un but de salubrité publique, nul doute que les propriétaires riverains ne fussent dans l'impossibilité de se soustraire aux charges de la mitoyenneté autrement que par l'abandon du fonds lui-même.

Un voisin pourrait-il acquérir la mitoyenneté d'un fossé, malgré l'autre propriétaire ? La négative paraît certaine, car cette faculté exceptionnelle n'est édictée par le législateur que pour le mur mitoyen, et les exceptions ne doivent pas être étendues. D'ailleurs, si l'intérêt public exige qu'un mur puisse être rendu mitoyen, à cause des frais souvent considérables qu'entraînerait la construction d'un autre mur, il est à peu près étranger à la question de mitoyenneté ou de non-mitoyenneté des fossés établis entre deux héritages.

La loi n'indique pas à quelle distance de la ligne séparative il sera permis de creuser un fossé sur son héritage. Les tribunaux statueront sur ce point d'après les circonstances, et, s'il y a lieu, sur expertise.

Des HAIES MITOYENNES. — Toute haie séparative de deux héritages est réputée mitoyenne, puisqu'elle sert à les clôturer l'un et l'autre également. Cette présomption cesse :

1° Lorsqu'un seul des héritages est en état de clôture, cas auquel la haie est censée appartenir exclusivement au propriétaire de l'héritage clôturé. Que décider, si la clôture d'un héritage consiste en une haie sur la ligne séparative et en murs ou fossés sur les autres côtés, tandis que la clôture de l'autre héritage consiste en haies tout entière ? D'après les uns, la haie ne serait pas mitoyenne ; elle appartiendrait exclusivement au propriétaire qui n'a que des haies pour clôture. Mais le Code ne fait pas cette distinction, et il suffit, d'après lui, que les deux héritages soient en état de clôture. D'ailleurs, l'établissement d'une haie n'est guère ni plus ni moins onéreux que celui de toute autre clôture, et rien ne s'oppose ici au maintien de la présomption de mitoyenneté ;

2° Lorsqu'il y a *titre contraire*, c'est-à-dire, titre établissant le droit exclusif de l'un des propriétaires à la haie séparative ;

3° Enfin lorsqu'il y a *possession suffisante au contraire*. Les auteurs ne sont pas d'accord sur le sens de ces expressions. Rappelons d'abord que la possession produit des effets différents selon sa durée. Au bout d'un an, elle établit une présomption de propriété au profit du possesseur ; au bout de trente ans, elle rend le possesseur véritablement propriétaire. La question est de savoir si le Code entend parler ici de la possession annale ou de la possession trentenaire. D'après la plupart des auteurs, la présomption de mitoyenneté des haies ne pourrait tomber que devant une possession trentenaire par un seul des propriétaires, et dans le cas qui nous occupe, la possession annale ne produirait pas ses effets ordinaires. Dans ce système, on dit : Si l'on appliquait ici le droit commun en matière de possession, la disposition du Code serait inutile. Effectivement, lorsque deux voisins possèdent en même temps une haie, la présomption de mitoyenneté résulte nécessairement de cette possession commune, et dans ce cas l'art. 670

n'avait pas besoin de la proclamer. Si donc il la proclame,
c'est qu'il se place dans une autre hypothèse ; et laquelle ? Il
se place évidemment dans l'hypothèse de la possession exclusive de la haie par un seul des voisins, et, malgré cette
possession exclusive, il déclare la haie mitoyenne. La possession annale d'une haie par un seul des propriétaires est donc
insuffisante pour faire cesser la présomption de mitoyenneté,
et dès lors cette présomption ne peut tomber que devant une
possession trentenaire.

A cette argumentation on répond, avec raison, que le Code
a établi la présomption de mitoyenneté non pour le cas où l'un
des voisins est possesseur exclusif de la haie depuis un temps
plus ou moins long, mais pour le cas où le fait d'une possession, soit séparée, soit commune, est incertain. Cette hypothèse
sera, sans aucun doute, la plus fréquente, car les faits de possession par rapport aux haies sont rares. Il est même vraisemblable
que le législateur n'a été conduit à mentionner le cas d'une
possession exclusive, qui soit de nature à faire tomber la présomption de mitoyenneté, que par l'incertitude qui règne ordinairement dans la possession des haies, incertitude qui sem-
blait exclure une telle possession. D'après ce second système,
non-seulement il n'est pas nécessaire de voir dans l'art. 670 une
hypothèse et une solution exceptionnelles, mais encore on
peut dire, par application des principes généraux : Toute
haie séparative de deux héritages est réputée mitoyenne, soit
lorsqu'elle est possédée en commun par les deux voisins, soit
lorsque la possession par l'un ou par l'autre est incertaine.
Elle est au contraire présumée appartenir exclusivement à
un des voisins si ce voisin prouve l'avoir seul possédée pendant une année, et enfin elle est la propriété certaine de celui
des deux qui prouve l'avoir possédée pendant trente ans,
délai ordinaire de la prescription [1].

---

[1] *Sic*, Ducaurroy, Bonnier et Roustain, t. II, n° 305. — Bordeaux, 5 mai
1858.

Contrà, Demolombe, *Serv.*, t. I, n° 456. — Demante, t. II, n° 524 *bis*.

Les arbres qui se trouvent dans la haie mitoyenne sont mitoyens comme la haie, et chacun des propriétaires peut exiger qu'ils soient abattus, car souvent ils nuisent plus aux récoltes qu'ils ne sont productifs. Mais la haie elle-même ne peut être arrachée que du consentement des deux propriétaires, car elle sert toujours à séparer leurs héritages.

De la DISTANCE *prescrite pour les plantations des arbres et des haies.* — Les art. 671 et 672 prescrivent certaines distances pour la plantation des arbres et des haies ; et, en effet, il importe de protéger les héritages voisins contre l'empiétement des branches et des racines. Chaque propriétaire peut cependant acquérir par titre, tel qu'une convention ou un testament, et même par prescription, le droit d'avoir des arbres ou des haies à une distance moindre que celle fixée par le législateur. Si les arbres protégés par la prescription viennent à périr, le propriétaire pourra-t-il les remplacer par d'autres arbres, plantés à la même distance ?

Oui, suivant les uns, car ce propriétaire a prescrit la faculté d'avoir des arbres en général, et non tels arbres en particulier, à une distance moindre que la distance légale. L'article 665, disent-ils, laisse subsister les servitudes actives et passives à l'égard de la construction nouvelle qui remplacerait une construction ancienne, et comme il n'y a aucune raison de différence entre les constructions et les plantations, il faut appliquer à ces dernières les règles établies par le Code pour les premières.

Il faut, suivant les autres, adopter la négative, et, en effet, la servitude n'est pas la même lorsqu'il s'agit de constructions que lorsqu'il s'agit de plantations. Dans le premier cas, elle a un caractère de perpétuité, comme la construction ; dans le second, elle a un caractère purement temporaire, comme la plantation. En d'autres termes, le propriétaire du fonds grevé ne peut jamais prétendre qu'il entendait supporter pendant un certain temps seulement la servitude attachée à la construction, et, au contraire, il peut raisonnablement prétendre n'avoir entendu supporter la servitude attachée à la plantation que pendant la durée même des arbres qui étaient plantés. On comprend donc que la première servitude revive avec la reconstruction du bâtiment, et que la seconde doive périr avec les arbres plantés à la distance illégale. Cette solution nous paraît devoir être préférée [1].

Le propriétaire du fonds servant a le droit de couper ou de faire couper les racines ou branches qui avancent sur son héritage (art. 672). Mais est-il possible au propriétaire de l'arbre d'acquérir par prescription le droit d'avoir des branches avançant sur l'héritage voisin? Non, suivant les uns; car, la pousse étant successive, on ne pourrait jamais savoir s'il s'est écoulé ou non trente ans depuis que l'empiétement des branches sur le fonds voisin a commencé. Mais, peut-on répondre avec raison, s'il est possible, en fait, de constater que l'empiétement des branches a commencé depuis le temps nécessaire à la prescription, il n'y a véritablement pas de motif sérieux qui doive la faire rejeter. Il s'agit évidemment ici d'une servitude continue et apparente, et la prescription peut servir à l'établissement des servitudes ayant ce double caractère (art. 691). Toutefois, la jurisprudence paraît se fixer en sens contraire [2]. Quant à la prescription des racines, elle n'est jamais possible, parce que la possession n'en est pas publique, comme l'exige l'article 2229 du Code.

Lorsque l'arbre empiétant sur le fonds voisin porte des fruits, le propriétaire de l'arbre peut-il aller sur ce fonds pour les cueillir? Beaucoup d'auteurs admettent l'affirmative, parce qu'ils voient là une conséquence nécessaire de la servitude acquise par prescription. Il nous semble que cette solution est trop absolue. Elle l'est évidemment quand il est possible de cueillir les fruits sans pénétrer sur la propriété voisine. Et même quand on ne le peut pas, il faut, selon nous, laisser au propriétaire voisin le choix ou de restituer

---

[1] Massé et Vergé, t. II, § 326, note 8. — Caen, 22 juillet 1845.
[2] Douai, 3 juillet 1856. — Bastia, 3 mars 1856.

les fruits tombés sur son terrain, ou de livrer accès au propriétaire de l'arbre qui viendra les percevoir. L'obliger à donner dans tous les cas accès sur sa propriété, ce serait lui imposer une aggravation de servitude que la loi n'a point autorisée, et que rien ne justifierait.

DEUXIÈME SECTION

DE LA DISTANCE ET DES OUVRAGES INTERMÉDIAIRES REQUIS POUR CERTAINES CONSTRUCTIONS.

ART. 674. Celui qui fait creuser un puits ou une fosse d'aisances près d'un mur mitoyen ou non ; — celui qui veut y construire cheminée ou âtre, forge, four ou fourneau, — y adosser une étable, — ou établir contre ce mur un magasin de sel ou amas de matières corrosives, — est obligé à laisser la distance prescrite par les règlements et usages particuliers sur ces objets, ou à faire les ouvrages prescrits par les mêmes règlements et usages, pour éviter de nuire au voisin.

Observation. — Le Code prescrit, dans l'article ci-dessus, des mesures pour empêcher que certains travaux ne nuisent au voisin, à raison, soit de leur nature, soit de leur destination. Les mesures dont il y est parlé rentrent dans le domaine du droit administratif. Il nous suffit de dire que, même dans le cas où les distances réglementaires auraient été observées, le voisin aurait encore le droit de former une demande en dommages-intérêts, si, en fait, les ouvrages construits lui portaient préjudice, car tout fait quelconque de l'homme qui cause un dommage à autrui, oblige celui par la faute duquel il est arrivé à le réparer (art. 1382).

Quand les lois et les règlements particuliers sont muets sur la distance à conserver pour certains ouvrages, cette distance est déterminée par la justice, à dire d'experts.

TROISIÈME SECTION

DES VUES SUR LA PROPRIÉTÉ DE SON VOISIN.

ART. 675. L'un des voisins ne peut, sans le consentement de l'autre, pratiquer dans le mur mitoyen aucune fenêtre ou ouverture, en quelque manière que ce soit, même à verre dormant.

676. Le propriétaire d'un mur non mitoyen, joignant immédiatement l'héritage d'autrui, peut pratiquer dans ce mur des jours ou fenêtres à fer maillé et verre dormant. — Ces fenêtres doivent être garnies d'un treillis de fer, dont les mailles auront un décimètre (environ trois pouces huit lignes) d'ouverture au plus, et d'un châssis à verre dormant.

677. Ces fenêtres ou jours ne peuvent être établis qu'à vingt-six décimètres (huit pieds) au-dessus du plancher ou sol de la chambre qu'on veut éclairer, si c'est à rez-de-chaussée, et à dix-neuf décimètres (six pieds) au-dessus du plancher pour les étages supérieurs.

678. On ne peut avoir des vues droites ou fenêtres d'aspect, ni balcons ou autres semblables saillies sur l'héritage clos ou non clos de son voisin, s'il n'y a dix-neuf décimètres (six pieds) de distance entre le mur où on les pratique et ledit héritage.

679. On ne peut avoir des vues par côté ou obliques sur le même héritage, s'il n'y a six décimètres (deux pieds) de distance.

680. La distance dont il est parlé dans les deux articles précédents se compte depuis le parement extérieur du mur où l'ouverture se fait, et, s'il y a balcons ou autres semblables saillies, depuis leur ligne extérieure jusqu'à la ligne de séparation des deux propriétés.

Notions générales. — On peut avoir sur la propriété du voisin ou des *jours* ou des *vues*. Les *jours* consistent dans des ouvertures fermées avec un verre dormant, et les *vues* dans des ouvertures fermées avec des fenêtres ouvrantes.

Les vues se subdivisent en vues *droites* et vues *obliques*. La vue est *droite* quand on la considère par rapport à l'espace compris entre deux lignes parallèles partant, selon les cas, soit des deux angles de l'ouverture, soit de la ligne extérieure des balcons ou autres saillies semblables, et s'avançant vers le fonds voisin perpendiculairement à la face du mur dans lequel la vue est pratiquée. La vue est *oblique* lorsqu'on la considère par rapport à l'espace non compris dans les deux parallèles susénoncées. Nous verrons tout à l'heure la distance qui doit être conservée pour les unes et pour les autres.

Des jours *et des* vues. — D'abord, il est interdit à tout propriétaire d'ouvrir soit des jours, soit des fenêtres, dans un mur mitoyen. Pourquoi? Parce que la destination du mur mitoyen n'est pas de recevoir des ouvertures, et comme il appartient en même temps à plusieurs personnes, il est naturel d'exiger, pour une telle modification, leur consentement commun. C'est pourquoi l'un des voisins ne peut, sans la volonté de l'autre, pratiquer dans le mur, même des ouvertures à verre dormant : *In re communi potior est causa prohibentis.*

Lorsqu'un mur est non mitoyen et joint immédiatement l'héritage d'autrui, le propriétaire peut y pratiquer seulement des ouvertures à fer maillé et à verre dormant. Pourquoi? Parce que les ouvertures libres présentent un grave inconvénient pour les propriétés voisines, par la facilité qu'elles donnent aux personnes habitant la maison de porter les regards ou de jeter des objets sur ces propriétés. Les art. 676 et 677 déterminent les conditions que doivent réunir ces ouvertures pour être licites. Dans le langage vulgaire on les appelle *jours de souffrance* parce que le propriétaire voisin a le droit, en acquérant la mitoyenneté du mur et en y adossant une construction, de les obstruer de manière à les faire entièrement disparaître.

Lorsqu'il s'agit de la vue droite, l'art. 678 exige un intervalle de six pieds entre le parement du mur dans lequel elle est pratiquée, ou la ligne extérieure du balcon ou autre saillie, et la propriété du voisin. Ainsi, il est nécessaire que dans l'intervalle des deux parallèles dont nous avons parlé précédemment, et jusqu'à une distance de six pieds, on ne trouve aucune parcelle de la propriété voisine. Si la vue est oblique, l'art. 670 exige seulement une distance de deux pieds entre le point le plus proche de l'ouverture, balcon ou autre saillie, et l'héritage voisin. Cette différence vient de ce qu'il est plus facile de porter ses regards ou de jeter des objets sur la propriété d'autrui par une vue droite, qu'il ne l'est par une vue oblique.

Le calcul de la distance présente quelques difficultés. Ainsi, lorsqu'un mur mitoyen est construit sur la ligne séparative de deux fonds, est-ce à partir de la face interne du mur ou à partir de son milieu que la distance de six ou de deux pieds doit être mesurée ? Ordinairement on décide que c'est à partir du milieu, comme si la moitié du mur qui se trouve du côté de la construction appartenait exclusivement au propriétaire de cette construction. Mais cette opinion nous paraît inexacte ; car le mur mitoyen appartient aux deux propriétaires voisins par portions indivises, et non par moitiés distinctes, de telle sorte que le droit de chacun s'étend d'un parement jusqu'à l'autre. La propriété du voisin ne finissant qu'au parement interne du mur, c'est donc à partir de ce parement que doit être calculée la distance. A plus forte raison, devrait-on prendre ce point de départ, dans le cas où le mur appartiendrait exclusivement au propriétaire voisin.

A la règle qui précède il faut faire une exception pour le cas où la propriété du mur serait devenue mitoyenne postérieurement à la construction du bâtiment. En effet, si chaque voisin a le droit de rendre le mur mitoyen, c'est à la condition de respecter tous les travaux légalement établis avant la mitoyenneté, et qui ne sont pas incompatibles avec la mitoyenneté elle-même. Nous avons vu que cette incompatibilité existe pour les jours de souffrance quand ils sont pratiqués dans un mur dont le voisin acquiert la mitoyenneté pour y adosser un bâtiment. Mais elle ne saurait être admise pour la distance des constructions élevées avant que le mur fût devenu mitoyen, lorsque d'ailleurs cette distance était à l'origine suffisante et légale.

Notons que si les distances précédentes n'avaient pas été observées, la vue resterait prohibée, lors même qu'entre l'héritage voisin et la construction se trouverait un fonds appartenant à un tiers qui n'aurait pas réclamé. La prohibition de bâtir à une distance trop rapprochée est établie en faveur de tous les fonds voisins, contigus ou non à celui sur lequel la construction est élevée. On ne fait d'exception à la règle que dans le cas où les fonds voisins sont séparés l'un de l'autre par une rue ou un chemin public n'ayant pas six pieds de largeur. Cette exception est commandée par l'intérêt général, et d'ailleurs elle était admise dans l'ancien droit français [1].

Les règles ci-dessus sont-elles applicables aux ouvertures pratiquées dans un simple mur de clôture situé à la campagne? Les uns pensent que le Code a eu seulement en vue les ouvertures éclairant des appartements, et cela paraît bien résulter de l'ensemble de ses dispositions. Mais on doit, néanmoins, adopter l'opinion contraire, car si le Code a parlé des ouvertures pratiquées dans des murs de maison, c'est parce qu'il s'est placé dans les cas ordinaires, et nullement parce qu'il voulait établir un système différent pour les ouvertures pratiquées dans les murs séparatifs de propriétés rurales. D'ailleurs, il n'est pas prouvé qu'un simple jour, même dans un mur de cette nature, serait sans inconvénient pour l'un des propriétaires. En effet, il est possible que l'autre ait l'habitude de se promener sur le fonds clôturé ; et si le premier avait le droit de conserver les ouvertures dont il s'agit, il pourrait exercer sur l'héritage voisin une sorte d'inquisition très-gênante pour son propriétaire.

Toute vue trop rapprochée du fonds voisin constitue une servitude continue et apparente. Or, comme nous le verrons plus tard, les servitudes continues et apparentes peuvent être acquises par la prescription. Les auteurs ne sont pas d'accord sur les effets que cette prescription doit produire. D'après les uns, le propriétaire de la construction dans laquelle l'ouverture est pratiquée a simplement libéré son propre fonds de la servitude de ne pas bâtir à une certaine distance ; mais, en acquérant la franchise de son fonds, il n'a pas acquis une servitude active sur le fonds du voisin. Conséquemment, ce dernier aurait le droit d'élever à son tour des constructions jusque

[1] Marcadé, art. 678 et 679, n° 2. — Cass., 1er juillet 1861.

sur la ligne séparative des deux héritages, à la condition de
ne pas lui-même pratiquer des ouvertures illicites. Il résulterait de là que celles existant dans l'autre construction pourraient être en quelque sorte supprimées par l'extrême proximité d'un mur qui intercepterait la lumière. Un tel système
doit être écarté. En effet, la prescription d'un droit le
fait acquérir tel qu'il eût pu résulter d'un contrat passé entre
celui au profit duquel et celui contre lequel elle s'est accomplie.
Or, il n'est pas douteux que l'acheteur d'un droit de vue,
par exemple, ne puisse empêcher le vendeur d'élever des
constructions assez rapprochées de la sienne pour gêner
l'exercice du droit en question. Pourquoi donc la prescription
produirait-elle des effets autres que ceux de la vente? Le propriétaire du fonds dominant a prescrit, non pas seulement le
droit d'avoir des ouvertures dans sa construction, mais encore
celui d'étendre sa vue sur le fonds servant (*jus prospiciendi*),
ce qui suppose un espace libre dans lequel peuvent se mou-
voir l'air et la lumière. Maintenant, quel sera cet espace?
Le Code ne l'ayant pas déterminé, les tribunaux le fixe-
ront selon les circonstances, et, s'il y a lieu, après expertise
préalable [1].

Une dernière question se présente relativement aux ouvertures. Il s'agit de savoir si un voisin qui a acquis de l'autre la
mitoyenneté d'un mur bâti sur la ligne séparative, et dans
lequel se trouvaient des ouvertures, a le droit de les faire supprimer sans avoir d'ailleurs le projet d'appuyer contre le mur
aucune construction. Ce droit est évident lorsque les ouvertures
sont libres, à moins qu'il n'y ait titre ou prescription contraire. Mais il est contestable et contesté, lorsque les ouvertures
sont à fer maillé et à verre dormant. La raison de douter
vient de ce que le mur mitoyen n'est pas en général destiné
à recevoir des ouvertures. Aussi plusieurs auteurs accordent-
ils au voisin acquéreur de la mitoyenneté le droit de faire

---

[1] Demolombe, t. II, n° 580. — Cass., 22 août 1853.

fermer celles qui existent. La cour de cassation admet même d'une manière générale la faculté d'acquérir la mitoyenneté des murs séparatifs d'héritages, dans le seul but de faire boucher les jours qui s'y trouvent [1]. Mais ce système doit être rejeté, car autre chose est une ouverture que l'un des propriétaires voudrait pratiquer dans un mur devenu mitoyen ; autre chose est une ouverture déjà pratiquée dans un mur appartenant à un seul des voisins et dont l'autre acquiert plus tard la mitoyenneté. Le Code a pu prohiber les ouvertures à faire, mais l'on n'en peut rigoureusement conclure qu'il prohibe aussi les ouvertures déjà faites. Or, dans le doute, le *statu quo* doit être maintenu, et, sans un texte formel, on ne peut pas étendre le droit, déjà exorbitant, qu'a le voisin d'acquérir la mitoyenneté. D'ailleurs, où s'arrêter dans le système opposé, car le Code n'interdit pas seulement de pratiquer des ouvertures dans le mur mitoyen, il défend encore d'y adosser certains ouvrages (art. 662)? L'acquéreur de la mitoyenneté pourrait donc aussi exiger la destruction de ces ouvrages légalement construits par un voisin qui était encore seul propriétaire du mur, ouvrages dont la valeur ou l'utilité sont peut-être considérables? Un tel résultat est évidemment inadmissible, et, pour être conséquent, il faut décider que l'acquéreur de la mitoyenneté qui ne veut pas élever de construction contre le mur devenu mitoyen, ne peut pas exiger la suppression des jours qui y étaient pratiqués avant l'acquisition de cette mitoyenneté.

QUATRIÈME SECTION

DE L'ÉGOUT DES TOITS.

ART. 681. Tout propriétaire doit établir des toits de manière que les eaux pluviales s'écoulent sur son terrain ou sur la voie publique ; il ne peut les faire verser sur le fonds de son voisin.

---

[1] Cass., 3 juin 1850.

Observation. — Tout propriétaire doit faire couler sur son fonds l'égout de ses toits, à moins qu'il n'ait acquis par titre ou par prescription la faculté de le verser sur l'héritage de son voisin. Le Code qualifie improprement de servitude la nécessité où est chacun de recevoir chez soi les eaux découlant des toits de sa maison ; car une pareille nécessité, au lieu d'être une charge imposée à un héritage au profit d'un autre héritage, est la sanction pure et simple de la propriété de chacun.

CINQUIÈME SECTION

DU DROIT DE PASSAGE.

ART. 682. Le propriétaire dont les fonds sont enclavés, et qui n'a aucune issue sur la voie publique, peut réclamer un passage sur les fonds de ses voisins pour l'exploitation de son héritage, à la charge d'une indemnité proportionnée au dommage qu'il peut occasionner.

683. Le passage doit régulièrement être pris du côté où le trajet est le plus court du fonds enclavé à la voie publique.

684. Néanmoins il doit être fixé dans l'endroit le moins dommageable à celui sur le fonds duquel il est accordé.

685. L'action en indemnité, dans le cas prévu par l'article 682, est prescriptible ; et le passage doit être continué, quoique l'action en indemnité ne soit plus recevable.

Du droit de PASSAGE. — Le Code établit, au profit des fonds enclavés, un droit de passage sur les fonds voisins, et avec raison, car il est d'intérêt général que tous les fonds soient cultivés, et ceux qui se trouvent enclavés ne peuvent l'être sans une issue quelconque sur la voie publique.

Le propriétaire enclavé doit prendre passage par les fonds sur lesquels le trajet est le moins dommageable pour les voisins, et en même temps le plus court pour arriver à la voie publique ; et comme il ne saurait tirer profit de la chose d'autrui sans fournir un équivalent, l'art. 682 l'astreint à payer une indemnité aux propriétaires des héritages traversés.

L'action en indemnité est prescriptible par trente ans, qui courent, suivant les uns, à dater du jour où a commencé l'exercice de la servitude, et, suivant les autres, à dater du jour où l'indemnité a été réglée soit par une convention, soit par jugement. Cette dernière opinion est plus exacte ; en effet, l'indemnité n'est véritablement due que lorsque la servitude est acquise ; et la servitude n'est acquise que par la convention ou le jugement qui l'attribue au propriétaire enclavé. Cela résulte du texte même de l'art. 682, aux termes duquel le propriétaire doit *réclamer* la servitude ; or, une réclamation ne peut évidemment être attributive du droit réclamé, sans l'acquiescement de la partie adverse, ou la sanction de la justice.

L'enclave résultant d'un contrat tel qu'une vente ou un partage ne serait pas opposable aux tiers, car *Res inter alios acta, aliis neque nocet neque prodest.* Ainsi, lorsqu'un propriétaire vend une partie de son fonds qui va se trouver, à la suite de cette aliénation, séparée de tous côtés de la voie publique par des propriétés intermédiaires, lui seul est astreint à livrer passage à son acheteur, parce qu'il ne peut point par son fait soumettre les propriétaires voisins à une servitude. L'acheteur de la parcelle enclavée passera donc sur la parcelle conservée par le vendeur, et il ne pourra réclamer le passage à aucun autre propriétaire voisin, lors même que le trajet par leurs fonds devrait être plus court ou moins onéreux.

Il en sera de même si l'enclave résulte d'un partage. Ceux-là seuls qui ont figuré au partage seront tenus de subir la servitude de la part du copartageant enclavé. Les propriétaires voisins qui n'en étaient pas grevés avant, ne pourront pas en être grevés après, par suite d'opérations ou d'arrangements auxquels ils ont été étrangers [1]. Le copartageant enclavé ne devra aucune indemnité pour passer sur les fonds de ses copartageants, à moins que le contraire n'ait été convenu. Il est naturel en effet de penser que c'était là l'intention commune de tous les copartageants.

[1] Demolombe, t. II, note 2, nº 602. — Demante, t. II, nº 537 *bis.*

D'après ce qui précède, les règles du Code sont seulement applicables aux enclaves provenant d'une circonstance fortuite ou d'une convention commune à tous les propriétaires voisins. Les cas fortuits que l'on peut citer sont, par exemple, le redressement ou la suppression d'une route, le changement du lit d'une rivière, l'éboulement d'un terrain, etc.

Faisons observer, en terminant, que l'incommodité de la communication existant entre un fonds et la voie publique, n'autoriserait jamais, quelle que fût sa gravité, le propriétaire de ce fonds à réclamer un droit de passage aux propriétaires voisins, parce qu'il n'est pas réellement enclavé, c'est-à-dire privé de toute issue sur la voie publique.

CHAPITRE III

DES SERVITUDES ÉTABLIES PAR LE FAIT DE L'HOMME.

PREMIÈRE SECTION

DES DIVERSES ESPÈCES DE SERVITUDES QUI PEUVENT ÊTRE ÉTABLIES SUR LES BIENS.

ART. 686. Il est permis aux propriétaires d'établir sur leurs propriétés, ou en faveur de leurs propriétés, telles servitudes que bon leur semble, pourvu néanmoins que les services établis ne soient imposés ni à la personne, ni en faveur de la personne, mais seulement à un fonds et pour un fonds, et pourvu que ces services n'aient d'ailleurs rien de contraire à l'ordre public. — L'usage et l'étendue des servitudes ainsi établies se règlent par le titre qui les constitue ; à défaut de titre, par les règles ci-après.

687. Les servitudes sont établies ou pour l'usage des bâtiments, ou pour celui des fonds de terre. — Celles de la première espèce s'appellent *urbaines*, soit que les bâtiments auxquels elles sont dues soient situés à la ville ou à la campagne. — Celles de la seconde espèce se nomment *rurales*.

688. Les servitudes sont ou continues, ou discontinues. — Les servitudes continues sont celles dont l'usage est ou peut être conti-

nuel sans avoir besoin du fait actuel de l'homme : tels sont les conduits d'eau, les égouts, les vues et autres de cette espèce. — Les
servitudes discontinues sont celles qui ont besoin du fait actuel de
l'homme pour être exercées : tels sont les droits de passage, puisage, pacage et autres semblables.

689. Les servitudes sont apparentes, ou non apparentes. — Les
servitudes apparentes sont celles qui s'annoncent par des ouvrages
extérieurs, tels qu'une porte, une fenêtre, un aqueduc. — Les servitudes non apparentes sont celles qui n'ont pas de signe extérieur
de leur existence, comme, par exemple, la prohibition de bâtir sur
un fonds, ou de ne bâtir qu'à une hauteur déterminée.

Notions générales. — Les particuliers peuvent établir sur
leurs propriétés ou en faveur de leurs propriétés toute espèce
de servitudes. Nous avons démontré précédemment que les
servitudes, ainsi établies par les particuliers, sont les seules
auxquelles cette qualification convienne véritablement, puisque seules elles dérogent au droit commun en matière de
propriété immobilière.

Dans l'ancien droit français, il était permis d'établir beaucoup de servitudes que le Code prohibe à cause de leur caractère féodal. L'art. 686 déclare en effet que les servitudes
ne doivent jamais être imposées *ni à la personne* ni *en faveur de la personne*, mais seulement à un héritage au profit
d'un autre héritage ; et qu'en outre, elles ne doivent pas porter atteinte à l'ordre public.

Et, d'abord, les servitudes ne doivent pas être *imposées à
la personne*. Ces mots signifient que les servitudes doivent
grever le fonds servant, dont elles gêneront plus ou moins
l'exploitation ou diminueront plus ou moins l'utilité et l'agrément, mais non grever les propriétaires de ce fonds considérés comme personnes, en les astreignant à certains services
ou prestations. Ainsi, la servitude ne conserve son véritable
caractère qu'à la condition de rester un simple démembrement de la propriété du fonds servant au profit du fonds dominant ; et elle deviendrait une *obligation* si les propriétaires
du premier fonds étaient tenus à autre chose envers ceux du

second qu'à supporter l'exercice de cette servitude. Or, de graves différences séparent la servitude, droit *réel*, de l'obligation, droit *personnel*. Ainsi, le propriétaire du fonds servant peut se soustraire à la servitude, en abandonnant l'immeuble auquel elle est attachée ; et, au contraire, nul ne peut se soustraire à l'exécution de ses engagements : de plus, l'immeuble périssant, la servitude périt ; et, au contraire, l'obligation ne peut s'éteindre que par son entier accomplissement. Enfin, les servitudes sont transmissibles de propriétaire à propriétaire, et les obligations de débiteur à héritier.

Pourquoi le Code n'a-t-il pas permis d'établir l'obligation d'accomplir certains faits, à la charge de tous les propriétaires successifs d'un héritage au profit de tous les propriétaires successifs d'un autre héritage? C'est qu'un pareil système n'eût été rien moins que la restauration du régime féodal, irrévocablement aboli par la révolution française. Et, en effet, là où certains propriétaires ont personnellement et perpétuellement droit à certaines charges ou prestations imposées à d'autres propriétaires, là il y a des seigneurs et des vassaux. Or, le Code ne veut ni seigneurs ni vassaux, et c'est pourquoi les servitudes ne peuvent être *imposées à la personne*. En vertu de la règle que nous venons d'exposer ne pourraient donc pas être valablement rétablies les servitudes de l'ancien régime que l'on appelait, par exemple, la *corvée*, c'est-à-dire l'obligation pour le vilain ou manant d'exécuter certains travaux au profit du seigneur ; les *banalités*, c'est-à-dire l'interdiction faite aux vassaux de jouir de leurs propriétés, autrement qu'en se conformant à certains usages ou conditions déterminés, etc.

L'explication de la règle que les servitudes ne peuvent être *imposées à la personne*, appelle celle de cette autre règle que les servitudes ne peuvent être *établies en faveur* de la *personne*. Ces mots signifient que la servitude doit profiter au fonds dominant en augmentant son utilité ou son agrément, ou en facilitant son exploitation, mais non aux propriétaires de ce fonds considérés comme individus, et il était nécessaire de compléter la première prohibition par la seconde, car s'il avait été permis d'établir des servitudes en considération des personnes, les particuliers auraient pu donner un caractère de transmissibilité et de perpétuité à certains droits qui doivent rester essentiellement viagers. Nous avons déjà vu cette règle pour l'usufruit et l'habitation, précisément appelés par les jurisconsultes *servitudes personnelles*. On peut citer d'autres exemples : ainsi le Code ne permet pas d'ériger en servitude foncière la faculté qu'auraient tous les propriétaires d'un héritage de chasser sur l'héritage voisin, car un pareil droit est purement établi pour l'agrément de l'individu, et il ne facilite pas l'exploitation ou n'augmente pas l'utilité de l'autre héritage pris en lui-même [1]. Au contraire, serait une véritable servitude le droit accordé à tous les propriétaires successifs d'un fonds de passer sur le fonds voisin ou d'y puiser de l'eau, car ces droits facilitent une bonne exploitation, et le fonds dominant en reçoit une plus-value. Est-ce à dire qu'un propriétaire ne pourra pas accorder à son voisin le droit de chasser sur son héritage, ou d'y cueillir les premiers fruits ? Nullement. Mais ce sera là un droit d'usage restreint, et non une véritable servitude foncière. Or, nous savons que tout droit d'usage, comme tout droit d'usufruit, finit nécessairement avec l'usager, et ne passe dans aucun cas à ses héritiers. Conséquemment, la faculté dont il s'agit aura pour limite extrême la vie du propriétaire voisin, et ni ses héritiers ni ses successeurs dans la propriété du fonds ne pourront s'en prévaloir.

Quelquefois il sera fort difficile de décider si un droit profite au fonds ou seulement à la personne. Les tribunaux auront, à cet égard, un plein pouvoir d'appréciation. Mais, dans le doute, ils devront décider que le droit n'est pas une véritable servitude transmissible à tous les propriétaires successifs du fonds, car celui qui élève une prétention quel-

[1] Demante, t. II, n° 541 *bis*. — Demolombe, *Serv.*, t. II, n° 686.

conque doit démontrer la légalité de l'avantage qu'il affirme
et veut s'arroger.

Quant à la troisième règle de l'art. 686, d'après laquelle
les servitudes ne doivent rien contenir de contraire à l'ordre
public, les tribunaux sont aussi appréciateurs souverains.

DIVISION DES SERVITUDES. — Les servitudes sont :

1° *Urbaines* ou *rurales*. On appelle servitude *urbaine*
celle qui est établie pour l'usage de sbâtiments, et *rurale* celle
qui est établie pour l'usage des fonds de terre. Cette définition,
donnée par l'article 687, n'est pas conforme à la définition
donnée par le droit romain qui assignait le caractère de
servitude urbaine à celle qui supposait l'existence d'un édifice,
et le caractère de servitude rurale à celle qui supposait
l'existence d'un fonds de terre, sans se préoccuper, d'ailleurs, si cet édifice ou ce fonds de terre profitait ou était
grevé de la servitude.

De là il résultait que la servitude urbaine était toujours
continue, puisqu'elle tenait à la situation même de l'édifice,
tandis que la servitude rurale était *discontinue*, puisqu'elle
supposait le fait de l'homme. La fausse définition du droit
français rend inutile cette division, car aujourd'hui la même
servitude peut être successivement urbaine et rurale. Ainsi
un droit de passage peut être établi soit pour l'usage d'un
bâtiment, soit pour celui d'un fonds de terre, et de la sorte
constituer tantôt une servitude urbaine, et tantôt une servitude rurale. Or, une pareille confusion d'idées exclut
toute différence dans les règles à suivre, et c'est pourquoi le
Code, après avoir indiqué cette division, n'en tire aucune
conséquence.

Les servitudes sont :

2° *Continues* ou *discontinues*. On appelle servitude
continue celle qui s'exerce à chaque instant de la durée et
sans le fait de l'homme ; et *discontinue* celle qui s'exerce
par intervalles et moyennant l'intervention de l'homme.

Ainsi, la servitude de ne pas bâtir est continue, et la servitude de passage discontinue.

A la servitude qui s'exerce à chaque moment, il faut évidemment assimiler celle qui *pourrait* s'exercer à chaque moment, et sans le fait actuel de l'homme. Ainsi, la servitude d'égout est continue, parce qu'elle s'exerce toutes les fois que la pluie tombe et sans le fait actuel de l'homme. S'il pleuvait constamment, elle s'exercerait constamment. La servitude qui suppose un fait de l'homme, accidentel et isolé, ne cesse pas pour cela d'être continue. Ainsi, une prise d'eau nécessite l'ouverture du passage par lequel l'eau s'échappera, et cependant elle est continue, parce que, l'ouverture faite, l'eau coule constamment, et sans l'intervention de l'homme.

Quant à la servitude discontinue, nous la faisons suffisamment connaître en disant que c'est toute servitude qui n'est pas continue, et qui suppose des faits successifs et répétés de celui qui l'exerce.

3° *Apparentes* ou *non apparentes*. — On appelle servitude *apparente* celle qui se manifeste par un signe extérieur ; et *non apparente*, celle qu'aucun signe ne révèle. Ainsi, la servitude de passage est apparente quand il y a un chemin tracé pour son exercice, et que ce chemin aboutit à une porte dépendante de la propriété voisine, car autrement rien ne révélerait que le chemin est établi pour l'usage du fonds voisin, plutôt que pour celui de la propriété sur laquelle il se trouve. Au contraire, la servitude de ne pas bâtir est non apparente, car aucun signe ne la manifeste.

4° *Positives* ou *négatives*. — On appelle servitude *positive* celle qui suppose le fait de l'homme, par exemple, la servitude de puisage ; et *négative* celle qui ne suppose pas le fait de l'homme, par exemple, la servitude de ne pas bâtir.

Les divisions précédentes ne se supposent ni ne s'excluent les unes les autres, et la même servitude peut être, par exemple, apparente et continue ou discontinue, non apparente et continue ou discontinue, non apparente et positive ou négative. Les divisions les plus importantes sont celles en servitudes continues et discontinues, apparentes et non apparentes.

DEUXIÈME SECTION

COMMENT S'ÉTABLISSENT LES SERVITUDES.

ART. 690. Les servitudes continues et apparentes s'acquièrent par titre, ou par la possession de trente ans.

691. Les servitudes continues non apparentes, et les servitudes discontinues apparentes ou non apparentes, ne peuvent s'établir que par titres. — La possession même immémoriale ne suffit pas pour les établir ; sans cependant qu'on puisse attaquer aujourd'hui les servitudes de cette nature déjà acquises par la possession, dans les pays où elles pouvaient s'acquérir de cette manière.

692. La destination du père de famille vaut titre à l'égard des servitudes continues et apparentes.

693. Il n'y a destination du père de famille que lorsqu'il est prouvé que les deux fonds actuellement divisés ont appartenu au même propriétaire, et que c'est par lui que les choses ont été mises dans l'état duquel résulte la servitude.

694. Si le propriétaire de deux héritages entre lesquels il existe un signe apparent de servitude dispose de l'un des héritages sans que le contrat contienne aucune convention relative à la servitude, elle continue d'exister activement ou passivement en faveur du fonds aliéné ou sur le fonds aliéné.

695. Le titre constitutif de la servitude, à l'égard de celles qui ne peuvent s'acquérir par la prescription, ne peut être remplacé que par un titre récognitif de la servitude, et émané du propriétaire du fonds asservi.

696. Quand on établit une servitude, on est censé accorder tout ce qui est nécessaire pour en user. — Ainsi la servitude de puiser de l'eau à la fontaine d'autrui emporte nécessairement le droit de passage.

Comment S'ÉTABLISSENT *les servitudes.* — Les servitudes s'établissent différemment selon leur nature. On peut réduire à trois leurs modes de constitution, savoir :

1° Le *titre exprès ;*

2° La *prescription ;*

3° La *destination du père de famille.*

1° *Du* TITRE EXPRÈS. — On entend par *titre* tout fait susceptible de transférer la propriété ou un de ses démembrements,
par exemple, une vente, une donation, un échange. Le mot
titre a d'autres sens; il signifie encore un *écrit* ou une *qualité*.
Ainsi, l'acte notarié constatant une vente est un titre, et la qualité
d'héritier est un titre. Mais ce double sens n'est pas celui de
l'art. 690, qui veut uniquement parler des faits légaux constitutifs de droits réels. Ce n'est pas à dire qu'un écrit ne soit
souvent nécessaire, pour constater l'établissement d'une servitude. Ainsi, quand elle résulte d'un testament, l'acte qui la
prouve est en même temps l'acte qui la constitue. Mais quelquefois aussi la preuve en pourra être fournie par témoins
et indépendamment de tout titre écrit; par exemple dans
les cas de vente, d'échange ou de partage, si la servitude
ne vaut pas plus de 150 francs, ou s'il y a un commencement
de preuve par écrit (art. 1341 et 1347) [1].

Toutes les servitudes, sans exception, s'établissent par titre.
Lorsque l'écrit qui les constate est perdu, et que d'ailleurs
la servitude ne peut être prouvée par témoins, l'art. 695
exige qu'il soit remplacé par un titre nouveau, récognitif de la servitude et fourni par le propriétaire du fonds
assujetti. Pourquoi cette disposition, puisque les principes
généraux de la preuve conduisaient à la même conséquence ?
C'est que, lors de la rédaction de notre chapitre, le législateur
n'avait pas encore arrêté son système de preuves, et d'ailleurs
on admet généralement que notre article renferme une dérogation à l'art. 1337, lequel exige, outre le titre récognitif, la représentation du titre primordial. Pour les servitudes, il suffit
que le titre récognitif existe, et le propriétaire du fonds dominant n'est jamais obligé à la représentation du titre primitif.

Depuis la loi du 23 mars 1855, tout titre constitutif de
servitude, sauf le testament, doit, pour devenir opposable
aux tiers, être transcrit au bureau des hypothèques dans l'arrondissement duquel les héritages sont situés (art. 2). Si

[1] Demolombe, *Serv.*, t. II, n° 730. — Cass., 16 décembre 1863.

le propriétaire du fonds servant l'aliénait avant que le propriétaire du fonds dominant eût fait transcrire le titre duquel résulte la servitude, l'acquéreur pourrait la méoennaître, et aurait le droit de ne pas la subir.

2° *De la* PRESCRIPTION. — On appelle ainsi un moyen d'acquérir, qui consiste dans la possession d'une chose pendant un temps déterminé et sous certaines conditions. Les anciennes Coutumes n'étaient pas d'accord sur les effets de la possession appliquée aux servitudes. Les unes exigeaient une possession immémoriale, les autres se contentaient d'une possession temporaire plus ou moins prolongée. Le Code a fait cesser tous les doutes, en déclarant que la possession de trente ans donne la propriété des servitudes *continues et apparentes.* Celles qui ne réunissent pas ce double caractère ne peuvent être acquises par la prescription, et c'est juste. En effet, une servitude discontinue ne gêne pas le propriétaire voisin, au point de provoquer de sa part une opposition à ce qu'elle soit exercée. Ainsi, lorsque mon voisin passe sur mon héritage, je ne dois pas être puni de ma tolérance par l'acquisition qu'il ferait d'une véritable servitude de passage. Au contraire, lorsque mon voisin ouvre des fenêtres dans le mur séparatif de son fonds et du mien, sans que je m'y oppose, je dois être présumé établir ou avoir établi à son profit un droit de servitude, car ma tolérance excède les limites ordinaires. Maintenant, la servitude doit être apparente, car il serait injuste de faire courir contre moi une prescription que je n'ai aucun moyen de connaître, ni par cela même d'empêcher. Voilà pourquoi la prescription s'applique seulement aux servitudes continues et apparentes. La possession même immémoriale de toute autre servitude serait sans résultat, à moins que, par ce mode, elle n'eût déjà pris naissance avant la promulgation du Code, car tous les droits régulièrement constitués d'après l'ancienne législation, ont été consacrés par le droit nouveau, quand ils n'avaient par eux-mêmes rien de contraire à l'ordre public actuel.

Quelques auteurs plaisants ont prétendu que, si les servitudes *discontinues* ne s'établissent point par la prescription, c'est parce que la possession n'en peut être *continue*, ainsi que l'exige l'art. 2229. Mais cette raison a tout au plus le mérite d'un jeu de mots. En effet, les servitudes, même *discontinues*, sont parfaitement susceptibles de la possession que l'art. 2229 appelle *continue*, et ces expressions employées dans deux matières différentes n'ont pas un sens corrélatif. Une possession est continue, personne ne le conteste, lorsque le possesseur fait tous les actes qu'il est naturel d'accomplir. Or, il est clair qu'en faisant tous les actes que suppose une servitude discontinue, on la posséderait d'une manière continue. La vraie raison de la prohibition du Code est donc qu'il n'a pas voulu faire résulter la prescription d'un acte de simple tolérance (art. 2232).

La prescription de la propriété a lieu, non-seulement par trente ans, mais encore par dix et vingt ans, lorsque le possesseur a la bonne foi et un juste titre. Nous verrons, en traitant de la prescription, que cette bonne foi et ce juste titre permettraient d'acquérir aussi par dix et vingt ans une servitude continue et apparente. Le Code a seulement parlé de la possession de trente ans, pour trancher une question tant débattue dans l'ancien droit français, et il n'a nullement entendu déroger ici au droit commun en matière de prescription.

3° *De la* DESTINATION DU PÈRE DE FAMILLE. — On appelle ainsi une certaine disposition établie par le père de famille (le propriétaire), entre deux fonds qui lui appartiennent, disposition d'après laquelle l'un des fonds venant à changer de main se trouve par rapport à l'autre en état de servitude. Toutefois, cette servitude ne prend réellement naissance que lors de la division des fonds, par la raison que nul ne peut avoir de servitude sur son propre héritage (*Nemini res sua servit*). Cette division des fonds pourra s'opérer de bien des manières. Elle aura lieu par la vente, la donation ou l'échange que le père de famille fera de l'un des fonds, en conservant la propriété de l'autre; ou même des deux fonds en faveur de personnes différentes ; et en outre après le décès du père de famille, par le partage de sa succession, si les deux fonds ne sont pas attribués au même héritier.

Celui qui invoque la servitude doit prouver :

1° Que les deux fonds actuellement divisés ont appartenu au *même propriétaire;*

2° Que les choses ont été par lui *mises* ou *laissées* dans l'état duquel résulte la servitude, et, en effet, il ne faut pas qu'un particulier puisse, après la division des fonds, créer lui-même une servitude en exécutant des travaux qui la feraient supposer.

Le Code n'a indiqué, ici, aucun mode de preuve : le propriétaire du fonds dominant pourra donc établir par tous moyens la destination du père de famille.

Pourquoi cette destination suffit-elle à constituer certaines servitudes ? C'est que, les fonds ayant été divisés sans modification aucune apportée à l'arrangement du père de famille, il est naturel de penser que l'un des propriétaires a consenti à subir de la part de l'autre, la servitude que l'état des lieux indique.

Maintenant quelles sont les servitudes qui s'établissent par la destination du père de famille ? Aux termes de l'art. 692, ce sont les servitudes à la fois *continues* et *apparentes*, et, aux termes de l'art. 694, ce sont les servitudes *simplement apparentes.*

Les auteurs ne sont pas d'accord sur la conciliation de ces deux textes en apparence contradictoires. Quelques-uns prétendent que l'art. 694 n'a pas voulu déroger à l'art. 692; mais il est difficile d'admettre cette opinion, car l'art. 694 se contente formellement que la servitude soit *apparente.*

Plusieurs systèmes de conciliation ont été proposés. Nous allons exposer sommairement les principaux.

Selon Merlin, qui avait emprunté son système à d'anciennes coutumes, les art. 692 et 694 s'occupent uniquement des diverses manières dont peut s'opérer la séparation des deux immeubles qui vont être en état de servitude.

Cette séparation a-t-elle lieu par l'effet d'un partage que font entre eux les héritiers du père de famille? Alors la destination de ce dernier ne vaut titre que pour les servitudes qui sont à la fois *continues et apparentes*.

La séparation a-t-elle au contraire lieu par une aliénation entre-vifs ou testamentaire que le propriétaire fait de l'un de ses immeubles? Alors il suffit que la servitude soit *apparente*, pour qu'elle résulte de la destination du père de famille.

On objecte avec raison à ce système qu'il établit une distinction arbitraire entre les différentes manières dont la séparation des héritages peut s'opérer. Qu'importe après tout que cette séparation résulte d'un partage fait par les héritiers, ou d'un acte d'aliénation émané du père de famille? La bonne foi et l'équité ne doivent-elles pas, dans l'un et l'autre cas, présider à l'interprétation de l'acte? Et si cette bonne foi ou cette équité veulent que la servitude soit continue et apparente dans les partages, pourquoi ne voudraient-elles pas aussi qu'elle soit continue et apparente dans les actes de disposition que fait le père de famille?

Selon Zachariæ et Marcadé, qui s'appuient sur les explications données par le tribun Albisson, lors de la discussion de notre titre, les art. 692 et 694 régissent deux hypothèses toutes différentes.

L'art. 692 s'applique au cas où les immeubles ont été mis en état de servitude par le *même propriétaire*. Dans cette hypothèse, si les deux immeubles viennent à être séparés par un acte quelconque, partage, donation, vente, etc., la destination du père de famille n'établit la servitude, que si cette servitude est en même temps *continue et apparente*.

L'art. 694, au contraire, doit s'appliquer au cas où les deux immeubles ont d'abord appartenu à deux *propriétaires différents* qui les ont mis en état de servitude, et alors il faut supposer que ces immeubles se sont réunis un instant dans la même main, et ont été de nouveau séparés. Dans cette hypothèse, il suffit, pour que la servitude existe, qu'elle soit *apparente*.

Suivant cette opinion, l'art. 692 prévoit donc seul, à proprement parler, la destination du père de famille comme moyen de constituer les servitudes; et l'art. 694, étranger à cette destination, n'a trait qu'au *rétablissement* d'une servitude antérieurement constituée et un moment éteinte par confusion.

Ce système a, comme le précédent, le tort de reposer sur une distinction que les art. 692 et 694 ne font pas et qui est entièrement arbitraire. Rien dans ces art. n'indique ou ne fait supposer qu'il s'agisse de deux hypothèses si différentes : si l'art. 694 avait voulu parler du *rétablissement* d'une servitude antérieure, éteinte par confusion, il n'aurait pas dit que la servitude *continue d'exister*, mais bien qu'elle *revit* ou qu'elle *est rétablie*. On ne voit pas d'ailleurs en quoi le fait d'un propriétaire qui laisse subsister entre deux immeubles réunis dans sa main un signe apparent de servitude antérieure, diffère rationnellement du fait d'un propriétaire qui établit lui-même des signes de servitude entre les deux fonds qui lui appartiennent. Dans l'un et l'autre cas sa volonté est la même, et cette volonté, également certaine, doit produire les mêmes effets.

A notre avis, voici le système qui est le plus plausible[1].

L'art. 692 prévoit l'hypothèse de deux fonds actuellement divisés, mais sans qu'aucun *écrit* réglant la division soit représenté : par exemple, deux enfants du même père de famille possèdent séparément les deux fonds, et ni l'un ni l'autre ne produit un acte de partage. Dans ce cas, la servitude ne résulte de la destination du père de famille que si elle est à la fois continue et apparente. Pourquoi? Parce que l'on ne doit présumer le maintien d'une servitude, lors du partage,

---

[1] Demolombe, *Serv.*, t. II, n° 821. — Cass., 7 avril 1863.

que si la gravité en est telle, que les parties eussent nécessairement modifié la disposition des lieux, si elles avaient réellement voulu supprimer la servitude. Or, cette gravité n'existe
aux yeux du Code qu'au cas où la servitude réunit le double
caractère de l'apparence et de la continuité.

Maintenant l'art. 694 prévoit l'hypothèse où *l'écrit* constatant la division des deux fonds est représenté et ne contient
aucune disposition contraire à la servitude. Dans ce cas, il
suffit que la servitude soit apparente ; car, comme d'un côté
les parties l'ont connue, et que de l'autre elles n'ont inséré
dans le contrat aucune clause contraire, il est naturel de penser qu'elles ont voulu la maintenir. Cette conciliation des
art. 692 et 694 est aussi conforme à la raison qu'à leur texte
même.

TROISIÈME SECTION

DES DROITS DU PROPRIÉTAIRE DU FONDS AUQUEL LA SERVITUDE EST DUE.

ART. 697. Celui auquel est due une servitude a droit de faire tous
les ouvrages nécessaires pour en user et pour la conserver.

698. Ces ouvrages sont à ses frais, et non à ceux du propriétaire
du fonds assujetti, à moins que le titre d'établissement de la servitude ne dise le contraire.

699. Dans le cas même où le propriétaire du fonds assujetti est
chargé par le titre de faire à ses frais les ouvrages nécessaires pour
l'usage ou la conservation de la servitude, il peut toujours s'affranchir de la charge, en abandonnant le fonds assujetti au propriétaire
du fonds auquel la servitude est due.

700. Si l'héritage pour lequel la servitude a été établie vient à
être divisé, la servitude reste due pour chaque portion, sans néanmoins que la condition du fonds assujetti soit aggravée. — Ainsi,
par exemple, s'il s'agit d'un droit de passage, tous les copropriétaires seront obligés de l'exercer par le même endroit.

701. Le propriétaire du fonds débiteur de la servitude ne peut
rien faire qui tende à en diminuer l'usage ou à le rendre plus
incommode. — Ainsi, il ne peut changer l'état des lieux, ni transporter l'exercice de la servitude dans un endroit différent de celui
où elle a été primitivement assignée. — Mais, cependant, si cette

assignation primitive était devenue plus onéreuse au propriétaire du fonds assujetti, ou si elle l'empêchait d'y faire des réparations avantageuses, il pourrait offrir au propriétaire de l'autre fonds un endroit aussi commode pour l'exercice de ses droits, et celui-ci ne pourrait pas le refuser.

702. De son côté, celui qui a un droit de servitude ne peut en user que suivant son titre, sans pouvoir faire, ni dans le fonds qui doit la servitude, ni dans le fonds à qui elle est due, de changement qui aggrave la condition du premier.

Des DROITS *du* PROPRIÉTAIRE DU FONDS DOMINANT. — Le propriétaire du fonds dominant a droit :

1° De faire tous les *ouvrages nécessaires* à la conservation et à l'exercice de la servitude. Il supporte seul les frais de ces travaux, puisque seul il en profite, et si, par exception, le propriétaire du fonds assujetti s'est engagé à les exécuter, il pourra se soustraire, par l'abandon du *fonds*, à l'accomplissement de son obligation (art. 699). Mais de quel *fonds* entend parler le Code ? C'est évidemment du fonds tout entier sur lequel repose la servitude, car la servitude est inhérente à tout l'héritage et à chaque fraction de l'héritage. Toutefois, si l'endroit par lequel la servitude doit s'exercer a été une fois déterminé, cet endroit seul est désormais atteint, et le propriétaire, en l'abandonnant, se libérera de la charge qui le grève.

2° D'*exiger* que le propriétaire du fonds servant ne *fasse rien* qui diminue l'usage ou la commodité de la servitude.

Cependant l'art. 701 permet le déplacement de cette servitude, lorsqu'il n'en peut résulter aucun inconvénient pour le propriétaire du fonds dominant et qu'il en découle un avantage pour celui du fonds servant.

Certaines servitudes sont indivisibles, c'est-à-dire qu'elles ne peuvent être exercées pour partie : telle est la servitude de passage. Dans ce cas, si le propriétaire du fonds dominant vient à mourir, laissant plusieurs héritiers, chacun d'eux exercera la servitude pour la totalité, puisqu'il ne peut l'exercer autrement ; mais ces héritiers devront tous s'entendre pour passer par le même endroit, afin de ne pas aggraver la condition du fonds servant. Lorsque l'exercice de la servitude est divisible, chacun des héritiers en use pour sa part seulement : ainsi, dans le cas où le défunt aurait eu la faculté de puiser un hectolitre d'eau par jour dans le puits du voisin, chacun de ses héritiers n'aura droit qu'à une part de l'hectolitre.

Le partage du fonds servant donne lieu aux mêmes observations que celui du fonds dominant ; l'on devra toujours faire en sorte qu'il ne préjudicie point à l'exercice de la servitude, et que le propriétaire du fonds dominant reste à l'égard des héritiers dans une position identique à celle qu'il avait à l'égard du défunt.

Toutes les règles qui précèdent ne reçoivent leur application que dans le silence du titre constitutif de la servitude. Si ce titre contient des dispositions particulières sur la manière dont la servitude sera exercée, ces dispositions devront seules être appliquées. La destination du père de famille appelle une observation analogue : pour savoir comment la servitude sera exercée, on devra consulter avant tout l'usage qui était suivi par le père de famille.

En cas de difficulté, les tribunaux apprécieront, et, en cas de doute, ils devront se prononcer pour la liberté des héritages et non pour leur état de servitude.

QUATRIÈME SECTION

COMMENT S'ÉTEIGNENT LES SERVITUDES.

Art. 703. Les servitudes cessent lorsque les choses se trouvent en tel état qu'on ne peut plus en user.

704. Elles revivent si les choses sont rétablies de manière qu'on puisse en user ; à moins qu'il ne se soit déjà écoulé un espace de temps suffisant pour faire présumer l'extinction de la servitude, ainsi qu'il est dit à l'art. 707.

705. Toute servitude est éteinte lorsque le fonds à qui elle est due, et celui qui la doit, sont réunis dans la même main.

706. La servitude est éteinte par le non-usage pendant trente ans.

707. Les trente ans commencent à courir, selon les diverses espè-

ces de servitude, ou du jour où l'on a cessé d'en jouir, lorsqu'il s'agit de servitudes discontinues, ou du jour où il a été fait un acte contraire à la servitude, lorsqu'il s'agit de servitudes continues.

708. Le mode de la servitude peut se prescrire comme la servitude même, et de la même manière.

709. Si l'héritage en faveur duquel la servitude est établie appartient à plusieurs par indivis, la jouissance de l'un empêche la prescription à l'égard de tous.

710. Si parmi les copropriétaires il s'en trouve un contre lequel la prescription n'ait pu courir, comme un mineur, il aura conservé le droit de tous les autres.

Comment s'éteignent *les* servitudes. — Les servitudes s'éteignent :

1° *Par l*'impossibilité d'*en user*. Mais elles revivent si les lieux sont rétablis de manière qu'elles puissent de nouveau être exercées. A vrai dire, le droit lui-même n'était pas éteint, à moins toutefois que la durée du non-usage n'eût été de trente ans (art. 706).

2° *Par la* confusion, c'est-à-dire par la réunion dans la même main du fonds dominant et du fonds servant. Seulement, cette confusion *paralyse l'exercice* de la servitude, plutôt qu'elle n'éteint le droit même de servitude, et nul doute que, si elle se trouvait anéantie *ex antiquâ causâ*, c'est-à-dire à raison d'un vice affectant l'acte d'où elle résulte, la servitude ne fût *ipso facto* rétablie dans son état primitif. Ainsi, lorsqu'étant propriétaire du fonds dominant, j'achète le fonds servant, et que plus tard la vente est annulée pour cause d'erreur, de violence ou de dol, les servitudes éteintes par la confusion revivent. Mais si la confusion venait à cesser *ex novâ causâ*, c'est-à-dire en vertu d'un fait postérieur à l'extinction de la servitude, celle-ci ne revivrait pas. Ainsi, lorsqu'après avoir acquis le fonds servant, je l'aliène en restant toujours propriétaire du fonds dominant, je ne fais pas renaître la servitude. Celle-ci pourra bien exister à titre de servitude établie par la destination du père de famille ; mais alors il faudra que toutes les conditions nécessaires à ce mode de constitution des servitudes soient accomplies.

3° *Par le* NON-USAGE *pendant* TRENTE *ans.* — Le délai de trente ans court, pour les servitudes discontinues, à dater du moment où le propriétaire du fonds dominant a cessé de jouir de la servitude ; pour les servitudes continues, à dater du moment où il a été fait un acte contraire à la servitude, et, en effet, depuis cette époque, l'héritage servant a été mis en possession de franchise.

Le non-usage éteint la servitude, lors même qu'il provient d'une cause à laquelle la volonté de l'homme ne peut pas se soustraire. Toutefois, ce résultat est contesté par certains auteurs. Ils se fondent sur ce que la prescription fait présumer de la part du propriétaire une renonciation à son droit, et qu'on ne peut voir cette renonciation dans le non-usage imposé par cas fortuit ou force majeure. En d'autres termes, ils veulent appliquer ici le principe : *Contrà non valentem agere non currit præscriptio.* Malgré la force de ces raisons, on doit écarter ce système :

En premier lieu parce qu'il est contraire au texte du Code. En effet, l'art. 706 ne distingue nullement si le non-usage provient ou non d'un cas de force majeure, et l'art. 704, en disant que les servitudes revivent lorsque leur exercice est redevenu possible, à moins qu'il ne se soit écoulé le temps nécessaire pour la prescription, décide, par cela même, que l'impossibilité d'user de la servitude n'est pas un obstacle à son extinction par le non-usage.

En second lieu parce que la prescription n'est, en général, suspendue que par des obstacles *de droit* et non par des obstacles *de fait*, et avec raison ; car, si une fois on entrait dans l'examen des obstacles de fait, on ne saurait où s'arrêter, et la prescription deviendrait une institution à peu près illusoire. Ainsi l'individu qui ne connaît pas l'ouverture d'une succession à son profit, est évidemment mis, par son ignorance, dans l'impossibilité d'agir, et cependant il n'est pas douteux

que la prescription ne coure et ne doive courir contre lui.
Les principes généraux veulent donc que le non-usage, même
provenant de la force majeure, suffise pour éteindre les servitudes.

En troisième lieu, enfin, parce que la discussion du
Code au Tribunat montre jusqu'à l'évidence que le non-usage
doit éteindre les servitudes après un certain temps, et indépendamment de toutes les circonstances de fait qui auraient
pu empêcher l'exercice de ces servitudes [1]. En présence
d'un obstacle de fait invincible, le propriétaire du fonds
dominant ne restera pas cependant désarmé. Il n'aura qu'à
interrompre civilement la prescription, en obtenant, soit un
titre récognitif de son droit, soit un jugement qui le constate.

Le *mode* de la servitude se prescrit comme la servitude
elle-même. Ainsi, lorsqu'une personne ayant le droit de puiser un hectolitre d'eau par jour dans le puits du voisin, n'y
puise pendant trente ans qu'un demi-hectolitre, son droit est
éteint pour partie, car pour partie il n'y a pas eu usage de la
servitude. Il arrivera même quelquefois qu'un changement
dans le mode d'exercice de la servitude entraînera l'extinction de la servitude tout entière : c'est quand la servitude
n'étant pas susceptible de s'acquérir par prescription, le propriétaire du fonds dominant aura cessé pendant trente ans de
l'exercer comme il avait le droit de l'exercer. Dans ce cas, il
aura perdu la servitude résultant de son titre, et il n'aura pas
pu acquérir la servitude différente qu'il a exercée. Ainsi
quand la personne, qui a un droit de passage sur un point
déterminé, l'exerce pendant trente ans sur un point différent, elle perd le droit de passer par l'endroit convenu,
puisqu'il y a non-usage pendant le temps légal, et elle n'acquiert pas le droit de passer par l'endroit où elle a pratiqué en
fait son passage, puisqu'une telle servitude est discontinue, et
ne peut s'établir par la prescription [2].

[1] Demante, t. II, n° 562 *bis*, III. — Demolombe, t. II, n° 979.
Marcadé sur l'art. 768. — Massé et Vergé, t. II, § 341, note 9, p. 211.

L'extinction par non-usage d'une servitude principale entraînerait évidemment l'extinction de la servitude accessoire qui lui serait subordonnée. Supposons par exemple que le propriétaire du fonds dominant ait le droit d'extraire du sable sur le fonds servant : cette servitude principale comporte nécessairement la servitude accessoire de passage. Si, pendant trente ans, le propriétaire du fonds dominant use du droit de passage, mais n'use pas du droit d'extraction, il perd par non-usage les deux servitudes, celle *arenæ fodiendæ* puisqu'il n'en a point usé pendant trente ans, et celle de passage parce que, comme servitude accessoire, elle dépendait absolument de la servitude principale, à laquelle elle ne peut point survivre. Décider la question autrement, ce serait aller contre l'intention certaine des parties, qui n'ont jamais voulu dans ce cas ériger la servitude de passage en servitude principale.

Si une servitude qui n'a pas été exercée pendant trente ans, est établie au profit d'un fonds indivis entre plusieurs propriétaires et que, parmi ces propriétaires, se trouve un mineur ou un interdit, la servitude est conservée pour tous les propriétaires indistinctement. La raison en est que la prescription ne court pas contre les mineurs et les interdits (art. 2252). Or, comme la servitude est inhérente au fonds dominant tout entier, elle ne peut avoir été conservée pour le tout par les uns, et perdue pour le tout ou pour partie par les autres. Pareillement, l'acte interruptif de prescription signifié par un des propriétaires indivis profiterait à tous les autres, par la double raison que d'une part chacun est obligé envers ses copropriétaires à faire les actes conservatoires du fonds commun, et que de l'autre l'acte interruptif de prescription n'a pas pu être limité aux parcelles indivises appartenant au communiste qui l'a accompli, pas plus que ne pouvait l'être tout à l'heure la suspension dont le mineur ou l'interdit avait le droit de se prévaloir.

4° *Par l'arrivée du* TERME *ou l'événement de la* CONDITION, lorsque la servitude avait été constituée pour un certain temps ou sous une condition résolutoire.

5° *Par la* RENONCIATION expresse ou tacite que fait le propriétaire du fonds dominant à la servitude.

6° *Par la* RÉSOLUTION du droit du constituant, pour une cause antérieure à l'établissement de la servitude, car, *resoluto jure dantis, resolvitur jus accipientis.* Ainsi, lorsque l'acheteur d'un immeuble le grève de servitudes, ces servitudes disparaissent, si la vente faite à cet acheteur est annulée pour cause d'erreur, de violence ou de dol, ou rescindée pour cause de lésion, ou résolue pour inexécution des conditions, par exemple, pour non-payement du prix convenu.

FIN DU PREMIER VOLUME.

TABLE DES MATIÈRES

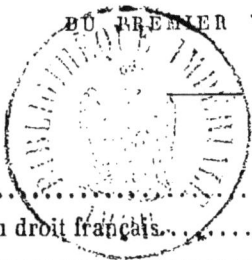

TITRE PRÉLIMINAIRE.

LIVRE PREMIER.

TITRE I.

TITRE II.

TITRE XI.

De la Majorité, de l'Interdiction et du Conseil judiciaire.

LIVRE II

DES BIENS ET DES DIFFÉRENTES MODIFICATIONS DE LA PROPRIÉTÉ.

TITRE I.

De la distinction des biens.

TITRE II.

De la Propriété.

TITRE III.

De l'usufruit, de l'usage et de l'habitation.

TITRE IV.

Des Servitudes ou Services fonciers.

FIN DE LA TABLE.

CORBEIL, typ. et stér. de CRÉTÉ.

ERRATA DU TOME PREMIER

Page 37, ligne 7 : au lieu de pas, *lisez* par.

Page 64, ligne 15 : le lieu, *lisez* la loi.

Page 87, ligne 15 : cette amende devrait être régulièrement, *lisez* régulièrement cette amende devrait être.

Page 134, ligne 4 : d'hypothèques, etc., *lisez* d'hypothèques, etc. ?

Page 210, ligne 12 : qu'il y a en, *lisez* qu'il y a eu.

Page 233, ligne 3 : le Code le rétablit, *lisez* le droit intermédiaire le rétablit et le Code le maintint.

Page 256, ligne 3 : la preuve de la maternité, *lisez* la preuve de la paternité.

Page 256, ligne 26 : après sa disposition, *lisez* après sa dissolution.

Page 310, ligne 33 : a soustrait, *lisez* soustrait.

Page 374, ligne 24 : et ensuite, *lisez* et avant ce jugement.

Page 390, ligne 15 : les objets, *lisez* ces objets.

Page 392, ligne 18 : qu'ils n'excèdent pas neuf ans; mots à supprimer.

Page 404, ligne 26 : la société en commandite etc., phrase à transposer à la ligne 1 de la page 405.

Page 485, ligne 3 : de la possession, *lisez* de la prescription.

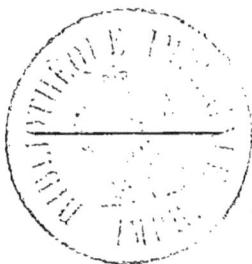

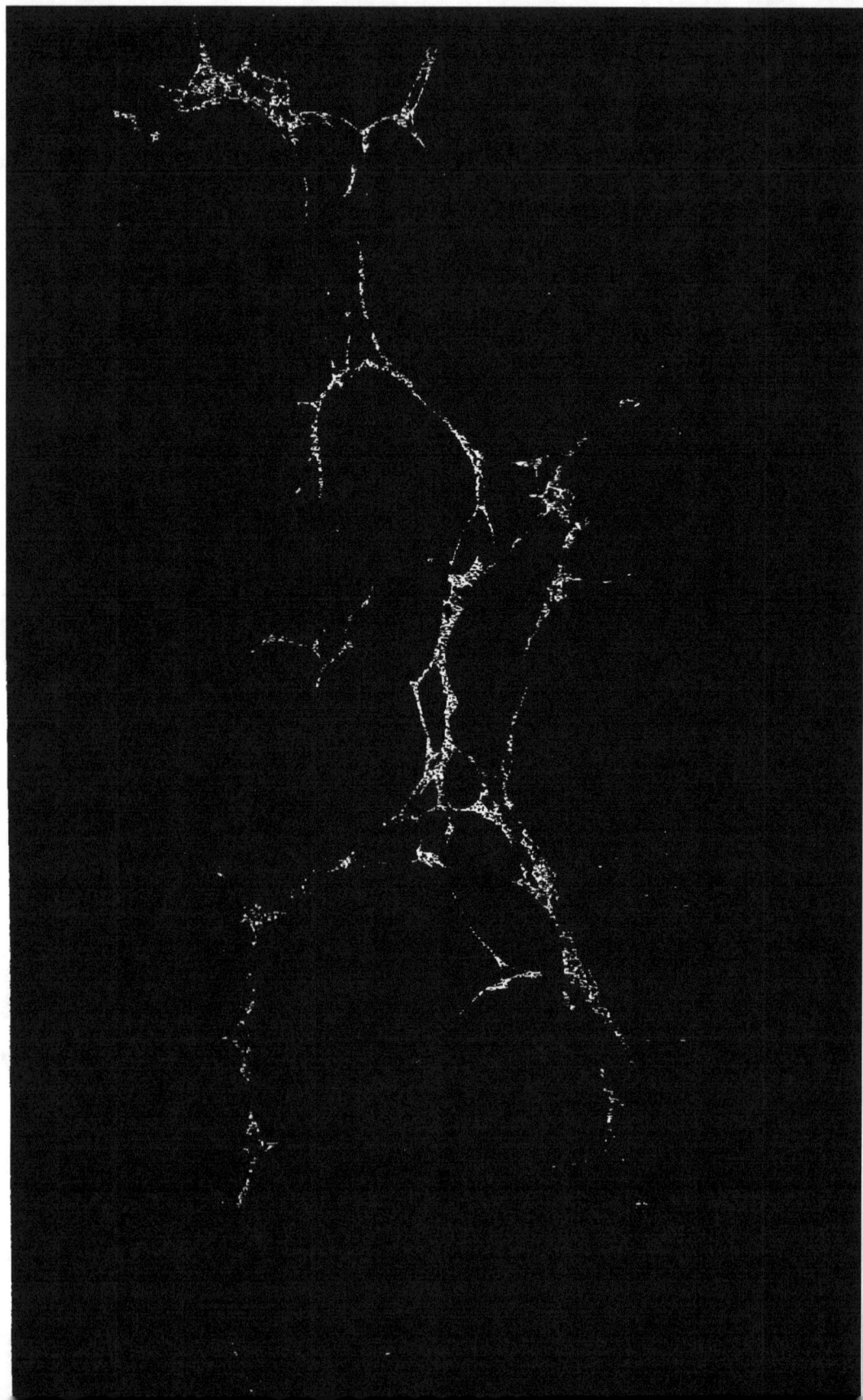

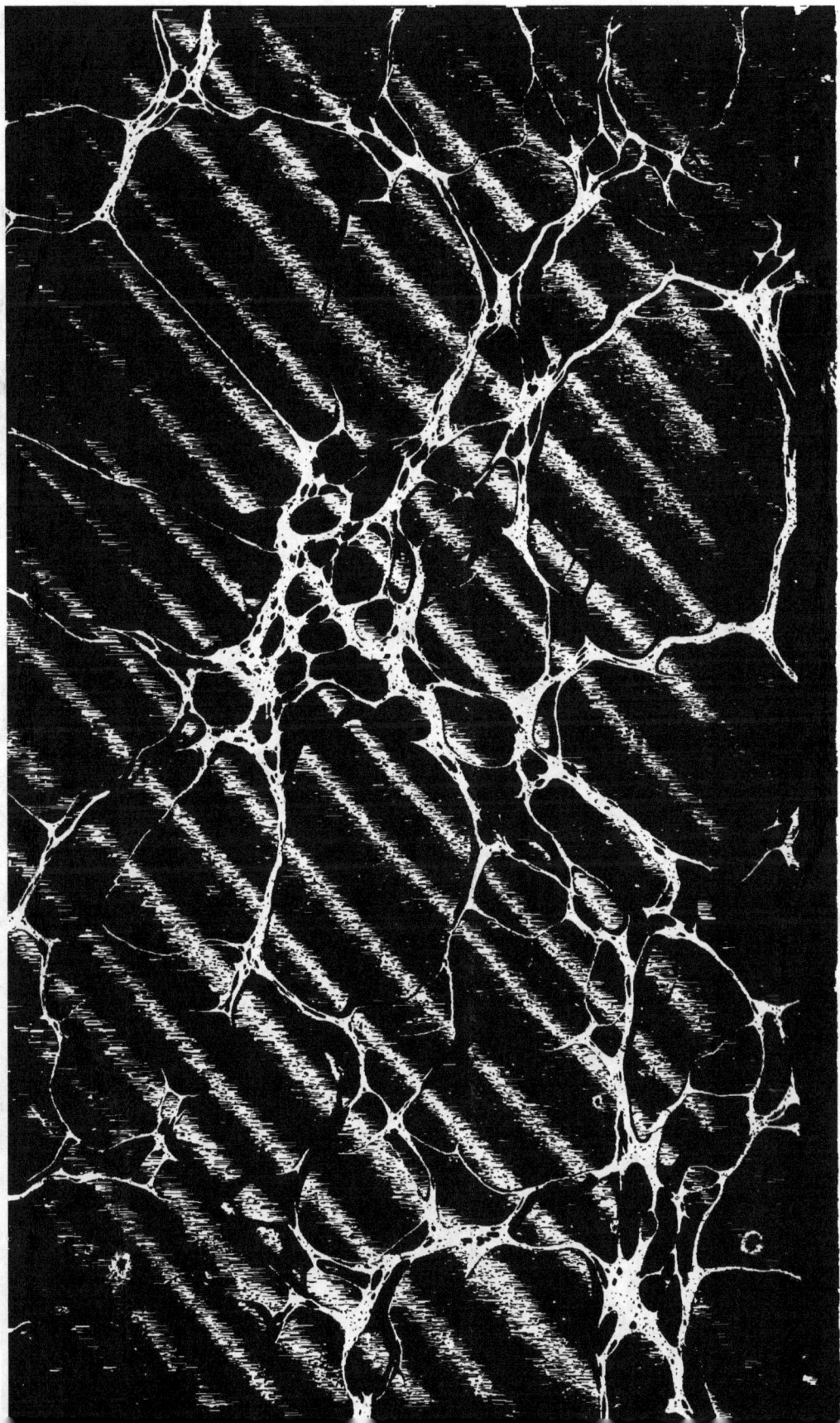

www.ingramcontent.com/pod-product-compliance
Lightning Source LLC
Chambersburg PA
CBHW061954220326
41599CB00019BA/2618